교감학개론

📖 고전적정리이론총서 001

교감학개론

예기심倪其心 지음 | 신승운 외 옮김

📕 한국고전번역원

일러두기

1. 이 책은 2004년 북경대학출판사(北京大學出版社)에서 간행한 예기심(倪其心)의 《교감학대강(校勘學大綱)》(제2판)을 번역한 것이다. 책 말미에 부록되어 있는 저자의 관련 논문 2편과 일문판(日文版) 전언(前言)은 번역에서 제외하였다.
2. 독자의 이해를 돕기 위하여 원서의 편집 체제를 일부 수정하였다.
3. 번역문은 되도록 평이한 현대문으로 하되, 제도어(制度語) 및 전문 용어는 그대로 사용하는 것을 원칙으로 하였다.
4. 역자의 주석은 각주(脚注)의 방식을 취하되, 내용이 간단한 주석은 ( )로 묶어 간주(間注)로 처리하였다.
5. 본문과 인용문에서 저자가 ( )로 묶어 제시한 보충설명 및 인용문의 원주(原注)는 소자(小字)로 처리하였다.
6. 교감 사례를 제시하기 위해 인용한 원문은 한자를 노출시키되, 독자의 이해를 돕기 위해 필요한 경우 하단에 번역문을 제시하였다.
7. 인용문에서 오자가 분명한 것은 수정하여 번역하고 주석으로 근거를 제시하였으며, 오자로 의심되는 것은 그대로 두고 관련 근거를 주석으로 제시하였다.
8. 인용문이 아닌 본문에서 저자의 실수로 판단되는 오류나 표점의 오류는 바로잡고 주석으로 처리하지 않았다.
9. 중국 인명은 우리말 한자음으로, 일본 인명은 일본식 발음으로 표기하였다.
10. 맞춤법과 띄어쓰기는 한글 맞춤법과 표준어 규정을 따르는 것을 원칙으로 하였다.
11. 이 책에 사용된 문장부호와 표점부호는 한국고전번역원 원칙을 준용하였다.
12. 주요 인명과 서명에 대해서는 책 말미에 '인명 해설'과 '서명 해설'을 부록하였다. 인명 해설과 서명 해설에 참고한 주요 공구서는 다음과 같다.
    - 장위지(張撝之) 외 주편, 《중국역대인명대사전(中國歷代人名大辭典)》(上海古籍出版社, 1999)
    - 조국장(趙國璋) 외 주편, 《문헌학대사전(文獻學大辭典)》(廣陵書社, 2005)
    - 호도정(胡道靜) 주편, 《간명고적사전(簡明古籍辭典)》(齊魯書社, 1989)
    - 이학근(李學勤) 외 주편, 《사고대사전(四庫大辭典)》(吉林大學出版社, 1996)
    - 정천정(鄭天挺) 외 주편, 《중국역사대사전(中國歷史大辭典)》(上海辭書出版社, 2010)

차례

서문 | 비진강(費振剛) ··· 9

제1장 교감학과 고적의 교감

　제1절 교감학의 연구 대상 ·· 21
　제2절 교감과 교정의 차이 ·· 22
　제3절 교감과 교수의 구별 ·· 24
　제4절 교감과 교감학의 관계 ·· 31

제2장 교감의 역사적 발전과 교감학의 형성·성립

　제1절 교감학의 발전과 성립 ··· 35
　제2절 선진 시대의 교감 ·· 36
　제3절 서한 시대의 교감 ·· 41
　제4절 동한 말기의 교감 ·· 49
　제5절 위진 시대의 교감 ·· 69
　제6절 남북조 시대의 교감 ·· 76
　제7절 당대의 교감 ·· 94
　제8절 송대의 교감 ·· 105
　제9절 원명 시대의 교감 ·· 132
　제10절 청대 : 교감학의 형성 ··· 134
　제11절 근대 : 교감학의 성립 ··· 190

제3장 고적의 기본 구성과 교감의 근본 원칙

　제1절 고적의 기본 구성 ·· 207
　제2절 경전의 복잡한 중첩 구성 ······································ 208
　제3절 일반 고적의 간단한 중첩 구성 ································· 212

제4절 교감의 기본 임무 : 존진복원存眞復原 ····················· 220
제5절 기본 구성을 무시하는 데서 생기는 편향 ················· 227
제6절 고적 구성의 층차에 대한 분석 ···························· 238

제4장 교감의 일반적 방법과 고증의 과학적 근거

제1절 교감의 일반적 방법 ···································· 253
제2절 진원의 네 가지 교감 방법 ······························ 254
제3절 교감 작업에서 고증의 과학적 근거 ······················ 261
제4절 교감 작업에서 고증의 이론적 근거 ······················ 283
제5절 교감 작업에서 고증의 자료적 근거 ······················ 286

제5장 오류 발생 원인의 분석과 교감 통례의 귀납

제1절 오류 발생 원인의 분석과 각종 통례의 귀납 ··············· 337
제2절 의오와 이문 ·· 339
제3절 오자 통례 ·· 341
제4절 탈문 통례 ·· 398
제5절 연문 통례 ·· 423
제6절 도문 통례 ·· 441
제7절 착간 통례 ·· 450

제6장 교감을 실행하는 구체적인 방법과 절차

제1절 구체적인 교감 이전의 준비 작업 ························ 467
제2절 기본 구성과 전래 상황의 파악 ························· 468
제3절 기본적인 내용과 구성 및 체례의 이해 ··················· 495
제4절 기본 문체와 언어 특징의 이해 ························· 508

제5절 타서 자료 수집과 전인의 성과 흡수 …………………… 522

제6절 이본 대교와 이문 열거 및 의오 발견 …………………… 524

제7절 이문 분석과 의오 해결 및 정오 판정 ………………… 534

제7장 출교의 원칙과 교감기의 요건

제1절 교감 성과의 표현 ……………………………………… 571

제2절 출교의 원칙 …………………………………………… 572

제3절 교감기의 요건 ………………………………………… 581

제4절 개자의 처리 …………………………………………… 593

제5절 서례의 작성 …………………………………………… 604

제8장 집일·변위와 교감

제1절 집일·변위와 교감의 관계 …………………………… 633

제2절 집일과 교감 …………………………………………… 634

제3절 변위와 교감 …………………………………………… 659

후기 ……………………………………………………………… 669

인명 해설 • 673

서명 해설 • 716

역자 후기 • 731

서문

비진강(費振剛)[1]

북경대학출판사에서 예기심(倪其心) 교수의 《교감학대강(校勘學大綱)》 재판본을 내면서 책임편집 호쌍보(胡雙寶)[2] 학장이 편지를 보내왔는데, 내가 그 서문을 써 주길 희망한다는 것이었다. 나는 서문을 통해 이 책을 소개할 수 있을 뿐만 아니라 친구이자 동료로서 먼저 세상을 떠난 학자에 대한 추모의 뜻을 담을 수 있었기에 그 요청을 거절할 수가 없었다.

내 기억이 나쁘지 않다면, 《교감학대강》은 예(倪) 선생이 고전문헌 연구실(古典文獻研究室)로 옮겨 온 후 저술한 첫 번째 학술서이다. 고전문헌연구실로 옮겨 온 것이 결코 예 선생의 본의는 아니었지만 그는 전공 분야의 배정에 따라 새로운 작업을 시작하였다. 책이 출판된 후 그는 나에게 선물해 주며 한시름 놓았다는 듯 "내가 드디어 고전문헌 분야로 전공을 옮기는 첫 번째 시험 답안지를 완성했다."라고 말했다. 그 후로 그는 줄곧 고전문헌 전공의 본과 필수과목인 교감학과 그와 관련된 선택과목, 그리고 대학원의 강의를 주관하였다. 1990년대 초, 예 선생은 고전문헌연구실의 주임으로 임명되어 고전문헌 전공의 교육과 연구

---

[1] 비진강(費振剛) : 1935~현재. 요령(遼寧) 요양(遼陽) 사람이다. 1960년 북경대학(北京大學) 중문과를 졸업하고, 북경대학 중문과 교수 및 주임, 《중국대백과전서(中國大百科全書)》 중국문학 부문 편찬위원 등을 역임하였고, 2002년 이후 광서대학(廣西大學) 오주분교(梧州分校)에서 중국고대문학사 등을 교수하였다.

[2] 호쌍보(胡雙寶) : 1932~현재. 산서(山西) 문수(文水) 사람이다. 북경대학을 졸업하고 1963년 이후 북경대학 중문과에서 작문, 문학 등의 교학을 담당하였다. 1984년 이후 북경대학출판사로 옮겨 부편심(副編審), 편심(編審)을 역임하였다.

작업을 책임지는 한편 《전송시(全宋詩)》의 편찬 작업에도 참여하고 지도하는 등 심혈을 많이 기울였는데, 그런 가운데서도 예 선생은 일본 도쿄대학 문학부로 파견되어 2년간 강의를 맡았다. 귀국 후 얼마 되지 않아 그는 신병으로 인해 관상동맥 우회술과 폐암 절제술을 차례로 받았다. 그 후 질병과 싸우는 몇 년 동안에도 예 선생은 평온하고 낙관적인 태도로 모든 일에 임했다. 2002년 7월 27일 지병이 재발하여 향년 68세로 영원히 우리 곁을 떠나갈 때까지 그는 강의를 할 때나 대학원생을 지도할 때, 심지어는 동료 및 동학들과 학문을 토론할 때도 늘 그래 왔듯이 진지하고 열정적이었으며 언제나 남들에게 적절하고도 실제적인 도움을 주고자 했다. 요즘 우리 시대에 예 선생의 68세란 나이는 아직도 한창 일을 할 만한 연령이다. 거기에 생각이 미칠 때마다 마음이 몹시 아파 온다.

교감학에 대해서는 내가 아는 바가 너무 적어 《교감학대강》에 대해 전면적인 평가를 내리기는 어렵다. 북경대학출판사에서 이 책을 재판하려는 즈음에 일본의 젊은 학자 하시모토 히데미(橋本秀美), 스즈키 가오리(鈴木香)가 이를 일어로 번역하여 2003년 일본문헌주식회사에서 《교감학강의(校勘學講義)》라는 제목으로 출판하였다. 이는 《교감학대강》의 학술적 가치가 학계의 인정을 받은 일례일 것이다. 일어판 서문에는 《교감학대강》에 대한 정곡을 찌르는 평설이 실려 있는데, 이를 재판본 말미에 부록으로 실을 것을 건의하여 국내 독자들이 《교감학대강》에 대해 좀 더 이해할 수 있도록 하였다.

예 선생은 재판본의 〈후기〉에서 다음과 같이 말했다.

중국은 예로부터 지금까지 교감에서 얻은 성취가 매우 높고 성과가 매우 풍부하며, 교감학 이론의 탐색과 정리라는 측면에서도 그 근본 원칙과 각종 통례 및 교감 방법 등 여러 방면에 있어서 모두 이미 많은 규칙들을 개괄해 놓았다. 본서는 교감의 예증 자료로 대부분 전인(前人)과 금인(今人)의 교감 성과를 취하였을 뿐만 아니라 교감학의 이론에 있어서도 전인 및 금인의 연구 성과를 흡수하였으며, 본인이 스스로 만들어 낸 것은 많지 않다. 본서는 그저 저자가 개인의 천견에 근거하여 이미 알고 있는 고금의 교감학 성과를 계통적으로 귀납하고 조리 있게 표현한 것에 불과하다. 독자들은 어렵지 않게 다음의 사실을 발견할 수 있을 것이다. 그것은 바로 본서가 교감학의 이론과 관점에 있어서는 비록 판본의 근거를 강조하는 대교학파(對校學派)[3]의 원칙과 관점을 중시하기는 하였지만, 오류를 교감하여 바로잡는 이론과 방법에 있어서는 이교학파(理校學派)[4]의 관점과 성과를 더욱 많이 흡수하였다는 점이다.

《교감학대강》 본편의 논술과 대조해 보면 〈후기〉의 이 간결하고 명료한 설명이 풍부한 함의를 갖고 있음을 발견할 수 있다. 대학교 인문계의 교과 과정으로서 교감학은 1920, 30년대에는 문학·사학 계열 학생들의 필수과목이었다. 요즈음 접할 수 있는 교감학 관련 전문서적 또한 대

3 대교학파(對校學派) : 청대(淸代) 교감학에 있어 주요한 두 학파 중 하나로, 판본(版本)의 근거와 이문(異文)의 비교를 중시하고 원래의 면모를 보존할 것을 강조하여 이문의 정오를 설명만 할 뿐 고치지 말아야 한다고 주장하였다. 노문초(盧文弨, 1717~1795)와 고광기(顧廣圻, 1766~1839)가 대표적인 학자이다.
4 이교학파(理校學派) : 문자, 음운, 훈고, 판본 및 관련 역사 지식을 이용하여 이문과 정오를 분석하고 고증할 것을 요구하였으며, 아울러 내용을 정정하고 오자를 바로잡을 것을 명확히 주장하여 본문의 오자를 고치는 것에 적극적이었다. 대진(戴震, 1727~1777), 단옥재(段玉裁, 1735~1815), 왕염손(王念孫, 1744~1832), 왕인지(王引之, 1766~1834), 유월(俞樾, 1821~1907) 등이 대표적인 학자이다.

부분 선배 학자들이 대학의 교감학 강좌에서 강의했던 내용으로서, 대체로 실제 사례의 제시나 체험을 통한 심득(心得)을 중시하였고 어떤 경우에는 더 나아가 약간의 통례를 귀납하기도 하였다. 1931년 진원(陳垣)[5] 선생이 출판한 《원전장교보석례(元全章校補釋例)》1959년 《교감학석례(校勘學釋例)》로 제목이 바뀌었다. 는 오랫동안 교감학의 전범(典範)이 되는 저작으로 인정받아 왔고, 오늘날까지도 우리들의 길잡이 역할을 하고 있다. 이에 대해 예 선생은 《교감학대강》에서 다음과 같이 평가하였다. "《석례(釋例)》는 한 종류의 고적을 교감하는 이론, 방법, 원칙 및 통례를 전면적으로 총괄하여 초보적 수준에서 교감학의 체계를 완성하였다." 그러나 "한 종류의 고적만을 실례로 삼았기 때문에 한계성을 피할 수 없었는데, 광범위하게 각종 고적의 전형적 사례들을 선택하지 못했고 또한 이론적으로 충분한 논술과 논증이 이루어졌다고는 볼 수 없다." 이를 거울로 삼아, 예 선생은 사례를 택하는 데 있어 《원전장교보석례》와는 달리 수많은 책에서 광범위하게 사례를 취하는 방법을 택하였다. 그 덕분에 "비교적 완정하게 교감학의 기본 지식과 기능을 소개"할 수 있었고, 더 나아가 풍부한 실례 중에서 역대 학자들이 고적을 교감한 경험을 총결하고 고적을 교감하는 원칙과 규칙을 도출해 낼 수 있었다. 예 선생은 자신의 이러한 방법에 대해 겸손하게도 "개인의 천견에 근거하여 이미 알고 있는 고금의 교감학 성과를 계통적으로 귀납하고 조

---

5 진원(陳垣) : 1880~1971. 자는 원암(援庵), 광동(廣東) 신회(新會) 사람이다. 1910년 광화의학원(光華醫學院)을 졸업하였다. 사승(師承) 없이 자학(自學)으로 종교사(宗教史), 원사(元史), 교감학(校勘學) 등의 방면에서 탁월한 학문적 성취를 거두었고, 일생 동안 교육 사업에 전념하여 40여 년간 보인대학(輔仁大學) 교장, 북경사범대학(北京師範大學) 교장을 역임하였다. 주요 저서로는 《원서역인화화고(元西域人華化考)》 《교감학석례(校勘學釋例)》《사휘거례(史諱擧例)》《중국불교사적개론(中國佛教史籍概論)》 등이 있다.

리 있게 표현한 것에 불과하다."라고 했지만, 실제로는 교감학 분야의 새로운 발전을 체현한 것이었다. 폭넓은 학술적 시야와 치밀한 과학적 사고, 정확한 귀납과 정리, 그리고 교감학 이론은 교감 실천의 총결로서 교감의 실천을 지도하는 작용을 하는 동시에 교감 실천의 경험을 흡수한 것이라는 점을 강조한 것이 바로 《교감학대강》의 중요한 특징이다.

또 한 가지 짚어 봐야 할 점은, 현재 교감학이 이미 대다수 대학의 인문계 필수과목에서 빠지고 고문헌 전공이 있는 일부 대학에만 개설되어 있다는 사실이다. 나는 교감학의 기초 지식이 문사철(文史哲)을 전공하는 모든 학생에게 필요하다고 생각한다. 앞서 말한 특징들 덕분에 《교감학대강》은 대학생들의 자습서로 적합하며, 그들이 교감학의 이론과 기능을 익히는 데 도움을 줄 것이다. 《교감학대강》의 풍부한 인용, 적절한 예시, 치밀하고 신중한 분석은 책 어디서나 발견할 수 있으므로 일일이 언급하지 않겠다. 이는 바로 《교감학대강》의 저술이 비록 당시 예 선생의 본래 연구 계획에 들어 있지 않던 임시적인 것이었지만 반드시 완성해야만 했던 작업임을 설명해 준다. 평소 다방면에 걸쳐 축적된 심오한 학문적 소양과 진지하고 부지런한 작업 태도가 아니었다면 단시간 내에 완성할 수 없었을 것이다. 예 선생이 밤낮으로 열심히 작업하던 정경을 생각할 때마다 애통함을 금할 수 없다.

예 선생과 나는 40여 년을 사우(師友)로 지내 왔다. 예 선생은 나보다 한 살밖에 많지 않지만 그가 1956년 졸업 후 학교에 남아 임경(林庚)[6] 선생의 조교로 있을 때 나는 아직 대학 2학년생이었다. 그를 포함

---

6 임경(林庚): 1910~2006. 자는 정희(靜希), 시인이자 중문학자로 중국작가협회 회원으로 활동하였다. 1933년 청화대학(淸華大學)을 졸업하고 1952년 이후 북경대학 중문과 교수를 지냈다.

한 당시 일군의 중문과 젊은 강사들은 이미 학술계에 두각을 드러내 때때로 학술 논문과 전문 저서까지도 발표하고 출판하였다. 그들이 위풍당당하게 강의실과 과외 활동에 출현할 때면 우리 나이 어린 학생들은 그들을 흠모하지 않을 수 없었다. 불행하게도 1년 후 이른바 '반우파(反右派)' 운동 중에 예 선생과 상당수의 중문과 젊은 강사들은 '우파'의 딱지가 붙어 교직을 떠나게 되었다. 이로 인해 나도 그 뒤로 그들을 만나 가르침을 청할 기회가 사라졌다.

1960년, 나는 졸업하고 학교에 남아 유국은(游國恩)[7] 선생의 조교를 맡게 되었다. 그러면서 중문과 젊은 강사들이 모여 있는 19동 2층으로 옮겨 갔는데 방 친구가 김개성(金開誠)[8] 선생이었고 예 선생과 다른 선생 한 분은 내 방에서 비스듬히 마주 보이는 방에 살고 있었다. 이렇게 예 선생과 나는 스승과 제자에서 함께 일하는 동료이자 이웃이 되었고 가까이서 알 수 있는 기회도 생겼다. 1961년 겨울, 나는 유국은 선생이 주관하는 중국문학사 집필 작업을 도와 드리게 되었는데 그 이후 드디어 예 선생에게 직접 가르침을 청할 기회가 생겼고 우리는 곧 친한 친구가 되었다. 당시 중국문학사 집필팀은 북경대학 초대소에 모여 집중적으로 작업했다. 외지에서 온 전문가인 왕기(王起),[9] 소조비(蕭滌非)[10] 교수

---

7 유국은(游國恩): 1899~1978. 자는 택승(澤承), 강서(江西) 임천(臨川) 사람이다. 문학사가(文學史家)이자 초사학(楚辭學) 전문가로, 1926년 북경대학 중문과를 졸업하고 일생 동안 교학과 학문 연구에 종사하였다.

8 김개성(金開誠): 1932~2008. 강소(江蘇) 무석(無錫) 사람이다. 1955년 북경대학 중문과를 졸업하고 북경대학 중문과 교수 등을 역임하였다. 문예심리학과 초사 연구에 주력하여 저술로《문예심리학논고(文藝心理學論稿)》《초사선주(楚辭選注)》 등이 있다.

9 왕기(王起): 1906~1996. 자는 계사(季思), 절강(浙江) 영가(永嘉) 사람이다. 절강대학 용천분교(龍泉分校), 중산대학(中山大學) 등에서 교학과 연구에 종사하였으며,《중국문학사》 집필 작업에도 참여하였다. 평생 원대(元代) 희곡(戲曲)과 중국문학사 연구에 주력하였다.

가 이곳에 머물렀으며, 유국은, 계진회(季鎭淮)[11] 선생도 방을 배정받아 낮에는 이곳에 와서 원고를 집필하거나 검토하고 토론했다. 이 때문에 나는 종종 네 분 선생께서 필요로 하는 각종 서적이나 자료를 중문과 자료실에 가지러 갔는데, 이때 자료실에서 나를 맞이하던 사람이 바로 예 선생이었다. 그 기간 동안 예 선생은 자료실에서 사무적인 일을 보는 것 외에 임경 선생이 편집을 주관하는 《위진남북조문학사참고자료(魏晉南北朝文學史參考資料)》의 작품에 대한 주석 작업에 참여했다. 비록 수업을 할 순 없으나 사실상 이미 실무에 가까운 일을 하고 있던 셈이다.

내가 참가하는 중국문학사 집필 작업과 더불어, 그는 임경 선생이 책임편집을 맡은 대학 인문계 교재 중 하나인 《중국역대시가선(中國歷代詩歌選)》 상책(上冊)의 주석 작업도 맡았다. 바로 이런 기회와 인연으로 그 이후 2년여의 시간 동안 우리는 매주 한두 번은 만나게 되었다. 예 선생은 언제나 내 부탁을 무척이나 잘 들어주었는데, 어떤 책이 중문과 자료실에 없으면 직접 도서관에 가서 찾아서 초대소까지 보내 줄 정도였다.─예 선생에겐 한 가지 특징이 있는데 그건 바로 공익에 관한 일, 타인의 일에 매우 진지하며 기꺼이 힘쓴다는 것이다.─ 이 기간 동안 나 또한 그에게 고적의 판본, 고금 주석의 비교에 대해 지도를 청했고 고대문학의 연구에 관한 문제를 토론했는데, 그는 그가 아는 모든 것

---

10 소조비(蕭滌非) : 1906~1991. 원명은 충림(忠臨), 강서 임천 사람이다. 1930년 청화 대학 중문과를 졸업하고, 서남연합대학(西南聯合大學) 및 산동대학(山東大學)의 교수, 고적연구소 부소장 등을 역임하였으며, 유국은(游國恩) 등이 주편한 《중국문학사》 집 필 작업에도 참여하였다. 주요 저술로 《한위육조악부문학사(漢魏六朝樂府文學史)》 《두보연구(杜甫研究)》 《두보시선주(杜甫詩選注)》 등이 있다.

11 계진회(季鎭淮) : 1913~1997. 자는 자위(子韋), 강소 회안(淮安) 사람이다. 1941년 서남연합대학을 졸업하고 청화대학과 북경대학 중문과 교수를 역임하였다. 《중국문학 사》 《근대시선(近代詩選)》 《역대시가선(歷代詩歌選)》 등을 주편하였다.

을 들려주어 내가 다방면으로 깨닫고 배울 수 있도록 도와주었다. 그때 예 선생은 아직 결혼 전이었다. 나는 결혼했지만 북경대에 딱히 머물 곳이 정해지지 않았으므로 우리는 때때로 학교 남문 밖 밥집에서 점심이나 저녁을 먹기도 하고, 술 한잔을 걸치기도 하였다. 이것은 뒷날 문화대혁명 때, 내가 자산계급의 타락한 문화를 받아들여 이른바 '화평연변(和平演變)'[12]을 당했다는 하나의 사례가 되었다. 물론 예 선생도 이것이 죄목이 되어 비판을 받았다.

새 시대가 온 후 예 선생은 합당한 신분을 회복하여 결혼을 하고 자식을 낳아 가정을 꾸리게 되었다. 그는 또다시 지대한 열정을 작업에 쏟아 과거의 손실을 만회하려 하였다. 매우 바쁜 상황에서도 늘 나를 신경 써 주었고 교육이든 연구든 언제나 진지하고 꼼꼼하게 자신의 의견을 제시했다. 나의 학술 논문이나 저술, 우리가 공동으로 참여한 연구과제에는 그의 수정과 증보 작업을 거친 다음 발표한 것들이 실로 적지 않다. 40여 년에 걸친 예 선생과의 교우를 생각할 때마다 이런 좋은 스승과 벗을 잃은 것에 비통함을 금할 수 없다.

장자(莊子)는 "땔나무는 언젠가는 다 타 버리지만 그 불씨는 계속 전해져 영원히 꺼지지 않는다.〔指窮於爲薪, 火傳也, 不知其盡也。〕"[13] 하였다. 예 선생의 제자들은 고전문헌학의 교학과 연구 분야에서 이미 뛰어난 업적을 이루었다. 이번 《교감학대강》의 재판을 위해 예 선생의 제자인 하시모토 히데미, 이경(李更), 서강(徐剛) 등 여러 사람이 적지

---

12 화평연변(和平演變) : 서방의 자본주의 국가들이 평화적 방법으로 사회주의 국가를 와해시키는 전략으로, 전쟁 등 무력이 아닌 내부 교란 등 비폭력적 수단과 방법으로 변화를 유도한다는 의미이다. 중국의 지도부가 사회주의 국가들의 잇단 붕괴를 우려하는 상황에서 나온 말이다.

13 땔나무는……않는다 : 《장자(莊子)》〈양생주(養生主)〉에 나오는 말이다.

않은 노력을 기울였는데, 예 선생의 학술 업적이 바로 이로 인해 오래도록 전해질 수 있을 것이다. 오랜 벗으로서 비통한 중에도 한편으로 위안을 느낀다. 북경대학출판사와 예 선생의 제자들에게 감사를 드린다.

2004년 3월 26일 광서(廣西) 오주(梧州)에서 쓰다.

제1장

교감학과 고적의 교감

제1절 교감학의 연구 대상

'교감(校勘)'의 본래 의미는 비교하고 검토하여 판정한다는 뜻이다. 교감학의 연구 대상인 '교감'은 전적으로 고적의 교감을 가리킨다.

　시대가 오래된 고적은 대부분 그 원고(原稿)나 원초본(原抄本), 원각본(原刻本)이 이미 오래전부터 전해 오지 않는다. 현존하는 수많은 고적들은 모두 후대의 번각본(翻刻本) 및 재번각본(再翻刻本)들이다. 오늘날과 가까운 시대의 고적일지라도 문언(文言)으로 쓰인 저작이든 백화(白話)로 쓰인 저작이든 모두 각종 원인으로 말미암아 어구나 문자의 착오가 존재한다. 어떤 고적의 각기 다른 여러 판본을 수집하여 그 문자나 어구의 이동(異同)을 비교하고 검토하여 그 정오(正誤)를 판정하는 것, 이것이 바로 고적의 교감으로, 일반적으로 '교감'이라고 부른다.

제2절 교감과 교정의 차이

겉으로 볼 때, 교감은 바로 고적의 교정(校正)인 듯하지만 실제로 두 가지는 다른 것이다. 교정이란 서적을 출판하는 과정의 전문적인 작업이고, 교감은 고적을 '정리(整理)'하는 과정의 전문적인 작업이다.

예를 들어 중화서국(中華書局)의 신판(新版)《이십사사(二十四史)》는 정리의 과정을 거친 것이다. 전문가들이 《이십사사》에 대해 교감하고 문단을 나누고 표점(標點)을 진행한 것은 고적의 정리 작업에 속한다. 중화서국이 정리를 거친 《이십사사》를 조판하고 인쇄하여 책을 만드는 과정에서 교정쇄(校正刷)를 수차에 걸쳐 검토하고 대조하여 정리된 저고본(底稿本)과 단 하나의 오류도 없이 일치하게 만드는 것, 이것이 바로 출판 작업 중의 교정이다.

확실히 교정은 명확하게 신뢰할 만한 저고본을 간인본(刊印本)의 정오를 판단하는 근거로 삼는다는 점에서 원칙적으로 서적의 내용에는 관계하지 않는다. 심지어는 원고 혹은 저고(底稿)와의 완전한 문자상의 일치를 보증하기 위해 문장의 마지막 글자를 시작으로 거꾸로 올라가면서 교정을 진행한다.

반면 교감은 각종 판본을 수집하여 그 이동을 분석하고 원고의 문자와 어구를 고증하여 정오를 판단한다. 심지어는 근거로 삼을 만한 직접적인 자료가 없는 상황에서 착오가 있거나 또는 의심이 가거나 난해한 문제에 대해 원의(原義)에 부합하는 판단을 내려야 할 때도 있다. 다만 그때에도 고인(古人)을 대신해서 문장을 고쳐서는 안 된다. 이것은 인물 초상화를 그리는 것에 비유할 수 있는데, 교정이 사진을 근거로 모사

(摹寫)하는 것이라면 교감은 서술되거나 기록된 자료를 바탕으로 본래의 모습을 복원(復原)하는 것이다. 두 가지의 차이는 명백한 것이다.

제3절 교감과 교수의 구별

교감은 흔히 '교수(校讎)' 혹은 '수교(讎校)'라고 일컬어지는데, 특히 고서에서는 종종 두 단어가 동일한 의미로 사용된다. 단 오늘날 교감학에서는 명확하게 구별하여 설명할 필요가 있다.

'수교'라는 단어는 한나라 유향(劉向)의 《별록(別錄)》에 처음 보인다.

> 수교(讎校) 어떤 본에는 '校讎'로 되어 있다. : 한 사람이 책을 읽으면서 그 위아래를 비교하여 오류를 찾아내는 것이 '교(校)'이다. 한 사람은 책을 잡고 교정하고 다른 한 사람은 책을 읽어 주는 방식[一人讀書] 어떤 본에는 '析'으로 되어 있다. 은 마치 원수가 서로 마주하고 있는 것 같으므로 '수(讎)'라고 한다.《문선(文選)》〈위도부(魏都賦)〉이선(李善)의 주(注)에서 인용하였고, 또 《태평어람(太平御覽)》권618에 보인다.

이러한 서술은 단지 교정의 두 가지 작업 방식을 설명하는 것이다. 한 사람이 교정하는 것이 '교'이고 두 사람이 마주하고서 교정하는 것이 '수'인데, 이 두 가지를 합쳐서 '교수'라고 통칭한 것이다. 이러한 관점에서 본다면 교수의 한 가지 의미는 교정이다.

《후한서(後漢書)》〈화희등황후기(和熹鄧皇后紀)〉에 유진(劉珍) 등이 "동관에 나아가 경서(經書)의 주석 문자를 교수하였다.〔詣東觀, 讎校傳記〕"라고 한 내용이 실려 있는데, 이현(李賢)의 주(注)에 "'讎'는 마주하는〔對〕 것이다."라고 하였다. 이는 바로 교수를 교정의 의미로 이해한 것이다. 하지만 유향이 당시에 진행한 교수 작업의 실제 정황에 근거

해 본다면, 그 의미는 교감과 동일하다. 유향의 〈열자서록(列子敍錄)〉
에 다음과 같이 말하였다.

> 교수한 궁중 소장의 《열자》는 5편입니다. 신(臣) 유향이 삼가 장
> 사위(長社尉) 두참(杜參)과 함께 태상시(太常寺)에 보관된 3편,
> 태사령서(太史令署)에 보관된 4편, 신이 보관한 6편, 두참이 보관
> 한 2편을 사용하여 교수하였습니다. 내외에 소장된 책 모두 20편을
> 교수하여 중복된 12편을 제거하고 8편으로 정본(定本)을 만들었습
> 니다. 궁중 소장본에서 채택한 것이 많고 민간 소장본에서 채택한
> 것은 적습니다. 장구가 착란된 것이 여러 편에 걸쳐 있고,[1] 그중에
> 는 혹 오자도 있어서 '盡'이 '進'으로 '賢'이 '形'으로 되어 있는 등 이
> 러한 예가 많은데, 새로 완성된 책에 주를 달아 표시하였습니다. 궁
> 중의 소장본을 저본으로 하여 교수하였고 정본이 완성된 뒤에는 모
> 두 살청(殺靑)[2]하여 베껴 쓸 수 있게 하였습니다.[3]

1 장구가……있고 : 《교감학대강》에는 '章亂布諸篇'으로 되어 있는데, 요진종(姚振宗)이
  집록(輯錄)하고 등준첩(鄧駿捷)이 교보(校補)한 《칠략별록일문 칠략일문(七略別錄佚
  文七略佚文)》(上海古籍出版社, 2008)과 양백준(楊伯峻)의 《열자집석(列子集釋)》(中
  華書局, 2007)에 근거하여 '章亂布'와 '諸篇' 사이에 '在' 1자를 보충하여 번역하였다.
2 살청(殺靑) : 좁은 의미로는 고대 죽간(竹簡) 제작 과정의 한 단계를 가리킨다. 대나무
  를 불에 쬐어서 습기를 없앤 후 그 표면의 청색 껍질을 깎아 제거함으로써 서사(書寫)
  의 편리를 도모하고 아울러 좀이 쏠거나 부패하는 것을 방지하는 것을 말한다. 넓은 의
  미로는, 서적을 교감할 때 먼저 죽간에 썼다가 정정(訂正)을 거친 후에 비단에 다시 정
  서(淨書)하는 전 과정을 가리키기도 하는데, 후에는 정본(定本)을 선사(繕寫)하거나
  교감하고 판각하여 인쇄하는 전체 과정을 통칭하는 말로 쓰였다.
3 교수한……하였습니다 : 본문에 인용된 〈열자서록(列子敍錄)〉의 해당 부분은 인용하거
  나 해설하는 사람에 따라 다양한 표점과 해석이 존재하는데, 본 번역서에서는 저자의 표
  점을 최대한 존중하여 번역하였다.

이로 볼 때 유향이 종사한 교수 작업의 실제는, 어떤 한 종의 고적에 대해 이야기한다면, 고적을 정리하는 과정의 한 단계인 교감을 진행한 것이란 사실을 알 수 있다. 그 구체적인 내용은, 전래된 각기 다른 판본을 수집하고 문자의 이동을 비교하여 착오를 정정하고 중복된 것을 제거하며 편장(篇章)의 차서(次序)를 검토하고 확정하여 사본(寫本)을 제작할 수 있도록 완성된 고본(稿本)을 만드는 것인데, 이는 오늘날 말하는 출판할 수 있도록 정리가 끝난 고본에 해당한다. 그러므로 전인(前人)이 사용한 '교수'라는 단어는, 많은 경우 교감을 가리켜 말한 것이다. '교수'란 단어가 이러한 의미로 사용된 경우는 오늘날에도 자주 보이는데, 왕왕 '교감'이란 단어의 문어체 동의어로 사용되기도 한다.

'교수'란 단어에는 또 하나의 의미가 있는데, 고적의 분류, 문자의 교감, 판본의 고증 및 내용의 제요(提要)와 목록의 편찬을 포함하는 고적 정리의 전체 작업을 가리키기도 한다. 이러한 의미 역시 유향이 한대(漢代)의 황궁 장서를 정리한 기록에서 파생된 것이다. 《한서(漢書)》〈예문지(藝文志)〉에 다음과 같은 기록이 있다.

(한 무제 때에) 서적을 보관할 방책을 세우고 사서(寫書)를 담당할 관원을 설치하여 아래로는 제자(諸子)의 책과 경전(經傳)의 해설서에 이르기까지 모두 비부(秘府)에 거두어 보관하였다. 성제(成帝) 때에 서적이 상당 부분 산일되었다고 하여 알자(謁者) 진농(陳農)을 시켜 천하에 남겨진 책을 수집하게 하였다. 광록대부(光祿大夫) 유향에게 명하여 경전과 제자 및 시부(詩賦)를 교수하게 하고, 보병교위(步兵校尉) 임굉(任宏)에게는 병서(兵書)를 교수하게 하며, 태사령(太史令) 윤함(尹咸)에게는 천문(天文), 역법(曆法), 점복(占卜)에 관한 서적을 교수하게 하고, 시의(侍醫)

이주국(李柱國)에게는 의약에 관한 서적을 교수하게 하였다. 서적 한 종의 교수가 끝날 때마다 유향이 각 서적의 편목(篇目)을 편차하고 그 요지를 뽑아 기록하여 상주하였다. 유향이 죽자 애제(哀帝)가 다시 유향의 아들인 시중봉거도위(侍中奉車都尉) 유흠(劉歆)을 시켜 부친의 유업을 끝마치게 하였다. 유흠이 이에 모든 책을 총괄하여 《칠략(七略)》을 지어 상주하였다.

한 성제(漢成帝) 하평(河平) 3년(기원전 26), 유향이 수장이 되어 황제의 명을 받아 고대 역사상 처음으로 계획적이고 조직적으로 황궁 장서에 대한 정리 작업을 진행하였고, 한 애제(漢哀帝) 수화(綏和) 2년(기원전 7) 유흠이 명을 받아 부친 유향의 사업을 계승하였다. 그리하여 마침내 부자 양대 약 20년에 걸쳐 정리 작업을 완성하고 고대 역사상 최초의 완정한 장서 목록과 제요를 편찬, 저술하였는데, 이것이 바로 《칠략》이다. 이는 고전문헌의 역사에서 일대 사건이었다. 이들의 작업은 후세 역대 왕조가 진행한 궁중 장서에 대한 정리 작업의 규범과 정식을 처음으로 세운 것으로, 이로 인해 아낌없는 칭송을 받음과 동시에 심대한 영향을 미쳤다.

이 때문에 전인들은 또 왕왕 '교수'라는 단어를 가지고 이러한 완정한 형태의 고적 정리 작업을 포괄적으로 가리키기도 하였는데, 그 경우 '교수'의 의미는 교감을 포함하는 것으로 단지 교감을 가리키는 데 그치지는 않는다.

학술의 발전에 따라, 남송(南宋) 시대의 학자 정초(鄭樵)는 그 이전의 각종 문헌과 저작이 모두 하나의 전문적인 분야에만 치우쳐 있고 고금 학술의 원류를 포괄하거나 관통하지 못한다고 여겼다. 이 때문에 그는 《통지략(通志略)》을 편찬하고서 "천하의 학술을 총괄하고 그 강목

(綱目)을 분류하고 나열하여 '략(略)'이라고 명명하였다. 모두 20략이다. 역대의 전장 제도와 학자들의 학술 성과가 모두 여기에 구비되어 있다."〈통지총서(通志總序)〉하였다. 그 가운데 〈교수략(校讎略)〉 부문을 개설했는데, 〈통지총서〉에서 다음과 같이 말하였다.

> 황실의 장서고에 책이 없을까 걱정할 것은 없지만 교수를 담당한 관리가 그것을 관리할 방법을 알지 못하고 있다. 삼관(三館)[4]에 무위도식하는 관리가 없게 하고 사고(四庫)[5]에 좀먹는 전적이 없게 하여 천만 권의 서책이 날마다 유통되게 하기 위해 〈교수략〉을 지었다.

그가 〈교수략〉을 지은 주요한 목적은 장서를 경영하고 관리하는 대략을 논술하는 것이었다. 〈교수략〉의 구체적인 내용은 바로 서적을 수장하고 정리하며 경영하고 관리하는 이론과 방법 서적의 분류와 편목의 작성을 포함한다. 으로, 교감과는 거의 관계가 없는 듯이 보인다. 그가 말하는 '교수'란 바로 고적 정리 작업의 전체 과정을 가리켜 말한 것이다. 그가 〈교수략〉에서 다룬 내용은 바로 후대에 '교수학(校讎學)'이라고 일컬어지는 학문의 연구 범위이다.

청대(淸代)의 학자 장학성(章學誠)은 《교수통의(校讎通義)》에서

---

4 삼관(三館): 당송(唐宋) 시대에 장서(藏書), 교서(校書), 수사(修史) 등을 담당하던 홍문관(弘文館) 또는 소문관(昭文館), 집현원(集賢院), 사관(史館)의 세 관청을 가리킨다.

5 사고(四庫): 본래는 당대(唐代)에 경사자집(經史子集) 사부(四部)의 서적을 갑(甲), 을(乙), 병(丙), 정(丁)의 차례로 나누어 보관하던 서고를 가리키는 말이었는데, 후대에는 사부의 서적을 통칭하는 말로 쓰였다.

다음과 같이 말하였다.

교수(校讎)라는 명의(名義)는 유향 부자가 각종 서적을 체계적으로 분류한 데서 비롯되었는데, 각종 학술의 특성을 분명히 드러내 구별하고 그 원류를 고증하여 참고하려는 데 목적이 있었다. 각종 학술의 정수 및 의론의 득실과 그 원인을 깊이 있게 파악한 자가 아니라면 이러한 일을 할 수 없었을 것이다.……정초는 그로부터 천 년 뒤에 태어나 당대 학술에 대해 유향·유흠 부자가 행한 평론 작업의 취지에 공감하였다. 그래서 역대의 저작들을 취하여 그 세세한 문자의 이동(異同)에 대한 시비는 생략하고 다만 계통적으로 분류하고 각 부문을 소통시킴으로써 그 득실의 원인을 고구(考究)하고는 그것을 교수라고 하였다. 이는 유향·유흠 부자 이후의 학자들은 일찍이 간파하지 못했던 것이다.[6]

여기서는 한 단계 나아가 '교수'란 학술의 원류와 유파에 근거하여 고적을 분류하고 저록(著錄)하는 정리 작업임을 명확히 하였다. 근대에 이르러 '교수학'이란 전문적인 학문 분야가 출현하였다. 청말(淸末) 범희증(范希曾)은 《교수잡술(校讎雜述)》에서 다음과 같이 말하였다.

세세하게는 한 글자의 이동을 변별하고 넓게는 고금과 내외의 방대한 서적을 모두 다룬다. 그 일은 교감에서 시작하고 분류에서 끝나는데 그 체와 용을 밝혀서 핵심적인 이치를 체득하니, 이것을 '교수학'이라고 부른다.

---

6 교수(校讎)라는……것이다 : 이 내용은 《교수통의(校讎通義)》 권1 〈서(敍)〉에 보인다.

이것이 바로 교감, 목록, 판본을 포함하고 있는 교수학이며, 바로 현재 진일보 발전하여 성립된 고전문헌학(古典文獻學)이다.

그러므로 우리는 '교수'가 일찍이 교감의 동의어였음을 파악해야 하며, 다른 한편으로는 또 이 두 단어의 실제 의미가 발전하고 변화하여 오늘날에는 이미 두 가지 각기 다른 학술 분야의 명칭으로 사용되고 있음을 알아야 한다. 특히 이 두 분야의 학문을 연구할 때에는 교수학, 즉 고전문헌학과 교감학의 연관과 차이에 주의해야 한다. 간단히 말하면 교수학은 교감학의 기본적인 내용을 포함한다. 단 교감학과 동일하지는 않다. 반대로 교감학은 교수학의 일익을 담당하는 중요한 구성 부분이다. 물론 독자적인 학문 분야로서의 교감학이 연구하는 내용은 더욱 전문적이고 또한 더욱 구체적이어야 한다.

제4절 교감과 교감학의 관계

교감학의 연구 대상은 고적의 교감이다. 고적 정리의 구체적인 작업으로서의 교감은 항상 어떤 고적에 대해 교감을 진행하는 데 있어 '본래의 모습을 보존하고 복원하는 것〔存眞復原〕'을 요구받는다. 최대한 고적의 본래 면모를 회복하여 고적을 읽고 연구하는 데 원고(原稿)에 가까운 선본(善本)을 제공하는 것, 이것이 바로 교감의 목적과 임무이다. 고적의 교감을 연구 대상으로 삼는 교감학의 목적과 임무는, 바로 역대 학자들이 고적을 교감한 경험을 총괄하고 고적을 교감하는 법칙과 규율을 연구하여 실제로 고적을 교감하는 데 이론과 지침을 제공하는 것이다.

교감과 교감학의 관계라는 측면에서 본다면, 교감학의 이론은 실제로 교감을 진행하는 과정에서 얻은 경험을 기초로 총괄해 낸 것이다. 그러한 이론은 실제적인 교감 작업의 지침으로서 작용하며 동시에 실제적인 교감 작업의 경험을 수용하고 또한 교감의 실천 과정에서 발전한다. 그러므로 더욱 훌륭하게 고적을 교감하기 위해서는 교감학을 공부하고 연구하여 의식적으로 교감의 법칙과 규율을 파악하고 운용하는 것이 필수적이다. 동시에 교감학에 대한 연구를 심화하고 수준을 제고하기 위해서는 또한 이미 이루어 놓은 교감학의 성과를 이해하고 파악함으로써 교감을 실천하는 과정에서 그것을 검증하고 더 나아가 총결할 수 있도록 해야 한다.

일반적으로 말해서, 역대 학자들은 수많은 고적에 대한 교감 작업과 이와 관련된 필기 저술을 통해 매우 풍부한 교감의 경험들을 축적하고 수많은 구체적인 교감의 통례를 총결하여 교감학의 연구에 견고하고도 깊고 넓은 기초를 제공하였다. 하지만 이론과학의 한 분야로서의 교감학은 여전히 더욱더 체계적인 이론의 총결이 필요하며, 또한 상당한 노력이 필요하다고 할 것이다.

제 2장

교감의 역사적 발전과
교감학의 형성 · 성립

제1절 교감학의 발전과 성립

문자가 생긴 뒤로 문헌과 전적이 만들어졌으며, 이를 베껴 쓰거나 인쇄하여 널리 보급하고 전파할 필요가 생겨났다. 그런데 베껴 쓰거나 인쇄하는 과정에서 착오가 없을 수 없었으며, 시일이 지나면 지날수록 와전되기가 쉬웠다. 이 때문에 교감이 요구되었으며, 날이 갈수록 교감이 복잡다단해져서 하나의 전문적인 학문으로 성립되었다. 곧, 교감의 역사는 문헌과 전적의 전파에 따라 발생하고 발전하였으며, 교감학은 교감 실천의 발전이라는 기초 위에서 형성되고 확립되었다.

중화 민족은 매우 긴 역사를 지녔다. 교감과 교감학의 역사도 오래되었다. 다만, 이론은 실천에서 나오기 때문에, 교감의 역사는 멀리 주대(周代)까지 거슬러 올라가지만 교감학은 청대(淸代)에 와서야 형성되고 근대에 와서야 확립되었다.

제2절 선진 시대의 교감

교감에 관한 최초의 기록은 《국어(國語)》 〈노어(魯語)〉에 보인다. 노나라 대부 민마보(閔馬父)가 다음과 같이 말하였다.

옛날 정고보(正考父)가 상나라의 유명한 〈송(頌)〉 12편을 주나라 태사(太師)에게 가서 교감하고 〈나(那)〉를 첫 편으로 삼았다.

이 일은 《시경》 〈상송(商頌) 나(那)〉의 소서(小序)에도 보인다.

〈나(那)〉는 탕(湯) 임금을 제사하는 내용의 시이다. 미자(微子)부터 대공(戴公)까지 예악이 쇠퇴하였는데 정고보(正考甫) '甫'는 '父'와 통한다. 가 〈상송〉 12편을 주나라 태사에게서 얻어 〈나〉를 첫 편으로 삼았다.

《모시정의(毛詩正義)》의 〈상송보(商頌譜)〉에 대한 당대(唐代) 공영달(孔穎達)의 소(疏)에 이 일에 대한 해석이 있다.

위소(韋昭) 《국어》에 주를 낸 사람이다. 가 "'유명한 〈송(頌)〉'은 〈송〉 중에 아름다운 것이다."라고 하였다. 이를 교감했다고 한 것으로 보아, 송나라의 예악이 비록 산실(散失)되기는 했지만 그래도 이 시들이 기록된 책은 아직 남아 있었으며, 정고보가 그 책에 오류가 있을까 염려하여 태사에게 가서 교감한 것이다.

정고보는 주 선왕(周宣王) 때 송나라 대공(戴公)의 대부로 공자의 7대조이며, 대략 기원전 9세기 말에서 8세기 초까지 살았다. 송나라는 상나라의 후예이기 때문에 탕(湯) 임금 이하, 상나라 역대 임금들을 칭송한 시편을 보존하여 종묘 제사의 가무에 사용하였다.

정고보는 이 12편의 송가(頌歌)에 착란된 어구나 글자가 있을까 염려하여 주나라 천자의 음악 담당관인 태사에게 가서 주나라에 보존된 〈상송〉의 전수본(傳受本)을 가지고 교감하여 바로잡은 것이다. 이 기록은 중국의 고적 교감의 유래가 오래되었음을 분명히 보여 준다. 또한 우리는 이 기록에서 당시에 전문 관원이 전적을 보관하고 전수하였음을 알수 있으니, 이 때문에 송나라 대부가 주나라의 전문 관원인 태사를 찾아가 가르침을 청하였던 것이다.

춘추 시대에 와서 경전(經傳) 고적(古籍)을 정리한 대학자가 나왔으니, 바로 정고보의 7대손 공자이다. 《공자가어(孔子家語)》〈본성해(本姓解)〉에 다음과 같은 기록이 있다. 아래의 인용문은 제나라 태사 자여(子與)가 공자를 만난 다음 남궁경숙(南宮敬叔)에게 한 말이다.

공자는 주나라가 쇠한 시대에 태어나 선왕의 전적이 착란되어 질서가 없는 것을 보고는 전해 내려오는 백가(百家)의 기록을 논하고 그 뜻을 고찰하여 바로잡았다. 요·순의 도를 이어받고 문왕·무왕의 도를 따라서, 《시(詩)》를 산삭하고 《서(書)》를 조술하고 《예(禮)》를 정하고 《악(樂)》을 정리하고 《춘추(春秋)》를 저술하고 《역(易)》의 도를 밝혔다. 이렇듯 후세에 가르침을 남겨 법식을 제공하였으니, 그 문덕(文德)이 뛰어나다.

《공자가어》는 위진(魏晉) 시대에 왕숙(王肅)이 위조한 책이다. 그러나 공자가 육경(六經)을 정리하고 편찬했다는 말은 《사기(史記)》에도 나오는 것으로 보아, 오래전부터 사람들이 이 일을 사실로 여겨 왔음을 알 수 있다. 이 때문에 역대 학자들이 모두 공자를 교수(校讎)의 비조로 존경하였다.

청대(淸代)의 단옥재(段玉裁)는 "책을 교감하는 일이 언제 시작되었을까? 공자 때부터 시작되었다."〈경의잡지서(經義雜識序)〉[1] 라고 하였고, 유월(兪樾)은 "교수하는 법은 공자에게서 나왔다."〈찰이서(札迻序)〉 라고 하였고, 장병린(章炳麟)은 "공자가 편찬한 《시경》에는 사시(四始)[2]라는 개념이 있어서 〈아(雅)〉, 〈송(頌)〉이 각기 제자리를 얻었다. 《상서(尙書)》를 100편으로 줄이고 〈요전(堯典)〉을 첫머리에 놓은 것도 잘 교감한 것이다."《국고논형(國故論衡)》라고 하였다.

그러나 공자가 고적을 교감한 구체적인 사례를 전하는 기록은 극히 드물다. 《공양전(公羊傳)》 소공(昭公) 12년에 다음과 같은 기록이 있다.

'백우양(伯于陽)'은 무엇인가? '공자 양생(公子陽生)'이다. 공자가 말하기를 "나는 그때 알았다." 하였다. 이 구절에 대해 하휴(何休)의 《해고(解詁)》에 다음과 같이 말하였다. "'子'는 공자를 이른다. '乃'는 바로 그해라는 말이다. 당시에 공자는 나이가 23세로, 그 일을 잘 알았다. 그런데 뒤에 《춘추》를

---

1 경의잡지서(經義雜識序) : 《교감학대강》에는 '經義雜記序'로 되어 있는데, 단옥재(段玉裁)의 《경운루집(經韻樓集)》에 근거하여 바로잡았다.

2 사시(四始) : 옛 설에 《시경》에 '사시'가 있다고 하는데, 첫째로 〈풍〉·〈소아〉·〈대아〉·〈송〉을 가리킨다는 설, 둘째로 〈풍〉·〈소아〉·〈대아〉·〈송〉의 첫 편을 가리킨다는 설, 셋째로 〈대아〉의 〈대명(大明)〉, 〈소아〉의 〈사모(四牡)〉·〈남유가어(南有嘉魚)〉·〈홍안(鴻雁)〉을 가리킨다는 설 등 세 가지 설이 있다. 여기서는 첫 번째 설을 의미하는 것으로, 이는 《시경》의 시를 임금이 나라를 다스리는 과정에 결부시켜 네 가지로 분류하고, 임금의 행실이 나라의 안정과 혼란의 단초가 된다는 뜻에서 '시초[始]'라는 말을 붙인 것이다. 《詩經集傳 關雎》

편찬하면서 역사 기록을 살펴보고는 '公'이 '伯'으로 잘못되고 '子'가 '于'로 잘못되었으며 '陽'만 남아 있고 '生'은 깎여 나가 누락되었음을 안 것이다." 곁에 있는 사람이 "선생님께서 정말로 아신다면 왜 고치지 않는 것입니까?" 하자 "너희들이 모르는데 어쩌겠느냐?" 하였다. 이 구절에 대해 《해고》에 다음과 같이 말하였다. "이는 공자가 후세 사람들에게 모범을 보여 주어 사람들이 억측으로 잘못 고치는 일이 없게 한 것이다."

'伯于陽'은 《춘추》의 경문(經文) "齊高偃率師納北燕伯于陽〔제나라의 고언이 군대를 이끌고 북연백을 양으로 들여보냈다.[3]〕"의 마지막 세 글자이다. 《공양전》에서는, 이는 '公子陽生' 네 글자에서 오탈자가 생긴 것이라고 하면서 공자의 말을 증거로 들었으며, 아울러 공자가 글자를 고치지 않은 것은 신중한 태도 때문이었다고 설명하였다. 여기에서 공자가 이문(異文)의 존재를 알면서도 함부로 글자를 고치지 않았음을 알 수 있다. 이는 확실히 교감에 속하는 일이다.

그러나 실은 이는 '伯于陽' 세 글자에 대한 《공양전》의 교감 설명이다. 이에 대한 《좌전(左傳)》과 《곡량전(穀梁傳)》의 해석은 완전히 다르며, 오탈자가 있다고 하지도 않았다. 따라서 이 예가 당시에 이미 교감 행위가 있었음을 보여 준다고는 할 수 있어도, 공자가 행했던 교감의 전형적인 예라고 할 수는 없다.

공자의 제자 복상(卜商 자하(子夏))도 교감에 대한 사례 한 가지를 남겼다. 《여씨춘추(呂氏春秋)》〈신행론(愼行論) 찰전(察傳)〉에 다음과 같은 기록이 있다.

---

3 제나라의……들여보냈다 : 본문의 해석은 《춘추좌씨전(春秋左氏傳)》 소공(昭公) 12년 조의 내용을 근거로 하였다.

자하가 진(晉)나라에 갈 적에 위나라를 지나게 되었다. 어떤 이가 역사 기록을 읽기를 "晉師三豕涉河"라고 하자, 자하가 말하기를 "아니다. 이는 '己亥'이다. '己'는 '三'과 자형(字形)이 비슷하고 '豕'는 '亥'와 비슷하다." 하였다. 진나라에 도착하여 물어보니 "진나라 군대가 기해일에 황하를 건넜다." 하였다. 亥와 豕, 己와 三의 필법이 비슷하기 때문에 생긴 오류이다.

자하가 위나라 사람이 두 글자를 잘못 읽었으며 그처럼 잘못 읽게 된 원인은 자형이 비슷하기 때문이라고 지적한 것이다. 여기에는 이것이 위나라 사람이 잘못 읽은 것인지, 아니면 본래 쓰인 글자가 잘못된 것인지 설명되어 있지 않다. 그러나 일의 성격상 이는 교감의 범위에 포함되며, 또한 춘추 전국 시대의 학자들이 글자의 착오에 유의하였음을 보여 준다. 이는 바로 "글을 세 번 옮겨 쓰면 '魚'가 '魯'로, '虛'가 '虎'로 어떤 본에는 '帝'가 '虎'로 변한다고 되어 있다. 변한다." 진(晉)나라 갈홍(葛洪)의 《포박자(抱朴子)》〈내편(內篇) 하람(遐覽)〉라는 옛말과 같은 경우이다. 이 때문에 '어로해시(魚魯亥豕)'가 후세에 오자(誤字)를 가리키는 성어로 쓰이게 되었다.

결론적으로 말하면 선진(先秦) 시대의 학자들은 이미 문헌 전적의 글자와 어구의 착오에 유의하였다. 뿐만 아니라 그들은 교감을 실천하고 착오의 원인에 관심을 가지면서도 신중한 태도를 취하였다.

위에서 우리는 교감이 문헌 전적을 전파하려는 필요와 함께 생겨났다는 사실을 알 수 있었다. 그러나 이러한 기록은 단편적인 것으로, 개별적인 현상을 보여 주는 데에 그친다. 따라서 선진 시대의 학자들이 실천한 문헌 전적 교감의 발전 정도와 특징을 설명해 주지는 못한다.

제3절 서한 시대의 교감

진 시황(秦始皇)은 분서갱유를 통해 진나라 사관(史官)의 글만 전파시키고 《시경》, 《서경》 등 유가 경전의 전파는 엄금하는 문화적인 전제를 행하였다. 게다가 진말한초(秦末漢初)에는 전란이 오랫동안 계속되어 고적이 훼손되거나 흐트러지기 쉬웠다.

한나라는 문화를 중시하였다. 한 무제(漢武帝)는 유학을 존숭하여 처음으로 서사관(書寫官)을 설치하고 민간에 남아 있는 서적을 채집하기 시작하였다. 그러나 계획적이고 조직적인 문헌 전적의 정리는 위에서 말한 바와 같이 한 성제(漢成帝)가 유향에게 명하여 황궁의 장서를 정리한 것이 처음이었다. 제1장 제3절을 참조하라.

유향 부자는 많은 양의 교감 작업을 직접 행하였으며, 아울러 당시에 행한 교감의 내용과 특징을 보여 주는 상당히 풍부하고 구체적인 교감 기록을 남겼다. 그 내용을 개괄해 보면 다음과 같은 몇 가지 주요한 항목이 있다.

1 전해 내려오는 각종 이본을 수집하여 교감하였다

《한서》 〈예문지〉에 다음과 같은 기록이 있다.

> (한나라 선제(宣帝)·원제(元帝) 때 《역경(易經)》을 전수한 자들 중에) 시씨(施氏), 이름은 수(讎)이다. 맹씨(孟氏), 이름은 희(喜)이다.

양구씨(梁丘氏), 이름은 하(賀)이다. 경씨(京氏) 이름은 방(房)이다. 의 설이 학관(學官)에 채택되었고, 민간에 비씨(費氏), 이름은 직(直)이다. 고씨(高氏) 이름은 상(相)이다. 두 사람의 설이 있었다. 유향이 궁중에 소장된 고문(古文)《역경》을 바탕으로 시씨, 맹씨, 양구씨가 전하는《역경》을 비교 검토해 보니 간혹 '無咎', '悔亡'이 누락되어 있었고, 오직 비씨가 전하는《역경》만이 고문과 일치하였다.

또 다음과 같은 기록도 있다.

(한나라 선제 때《상서(尙書)》를 전수한 자들 중에) 구양씨(歐陽氏) 이름은 생(生)이다. 와 대소(大小) 하후씨(夏侯氏) 하후승(夏侯勝)과 하후건(夏侯建)이다. 의 설이 학관에 채택되었다. 고문《상서》는 공자 고택의 벽에서 발견되었다.……유향은 궁중에 소장된 고문을 바탕으로 구양씨와 대소 하후씨 세 사람이 전하는 경문을 비교 검토하였다. 그 결과〈주고(酒誥)〉에는 탈간(脫簡)이 하나,〈소고(召誥)〉에는 탈간이 둘이 있었다. 간(簡) 하나에 25자가 들어가는 경우는 25자씩, 22자가 들어가는 경우는 22자씩 누락된 것이다. 글자가 다른 것이 700여 자였고, 탈자가 수십 자였다.

한대에 와서 유가 경전이 다시 전수되기 시작하였는데, 그 주체는 관에서 설치한 박사관(博士官) 즉 관학(官學)의 경사(經師)와 민간의 경사들이었다. 전수되는 본에는 선진 시대의 서체로 쓰인 고문(古文) 전수본과 한대(漢代)의 예서(隸書)로 쓰인 금문(今文) 전수본이 있었으며 하나의 경전에 대해서도 각 경사마다 해석이 달랐다. 이 때문에 하나의 경전에 몇 개 유파의 전수본이 존재하였고 각 전수본들 사이에 경문의 차이가 있었다.

유향은 경전을 교감할 적에, 궁중에 소장된 고문 전수본을 위주로 해서 학관과 민간에 있는 각 유파의 전수본을 수집하고 비교 검토하여 시비를 판정하였다. 예를 들면 《역경》은 궁중의 고문본을 저본으로 삼고 관학의 시씨, 맹씨, 양구씨, 경씨 등 네 개 유파의 전수본 및 민간의 비씨, 고씨 등 두 개 유파의 전수본과 비교하여 교감하였고, 《상서》는 궁중의 고문본을 저본으로 삼고 구양씨와 대소 하후씨 등 세 유파의 전수본과 비교하여 교감하였다. 유향은 이때 경문만 교감하였고 경문에 대한 각 유파의 해석 즉 전문(傳文)은 교감하지 않았다.

이와 마찬가지로 유향은 제자서(諸子書)를 교감할 때에도 잔본(殘本)까지 포괄하여 각종 이본을 수집하였다. 예를 들면 〈열자서록(列子敍錄)〉에 다음과 같은 말이 있다.

> 교수(校讎)한 궁중 소장의 《열자》는 5편입니다. 신 유향(劉向)이 삼가 장사위(長社尉) 두참(杜參)과 함께 태상시(太常寺)에 소장된 3편, 태사령서(太史令署)에 소장된 4편, 신이 소장하고 있는 6편, 두참이 소장하고 있는 2편을 사용하여 교수하였습니다.

〈안자서록(晏子敍錄)〉에는 다음과 같은 말이 있다.

> 교수한 궁중 소장의 《안자》는 11편입니다. 신 유향이 삼가 장사위 두참과 함께 태사령서에 소장된 5편, 신 유향이 소장하고 있는 1편,[4]

---

4 신 유향이……1편 : 《교감학대강》에는 해당 원문인 '臣向書一篇'이 빠져 있는데, 《안자춘추(晏子春秋)》권1 유향(劉向)의 서문과 《서한문기(西漢文紀)》〈상안자(上晏子)〉에 근거하여 보충하고 번역하였다.

두참이 소장하고 있는 13편을 사용하여 교수하였습니다.

제자서는 한대에 이미 심하게 산일되어서 궁중에 소장된 책들조차 완전하지 않았다. 그래서 유향이 그 밖의 관서와 민간에 소장된 책을 수집하여 정리하고 교감한 것이다. 원문의 '太史書'는 태사령서에 소장된 책을, '太常書'는 태상시(太常寺)에 소장된 책을, '臣向書'는 유향 자신이 소장한 책을, '臣參書'는 두참(杜參) 일설에는 부참(富參)이라고도 한다. 이 소장한 책을 뜻한다. 당시의 책은 모두 초본(抄本)이었다.

2 편장의 순서를 정리하고 검토, 판정하였으며 더 나아가 서명을 정하기도 하였다

〈안자서록〉에 다음과 같은 말이 있다.

> 궁중과 민간에 소장된 글이 도합 30편 838장입니다. 중복된 22편 638장을 제거하고 8편 215장을 정본(定本)으로 정리하였습니다. 이 가운데 민간 전수본에 없는 것이 36장, 궁중 소장본에 없는 것이 71장입니다. 궁중 소장본과 민간 전수본에 모두 있는 장은 서로 비교하여 바른 글자를 정하였습니다.……그중 6편은 모두 충심으로 임금에게 간언한 내용으로, 문장이 훌륭하고 의리도 본받을 만하여 다 육경의 가르침에 맞습니다. 내용이 중복되더라도 문장이 매우 다른 것은 감히 누락할 수 없어서 별도의 한 편으로 만들어 두었습니다. 그리고 내용이 경서의 가르침에 부합하지 않아서 안자의 말이 아니라 후세의 변설가가 만든 것으로 의심되는 것이 있는데,

이 또한 감히 버릴 수 없어서 따로 한 편으로 만들어 두었습니다. 모두 8편입니다.

〈열자서록〉에는 다음과 같은 말이 있다.

궁중과 민간에 소장된 글이 도합 20편인데, 교감 결과 중복된 12편을 제외하고 8편을 정본으로 정리하였습니다. 궁중 소장본에서 채택한 것이 많고 민간 전수본에서 채택한 것은 적습니다. 원래는 장(章)이 헝클어진 채 각 편에 포진되어 있었습니다.

〈전국책서록(戰國策敍錄)〉에는 다음과 같은 말이 있다.

교수한 것은 궁중 소장의 《전국책》의 글입니다. 궁중 소장본은 각 권의 내용이 어지럽게 뒤섞여 있습니다. 또 각 나라별로 된 8편이 있기는 하나 분량이 적어서 책이 되기에는 부족합니다. 신 유향이 나라별로 나누어진 것을 대략 시간의 순서로 배열하고, 순서가 정해지지 않은 것을 분별하여 보충하였습니다. 중복된 것을 제외하여 33편이 되었습니다.……궁중 소장본의 원래 명칭은 《국책(國策)》, 《국사(國事)》, 《단장(短長)》, 《사어(事語)》, 《장서(長書)》, 《수서(修書)》 등이었으나, 신 유향은 전국 시대에 유세가들이 각기 자신이 등용된 나라를 위하여 책모를 바친 것이므로 《전국책》이란 명칭이 적합하다고 생각합니다.

이와 같은 말이 〈관자서록(管子敍錄)〉 등에도 보인다. 한나라 궁중에 소장되어 있던 제자서들은 대부분 순서가 뒤바뀌고 중복이 있는 간책

(簡冊)이었다. 이 때문에 반드시 각 본을 비교하고 검토하여 중복된 부분을 삭제하고 편장(篇章)의 구분과 순서를 검토하여 정리하고, 심지어는 《전국책》의 경우처럼 서명(書名)을 새로 결정하기도 하고 《안자》처럼 교감하고 남은 것을 가지고 따로 2편을 만들기도 해야 했다. 실제로는 《전국책》과 《안자》의 경우는 원시 자료를 기초로 새로 편집하여 책을 만드는 것에 가까웠다.

그 밖에 《관자(管子)》는 564편이었던 것을 86편으로 정리하고, 《순자(荀子)》는 322편이었던 것을 32편으로 정리하였다. 또 《관윤자(關尹子)》는 "고찰할 수 없을 정도로 뒤섞이고 연자(衍字)와 탈자가 있어 불규칙하게 끊기고 이어진〔錯不可考, 增闕斷續〕"[5] 3종의 초본(抄本)을 가지고 교감하여 완전한 9편본을 편정하였으며, 그대로 따를 만한 편장의 순서가 있더라도 정리하고 판단하여 정하였다.

3 글자의 잘못을 정정하였다

위에서 인용한 《한서》〈예문지〉의 내용처럼 유향은 《역경》을 교감할 적에 고문본을 바탕으로 금문본을 비교 검토했을 뿐만 아니라 탈자도 찾아내었고, 《상서》를 교감하여 탈간(脫簡), 이문(異文), 탈자가 있음을 밝혔다.

제자서를 교감할 적에도 글자의 잘못을 바로잡았으니, 예컨대 《전국책》에서는 "자형의 일부가 잘못 빠진 것이 많아서 趙가 肖로, 齊가 立으로 되어 있기도 하다."라고 하고, 궁중에 소장된 《안자》의 글에 대해

---

5 고찰할……이어진 : 유향의 〈관윤자서록(關尹子敍錄)〉에 보인다.

"天가 芳으로, 又가 備로, 先이 牛로, 章이 長으로 되어 있기도 하다."
라고 하고, 궁중에 소장된 《열자》에 대해 "간혹 글자가 잘못되어 盡이
進으로, 賢이 形으로 되어 있기도 하다."라고 하는 등의 지적을 하였다.

결론적으로, 유향은 궁중에 소장된 경서와 자서(子書) 전적 및 그 밖
의 각종 고서를 정리하기 위하여 대량의 신중한 교감 작업을 행하였다.
여기에서 교감이 문헌학 즉 교수학의 중요한 부분이라는 것, 교감은 문
헌 정리의 발전과 함께 발전했다는 것을 알 수 있다.

유향이 교감한 경서와 자서의 전적들은 이미 유실되고 없다. 그러나
현존하는 서록을 보면 경전의 교감은 고문 경문을 기준으로 했고, 제자
백가서의 교감은 단순한 교감을 넘어 거의 편집에 가까운 작업이었음을
알 수 있다. 이 때문에 경서의 교감은 비교적 객관적이었지만 제자백가
서의 교감에는 주관적 요소가 보다 많이 들어갔다.

교감학의 입장에서 말하면, 유향이 교감한 고적이 현존하지 않으므로
그가 수행한 교감의 실제를 총괄하여 교감학사상의 성과를 구체적으로
평가할 수는 없다. 그러나 반드시 인정해야 할 점이 있다. 그는 많은 전
수본을 수집하고, 동이(同異)를 비교하고, 착간을 정리하고, 정오를 판
별하는 등 고적 교감에 필요한 일련의 수순과 내용을 이미 모두 구비하
고 또 확정하였던 것이다. 그리고 탈간을 근거로 탈자의 수를 추정하고
'자형의 일부가 잘못 빠져 있는[脫爲半字]' 글자를 근거로 오자의 통례
(通例)를 확정하는 등 자구의 오류가 발생한 원인에 대하여 유향은 그
법칙성을 어느 정도 파악하고 있었다. 또한 盡이 進으로, 賢이 形으로,
章이 長으로, 先이 牛로 잘못된 것을 지적한 예에서 알 수 있듯이, 유향
은 자형이나 발음의 유사함 때문에 생기는 오자, 별자(別字)에 대해서
도 나름대로의 인식이 있었다고 할 수 있다.

그러므로 유향은 교수학사에서 개창자의 위치를 점하고 있고, 교감학

사에서도 교감의 정식(程式)을 개창한 대표적인 학자로서 중요한 위치를 점하고 있다. 그로 인해 교감의 역사가 비로소 고찰할 만한 자취를 지니게 되었다.

제4절 동한 말기의 교감

한나라 이후로는 모든 왕조가 문헌 전적의 수집과 정리를 중시하였다. 또한 모두 소장 도서를 분류하여 편목(編目)하는 각종 규모의 사업을 진행하였으며, 아울러 전담 관원을 상설하여 고적을 교감하고 선사(繕寫)하였다. 그러나 궁중의 도서는 비장(秘藏)되어 일반인이 열람할 수 없었기 때문에 궁중 장서의 교감을 통하여 축적된 교감의 지식과 경험이 사실상 소수의 학관들을 통해서만 전수되고 전파되었다. 또 역대의 전란으로 훼손되고 산실되어서 이들 궁중의 장서는 거의 남아 있지 않고 목록만 남아 있는 것이 보통이다. 이 때문에 현존하는 고적을 바탕으로 교감의 업적과 발전을 고찰하려면 주로 각 시대를 대표하는 학자들이 정리한 고적 주소(注疏)와 전교(箋校)와 고증을 포괄한다. 과 고적에 관한 논저에 나타난 교감의 성과를 근거로 해야 한다.

후한의 종이의 발명, 한말의 석경(石經)의 제작, 수대(隋代)의 판각의 발명, 송대(宋代)의 활자 인쇄, 명대(明代)의 동모 주자(銅模鑄字)[6] 등등 서사(書寫) 수단과 인쇄 사업의 발전으로 말미암아 후한 말엽 이후로는 민간에서도 서적을 입수하기가 비교적 쉬워졌다. 이 때문에 고적 정리와 교감의 학술적 성과가 학자와 장서가의 저술 가운데 점점 많이 등장하였다. 대체로 말하면 후한 후기 이후의 교감과 교감학의 역사적 발전은 이와 같았다. 후한 말기의 정현(鄭玄)과 고유(高誘)는 이 시대를 대표하는 학자들이다.

---

6 동모 주자(銅模鑄字) : 구리나 아연 합금의 활자 모형을 이용하여 주조한 활자를 이른다.

정현은 후한 말기의 경학 대사(經學大師)이다. 그는 먼저 금문(今文) 경(經)을 배우고 뒤에 고문(古文) 경을 배웠으며, 또 한말의 경학 대사 마융(馬融)에게서 고문 경을 배웠다. 그런 뒤에도 그는 벼슬하지 않고 은거하며 경학을 깊이 연구하고 경전에 주석을 달아서 고문과 금문 쌍방을 모두 아우르는 경학 대사가 되었다. 그는 《주역》, 《상서》, 《모시》, 《의례》, 《주례》, 《예기》, 《논어》, 《효경》 등의 유가 경전에 주석을 달았다. 현존하는 그의 주석으로는 《십삼경주소(十三經注疏)》 안에 보존된 《모시》의 정전(鄭箋)과 《주례》·《의례》·《예기》의 정주(鄭注), 그 밖의 경서에 대한 주석 집본(輯本) 등이 있다.

한대에는 고문 경과 금문 경의 논쟁[7]으로 말미암아 경학의 유파가 많았는데, 정현은 "중요한 고전을 총괄하고 여러 학파의 설을 망라하여, 번다한 것과 잘못된 것을 삭제하고 유실된 것을 보충하였다. 그제서야 학문하는 자들이 비로소 무엇을 기준으로 삼아야 할지 대략 알게 되었다."《후한서》〈정현전(鄭玄傳) 논(論)〉

청나라의 피석서(皮錫瑞)는 《경학역사(經學歷史)》에서 다음과 같이 말하였다.

내가 살펴보니, 정현은 경서에 주를 낼 적에 금문과 고문을 함께 채택하였다. 《역》의 주석에는 비씨(費氏)의 고문을 사용하였으니, 그의 효신설(爻辰說)[8]은 비씨의 분야설(分野說)[9]에서 나온 것이다.

---

7 고문 경과 금문 경의 논쟁 : 한나라는 유가 사상을 통치 이념으로 숭상하여 경마다 박사를 세웠는데, 통치 계급 내부의 세력 다툼이 동중서(董仲舒) 등 금문 경을 중시하는 파와 유흠(劉歆) 등 고문 경을 중시하는 파 사이에 박사를 점하는 투쟁으로 표출되었다. 그 학술적 논쟁은 정현(鄭玄)이 금문 경과 고문 경을 종합함으로써 일단락되었다.

8 효신설(爻辰說) : 효(爻)는 주역 괘의 육효(六爻)이고, 신(辰)은 십이지(十二支)를

그러나 지금은 산일되어 버리고 시씨(施氏), 맹씨(孟氏), 양구씨 (梁丘氏)의 《역》도 유실되었기 때문에 이들 사이의 동이점을 살펴 볼 수 없다.

《상서》의 주석에도 고문을 사용하였지만 마융과는 다른 점이 많 았다. 마융은 금문을 따랐는데 정현은 고문을 따른 곳도 있고, 마융 은 고문을 따랐는데 정현은 금문을 따른 곳도 있다. 이처럼 《상서》 의 정주(鄭注)는 금문과 고문을 모두 채택하였다.

《시》의 전(箋)은 《모시》의 설을 위주로 하면서 때때로 《모시》 의 글자를 고쳤는데, 이에 대해 정현은 "다른 점이 있으면 스스로 판단하여 결정했다."라고 하였다. '스스로 판단했다'는 것은 실은 삼 가(三家)의 설에 기초한 것이다. 이처럼 《시》의 정전(鄭箋)은 금 문과 고문을 모두 채택하였다.

《의례》의 주석에도 금문과 고문을 모두 남겨 두었다. 금문을 따 른 곳은 주석에 고문을 제시하고, 고문을 따른 곳은 주석에 금문을 제시하였다. 이처럼 《의례》의 정주(鄭注)는 금문과 고문을 모두 채택하였다. 《주례》는 고문만 있고 금문이 없으며, 《예기》도 금문 과 고문이 따로 있지 않다. 따라서 《주례》와 《예기》의 주는 모두 논할 필요가 없다.

《논어》의 주는 《노론(魯論)》의 편장(篇章)에 따르면서도 《제 론(齊論)》과 《고론(古論)》을 참조하여, 예컨대 "《노론》에서는 '某'를 '某'로 읽었지만 지금은 《고론》을 따른다."라는 식으로 주를

말한다. 정현은 육효와 십이지를 배합하여 《역(易)》을 설명하였다.

9 분야설(分野說) : 팔괘(八卦)와 별자리를 간지로 서로 배합하여 《역(易)》을 설명한 것 이다.

달았다. 이처럼 《논어》의 정주(鄭注)는 금문과 고문을 모두 채택하였다.

《효경》의 주에는 금문의 설이 많다. 엄가균(嚴可均)의 집본(輯本)이 있다. 엄가균이 집록(輯錄)한 《효경정주(孝經鄭注)》를 가리킨다.

이처럼 정현은 경서에 주석을 달 적에 고문과 금문을 모두 채택하여 우선 고문과 금문, 《시경》의 사가(四家),[10] 《논어》의 삼가(三家)[11]의 동이점을 비교하였으니, 교감을 출발점으로 삼은 것이다. 이와 동시에 그는 경문에 있는 오자, 연자, 탈자, 착간 등 글자와 어구의 잘못을 교감하고 정리하였다. 그가 주를 낸 《시경》과 삼례(三禮)를 가지고 볼 때 그가 교감에 세운 공헌은, 충분한 근거를 가지고 경문의 바른 글자를 판단하여 오자를 고치고 동시에 이문(異文)을 남겨 두었다는 것이다. 청나라 유월(俞樾)은 "그때까지 경사(經師)들은 자신이 배운 경전을 묵수(墨守)하여 감히 조금도 글자를 변경하지 못하였다. 그런데 정현은 폭넓은 지식과 활달한 식견을 지니고 있었기 때문에 그가 낸 삼례의 주에 왕왕 경문의 잘못을 논하고 바로잡은 곳이 있었다."〈정군박정삼례고서(鄭君駁正三禮考序)〉라고 하였다.

구체적으로 말하면 정현은 경서에 주를 낼 적에 글자의 독음을 바로잡고 물명(物名)을 설명하고 경문을 해석했을 뿐만 아니라 교감에 속하는 몇 가지 작업을 수행하였다. 그 내용은 다음과 같다.

---

10 사가(四家): 《모시(毛詩)》《노시(魯詩)》《한시(韓詩)》《제시(齊詩)》를 이른다.
11 삼가(三家): 《노론(魯論)》《제론(齊論)》《고론(古論)》을 이른다.

1 이문

예를 들면 다음과 같다.

《의례》〈사관례(士冠禮)〉: 筮人還東面, 旅占卒, 進告吉。
시초점을 친 사람이 원래의 위치로 돌아와 동쪽을 향해 서면, 여러
사람이 시초점으로 얻은 괘를 근거로 길흉을 따진 다음, 장자가 주
인에게 나아가 선택한 날짜가 길하다고 고한다.
정현의 주: 고문(古文)에는 '旅'가 '臚'로 되어 있다.

《의례》〈사관례〉: 加皮弁如初儀, 再醮攝酒。
피변을 씌우기를 처음에 했던 의식처럼 하고 나서, 재차 초례(醮
禮)를 행하고 술단지 속의 술을 한 번 휘젓는다.
정현의 주: 금문(今文)에는 '攝'이 '聶'으로 되어 있다.

《예기》〈곡례〉: 宦學事師, 非禮不親。
벼슬살이나 학문을 위해 스승을 섬길 적에 언행이 예에 맞지 않으
면 서로 가까워지지 않는다.
정현의 주: '學'이 어떤 본에는 '御'로 되어 있다.

《예기》〈향음주의(鄉飲酒義)〉: 盥洗揚觶, 所以致絜也。
손을 씻고 잔을 씻고 나서 잔을 들어 술을 마시는 것은 청결함을 표
시하기 위함이다.
정현의 주: '揚'은 '擧[들다]'의 뜻이다. 금문《예기》에는 모두 '騰'으로 되어 있다.

《예기》〈향음주의〉: 賓主象天地也, 介僕象陰陽也。

손님과 주인은 천지를 상징하고, 손님을 보좌하는 개(介)와 주인을
보좌하는 준(僎)은 음양을 상징한다.

정현의 주 : 고문 《예기》에는 '僎'이 모두 '遵'으로 되어 있다.

이상은 고문을 정문(正文)으로 하고 금문을 주석에 기록하거나 혹은
금문을 정문으로 하고 고문을 주석에 기록하거나 혹은 다른 본의 이문을
주석에 기록한 예이다.

또 예를 들면 다음과 같다.

《시경》〈주남(周南) 관저(關雎)〉: 君子好逑
군자의 좋은 짝이로다.

정현의 전 : 서로 원망하는 상대[〔怨偶〕를 '仇'라고 한다.
수나라 육덕명(陸德明)의 《경전석문(經典釋文)》: '逑'가 본디는 '仇'였다. 음이
같다. 정현은 "서로 원망하는 상대를 '仇'라고 한다." 하였다.

《시경》〈패풍(邶風) 웅치(雄雉)〉: 自詒伊阻
오랫동안 소식이 끊겼도다.

정현의 전 : '伊'는 '緊'가 되어야 한다. '緊'는 '是[이것]'의 뜻이다.
《경전석문》: '緊'는 '烏'와 '兮'의 반절(反切)이다.

《시경》〈왕풍(王風) 양지수(揚之水)〉: 彼其之子
저 사람이여

정현의 전 : '之子'는 '是子[이 사람]'의 뜻이다.……'其'는 어떤 본에는 '記'로, 어
떤 본에는 '己'로 되어 있는데, 이들은 모두 음이 비슷하다.

이상은 삼가(三家)의 《시경》을 바른 글자로 채용하거나 삼가의 이문을
주석에 기록해 놓거나 혹은 다른 본의 이문을 주석에 기록해 놓은 예이다.

2 오자

예를 들면 다음과 같다.

《시경》〈패풍(邶風) 녹의(綠衣)〉의 소서(小序) : 《綠衣》, 衛莊
姜傷己也。妾上僭, 夫人失位而作是詩也。[12]
〈녹의〉는 위나라 장강이 자신을 서글퍼한 시이다. 첩이 위로 참람
하니 부인이 지위를 잃고서 이 시를 지은 것이다.

정현의 전 : '綠'은 '褖'이 되어야 한다. 고문은 '褖'이었는데 전사 과정에서 '綠'으
로 바뀐 것으로, 글자의 형태가 비슷해서 생긴 오류이다.

공영달(孔穎達)의 《모시정의(毛詩正義)》 : '綠'은 그르고 '褖'이 옳다고 판단할
수 있는 이유는 다음과 같다. 이 '綠衣'는 《주례》〈천관(天官) 내사복(內司服)〉
에 나오는 '緣衣'와 글자가 같다. 내사복은 왕비들의 여섯 가지 복장을 담당하는
데, 그중에 다른 다섯 가지는 색깔로 말하지 않았으면서 녹의만 색깔로 말했다
면 분명히 잘못된 것이다.

〈내사복〉의 주에 《예기》〈잡기(雜記)〉의 "夫人復, 稅衣、褕翟〔부인은 초혼(招
魂)할 때에 오색 꿩을 수놓은 단의와 유적으로 한다.〕"과 〈상대기(喪大記)〉의
"士妻以褖衣〔사의 처는 초혼할 때에 단의로 한다.〕"를 인용하고 말하기를 "'褖衣'
의 용례는 상당히 많다. 같은 뜻으로 '稅' 자가 사용된 경우도 있다. 여기에서
'綠衣'라고 한 것은 실은 '褖衣'이다."라고 하였다. 이로 볼 때 〈내사복〉에는 '褖
衣'가 없지만 《예기》에는 있으므로 '褖衣'가 옳다. 〈내사복〉의 '緣衣'는 '褖衣'가
되어야 한다. 따라서 이 시의 '綠衣'도 '褖衣'의 뜻이다.

《시경》〈소아(小雅) 길일(吉日)〉 : 瞻彼中原, 其祁孔有。
저 언덕을 보니 큰 짐승이 매우 많도다.

---

12 綠衣……詩也 : 《교감학대강》에는 빠져 있는데, 교감 사례 제시의 체제를 통일하고 번
역문의 이해를 돕기 위해 보충하였다.

모형(毛亨)의 전 : '祁'는 '크다'라는 뜻이다.

정현의 전 : '祁'는 '麎'이 되어야 한다. '麎'은 고라니 수컷으로, 중원의 들판에 매우 많다.

《경전석문》: '祁'를, 정현은 '麎'으로 고쳤다. '麎'은 음이 '辰'이다.

《시경》〈소아 상체(常棣)〉: 常棣之華, 鄂不韡韡。

상체꽃이여, 찬란히 빛나지 않는가.

모형의 전 : '鄂'은 '鄂鄂然'과 같은 말로, 밖으로 드러난다는 뜻이다.

정현의 전 : 꽃을 받치는 것을 '鄂'이라 한다. '不'은 '柎'가 되어야 하니 '柎'는 鄂의 발이다.……옛날에는 '不'과 '柎'의 음이 같았다.

《경전석문》: '不'을 모전에서는 본래의 뜻 그대로 읽었는데 정현은 '柎'로 고쳤다. '柎'는 '方'과 '于'의 반절이다.

이상은 소서의 오자를 정정하거나 경문의 오자를 정정한 예이다.
또 예를 들면 다음과 같다.

《주례》〈천관(天官) 납인(臘人)〉: 凡祭祀, 共豆脯、薦脯。

모든 제사에 두포와 천포를 공급한다.

정현의 주 : '포(脯)'는 두(豆)에 담는 것이 아니므로 '豆'는 '羞'가 되어야 한다. 음이 비슷해서 생긴 오류이다.

가공언(賈公彦)의 소 : '포(脯)'가 두(豆)에 담는 것이 아님을 알 수 있는 것은, 〈변인직(籩人職)〉에 '율포(栗脯)'가 나오는 것으로 보아 포(脯)는 변(籩)에 담는 것이기 때문이다. 그래서 '포(脯)는 두(豆)에 담는 것이 아니다.'라고 한 것이다. '豆'가 '羞'가 되어야 함을 알 수 있는 것은, 〈변인직〉에 "모든 제사 때 변(籩)에 담아 올릴 음식물을 공급한다."라는 말이 있는데 그 정주(鄭注)에 "음식을 올리는 의식 전에 올리는 것이 '薦'이고, 음식을 올리는 의식 뒤에 올리는 것이 '羞'이다."라고 한 것으로 보아 '羞'와 '薦'은 상대적인 것으로 아래에서 이미 천포(薦脯)를 말하였으므로 위는 수포(羞脯)가 되어야 함이 분명하기 때문이다.

《주례》〈하관(夏官) 직방씨(職方氏)〉: 方三百里則七伯

사방 300리의 땅을 소유하는 백작(伯爵)의 나라로 말하면 7개의

나라를 봉할 수 있다.

정현의 주: 사방 1000리는 사방 100리가 100개인 것이다. 사방 300리의 면적

즉 사방 100리가 아홉 개인 면적으로 사방 1000리의 면적을 나누면 11 남짓을

얻게 된다. '七伯'이라고 한 것은 글자의 형태가 비슷해서 생긴 오류이다.

가공언의 소: 지금 경문에 '方三百里則七伯'이라 하였기 때문에 "'七伯'이라고 한

것은 글자의 형태가 비슷해서 생긴 오류이다."라고 하였다. '十一'은 '七'과 글자

의 형태가 비슷하기 때문에 '글자의 형태가 비슷해서 생긴 오류'라고 한 것이다.

이상은 《주례》의 오자를 정정한 예이다.

3 연문

예를 들면 다음과 같다.

《주례》〈추관(秋官) 장객(掌客)〉: 凡諸侯之禮, 上公五積, 皆眡

飱牽, 三問皆脩。羣介、行人、宰、史皆有牢。

제후의 예(禮)는, 상공은 5적(積)인데 매적의 뇌수(牢數)는 손

(飱)과 같고, 삼문에 모두 수포(脩脯)를 사용한다. 군개, 행인,

재, 사는 모두 뢰가 있다.

정현의 주: 상공이 삼문(三問)에 모두 수(脩)를 사용하는 것은, 아래 구에 "羣

介、行人、宰、史皆有牢[군개, 행인, 재, 사는 모두 뢰가 있다.]"라고 한 것과 함께

놓고 볼 때, 임금은 수(脩)를 사용하고 신하는 뢰(牢)를 사용하는 결과가 되므로

예가 아니다. 탈자를 엉뚱한 곳에 보충하고 또 보충한 글자도 잘못된 것이다.

가공언의 소: "예가 아니다."라고 한 것은, 임금은 신분이 높은데 수(脩)를 사

용하고 신하는 신분이 낮은데 뢰(牢)를 사용하는 결과가 되기 때문에 예가 아니라고 한 것이다.

'탈자를 엉뚱한 곳에 보충하였다'는 것은, 아래의 글에서는 "凡介、行人、宰、史"가 모두 '饗', '食', '燕'의 아래에 있는데 이 구절만 위에 있기 때문이다. 누군가가 아래의 글에 이 말이 빠진 것을 보고는 이곳에다 잘못 보충하였는데, 뒤에 다시 어떤 사람이 아래에 제대로 보충하고는 여기에 남아도는 여섯 자를 삭제하지 않은 것이다. 그래서 탈자를 엉뚱한 곳에 보충하였다고 한 것이다.

'보충한 글자도 잘못되었다'는 것은 아래의 글에서는 모두 '凡介'라고 하였는데 여기에는 '羣介'라고 하였기 때문에 보충한 글자도 잘못되었다고 한 것이다.

《의례》〈빙례(聘禮)〉: 擯者執上幣以出, 禮請受, 賓固辭。
빈자(擯者)가 상개(上介)가 올린 폐백을 들고 종묘를 나가서 상개에게 돌려받으라고 청하면 빈(賓)이 상개를 대신하여 사양한다.
정현의 주 : '禮請受'라는 것은 돌려받으라고 한 번 청한 다음 들어주는 것이다. 빈(賓)이 사양하는 것은 사개(士介)는 미천하여 감히 주군에게 말을 할 수 없기 때문이다. '固'는 연자(衍字)이니, 대부를 면대할 때처럼 되어야 한다.
가공언의 소 : '固'가 연자이고 마땅히 대부를 면대할 때처럼 되어야 함을 알 수 있는 것은, 아랫글에서는 사개가 대부를 면대할 때에 "擯者執上幣出, 禮請受, 賓辭"라고 하여 '固'가 없기 때문이다. 따라서 여기의 '固'는 연자이고 마땅히 사개가 대부를 면대할 때처럼 되어야 함을 알 수 있다.

《예기》〈단궁 상(檀弓上)〉[13] : 天子之哭諸侯也, 爵弁経, 緇衣。
천자가 제후의 상에 곡할 적에는 작변을 쓰고 갈질(葛経)을 띠고 검은 옷을 입는다.
정현의 주 : 천자는 지존이기 때문에 시동과 널을 보지 않고 조복(弔服)을 입지 않으며 채색옷 위에 삼[麻]을 띠지 않는다. 여기서 '経'이라고 한 것은 연자(衍

---

13 단궁 상(檀弓上) :《교감학대강》에는 '檀弓下'로 되어 있는데, 해당 인용문이 〈단궁 상〉에 있으므로 바로잡았다.

字)이다. 당시 사람들이 간혹 변질(弁絰)[14]을 사용하였기 때문에 이렇게 말한 것일 뿐이다. 《주례》에도 "王弔諸侯, 弁絰緦衰也. 〔왕이 제후를 조문할 적에 변질을 쓰고 시최를 입는다.〕"[15]라고 하였다.

이상은 삼례(三禮)[16]에 보이는 연문의 예이다.

4 탈문

예를 들면 다음과 같다.

《주례》〈동관(冬官) 시인(矢人)〉: 刃長寸, 圍寸。
날은 길이가 1촌, 둘레가 1촌이다.
정현의 주: '刃長寸'에 '二'가 빠져 있다.
가공언의 소: '二'가 빠졌음을 알 수 있는 까닭은 다음과 같다. 위에 "參分其羽而設其刃〔깃을 세 등분하여 원문의 '參'은 곧 '三'이다. 그 하나에 날을 단다.〕"이라고 한 것으로 볼 때, 만약 화살촉이 1촌이라면 깃〔羽〕이 3촌이 된다. 그런데 이렇게 되면 화살의 전체 길이가 1척 5촌으로 너무 짧아지기 때문에 '二'가 빠졌음을 분명히 알 수 있는 것이다.

《예기》〈제의(祭義)〉: 霜露旣降, 君子履之, 必有悽愴之心, 非其寒之謂也。春, 雨露旣濡, 君子履之

---

14 변질(弁絰): 흰 작변(爵弁)에다 둥근 질(絰)을 얹은 것을 말한다. 《周禮 春官 司服 鄭注》
15 왕이……입는다: 《주례》〈춘관(春官) 사복(司服)〉에 보인다.
16 삼례(三禮): 《주례》《의례》《예기》를 합하여 가리키는 말이다.

서리가 내려 군자가 밟으면 반드시 슬픈 마음이 일게 되는데, 이는
추위 때문이 아니다. 봄에 비와 이슬이 대지를 적시어 군자가 밟으면

정현의 주 : '霜露旣降'이라고 한 《예기》의 말은 가을에 대한 것이다. 여기에 '秋'
가 없는 것은 탈문이다.

이상은 《주례》와 《예기》에 보이는 탈문의 예이다.

5 착간

예를 들면 다음과 같다.

《주례》〈하관(夏官) 직방씨(職方氏)〉: 正南曰荊州,……其浸潁湛
정남쪽이 형주이니,……관개(灌漑)에 쓸 만큼 물이 모인 천택(川
澤)으로는 영수(潁水)와 담수(湛水)가 있다.

정현의 주 : 영수(潁水)는 양성(陽城)에서 나오므로 당연히 예주(豫州)에 속한
다. 여기에 있는 것은 잘못된 것이다. 담수(湛水)에 대해서는 듣지 못하였다.
가공언의 소 : 정현은 《지리지(地理志)》를 근거로 영수가 예주에 있는 것이 합당
함을 알았다. 또 소공(昭公) 원년에 "王使劉定公勞趙孟于潁〔왕이 유정공으로 하여
금 영수에 가서 조맹의 노고를 치하하게 하였다.〕"이라고 하였으므로, 역시 예주
에 있는 것이다.[17] 이 때문에 경문이 잘못되었다고 논파한 것이다.

《주례》〈하관 직방씨〉: 河南曰豫州,……其浸波溠

---

[17] 소공(昭公)……것이다 : 조맹(趙孟)은 진(晉)나라의 권신인 조무(趙武)이다. 진나라
의 강역이 지금의 산서성, 하북성의 남부, 섬서성의 중부, 하남성의 서북부에 걸쳐 있어
서 지금의 호남성 일대였던 예주(豫州)의 강역과 공통점이 있기 때문에 한 말이다.

하수의 남쪽이 예주이니,……관개에 쓸 만큼 물이 모인 천택으로는
파수(波水)와 사수(溰水)가 있다.

정현의 주 : '波'는 '播'로 읽는다. 〈우공(禹貢)〉에 '滎播旣都'라고 하였다.[18] 《춘추좌전》에 "초자가 길을 닦고 사수[溰]에 다리를 놓은 다음 군대를 이끌고 수나라 도성 가까이까지 갔다." 하였다. 그렇다면 '사수[溰]'는 형주(荊州)에 속하므로, 여기에 있는 것은 잘못된 것이다.

가공언의 소 : "波는 播로 읽는다."라는 것은 〈우공〉을 살펴볼 때 '播水'만 있고 '波水'는 없기 때문이다. 그래서 〈우공〉을 인용하여 증거로 삼은 것이다. 여기에 인용한 《춘추》는 《좌씨전》 장공(莊公) 4년의 전문(傳文)을 말한다.

이상의 두 예는 '其浸潁湛'과 '其浸波溰'가 서로 바뀌어 잘못된 것이다.

《의례》〈빙례(聘禮)〉 : 各以其爵朝服

대부들은 각기 자신의 작위에 상응하는 조복을 입는다.

정현의 주 : 이 구는 위치가 잘못된 것 같다. '凡致禮[모든 치례[19]에는]'의 아래에 있어야 하는데 착간되어 여기에 있는 것이다.

가공언의 소 : '各以其爵朝服'은 치례(致禮)에 대해 말한 것이기 때문에 이렇게 되어야 함을 알 수 있다.

《의례》〈빙례〉 : 大夫不敢辭, 君初爲之辭矣。

대부는 감히 사양하지 못하는데, 이는 임금이 이미 그들 대신 사양하였기 때문이다.

---

18 우공(禹貢)에 滎播旣都라고 하였다 : '滎播旣都'가 《교감학대강》에는 '蒙播旣都'라고 되어 있는데, 《주례주소(周禮注疏)》〈직방씨(職方氏)〉에 근거하여 바로잡았다. 조선 내각장판본 《서경》〈우공〉에는 '滎波旣猪'로 되어 있다. 《서경》〈우공〉에서 예주(豫州)에 대해 서술하는 가운데 '波水'를 언급한 대목을 들어 파수가 예주에 속함을 증명한 것이다.

19 치례(致禮) : 빙례(聘禮)에서 주국(主國)의 임금이 연고가 있어 빈개(賓介)를 친히 연향하지 못하고 다른 사람을 시켜 대신 연향을 베풀고 예물을 주게 하는 것을 이른다.

정현의 주 : 이 구도 위치가 잘못되었다. '明日間大夫〔이튿날 빈개(賓介)가 경대부를 위문하는 예를 행한다.〕'의 아래에 있어야 한다.

《의례》〈빙례〉: 曰:"子以君命在寡君, 寡君拜君命之辱。""君以社稷, 故在寡小君。拜。""君覜寡君, 延及二三老。拜。"又拜送。
빈(擯)이 빈(賓)의 빙향(聘享)에 대해 임금이 배사(拜謝)하는 말을 전하기를 "그대가 주군(主君)의 명으로 우리 임금을 문안해 주었으니, 우리 임금이 그대의 주군께서 명해 주신 데 대해 배사하십니다.", "그대의 주군께서 우리 왕비가 사직을 맡았다는 이유로 우리 왕비를 문안해 주셨으니, 우리 임금이 배사하십니다.", "그대의 주군께서 우리 임금에게 예물을 선사하시면서 몇몇 대부들에게까지 주셨으니, 우리 임금이 배사하십니다."라고 하고, 또 절하여 보낸다.
정현의 주 : 빙향(聘享)을 베풀어 준 데에 대해 절하는 대목부터 여기까지도 위치가 잘못되었다. 위의 '君館之〔임금이 빈관(賓館)에 가서 빈을 배견(拜見)한다.〕'의 아래에 있어야 한다.
가공언의 소 : 이는 바로 위 경문의 '君即館拜送賓〔임금이 빈의 관소에 가서 빈을 배송한다.〕'이라는 내용이기 때문에 정현이 "이는 '君館之'의 아래에 있어야 한다."라고 한 것이다.

이상은 《의례》에 보이는 착간의 예이다.

《예기》〈옥조(玉藻)〉: 而素帶, 終辟
흰 띠를 사용하고 띠 전체에 가선을 두른다.
정현의 주 : 이것은 제후에 대하여 말한 것이다. 제후는 붉은 속감을 사용하지 않고 오늘날 사용하는 옷의 띠처럼 흰 천을 맞붙여 만든다. 이는 천자보다 등급을 낮춘 것이다.……이는 '而素帶'부터 떨어져 나와 여기에 있는 것이니 '朱裏終辟〔속감은 붉은색으로 하고 띠 전체에 가선을 두른다.〕'의 뒤에 있어야 한다.[20]

공영달(孔穎達)의 《예기정의(禮記正義)》:"'朱裏終辟'의 뒤에 있어야 한다."라고
한 까닭은 다음과 같다. 아랫글에 "天子素帶, 朱裏終辟〔천자는 흰 띠를 사용하는
데 그 속감은 붉은색으로 하고 띠 전체에 가선을 두른다〕"이라고 하고, 이 글에
서는 "素帶, 終辟〔흰 띠를 사용하고 띠 전체에 가선을 두른다〕"이라고 하고, 다
음 글에서는 대부(大夫)에 대해 말하였다. 이 때문에 '天子素帶'의 다음 문장 아
래에 있어야 함을 알 수 있는 것이다.

유월(兪樾)이 "《예기》에는 정현이 착간을 바로잡은 곳이 매우 많다."
〈정군박정삼례고(鄭君駁正三禮考)〉하였는데 위에 그 예를 들어 보았다.

위에 든 바와 같이 정현이 경서에 주를 내면서 교감한 사례를 보면,
그는 수많은 구체적인 착오를 바로잡고 가치 있는 이문을 남겨 두었을
뿐만 아니라, 왕왕 각종 유형의 착오가 일어나게 된 원인을 분석하였다.
그는 각종 유형의 교감의 구체적인 결론을 총괄하여 교감의 통례(通
例)를 도출해 냄으로써 교감학 이론의 수준을 제고하지는 못하였다. 비
록 그렇기는 하나 경학에 대한 깊고 넓은 학식과 신중한 태도로 인하여
본받을 만한 교감 설명을 적지 않게 만들어 냈으며, 아울러 교감의 기본
원칙을 일정 정도 실천하고 있었다. 이 때문에 후세에 오래도록 깊은 영
향을 끼쳐 학자들의 존경을 두루 받고 있다. 청나라 단옥재(段玉裁)는,
심지어 유향 부자 이후로 교감이라는 "천고(千古)의 대업(大業)에 있어
서 정강성(鄭康成 정현(鄭玄))보다 훌륭한 자는 없었다."〈경의잡지서(經義
雜識序)〉[21] 라고까지 말하였다.

20 而素帶부터……한다 : 현행 십삼경주소본 《예기》〈옥조〉에는 글의 순서가 정현의 이
   말대로 되어 있다.
21 경의잡지서(經義雜識序) : 《교감학대강》에는 '經義雜記序'로 되어 있는데, 단옥재(段
   玉裁)의 《경운루집(經韻樓集)》에 근거하여 바로잡았다.

고유(高誘)는 한나라 말기에서 위나라 초기에 활동한 학자로《효경해(孝經解)》,《맹자장구》,《회남자주(淮南子注)》,《여씨춘추훈해(呂氏春秋訓解)》,《전국책주(戰國策注)》등의 주석서를 냈다. 오늘날 전하는 그의《전국책주》는 이미 진본(眞本)이 아니다. 비교적 신뢰할 만한 것은《회남자》와《여씨춘추》두 가지에 대한 주석서이다. 고유는 이두 책에 주석을 달면서 주요하게는 독음을 바로잡고 명물을 설명하고 본문을 해석하였다. 그의 주석에 있는 교감의 성과는 그다지 많지 않은 데다 후학들이 여러 차례 수정하여 상당히 혼란스럽게 되어 버렸다. 대체로 말하면 다음과 같은 세 가지 종류가 있다.

첫째, 주에 이문(異文)을 기록하였다. 예를 들면 다음과 같다.

《회남자》〈원도훈(原道訓)〉 : 昔者馮夷、太丙之御也
옛날 풍이와 태병이 음양을 부릴 때에는
고유의 주 : '夷'가 어떤 본에는 '遲'로 되어 있고 '丙'이 어떤 본에는 '白'으로 되어 있는데, 이들은 모두 득도하여 음양을 부릴 줄 안 옛사람들이다.

《회남자》〈범론훈(氾論訓)〉 : 苟周於事, 不必循舊
만약 사의(事宜)에 맞는 것이 있다면 굳이 옛 법을 따를 것이 없다.
고유의 주 : '舊'는 '常'이다. 전하는 말에 "舊不必良〔옛것이라고 다 좋은 것은 아니다.〕"이라고 하였다. '舊'가 어떤 본에는 '咎'로 되어 있다.

《회남자》〈천문훈(天文訓)〉 : 是以人得自樂其間
그래서 세상 사람들이 그 사이에서 즐길 수 있었던 것이다.
고유의 주 : 어떤 본에는 "文德自樂其間, 先王之道也.〔문덕이 그 사이에서 자유롭게 펼쳐졌으니, 선왕의 도이다.〕"라고 되어 있다.

둘째, 오자(誤字)를 정정하였다. 예를 들면 다음과 같다.

《회남자》〈천문훈〉: 星正月建營、室, 二月建奎、婁, 三月建胃

성(星)은 정월에는 영수(營宿)·실수(室宿)에 있고, 2월에는 규수
(奎宿)·누수(婁宿)에 있고, 3월에는 위수(胃宿)에 있다.

고유의 주: '星'은 '日'이라고 해야 한다. 《명당월령(明堂月令)》에 "孟春之月, 日
在營、室, 仲春之月在奎、婁, 季春之月在胃〔1월에는 해가 영수·실수에 있고, 2월
에는 규수·누수에 있고, 3월에는 위수에 있다.〕"라고 하였다. 여기에 '星正月建
營、室'이라고 한 것은 글자가 잘못된 것이다.

《회남자》〈지형훈(地形訓)〉: 海閭生屈龍

해려는 굴룡을 낳고

고유의 주: 해려(海閭)는 부초(浮草)의 전신이다. 굴룡(屈龍)은 유룡(游龍)이
니, 홍(鴻)[22]이다. 《시경》에 "隰有游龍〔습지에 유룡이 있다.〕"이라고 하였다.
'屈'이라고 한 것은 글자가 잘못된 것이다.

《회남자》〈시칙훈(時則訓)〉: 苦菜秀

고유의 주: 《이아(爾雅)》에 "不榮而實曰秀〔화려한 꽃이 피지 않고 열매 맺는 것
을 '수(秀)'라고 한다.〕"라고 하였다. '苦菜'는 '榮'이라고 해야 한다.

셋째, 양쪽이 모두 통하는 예를 창립하였다. 예를 들면 다음과 같다.

《회남자》〈범론훈〉: 夫五行之山, 固塞險阻之地也。 使我德能覆
之, 則天下納其貢職者, 回也。

---

22 홍(鴻): '紅', '茳'과 통하는 말로, 수초(水草) 이름이다. 수홍(水茳), 마료(馬蓼)라고
도 부른다.

오행의 산은 막히고 험한 곳이다. 만약 내가 천하에 덕치(德治)를 베푼다면 조공(朝貢)을 바치러 오는 천하의 사람들이 우회하여 올 것이지만

고유의 주 : '回'는 우회한다는 뜻이다. '回'가 어떤 본에는 '固'로 되어 있다. '固'는 '반드시'라는 말이다.

《회남자》〈수무훈(修務訓)〉: 今鼓舞者, 繞身若環
지금 춤추는 자들이 몸을 고리처럼 둥글게 말아서

고유의 주 : '鼓舞'가 어떤 본에는 '鄭舞'로 되어 있다. '鄭'은 정수(鄭袖)이니, 초 회왕(楚懷王)의 애첩으로, 노래를 잘 부르고 춤도 잘 추었기 때문에 '鄭舞'라고 불렸다. 일설에는 정중하게 춤추는 것이라고도 한다.

《회남자》〈정신훈(精神訓)〉: 且人有戒形, 而無損於心
또 사람의 형체가 변하여도 마음은 상하지 않고

고유의 주 : '戒'는 갖춘다는 뜻이니, 사람이 형체가 갖추어졌다는 말이다. '戒'가 어떤 본에는 '革'으로 되어 있는데, 이는 고친다는 뜻이다. 곧, 사람의 형체가 바뀌어서 승화한다는 말이다.

이상의 세 가지 예는 모두 주석에다 이문을 기록해 두었을 뿐만 아니라 이문에 대하여 풀이까지 하였다. 말하자면, 고유는 주에 기록해 둔 이문이 오자가 아닐 뿐만 아니라 정자가 아니라고 단정할 수도 없으며 또 문의상 모두 통한다고 생각하였다. 그러나 작자가 원래 쓴 글자를 단정할 수 없기 때문에 양쪽의 글자를 모두 보존하여 문의가 양쪽으로 모두 통하게 한 것이다. 이것이 바로 양쪽 다 남겨 두어 양쪽 다 통하게 한 예이다.

고유가 이와 같은 교주(校注)의 체례(體例)를 만든 것은 분명히 신중하게 함부로 단정하지 않는 태도에서 기인한 것이다. 비록 뒤에는 양

쪽을 모두 통하게 하는 이 방법에 문제점이 생기기는 했지만 교감의 입장에서 보면 이 또한 고적이 잘못 유전된 정황에 근거하여 창립된 교감의 한 유형으로서, 실천적인 효과가 있다.

결론적으로 보면 동한에서부터 삼국 초까지 이미 고적에 대한 교감 경험이 많이 나왔으며, 또한 이 시기에는 학자들이 경서, 자서 등 각종 전적에 주(注)와 소(疏)를 낸 경험도 풍부하게 나왔다.

예를 들어 정현과 동시기의 조기(趙岐)는《맹자》에 주를 내었는데, 비록 "주(注)와 전(箋)을 달아 경문을 풀이한 것은 후세의 구의(口義)[23] 같아서 고학(古學)[24]과 조금 다르"기는 하지만, ─정현이《논어》에 낸 주도 실은 그러하다.─ 이는 "《논어》와《맹자》는 말의 의미가 분명하여 의리를 밝히면 그만이기"《사고전서총목제요(四庫全書總目提要)》때문이었다. 이 때문에 뒤에 모두《십삼경주소(十三經注疏)》에 들어갔다.

또 예컨대 동한의 왕일(王逸)이 유향이 정리한《초사(楚辭)》를 바탕으로 저술한《초사장구(楚辭章句)》나 삼국 시대 오나라의 위소(韋昭)가《국어(國語)》에 소해(疏解)를 단 것 등에 보이는 교감의 유형은 대략 정현과 고유의 주와 같다.

이 시기는 유향 부자가 궁중의 장서를 교감할 때와 비교해 볼 때, 교감 업적에 대한 기록을 고찰할 수 있을 뿐만 아니라 구체적인 성과가 해당 저작에 나타나 있다는 점에서 큰 차이가 있다. 위에서 든 정현의 경서에 대한 교감과 고유의 제자서에 대한 교감을 보면, 고적에 존재하는

---

23 구의(口義) : 당대(唐代) 명경과(明經科)의 시험 과목 중 하나로, 구두로 경전의 뜻을 답하게 하였기 때문에 붙여진 이름이다.
24 고학(古學) : 고문《상서(尙書)》《시모씨(詩毛氏)》《춘추좌씨전(春秋左氏傳)》 등의 고문 경과《창힐고문(倉頡古文)》《사주대전(史籒大篆)》 등의 고문자를 연구하는 학문으로, 한대(漢代)에 성행하였다.

각종 오류, 오류를 일으킨 각종 원인, 분석 방법, 판단 근거 등이 대체로 다 망라되어 있고 또 구체적인 유형별 사례가 풍부하게 제공되고 있다. 따라서 교감학의 이론을 귀납하여 총괄하기 위한 초보적인 조건이 이미 갖추어졌다고 할 수 있다.

그러나 역사는 직선적으로 발전하는 것이 아니라서, 사회 정치·사상의 발전과 변화로 인해 교감의 구체적인 경험이 곧바로 이론화하는 방향으로 발전하지는 못하였다.

제5절 위진 시대의 교감

한나라가 위나라로 왕조가 교체되고 삼국이 정립(鼎立)하자 유가(儒家) 사상의 절대적인 지위가 흔들리고 이단의 사상이 끊임없이 일어났다. 위진(魏晉) 시대에는 노장(老莊)의 의론이 활기를 띠고 현담(玄談)이 성행하다 보니 말을 변별하고 이치를 분석하는 데 있어 간명한 것을 중시하였다. 간명함은 추상성을 지향한다. 따라서 이론의 추상화가 보다 발달하자 장황하던 한대(漢代) 유가 철학의 풍조가 일소되어 사상사 면에서 일대 공헌을 하였다.

사실 《십삼경주소(十三經注疏)》에 수록된 5종의 경전 주석본은 위진 학자의 손에서 완성된 것이다. 위나라 왕필(王弼)과 진(晉)나라 한강백(韓康伯)의 《주역(周易)》에 대한 주석, 위나라 하안(何晏)의 《논어집해(論語集解)》, 진나라 두예(杜預)의 《춘추좌씨경전집해(春秋左氏經傳集解)》, 진나라 범녕(范寧)의 《춘추곡량전집해(春秋穀梁傳集解)》, 진나라 곽박(郭璞)의 《이아(爾雅)》에 대한 주석이 그것이다. 그 밖에 왕필의 《노자(老子)》에 대한 주석과 곽박의 《장자(莊子)》에 대한 주석도 모두 완전한 형태로 지금까지 전해지고 있다. 여기에서 위진 시대의 주석이 끼친 영향을 알 수 있다.

그러나 추상화에 치중하다 보니 옛날부터 전해 오던 해석을 버리고 교감을 무시하는 경향이 쉽사리 발생하고 말았다. 사실상 그들의 주석에는 남아 있는 교감의 성과가 매우 적다. 이 때문에 훗날의 학자들은 위진의 학풍이 실증이 부족하다고 비판하곤 한다. 그렇다고 해서 위진의 학자들이 문자의 차이를 완전히 무시하여 교감을 하지 않은 것은 결코 아니었다는 것을 이해해야 한다. 단지 새로운 견해를 내세우기 위해 필요하고 좋다고 생각되는 것만을 취사선택했을 뿐 그 밖의 견해는 일반적으로 남겨 두지 않았다.

예를 들어 하안은 《논어집해》 서문에서 다음과 같이 말하였다.

> 옛날 경사(經師)들은 스승의 견해만을 전수했을 뿐 차이가 있는 부분에 대해서는 설명을 붙이지 않았는데, 중간에는 해설을 더하게 되어 지금에 이른 것이 많았다.[25] 관점이 서로 다르다 보니 상호 학설 간에 좋은 것도 있고 나쁜 것도 있다. 이제 제가(諸家)들의 견해 중에 좋은 것들을 모으면서 그들의 성명을 기록해 둔다. 견해가 온당하지 않은 경우에는 많은 부분을 수정하고 《논어집해》라고 하였다.

그러나 그가 말하는 '제가들의 좋은 견해를 모았다〔集諸家之善〕'는 것은, 매 조항의 주석 중에서 하안 자신이 좋다고 생각한 일가(一家)의 견해만을 채용하고 기타 여러 학파들의 서로 다른 견해는 수록하지 않았다는 것이다. 이 때문에 책 전반에 걸쳐 주석의 간명함이 분명하게 드러나는데, 이 점은 비교적 취할 만한 주석의 한 가지 체례(體例)이다. 그러나 바로 이 때문에 책 속에 교감 사례가 극히 적은 것이다. 다음에 드는 두 사례는 이문(異文)과 일문(佚文)의 문제를 지적하고 있다. 예를 들면 다음과 같다.

---

25 지금에……많았다 : 《교감학대강》에는 해당 원문이 '至于今矣'로 되어 있는데, 《논어집해(論語集解)》에 근거하여 '今' 뒤에 '多' 1자를 보충하여 번역하였다.

《논어》〈공야장(公冶長)〉: 子曰:"由也, 好勇過我, 無所取材。"
공자가 말하였다. "자로는 용맹을 좋아함은 나보다 낫지만 재목을
취할 데가 없구나."

하안의 주 : 정현(鄭玄)은 말하였다. "자로는 공자가 진정 떠나려 한다고 믿었기
때문에 공자가 '好勇過我'라고 한 것이다. '無所取材'는 뗏목감을 얻을 곳이 없다
는 말이니, 자로가 은미한 말을 이해하지 못하자 농담한 것이다." 일설에는 다
음과 같이 말하고 있다. "자로는 공자가 뗏목을 타고 바다로 가려 한다는 말을
듣고 기쁜 나머지 더는 다른 상황을 고려하지 않았다. 그래서 공자가 그의 용기
에 감탄하여 '過我無所取哉。〔장점을 취할 데가 없는 나보다 낫다.〕'라고 하였으
니, 자신에게서 취할 뿐임을 말한 것이다. 옛 글자로는 '材'와 '哉'가 서로 통용되
었다."

《논어》〈양화(陽貨)〉: 子曰:"鄕原, 德之賊也。"
공자가 말하였다. "향원은 덕을 해친다."

하안의 주 : 주생렬(周生烈)은 말하였다. "가는 고을마다 그곳의 인정(人情)을
살펴서 의도적으로 대하는 것은 덕을 어지럽히는 행위이다." 일설에는 다음과
같이 말하고 있다. "'鄕'은 '向〔향하다〕'의 뜻이니, 옛 글자로는 같다. 이는 사람
이 굳세지 못하여 다른 사람을 볼 때마다 그 뜻에 맞춰 거기에 영합한다는 뜻으
로, 이것이 덕을 해치는 이유라는 말이다."

위의 두 가지 사례에서 보이는 '일설〔一曰〕'은 실은 하안 자신의 견해
로서, 바로 서문에서 "온당하지 않다고 여겨지면 많이 수정하였다.〔有
不安者, 頗爲改易〕"라고 한 경우이다. 그가 일설을 세운 근거는 옛 글
자에서 '材'는 '哉'와 같고 '鄕'은 '向'과 같다는 것이다. 이는 음운상으로
는 고음(古音)의 통가자(通假字)에 관한 문제에 해당하지만 실제로는
음가와 의미는 같은데 자형이 다른 이문(異文)의 문제를 다룬 것이다.
하안은 단지 이 이문을 교감으로 처리하지 않았을 뿐이다. 또 다음과 같
은 예가 있다.

《논어》〈팔일(八佾)〉：子夏問曰：'''巧笑倩兮, 美目盼兮, 素以爲
絢兮', 何謂也?"
자하가 물었다. "'어여쁜 보조개 찬란한 미소, 또렷한 눈망울 시원
한 눈매. 고운 바탕에 단장하였네.'라고 하였는데, 무엇을 말한 것
입니까?"
하안의 주 : 마융(馬融)은 말하였다. "위 시의 앞 두 구절은 《시경》〈위풍(衛
風) 석인(碩人)〉 2장에 있고, 다음 한 구는 빠져 있다."

이는 마융 당시에는 《시경》〈위풍 석인〉에 빠진 구가 있었음을 지적
한 것이다. 실제로 이는 《논어》의 이문이 아니라 《시경》의 이문이다.
다만 마융의 이 주석을 채록한 것에서 하안이 교감을 완전히 무시하지는
않았음을 드러내고 있다.

두예의 《좌전》에 대한 주석은 주로 《춘추》 필법의 의례(義例)를 명
확히 밝히는 데 주안점을 두고 있어서, 일반적으로는 교감을 하지 않았
지만 연월일과 그로 인해 발생하는 착오에 대해서는 특히 정밀한 교감과
고증을 하고 있음은 주목할 가치가 있다. 예를 들면 다음과 같다.

《춘추》〈은공(隱公)〉 3년의 경문(經文) : 冬十有二月, 齊侯、鄭
伯盟于石門。
겨울 12월에 제후와 정백이 석문에서 맹약하였다.
전문(傳文) : 冬, 齊、鄭盟于石門, 尋盧之盟也。 庚戌, 鄭伯之車
僨于濟。
겨울에 제나라와 정나라가 석문에 모여 맹약하였으니, 노(盧)에서
의 맹약을 거듭 다진 것이다. 경술일에 정백의 수레가 제수에서 뒤
집어졌다.
두예(杜預)의 주 : 12월에는 경술일이 없으니 날짜가 잘못되었다.

공영달(孔穎達)의 소(疏) : 경문은 12월 기사에 "癸未, 葬宋穆公.〔계미일에 송목공을 장사 지냈다.〕"이라고 하였다. 경술은 계미보다 33일 전에 있으므로 같은 달에 공존할 수 없다. 두예의 《춘추장력(春秋長曆)》에서는 이해 12월을 갑자일 초하루라고 하였으니, 이를 추산하면 11일이 갑술이고 23일[26]이 병술이 되어 경술일은 있을 수 없다. 그러나 계미일이 있으므로 달은 잘못되지 않았고 날짜가 잘못되었다는 것을 알 수 있다.

《춘추》〈은공〉 9년의 경문 : 三月癸酉, 大雨震電。 庚辰, 大雨雪。
3월 계유일에 크게 비가 내리며 천둥 번개가 쳤고, 경진일에 큰 눈이 내렸다.
전문 : 三月癸酉, 大雨霖以震。 書始也。 庚辰, 大雨雪, 亦如之。 書時失也。 凡雨自三日以往爲霖。
3월 계유일에 크게 장맛비가 내리며 천둥이 쳤다는 것은 시작한 날을 기록한 것이다. 경진일에 큰 눈이 내렸다는 것도 이와 같다. 경에 이를 기록한 것은 계절에 걸맞지 않았기 때문이다. 비가 3일 이상 내리는 것을 '장마〔霖〕'라고 한다.
두예의 주 : 이것은 경에 기록된 '霖'을 해석한 것인데, 현재 경문에 '霖'이 없는 것은 경문에 탈오가 생긴 것이다.
공영달의 소 : 전문은 '凡'이라고 말하면서 경문을 해석하였는데, 경문에 '霖'이 없었다면 이러한 전문은 있을 수 없다. 그러므로 경문에 탈오가 생긴 것을 알 수 있다. 그렇다면 경문은 전문처럼 '大雨霖以震'이라고는 할 수 있지만 '大雨震電'이라고 하는 것은 잘못이다. 지금의 경문은 '霖[27]以'를 빼내고 '電'을 함부로 집어넣고 있다.

---

26 23일 : 《교감학대강》에는 '二十二'로 되어 있는데, 《춘추좌전정의(春秋左傳正義)》에 근거하여 바로잡았다.
27 霖 : 《교감학대강》에는 '雨'로 되어 있는데, 《춘추좌전정의》에 근거하여 바로잡았다.

《춘추》〈양공(襄公)〉9년의 전문 : 十二月癸亥, 門其三門。閏月戊寅, 濟于陰阪, 侵鄭。

12월 계해일에 정나라를 세 부대로 나누어 공격하고, 윤달 무인일에 음판을 건너 정나라를 쳤다.

두예의 주 : 《춘추장력》으로 전후의 시간을 따져 볼 때 이해에는 윤달 무인일이 있을 수 없다. 무인일은 12월 20일이니, 아마 '閏月'은 '門五日〔5일간 성문을 공격하였다.〕'이 되어야 할 듯하다. '五'가 위의 '門'과 합해져 '閏'이 되고 보니, 훗날 학자들이 자연히 '日'을 '月'로 바꿔서 쓰게 된 것이다. 진(晉)나라는 사군(四軍)을 세 부대로 나누어 번갈아 가며 정나라 성문을 공격하였는데, 각각 5일씩 공격하였다. 진나라 측에서는 각각 한 번씩 공격한 것이지만 정나라 측에서는 세 번이나 적군과 맞닥뜨려 곤욕을 당한 것이다. 계해일부터 무인일까지 날짜로 16일이다. 계해일에 공격을 시작하여 한 성문에 5일씩 모두 15일간 계속하였는데도 정나라가 버티고 항복하지 않자 군대를 이동시켰다. 다음 날 무인일에 음판을 건너 다시 정나라 교외에 있는 읍을 침공하였다.

이상의 세 가지 예문을 통해, 두예는 경(經)과 전(傳)의 문자를 결코 고치지는 않았지만 엄밀하게 객관적인 고증을 거쳐 경과 전의 문자에 대한 오자, 탈자, 그 밖의 착오를 교감하고 있음을 알 수 있다. 교감의 근거와 방법이라는 측면에서 볼 때 두예는 역법(曆法)에 대한 지식과 《춘추》·《춘추좌씨전》의 체례(體例)를 근거로 하고 있을 뿐만 아니라 오자가 발생하는 일반적인 원인을 숙지하면서 한나라 학자들의 교감에 대한 경험을 살리고 있다고 할 수 있다.

여기에서 알 수 있듯이 위진의 학자들은 결코 교감을 이해하지 못한 것이 아니라 간명함, 즉 간략하면서 정밀하다는 원칙에서 출발하여 가장 중요한 문자의 탈자와 오자를 선택하여 교감하였다는 것이다. 두예의 《춘추좌씨전》에 대한 주석에 존재하는 그리 많지 않은 교감의 사례를 통해, 위진 시기는 비록 간명하게 표현하려고 추상화에 치중하여 이론을 펼치는 데 중점을 두다 보니 비교적 상세하게 교감한 것은 적지만 간략하면서 정치(精緻)한 장점은 있었으며 이 점은 귀감으로 삼을 수 있다는 것을 알 수 있다.

제6절 남북조 시대의 교감

남조(南朝)는 현학(玄學)의 풍조가 쇠퇴하지 않았고 불교가 흥기하여 문벌들의 풍류 문화가 찬란히 꽃을 피웠다. 북조(北朝)는 중원(中原)에 위치하여 한위(漢魏)의 학풍을 계승하고 시대의 요구에 맞춰 구체적인 사업에 힘쓴 결과 볼만한 성과가 적지 않았다. 남북조 시대의 학술을 총론하면, 다음 4종의 저작에서 행해진 교감 부분이 이 시기 교감의 발전·변화 및 그 성과를 대표하고 있다. 곧 송나라 배송지(裴松之)의《삼국지(三國志)》에 대한 주석, 양나라 유효표(劉孝標)의《세설신어(世說新語)》에 대한 주석, 북제(北齊) 안지추(顔之推)의《안씨가훈(顔氏家訓)》, 그리고 진(陳)·수(隋) 교체기 육덕명(陸德明)의《경전석문(經典釋文)》이 그것이다.

배송지의《삼국지》에 대한 주석과 유효표의《세설신어》에 대한 주석은 모두 고전이 아닌 새로운 저작물에 주를 붙인 것으로, 주석자와 원저자의 시대가 가깝다. 이들 주석에 보이는 공통된 특징은 사실(史實)의 차이를 비교하는 데 중점을 두고 원저작의 내용에 대량의 사료를 보충한 결과 그 속에 일서(逸書)의 단편들이 많이 남아 있다는 것이다. 그중 문자와 어구를 교감한 양은 많지 않다. 그렇다고 해서 주석자가 교감을 무시했다는 뜻은 아니다. 관련 사료를 수집하고 비교, 고증하여 이문(異文)·착자(錯字)·탈문(脫文)·휘자(諱字) 등에 대해 주를 남기고 아울러 설명도 덧붙이고 있음을 볼 수 있다.

이문을 남겨 둔 사례는 다음과 같다.

《삼국지》〈위서(魏書) 순유전(荀攸傳)〉: 其將韓莫銳而輕敵
원소(袁紹)의 장수 한막은 날래지만 상대를 경시합니다.
배송지(裴松之)의 견해 : 여러 이본을 살펴보니, 한막이 어느 책에는 '韓猛'으로
되어 있고 '韓若'이라고 한 책도 있는데 무엇이 옳은지 알 수 없다.

《삼국지》〈위서 최섬전(崔琰傳)〉: 剛斷英跱
강단이 있고 영특하다.
배송지의 견해 : '跱'는 '特'으로 되어 있는 책도 있다. '英特'이 옳다고 본다.

《삼국지》〈촉서(蜀書) 진복전(秦宓傳)〉: 猶恥革子成之誤
오히려 혁자성의 잘못을 부끄럽게 여겼다.
배송지의 견해 : 현행본 《논어》에는 '棘子成'으로 되어 있다.

《세설신어》〈문학(文學)〉 "孫子荊除婦服〔손자형이 처복(妻服)을
벗다〕"조(條) : 未知文生於情, 情生於文。
시문이 정에서 생겨나는지, 정이 시문에서 생겨나는지 모르겠다.
유효표(劉孝標)의 주(注) : 다른 판본에는 "文於情生, 情於文生"으로 되어 있다.

《세설신어》〈아량(雅量)〉 "裴遐在周馥所〔배하가 진동장군(鎭東
將軍) 주복의 처소에 있다〕"조 : 直是闇當故耳
단지 묵묵히 받아들였기 때문이다.
유효표의 주 : 어떤 판본에는 '闇故當耳'로 되어 있고, 또 다른 판본에는 '眞是闘
將故耳'로도 되어 있다.

《세설신어》〈자신(自新)〉 "周處年少時〔주처가 젊었을 때〕"조 :
山中有邅跡虎

산속에 절름발이 호랑이가 살다.

유효표의 주 : '遺跡'이 어떤 본에는 '白額'으로 되어 있다.

오자를 설명한 사례는 다음과 같다.

《삼국지》〈위서 서황전(徐晃傳)〉: 今假臣精兵

이제 신에게 정예병을 빌려 주시어

배송지의 견해 : 서황이 당시에 자신을 '신(臣)'이라 했을 리가 없으니 전사(傳寫)한 사람이 잘못한 것이다.

《삼국지》〈위서 동이전(東夷傳) 왜인(倭人)〉: 今以絳地交龍錦[28] 五匹

이제 두 마리 용이 수놓아진 비단 5필과

배송지의 견해 : '地'는 '綈'가 되어야 한다. 한 문제(漢文帝)가 입은 검은 옷〔皂衣〕을 '弋綈'라고 하였는데, 바로 이것이다. 이 글자는 부적절하니, 위조(魏朝)의 조서(詔書)에 오자가 있는 것이 아니면 전사 과정에서 생긴 오류일 것이다.

《삼국지》〈촉서 상랑전(向朗傳)〉: 優游無事垂三十年

아무 일 없이 한가하게 지낸 지가 거의 30년이었다.

배송지의 견해 : 상랑이 마속(馬謖)이 도망친 사건에 연좌되어 장사(長史)에서 면직된 때가 건흥(建興) 6년(228)이었다. 상랑은 연희(延熙) 10년(247)에 죽었기 때문에 그 사이가 정확히 20년이 된다. 여기서 '三十年'이라고 한 것은 글자를 잘못 쓴 것이다.

---

28 錦 : 《교감학대강》에는 '綿'으로 되어 있는데, 《삼국지(三國志)》〈위서(魏書) 동이전(東夷傳)〉에 근거하여 바로잡았다.

《삼국지》〈오서(吳書) 설종전(薛綜傳)〉：橫目苟身，蟲入其腹。

찢어진 눈자위 굽은 몸뚱이, 벌레 한 마리 배 속에 들어 있네.

배송지의 견해 : 여러 책에서는 '苟身'이 '句身'으로 되어 있는 경우도 있다. '橫目'이라고 하였으니 '句身'이라고 하는 것이 마땅하다.

《세설신어》〈상예(賞譽)〉"王右軍道東陽〔왕우군이 동양 태수(東陽太守) 왕임지(王臨之)를 칭찬하다〕"조 : 我家阿林

우리 아림은

유효표의 주 : '林'은 '臨'이 되어야 한다. 《왕씨보(王氏譜)》에 "臨之, 字仲産〔임지의 자는 중산〕"이라고 하였다.

《세설신어》〈품조(品藻)〉"明帝問周伯仁〔진 명제(晉明帝)가 주백인에게 묻다〕"조 : 卿自謂何如庾元規

경은 유원규 유량(庾亮)을 가리킨다. 와 비교하여 자신이 어떻다고 여기는가?

유효표의 주 : 여러 책에서는 모두 사곤(謝鯤)을 유량(庾亮)과 비교하였고, 주의(周顗) 주백인(周伯仁)을 가리킨다. 와 비교한 것은 없었다.

탈자(脫字)를 밝힌 사례는 다음과 같다.

《삼국지》〈위서 문제기(文帝紀)〉：二年春正月，郊祀天地、明堂。……乙亥，朝日于東郊。

2년 봄 정월에 천지와 명당에 교(郊)제사를 지냈다.……을해일에 동쪽 교외에서 떠오르는 해에게 절을 하였다.

배송지의 견해 : 《주례(周禮)》에 의하면, 천자는 춘분에는 동문 밖에서 떠오르는 해를 향해 절을 하고 추분에는 떠오르는 달을 향해 제사를 지낸다. 살펴보니 이해 정월에 행해진 교제사에는 달만 있고 날짜가 없으며 "乙亥, 朝日〔을해일에

해를 향해 절을 하였다.]"이라는 기사에는 날짜만 있고 어느 달인지가 안 적혀 있으니 글자가 빠진 듯하다. 살펴보면 명제(明帝)가 해와 달에게 제사를 지낸 것은 모두 예의 규정대로 행한 것이다. 그러므로 이 기록에 탈문이 있음을 알 수 있다.

《세설신어》〈문학〉"殷、謝諸人共集[은호(殷浩)와 사안(謝安) 등 여러 사람이 함께 모였다.]"조
유효표의 주 : 사안의 질문은 있는데 은호의 답이 없으니 궐문(闕文)이 있는 것 같다.

《세설신어》〈문학〉"僧意在瓦官寺中[승의가 와관사에 있을 때]"
조 : 僧意云 : "誰運聖人邪?"
승의가 물었다. "그러면 누가 성인을 운용하는가?"
유효표의 주 : 여러 본에 승의의 마지막 한마디 말이 없어서 빠진 부분이 있을까 하여 여러 본을 널리 대교해 보니 모두 없었고 한 본에만 위의 내용이 실려 있으므로 이것으로 그 의미를 완성시켰다. 그러나 왕수(王修)는 말을 조리 있게 잘하는 인물인데 이런 식으로 논리를 전개한 점은 인정에 맞지 않는다. 전체적으로 이 문장은 오류가 있는 듯하다.

이 밖에도 《삼국지》〈오서(吳書) 위요전(韋曜傳)〉의 주에서 '위요(韋曜)'에 대해 "본명은 위소(韋昭)인데 진수(陳壽)가 진 무제(晉武帝)의 아버지인 사마소(司馬昭)의 휘(諱)를 피하여 요(曜)로 고쳤다."라고 밝힌 것도 교감의 일례이다.

《삼국지》와 《세설신어》의 주에서 밝힌 교감은 그 사례가 많지 않으나, 이상의 예를 통해 주를 낸 사람이 교감에 대해 결코 소홀하지 않은 데다 상당히 진지한 태도였음을 알 수 있다. 그런데 이 두 가지는 가까운 시대 사람의 저작을 주석한 것이므로 전승 시기가 비교적 가까워서 전승 과정에서 발생하는 오류가 적고 교감도 당연히 적다. 이것들은 가

까운 시대 사람의 저작이면서 경전에 속하지 않으며,《세설신어》같은 책은 명사(名士)들의 일화를 모아 놓은 소설에 가까운 잡기이다. 이를 통해 남조의 학자들이 교감을 중시했을 뿐만 아니라 상당히 진지한 태도로 경전 이외의 역사서와 잡서로까지 그 범위를 확대하였음을 알 수 있다. 이 점이 바로 주목할 만한 하나의 발전이다.

안지추(顔之推)의《안씨가훈》은 인생철학에 대해 기술한 찰기류(札記類) 잡저(雜著)이다. 모두 20편으로, 각 편은 서로 관련 있는 몇몇 찰기를 모은 것이어서 엄밀한 체계가 갖춰져 있지 않고 다루고 있는 내용도 상당히 광범위하다. 그중 서증편(書證篇)은 관련 고전적(古典籍)으로부터 시가(詩歌)와 속문(俗文)에 이르는 각종 문장에 관한 훈고와 교감을 모은 것이다. 이 때문에 청대의 황숙림(黃叔琳) 등은 "이 편은 순전히 고증학의 범주에 속하므로 별도의 책으로 묶고 본서에서는 전부 삭제한다."왕이기(王利器)의《안씨가훈집해(顔氏家訓集解)》라고 하였다. 또《안씨가훈음사편주보(顔氏家訓音辭篇注補)》에서는 "오로지 음운을 분석하기 위해 지은 책으로, 고금의 음운을 따져 보아 잘잘못을 지적하는 등 우수한 견해를 갖추고 있다. 실로 고음(古音) 연구자가 깊이 연구할 책이다."주조모(周祖謨)의〈안씨가훈음사편주보서(顔氏家訓音辭篇注補序)〉라고 하였다. 이 밖에도 잡예편(雜藝篇)에는 남조의 서법에 관해 기록하고 있다. 서체의 변화와 그것이 문란해진 정황을 기록하여, 옛 전적의 문자에 오류가 생긴 원인을 이해하고 연구하는 데 유용하다. 교감의 발전이라는 측면에서 보면《안씨가훈》서증편은 특정 서적에 대한 교감을 뛰어넘어 각종 서적에 보이는 오류들을 폭넓게 논술한 일종의 필기 형식의 기원에 해당한다. 대상 범위는 경전 문헌뿐만 아니라 고악부(古樂府), 통속문(通俗文) 등까지 다루고 있다. 교감의 대부분은 이문(異文)의 정오(正誤)를 변별한 것이다. 예를 들면 다음과 같다.

《시경》〈소아(小雅) 대전(大田)〉: 有渰萋萋, 興雲祁祁。

먹장구름 낮게 드리워 뭉게뭉게 구름이 피어오르네.

모전(毛傳): '渰'은 먹구름이 깔리는 모양이고 '萋萋'는 구름이 흘러가는 모습이다. '祁祁'는 천천히 가는 모양이다.

정전(鄭箋): 옛날에 음양이 조화를 이뤄 때맞춰 바람 불고 비가 올 때는 서서히 [祁祁然] 그 기운을 몰고 오지 갑작스럽게 오지 않았다.

안지추의 견해: '渰'을 먹구름이라고 해 놓고 어찌 다시 '興雲祁祁'라고 한단 말인가. '雲'은 '雨'가 되어야 하니 세속에서 잘못 전사한 것이다. 반고(班固)의 〈영대시(靈臺詩)〉에 "三光宣精, 五行布序, 習習祥風, 祁祁甘雨。〔해와 달과 별이 제빛을 발하고 오행이 철 따라 운행하니 살랑살랑 봄바람 부드럽고 보슬보슬 단비가 적셔주네.〕"라는 시구가 그 증거이다.

응소(應劭)의 《풍속통(風俗通)》: 《太史公記》: "高漸離變名易姓, 爲人庸保, 匿作於宋子。久之, 作苦, 聞其家堂上有客擊筑, 伎癢, 不能無出言。"

《태사공기》《사기(史記)》를 가리킨다. 에 "고점리가 이름을 바꾸고 남의 고용인이 되어 몸을 숨겨 송자읍(宋子邑)에서 노동을 하였다. 한동안 이렇게 지내다가 일이 고되던 어느 날, 주인집 당상에서 어떤 손이 축을 켜는 소리를 듣고 숨은 끼가 굼실거려 한마디 꺼내지 않을 수 없었다."[29]라고 하였다.

안지추의 견해: '伎癢'은 재주를 품고 있기 때문에 몸이 근질거리는 것이다. 이 때문에 반악(潘岳)의 〈석치부(射雉賦)〉에서도 "徒心煩而伎癢〔내 속에 숨은 끼 굼실거리니 괜스레 마음만 번잡스럽네.〕"이라고 하였다. 지금 《사기》에 모두 '徘徊'로 되어 있고 어떤 본에는 "彷徨不能無出言〔떠나지 못하고 그 곁을 배회하다가 한마디 말을 꺼내지 않을 수 없었다.〕"으로 되어 있는데 이는 전사하는 과정에서 발생한 오류이다.

---

29 고점리가⋯⋯없었다: 이 내용은 《사기(史記)》 권86 〈자객열전(刺客列傳)〉에 보인다.

이런 예도 있다.

태사공(太史公)이 영포(英布)를 평하여 "禍之興自愛姬, 生於妬媚, 以至滅國。〔그의 화는 애첩에게서 발생하였으니, 질투한 데서 생겨나 결국 나라를 망치고 말았다.〕"[30]이라고 하였고, 《한서(漢書)》〈외척전(外戚傳)〉에서도 "成結寵妾妬媚之誅。〔애첩이 질투하는 일을 만들었다.〕"라고 하였다.

여기 두 군데의 '媚'는 모두 '媢'로 바로잡아야 한다. '媢'도 투기와 같은 뜻이다. 그 사례는 《예기(禮記)》와 《삼창(三蒼)》에 보인다. 그리고 〈오종세가(五宗世家)〉에서도 "常山憲王后妬媚" 노문초(盧文弨)의 주: 《예기》〈대학(大學)〉"남을 시기하고 미워하여〔媢嫉以惡之〕"에 대해 정현(鄭玄)은 주에서 "'媢'는 투기라는 뜻이다." 하였고, 〈오종세가〉에 대해 《사기색은(史記索隱)》에서는 곽박(郭璞)의 《삼창》 주를 인용하여 "'媢'는 장부(丈夫)가 부리는 투기이다." 하였으며, 또 "여자를 놓고 투기하는 것을 '媢'라 한다." 하였다. 라고 하였는데, 왕충(王充)의 《논형(論衡)》에 "媢夫妬婦生, 則忿怒鬪訟。〔질투에 찬 지아비와 지어미가 함께 살면 분노가 일고 싸움이 그치지 않는다.〕" 노문초의 주: 〈논사(論死)〉에 "질투하는 지아비와 지어미가 함께 살면 정도를 지나쳐 화를 내며 싸움을 한다." 하였다. 이라고 하였다. 이를 통해 '모(媢)'가 질투의 의미라는 것이 더욱 분명해졌다. 영포가 주살된 원인은 비혁(賁赫)을 의식했었기 때문일 뿐이니 '미(媚)'라고 해서는 안 된다.

이상 세 가지 사례는 모두 전사 과정에서 발생한 오류를 지적한 것이다. 또 다음과 같은 예도 있다.

《사기》〈시황본기(始皇本紀)〉: 二十八年, 丞相隗林、丞相王綰等議於海上。

진 시황 28년에 승상 외림과 승상 왕관 등이 동해 가에서 의논하였다.

---

30 그의……말았다 : 이 내용은 《사기》 권91 〈경포열전(黥布列傳)〉에 보인다.

여러 본에는 모두 '山林'의 '林'으로 되어 있다. 개황(開皇) 2년(582) 5월에 장안 (長安)의 백성이 땅을 파다가 진(秦)나라 때의 철제 저울추를 발견했는데, 옆에 구리를 발라 명문(銘文)을 새긴 곳이 두 군데였다. 그중 한 곳에는 "卄六年, 皇 帝盡并兼天下諸侯, 黔首大安, 立號爲皇帝。乃詔丞相狀, 綰, 法度量則不壹嫌疑者, 皆明壹之。〔26년, 황제가 천하의 제후들을 모두 겸병하여 백성들이 크게 안정되 자 연호를 세우고 황제가 되었다. 그러고서 승상 상(狀)과 관(綰)에게 조서를 내려, 통일되지 않아서 혐의가 발생할 만한 소지가 있는 규범, 도량형, 규칙을 모두 분명하게 통일시키게 하였다.〕"라는 내용의 40자가 새겨져 있었다.……그 서체는 고문체(古文體)와 예서체(隸書體)가 뒤섞인 것이었다. 내가[31] 칙서를 받 아 이것을 베껴 해독할 때 내사령(內史令) 이덕림(李德林)과 함께 대조하고서 이것이 저울추임을 확인하였다. 현재는 관고(官庫)에 있다. '丞相狀'은 '狀貌'의 '狀'으로 '爿' 변에 '犬'을 쓴다. 그러므로 세속에서 '隗林'이라고 한 것은 잘못이니 '隗狀'이라고 해야 한다.

이는 출토 문물을 근거로 《사기》의 오자를 논증해 낸 예이다. 또 다 른 예를 들어 보겠다.

고악부(古樂府)의 가사(歌詞) 〈백리혜(百里奚)〉: 百里奚, 五羊 皮。憶別時, 烹伏雌, 吹扊扅, 今日富貴忘我爲!
백리해여, 다섯 마리 양피로 뜻을 이뤘구려! 생각하면 이별할 때 씨암탉 삶아 주고 문짝 뜯어 밥했는데 오늘날 부귀하니 나를 잊었 구려!
'吹'는 불을 때서 밥을 한다는 뜻의 '炊'가 되어야 한다. 채옹(蔡邕)의 《월령장구 (月令章句)》를 살펴보니 "鍵, 關牡也, 所以止扉, 或謂之剋移。〔'鍵'은 빗장이니, 사 립문을 닫아 잠그기 위한 것으로 '剋移'라고 하기도 한다.〕"라고 하였다. 그렇다 면 당시에 백리해 부부가 가난하여 문빗장까지 뜯어내서 불쏘시개용 땔감으로

---

31 내가 : 안지추(顔之推)를 가리킨다.

사용한 것이다. 《성류(聲類)》에는 이 글자가 '扅'으로 되어 있고, 어떤 본에는 '屠'으로 되어 있다.

이것은 고악부 가사 중에서 오자를 교정한 사례이다. 이 밖에도 고적에 본래 있던 고자(古字)를 당시의 속자(俗字)로 바꾸는 상황, 예를 들면 '景'을 '影'으로, '陳'을 '陣'으로 바꾸는 것 등을 지적하였고, 동시에 당시 정자(正字) 중에서 예를 들면 소전(小篆)의 자체(字體)에 따라서 자형(字形)을 정정(訂正)하거나 통가자(通假字)를 일률적으로 바꾸는 등의 혼란스러운 경향을 지적하였다. 이는 어느 것이나 당시 교감의 발전 상황을 이해하는 데 모두 유익한 사료이다.

《안씨가훈》 서증편이 남긴 교감의 성과는 수량 면에서 보면 그리 많지 않다. 그러나 이러한 전서류(專書類) 필기는 다루는 범위가 넓고 고증이 자유로우며 실제와 연관을 맺고 있고 형식에 얽매이지 않는다. 이는 당시의 학자들이 교감을 중시했음을 보여 주는 동시에 당시 서적물의 문자에 담긴 착오의 정황에 비추어 교감이 하나의 학문으로 독립해 가는 발전 추이를 드러내기 시작했음을 보여 주고 있다. 바로 이러한 추세를 타고 《안씨가훈》과 동시대에 육덕명(陸德明)의 《경전석문(經典釋文)》이 출현하게 된 것이다.

《경전석문》은 원래 경전의 문자에 대한 주음(注音)을 모은 전문 서적이다. 그 서문은 다음과 같다.

경서(經書)의 독음에 대해 저술한 작자들은 많이 있다. 선유(先儒)들의 저서가 여러 서적들 사이에서 찬란히 빛을 발하고 내력 또한 오래되어 참으로 흠잡을 것이 없다. 그러나 성인이 돌아가신 뒤로 한쪽으로 치우쳐서 형식을 중시하는가 내용을 중시하는가, 혹은 자세한가 소략한가가 제각각 달라지게 되었다. 한위(漢魏) 이래로 지금에 이르기까지 여러 학자들이 전한 글 중에 볼만한 것들은, 어떤 책은 전적으로 자신의 식견에서 나오고 어떤 책은 구음(舊音 전통 독음)을 조술(祖述)하는 등 각각 한쪽 견해만을 따라서 제각각 양상을 달리하였다. 게다가 초나라와 중원은 발음이 다르고 남쪽과 북쪽은 용어가 달라 시비의 기준도 자신이 들은 대로 따르고 경중의 차이도 자신이 익히 아는 지식대로 따랐다. 그 결과 후학들은 깊이 천착할 뿐, 핵심을 파악하는 사람이 거의 없었다.……[32] 육경(六經)을 정밀히 연구하고 제가의 학설을 모아서 그 차이를 찾아가 묻고 《삼창(三蒼)》, 《이아(爾雅)》와 대교하면서 그때마다 오전(五典) 《시》·《서》·《예》·《역》·《춘추》를 가리킨다. 과 《효경》, 《논어》 및 《노자》, 《장자》, 《이아》 등의 음의(音義)를 모아 편찬하였다. 도합 3질(帙) 30권(卷)으로 《경전석문》이라고 하였다.

문자에 음을 다는 것은 당연히 주를 달 문자의 자의(字義)·자형(字形)과 밀접한 관련이 있다. 전적에는 이문(異文)이 존재하며 또 이런저런 이유 때문에 동일한 문자에 대해 서로 다른 음주(音注)가 붙여진다. 이 때문에 음주를 모으려면 불가피하게 연관된 이문을 모아야 한다. 이 점에 대해 육덕명은 〈조례(條例)〉에서 다음과 같이 설명하고 있다.

음의(音義)을 찬술하였으니 오류를 판정해야 했다. 2개의 본이 모두 통용되고 둘 다 이치가 통할 경우에 여기서는 양쪽의 견해를 모두 써서 그 차이를 밝혔다. 시비가 섞여 있으나 미세하게라도 구분

---

32 …… : 《교감학대강》에는 '因此, 他[이 때문에 그는]'라고 하여 저자의 보충 설명이 삽입되어 있는데, 번역문의 체제를 통일하고 가독성을 높이기 위해 삭제하고 줄임표로 대신하였다.

할 수 있으면 양자를 모두 제시하여 그때그때 수정하였다. 또 다른 경전이나 별본(別本)에 제시된 글자나 말뜻이 서로 어긋날 경우에도 기록해 두었으니, 이설(異說)을 널리 알리기 위함이다.

경적(經籍)의 문자는 오랫동안 계승되어 왔다. '悅'을 '說'로 표기하거나 '閑'을 '閒'으로 쓰거나 '智'를 '知'로, '汝'를 '女'로 간략하게 표기하는 등의 경우는 모두 옛 음대로 표기하였다. 그러나 이 책을 짓게 된 본령은 본래 가차(假借)를 밝히기 위함이었다. 경문에 너무 많이 되풀이되거나 문맥을 쉽게 이해할 수 있는 것은 정자(正字)에 가차한 음을 붙여서 그것이 가차자임을 밝혔으니, 각 경문 안에서 찾아보면 자연히 알 수 있다. 정자와 가차자에 모두 음을 표기한 것은 독자에게 의문이 생기지 않도록 하기 위해서였다.

《상서(尙書)》의 문자는 원래 예서체이다. 고문을 예서로 썼으니 완전히 고자는 아니다. 지금 송나라·제나라의 구본(舊本)과 서씨(徐氏)·이씨(李氏)의 음의에는 고자가 거의 없다. 경전에 천착하는 사람들이 되도록 남들과 다른 견해를 펴고자 자부(字部)를 참조하여 경문을 바꾸어서 후학들을 현혹하는데, 이를 받아들여서는 안 된다. 여기서는 모두 전통 독음대로 음의를 붙이되, 이체자가 있으면 음의에서 밝혀 주었다. 그러나 이 경우도 《설문(說文)》과 《자고(字詁)》를 인용하여 차이를 드러내었다.

《춘추》에서는 인명과 씨족명, 지명이 앞뒤에서 모두 나오고 경문과 전문에서 번갈아 보이기도 하는데 이러한 예를 일일이 거론할 수는 없다. 다만 나라는 다른데 이름이 같은 인물이거나 가차자와 아울러 등장하는 곳이 그 간격이 먼 경우에는 생략할 수 없으므로 모두 상황에 맞게 조절하여 될 수 있는 한 타당하게 하였다.

《이아(爾雅)》는 본래 삼분오전(三墳五典)을 해석한 것이므로

자체(字體)와 독음(讀音)을 오경에 비추어 읽어야 한다. 근대의
학자들은 남다른 견해를 내기를 좋아하여 잡서에 의거하여 독음과
자체를 바꾼다. 그들은 자신들이 들은 것만 믿을 뿐 더 이상 그 일
의 본말은 살피지 않는다. 육서(六書)와 팔체(八體)가 각각 의미
가 있는데 형성문자(形聲文字)와 회의문자(會意文字)를 어떻게
하나의 틀로 고정할 수 있겠는가. 어찌 필히 날짐승은 모두 '鳥' 방
을, 물짐승은 모두 '魚' 방을, 벌레류는 모두 '虫' 방을, 풀잎류는 모
두 '艸' 머리를 붙인단 말인가. 이러한 견해는 실로 따를 수 없다.
본서에서는 이를 잘 따져 보되 속설(俗說)은 따르지 않았다.

　　……

오경의 자체는 바뀐 것이 많다. 예를 들면 '鼂'과 '鼊'의 '黽'을 '龜'
변으로 쓰거나 '亂'과 '辭'의 방을 '舌' 방으로 쓰거나 '席'의 아랫부
분을 '帶'로 쓰거나 '惡'의 윗부분을 '西'로 쓰거나 '析'의 변을 '片'
방으로 쓰거나 '離'의 방을 '禹' 방으로 쓰는 것은 단순한 자형의 오
류여서 다른 문자로 착각하는 것은 아니지만 '籠' 뢰과 隴의 반절음이다.
을 '龍' 力과 孔의 반절음이다. 으로 쓰거나 '錫' 思와 歷의 반절음이다. 을
'錫' 음은 腸이다. 으로 쓰거나 '攴' 普와 卜의 반절음이다. 《자림(字林)》에는
普와 角의 반절로 되어 있다. 으로 '文' 武와 云의 반절음이다. 을 대신하거나
'旡' 음은 無이다. 를 '旡' 음은 旣이다. 와 혼용하는 등 이러한 유는 양쪽
모두 손실이 있게 된다. 또 '來'의 우측에 '力'을 붙인 것을 속자(俗
字)로 '約勑〔단속하고 신칙하다〕'이라고 할 때의 '勑'이라고 하는데
《설문》에서는 '勞徠〔위문하다〕'라고 할 때의 '徠'라고 하였으며,
'氵'에 '曷'이라고 쓴 것을 속자로는 '飢渴〔배고프고 목마르다〕'이라
고 할 때의 '渴'이라고 하는데 자서(字書)에서는 '水竭〔물이 마르
다〕'이라고 할 때의 '竭'이라고 하였다. 이러한 예는 고치면 세속 사
람들을 당황하게 하지만 몰라서는 안 된다.

문자에 관한 이러한 범례는 저자가 어음(語音)과 어의(語義) 및 자형(字形)과의 관계에 대해서 십분 적확하게 이해하고 있다는 것을 보여주는데, 이로써 남북조의 학자들이 음운·훈고·문자 등에서 학술적으로 도달했던 성취를 대표할 수 있다. 동시에 당시 고적 교감의 수준이 이미 운음·훈고·문자의 지식을 자각적으로 운용하여 이문(異文)이 발생하는 원인과 오류가 발생한 원인, 판단 근거 등을 개괄적으로 설명하고 있다는 것을 반영한다. 따라서 교감의 관점에서 보면《경전석문》은 경전의 이문을 대량으로 기록하고 있을 뿐만 아니라 이문의 정오를 분석하고 판단하는 자료를 다량 제공하고 있다. 예를 들면 다음과 같다.

《시경》〈주남(周南) 관저(關雎)〉: 君子好逑
군자의 좋은 배필
《경전석문》: '逑'는 음이 '求'이다. 모전(毛傳)에서는 "匹也〔짝이라는 뜻이다.〕"라고 하였다. 어떤 본(本)에는 '仇'로 되어 있는데, 음은 같다. 정현(鄭玄)은 "怨耦曰仇〔원한 관계의 상대를 '仇'라고 한다.〕"라고 하였다.

《시경》〈주남 관저〉: 輾轉反側
이리저리 뒤척이네.
《경전석문》: '輾'은 어떤 본에는 '展'으로 되어 있으니 '哲'과 '善'의 반절음이다. 여침(呂忱)은 '軍' 변에 '展'을 쓰고 있다. 정현은 "不周曰輾〔한 바퀴 다 돌지 않는 것을 '輾'이라 한다.〕"이라 하였다. 주(注)의 글을 어떤 본에는 "臥而不周〔누워서 한 바퀴 다 돌지 않는 것〕"라고 하였는데 '臥而'는 군더더기이다.

《시경》〈주남 갈담(葛覃)〉: 服之無斁
옷 만들어 입음에 싫지 않으니
모전(毛傳): 庶士以下, 各衣其夫.〔서사 이하는 지어미가 각각 자기 지아비의 옷을 해 입힌다.〕

《경전석문》 : '庶士'는 서인(庶人)으로 관직에 있는 자이다. 어떤 본에는 '庶人'으로 되어 있다.

《시경》 〈주남 갈담〉 : 言告言歸

친정에 갈 것을 말하라고 했노라.

모전 : 婦人謂嫁曰歸〔부인이 시집가는 것을 귀라 한다.〕

《경전석문》 : '謂嫁曰歸'는 어떤 본에는 '曰'이 없다. 여기서는 《춘추공양전(春秋公羊傳)》에 따른다.

《시경》 〈주남 권이(卷耳)〉 : 我姑酌彼兕觥

나는 아직껏 저 시굉으로 술을 마시고 있다.

《경전석문》 : '𠒋'는 어떤 본에는 '兕'로 되어 있으니 徐와 履의 반절음이다. 《이아》에 "𠒋似牛〔𠒋는 소와 비슷한 동물이다.〕"라고 하였다. '觵'은 古와 橫의 반절음이니, 벌주를 먹을 때 쓰는 잔인데 '𠒋'의 뿔로 만든다. 어떤 본에는 '觥'으로 되어 있다. 《한시외전(韓詩外傳)》에서는 "容五升〔5되가 들어간다.〕"이라고 하였고, 《삼례도(三禮圖)》에서는 "容七升〔7되가 들어간다.〕"이라고 하였다.

《시경》 〈주남 한광(漢廣)〉 : 不可休息

앉아서 쉴 수 없네.

《경전석문》 : '休'와 '息'은 모두 원 글자의 뜻대로 새긴다. 고본(古本)에서는 모두 이와 같다. 어떤 본에는 '休思〔쉬다〕'로 되어 있는데, 이는 추측하여 글자를 바꾼 것이다.

《시경》 〈주남 한광〉 : 不可方思

뗏목 띄워 갈 수 없네.

모전 : '方'은 '泭〔뗏목〕'이다.

《경전석문》 : '泭'는 芳과 于의 반절음이다. 어떤 본에는 '㳇'로 되어 있고, 또 '桴'로 되어 있거나 혹은 '柎'로 되어 있는데 모두 같은 뜻이다. 심선(沈旋) 남조

양(梁)나라 학자이다. 은 음이 '柎'라고 하였다. 《방언(方言)》에는 "泭謂之篺, 篺謂之筏。筏, 秦晉通語也。〔泭를 '篺'라고 하고 '篺'를 '筏'이라고 한다. '筏'은 진(秦)나라와 진(晉)나라 때의 통용어이다.〕"라고 하였다. 손염(孫炎)이 《이아》에 대한 주석에서 "方木置水爲柎栰也。〔방목을 물에 띄운 것이 '柎栰'이다.〕"라고 하였고, 곽박(郭璞)은 "水中篺筏也。〔물에 띄우는 뗏목이다.〕"라고 하였으며, 또 "木曰篺。竹曰筏。小筏曰泭。篺音皮佳反。栰、筏同音伐。樊光《爾雅》本作'柎'。〔나무로 만든 뗏목을 '篺'라 하고, 대나무로 만든 뗏목을 '筏'이라 하며, 작은 대나무 뗏목을 '泭'라 한다. '篺'는 皮와 佳의 반절음이다. '栰'과 '筏'은 똑같이 음이 '伐'이다. 번광의 《이아》 주본에는 '柎'로 되어 있다.〕"라고 하였다.

《시경》〈소남(召南) 표유매(摽有梅)〉 소서(小序): 男女及時也
남녀가 제때에 혼인하는 것이다.
《경전석문》: 어떤 본에는 '得以及時'로 되어 있는데, 아랫글로 인해 오류가 발생하였다.

《시경》〈용풍(鄘風) 군자해로(君子偕老)〉: 玼兮玼兮
곱고도 곱도다.
《경전석문》: '玼'는 음이 '此'이고, 또 且와 禮의 반절음이니, 매우 고운 모양이다. 《說文》에서는 "新色鮮也。〔새 빛이 고운 것이다.〕"라고 하였고, 《자림(字林)》에서는 "鮮也。〔선명하다는 뜻이다.〕"라고 하였는데, 음은 같다. 《옥편(玉篇)》에서는 "且禮反, 云鮮明貌。〔且와 禮의 반절음이니, 선명한 모양이다.〕"라고 하였다. 심선은 '모장(毛萇)'과 여침(呂忱)은 모두 '玼'로 해석하고 있고, 왕숙(王肅)도 '顔色衣服鮮明貌〔안색과 의복이 선명한 모양〕'라고 하였다. 어떤 본에는 '瑳'로 되어 있는데 이는 다음 장에 나오는 '瑳兮'로서 왕숙이 '好美衣服潔白之貌〔아름다운 미색과 의복이 희고 깨끗한 모양〕'라고 주를 달고 있다. 다음 장의 글자가 이것과 같다면 다음 장에서 다시 주를 낼 필요가 없다."라고 하였다. 지금 왕숙본을 조사해 보니 다음 장에서는 해석을 달지 않아서 심씨가 말한 것과 일치하지 않았다. 그러나 구본(舊本)에는 모두 앞에는 '玼'로, 뒤에는 '瑳'로 되어 있다.

이상에서 거론한 여러 사례는 이문, 탈문, 착간 등을 포괄하는 각종 교감 자료를 제공하면서 어떤 경우에는 간요(簡要)한 설명을 덧붙이고 있다. 위에서 서술한 《안씨가훈》 서증편의 상황과 연관 지어 생각하면 남북조 시기에는 음운·훈고·문자에 대한 학문이 발전한 결과 교감이 비로소 하나의 전문 분야로 독립되는 추세를 드러내고 있음을 알 수 있다. 이러한 추세의 특징은 음운·훈고·문자를 비교 연구하기 위해 중요한 자료적 근거가 되는 이문(異文)이 나날이 학자들에 의해 중시되어서 비로소 특정 서적의 교감이라는 틀을 벗어나 단독으로 논의되고 수집되기 시작하였다는 점이다.

이문은 교감 작업의 가장 직접적인 성과이다. 이에 따라 교감의 지위도 현저하게 주목을 받게 되었다. 여기서 특히 지적해야 할 점은 다음과 같다. 즉,《경전석문》〈조례(條例)〉에서는《경전석문》에서 관련 음주(音注)의 각종 유례(類例)를 처리하는 원칙을 설명하고 있지만, 위에서 인용하고 있는 문자에 관한 각 조항은 경전 고적에 존재하는 각종 이문에 대한 저자의 개괄적인 인식을 분명히 표명하고 있다는 것을 어렵잖게 알 수 있다. 이론적인 성격을 지닌 이러한 관점은 실은 한나라와 위나라 이후로 고적 이문에 대한 비교 연구와 정자(正字)·속자(俗字)의 변화에 대한 분석을 통해 갖춰졌다. 이러한 관점에서 볼 때《경전석문》은 정현 등 한대(漢代) 학자들의 교감 성과에 비해 진일보했다고 할 수 있다.《경전석문》에는 정현의 주와 위진(魏晉) 이래 경서의 주에 대한 풍부한 성과가 수집되어 있는데, 이 사실 자체는《경전석문》이 과거 업적의 집성(集成)이라는 발판 위에서 일보 전진한 것임을 말해 주고 있다. 바로《경전석문》이 갖고 있는 집성이라는 특징과 이론적인 성과는 당대(唐代)의 경전 고적 정리를 발전시키는 데 직접적인 영향을 끼쳤다. 당나라 공영달(孔穎達)이 지은《오경정의(五經正義)》는《경전석문》이 이룩한 성과를 흡수한 결과물이고, 당나라 장수절(張守節)이 지은 《사기정의(史記正義)》에서 그 체례(體例)를 설명하고 있는 〈주례(注例)〉, 〈자례(字例)〉, 〈음례(音例)〉는 《경전석문》〈조례〉를 뽑아 만든 것이다.

총괄하면 다음과 같다. 위진 남북조 시기의 교감은 한대처럼 경전을 교감하여 얻은 직접적인 성과를 제공하고 보존하였다고 할 수 없고, 심지어는 고의(古義)와 구설(舊說)을 폐기하면서 새로운 잘못된 해설을 덧붙이기도 하여 교감학의 발전에 다소 역행하는 모습을 보이고 있다. 그러나 모든 사물의 발전 과정과 마찬가지로 이 시기에 나타난 역행은 전진을 위한 일보 후퇴에 불과하였다. 따라서 이 시기는 적극적이고 진보적인 성과를 내포하고 있다고 할 수 있다. 가장 뚜렷한 특징과 성과는, 유가의 독존적인 지위가 흔들리고 현학이 성행하여 사변 철학이 발전한 것이다. 직접적으로는 《노자》와 《장자》의 지위가 격상되어 《경전석문》에 다른 경서와 나란히 실렸을 뿐만 아니라 교감의 범위, 원칙, 체례, 방식 등에서 모두 유익한 역사적인 탐구가 행해져 후세에 귀감이 될 만한 교감 경험을 제공하고 있다. 음운학·훈고학·문자학의 발전 결과 경전 고적의 이문을 특히 중시하게 되었고, 더욱이 교감이 독립적인 학문으로 나아가는 것을 직접적으로 추동하였다. 이는 이 시기 교감의 발전에 있어 중요한 특징이다.

제7절 당대의 교감

당대(唐代)는 사상과 문화가 번영하고 발달하였다. 통일적인 집권 체제
를 유지하기 위한 사상 통치의 필요에 의해 당 태종(唐太宗)은 역사의
경험을 총괄하고 전적 문헌을 정리하는 것을 매우 중시하였다. 아울러
과거 시험을 통하여 통일된 유가의 경의(經義)를 널리 보급시켰다. 안
사고(顔師古)는 오경의 문자를 고증, 판정하여 《오경정본(五經定本)》
을 찬술하였고, 공영달(孔穎達) 등은 오경 주석의 시비를 판정하여 《오
경정의(五經正義)》를 찬술하였다. 이 책들은 모두 천하에 반포되어 경
문의 의리를 시험하는 모범 답안이 되었다. 이와 동시에 가공언(賈公
彦)이 지은 《주례소(周禮疏)》와 《의례소(儀禮疏)》, 서언(徐彦)이 지
은 《공양전소(公羊傳疏)》, 양사훈(楊士勛)이 지은 《곡량전소(穀梁傳
疏)》는 모두 육조 시대에 갈라졌던 경전 해설을 총괄했다는 의의를 지
닌다. 그리하여 13경 중 9경의 주소가 당나라 때에 완성되어 경학이 하
나로 통일되게 되었다.

당대 전체를 통해 경학의 문자와 주석에 관한 분쟁은 많지 않았다. 경
학의 통일이라는 시대적 추세와 맞물려 《예문유취(藝文類聚)》, 《군서
치요(群書治要)》, 《북당서초(北堂書鈔)》 등의 유서(類書)가 편찬되
었고 이 밖에도 안사고의 《한서》에 관한 주석, 사마정(司馬貞)의 《사
기색은(史記索隱)》, 장수절(張守節)의 《사기정의(史記正義)》, 이현(李
賢)의 《후한서》에 관한 주석, 이선(李善)의 《문선(文選)》에 관한 주
석과 이주한(李周翰) 등 다섯 신하의 《문선》에 관한 주석 등은 통일적
인 주해서를 집성하는 데 취지가 있었는데 후세에 매우 깊은 영향을 끼

쳤다. 바로 남조와 북조의 학술을 총괄했다는 점 그리고 사상의 통일을 요구하는 역사적 조류에 기인하여 당대의 전적 문헌의 정리는 전체적으로 훈고와 해석을 중시하는 경향과 특징을 띠게 되었다. 공영달이 《오경정의》를 편찬한 방침은 다음과 같다. "고인의 주석과 근래 학설의 차이점을 따져 보아 옳은 견해는 남겨 두고 잘못된 견해는 버리며, 번다한 의론은 잘라 내고 소략한 부분은 보충하였다."〈상서정의서(尙書正義序)〉 그러므로 문자에 대한 교감에 있어 주로 한대(漢代) 경전 연구가들 간의 차이점을 설명하고 있으며 고증을 한 것은 많지 않았다. 예를 들면 다음과 같다.

> 《모시(毛詩)》〈대서(大序)〉: 哀窈窕
>
> 요조숙녀(窈窕淑女)를 구하지 못하여 슬퍼하고
>
> 정현의 전(箋): '哀'는 오자인 듯하니 '衷'이 되어야 한다. '衷'은 마음속으로 헤아린다는 뜻이다.
>
> 공영달의 소(疏): 정현은 '哀'를 다르게 해석했는데 《시경》의 글자도 《모시》와 같다. 후비(后妃)가 현녀(賢女)를 구함은 그리워하는 것일 뿐이어서 그 사이에 슬픈 일이 끼어들 리가 없다. 경문에서도 "鍾鼓樂之〔종과 북으로 즐겁게 하네.〕", "琴瑟友之〔거문고와 비파로 친히 하네.〕"라고 하여 슬픔과 즐거움은 서로 같지 않으니, 비애가 있을 수 없다. 그러므로 오자인 듯하다고 한 것이다. 전(箋)에서 바꾼 글자가 많은데, 모두 "아무 글자로 바꿔야 한다."라고 주를 달고 있다. 이 부분은 《시경》의 첫머리이기 때문에 '蓋'라는 추측사를 사용하고 있다. 아래도 모두 이와 같다. '衷'과 '忠'은 글자는 다르나 뜻이 같으므로 본문에서 '中心'이 '忠'이고 '如心'이 '恕'이므로 '恕之'라고 한 것이다.

정현 전의 이 대목은 교주(校注)에 해당하고, 공영달의 소는 정현이 문자를 바꾼 체례를 해석하여 '哀'를 '衷'으로 바꾼 이유를 설명하고 있다. 그러나 모두 경의(經義)를 이해하는 데 착안할 것일 뿐 교감의 입장에서 분석한 것은 아니다. 이 시기 《사기》, 《한서》 등 사적의 주석에 포함된 교감은 공영달의 경전 해석과 대략 같다.

안사고의 《한서》에 대한 주석은 반소(班昭) 이하 37명의 전문가의 음의(音義)를 널리 채집하고서, 당대 이전의 주석에 대해 옳은 설은 남겨 두고 잘못된 설은 버렸으며 번다한 내용은 삭제하고 소략한 내용은 보충하고 있다. 그 〈서례(敍例)〉에서 다음과 같이 말하였다.

《한서》는 원래 고자(古字)가 많이 있었는데 주석을 붙인 뒤로 여러 차례 변천을 거쳤다. 후세 사람들이 습독(習讀)하면서 제 맘대로 수정하였고 전사(傳寫)를 거듭하면서 더욱더 비속하게 되었다. 여기서는 고본(古本)을 자세히 조사하여 본래의 참모습을 회복하였는데, 이해하기 어려운 것은 모두 주석을 붙였다.

시대와 지역에 따라 말이 달라져서 배움이 모자란 사람은 이해가 부족하여 막히는 경우가 있다. 그리하여 의문이 생길 때마다 가감한 결과 본뜻을 망각하고 정치(精緻)하지 못한 점이 실로 많았다. 여기서는 그런 내용은 모두 산삭하여 옛 모습을 회복하였다.

여러 〈표(表)〉의 차서(次序)는 항목이 구분되어 있기는 하나 문자가 번잡하여 어긋나고 뒤섞이게 되었다. 앞뒤의 순서가 바뀌고 상하의 위치가 어그러져 나열하는 순서가 들쭉날쭉하고 명칭과 실제가 맞지 않았다. 여기서는 내용을 조사하여 체례를 연구하고 전면적으로 다시 교정하여 바로잡았다. 과실을 바로잡고 문단의 구분을 명확히 하여 그 범위에서 다시 단락을 지었다. 이로써 찾아 읽기 쉬울 뿐만 아니라 전사하는 데도 의심이 없게 되었다.

예악과 시가는 각각 당시의 율려(律呂)에 따라 박자가 있으므로 획일적인 규례로 바로잡을 수 없다. 독자는 무지하여 더는 장절(章

節)을 나눌 줄 몰랐고 해설자도 조리가 없어서 압운을 그르치는 바람에 한 시대의 아름다운 문장의 우수한 정수가 파묻히게 되었다. 여러 대에 걸쳐 연구하였지만 이해할 수 있는 사람이 거의 없었다. 여기서는 그 곡조에 따라 내용을 분석한 결과 분명하여 알기 쉬워서 더는 의심나거나 막히는 데가 없게 되었으니 읊고 외워서 마음과 귀를 순화할 수 있게 되었다.

위 인용문으로 보아 문자의 이동(異同)과 관련한 교감의 문제를 처리하는 안사고의 원칙은, 확실한 본래의 모습을 복원하고 후대에 덧붙여진 잘못된 견해를 깎아 내는 것임을 알 수 있다. 문자는 옛 글자를 그대로 사용하면서 해석을 붙이는 방식을 추구하였다. 고금자(古今字), 방언(方言), 통가자(通假字) 등은 본자(本字)로 고치고 여러 〈표〉는 차서를 바로잡았으며 운문은 압운에 맞게 하였다. 그 결과 소해(疏解)에서 출발하여 이문을 거의 남김없이 정리하게 되었다. 그중 몇몇 이문과 다른 견해는 남겨 두었는데, 대부분 훈고와 의소(義疏)란 관점에서 분석하고 판단한 경우이다. 예를 들면 다음과 같다.

1 《한서》〈고제기(高帝紀)〉: 不如更遣長者扶義而西
다시 관후(寬厚)한 장자(長者)를 파견하여 인의의 기치를 내걸고 서쪽으로 진(秦)나라를 향해 공격하는 것만 못하다.
안사고의 견해 : '扶'는 돕는다는 뜻이니 의리를 가지고 스스로를 돕는 것이다. '扶'는 어떤 본에는 '杖'으로 되어 있다. '杖'도 의지한다는 뜻이다.

2 《한서》〈고금인표(古今人表)〉: 斁手
안사고의 견해 : '斁'는 口와 果의 반절음이다. 통행본에 '擊'으로 된 것은 잘못이다.

3 《한서》〈고금인표〉: 雒陶、續身、……秦不虛

안사고의 견해 : '낙도(雒陶)' 이하는 모두 순(舜)의 벗들이다. '身'이 '耳'로 되어 있거나 '虛'가 '字'로 되어 있는 본도 있는데, 모두 《시자(尸子)》에 보인다.

4 《한서》〈식화지(食貨志)〉: 而不軌逐利之民畜積餘贏以稽市物,痛騰躍

법도를 준수하지 않고 이재만을 좇는 백성들이 남은 재물을 쌓아 두고서 시장의 물건을 풀지 않고 저장해 두니 물가가 몹시 앙등하였다.

이기(李奇)의 견해 : '稽'는 저축한다[貯滯]는 뜻이다.

진작(晉灼)의 견해 : '痛'은 몹시[甚]라는 뜻이다. 시장의 물건이 흔해질 것을 헤아려 미리 많이 비축하였다가 물건이 귀해지면 내다 팔기 때문에 물가가 몹시 앙등하게 된다는 말이다.

안사고의 견해 : '不軌'는 법도를 따르지 않는다는 뜻이다. 남은 재물로 여러 물화를 사서 비축해 두어 물건이 자신의 수중에서 적체되도록 하였기 때문에 시중 물가가 몹시 오르게 되었다는 말이다. 통행본에 '痛'이 '踊'으로 되어 있는 것도 있는데 잘못이다. '踊'과 '騰'은 같은 뜻이므로 중복하여 말할 수 없다. '畜'은 '蓄'으로 읽는다.

5 《한서》〈고제기〉: 十年,……夏五月, 太上皇后崩。

10년,……여름 5월에 태상황후가 붕어하였다.

여순(如淳)의 견해 : 〈왕릉전(王陵傳)〉에 의하면 초나라가 태상황(太上皇)과 여후(呂后)를 잡아서 인질로 삼았다. 또 항우(項羽)가 태공과 여후를 돌려보낸 일은 있지만 노모[媼]를 돌려보낸 사실은 보이지 않는다. 또 고제 5년에 고조가 노모[母媼]를 추존하여 소령부인(昭靈夫人)이라는 교지를 주었으니, 고후(高后) 때가 되어서야 소령후로 추존한 것이다. 《한의주(漢儀注)》에서는 "高帝母, 兵起時死小黃北, 後於小黃作陵廟。〔고제의 어머니는 고제가 기병할 당시에 소황(小黃) 북쪽에서 죽었고, 나중에 소황에 능묘가 세워졌다.〕"라고 하였다. 이 두 가지 사실로 볼 때 '太上皇后崩'은 성립될 수 없다.

이기의 견해 : 고조의 계모이다.

진작의 견해 : 고조 5년에 죽은 노모를 추존하여 소령부인이라고 하였으니, '추존(追尊)'이라는 말에서 이미 죽은 사람임이 분명해졌다.[33] 《사기》 10년 기사를 보면 봄과 여름으로는 아무 사건도 없었고, 7월에 태상황이 붕어하여 역양궁(櫟陽宮)에 장사 지냈으니, 여기서의 '夏五月, 太上皇后崩' 8자가 없어야 하는 것이 분명해졌다. 또 《한의주》에 의하면 죽은 노모는 진류현(陳留縣) 소황에 장사 지낸 뒤였다.

안사고의 견해 : 여순과 진작의 견해가 모두 타당하니 '太上皇后'란 말은 없어야 한다. 제가들의 견해에 종종 이설이 있지만 번잡하고 쓸데없으므로 논할 가치가 없다.

예문 1은 이문을 기록하여 둘 다 통용됨을 설명한 것이고, 예문 2는 통행본의 오자를 지적한 것이고, 예문 3은 다른 책에 보이는 이문을 기록한 것이고, 예문 4는 별본의 이문을 기록한 것이고, 예문 5는 '夏五月, 太上皇后崩'이 사실(史實)에 부합하지 않으므로 연문(衍文)으로 처리해야 함을 고증한 것이다. 이러한 예들은 모두 교감의 각도에서 논증하지 않고 대부분 내용과 훈고에 의해 정오를 설명하거나 혹은 사실(史實)을 근거로 고증하고 있다. 이러한 특징은 그의 찰기류(札記類) 저작인 《광류정속(匡謬正俗)》 중 교감과 관련한 조목에 드러나 있다. 예를 들면 다음과 같다.

1 《상서(尙書)》에 관한 조목
　공안국(孔安國)의 〈고문상서서(古文尙書序)〉 : 先君孔子生于 周末, 睹史籍之煩文, 懼覽者之不一, 遂乃定禮樂, 明舊章。

---

[33] 이미……분명해졌다 : 《교감학대강》에는 해당 원문이 '則明已亡'으로 되어 있는데, 《한서(漢書)》 〈고제기(高帝紀)〉에 근거하여 '已' 앞에 '其' 1자를 보충하여 번역하였다.

나의 선조이신 공자께서는 주나라 말기에 태어나셨는데, 사적이
번잡한 것을 목격하고 보는 자들의 견해가 일치하지 않을까 걱정
하여 마침내 예악을 바로잡아 예전의 편장(篇章)을 밝히셨다.

'覽者'는 습독(習讀)하는 사람을 뜻하니 '學者'라는 말과 같다. 뒷날 사적을 읽
는 사람들이 번잡한 문장으로 인해 통일된 견해를 갖지 못하고 이설이 발생
할까 염려하였기 때문에 이를 산삭하여 바로잡은 것이다. 이 몇 구절은 글이
대구를 이루고 뜻이 명확하여 매우 이해하기가 쉽다. 그러나 뒷날의 학자들
이 '之'를 '者' 위에 두어 '覽之者不一'이라고 하였다. 대의(大意)는 변하지 않
았지만 본문의 순서를 바꾸어 놓아 어의(語意)가 천박해지면서 대구도 맞지
않게 되었으니, 이 역시 신중하지 못한 짓이 되어 버렸다. 현재 진(晉)나라와
송나라 때 수정을 가하지 않은 본(本)이 몇몇 전해지고 있는데, 거기에는 모
두 '覽者之不一'로 되어 있다.

2 《예기》에 관한 조목

〈곡례(曲禮)〉: 禮聞取於人, 不聞取人。

예에, 남에게 본보기가 된다는 말은 들었어도 남을 본받게 한다
는 말은 듣지 못하였다.

정현(鄭玄)의 주에 "取於人, 謂高尙其道。取人, 謂制服其身。〔'취어인(取於人)'
은 자기 도를 고상하게 한다는 뜻이고 '취인(取人)'은 자기 몸을 제어하여 복
종시킨다는 뜻이다.〕"이라고 하였는데, 이러한 해석이 비교적 이해할 만하
다. 서선(徐仙)은 '取於人'에 음주(音注)를 붙이면서 '娶'라고 하였으니, 함부
로 가차한 것이다.

3 '부(俘)'에 관한 조목

《춘추》〈장공(莊公)〉6년 경문(經文): 齊人來歸衛俘。

제나라 사람이 노나라로 와서 위나라에서 빼앗은 보물을 주었다.

《춘추좌씨전》에서는 '衛寶〔위나라의 보물〕'라고 하였고, 《공양전》과 《곡량
전》의 경문도 모두 '寶'로 되어 있다. 두예(杜預)는 "疑《左氏傳》經誤〔《춘추좌

씨전》의 경문이 잘못된 것 같다.]"라고 주를 붙였다. 내가 생각하기에 《이아》에 "侔, 取也。[侔'는 취한다는 뜻이다.]"라고 하였고, 〈상서서(尙書序)〉에도 "遂伐三朡, 俘厥寶玉。[마침내 삼종국을 치고 그 보옥을 취하였다.]"이라고 하였다. 그렇다면 위나라에서 취한 보옥을 노나라에 바친 것이다. 경문과 전문이 서로 일치하고 뜻도 어긋나지 않는데 '俘'를 사람이라고 할 필요가 있겠는가. 두씨의 견해는 통하지 않는다.

4 '초창(草創)'에 관한 조목

《좌전》〈양공(襄公)〉 31년 : 子羽與裨諶乘以適野而謀, 於野則獲, 於邑則否。

자우와 비침이 함께 수레를 타고 야외로 가서 도모했는데, 야외에서는 성공했으나 도읍 안에서는 성공하지 못하였다.

나의 의견은 다음과 같다. 《논어》에서 공자가 "爲命, 裨諶草創之, 世叔討論之, 行人子羽修飾之, 東里子産潤色之。[외교문서를 작성하는데 비침이 초안하고 세숙이 내용을 검토하고 행인 자우가 문장을 수정하고 동리의 자산이 윤색하였다.]"라고 하였는데, 이 말은 비침이 안을 내어 초안을 만들어 사령의 원안을 작성하고 세숙이 재차 토론하여 논술하고 자우와 자산이 수식을 더하고 윤색하고 나서야 외교문서가 완성되었다는 뜻이다. '草創'은 '草昧'라는 말과 같으니, 처음 시작한다는 뜻이다. 또 '草'는 '草藁'의 뜻으로 미완성이라는 말이다. 그렇다면 야외에서는 잘 되었으나 도읍 안에서는 성공하지 못하였다는 말이어찌 성립하겠는가. 만일 전문(傳文)대로라면 '토론'이 어찌 토벌한다는 뜻이겠으며 '윤색'이 어찌 은혜를 베푼다는 뜻이겠는가. 이 역시 후세 사람이 덧붙인 말이고 좌구명(左丘明)의 원문이 아니다.

5 '가(假)'에 관한 조목

《초사(楚辭)》: 聊假日以媮樂

잠시 틈을 내어 즐겁게 놀아보세.

이는 어려운 시기를 만나 번민에 잠겨 잠시 세월을 연장하여 되는대로 즐기는 것을 뜻한다. 지금 속어로 '假日度時'라는 말과 같다. 그러므로 왕찬(王粲)

이 "登玆樓以四望, 聊假日以銷憂。〔이 누대에 올라 사방을 바라보며 잠시 틈을 내어 근심을 녹여보네.〕"라고 읊은 것도 이러한 뜻을 취한 것이다. 지금 독자들은 원래의 의미는 찾아보지 않고 '假'를 '暇'로 바꾸어 본래의 의미를 상실하였다. 문장의 맥락을 따져 보면 어찌 한가하다는 뜻이겠는가.

예문 1은 근거할 판본이 있지만 문장의 의미와 수사(修辭)를 근거로 분석하고 있다. 예문 2는 단어의 의미를 통해 서선의 음주가 착오임을 지적하고 있다. 예문 3은 사실(史實)을 고증하여, 두주(杜注)에서 경문이 오류가 아닌가 의심한 것이 잘못되었음을 지적하고 있다. 예문 4는 문장의 의미를 근거로 연문이 아닌가 의심하고 있다. 예문 5는 문장의 의미를 근거로, 글자를 고친 것이 착오임을 지적하고 있다.

여러 사례는 모두 교감의 성격을 지니지만 그 판단 기준은 모두 내용 이해와 자구의 해석이고 교감의 차원에서 논증하지 않았다. 그 밖에 《사기정의》나 《후한서》와 《문선》에 대한 주석서들의 교감 관련 내용은 《한서》에 대한 주석이나 《광류정속》의 상황과 대략 비슷하다. 그 원인을 살펴보면, 주를 지은 목적이 통독하면서 이해하는 것이므로 주석과 음의(音義)에 주로 힘을 쓰고 원문의 정오에 대한 검증은 중시하지 않아서 일반적으로 교감을 하지 않았고 이문도 남겨 두지 않았다. 《광류정속》도 주로 의미의 소통과 실증에 중점을 두어 교감 원칙을 기준으로 하지 않고 내용을 밝히는 것을 원칙으로 하였다. 이 때문에 당대(唐代)에 편찬된 경(經)·사(史)의 주소(注疏)는 많은 공헌과 뚜렷한 성과를 거둬 당시에 사상의 통일이라는 효과를 얻었다. 송대에는 이들 주소에 내재한 오자를 교정한 저작들이 속출하였다.

총괄하면 다음과 같다. 사상·문화·학술의 발전은 남북조의 복잡다단한 상황을 거쳐 당대에 와서 통일되었다. 전적 문헌을 정리하는 데 있어서는 규범화를 요구하고 의소(義疏)를 중시하여, 번다한 내용을 산삭하는 것을 위주로 하였고 소략한 내용을 보충한 것은 많지 않았다. 그러므로 안사고의 《오경정본》은 오경의 문자를 규범화하는 데 그 목적이 있었고, 공영달 등의 《오경정의》는 위진(魏晉) 시기의 명확하고 핵심적인 주를 많이 채택하였으며, 《사기》와 《한서》 등의 주는 훈고와 자음(字音)의 주석, 내용의 소통을 위주로 하였다. 그러나 교감에 대해서는 실제로 그리 중시하지 않아서 상당히 소략하였다. 이러한 점은 송대에서 비평을 이끌어 냈을 뿐만 아니라 당대에도 이미 이에 대한 문제 제기가 있었다. 현존하는 당대(唐代) 곽경(郭京)의 《주역거정(周易擧正)》은 교감을 다룬 전문서이다. 그 자서(自序)에서 "왕보사(王輔嗣 왕필(王弼))와 한강백(韓康伯 한백(韓伯))의 친필 진본(眞本)을 얻어서 현행본과 비교하였다."라고 하였고 "모두 《오경정본》을 기초로 오류를 지적하여 바로잡으니 총 103군데 어떤 본에는 135군데로 되어 있다. 273자이다."라고 하였다. 예를 들면 다음과 같다.

《주역거정(周易擧正)》〈곤괘(坤卦) 초육(初六) 상(象)〉: 履霜,
陰始凝也。
서리를 밟음은 음(陰)이 처음 응결한 것이다.
현행본(現行本)에는 '霜' 아래에 '堅氷' 2자가 잘못 들어갔다.

《주역거정》〈둔괘(屯卦) 육삼(六三) 상〉: 卽鹿無虞, 何以從禽也?
사슴을 쫓는데 우인(虞人)이 없으니 어떻게 짐승을 쫓겠는가.
현행본에는 '何'가 빠져 있다.

《주역거정》〈사괘(師卦) 육오(六五)〉: 田有禽, 利, 執之無咎。
밭에 짐승이 있는 것이 이로우니, 잡아도 허물이 없으리라.
현행본에는 '之'가 '言'으로 잘못되어 있다.

《주역거정》〈비괘(比卦) 구오(九五) 상〉: 失前禽, 舍逆取順也。 앞의 짐승을 잃는 것이 거역하는 자를 버리고 순종하는 자를 취하는 것이다.

현행본에는 이 구절이 잘못 도치되어 있다.

《주역거정》〈계사(繫辭)〉"二多譽, 四多懼。〔이(二)는 칭찬이 많고 사(四)는 두려움이 많다.〕"의 주 : 懼, 近也。 두려운 것은 군주의 자리와 가깝기 때문이다.

현행본에는 '近也'를 경문(經文)으로 삼고 주에 '懼'가 탈락된 오류가 있다.

이처럼 이 책은 오류를 바로잡아 귀납적으로 분류하면서 실제로는 《경전석문》의 전통을 계승하여 교감의 독립 지향적인 추세를 드러내고 있다. 송대 이후 학자들이 그 진위를 의심하고 오류를 논박하고 있음에도 불구하고 이 책이 교감의 가치를 지녔기 때문에 오늘날까지도 전해지고 있다. 송대의 방숭경(方崧卿)이 지은 《한집거정(韓集擧正)》은 이 책에서 이름을 취하였다.

제8절 송대의 교감

송나라가 건국되자마자 여러 가지 문제들이 발생했다. 송 태조(宋太祖), 태종(太宗)은 봉건사상에 의한 문화통치를 매우 중시하여 대대적으로 전적(典籍) 문헌에 대한 정리 사업을 실시했다. 《태평어람(太平御覽)》 등 큰 규모의 유서(類書)들을 편찬하여 숭문원(崇文院)의 소문관(昭文館), 사관(史館), 집현원(集賢院) 삼관(三館)의 장서로 충당하는가 하면, 수많은 문사(文士)들을 모아 문헌에 대한 정리·교감·편목(編目) 업무에 종사하도록 했다. 게다가 오대(五代) 이후 목판인쇄술이 발달하면서 문화가 유례없이 빠르게 전파되었다. 이 때문에 양 송대의 사상 및 문화의 발전은 공허와 실질을 동시에 추구하는 양상을 띠었다. 북송의 개혁적인 인사들은 유가 경전에 대한 전통적인 해석이나 이론에 대해 수정하기를 희망했으며, 남송의 이학(理學)에서는 '육경이 나를 주석한다.〔六經注我〕'[34]라는 주관적인 해석 태도를 취하여 두 시대 모두 이론은 중시하면서 교감은 경시하여 이따금씩 유가 경전의 본문을 대담하게 고치기도 했다. 양 송대에는 비록 이와 같이 공허를 추구하는 사조가 주도적인 위치를 차지하고 있었지만, 동시에 전적 문헌을 착실히 정리한 학자들의 저작도 나타났다. 그중에는 《경전석문(經典釋文)》의 전통을

---

34 육경(六經)이 나를 주석한다 : 이 말은 나에게 주어진 인정(人情)과 의리(義理)를 펴서 어디에서든 자신의 마음에 부끄러움이 없으면 어떤 성인(聖人)도 나한테는 선망의 대상이 되지 않으므로, 육경도 결국 내 한 마음에 주를 단 것에 지나지 않는다고 한 상산(象山) 육구연(陸九淵, 1139~1192)의 말에서 나온 것이다. 《성교진, 象山 陸九淵의 心卽理에 關한 硏究, 철학논총 제21집, 새한철학회, 2000, 77쪽》

계승한 교감학 전문 서적도 있었으며, 《안씨가훈(顔氏家訓)》류를 계승한 학술필기(學術筆記) 저작도 있었다. 이들은 범위가 매우 넓고 형식도 다양했으며 한 걸음 더 나아가 교감이 독자적으로 발전하는 추세를 보였다. 이와 같이 구체적인 사업을 수행하려고 노력하는 사조는 비록 이학의 발전 때문에 부차적인 것처럼 보이지만, 교감의 발전이라는 측면에서 본다면 오히려 중요하다.

북송 때의 명신들은 삼관 출신이 많았는데, 직접 교감을 하기도 했으며 아울러 전적을 정리하고 편찬하는 사무를 주관하기도 했다. 이 때문에 북송 때에는 교감을 매우 중시했다. 경사(經史)를 교감한 어떤 전문 서적은 편찬과 교감을 맡은 관원의 손에서 나오기도 했다. 예컨대 여정(余靖)이 비서승(秘書丞)으로 있을 때 《한서》를 교정(校正)하자고 주청하여 《한서간오(漢書刊誤)》를 지었다. 주로 궁중에 소장되어 있던 고본(古本)을 근거로 《한서》를 교감했다. 금본(今本) 《한서》의 주(注)에서 송기(宋祁)가 인용한 '경우간여정교본(景祐間余靖校本 경우 연간에 여정이 교감한 판본)'은 바로 《한서간오》를 가리킨다. 예컨대 《한서》〈서례(敍例)〉에 있는 "순열(荀悅)"조(條) 아래에서 송기의 말을 인용하기를 "경우간여정교본의 주 끝에는 '後人取悅所注書入於注本[후대 사람이 순열이 주석을 단 책을 가지고 주석본에 그 내용을 삽입했다.]'이라는 11자가 있다." 하였다. 또 〈고제기(高帝紀)〉의 "左股有七十二黑子[고조의 왼쪽 다리에 까만 점 72개가 있었다.]"의 주에서 송기의 말을 인용하기를 "여정 등이 지은 《한서간오》에서 《사기주(史記注)》를 근거로 삼아 '黑'을 삭제했다." 하였다. 그리고 〈무제기(武帝紀)〉의 "望祀虞舜於九嶷[구의산에서 순 임금에게 망제를 지냈다.]"를 두고 안사고(顔師古)는 "문영(文穎)의 설이 옳다. 嶷는 음이 疑이다." 라고 했으며, 송기는 "구본(舊本)에 따르면 '是也' 밑에 '九'가 있고 '嶷'

밑에는 '音疑'라는 글자가 없는데 《한서간오》에서는 사관본(史館本)에 의거하여 고쳤다."라고 했다. 여기에서 여정 등이 지은 《한서간오》가 《한서》를 교감한 전문 저작임을 알 수 있다. 그 후 오인걸(吳仁傑)이 《한서간오》를 본떠 《양한간오보유(兩漢刊誤補遺)》를 지었다. 송대 교감 분야의 전문 저작 가운데 비교적 두드러진 것으로는 장순(張淳)의 《의례지오(儀禮識誤)》, 모거정(毛居正)의 《육경정오(六經正誤)》, 악가(岳珂)의 《간정구경삼전연혁례(刊正九經三傳沿革例)》, 방숭경(方崧卿)의 《한집거정(韓集擧正)》, 홍흥조(洪興祖)의 《초사보주(楚辭補注)》, 팽숙하(彭叔夏)의 《문원영화변증(文苑英華辨證)》 등이 있다.

《의례지오》는 《의례정씨주(儀禮鄭氏注)》와 《경전석문》을 간인하면서 작성한 교감기를 모은 단행본이고, 《육경정오》는 육경을 간인하면서 작성한 교감기를 모은 단행본으로 순수하게 교감 전문 저작에 속한다. 《의례지오》는 후주(後周) 광순(廣順) 3년(953)과 현덕(顯德) 6년(959)에 간인한 감본(監本), 변경(卞京)의 건상본(巾箱本), 항주(杭州)의 세자본(細字本), 엄주(嚴州)에서 중간한 건상본을 근거로 《경전석문》과 가공언(賈公彦)의 소를 대조하여 동이를 고증했다. 예를 들면 다음과 같다.

1 〈사관례(士冠禮)〉 "也"

　　《의례》의 주에는 "《易》日 : '夫玄黃者, 天地之雜色.'〔《주역》에 다음과 같은 말이 있다. '현황이란 것은 하늘과 땅이 섞인 색이다.'〕"으로 되어 있다. 정현(鄭玄)은 바로 《주역》에 있는 글을 인용하면서 굳이 '也'를 '色'으로 고칠 필요가 없었을 것이다.[35] 전사한 사람이 잘못 베낀 것이니 《주역》에 있는 대로 따른다.

35 정현(鄭玄)은……것이다 : 《교감학대강》에는 해당 원문이 '鄭氏正引《易》文, 不必改也 爲色'으로 되어 있는데, 《의례지오》 원문에는 '也字近色〔'也'는 '色'과 비슷하다.〕'이라는 네 글자가 더 있다.

2 〈사혼례(士昏禮)〉 "不"

《의례》의 경문에는 "某得以爲昏姻之故, 不敢固辭, 敢不從。〔저는 혼인이 이루어진 일 때문에 감히 굳이 사양하지 않겠으니, 감히 명령을 따르지 않겠습니까.〕"으로 되어 있다. 오대(五代) 때 광순(廣順) 연간의 감본(監本)을 살펴보면 이와 똑같다. 현덕(顯德) 연간 길관국(吉觀國)이 교감한 감본에는 '敢從'이란 부분 가운데에 '不'이 없다고 한다. 어떤 이는 세월이 오래되어 판목에 탈자가 생겨서 그렇다고도 한다. 광순 연간의 감본에 있는 대로 따른다.

3 〈사상견례(士相見禮)〉 "之以索"

《의례》의 주에는 "帤, 謂繫聯其足。〔帤란 다리를 매는 것을 말한다.〕"으로 되어 있다. 《경전석문》에는 "以索, 悉各反, 注同。〔'以索'에서 '索'은 悉과 各의 반절로, 주에서도 똑같다.〕"이라 했으나, 현재 주에는 '以索'이란 글자가 없다. 경문에 "飾之以布, 帤之以索。〔베로 장식하고 끈으로 맨다.〕"이라 했고, 주에서는 '飾之以布〔베로 장식하고〕'라는 구 전체를 들어 해석했다. 그렇게 해 놓고 아래 구에서 '帤'만 언급할 수는 없다. 이는 필시 금본에서 '之以索' 세 글자가 빠진 것이다. 여기에서는 이를 보충해 넣고 《경전석문》에 있는 대로 따른다.

4 〈향음주례(鄕飮酒禮)〉 "正"

《의례》의 주에는 "疑, 正立自定之貌。〔'疑'는 바로 서서 스스로 안정된 모습이다.〕"로 되어 있다. 유독 감본에서만 '正'이 '止'로 되어 있다. 〈향사례(鄕射禮)〉의 주에서 "疑, 止也。〔'疑'는 '그치다'라는 뜻이다.〕"라 했는데 여러 판본에서 모두 이와 똑같다. 〈사혼례(士昏禮)〉의 주에 따르면 "疑, 正立自定之貌。"라 했고, 〈공사대부례(公食大夫禮)〉의 주에서 "疑, 正立也。〔'疑'는 '똑바로 서다'라는 뜻이다.〕"라고 했는데 전사하는 사람이 잘못하여 두 군데의 '正'을 '止'로 쓴 것이다. 〈사혼례〉와 〈공사대부례〉에 있는 대로 따른다.

5 〈빙례(聘禮)〉 "與"

《의례》의 주에는 "其有來者者。〔오는 사람이 있거든〕"로 되어 있다. 건상본(巾箱本)과 항주본(杭州本)에도 이와 똑같이 되어 있다. 감본에는 '者' 한 글자가 없다. 《경전석문》에 "者與, 音餘。〔'者與'에서 '與'는 음이 餘이다.〕"로 되어 있다. 이것은 전사한 사람이 잘못하여 '興'를 '者'로 쓴 것이다. 감본에서는 '者' 가 중복되었다고 해서 마침내 '者' 한 글자를 삭제했으니, 더욱 잘못된 것이 다. 《경전석문》에 있는 대로 따른다.

위에서 인용한 1번의 예는 《역경(易經)》의 원문에 의거하여 '色'이 '也'가 되어야 한다고 교감한 것이다. 2번의 예는 각기 다른 판본에 의거 하여 '不'이 있어야 한다고 교감한 것이다. 3번의 예는 《경전석문》에 의 거하여 정현의 주에는 '之以索' 세 글자가 빠졌다고 교감한 것이다. 4번 의 예는 같은 책의 다른 편에 있는 주문(注文)에 근거하여 '止'는 '正'이 되어야 한다고 교감한 것이다. 5번의 예는 《경전석문》에 의거하여 '者 者'에서 뒷부분의 '者'는 '興'가 되어야 하며, 어떤 판본에서 '者'를 삭제 한 것은 옳지 않다고 교감한 것이다.

그 교감기의 체례(體例)는 모두 교감의 대상이 되는 글자를 명시해 놓고 원문을 주석으로 밝혀 놓으면서 동이를 비교하고 정오를 분석하며 원인을 설명하여 판단을 내리는 것이다. 분명 《의례지오》는 내용부터 체례에 이르기까지 장구(章句)와 주소(注疏), 훈고와 고증과는 다른 독립적이면서 완정한 교감 전문 저서이다.

홍흥조(洪興祖)의 《초사보주(楚辭補注)》는 동한 때 왕일(王逸)의 《초사장구(楚辭章句)》를 설명하고 보충한 것이다. 원서에는 〈고이(考 異)〉 1권이 있었으나 금본 《초사보주》에는 그 내용이 이미 각 편으로 나뉘어 들어가 있다. 예컨대 〈이소(離騷)〉의 주에는 다음과 같이 되어 있다.

1 夕攬洲之宿莽
  저녁에는 모래톱에 있는 숙망(宿莽)[36]을 캐노라.

보주(補注) : '攬'이 어떤 판본에서는 '擥'으로 되어 있고, 어떤 판본에는 '寧'으로 되어 있다. '洲'가 어떤 판본에는 '中洲'로 되어 있다.

2 何不改乎此度[37]

어째서 이런 풍도(風度)를 고치지 않는가.

왕일의 《초사장구》: "言願令君甫及年德盛壯之時〔말하자면, 원컨대 임금께서 나이와 덕이 막 강건할 때에 이르러서〕"

보주: '甫及'이 어떤 판본에는 '撫及'으로 되어 있고, 어떤 판본에는 '務及'으로 되어 있다. 《문선(文選)》에는 '何不改其此度'로 되어 있고, 어떤 본에는 '何不改乎此度也'로 되어 있다.

3 余固知謇謇之爲患兮

나는 본래 직언을 하는 것이 후환이 된다는 것을 알고 있지만

보주: 금본(今本) 《주역》에는 '蹇蹇'으로 되어 있다. 선유들이 경문을 인용할 때 이런 경우가 많았는데, 이것은 고본과 금본에 있는 글자가 간혹 다르기 때문이다.

4 謇吾法夫前修兮, 非世俗之所服。

어렵게도 나는 이전 현자들의 수양을 본받았으니 세속 사람들이 행할 바가 아니지.

보주: 《문선》에 '謇'이 '蹇'으로 되어 있고 '世'가 '時'로 되어 있다. ……'謇'은 역시 '難易〔어려움과 쉬움〕'라고 할 때의 '難'으로 풀이해야지 '蹇難〔곤란함〕'을 뜻하는 글자가 아니다. 세상에 전하는 《초사》 가운데 왕일본(王逸本)이

---

36 숙망(宿莽) : 살충 효과가 있는 향초(香草)로서 겨울이 다하도록 죽지 않는다. 초나라 사람들이 풀을 '망(莽)'이라고 하여 이와 같은 이름이 붙었다.

37 何不改乎此度 : 실제로 《초사보주》에서는 '何不改此度'로 되어 있어 위의 '乎'는 연문(衍文)으로 볼 수 있다.

가장 오래되었다. 여러 판본에 보이는 글자상의 동이는 모두 왕일본을 기준으로 삼아야 한다. 또 이선주본(李善注本) 《문선》에 '世'가 '時'나 '代'로, '民'이 '人'으로 된 부분이 있는 것은 모두 당나라 황제의 휘(諱)를 피한 것이므로 구본(舊本)을 따라야 한다.

5 曰黃昏以爲期兮, 羌中道而改路。
황혼에 만나기로 기약하더니, 아! 중도에 길을 바꾸었구려.
보주 : 어떤 판본에는 이 두 구가 있지만, 왕일본에는 이 두 구에 주가 없다. 다음 문장인 "羌內恕己量人〔아! 안으로 내 마음을 미루어 남을 헤아린다.〕"에 와서야 비로소 '羌'의 뜻을 해석했다. 아마도 이 두 구는 후대 사람이 끼워 넣은 부분으로 보인다. 〈구장(九章)〉에서 "昔君與我誠言兮, 曰黃昏以爲期, 羌中道而回畔兮, 反旣有此他志。〔옛날 그대와 내가 약속을 하면서 황혼에 만나기로 기약하더니, 아! 중도에 돌아가 버리고 도리어 이런 딴마음을 먹었구려.〕"라고 했는데, 여기와 말이 같다.

위에서 인용한 1번의 예는 이문(異文)에 대해 주석을 단 것이다. 2번의 예는 왕일이 지은 《초사장구》의 이문에 대해 주를 단 것이다. 3번의 예는 통가자의 이문에 대해 주를 단 것이다. 4번의 예에서는 이문을 주석으로 나타내면서 어떤 글자를 정자로 판정한 이유를 설명했다. 5번의 예에서는 착간이 있을 것으로 의심이 가는 부분에 대해 주를 달면서 그 근거를 설명했다. 이들 예시에서 알 수 있듯이 홍흥조는 〈고이(考異)〉를 1권으로 독립시켜 책 끝에 첨부함으로써 이 책이 글자의 차이를 교감한 것에 속한다는 특성을 드러내었는데, 이 때문에 훈고와 의소(義疏)에 대해서는 많이 언급하지 않았다.

방숭경(方崧卿)의 《한집거정(韓集擧正)》은 본래 방숭경이 편찬한 《창려선생집(昌黎先生集)》 끝에 붙어 있는 교감 저작인데 《초사보주》의 끝에 붙어 있는 〈고이〉와 대략 비슷하다. 그러나 방숭경이 편찬한

《창려선생집》은 이미 일실되었기 때문에 현재는 겨우《거정(擧正)》10권,《외집거정(外集擧正)》1권이 남아 있다. 이 때문에 후대 사람들이 이 책의 제목을《한집거정》이라고 지었다.

이 책에서 교감에 참고한 여러 판본으로는 비각(碑刻) 17편, 당 영호 징본(唐令狐澄本), 남당 보대본(南唐保大本), 비각본(秘閣本), 상부 항본(祥符杭本), 가우 촉본(嘉祐蜀本), 사극가본(謝克家本), 이병본(李昞本)과《문록(文錄)》,《문원영화(文苑英華)》,《당문수(唐文粹)》등이 있다.

그 교감의 체례는 개정한 글자를 음각으로 간인하고,《사고전서총목(四庫全書總目)》을 통해 추단(推斷)한 것이다. 삭제한 연자(衍字)는 동그라미〔圓圈〕를 치며, 중보한 글자는 네모〔方格〕로 둘레를 치고, 앞뒤가 바뀐 글자는 갈고리〔鉤〕모양을 사용하여 표시하는 것이다. 그 내용은 주로 틀린 곳을 삭제하여 바르게 고친 것이다. 예컨대 〈출문(出門)〉에 나오는 "書上有遺辭〔책에는 옛사람이 남긴 말이 있도다.〕"란 구를 두고《한집거정》에서는 '遺'가 '其'로 되어 있으니 당본(唐本)과 각본(閣本)을 따른 것이라 했다. 〈맹생시(孟生詩)〉에 나오는 "窅默咸池音〔고요한 함지 소리이다.〕"[38]이란 구를 두고《한집거정》에서는 다음과 같이 말하고 있다. "당본(唐本)과 사교본(謝校本)에는 '窅默'으로 되어 있고, 항본(杭本)과 촉본(蜀本)에는 모두 '冥默'으로 되어 있다." "이습지(李習之 이고(李翱))의 〈여장건봉서(與張建封書)〉에서 한유의 이 말을 인용했는데 여기서도 '窅'로 되어 있으니, 그렇다면 항본, 촉본이 과연 잘못되었다는

---

38 窅默咸池音 : 앞 구가 '作詩三百首〔지은 시 300수는〕'로서, 여기서 300수는 맹교(孟郊)가 지은 300편으로 보인다. 함지(咸池)는 황제(黃帝)가 작곡하고 요 임금이 정비하여 사용한 음악이라고 한다.

것을 알겠다." 이로 보자면 《한집거정》은 실제로는 교감기(校勘記)와
같아서 각 판본에서 나온 이문(異文)들의 정오를 설명하고 판단하는 것
으로 그 범위가 비교적 엄격하게 한정되어 있음을 알 수 있다.

그 후 주희(朱熹)는 《한집거정》이란 책이 각본(閣本)과 고본(古本)
에만 치우친 것을 비판하고는 《한문고이(韓文考異)》를 지어 "방숭경의
《한집거정》에서 올바른 내용은 그대로 두고, 그렇지 않은 내용은 하나
하나 상세하게 변증하였다."《사고전서총목(四庫全書總目)》 이로 인해 《한집
거정》에서 한유의 문집을 교감한 학술적 가치가 크게 폄하되어 오랜 세
월 동안 《한문고이》에 그 가치가 가려져 버리고 말았다. 그러나 실제로
교감의 각도에서 따져 본다면 《한집거정》이 교감의 원칙에 더 부합한
다. 예를 들어서 비교하여 설명해 보겠다.

〈치대전(雉帶箭)〉: 野雉畏鷹出復沒
꿩이 매가 무서워 나타났다가 다시 숨었다.
거정(擧正): 비각본(秘閣本), 이병본(李昞本), 사극가본(謝克家本)에서는 '伏欲
沒〔숨어서 사라지려고 한다.〕'로 교감했다.
고이(考異): '出復'가 방숭경본에서는 '伏欲'으로 되어 있다. 살펴보건대 "野雉畏
鷹出復沒"이란 구절은 꿩이 나타났다가 다시 사라져 버리는 바람에 꿩을 활로 쏘
려던 사람이 활을 힘껏 당긴 상태에서 선불리 발사하려고 하지 않는 상황을 형
용한 말이니, 이것은 바로 활을 한껏 당겼다가 목표물을 명중하는 기교가 조금
도 어긋나지 않는 경지를 형용한 것이다. '伏欲'으로 고치면 신채(神采)가 떨어
질 것이다.

〈알형악묘(謁衡岳廟)〉: 陰氣晦昧無淸風
맑은 바람이 없어 음산한 기운이 자욱하다.
거정: 각본(閣本)에는 '晴風'으로 되어 있다.
고이: '淸'이 방숭경본에서는 '晴'으로 되어 있다. 여기서 살펴보건대, 맑은 바람

이 일어나면 여러 음산한 기운이 사라지고, 맑은 바람이 없으면 빗기운이 가시지 않는다. '晴'은 타당하지 않다.

〈고의(古意)〉: 靑壁無路難貢緣
푸른 암벽에 길이 없어 타고 오르기 어려워

거정 : 당본(唐本)에는 "五月壁路難攀緣[5월의 암벽 길은 더위잡고 오르기 어렵다.]"으로 되어 있다. 채씨(蔡氏), 사극가(謝克家)도 동일하게 교감했다. 《포용집(鮑溶集)》에 한유와 함께 화산(華山)에 올랐을 때 지은 시가 있는데, 창작시기가 아마도 5월일 것이다. 전본(傳本)에는 '五月'이라는 글자가 '靑'으로 잘못되어 있는데 다시 그 아래에 '無'를 덧붙인 것은 잘못된 것이다.

고이 : '貢'이 어떤 판본에는 '攀'으로 되어 있다. 여기서 살펴보건대, 한유의 이 시는 본래 시 제목을 〈고의(古意)〉로 지었기 때문에 산에 올라 그때의 상황을 기록한 시가 아니다. 게다가 험준한 화산은 천고토록 우뚝하여 이른바 "削成五千仞[깎아지른 듯한 5천 길이]"이라는 구절이 있을 정도이다. 어찌 5월이 되어서야만 올라가기 어렵겠는가. 구법(句法)으로 말한다면 '五月壁路[5월의 암벽 길]'란 구절은 '靑壁無路[푸른 암벽에 길이 없어]'에 비해 비교가 안 될 정도로 의상(意象)[39]의 수준 차이가 현격하다. 그래서 꼭 식견 있는 사람이 있어야만 그 우열을 알 수 있는 게 아니다. 방숭경은 고본에 집착하고 방증(旁證)에 얽매여 그 문리(文理)를 살피지 않고 곧바로 '靑壁無路'를 틀리다고 보고 '五月壁路'를 옳다고 했으니, 그 또한 잘못된 것이다. 그 원인을 분석해 본다면 이는 '五月'이 본래 '靑'이었는데, 당본(唐本)에서 두 글자로 잘못 나누었기 때문일 것이다. 그런데 읽는 사람이 이것을 모르고 다시 '無'를 삭제하여 마침내 이런 오류가 발생했다. 여기서는 여러 판본에 나타난 글자를 기준으로 삼는다.

위에서 인용한 세 가지 예에서 《한집거정》은 모두 각본·당본을 기준으로 삼았는데, 각본·당본은 문리상 통하지 않는 곳이 전혀 없다. 이 때문에 그 밖의 이유나 증거가 될 만한 정황이 없는 경우에는 일반적으로

---

39 의상(意象) : 사장학(辭章學) 용어로, '의'는 의미를 나타내며 '상'은 형상(形象)을 뜻한다.

고본(古本)을 그대로 따랐고 주에서는 이문을 그대로 두어 비교적 신중하고 객관적인 태도를 취했으니 교감의 원칙에 부합한다. 주희가 《한집거정》을 비판한 이유는 "고본에 집착하고 방증에 얽매여 그 문리를 살피지 않았기" 때문이다. 그런데 주희가 말한 '문리'는 시가의 예술적 표현과 수사적 기교에 속하는 것으로 '신채(神采)'와 '의상(意象)'의 유무를 가지고 이문의 정오를 판단하는 기준으로 삼는 것인데, 실제로는 교감을 감상으로 바꾸는 것이기에 교감의 원칙에는 맞지 않는다. 여기에서도 알 수 있듯이, 교감의 발전 과정 속에는 실제로 각기 다른 이론이 존재한다.

위에서 언급한 세 종류의 특정 서적에 대한 교감서가 독립적으로 나타남과 동시에 송대에는 교감이 이론으로 발전하는 최초의 경향이 나타났다. 악가(岳珂)의 《간정구경삼전연혁례(刊正九經三傳沿革例)》와 팽숙하(彭叔夏)의 《문원영화변증(文苑英華辨證)》은 이러한 경향을 볼 수 있는 대표적인 저작이다. 《간정구경삼전연혁례》는 악가가 구경과 삼전을 교감하고 간인할 때 만든 전반적인 범례이다. 이른바 '연혁'이라는 것은 당시에 간인하여 유포한 구경의 각종 판본의 상황을 가리키는 것으로, 구경과 삼전을 교감하고 간인하게 된 이유와 목적을 설명한 것이지 결코 구경과 삼전의 역사적 변천 상황을 가리키는 것은 아니다. '예(例)'는 바로 경전에 대한 일련의 편집·인쇄 체제를 가리킨다. 그것은 예를 들면 《경전석문》의 〈서(序)〉, 《한서》의 〈서례(敍例)〉처럼 개괄적이면서 규범화된 원칙적인 해설이다. 전문은 7조로 나누어져 있다.

첫 번째는 〈서본(書本)〉으로, 구경의 판본 문제를 약술한 것이다. 여기에서 구경의 판본에 대해 "현재(송대) 통행되는 감본을 종주로 삼았으나 오류나 결락이 생기는 결점이 없을 수 없다. 이것은 경사(京師)의 국자감에서 간인한 경(經)·사(史)의 판본이 오대십국(五代十國) 시대에 간행했던 구본(舊本)을 답습한 것이 많기 때문인데, 현재 오래된 가문에서 이따금씩 소장하고 있다. 실제로 통행본과 크게 차이가 나는 것이 없다."라고 밝혔다. 모거정(毛居正)의 《육경정오(六經正誤)》에 "육경, 삼전의 여러 판본을 취하고 자(子), 사(史), 자서(字書), 《선(選)》, 《수(粹)》,[40] 문집들을 참고하여 동이를 연구하면서 모든 자의(字義)와 반절음(反切音)에 있어서 사소한 것도 반드시 교감한다."라고 한 것을 들어 교감의 전범으로 삼았는데, 그리고 나서 자신이 교감하는 데 사용했던 각종 판본을 설명했다.

두 번째는 〈자획(字劃)〉으로, 정자(正字)의 필요성과 원칙을 설명했다. 여기에서 다음과 같이 밝혔다. "자학(字學)을 논하지 않은 지 오래되었다. 금문은 고문이 아니기 때문에 오류가 생기면 오류가 난 그대로 후대에 전해진다. 또 위진(魏晉) 이후로는 질박과 고졸(古拙)을 싫어하고 눈에 보기 좋은 것만 좋아하여 자기의 주관적인 생각에 따라 글자를 바꾸다 보니 글자의 의미에 혼란이 발생했는데 일일이 조사할 수가 없을 정도로 만연했다. 게다가 이름을 피휘(避諱)하는 현상이 생겼다. 예를 들면 '操'를 '摻'으로 '昭'를 '佋'로 썼는데,[41] 이런 예는 이루 다 들 수 없다. 당나라 때 사람들은 서위(西魏)의 분위기를 계승하여 더욱 오류와 혼란을 일으켰다. 개원(開元) 연간(713~741)에 전사한 오경(五經)에서는 이따금 구문(舊文)을 속자로 고치기도 했다. 예를 들면 '頗'를 '陂'로 고치거나 '平'을 '便'으로 고치는 따위의 예가 꽤 많다. 오대십국 시대 이후에는 목판인쇄가 시행되면서 비록 경적(經籍)의 유포는 확

---

40 선(選), 수(粹) : 이 둘은 정확히 무슨 책을 가리키는지 확실하지 않다. 혹시 《문선(文選)》과 《당문수(唐文粹)》가 아닌지 의심스럽다.

41 操를⋯⋯썼는데 : 操는 조조(曹操, 155~220)의 이름이며, 昭는 사마소(司馬昭, 211~265)의 이름이다. 두 사람의 아들인 조비(曹丕)와 사마염(司馬炎)이 각각 황제로 즉위하면서 조조와 사마소도 황제로 추존되어 이들의 이름이 휘자(諱字)가 되었다.

대되었지만 글자의 점획(點劃)과 자의(字義)에 있어서는 여전히 오류가 발생했다." 문자상의 착오와 혼란을 일으키게 된 몇 가지 역사적인 원인으로는 바로 고금 문자의 형체의 변천, 서법의 발전, 피휘, 석경(石經)에서 속체(俗體)로 된 정자를 사용하는 것, 간인할 때 발생하는 오류의 유포 등을 집중적으로 지적했다. 그다음으로 교감에서는 반드시 자서(字書)와 규범에 맞는 경문의 원본을 근거로 삼아 문자의 형체를 정정(訂正)하면서 "비록 주(注)의 글자와 편방(偏旁)이라도 그 점획을 반드시 교감해야 한다."라고 하였다. 그러나 동시에 "순수하게 고체(古體)만 사용해서는" 안 되며 "보통 사람에게 너무 생소한 글자체"는 피해야 하고 "유포했을 때 일반적으로 알아볼 수 있는 글자체"를 기준으로 삼아 여러 가지 규범들을 절충하면서도 읽기 편해야 한다고 주장했다. 분명히 이 항목은 본래 의도가 자형(字形)의 짜임이 규범화된 정자를 설명하는 것이지 결코 이문의 정오를 교감하고 판단하는 원칙을 설명하는 것이 아니다. 하지만 그것은 또한 고적의 문자에 오류가 발생하게 된 얼마간의 역사적 원인을 설명하고 있는 동시에, 당시에는 이론상으로 아직 문자학과 교감학을 구별하지 못했음을 드러낸다.

세 번째는 〈주문(注文)〉으로 "여러 판본을 보면 경서의 본문에 있어서도 오히려 탈간(脫簡)과 오류가 많은데, 하물며 주에 있는 글자는 말할 것이 있겠는가. 중간에 이해하기 어려운 부분은 소(疏) 안에 있는 글자로 그 의미를 약간 보충한다."라고 밝혔다. 주문(注文) 속에 있는 탈간과 오류에 대해 읽고 알기 편하도록 소 안에서 해석한 글자를 첨가할 수 있다고 본 것이다. 예를 들면 다음과 같다.

1 《상서》〈태서(泰誓)〉의 주에 "言紂至親雖多, 不如周家之少仁人。
〔주의 지친들이 비록 많더라도 소수의 주나라 어진 사람들만 못하

다는 뜻을 말한 것이다.)"이라 했는데, 소(疏)에 '仁人'의 아래 '也' 한 글자가 있는 것을 보면 '仁人也'가 따로 한 구가 되어야 의미가 비로소 분명해진다.

2 《상서》 〈소고(召誥)〉의 "今天其命哲〔지금 하늘이 임금에게 명철함으로 명령을 내리시고)"의 주석에서 그 끝에 "雖說之, 其實在人。 〔비록 말해 주더라도 실제로 어떻게 될 것인지는 임금이 어떻게 하느냐에 달려 있다.)"으로 되어 있다. '雖說之' 세 글자 역시 무슨 뜻인지 알 수 없다. 《석경(石經)》을 살펴보면 "雖說之於天〔비록 하늘에서 말해 주더라도)"이라 되어 있는데 '於天' 두 글자가 더해지자 의미가 비로소 분명해졌다.[42]

확실히 1번의 예에서 주문(注文)에 '也' 한 글자가 빠졌다는 것을 확인할 수 있고, 2번의 예에서는 《당석경(唐石經)》에 근거하여 '於天' 두 글자를 증보했는데, 의심할 것도 없이 교감의 원칙과 요구에 부합한다. 그러나 악가가 글자를 첨가하는 데 사용한 이론과 관점은 교감학의 관점이 아니라 읽는 데 편의를 고려한 입장이다.

네 번째는 〈음석(音釋)〉이다. 역대의 주소본(注疏本) 대다수가 주소를 따라 음주(音注)를 붙인 것이 아니었기 때문에 이따금씩 《경전석문》과 같이 하나의 독립된 서적으로 만들어졌으나 읽기에는 불편했다. 이때문에 악가는 "그 편리한 상태에서 더욱 편리하도록 하려고" 읽기 편하게 주음체례(注音體例)를 따로 만들어 19가지로 귀납했는데, 이것이

---

42 석경(石經)을……분명해졌다 : 이 부분이 사실과는 다른데, 완원(阮元, 1764~1849)이 《상서정의(尙書正義)》의 교감기(校勘記)에서 이에 대해 지적한 바가 있다.

《간정구경삼전연혁례》 내에서 창조적인 부분에 속하며 서술이 비교적 상세하다. 그러나 그 동기는 어디까지나 읽기 편하도록 하는 것이었기 때문에 각기 다른 주음(注音)의 상황과 처리 방법을 설명하는 데 그쳤을 뿐이다. 주음 문자 자체의 착오가 교감과 관련이 있다는 점을 제외하면 실질적으로는 자서(字書)의 주음 범주에 속하는 문제이다. 또한 악가가 음운학에 대해 그다지 정통하지 못했기 때문에 고음(古音)과 고음의 통가(通假)에 대해 착오가 매우 많아, 도리어 여러 가지 교감상의 혼란을 야기했다. 이는 당시의 교감 수준이 음운학의 수준에 제한을 받았다는 점을 나타내 준다.

다섯 번째는 〈구두(句讀)〉이다. 권점을 붙여 구두를 표시하는 방식은 관각(館閣)의 교본(校本)에서 시작했는데, 이는 읽기 편하도록 하기 위한 창의적인 시도였다. 그러나 각본(閣本)의 권점은 경문에 한정되었다. 악가는 촉중자본(蜀中字本)과 흥국본(興國本)의 체례를 본떠 "주문(注文)에도 함께 점을 찍었다." 이것도 주로 읽기 편하도록 하기 위한 것이었다.

여섯 번째는 〈탈간(脫簡)〉이다. 교감한 내용에 대해 단지 구체적으로 설명하기를 "여러 경 가운데 《예기》에서만 유독 탈간이 많이 보인다. 〈옥조(玉藻)〉, 〈악기(樂記)〉, 〈잡기(雜記)〉, 〈상대기(喪大記)〉의 주소(注疏)를 참고할 만하다."라고 했으며 "흥국본에서는 주소를 바탕으로 수정했는데, 이 또한 말뜻이 연결되어 있다는 것을 염두에 두었기 때문이다."라고 밝혔다. 그러나 "본서에서는 그것을 그대로 본떠서 할 엄두가 나지 않기에, 다만 수정한 것을 각 편의 맨 뒤에 부록으로 처리하여 거의 다 구비해 놓았다."라고 하였는데 이는 악가의 신중함을 드러낸 말이지만, 단지 이전 사람들이 고정(考定)해 놓은 착간(錯簡)과 탈간을 바탕으로 수정한 편장을 부록으로 편집하여 독자들이 참고하는 데 편리하게 한 것일 뿐이다.

일곱 번째는 〈고이(考異)〉이다. 이 부분은 교감에서 이문을 고증하여 판단하는 범주에 속하는 것이다. 그 가운데 열거한 각종 구체적인 예증에서는 처리 원칙을 분별하여 설명하고 있는데, 전형적인 유례(類例)로서의 기능을 하고 있다. 예를 들면 다음과 같다.

> 《상서(尙書)》, 《주례(周禮)》, 《좌전(左傳)》에 나오는 滎波, 滎陽, 熒雒, 熒澤 등의 지명에서 滎, 熒이 실제로는 모두 제수(濟水)를 가리키는데, 어떤 데에서 '滎'이라 한 것은 水 부수로 쓴 것이고, 어떤 데에서 '熒'이라 한 것은 火 부수로 쓴 것이다. 악가는 이렇게 말했다. "제가(諸家)의 학설을 참고해 보면 '滎波'의 滎, '熒雒'의 熒, '熒澤'의 熒, '滎陽'의 滎은 하나같이 제수가 범람하여 연못〔波〕이 형성되고 호수〔澤〕가 형성되어 그러한 지명을 얻은 것이다. 《경전석문》에서는 단정적으로 《좌전》에서 '滎'으로 되어 있는 것이 잘못이라고 했는데, 깊이 살피지 못한 듯하다. 다만 〈우공(禹貢)〉에 나오는 '滎波旣猪〔형파에 물이 고이고 나서〕'를, 정현이 〈직방씨(職方氏)〉에 주를 달면서 이 문장을 인용할 때 '滎播旣都〔형파에 물이 고이고 나서〕'라고 했다. 〈우공〉에 나오는 '沇水'가 정현의 주에서는 '兖水'로 되어 있다. 이는 '播'가 바로 波, '都'가 猪, '兖'이 沇인 것이다. 그런데 그 글자는 다르다. 제각기 당시까지 전래된 판본 가운데 최고본(最古本)을 따랐기 때문이다. '滎'을 어떤 데에서는 水 부수로 쓰고, 어떤 데서는 火 부수로 썼는데, 요컨대 역시 이러하다. 본서에서는 각각 그 최고본을 따르고 있는데 실제로는 동일하다."

이 말은, 말뜻이 서로 같은 이체자에 대해 "제각기 당시까지 전래된 판본 가운데 최고본을 따랐으므로" 반드시 "각각 그 최고본을 따라야지" 글자를 다시 고칠 필요는 없다는 것이다.

당나라 태종(太宗)의 휘가 세민(世民)이었는데 '民' 한 글자만 쓸 경우에는 한 획을 빼고 'ㅌ'으로 썼으며, 편방(偏旁)으로 쓰일 때에는 위의 한 획을 빼고 '氏'로 썼다. 예컨대 《상서》〈반경(盤庚)〉에 나오는 "不昏(昬)作勞[힘써 수고로운 일을 하지 않아]", 〈여형(呂刑)〉에 나오는 "泯泯(泯)棼棼[어둡고 어지러워져서]", 《좌전》 소공(昭公) 29년 기사에 나오는 "若泯(泯)棄之[만약 그것을 없애 버린다면]"와 같은 문장이 그러한 종류로서, 이 책에서는 모두 수정한다.

이 말은 피휘 때문에 발생한 오자에 대해서는 반드시 개정해야 한다는 것이다.

《상서》〈태서(泰誓)〉의 주에서 "吉人渴日以爲善, 凶人亦渴日以爲惡。[선량한 사람은 종일 착한 일을 하며 흉악한 사람도 종일 악을 저지른다.]"이라 했는데, 소에서는 '渴'을 '竭'로 썼다. 《경전석문》에서는 "'渴'은 苦와 曷의 반절이다."라고 했다. 결과적으로 보면 소에서는 그 뜻을 '竭盡[다하다]'의 '竭'로 보았고, 《경전석문》에서는 '飢渴[굶주림과 목마름]'의 '渴'로 보고 음을 달았다. 그러나 《주례》에 나오는 "渴澤用鹿[물이 마른 진흙땅에는 거름을 줄 때 사슴 뼈를 사용하고]"이란 문장을 살펴보면 '渴'은 其와 列의 반절이다. 그렇다면 '渴'에도 '竭'의 음이 있는 것이다. 《설문해자》에

"'渴'은 丘와 葛의 반절이니,[43] '盡[다하다]'이라는 뜻이다." 했으니, 그렇다면 음이 '飢渴'의 '渴'이어도 그 글자에 '竭'의 뜻이 있는 것이다. 주에서 이른바 '渴日'이라 한 것은 대체로 '盡日[종일]'이라 말한 것과 같다. 본서에서는 '渴'로만 쓴다.

이 말은 다음다의사(多音多義詞)가 만들어 낸 동의이형(同義異形)의 이문(異文)에 대해 굳이 고치지 않고 단지 그 옛 글자대로 따른다는 것이다. 살펴보건대 '渴'과 '竭'은 고음(古音)이 통가(通假) 관계였는데, 악가는 아직 이런 현상을 몰랐기 때문에 이음동의사(異音同義詞)로 생각했던 것이다.

〈치효(鴟梟)〉의 "予尾翛翛[내 꼬리가 모지라져서]"는 감본(監本), 촉본(蜀本), 월본(越本)에 모두 '翛翛'로 되어 있는데, 흥국본(興國本)과 건녕본(建寧本) 등 여러 판본에는 '翛翛'로 되어 있다. 소를 살펴보면 다음과 같이 되어 있다. "구본(舊本)에 '消消'라고 되어 있는데, 《정본(定本)》에는 '翛翛'로 되어 있다." 또 《경전석문》을 살펴보면 "'翛翛'에서 '翛'는 素와 彫의 반절이다."라고 했다. 이것은 감본, 촉본, 월본은 소를 근거로 삼고, 흥국본과 건녕본 등 여러 판본은 《경전석문》을 근거로 삼았기 때문이다. 여기서는 《경전석문》에 있는 대로 따른다.

---

43 설문해자에……반절이니 : 이 부분은 사실과 다르다. 허신(許愼, 58~147)의 《설문해자》에서는 글자의 음가를 "□□反['□'와 '□'의 반절이다.]"으로 달지 않고 "讀若□[□처럼 읽는다.]"으로 달았다. 뿐만 아니라 서현(徐鉉)의 《설문해자》 교정본을 봐도 '渴'자는 苦와 葛의 반절로 나와 있다.

이 말은 고본에 근거를 둔 같은 뜻을 지닌 이문에 대해서는 선본(善本)을 선택하여 따라야 한다는 것이다.

〈우무정(雨無正)〉 첫 장에 이르기를 "浩浩昊天, 不駿其德。〔넓디 넓은 하늘이 그 덕을 크게 베풀지 않으시어〕"이라 했고, 장(章) 내에서 "昊天疾威, 弗慮弗圖。〔하늘이 미워하고 위엄을 부려 백성들 사정을 헤아려 보지 않고 백성들을 위해 도모해 주지 않으셨도다.〕"라고 했다. 통행본에 모두 '旻天'으로 되어 있는 것은 《경전석문》에 "密과 巾의 반절이다."라는 말이 있기 때문인데, 마침내 경(經)과 주(注)에서 모두 '旻'으로 고치고는 "어떤 판본에 '昊天'이라 되어 있는 것은 잘못이다."라고만 해 버렸다. 소를 살펴보면 "上有昊天〔위에는 하늘이 있다.〕"이라고 되어 있는데, 이 또한 '昊天'임을 밝힌 것이다. 《정본》에 모두 '昊天'으로 되어 있으므로 통행본에 '旻天'으로 되어 있는 것은 잘못이다. 여기서는 소와 여러 선본에 나와 있는 대로 따른다.

이 말은 어떤 고본에 근거를 두고 있는 이의(異義)와 이문에 대해서는 반드시 분석과 고증을 거쳐 정오를 판단해야 한다는 것이다.

《예기》〈곡례(曲禮)〉에 "二名不偏諱〔휘자(諱字)가 두 글자일 경우 한 글자씩 피휘하지는 않는다.〕"라고 했는데 '偏'은 '遍'으로 쓰는 것이 맞다. 소에 이르기를 "'不偏諱'는 두 글자로 된 이름은 글자 하나하나를 다 피휘하지는 않는다는 말이다."라고 했다. 살펴보건대, 옛날 항본(杭本) 유종원(柳宗元) 글에 보면 유종원이 감찰어사(監察御史)에 제수되었는데, 조부의 이름이 '찰궁(察躬)'이라는 것 때문에 사양했다가 "두 글자로 된 이름 가운데 한 글자씩만 사용할 때는 피휘하지 않으므로[二名不遍諱] 사양하는 것은 합당치 않다."라는 칙서를 받았다. 이 사실에 근거한다면 '遍'으로 썼다는 것은 고례(古禮)에서 '遍'으로 썼다는 것이 분명하다. 만약 두 글자에서 한 글자만 피휘하지는 않는다고 해도 의미는 통하지만, 정현이 주를 낸 구문(舊文)의 뜻과는 합치하지 않으니, 전사 과정에서 일어난 오류임을 알 수 있다. 그러나 인습한 지 이미 오래되어 감히 촉대자본(蜀大字本), 흥국본(興國本)처럼 함부로 고치지 않는다.

이 말은, 신빙성 있게 이문의 정오를 판단한 것에 대해서도 비록 수정할 수는 있지만 당연히 신중한 태도를 취해야지 구태여 가벼이 고칠 필요는 없다는 것이다.

《예기》〈증자문(曾子問)〉에 "夏后氏三年之喪旣殯而致事, 殷人旣葬而致事。[하나라 때에는 삼년상이 있을 때 빈소를 차리고 나서 벼슬에서 물러났고, 은나라 때 사람들은 장사를 지내고 나서 벼슬에서 물러났다.]"라 했고 주에 있는 "周卒哭而致事[주나라 때에는 졸곡하고 벼슬에서 물러났다.]"라는 구절을 유독 흥국본(興國本)에서만 큰 글자로 써 경문으로 만들면서 "周人卒哭而致事[주나라 때 사람은 졸곡하고 벼슬에서 물러났다.]"라고 했는데, 주와 비교해 보면 '人' 한 글자가 첨가되었다. 삼대의 예를 기준으로 종합하여 말하면 그것이 잘못된 것은 아니다. 옛 감본(監本)을 살펴보면 주에 있는 '周'가 '則'으로 되어 있다. 그렇다면 이것은 단지 하은(夏殷)까지만 언급한 것이지, 주나라 때 사람들까지 언급하지는 않은 것이다. 본서에서는 모두 구본에 있는 대로 따르고 감히 고치지 않는다.

이 말은 주문(注文)에 근거하여 경문을 교보(校補)하되, 그저 의미가 통하는지의 여부만 보아서는 안 되며, 반드시 판본상의 근거를 찾아보고 각종 이문을 분석하여 신중한 태도를 취해야 한다는 것이다. 위에서 든 예들을 종합해 보면, 〈고이(考異)〉에서 실제로는 이문에 대해 구체적으로 분석하고 서로 다른 정황을 분별하여 신빙성 있게 판단을 내리지만 함부로 글자를 고쳐서는 안 되며 반드시 신중한 태도를 취해야 한다고 주장했다는 것을 알 수 있다.

교감의 각도에서 본다면《간정구경삼전연혁례》의 일곱 가지 범례는, 저자가 정자(正字)·정음(正音)·정의(正義)의 원칙과 읽기 편하도록 한다는 필요에서 출발했으며 아울러 음운학 분야에 있어서는 아직 약간 부족한 점이 있음을 보여 준다. 그러나 그것이 구경, 삼전을 편집하고 교감했던 실제 경험에서 나왔기 때문에 그 속에는 교감에 있어서 어느 정도 전형이 되는 경험을 내포하고 있다. 이 때문에 이론적인 가치를 얻게 되어 교감학에 있어서 최초로 발전적인 추세를 보여 주었다.

팽숙하(彭叔夏)의《문원영화변증(文苑英華辨證)》은 저자가 주필대(周必大)가 교감한 기초 위에서 다시 교감한 성과이다. 그 자서(自序)에 다음과 같은 내용이 있다.

> 나는 예전에 태사(太師) 익공(益公) 선생 주필대(周必大)를 가리킨다. 이 다음과 같이 말씀하신 것을 들은 적이 있다. "서적을 교감하는 원칙이란 사실(事實)을 기준으로 삼고 폭넓게 조사하면서도 의심나는 점은 놓아두는 것이다.〔校書之法, 實事是正, 多聞闕疑〕" 내 나이 열두세 살 때 태조황제의 실록을 베껴 쓰다가 그 안에서 "興衰治□之源"이라는 문장이 나왔다. 한 글자가 빠져 있었기에 속으로 이것은 반드시 '治亂'의 '亂'일 것이라 생각했다. 나중에 선본(善本)

을 찾아보았더니 바로 '治忽'이라고 되어 있었다. 팔뚝이 세 번 부러져 봐야 용한 의원이 된다고 하더니 서적이란 자기의 주관적인 생각을 가지고 글자를 함부로 고쳐서는 안 된다는 것을 진정으로 알게 되었다.

교감에 있어 첫 번째 원칙인 "사실을 기준으로 삼고 폭넓게 조사하면서도 의심나는 점은 놓아두는 것이다."라는 점을 생동감 있고 구체적으로 설명하면서 "자기의 주관적인 생각을 가지고 글자를 함부로 고쳐서는 안 된다는 것"을 밝히고 있다. 이 때문에 《문원영화변증》에서 "종류에 따라 나누고 각각 몇 가지 항목을 거론하였는데" 주요 목적은 바로 교감의 경험을 총결하는 데에 있었다. 책 전체는 모두 20항목으로 나뉘어 있는데, 각 항목마다 모두 개괄적인 설명이 있어서 대표적인 유례(類例)로서의 의미가 있다. 그중 앞의 다섯 항목에서는 용자(用字), 용운(用韻), 용전(用典)과 같이 작문의 측면에서 의오(疑誤)들을 분석하면서 구별하고 분류하였다. 그 항목은 용자(用字), 용운(用韻), 사증(事證), 사오(事誤), 사의(事疑)이다. 뒤의 열다섯 항목은 의오나 착오가 있는 명물(名物)의 종류를 가지고 구분했는데, 그 항목은 인명(人名), 관작(官爵), 군현(郡縣), 지명(地名) 부(附) 연월(年月), 명씨(名氏), 제목(題目), 작품의 제목을 가리킨다. 문류(門類), 《문원영화(文苑英華)》의 분류를 가리킨다. 탈문(脫文), 동이(同異), 제목은 같으나 글이 다른 경우를 가리킨다. 이합(離合), 작품 하나가 둘로 나뉘거나 둘인 것이 하나로 합쳐진 경우를 가리킨다. 피휘(避諱), 이역(異域), 조수(鳥獸), 초목(草木)이다. 맨 마지막에 있는 항목은 잡록(雜錄)이다. 그 가운데 일부 항목은 다시 몇 개의 세부 항목으로 나누어져 있다. 예컨대 '용자(用字)' 항목은 세 가지로 분류하고 있다.

첫째, 전인(前人)의 학설에 근거를 두어 고칠 수 없는 글자의 경우
둘째, 의문점과 오류를 답습하여 바로잡아야 할 글자의 경우
셋째, 어떤 판본에 있는 글자가 다른 판본에 있는 것과 다를 때, 두 군데의 글자 모두를 그대로 두어도 작품의 의미상 통하는 글자의 경우

'용운(用韻)' 항목은 두 가지로 분류하고 있다.

첫째, 이전 사람이 사용하던 운(韻)에 두 가지 음이 있어 제멋대로 고칠 수 없는 경우
둘째, 당나라 때 부(賦)에서 사용한 운의 수와 평측의 차례에 있어서 애초부터 일정한 격식이 없는 경우

'인명(人名)' 항목은 다섯 가지로 분류하고 있다.

첫째, 전고를 인용할 때 어떤 인명이 다른 판본과 차이가 있어 함부로 고치면 안 되는 경우
둘째, 오류가 있어서 바로잡아야 할 경우
셋째, 인명이 경전(經傳)의 집본에 나타난 것과 차이가 있어서 함부로 고치면 안 되는 경우
넷째, 오류가 있어서 사전(史傳)을 찾아보고 시정해야 할 경우
다섯째, 작품 내용이 사료나 문집과 동이가 있어 모두 그대로 두어야 할 경우

이런 종류와 같은 것들을 개괄해 보면 대체로 세 가지 의오(疑誤)의 유형과 그 처리 방식이 있다.

1 착오를 확정하고 개정해야 할 것

예를 들면 다음과 같다.

　　이백(李白)의 〈서악영대가(西岳靈臺歌)〉[44]에서 "身騎第一龍上天飛〔나는 제일가는 용을 타고 하늘로 날아오른다.〕"란 부분은 《이백집(李白集)》에 있는 대로 '騎二茅龍〔이모룡을 타다〕'이라 해야 한다. 《초학기(初學記)》 "화산문(華山門)"에서 《열선전(列仙傳)》의 내용을 다음과 같이 인용했다. "呼子先者, 有仙人持二茅狗來, 騎之, 乃龍也。〔호자선이란 사람은 어떤 선인이 띠풀로 만든 개 두 마리를 가지고 오자 그 개를 탔는데, 그 개가 바로 용이었다.〕"
　　두보(杜甫)의 〈팔애시(八哀詩)〉에서 "范雲顧其兒〔범운이 자기 아이를 생각하다〕"란 부분은 《두공부집(杜工部集)》에 있는 대로 '范曄'이라 해야 한다. 《송서(宋書)》에 따르면 범엽(范曄)이 모반하다가 주살당할 때 죽기 직전에 자신의 아이를 생각한 것이다.

2 달리 근거가 있어서 함부로 고치면 안 되는 것

예를 들면 다음과 같다.

　　노사도(盧思道)의 〈북제흥망론(北齊興亡論)〉에 나오는 "僕射高正

---

[44] 서악영대가(西岳靈臺歌) : 통행본 등에는 제목이 〈서악운대가송단구자(西岳雲臺歌送丹丘子)〉로 되어 있다.

德〔복야 고정덕〕"이 《북제서(北齊書)》 본전(本傳)에는 "高德政"
으로 되어 있다.

한유(韓愈)의 〈동진행장(董晉行狀)〉에서 "四子全道、溪、全素、
澥〔네 아들 전도, 계, 전소, 해〕"라는 부분은 집본(集本) 가운데
어떤 것에는 "全道、全溪、全素、全澥"라고 되어 있다. 〈세계표(世
系表)〉와 한유가 지은 〈동계묘지(董溪墓志)〉를 살펴보면 '溪',
'澥'에 모두 '全' 자가 없는데, 아마도 '全道', '全素'는 모두 황제가
하사한 이름인 듯하다.

3 의미가 둘 다 통해서 서둘러 고치면 안 되는 것

예를 들면 다음과 같다.

이덕유(李德裕)의 〈대고산부(大孤山賦)〉에서 "掩二山而礫豎〔두
산을 가리고 우뚝 서 있다.〕"란 부분은 곽박(郭璞)의 〈강부(江
賦)〉에 나오는 "虎牙嶸豎以屹崒〔호아산이 우뚝하게 서서 험준하
다.〕"에 바탕을 둔 것인데, 여러 판본에는 모두 '傑'로 되어 있다.

백거이(白居易)의 〈율수령백부군지(溧水令白府君志)〉에서 "歷
泗州虹縣令〔사주 홍현의 현령을 지내다.〕"의 '泗'는 문집에 '宿'으
로 되어 있다. 살펴보건대, 《구당서(舊唐書)》 〈지리지(地理志)〉
에 따르면 원화(元和) 4년(809) 최초로 사주(泗州)에 있는 홍현
(虹縣)을 나누어 숙주(宿州)를 설치했다고 하였다. 태화(太和) 3년
(829)에는 폐지했다가 태화 7년에 다시 설치했다. 당시 백 부군
(白府君 백계강(白季康))이 태화 8년에 사망했으므로 어느 때 홍현
의 현령을 지냈는지 알 수 없다.

《문원영화변증》에서는 "사실을 기준으로 삼고 폭넓게 조사하면서도 의심나는 점은 놓아두는 것"이라는 원칙을 제시한 상태에서, 실제로 이 문을 교감하고 정오를 판단하고자 할 때에는 반드시 판본상의 근거와 문자, 음운, 훈고 등 지식상의 근거를 갖추고 조사를 광범위하게 했으며 글자를 함부로 고치지 않음으로써 과학적인 분석을 하려 했고 신중한 태도를 취했다는 것을 알 수 있다. 의오(疑誤)의 특징과 처리 방식에서 종류별로 나누어 분류했다는 것은 《간정구경삼전연혁례》와 비교할 때 이론적 종합이라는 점에서 더욱 진일보했는데 최초로 교감 사례를 유형화했다는 의의를 지닌다.

송대에는 고증이 융성하여 필기(筆記) 저작을 많이 남겼다. 북송 때 심괄(沈括)의 《몽계필담(夢溪筆談)》, 남송 때 홍매(洪邁)의 《용재수필(容齋隨筆)》, 왕응린(王應麟)의 《곤학기문(困學紀聞)》 등 저명한 필기 저작 가운데 교감의 성과가 많았다. 동시대의 저작에 대해 교주(校注)나 고이(考異) 작업을 한 것도 자못 볼만한 것이 있었다. 예를 들면 우문소혁(宇文紹奕)이 섭몽득(葉夢得)의 《석림연어(石林燕語)》에 대해 고이 작업을 한 것이나 호삼성(胡三省)이 《자치통감》에 대해 교주 작업을 한 것 등이다. 구체적인 교감의 예는 여기서 일일이 들지 않겠다.

종합해 보면, 양 송대 교감의 발전에서 두드러진 특징은 독립적이고 완정(完整)한 교감 전문 서적이 나타났으며, 아울러 경사(經史)의 전적에 대한 교감에서 작가의 작품 총집(總集)과 별집(別集)에 대한 전문적인 교감으로 확대되었다는 점이다. 동시에 교감을 실천한 풍부한 경험의 기초 위에서 교감이 이론적으로 발전해 나가는 최초의 추세가 나타나고 교감의 원칙과 유례(類例)에 대해 초보적인 귀납, 총결, 연구와 토론을 진행하기 시작했다는 점이다. 이것은 교감이 실천이라는 측면에서 이미 장구나 주소의 부속적인 지위에서 독립하였으며 교감학 이론에 대해 초보적인 연구가 진행되기 시작했다는 것을 말한다.

제9절 원명 시대의 교감

원명(元明) 시대에는 이학(理學)이 발전하면서 학술이 공소(空疎)해져 교감을 경시했을 뿐만 아니라 주관적으로 억측하여 문자를 고치는 송대의 악습이 팽배했다. 게다가 출판 사업이 발달하면서 서적상이 조악한 책을 마구 찍어 내어 글자를 함부로 고치고 멋대로 삭제하는 분위기가 더욱 만연하게 되었다. 이 때문에 청대 사람들에게 자주 지적을 받았다. 그러나 원명 시대의 학자들이 교감과 교감학 모두에 대해 그래도 공헌한 것이 있다는 점도 살펴보아야 한다. 원나라 때 오사도(吳師道)의 《전국책교주(戰國策校注)》는 송나라 때 요굉(姚宏)의 《전국책주(戰國策注)》와 포표(鮑彪)의 《전국책주》를 참조하여 요굉의 《전국책주》에서 교감해 낸 성과를 보존하면서도 포표의 주에 있는 주석상의 오류를 바로잡았다. 뿐만 아니라 〈서(序)〉에서 포표의 주 가운데 심각한 오류 19가지를 열거하여 이것으로 교감의 원칙을 설명했다. 그는 포표가 《사기》에 있는 글을 근거로 《전국책》의 글을 고친 것은 잘못이라고 지적하면서 "사마천(司馬遷)이 지은 《사기》의 글은 본래 이 《전국책》에서 따왔기에 일치하지 않는 부분은 서로 바로잡아야 한다."라고 보았는데, 이것은 《문원영화변증》에서 거론했던 "사실을 기준으로 삼는다.〔實事是正〕"라는 원칙에 부합한다. 또 "사실에 있어서는 고사(古事) 그대로를 남겨 두는 일이 가장 중요하고, 학문에 있어서는 의심나는 점이 있을 때 억측하지 말고 놓아두는 것이 가장 좋다. 공자께서 《춘추》를 지으면서 '夏五'와 같이 잔결(殘缺)이 있는 글을 그대로 두었고,[45] 한나라 때 유학자들이 경서를 교감하면서 본래의 글자를 없앤 적이 없었으며 단지 '아무 글자는 아무 글자가 되어야 한다.〔某當作某〕', '아무 글자는 아무 글자처럼 읽는다.〔某讀如某〕'라고만 했으니, 신중한 태도를 보인 것이다. 고자(古字)에는 가차가 많았기에 글자의 음도 서로 통한다. 포표는 대뜸 본문을 삭제하고 곧바로 본문에 고친 글자를 넣었으니, 이것이 어찌 의심나는 점은 놓아둔 상태로 전하고 옛것을 그대로 보존하는 뜻이겠는가."라고도 하였다. 이것은 '폭넓게 조사하면서도 의심나는 점은 놓아둔다.'라는 원칙과 일치한다. 명나라 매작(梅鷟)은 《상서고이(尙書考異)》에서 고문 《상서》가 위서(僞書)임을 고증했는데, 그 가운데 적지 않은 교감의 성과가 있어 청대 사람들에게 매우 호평을 받았다. 그러나 종합적으로 말하자면, 원명 양대(兩代)에는 교감과 교감학상의 업적이 뛰어나지 않았을뿐더러 발전도 정체되었다.

---

45 공자께서……두었고 : 《춘추좌씨전(春秋左氏傳)》 환공(桓公) 14년 조를 보면 경문에 '夏五'라고만 되어 있다. 《춘추》 경문에서는 달을 표시할 때 보통 '秋七月'과 같이 어느 계절 몇 월로 표시하는 게 일반적이다. 따라서 '夏五'도 문맥상으로는 여름철 5월이기 때문에 '夏五月'이라고 할 수도 있으나, 공자가 《춘추》를 지으면서 원 사료에 '夏五'라고 된 부분을 고치지 않고 그대로 경문에 쓴 것을 말한다.

제10절 청대 : 교감학의 형성

청대(淸代)는 교감과 관련한 큰 성과들이 차례로 나타나고 교감학이 독립적으로 형성된 시기이다. 명 왕조의 멸망과 청 왕조의 건립이 사상과 정치 면에 미친 중대한 영향 가운데 하나는, 명말의 일부 애국지사들을 격발시켜 공허한 이학(理學)을 비판하고 실질에 힘쓰는 경학(經學)을 제창하게 했다는 점이다. 고염무(顧炎武)는 "경학이 바로 이학이다.〔經學卽理學〕"라고 주장하였는데, 전조망(全祖望)은 〈고염무신도표(顧炎武神道表)〉에서 이와 관련한 상황에 대해 다음과 같이 말하였다.

> 고염무는 만년에 더욱 육경(六經)의 연구에 힘을 기울여 "고금에 어찌 별도로 이른바 이학이란 것이 있겠는가. 경학이 바로 이학이다. 경학을 무시하고 이학을 말하는 자들이 나오고부터 사설(邪說)이 횡행하였으니, 경학을 무시하고 나면 이른바 이학이라는 것이 선학(禪學)에 불과하다는 사실을 모르는 것이다."라고 하였다.

이 때문에 고염무는 진지하게 경학을 연구할 것을 요구하면서 다음과 같이 주장하였다.

> 구경(九經)을 읽으려면 문자를 고증하는 것으로부터 시작해야 하고, 문자를 고증하려면 음운(音韻)을 아는 것으로부터 시작해야 한다. 제자백가(諸子百家)의 서적도 모두 마찬가지이다. 〈답이자덕서(答李子德書)〉

아울러 송대와 명대의 이학이 고서(古書)의 글자를 짐작해서 고치고 함부로 고친 중요한 원인 중의 하나는, 고음(古音)을 알지 못하고 한자의 내부 구성 요소인 음(音)·형(形)·의(義)를 이해하지 못해서인데, 이로 인해 문자가 혼란해져서 고적(古籍)이 본래의 면모를 잃고 경서의 뜻이 혼란스러워지게 되었다고 지적하였다. 그래서 고염무 스스로 고음과 당음(唐音)을 연구하는 한편, 고음의 규율을 이용해서 경서와 고적을 검토하고 교감하여 중대한 성과를 거둠으로써 청대 음운학(音韻學)의 대가이자 고증학(考證學)의 시조가 되었으며, 교감을 실제 작업상 더욱 치밀하고 정확하게 하고 이론상 날로 발전시켜 나가는 데에 있어 하나의 새로운 발판을 마련하였다고 할 수 있다.

양한(兩漢) 이래로 전개되어 온 교감의 발전 과정을 회고해 본다면, 획을 그었다고 할 만한 세 가지 중요한 단계가 있다.

첫째, 한말(漢末)의 정현(鄭玄)이 경전에 주석을 붙여 중대한 성과를 거둔 것이다. 정현은 고문(古文)과 금문(今文) 및 여러 주석가의 이동(異同)을 처리하는 과정에서 뛰어난 식견을 보여 주었다. 그 중요한 원인 가운데 하나는, 그가 한자의 형(形)과 음(音) 사이에 존재하는 모순 구조를 인식했다는 점에 있다. 그는 다음과 같이 말하였다.

처음으로 어떤 사물을 기록할 때에는 갑자기 그에 맞는 글자가 없으므로 혹 소리가 비슷한 글자를 취해 가차하여 처리함으로써 흡사하게 표현할 따름이다. 이것을 전수받은 자들이 같은 지역 사람이 아닐 경우, 사람들은 각기 자기 고향의 말을 사용하므로 말은 같은데 글자가 다르고 글자는 같은데 말이 다른 경우가 마침내 생기게 되는 것이다. 《경전석문(經典釋文)》〈조례(條例)〉에서 재인용

둘째, 수당(隋唐) 교체기에 육덕명(陸德明)이 지은 《경전석문》의 성과이다. 그는 음훈(音訓)에서 출발하여 이문(異文)을 수집하였고, 동시에 경전의 교감이라는 측면에서 중대한 성과를 거두었다고 할 수 있다. 그 중요한 원인은 정현의 전통을 의식적으로 계승하여 한자의 음과 형의 모순으로 인하여 야기되는 각종 이문을 전문적으로 연구했다는 점에 있다. 어음(語音)의 변화와 자체(字體)의 정형화, 특히 송나라 이후 이학의 발전으로 인하여 의리(義理) 및 훈고(訓詁)의 측면은 더욱 중시하게 되었지만, 고음(古音) 및 자형(字形)에 대한 연구는 점차 소홀히 하게 되었다. 그래서 고음과 고음의 통가자(通假字)를 몰라 당시의 음으로 이체자(異體字)를 읽기도 하고 통가자를 고치기도 함으로써 고서(古書)가 혼란스러워지는 현상이 자주 출현하게 되었다.

이 때문에 고염무가 제기한 "문자를 고증하는 것은 음운을 아는 것으로부터 시작한다.〔考文自知音始〕"라는 명제가 중대한 의의를 지니게 되었으며, 이로 인해 고염무는 정현과 육덕명 이후 교감의 발전을 추진시킨 또 한 사람의 중요하면서도 대표적인 인물이 되었다. 고염무는 '음운을 아는 것〔知音〕'이 '문자를 고증하는 것〔考文〕', 즉 교감의 선결 조건이라고 분명하게 인식하였는데, 이는 의식적으로 이론상 교감의 과학적인 근거를 총괄하였음을 보여 주는 것이다. 이로부터 교감은 곧 문자(文字), 음운(音韻), 훈고(訓詁)라는 전면적인 이론적 근거 아래에서 신속하게 발전하여 교감학 형성의 조건을 점차적으로 갖추게 되었다.

청대 초기의 문자옥(文字獄)⁴⁶이 빚어낸 직접적인 결과 중의 하나는, 일부 학자들을 옛날 전적에 몰두하게 하여 경학(經學)을 연구·정리하게

---

46 문자옥(文字獄) : 통치자가 지식인들을 박해하기 위해 고의로 지식인들의 저작 중의 글귀를 취하여 죄안을 만들었던 것을 말한다.

한 것이니, 이것이 근대의 이른바 '국학(國學)'이다. 그 가운데 문화사
와 학술사에서 칭송하는 '건가박학(乾嘉樸學)'[47]은 실제로는 고대의 문
학, 사학, 철학의 사료(史料)에 대한 고증이다. 그래서 사상사에서는
이를 '고증학파(考證學派)' 혹은 '고거학파(考據學派)'라고 부른다. 청
대 고증학의 중대한 성과 중의 하나는 교감학을 형성했다는 것인데, 근
대 학자 피석서(皮錫瑞)는 다음과 같이 말하였다.

　본조(本朝)의 경사(經師)들이 후학에게 끼친 공로로 세 가지를 들
　수 있다. 하나는, 일서(逸書)를 편집했다는 것이다.……다른 하나
　는, 교감을 정밀히 했다는 것이다.……또 다른 하나는, 자학(字
　學)에 정통했다는 것이다.……《경학역사(經學歷史)》

양계초(梁啓超)는 다음과 같이 지적하였다.

　청대의 유학자들이 고학(古學)에 끼친 공로로 한 가지가 더 있으
　니, 바로 교감이다. 고서를 가르치고 학습하는 것이 더욱 드물어진
　이유는, 베끼고 새기는 과정에서 오류가 더욱 심해져서 자연히 읽
　을 수 없게 되고, 그 결과 그 책이 쓸모없어지는 지경에 이르렀기
　때문이다. 청대의 유학자들은 선본(善本)을 널리 구하여 교감하였
　으며, 교감이 마침내 하나의 전문적인 학술 영역이 되었다.《청대학
　술개론(淸代學術槪論)》

---

47 건가박학(乾嘉樸學) : 중국 청대(淸代)의 학술 유파 중의 하나이다. 건륭(乾隆)과 가
　정(嘉靖) 연간에 가장 흥성했기 때문에 붙여진 이름으로, '한학(漢學)' 또는 '고거학파
　(考據學派)'라고도 한다. 혜동(惠棟), 대진(戴震), 전대흔(錢大昕), 단옥재(段玉裁),
　왕염손(王念孫), 왕인지(王引之)가 대표적인 인물이다.

청대에 교감학이 형성된 주요한 원인으로 두 가지를 들 수 있다. 하나는, 특정 서적에 대한 교감이 심도 있고 광범위하게 진행되어 많은 학자들이 직접 다량의 전적과 고서를 교감하고 교감에 대한 풍부한 실제적 경험을 축적했다는 점이다. 다른 하나는, 문자, 음운, 훈고, 판본, 목록 등 전문적인 학문 분야의 발전으로 인해 많은 학자들이 모두 자학(字學)에 정통하고 문헌에 밝으며 다방면의 지식과 소양을 지녀서 과학적인 이론 근거를 마련했다는 점이다. 이로 인해 고염무의 뒤를 이어서 청대에 우수한 학자들과 출중한 저작들이 대거 출현함으로써 많은 탁월한 교감학의 이론과 관점을 제기하고 많은 명확한 교감의 통례를 도출해 내었다. 아울러 각기 다른 유파들이 생겨나 고대의 우수한 교감 전통을 각각 다른 측면에서 두드러지게 계승 발전시켰다. 이것이 청대에 형성된 교감학이 보여 주는 특징이고 지표이다.

교감학의 발전이라는 측면에서 볼 때 청대에는 두 개의 중요한 유파가 출현하였다. 한 유파는 노문초(盧文弨)와 고광기(顧廣圻)를 대표로 하는데, 이들은 판본의 근거와 이문의 비교를 중시하고 원래의 면모를 보존할 것을 강조하여 이문의 정오를 설명만 할 뿐 고치지 말아야 한다고 주장하였다. 이 유파는 기본적으로 악가(岳珂)의 《상대서숙간정구경삼전연혁례(相臺書塾刊正九經三傳沿革例)》와 팽숙하(彭叔夏)의 《문원영화변증(文苑英華辨證)》의 교감 전통을 계승하였다.

다른 한 유파는 대진(戴震), 단옥재(段玉裁), 왕염손(王念孫), 왕인지(王引之), 유월(兪樾)을 대표로 한다. 이들은 판본은 물론 그 밖의 각종 이문 자료를 널리 수집하여 본 서적의 논리를 근거로 하면서 문자, 음운, 훈고, 판본 및 관련 역사 지식을 이용하여 이문과 정오를 분석하고 고증할 것을 요구하였다. 아울러 내용을 정정하고 오자를 바로잡을 것을 명확히 주장하여 본문의 오자를 고치는 데 적극적이었다. 이 유파는 기본적으로 정현(鄭玄)과 육덕명(陸德明)의 전통을 계승하면서 이를 다소 발전시킨 측면이 있다.

노문초와 고광기를 대표로 하는 유파는 송학(宋學)을 계승하였는데 '대교학파(對校學派)'라고도 하며, 대진, 단옥재, 왕염손, 왕인지를 대표로 하는 유파는 한학(漢學)을 계승하였는데 '이교학파(理校學派)'라고도 한다. 이 두 유파는 교감학의 이론을 정립하는 데 모두 공헌을 하였다고 말할 수 있다. 다만 비교하여 말한다면 대교학파는 판본의 근거 원칙을 설명하는 데에 더욱 많은 공헌을 하였고 이교학파는 교감의 방법을 총결하고 교감의 통례를 귀납하는 측면에서 뚜렷한 공헌을 하였다고 할 수 있다.

노문초와 고광기는 모두 평생 교감에 종사하였으며, 특정 서적에 대한 많은 교감 작업은 물론, 고적을 검토하여 바로잡는 일과 관련한 찰기(札記) 형태의 많은 문장을 남겼다. 그들은 자신들의 교감 경험을 총괄하여 설명하였다. 그중 가장 중요한 한 가지는 고본(古本), 구본(舊本), 선본(善本)을 진력 수집하여 원본에 가까운 신뢰할 만한 판본을 교감의 근거로 삼을 것을 강조했다는 점이다.

노문초는 다음과 같이 말하였다.

오래된 판본의 책을 귀하게 여기는 까닭은 그것이 하나의 오류도 없어서가 아니다. 근세에 교감을 거친 판본 가운데 옛날 판본보다 상당히 나은 것이 있기도 하다. 그렇지만 독단하여 함부로 고친 것도 적지 않다. 예를 들어 구경(九經) 소자본(小字本)[48]은 내가 보

---

48 소자본(小字本) : 판각할 때 1줄에 23자 내지 27자 정도의 글자를 넣은 책이다. 송대와 원대의 책을 가리켜 말하며 명대와 청대 이후에는 이런 명칭이 없었다. 송대에는 책을

기에 남송본(南宋本)이 북송본(北宋本)만 못하고, 명대의 석산진씨본(錫山秦氏本)이 또한 남송본만 못하다. 최근 진씨본을 번각한 것은 더욱 형편없다. 이렇게 볼 때 오래된 판본이 귀하다는 것을 알 수 있다.〈서오규리소장송본백호통후(書吳葵里所藏宋本白虎通後)〉

대체로 옛날 사람들은 고서를 인용할 때 원문을 그대로 다 인용하지는 않았다. 그래서 각종 고적을 교감할 때에는 우선 해당 서적이 전해지는 판본 중 오래된 판본을 기준으로 삼아야 한다. 더군다나 판각본이 출현하기 이전에는 동일한 책인데 각각 다르게 전해지는 것이 이루 열거하기 어려울 정도로 많았다. 지금 주석가들이 인용한 글만 근거로 해서 곧바로 그것을 옳다고 여기기도 하는데, 바람직하지 않은 듯하다.〈여정소아진사논교증방언서(與丁小雅進士論校證方言書)〉

고광기는 한 걸음 더 나아가 다음과 같이 지적하였다.

총괄하여 논한다면, 송나라 판본의 오류는 전혀 고치지 않은 데에서 유래한다. 그래서 오류의 흔적을 종종 찾아낼 수 있다. 반면 후인들의 번각본의 오류는 이해되지 않는 부분에 직면할 때마다 반드시 고쳤다는 데에 있다. 이리하여 송나라 판본 가운데 오류가 없던 것까지도 이로 인해 오류가 있게 되었으며, 송나라 판본 가운데 오류가 있던 것 또한 원칙 없이 대충 처리하여 여전히 오류가 있게 만들고 그 오류를 찾아낼 수 있는 흔적조차 없어지게 하였으니, 어찌

판각할 때 대부분 대자(大字)를 사용하여 1줄에 18자 정도를 넣었고 소자로 판각한 것은 비교적 적었다. 그래서 장서가들이 목록에 특별히 밝혀 주어 진귀한 것임을 표시하였다.

안타깝지 않겠는가. 〈한비자지오서(韓非子識誤序)〉

즉 그들은 다음과 같이 인식하였다. 고본, 구본, 송본(宋本), 선본이라고 해서 착오가 없을 수는 없다. 그렇지만 후대 번각본의 착오와 비교할 때 결론적으로 다소 적은 편이라 할 수 있다. 특히 이것들은 아직 교감을 거치지 않았기 때문에 착오가 있을 경우 쉽게 발견될 수 있으며, 착오가 어떻게 드러나 있는지, 어째서 착오가 있게 된 것인지에 대해 살펴볼 수 있다는 것이다. 이런 관점에서 출발하여 그들은 대교(對校)를 위주로 한 교감 방법 및 이문(異文)을 처리하는 기본 원칙을 제시하였다.

노문초는 다음과 같이 말하였다.

송본이 근세의 통행본보다 낫기는 하지만 착오도 많다. 지금 다른 서적과 비교 검토하여, 의심의 여지가 결코 없을 정도로 착오가 분명한 것은 본문을 고치고 본문의 아래에다 그 나머지 잘못된 이문(異文)을 주석으로 달아서 후인들이 살펴볼 수 있게 하였다. 정오를 판단하기 어렵거나 두 가지가 다 통하는 것은 본문 아래에다 주석만 달았다. 〈신교설원서(新校說苑序)〉

고광기는 다음과 같이 말하였다.

나는 송본을 통해서 근세본의 오류를 알았고, 아울러 송본의 교감을 통해서 송본도 오류가 없을 수 없음을 알았다. 그래서 고금의 통가자(通假字)를 참조하여 문자를 검토하고 바로잡았고, 역대의 성운(聲韻)을 참고하여 구두(句逗)를 구별하였으며, 경서(經書)와 사서(史書)에 기재되어 있는 것이나 현존하는 전집(專集) 등을 참조하여 그 이동(異同)을 고증하였다. 또한 널리 사부(四部)와 백가(百家)의 서적을 두루 섭렵하고자 하였으며, 인용한 내용은 그 연원을 밝혀 주었고, 이미 산일된 내용은 다른 책을 참고하여 보충하였다. 〈교잔송우무참문선발(校殘宋尤袤槧文選跋)〉

나는 서적에 대해서 교감하지 않는 것을 교감이라고 생각한다. ……교감을 가하지 않은 오류를 그대로 남겨 두면, 이 때문에 날마다 생각하게 되고 마침내는 천하 후세의 생각하기 좋아하는 자들과 함께 생각하게 된다.……어떤 것이 교감을 하지 않은 오류이고 어떤 것이 교감으로 발생한 오류인지 생각하게 된다. 〈사적재도자기(思適齋圖自記)〉

초순(焦循)도 이에 대해 다음과 같이 말하였다.

교감하는 자들은, 육경(六經)의 전주(傳注)가 각각 학통의 전승이 있어 전사 과정에서 잘못이 있으면 내포된 의미가 불분명하므로 여러 본들을 모아 서로 비교 검토한다. 그런데 그 폐단은 근본을 따지지 않고 임의대로 글자를 산삭하거나 고침으로써 종종 고친 것이 잘못되어 본래의 참뜻을 잃게 된다는 점이다. 하나를 저본으로 삼은 다음 다른 판본의 이문을 열거하여 독자로 하여금 참고할 수 있게 해야 한다. 《조고집(雕菰集)》〈변학(辨學)〉

즉 그들은 다음과 같이 인식하였다. 교감의 방법상 대교를 위주로 해야 하지만 그 나머지 관련 자료를 참고하여 교감해야 한다. 고본과 구본을 중시하기 때문에 일반적으로 본문은 고치지 않고 단지 다른 판본의 이문을 주석에다 기록만 한다. 고치지 않으면 안 되는 오자가 분명할 경우에는 오자를 그대로 주석에 기록하여 다른 사람들이 참고할 수 있도록 편의를 제공하며, 더욱이 잘못 고쳐서 원래의 면모를 회복하기 곤란하게 해서는 안 된다는 것이다. 동시에 그들이 가장 반대하는 것이 또한 글자를 함부로 짐작해서 고치는 것임을 알 수 있다.

고광기는 말하였다.

> 책을 교감하는 폐단으로 두 가지가 있다. 하나는, 타고난 자질이 평범하고 식견이 어두운데 무리하게 이 일에 참여하여, 원작자의 본의를 파악하지 못한 채 천박한 지식으로 쉬지 않고 써 내려가면서 쓸데없이 많은 말을 덧붙이는 경우이다. 다른 하나는, 재주가 뛰어나고 사고가 넓다 보니 교감하는 일을 쉽게 말하고, 통하지 않는 대목에서는 반드시 자기 방식대로 고치다가 수시로 잘못을 저질러 결국에는 긁어 부스럼을 만드는 경우이다. 두 가지가 경로는 비록 다르지만 옛사람들의 뜻을 왜곡하고 후인들을 미혹시킨다는 점에서는 같다. 〈예기고이발(禮記考異跋)〉

이 때문에 그 역시 "여러 번 팔뚝이 부러지면 양의가 된다고 하더니, 책은 주관적인 생각으로 경솔히 고쳐서는 안 됨을 참으로 알게 되었다.〔三折肱爲良醫, 信知書不可以意輕改〕"라고 한 팽숙하의 말뜻을 깊이 체득하게 되었으며, 심지어 〈서문원영화변증후(書文苑英華辨證後)〉에서 "서적의 오류는 실로 교감에서 비롯되었다."라고 말하기까지 하였다. 분명히 고본과 구본을 강조하면서도 고본과 구본의 관점을 맹신하지는 않은 이 유파의 관점은 억측으로 판단하거나 함부로 고치는 것을 반대하였으니, 이것은 의심의 여지 없이 올바른 견해라 할 수 있다. 이문을 주석에 기록한 것 역시 타당한 처리 방법이었다. 다만 신중한 정도가 "교감하지 않는 것을 교감으로 여기는〔不校校之〕" 지경까지 이르렀으니, 소극적인 교훈에 구애되어 보수적인 경향으로 흘러서 교감학 이론의 수준을 제고하고 교감의 실질적 작업을 심화하는 데에 걸림돌이 됨을 면치 못하였다.

대진, 단옥재, 왕염손, 왕인지 및 유월은 실제로 모두 고증학의 대표적인 학자들이다. 그들은 문자, 음운, 훈고 등의 학문 영역에서 모두 비교적 높은 성과를 거두었다. 교감은 그들이 고증의 원칙과 방법을 교감에 적용한 결과인 셈이다. 교감의 실제가 고적(古籍)의 문자에 대한 정정과 오류를 개정하는 것이었기 때문에 그들은 의식적으로 문자, 음운, 훈고 및 역사 문화의 지식을 이용해서 고적 문자의 정오에 대해 분석과 고증을 가하였고, 아울러 이것을 통해 오류가 발생한 원인을 고찰하여 통례를 도출해 내었다. 이로 인해 교감학의 이론적 측면에서 두드러진 성과를 거두었다. 교감의 기본 원칙에 있어서 이들은 노문초·고광기 유파와 견해가 일치하여, 모두 고적의 본래 의미를 보존하고 복원할 것을 요구하였다. 다만 교감의 근거와 이문의 처리에 있어서는 정반대의 의견을 지녔으니, 그들이 경적과 고서를 고증하는 출발점은 경서를 읽고서 도(道)를 밝히는 데에 있었다.

대진은 말하였다.

경학의 궁극적 목적은 도인데, 도를 밝히는 수단은 말이고 말을 이루는 것은 글자이다. 글자로 인하여 말을 알 수 있고 말로 인하여 도를 알 수 있다. 〈여시중명논학서(與是仲明論學書)〉

육경에는 가차한 글자들이 많다. 음을 제대로 알지 못하는 상태에

서 가차한 뜻을 어떻게 제대로 이해할 수 있겠는가. 그래서 훈고
(訓詁)와 성음(聲音)은 서로 표리가 되니, 훈고에 밝으면 육경을
마침내 환히 이해할 수 있다. 후세의 유자들은 언어와 문자와의 관
계를 제대로 알지 못한 채, 경솔하게 짐작으로 이해하여 성인의 뜻
을 왜곡하고 경전을 어지럽히고 있다. 이것이 내가 두려워하는 점
이다. 〈육서음운표서(六書音韻表序)〉

단옥재는 말하였다.

경전 공부는 뜻을 올바르게 이해하는 것이 가장 중요하고, 뜻을 올
바르게 이해하려면 음을 아는 것이 가장 절실하다.……고형(古
形), 고음(古音), 고의(古義)를 잘 알지 못하면, 남아 있는 설을
종합 분석할 수가 없고 이미 없어진 설을 유추하여 추측할 수 없다.
〈광아소증서(廣雅疏證敍)〉

왕염손은 말하였다.

소리가 같거나 비슷한 글자는 경전에서 종종 가차한다. 배우는 자
들이 소리로 뜻을 추구하고 가차한 글자를 바꾸어 본자로 읽는다면
의문이 환히 풀릴 것이다. 가차한 글자인데 무리하게 해석한다면 문
의를 이해하기 어려운 병폐가 생기게 된다. 〈경의술문서(經義述聞序)〉

경서를 읽어 도를 밝히는 것이 목적이기 때문에 도를 표현한 글자에
다 주석을 달고 교감을 해야 하는데, 글자에는 고형, 고음, 고의가 있으
므로 문자학, 음운학, 훈고학의 지식을 이용해 문자의 정오를 살펴 바로

잡아 의미를 확정해야 한다는 말이다. 왕인지가 "나는 자학(字學)의 방법을 이용하여 경전을 교감하였다." 공자진(龔自珍)의 〈왕문간공묘지명(王文簡公墓志銘)〉에서 재인용 라고 말하였는데, 교감의 이론적 근거를 명확히 개괄한 것이다. 이로 인해 그들은 필연적으로 판본의 신뢰성 여부를 근거로 삼지 않았고 이문을 바로잡을 대상으로 삼았다.

대진은 말하였다.

> 나는 일찍이 이문을 수집하고 검토하여 경문을 바로잡는 자료로 삼고, 현존하는 한대(漢代) 유자들의 전(箋)과 주(注)를 널리 열람하여 종합적으로 고증하고 해석하는 자료로 삼고자 하였다. 〈고경해구침서(古經解鉤沈序)〉

단옥재는 말하였다.

> 동원(東原) 선생 대진(戴震)을 말한다. 은 일찍이 이문을 수집하여 경문을 바로잡는 자료로 삼았다. 그래서 족자(族子) 대시보(戴時甫)와 나에게 이 작업을 하게 하였다. 〈답고천리서(答顧千里書)〉

> 돌아가신 스승 동원 선생이 말하였다. "무릇 어떤 일을 고찰할 때에는 다른 사람의 주장으로 자신의 생각을 가리지 말아야 하고, 자신의 주장으로 스스로 본래의 의미를 가리지도 말아야 한다."〈여고천리서(與顧千里書)〉

> 동원 선생이 말하였다. "천착의 폐단으로 두 가지가 있다. 하나는 글자만 보고 대충 뜻을 짐작하는 것이고, 다른 하나는 잘못된 것을

맹목적으로 좇아 잘못을 거듭 범하는 것이다."글자만 보고 대충 뜻을 짐작하는 것은 해석한 의미가 본래의 의미가 아니며, 잘못된 것을 맹목적으로 좇아 잘못을 거듭 범하는 것은 근거로 삼은 경문이 결코 본래의 경문이 아니다.〈여제동지논교서지난(與諸同志論校書之難)〉

그들이 중시한 것은 이문이지 각종 판본이 아니었다. 수집 범위도 해당 서적에 대한 각종 판본의 이문에 국한하지 않고 널리 다른 서적이 해당 서적을 인용할 때에 사용한 각종 이문까지 포괄하였다. 왜냐하면 이문이 바로 검토하여 바로잡는 대상이며 교감의 자료적 근거였기 때문이다. 구체적으로 말하면, 그들이 중시한 것은 바로 판본상의 이문이었지, 이 이문이 어떤 판본에서 나왔는지에 대해서는 문제 삼지 않았다. 이런 이유에서 그들은 글자를 확정하고 글자를 고칠 것을 명확히 주장하였다. 단옥재는 다음과 같이 지적하였다.

당대(唐代)에는 남아 있는 경서의 판본이 여전히 많았다. 그래서 과시생(科試生)에게 《오경정본(五經定本)》 이외에 습본(習本)을 사용하도록 허락하였다. 습본은 송나라 때까지 전해 왔으며, 계통이 동일하지 않았다. 이것을 합해 놓은 자가 자신이 사용한 경전의 주석을 단행본의 소(疏) 앞에 삽입하였는데, 반드시 공영달(孔穎達)과 가공언(賈公彦)이 사용했던 경전의 주석은 아니었다. 경전 주석의 글자와 소의 설명이 어긋나기도 하였으며, 생각 없고 식견이 얕은 자들은 글자를 적당히 고치기도 하였다. 육덕명이 사용한 본도 공영달과 가공언이 사용했던 본이 아니었으니, 어긋난 것이 또한 이와 같았다. 13경에 대해 주(注)와 소(疏)와 음석(音釋)을 합해서 간행한 뒤로는 배우는 자들 가운데 그 원류(源流)와 이동

(異同)을 아는 자들이 또한 적어졌다. 송나라 본을 구하여 기준으로 삼는 것은 시대가 다소 오래되어 비교적 좋으니, 이것은 당연한 형세이다. 그렇지만 당나라 이후로 오류가 많은 것을 송나라 본도 대부분 그대로 연용한 만큼 지금의 본보다 더 나은 것은 없다. 더군다나 경전을 교감한 모거정(毛居正), 악가(岳珂), 장순(張淳)의 무리처럼 학식이 지극히 순수하지 못하고 오류가 억측에서 나온 경우에 있어서이겠는가. 진고본(眞古本)과 한본(漢本)을 갖추지 못한 상태에서 송본(宋本)만을 고집한다면 또한 말단적인 것이다.〈십삼경주소석문교감기서(十三經注疏釋文校勘記序)〉

무릇 책을 교감하는 것은 올바른 것을 정하여 성현의 의리를 천하 만세에 밝히기 위함이니, 요즘의 속물들이 자신의 박식함을 과시하거나 고증의 능력을 과시하는 것과는 다르다. 그러므로 이른바 송대의 판본도 책을 교감하는 하나의 자료에 지나지 않으니, 옳으면 취하고 옳지 않으면 버려야 한다. 송대의 판본이라고 하여 어찌 꼭 옳겠는가. 그러므로 고서(古書)를 교감하는 자가 학식이 어지간히 있다면, 동원 선생의 《대대례기(大戴禮記)》나 《수경주(水經注)》처럼 시비를 판단해 정본(定本)을 만들어 세상에 간행함이 좋을 것이다.〈답고천리서(答顧千里書)〉

글자를 바로잡는 것을 이미 목표로 삼았기 때문에 그들은 구체적으로 이문을 분석하여 시비를 판단할 것을 요구하였다. 이 때문에 단옥재는 한 걸음 더 나아가 다음과 같은 의견을 제시하였다.

책을 읽을 때에는 판본에 대한 시비와 작자에 대한 시비가 있다. 판본에 대한 시비는 교감을 통해서 정할 수 있지만, 작자에 대한 시비는 쉽게 정할 수 없다. 〈여호효렴세기서(與胡孝廉世琦書)〉

송인(宋人)이 소(疏)를 경전의 주본(注本)에 합해 놓을 때 이 소를 엉뚱하게 저 경전의 주본(注本)에 합해 놓았다. 그래서 경전의 주와 공영달의 소가 합치되지 않는다. 반드시 공영달의 소를 알아야 공영달이 사용한 경전의 주본을 알 수 있고, 반드시 황간(黃侃)의 소를 알아야 황간이 사용한 경전의 주본을 알 수 있다. 경전 주석의 내용과 맥락을 찾아 음미할 줄 알아야 공영달이 사용한 경전의 주본이 옳고 황간이 사용한 경전의 주본이 잘못되었음을 알 수 있다. 그러므로 "반드시 먼저 판본의 시비를 정해야 하고 그런 뒤에 내용의 시비를 정할 수 있다."라고 말한 것이다. 〈주인졸곡이치사경주고(周人卒哭而致事經注考)〉

그는 판본의 교감 문제와 주(注)나 소(疏)를 붙이는 사람의 학식 문제는 서로 구별해야 한다고 생각하였으니, 교감은 이문의 정오 문제를 해결하는 것이고 학식은 주·소의 옳고 그름을 결정한다는 것이다. 송인이 합간(合刊)한 《십삼경주소(十三經注疏)》에 대해서는 우선 주가 근거로 한 경본과 소가 근거로 한 경본을 판별하여 분석해 내었고, 그런 뒤에 경의 뜻에 근거하여 그 시비를 분별하고 판단하였다. 이를 통해서 다음과 같은 사실을 알 수 있다. 그들이 노문초·고광기의 유파와 현저하게 다른 점은, 판본에 근거하지 않고 내용에 근거하였으며, 판본을 중시하지 않고 이문을 중시하였으며, 이문의 수량을 문제 삼지 않고 이문의 질량을 문제 삼았다는 것이다. 이로 인해 방법상에 있어 대교(對校)뿐만 아니라 분석, 추리, 고증을 요구하며, 판단상에 있어 시비를 명확히 하고 글자를 고치는 것에 과감할 것을 요구한다. 이러한 이론과 방법에 기초하였기 때문에 이 유파는 고염무로부터 시작하여 교감하는 사람들의 학식을 강조하였다.

노문초·고광기와 대진·단옥재 사이의 의견 대립은 학술 논쟁을 불러일으켰으며, 교감학 발전에 촉진 작용을 하였다. 대진은 자신이 교감한 실례를 가지고 노문초와는 다른 학설을 명확히 제시하였다. 그는 《대대례기(大戴禮記)》를 교감하였는데, 간행된 뒤 두 차례의 교감을 거치고도 약간의 오류가 또 발견되자, 노문초에게 두 통의 편지를 보내어 착오를 열거하고 자신의 견해를 설명하였다. 예시하면 다음과 같다.

1 〈보부(保傅)〉: 有司參, 夙興, 端冕

노변(盧辯)의 주에서는 "參職, 謂三月朝也。〔'參職'은 3개월 동안 조회하는 것을 말한다.〕"라고 하였다. 구본에는 안어(案語)[49]가 있는데 "노변 주의 '職'은 연문(衍文)인 듯하다."라고 하였다.

나는 다음과 같이 생각한다. '參'은 '三月'의 '三'과 어떤 관련도 없거나 혹 별도로 뜻이 있을 것이다. 다만 옛날 사람들이 글자를 쓸 때에 결코 이렇게 쓰는 경우는 없었다. 〈내칙(內則)〉에 "三月之末, 擇日, 以子見於父.〔3개월 뒤에 택일하여 자식을 아비에게 보인다.〕"라고 하였는데, 여기에서 "見之南郊〔남쪽 교외에서 보인다.〕"라는 것은 3개월 때의 일이다. 정문(正文)은 "有司齋夙端冕〔유사는 재계하고 삼가며 제사 지낼 때의 예복을 입는다.〕"으로, 주문(注文)은 "齋夙, 謂三月朝也。〔재숙은 3개월 동안 조회하는 것을 말한다.〕"로 되어야 한다. 명나라 가정(嘉靖) 계사년(1533)에 원씨(袁氏 원경(袁褧))가 송본(宋本)[50]에 근거해서 중간(重刊)한 《대대례기》에는 '齊'가 모두 '齋'로 되어 있다. 후인들이 고자(古字)를 몰라서 마침내 잘못 '參'이라고 한 것인데, 이

49 안어(案語): 작자나 편자가 관련 문장이나 사구(詞句)에 대해 설명하거나 고증한 말이다.
50 송본(宋本): 여기서는 순희(淳熙) 2년(1175) 영천(穎川) 한원길(韓元吉)이 건안군재(建安郡齋)에서 판각한 《대대례기》를 말한다.

결과 '夙'이 통하지 않게 되어 아래에 '興'을 더하게 된 것이다. 《위서(魏書)》
〈이표전(李彪傳)〉에서 이것을 인용하였는데 "有司齋肅端冕"이라고만 하고 '興'
은 없다. 천착으로 인한 오류임에 틀림없다. 주에서는 마침내 '夙'마저도 잘못
'職'이라고 하였으니, 자형을 전사하는 과정에서 범한 오류이다. 바로 앞에서
고쳐 바로잡은 것이 모두 옳다.

2 〈문왕관인(文王官人)〉: 以觀其不寧

나는 '不寧'은 《일주서(逸周書)》를 따라 '不荒'이 되어야 한다고 생각한다.[51]

〈문왕관인〉: 如臨人以色

나는 '如'는 《일주서》를 따라 '好'로 되어야 한다고 생각한다.[52]

〈문왕관인〉: 其貌固嘔

나는 이 편(篇)에 있는 '嘔'는 모두 '媚'의 오자라고 생각한다.[53]

〈문왕관인〉: 執之以物而速驚, 決之以卒而度料

《일주서》에는 "設之以物而數決, 敬之以卒而度應"으로 되어 있다.

나는 다음과 같이 생각한다. 서로 검토하여 바로잡는다면 '執'은 '設'의 오자이
고 '速'과 '數'은 같은 뜻이며 '速'과 '決'은 글자가 연결되어야 하고 '驚之'는 '馬'
가 빠져서 잘못 '敬之'가 된 것이다. 즉 정문은 "設之以物而速決, 驚之以卒而度
料〔일을 시행함에 빠르게 결단을 내리고, 갑작스런 일로 당황스러울 때에 상
황 판단을 잘 하며〕"가 되어야 한다.

---

51 不寧은……생각한다 : 이럴 경우 이 구절은 '그 사람의 마음이 빠지지 않는가를 살핀다.'
라는 뜻이 된다.

52 如는……생각한다 : 이럴 경우 이 구절은 '교만한 얼굴빛으로 다른 사람을 대하는 것을
좋아한다.'라는 뜻이 된다.

53 이 편(篇)에……생각한다 : 이럴 경우 이 구절은 '외모를 잘 꾸민다.'라는 뜻이 된다.

〈문왕관인〉: 不學而性辨

《일주서》에는 '不文'으로 되어 있는데, 나는 '不素'이 되어야 한다고 생각한다.[54]

〈문왕관인〉: 始妬誣者也

《일주서》에는 "始誣者也"로 되어 있다. 나는 다음과 같이 생각한다. '始'는 즉 '妬'의 오자이다. 이 글의 본문과 주에는 모두 '始'가 들어가 있는데, 오자 때문에 글자가 더 들어가게 된 것이다.[55] 예컨대 〈보부〉의 "學禮曰"이라는 단락에 '而'가 잘못 '如'로 되어 있고 '如'가 또 잘못 '始'로 되어 있어서 각 본들이 마침내 '而始'라고 한 것과 같은 경우이다.

3 나는 다음과 같이 생각한다. 《대대례기》에서 '順'은 '愼'으로 '而'는 '如'로 되어 있고 '謂'는 '與'나 '爲'로 되어 있으며 '政'과 '正'은 뒤섞여 사용되고 있다. 이는 대체로 모두 방음(方音)이 혼동되어 생긴 잘못으로, 고자(古字)가 통용된 경우라고 말할 수 없다. 몇 구절 내에서도 두 글자를 뒤섞어 사용하고 이 글자와 저 글자를 서로 바꾸어 사용한 것으로 볼 때 옛날 사람들이 이렇게 혼란스럽게 글자를 사용하지는 않았다고 판단할 수 있으니, 이런 경우에는 글자를 고치더라도 무방할 것이다.

1의 예는 이문으로 인한 의오(疑誤)에 대해 구체적으로 분석한 것이다. 예속(禮俗)을 고증한 다음 명대에 번각한 송본(宋本)과 《위서》의 인용문을 참조하여, 《위서》의 인용문에 근거하여 개정해야 한다는 판단

---

54 不素이……생각한다 : 이럴 경우 이 구절은 '배우지 않고도 타고난 분별력이 있다.'라는 뜻이 된다.
55 始는……것이다 : 이럴 경우 이 구절은 '시기하고 기망하는 자이다.'라는 뜻이 된다.

을 제시하였고 아울러 개정하는 태도를 표명하였다. 2의 예는 〈문왕관인〉 내의 착오를 열거한 것이다. 주로 《일주서》를 근거로 하면서도 문맥을 살펴 분석하고 판단하였으며 오류가 생기게 된 원인까지 설명하였다. 3의 예는 본서에 보이는 한 가지 부류의 착오 현상에 근거하여 오류가 생기게 된 공통적 원인을 도출한 것이니, 이미 하나의 통례가 도출된 셈이다. 위에 인용한 여러 가지 사례를 통해서 대진이 경적을 교감할 때 기준으로 삼았던 이론과 방법을 대체적으로 알 수 있으며, 이로 인해 대진의 《대대례기》 교감은 단옥재에게 교감의 전범으로 인식되었다.

또한 대진은 《수경주(水經注)》의 정리에 있어서 착오를 바로잡았을 뿐만 아니라 조례(條例)까지 총괄하였다. 서문에서 "의례(義例)를 살피고 지망(地望)을 고찰하였으며, 아울러 각 본이 글자상 차이가 있는 것이 이 책에 문제가 있게 된 이유인데 환히 들어서 바로잡았다."라고 하였으니, 그가 교감할 때 기준으로 삼은 이론과 방법을 대체적으로 개괄할 수 있다. '의례를 살피고'라는 말은 《수경주》의 내용 체례와 기술 체례를 분석하고 귀납했다는 것이니, 또한 경서의 교감은 경서의 뜻에 근거하고 기타 고서의 교감은 해당 서적의 내용과 체례에 근거해야 한다는 것이다. '지망을 고찰하였으며'라는 말은 《수경주》에 주석으로 달린 하류(河流) 수도(水道)의 실제적인 지리와 위치를 고증했다는 것이니, 바로 명물(名物)을 훈고(訓詁)하는 고증에 해당한다. '각 본이 글자상 차이가 있는 것'이라는 말은 바로 이문을 수집하여 분석했다는 것이다. 그런 뒤에 오류가 발생한 원인을 구체적으로 분석하였으며, 이를 통해 정확한 판단을 내렸다. 이로 인해 대진의 《수경주》 교감도 교감의 이론과 방법에 있어 대진 일파에게 하나의 전범이 되었다.

단옥재와 고광기의 논쟁은 청대 학술사와 교감학사에 있어 유명한 논쟁이었다. 그들의 논쟁은 모두 한두 글자를 가지고 옳으니 그르니 따지는 논쟁이었다. 예를 들면, 《예기(禮記)》〈곡례(曲禮)〉의 "二名不偏諱〔피휘할 대상의 이름이 두 글자인 경우 한 글자씩만 사용할 때에는 휘하지 않는다.〕"의 '偏'은 '偏'이 바른 글자인지 '徧'이 바른 글자인지, 또 《예기》〈예기(禮器)〉의 "先王之立禮也, 有本有文〔선왕이 제정한 예는 근본도 있고 문식(文飾)도 있었으니〕"의 '有文' 두 글자가 연문인지 아닌지, 또 《예기》〈왕제(王制)〉의 "虞庠在國之四郊〔우상은 도성의 사방 교외에 있었다.〕"의 '四'가 '西'의 오자인지 아닌지 논쟁한 것 등등이다. 그 가운데 가장 두드러진 것은 '四郊'와 '西郊'의 논쟁인데, 이 문제로 단옥재와 고광기 사이에 오간 편지가 아홉 통이다. 단옥재는 또 〈예기사교소학소증(禮記四郊小學疏證)〉 및 〈여황소무서(與黃紹武書)〉를 지었고, 최후에 아울러 〈여제동지논교서지난(與諸同志論校書之難)〉에서 이것을 들어 교감의 전형적인 사례로 삼았다. 이 논쟁의 결과는 단옥재로 하여금 한 걸음 더 나아가 자신의 교감 이론을 천명하는 계기가 되게 하였다. 즉 '저본의 시비'와 '의리의 시비'에 대한 이론으로 '공영달의 주석은 공영달이 사용한 저본에 맞게 교감하고〔以孔還孔〕' '가공언의 주석은 가공언이 사용한 저본에 맞게 교감한다〔以賈還賈〕'는 유명한 논점을 제기하여 자세한 내용은 아래의 제3장 제4절에 보인다. 교감의 이론적 발전을 촉진시켰다.

왕염손·왕인지 부자는 모두 문자, 음운, 훈고에 정통했던 자들이다. 그들의 주요 업적은 자학(字學)과 교감학의 두 가지 방면에 있다. 왕염손의 《광아소증(廣雅疏證)》과 왕인지의 《경전석사(經傳釋詞)》는 모두 자학의 명저이고, 왕염손의 《독서잡지(讀書雜志)》와 왕인지의 《경의술문(經義述聞)》은 교감학의 대작이다. 그들이 교감학 이론에 기여한 주요 공헌은, 특정 서적에 대한 다량의 교감 성과 내에서 이론과 방법을 천명하거나 구현했다는 점이며, 아울러 많은 교감 통례를 구체적으로 도출해 내어 교감학 이론이 대략이나마 체계가 형성되도록 하여 후세에 심원한 영향을 끼쳤다는 점이다. 그 가운데 가장 중요한 것은《독서잡지》의 〈회남내편후서(淮南內篇後序)〉[56]와 《경의술문》의 〈통설 하(通說下)〉이다. 왕염손은 도장본(道藏本)[57]《회남자(淮南子)》를 위주로 하면서 "여러 책에 인용된 내용을 참고하여 바로잡은 것이 모두 900여 가지이다. 오류가 생기게 된 연유를 살펴보았더니, 전사하는 과정에서 생긴 오자와 탈자가 반이었고 임의대로 함부로 고친 것이 또한 반을 차지하였다."라고 하였다. 그는 오류가 생기게 된 각종 원인을 분석하여 각 부류의 통례를 도출해 내었는데, 열거하면 다음과 같다.

1 자주 보는 글자가 아니어서 오류가 생긴 경우

〈원도(原道)〉：先者逾下，則後者蹤之

먼저 가는 자가 아래로 건너가면 뒤에 가는 자는 그 뒤를 따르고

'蹤'은 女와 展의 반절이다. 그래서 고유(高誘)의 주에 "'蹤'은 '履'의 뜻이다. '蹤'은 발음을 취한 것이지 의미를 취한 것은 아니다."라고 하였다. 그런데 각 본에는 잘못 '蹠'로 되어 있다.

2 가차자(假借字)로 인하여 오류가 생긴 경우

〈남명(覽冥)〉：蚖鱓著泥百仞之中

자라조차도 백 길 되는 깊은 진흙 속에 몸을 파묻고

---

56 회남내편후서(淮南內篇後序)：《한서(漢書)》에 의하면 《회남자》를 《회남자내서(淮南子內書)》라고 하였다. 이는 따로 《외서(外書)》가 있었기 때문이다. 외서란 이름이 고유(高誘)의 서문에 등장하는 것으로 보아 후한 말기까지는 남아 있다가 그 뒤로 산일된 듯하다.

57 도장본(道藏本)：명나라 정통(正統) 10년(1445)에 간행된 《도장(道藏)》에 수록된 판본을 가리킨다.

'蚖蟬'은 '䘏蠆'와 같다. 각 본에는 '蚖蟬'이 잘못 '蛇蟬'으로 되어 있으니, 아랫글의 '蛇蟬'과 서로 혼동이 된 것이다.

3 고자(古字)로 인하여 오류가 생긴 경우

〈시칙(時則)〉：孟秋之月……其兵戉

맹추의 달에……무기는 도끼이고

'戉'은 '鉞'의 고자이다. 그런데 각 본에는 잘못 '戈'로 되어 있다.

4 예서(隷書)로 인하여 오류가 생긴 경우

〈시칙〉：具栚曲筥筐。

짐(栚), 곡(曲), 거(筥), 광(筐)을 준비한다.

고유의 주에서는 "'栚'은 '㨖'이니, 경기(京畿) 지역에서는 '栚'이라 한다."라고 하였다. 나는 다음과 같이 생각한다. '栚'은 발음이 '朕'과 같다. 잠박(蠶薄)을 올리는 시렁에 가로대는 나무이다. 예서로 '栚'은 '㨖'라고도 쓴다. 그래서 각 본에 마침내 잘못 '撲'으로 된 것이다.

5 초서(草書)로 인하여 오류가 생긴 경우

〈제속(齊俗)〉：柱不可以摘齒，筳不可以持屋。

기둥으로는 이를 쑤실 수가 없고, 작은 비녀로는 지붕을 받칠 수가 없다.

고유의 주에서는 "'筳'은 작은 비녀[小簪]이다."라고 하였다. 나는 다음과 같이 생각한다. '筳'은 발음이 '廷'과 같다. 작은 비녀로 이는 쑤실 수 있어도 지붕은 받칠 수 없음을 말한 것이다. '筳'은 '筐'과 초서가 서로 비슷하다. 그래서 각 본에 마침내 잘못 '筐'으로 된 것이다.

6 속자(俗字)로 인하여 오류가 생긴 경우

〈원도〉：欲宎之心亡於中，則饑虎可尾。

잡아먹으려는 마음이 없다면 굶주린 호랑이의 꼬리를 밟더라도
탈이 없다.

'宍'은 '肉'의 속자이다. 도장본에는 '宍'이 잘못 '寅'으로 되어 있고, 각 본에는
잘못 '卨'로도 되어 있다.

7 두 글자가 잘못 한 글자로 된 경우

〈설림(說林)〉: 狂者傷人, 莫之怨也, 嬰兒詈老, 莫之疾也, 賊
心亡也。

미친 사람이 남을 다치게 하더라도 이 일을 원망하는 사람이 없
으며, 어린아이가 노인을 욕하더라도 싫어하는 사람이 없다. 해
치려는 마음이 없기 때문이다.

'賊'은 해친다는 뜻이고 '亡'는 없다는 뜻이다. 미친 사람과 어린아이는 모두
남을 해치려는 마음이 없음을 말한 것이다. 각 본에는 '亡也'의 '也'가 잘못 '山'
으로 되어 있기도 하고 또한 '亡'와 합해져서 '峃'으로 되어 있기도 하다.

8 오자(誤字)와 본자(本字)가 둘 다 있는 경우

〈주술(主術)〉: 鴟夜撮蚤, 察分秋豪

부엉이는 밤이면 벼룩 같은 작은 벌레도 잡고 가느다란 털끝도
볼 수 있는데

'蚤'가 잘못 '蚤'으로 되고 또한 옮겨 쓰는 과정을 거치면서 '蚊'으로도 되어,
각 본에 마침내 잘못 '撮蚤蚊'으로 되어 있다.

9 책을 교감한 자가 옆에 기록한 글자인데, 섞여서 정문(正文)에
들어간 경우

〈병략(兵略)〉: 明於奇賷……

비술(秘術)……에 밝다

'賷'는 발음이 '該'와 같다. '奇賷'라는 것은 중요한 비술이고 평범하지 않은 기

술이다. 책을 교감하는 자가 '奇賣'의 뜻을 몰라 '奇正'이라 고치고자 하였다. 그래서 '正'을 '賣' 옆에 기록해 놓은 것인데, 각 본에서 마침내 잘못 '奇正賣'라고 한 것이다.

10 연문(衍文)이 몇 글자나 되는 경우

〈숙진(俶眞)〉: 孟門、終隆之山, 不能禁也; 湍瀨、旋淵之深, 不能留也。

맹문산과 종륭산도 도를 체득한 자가 가는 것을 금할 수 없고, 깊은 급류와 연못도 그가 가는 것을 멈출 수 없으며

각 본에는 '不能禁也' 아래에 '唯體道能不敗' 6자가 더 들어가 있다. 이럴 경우 윗글과 아랫글이 모두 뜻이 이어지지 않는다.

11 탈자(脫字)가 몇 자에서 십여 자까지 되는 경우

〈원도〉: 此俗世庸民之所公見也, 而賢知者弗能避, 有所屛蔽也。

이는 세상의 용렬한 사람이 함께 보는 바이며, 현자와 지자라 하더라도 이것을 피해 갈 수 없으니, 이욕(利欲)에 가려진 바가 있기 때문이다.

고유의 주에서는 "이욕(利欲)에 밝기 때문에 '有所屛蔽'라고 한 것이다."라고 하였다. 그런데 각 본의 정문에는 '有所屛蔽' 4자가 빠져 있다. 이럴 경우 주석의 문장은 통하지 않게 된다.

12 오자와 탈자가 모두 있는 경우

〈원도〉: 輕車良馬, 勁策利錣

빠른 수레와 잘 달리는 말에 강한 채찍과 날카로운 채찍끝을 가졌다 하더라도

고유의 주에서는 "'策'은 箠'이다. '錣'은 채찍 끝에 달린 바늘이다. '錣'은 '炳燭'의 '炳'로 읽는다."라고 하였다. '錣'은 竹과 劣의 반절이고 '炳'은 如와 劣의

반절이다. 도장본에는 '鍛'이 잘못 '鍛'으로 되어 있고, 주석문에는 잘못 "'策'은 '筆'이다. '未之感也'.⁵⁸ '鍛'은 '炳燭'의 '炳'으로 읽는다."라고 하였는데, 이럴 경우 뜻이 통하지 않는다.

13 정문이 잘못 주석에 들어간 경우

〈주술〉: 故善建者不拔, 言建之無形也。

그러므로 군주를 도가 있는 군주로 잘 세워 놓으면 뽑히지 않으니, 무형에 세워 놓은 것을 말한 것이다.

이것은 《노자(老子)》를 인용하여⁵⁹ 그 뜻을 풀이한 것이다. 그런데 각 본에는 '言建之無形也' 6자가 모두 주석의 글자로 잘못되어 있다.

14 주석문이 잘못 정문에 들어간 경우

〈도응(道應)〉: 田鳩往見楚王, 楚王甚說之, 予以節, 使於秦。至, 因見惠王而說之。

전구가 초왕을 알현하였는데, 초왕이 매우 기뻐하며 부절을 내주면서 진나라에 사신으로 파견했다. 전구는 진나라에 당도해 혜왕을 알현하여 자신의 학설을 피력하였다.

고유는 '予以節'에 대해 '予之將軍之節.〔장군의 부절을 주는 것이다.〕'이라고 하였다. 각 본에는 이 여섯 글자가 잘못 정문 '因見'의 아래 '惠王'의 위에 들어가 있다. 이럴 경우 문장의 뜻이 통하지 않게 된다.

---

58 未之感也 : 도장본의 이 주석에 대하여, 왕염손은 "未는 末의 오자이고, 感은 箴의 오자이다."라고 하였다.

59 노자(老子)를 인용하여 : 《노자》 54장에 "공업을 잘 세우는 자는 동요시킬 수 없고, 공업을 잘 유지하는 자는 버려지지 않는다.〔善建者不拔, 善抱者不脫。〕" 하였다.

15 착간(錯簡)이 있는 경우

〈천문(天文)〉: 陽氣勝, 則日脩[60]而夜短; 陰氣勝, 則日短而夜脩。其加卯酉, 則陰陽分, 日夜平矣。

양의 기운이 우세하면 낮은 길고 밤은 짧아지며, 음의 기운이 우세하면 낮은 짧고 밤은 길어진다. 묘(卯)와 유(酉)를 가리킬 때에는 음기와 양기가 평분(平分)이어서 낮과 밤의 길이가 똑같다.

각 본에는 '其加卯酉' 이하 3구가 착간이 되어 아랫글 "帝張四維, 運之以斗。[천제(天帝)는 사유(四維)를 둘러쳐 놓아 두성(斗星)이 그곳을 선회하도록 하였다.]"라는 절의 아래에 있다. 이럴 경우 윗글과 뜻이 통하지 않을 뿐만 아니라 아랫글과 맥락도 닿지 않게 된다.

16 오자를 답습하여 오자가 생긴 경우

〈숙진〉: 昧昧楙楙, 皆欲離其童蒙之心, 而覺視於天地之間。

알고자 하는 마음이 일어나 사람들이 모두 동몽의 마음을 떠나 천지간에서 분명히 보고자 하였다.

'楙'는 발음이 '懋'와 같다. 고유의 주석에 "眯眯,[61] 欲所知之貌也。['眯眯'은 알고자 하는 모양이다.]"라고 하였다. '昧昧'와 '楙楙'는 같은 소리에서 나온 것이다. 각 본에는 '楙楙'가 잘못 '眯眯'으로 되어 있는데, 이는 자서(字書)에 없는 글자이다. 그런데 명나라 양신(楊愼)의 《고음여(古音餘)》에서는 마침내 침운(侵韻)에 '眯'을 넣으면서 《회남자》의 '昧昧眯眯'을 인용하였다.[62]

---

60 수(脩): 유안(劉安)의 부친의 이름이 장(長)이므로 《회남자》 내의 '長'은 모두 '脩'로 기록되어 있다. 고유의 서문에 "부친의 이름이 '장(長)'이므로 그의 저술 가운데 '長' 자는 모두 '脩'로 되어 있다.[以父諱長, 故其所著諸長字, 皆曰脩。]" 하였다.

61 眯眯: 《교감학대강》에는 '楙楙'로 되어 있는데, 《독서잡지》에 "高注曰: 昧昧, 欲明而未也, 眯眯, 欲所知之貌也。"라고 한 것에 근거하여 바로잡았다.

62 각 본에는……인용하였다: 이 부분에 나오는 '眯'이 《교감학대강》에는 모두 '眯'으로 되어 있는데, 《독서잡지》에 근거하여 모두 '眯'으로 바로잡았다.

17 문의(文義)를 이해하지 못하여 함부로 고친 경우

〈원도〉: 乘雷車, 六雲霓

뇌거를 타고 무지개를 육마(六馬)[63]로 삼아

무지개를 육마로 삼은 것을 말한 것이다. 후인들은 '六'의 뜻을 이해하지 못하여 마침내 '六雲霓'를 '入雲霓'로 고쳤다.

18 자주 보는 글자가 아니어서 함부로 고친 경우

〈제속〉: 故伊尹之興土功也, 脩脛者使之跖鏵

그러므로 이윤이 토목사업을 일으켰을 때에 다리가 긴 자에게는 가래질을 하게 하고

'鏵'는 발음이 '華'와 같으며, 가래의 뜻이다. '跖'은 밟는다는 뜻이다. 그래서 고유의 주에 "長脛以蹋揷者, 使入深也。[다리가 긴 사람이 가래질을 하는 것은 땅속 깊이 들어가도록 하기 위해서이다.]"라고 하였다. 후인들은 '鏵'를 몰라 '鏵'를 '钁'으로 고쳤는데 '钁'이 큰 호미라는 것을 모른 것이다. 호미는 손을 휘둘러 사용하지 발로 밟지 않는다.

19 가차자인지 모르고 함부로 고친 경우

〈도응〉: 跖之徒問跖曰: "盜亦有道乎?" 跖曰: "奚適其有道也。"

도척의 무리가 도척에게 물었다. "도둑에게도 도가 있습니까?" 도척이 대답했다. "어찌 도만 있겠는가."

'適'은 '啻'로 읽히니 "어찌 도만 있을 뿐이겠는가. 성(聖), 용(勇), 의(義), 인(仁), 지(智)의 다섯 가지가 모두 갖추어져 있다."라는 것을 말한다. 후인들은 '適'과 '啻'가 같다는 것을 몰라 '適齊'와 '適楚'의 '適'으로 잘못 읽었다. 그래서 마침내 '有道'를 '無道'로 고쳤다.

---

63 육마(六馬): 수레를 끄는 말이 많은 것을 말한다. 《문선(文選)》〈칠발(七發)〉에 "六駕蛟龍, 附從太白"이라 한 것에 대한 이선(李善)의 주에 "以蛟龍若馬而駕之, 其數六也。"라고 하였다.

20 문의를 이해하지 못하여 함부로 글자를 더한 경우

〈남명(覽冥)〉: 夫燧取火於日, 方諸取露於月。

부수[64]라는 그릇은 태양에서 불을 취하고 방제[65]라는 그릇은 달빛에서 이슬을 취한다.

'夫燧'는 양수(陽燧)이다. 그래서 고유의 주에 "夫讀大夫之夫。('夫'는 '大夫'의 '夫'로 읽는다.〕"라고 하였다. 그런데 후인들은 잘못 '夫'를 어조사로 여겨 '燧' 위에 '陽'을 더하였다.

21 가차자인지 모르고 함부로 글자를 더한 경우

〈본경(本經)〉: 異貴賤, 差賢不, 經誹譽, 行賞罰

귀천을 나누고 현우를 가리며, 훼예의 기준을 세우고 상벌을 시행하니

'賢不'는 '賢否'이다. 후인들은 '不'가 '否'의 가차자인지 몰라 마침내 '不' 다음에 '肖'를 더하였다.

22 함부로 글자를 더하여 구두가 잘못된 경우

〈태족(泰族)〉: 趙政不增其德而累其高, 故滅; 知伯不行仁義而務廣地, 故亡。《國語》曰云云。

조정(趙政 진 시황(秦始皇))은 덕은 쌓지 않고 성곽만 높이 쌓았기 때문에 멸망했고, 지백은 인의는 행하지 않고 영토 확장에만 힘썼기 때문에 망하였다. 여기에서 구두가 끊어져야 한다. 《국어》에 다음과 같은 말이 있다.

---

64 부수(夫燧): 태양에서 불을 채취하기 위한 동반(銅盤)이다. 〈천문훈(天文訓)〉에서 말하는 양수(陽燧)와 같다.

65 방제(方諸): 커다란 조개로, 보름달 아래에 놓고 그 속에 내린 이슬을 모으는데, 이것을 월수(月水)라고 한다.

후인들은 잘못 '故亡國'에서 구두를 끊고 마침내 '國' 위에 '其'를 더하였다.

23 몇 자에서 심지어 20여 자까지 함부로 글자를 더한 경우

〈천문〉: 天有九野、五星、八風、五官、五府。

하늘에는 구야, 오성, 팔풍, 오관, 오부가 있다.

이것은 우선 그 대강만 거론한 것이고 아랫글에서 그 조목을 말하였다. 후인들은 '八風' 아래에 '二十八宿' 4자를 추가하고, 또 주석 안에 28수의 명칭을 열거해 넣었는데, 모두 아랫글에 없는 것임을 모른 것이다.

24 문의를 이해하지 못하고 함부로 산삭(刪削)한 경우

〈도응〉: 敖幼而好遊, 至長不渝解。

노오(盧敖)[66]는 어렸을 때부터 먼 곳을 돌아다니기 좋아하였는데, 어른이 되어서도 그 뜻이 쇠퇴해지지 않았구려.

'渝解'는 '懈怠'와 같은 뜻이다. 후인들은 그 의미를 몰라서 마침내 '至長不渝'로 구두를 끊고 '解'를 산삭하였다.

25 가차자인지 모르고 함부로 산삭한 경우

〈인간(人間)〉: 此何遽不能爲福乎?

이 일이 어찌 복이 되지 않으리오.

'能'은 '乃'로 읽어야 하니, 어찌 복이 되지 않겠는가라는 말이다. 후인들은 '能'이 '乃'와 같은 글자인지 모르고 마침내 '能'을 산삭하였다.

26 가차자인지 모르고 글자를 도치시킨 경우

〈인간〉: 國危不而安, 患結不而解, 何謂貴智?

---

66 노오(盧敖): 진 시황 때의 방사(方士)로, 봉래(蓬萊)에서 불사약을 구해 오겠다고 하여 황제의 신임을 받았으나 후에 생명이 위태로워진 것을 알고는 도망쳤다.

나라가 위태로운데도 안정시키지 못하고 근심에 휩싸여 있는데도
해결하지 못하고 있으니, 지혜 따위가 무슨 소용이 있겠소.

'而'는 '能'으로 읽어야 하니, 위태로운 상태를 안정시키지 못하고 근심을 해결
하지 못한다면 지혜가 대단할 것이 없다는 말이다. 후인들은 '而'가 '能'과 같
은 글자인 줄 모르고 마침내 '國危而不安, 患結而不解'로 고쳤다.

27 구두를 잘못 끊고 함부로 주석의 글자를 옮긴 경우

〈설산(說山)〉: 無言而神者, 載無也, 有言則傷其神。之神者,
鼻之所以息, 耳之所以聽。

말을 하지 않지만 정신이 있다는 것은 무(無)를 행하고 있기 때문
이다. 말을 하면 곧 정신을 상하게 된다. 여기에서 구두가 끊어져야 한다.
이 정신이란 것은 코가 숨을 쉬고 귀가 소리를 듣는 바탕이다.

고유는 '有言則傷其神'에 대해 다음과 같이 주해하였다. "道賤有言而多反有言,
故曰傷其神.〔도가(道家)에서는 말하는 것을 천박하게 여기지만 대부분 도리
어 말을 하게 된다. 그러므로 '傷其神'이라고 한 것이다.〕" 이것에 근거한다면
'則傷其神'에서 구두를 끊어야 한다. '之神者' 3자는 아래 문장을 시작하는 말
이다. '之'는 '이것'의 뜻이다. 이 정신이란 코가 숨을 쉬고 귀가 들을 수 있는
바탕이라는 말이다. 후인들은 잘못 '則傷其神之神者'를 한 구절로 여기고 고유
의 주석문을 '之神者' 아래로 옮겨 놓았으니, 윗글과 아랫글이 모두 읽을 수
없게 되었다.

28 이미 오류가 있고 또 함부로 글자를 고치기까지 한 경우

〈범론(氾論)〉: 使人之相去也, 若玉之與石, 葵之與莧, 則論人
易矣。

가령 사람 간의 차이가 옥(玉)과 석(石), 아욱〔葵〕과 비름〔莧〕
같다면 사람을 평가하기가 쉬울 것이다.

'玉'과 '石', '葵'와 '莧'은 모두 모양이 같지 않다. 그래서 쉽게 구분이 된다.

'葵'의 속자는 '葵'이고 '美'의 속자는 '羑'인데 '葵'의 상반 부분이 '美'와 서로 흡사하다. 이로 인하여 잘못하여 '美'라 하였는데, 후인들이 또한 '美之與惡[아름다움과 추함]'으로 고쳤으니, 무슨 사물인지 모른 것이다.

29 오자로 인하여 글자를 잘못 고친 경우

〈도응〉: 孔子亦可謂知化矣。

공자로 말하면 또한 사리의 변화를 알았다고 말할 수 있다.

'知化'는 사리의 변화를 아는 것을 말한다. '化'가 잘못 '禮'로 되어 있는데, 후인들이 마침내 '禮'로 고쳤다.

30 오류가 있고 또 함부로 글자까지 더한 경우

〈숙진〉: 雲臺之高, 墮者折脊碎腦, 而蠹蝱適足以翾。

높은 누대에서 떨어진 사람은 등뼈가 부러지고 뇌가 부서지지만, 모기나 등에는 가볍게 날아갈 수 있다.

'翾'은 許와 緣의 반절로, 조금 날아가는 것이다. '翾'이 잘못 '翱'로 되어 있는데, 후인들이 마침내 '翱' 아래에 '翔'까지 더하였으니, 모기와 등에가 나는 것을 '翾'이라고는 할 수 있어도 '翱翔'이라고는 할 수 없음을 모른 것이다.

31 이미 오류가 있고 또 함부로 산삭까지 한 경우

〈주술〉: 堯、舜、禹、湯、文、武, 皆坦然南面而王天下焉。

요 임금, 순 임금, 우 임금, 탕 임금, 문왕, 무왕은 모두 편안히 남면하여 천하를 다스렸다.

도장본에는 "王皆坦然天下而南面焉"으로 되어 있으니, 전도되어 맥락이 통하지 않는다. 유본(劉本)[67]에서는 '王' 자마저 산삭하였으니, 오류가 있는 상태에서 또 오류를 범한 것이다.

---

67 유본(劉本): 유적 보주본(劉績補注本)을 가리킨다. 유적(劉績)은 명나라 홍치(弘治, 1488~1505) 연간에 활동했던 인물이다.

32 탈자가 있고 또 함부로 글자까지 더한 경우

〈주술〉: 是故十圍之木, 持千鈞之屋, 五寸之鍵, 而制開闔[68]

이 때문에 열 아름 되는 큰 나무가 1000균의 지붕을 지탱할 수 있고, 길이가 5촌 되는 빗장이 대문을 여닫는 일을 감당할 수 있으니

도장본에는 위 구에 '而'가 빠져 있는데, 유적(劉績)이 보충하여 바로잡지 못하였고 '制開闔' 아래에 '之門' 2자를 더하기까지 하였다.

33 이미 탈자가 있고 또 함부로 산삭까지 한 경우

〈천문〉: 天地之偏氣, 怒者爲風; 天地之合氣, 和者爲雨。

천지의 편기는 맹렬하면 바람이 되고, 천지의 합기는 조화를 얻으면 비가 된다.

도장본에는 위 구에 '地'가 빠져 있다. 그런데 유본에서는 아래 구의 '天' 자마저 산삭하였으니, 이것은 바람을 하늘에 소속시키고 비를 땅에 소속시킨 것으로, 매우 잘못된 것이다.

34 이미 연문이 있고 또 함부로 글자까지 더한 경우

〈범론〉: 履天下之籍, 造劉氏之冠

천자의 자리에 올라 유씨관(劉氏冠)[69]을 만들고

'冠' 위에 잘못 '貌'가 연문으로 들어갔다. 그래서 후인들이 마침내 '籍' 위에 '圖'를 더하여 '貌冠'과 서로 대구가 되게 하였다. 이것은 '圖籍'에는 '履'를 말할 수 없음을 모른 것이다.

---

68 而制開闔: 왕염손은 '制開闔' 3자로는 문장의 뜻이 미흡하다고 여겼다. 그래서 《회남자》를 참고하여 지은 책인 《설원(說苑)》과 《문자(文子)》를 들어 '而'가 있어야 한다고 주장하였다. '制開闔'이 《설원》에는 '而制開闔'으로 되어 있고 《문자》에는 '能制開闔'으로 되어 있는데, 옛날에는 '而'와 '能'이 통용되었다는 것이다.

69 유씨관(劉氏冠): 한나라 고조(高祖)가 정장(亭長)으로 있을 때 대나무 껍질로 관(冠)을 만들어 사용했는데, 신분이 귀해진 뒤에도 그것을 착용하였다. 그래서 그 관을 '유씨관'이라 한다.

35 이미 연문이 있고 또 함부로 산삭까지 한 경우

〈주술〉: 主道員者, 運轉而無端, 化育如神, 虛無因循, 常後而不先也; 臣道方者, 論是而處當, 爲事先倡, 守職分明, 以立成功也。

군주의 도는 원형(圓形)과 같아 계속 돌면서 끝이 없고 신(神)처럼 만물을 화육하며, 자기 자신을 비우고 아랫사람을 따르며, 항상 뒤처질 뿐 앞장서는 일이 없다. 신하의 도는 방형(方形)과 같아 논의는 올바르고 처신은 합당하며, 일을 할 때는 먼저 앞장서고 자신의 직분을 철저히 지키며, 행하여 공을 이룬다.

도장본에는 '臣道方者'가 '臣道員者運轉而無方者' 이상 10자가 도장본의 원문이다. 로 되어 있는데, 여기의 '員者運轉而無' 6자는 윗글 때문에 더 들어간 것이다. 유적도 '臣道員者'에서 구두를 끊고 '運轉而無方'에서 구두를 끊으면서 '方' 아래에 있는 '者'를 산삭하였으니, 오류가 있는 상태에서 또다시 오류를 범한 것이다.

36 이미 오류가 있고 또 주석문까지 고친 경우

〈원도〉: 夫蘋, 樹根於水

부평초는 물에 뿌리를 박고

고유의 주에 "蘋, 大萍也。〔蘋은 '大萍'이다.〕"라고 하였다. 정문(正文)에는 '蘋'이 잘못 '萍'으로 되어 있다. 후인들은 마침내 고유의 주석문의 '蘋, 大萍'을 '萍, 大蘋'으로 고쳐 이미 오류가 있는 정문을 따랐다.

37 이미 오류가 있고 또 주석문까지 더한 경우

〈숙진〉: 辯解連環, 辭潤玉石

달변(達辯)은 난제(難題)를 해결할 수 있고 미사(美辭)는 옥석을 윤택하게 할 수 있다 하더라도

고유의 주에 "潤, 澤也。〔潤은 '윤택'의 뜻이다.〕"라고 하였다. 정문은 '辭'를

주석문과 연관 지어 잘못 '澤'이라 하였다. 후인들은 또 고유의 주석문 "潤, 澤也。"의 위에 '澤' 1자를 추가하여 이미 오류가 있던 정문을 따랐다.

38 이미 오류가 있고 또 주석문까지 옮긴 경우

〈지형(地形)〉: 天地之間, 九州八柱。

천지 사이에 구주와 팔주[70]가 있다.

아랫글의 "八紘之外, 乃有八極。〔팔굉[71] 밖에는 팔극이 있다.〕"에 대한 고유의 주에 "八極, 八方之極也。〔팔극은 팔방의 끝이다.〕"라고 하였다. 도장본 정문에 '八柱'를 잘못 '八極'이라 하였는데,[72] 후인들이 마침내 '八極'의 주석을 앞으로 옮겨 와서 이미 오류가 있던 정문을 따랐다.

39 이미 본문을 고치고 또 주석문까지 고친 경우

〈원도〉: 干越[73]生葛絺

오나라와 월나라에서는 베옷이 생산되는데

고유의 주에 "干, 吳也。〔'干'은 오나라이다.〕"라고 하였다. 유본에서는 '干越'을 '于越'로 고치고 아울러 고유의 주를 고쳤는데 '于'가 '吳'로 풀이될 수 없다는 것을 모른 것이다.

40 이미 본문을 고치고 다시 주석문에 더하기까지 한 경우

〈도응〉: 吾與汗漫期於九垓之上

내가 한만과 구해 위에서 만나기로 약속하였으니

---

70 팔주(八柱): 천지 사이에 있으면서 하늘을 지탱하는 8개의 기둥이다.
71 팔굉(八紘): 천지를 잇고 있는 8개의 줄에 에워싸인 공간으로 천지사방을 가리킨다.
72 정문에……하였는데: 왕염손은 이에 대해 "'柱'와 '極'은 초서체가 비슷하기 때문에 주에서 '柱'를 '極'이라고 한 것이다."라고 하였다.
73 干越: 춘추 시대의 오(吳)나라와 월(越)나라를 말한다. '干'은 '邘'으로도 쓰는데 본래 나라 이름으로, 뒤에 오나라에게 멸망되었기 때문에 오나라를 칭하는 말로 쓰였다.

고유의 주에 "九垓, 九天也。〔'九垓'는 '九天'이다.〕"라고 하였다. 후인들은 '之上'을 '之外'로 고치고 또 주석문의 '九天' 아래에 '之外' 2자를 더하였다.

41 이미 본문을 고치고 다시 주석문까지 산삭한 경우

〈시칙〉: 迎歲於西郊

서쪽 교외에서 세(歲)를 맞이하고

고유의 주에 "迎歲, 迎秋也。〔'영세'는 가을을 맞이하는 것이다.〕"라고 하였다. 후인들은 〈월령(月令)〉에 의거하여 '迎歲'를 '迎秋'로 고치고 또 주석문을 삭제하였다.

42 이미 탈자와 오자가 있고 또 함부로 글자까지 더한 경우

〈인간〉: 故黃帝亡其元珠, 使離朱、攫剟索之

그러므로 황제가 원주를 잃어버렸을 때에 이주와 확철로 하여금 찾아내게 하였는데

'攫'은 '搏'의 뜻이고 '剟'은 '掇'과 같아 '줍다'라는 뜻이다. 그래서 고유의 주에 "攫掇, 善於搏物。〔'확철(攫剟)'은 물건을 줍는 일에 뛰어났다.〕"이라고 하였다. 도장본의 정문에는 '攫'이 빠져 있고, 주석문에는 '剟搏善拾於物'로 되어 있어서 탈자와 오자 때문에 맥락이 닿지 않는다. 유적(劉績)은 이를 제대로 이해하지 못하여 마침내 정문 '剟' 위에 '捷'을 더하였으니, 오류이다.

43 이미 오자도 있고 고친 글자도 있으며, 또 주석문까지 고친 경우

〈숙진〉: 嶉扈炫煌

오직 선명하고 화려하며

고유의 주에 "嶉讀曰唯。扈讀曰戶。〔'嶉'는 발음이 '唯'이고, '扈'는 발음이 '戶'이다.〕"라고 하였다. 도장본에는 '嶉'가 잘못 '䕫'으로 되어 있고 '扈'를 '㿉'로 읽으면서 주석문에서는 "䕫讀曰㿉。〔'䕫'는 발음이 '㿉'이다.〕"라고 하였다. 유적은 틀린 글자를 바로잡지 못한 채 또 '䕫'을 '萑'로 고치면서 아울러 고유의 주를 고쳤는데 '萑'를 '唯'로 읽을 수 없다는 것을 모른 것이다.

44 이미 오자도 있고 연문도 있으며, 또 함부로 주석문까지 더한 경우

〈병략〉: 發如飆風, 疾如駭電。

출발하는 것은 회오리바람과 같고 빠르기는 번개와 같다.

'駭' 아래에 연문인 '龍'이 있고 '電' 자도 잘못 '當'으로 되어 있어서, 후인이 마침내 '疾如駭龍'에서 구두를 끊고 '當'을 아래 구에 붙여서 읽었으며, 또한 '駭龍' 아래에 함부로 주석까지 붙였다.

45 오자로 인하여 운(韻)이 맞지 않는 경우

〈원도〉: 中能得之, 則外能牧之。

안에 있는 마음을 잘 보존하면 밖에 있는 것도 잘 기를 수 있다.

'牧'과 '得'은 운이 맞는다. 고유의 주에 "牧, 養也。〔'牧'은 '기르다'라는 뜻이다.〕"라고 하였다. 각 본에는 '牧'이 잘못 '收'로 되어 있고, 주석문도 잘못 '不養也'로 되어 있으니, 그 뜻을 잘못 파악한 것인 동시에 운을 제대로 맞추지 못한 것이다.

46 탈자로 인하여 운이 맞지 않는 경우

〈원도〉: 故矢不若繳, 繳不若網, 網不若無形之像。

그러므로 화살은 주살만 못하고, 주살은 그물만 못하며, 그물은 무형의 상(像)만 못한 것이다.

'網'과 '像'은 운이 맞는다. 각 본에는 '繳不若' 아래에 있는 네 글자를 빠뜨렸으니, 그 뜻을 잘못 파악한 것인 동시에 그 운을 제대로 맞추지 못한 것이다.

47 글자가 도치되어 운이 맞지 않는 경우

〈원도〉: 游微霧, 騖忽怳

미무 속을 달리어 황홀한 경지로 치달았으며

'怳'은 往, 景, 上과 운이 맞는다. 각 본에는 '怳忽'로 되어 있으니, 그 운이 맞지 않는다.

48 구가 도치되어 운이 맞지 않는 경우

〈수무(脩務)〉 : 契生於卵, 啓生於石

설은 알에서 태어났고 계는 돌에서 태어났으며

'石'은 '射'과 운이 맞는데, 각 본에는 '啓生於石'이 '契生於卵'의 위에 있으니, 그 운이 맞지 않는다.

49 구가 도치되고 또 주석문까지 옮긴 경우

〈본경(本經)〉 : 直道夷險, 接徑歷遠。

길을 장애물이 없이 곧게 내어 빨리 가서 멀리까지 달려갈 수 있게 한다.

'遠'은 垣, 連, 山, 患과 운이 맞는다. 고유의 주에서는 "道之阻者, 正直之。夷, 平也。接, 疾也。徑, 行也。〔험준한 길을 바르고 곧게 내는 것이다. '夷'는 평탄하다는 뜻이고 '接'은 빠르다는 뜻이고 '徑'은 간다는 뜻이다.〕"라고 하였다. 그런데 옮겨 적는 자들이 '直道' 2구의 상구와 하구를 서로 바꾸었으니, 이럴 경우 운이 맞지 않는다. 후인들은 또한 고유가 붙인 주석의 글자를 서로 바꾸어 오류를 따랐다.[74] 《문선》 사혜련(謝惠連)의 〈추회시(秋懷詩)〉에 대한 이선(李善)의 주석에서 《회남자》를 인용하였는데 또한 이와 같았으니, 당나라 때의 본에 이미 잘못이 있었던 것이다.

50 착간이 되어 운이 맞지 않는 경우

〈설산(說山)〉 : 山有猛獸, 林木爲之不斬; 園有螫蟲, 藜藿爲之不采。故國有賢臣, 折衝千里。

산에 맹수가 있으면 그 덕택에 수목이 잘리지 않고, 밭에 독충이 살고 있으면 그 덕택에 명아줏잎과 콩잎이 뜯기지 않는다. 그러

---

[74] 후인들은……따랐다 : 왕염손의 설에 따르면, 이 말은 고유의 주석이 원래는 "道之阻者, 正直之。夷, 平也。接, 疾也。徑, 行也。"였는데, 후인들이 "接, 疾也。徑, 行也。道之阻者, 正直之。夷, 平也。"로 바꾸어 놓았다는 뜻인 듯하다.

므로 나라에 현신이 있으면 천 리 밖에서 담판을 짓는다.

이는 나라에 현신이 있으면, 마치 산에 맹수가 있고 밭에 쏘는 벌레가 있는 것과 같아서 적국이 감히 쳐들어오지 못함을 말한 것이다. 그런데 각 본에는 '故國有賢臣, 折衝千里' 2구가 착간이 되어 아랫글의 '形勢則神亂〔육체가 피로하면 정신도 어지러워진다.〕' 아래에 있으니, 이 부분과 매우 멀리 떨어져 있어 맥락을 끝내 찾을 수 없다. 그리고 '里'와 '邪'가 운자인데, 착간되어 뒤에 있을 경우 그 운이 맞지 않는다.

51 글자를 고쳐서 운이 맞지 않는 경우

〈원도〉: 四時爲馬, 陰陽爲驂

사시를 말로 삼고 음양을 마부로 삼아

고유의 주에 "驂, 御也.〔驂는 마부의 뜻이다.〕"라고 하였다. '驂'는 俱, 區, 驟와 운이 맞는다. 후인들은 《문자(文子)》에 의거하여 '驂'를 '御'로 고쳤으니, 그 운이 맞지 않는다.

52 글자를 고쳐서 운에 맞추려 했는데, 실지로는 운이 맞지 않는 경우

〈도응〉: 攝女知, 正女度, 神將來舍, 德將爲若美, 而道將爲女居, 惷乎若新生之犢, 而無求其故。

그대의 지혜를 거두고 그대의 태도를 바르게 하면 신명(神明)이 와서 머무를 것이다. 덕은 그대를 완미(完美)하게 만들고 도는 그대를 편안하게 거처하도록 할 것이다. 갓 태어난 송아지처럼 무지하기는 하지만 그 원인을 찾지 않는 것이다.

여기서는 度, 舍, 居, 故를 운으로 삼았다. 후인들은 '舍'가 입성운(入聲韻)인 줄 모르고 '德將爲' 3자를 '德將來附'로 고쳐서 '度'와 운이 되도록 하였으니, 이럴 경우 아랫글의 '若美' 2자는 글자의 의미가 형성되지 않는다. 그리고 고음(古音)의 '度'는 어부(御部)에 있고 '附'는 후부(侯部)에 있으므로 '附'와 '度'는 같은 운이 아니다.

53 글자를 고쳐서 운에 맞추려 했는데, 도리어 운이 맞지 않게 된 경우

〈설림〉：無鄕之社，易爲肉黍；無國之稷，易爲求福。

제사 지내 줄 마을이 없는 토지신에게는 고기와 기장을 준비하기
가 쉽고 나라가 없는 곡신(穀神)에게는 복을 구하기가 쉽다.

'社'와 '黍', '稷'과 '福'이 운자이다. 후인들은 고음을 몰라 '肉黍'를 '黍肉'으로
고쳐서 '福'과 운이 되게 하였는데 '福'이 옛날에는 '偪'처럼 읽혀 '肉'과 운이
되지 않음을 모른 것이다.

54 글자를 고쳐 운에 맞지 않게 되고, 또 주석문까지 고친 경우

〈정신(精神)〉：五味亂口，使口厲爽

다섯 가지 맛은 입을 어지럽혀 입맛을 손상하며

고유의 주에서는 "厲爽, 病傷滋味也。〔'厲爽'은 입맛을 상하게 하는 것이다.〕"
라고 하였다. 이는 '厲'를 '病'으로 '爽'을 '傷'으로 풀이한 것이다. '爽'은 옛날에
발음이 '霜'과 같았으니 明, 聰, 揚과 운이 된다. 후인들은 이것을 모르고 '厲
爽'을 '爽傷'으로 고치고 또 주석문의 '厲爽'을 '爽病'으로 고쳤으니, 심각한 오
류이다.

55 글자를 고쳐 운이 맞지 않게 되고, 또 주석문까지 삭제한 경우

〈요략(要略)〉：一群生之短脩，同九夷之風采

만인의 장단점을 통일하고 구이의 습속을 동일하게 여기며

고유의 주에서는 "風, 俗也。采, 事也。〔'風'은 '俗'의 뜻이고, '采'는 '事'의 뜻이
다.〕"라고 하였다. '采'는 理, 始와 운이 된다. 그런데 후인들은 '風采'를 '風氣'
로 고치고 주석문까지 삭제하였으니, 뜻이 통하지 않고 운까지 맞지 않는다.

56 글자를 더하여 운이 맞지 않게 된 경우

〈태족(泰族)〉：至治寬裕，故下不賊；至中復素，故民無匿。

최고의 통치는 관용이다. 그래서 아랫사람들에게 해를 입히지 않

는다. 최고의 진심은 소박함을 회복하는 것이다. 그래서 백성들이 간특함이 없다.

'賊'은 해친다는 뜻이다. 정치가 너그러우면 백성들을 해치지 않음을 말한 것이다. '匿'은 발음이 '慝'이니, 백성들이 간특한 마음이 없는 것을 말한다. '匿'은 '賊'과 운이 된다. 그런데 후인들은 '賊' 위에 '相'을 더하고 '匿' 아래에 '情'을 더하였으니, 뜻이 통하지 않고 운까지 맞지 않는다.

57 구두가 잘못되고, 더한 글자가 있어 운까지 맞지 않게 된 경우

〈요략〉: 精神者, 所以原本人之所由生, 而曉寤其形骸九竅, 取象於天。合同其血氣, 與雷霆風雨; 比類其喜怒, 與晝宵寒暑。

정신은 사람이 태어나게 된 근원을 탐구하여 사람의 형체와 구규가 하늘을 본뜬 것임을 깨닫게 하기 위한 것이다. 혈기는 비유하면 우레와 천둥, 바람과 비와 같으며, 희로는 비유하면 낮과 밤, 추위와 더위와 같다.

'與'는 같다는 뜻이니, 혈기가 서로 좇는 것이 우레와 천둥, 바람과 비와 같으며, 희로가 상반되는 것이 낮과 밤, 추위와 더위와 같음을 말한 것이다. '暑'는 雨, 怒와 운이 된다. 그런데 후인들은 '與'가 '如'로 풀이되는 것을 몰라 '與雷霆風雨比類'에서 구두를 끊고 마침내 '與晝宵寒暑'의 아래에 '幷明' 2자를 더하여 대구를 만들었으니, 구두를 잘못 끊은 것이고 운까지 맞지 않게 한 것이다.

58 오자도 있고 탈자도 있어 운이 맞지 않게 된 경우

〈태족〉: 神農之初作琴也, 以歸神杜淫, 反其天心, 及其衰也, 流而不反, 淫而好色, 至於亡國。

신농이 처음으로 금(琴)을 만들 때에는 정신을 수양하여 음탕한 마음을 막아 천심을 회복하였는데, 쇠퇴해짐에 미쳐서는 방탕하여 돌아오지 않고 음탕하면서 색을 좋아하여 나라를 망하게 하는 지경에 이르렀다.

淫과 心, 色과 國이 운이 된다. 각 본에는 "神農之初作琴也, 以歸神, 及其淫也, 反其天心"으로 되어 있으니, 착오가 생겨 맥락이 통하지 않는다. 또 '及其衰也' 이하 16자가 빠져 있으니, 뜻이 통하지 않고 운까지 맞지 않는다.

59 오자도 있고 도치되기도 하여 운이 맞지 않게 된 경우

〈태족〉: 天地所包, 陰陽所嘔, 雨露所濡, 以生萬殊。翡翠玳瑁, 瑤碧玉珠, 文彩明朗, 潤澤若濡。摩而不玩, 久而不渝。

천지가 포용하고 음양이 따뜻하게 길러 주고 우로가 촉촉이 적셔 주어 만물을 생장시킨다. 비취, 대모, 벽옥, 주옥은 문채가 선명 하며 젖은 듯이 윤기가 있고 문질러도 닳지 않으며 오래되어도 색이 변하지 않는다.

嘔, 濡, 殊, 珠, 濡, 渝가 운이 된다. 도장본에는 '雨露所濡, 以生萬殊'가 잘못 '雨露所以濡生萬物'로 되어 있고 '瑤碧玉珠'가 또 잘못 '翡翠玳瑁'의 위에 있으 니, 구두를 잘못 끊은 것이고 운까지 맞지 않는다.

60 오자도 있고 고친 글자도 있어 운이 맞지 않게 된 경우

〈남명〉: 田無立禾, 路無積莎, 金積折廉, 璧襲無贏。

하나라 걸왕의 시대에 밭에는 농작물이 없고 길가에는 들풀이 없 었으며, 금속의 그릇은 모서리가 부서진 채 쌓여 있고 벽옥은 무 늬가 마모된 채 겹쳐져 있었다.

'贏'는 둥근 옥의 무늬로 禾, 莎와 운이 된다. '積莎'가 잘못 '莎積'으로 되어 있 고, 게다가 후인들은 또 '贏'를 '理'로 고쳤으니, 운이 맞지 않는다.

61 오자도 있고 더한 글자도 있어 운이 맞지 않게 된 경우

〈설림〉: 予溺者金玉, 不若尋常之纆。

물에 빠진 자에게 금옥을 주는 것은 평범한 새끼줄을 주는 것만 못하다.

'繹'은 발음이 '墨'과 같으니, 노끈의 뜻이다. '繹'은 佩, 富와 운이 된다. 그런데 '繹'이 잘못 '纏'으로 되어 있는 데다가 후인들이 '纏' 아래에 '索'까지 더하였으니, 뜻이 통하지 않고 운도 맞지 않는다.

62 탈자도 있고 더한 글자도 있어 운이 맞지 않게 된 경우

〈설산〉: 詹公之釣, 得千歲之鯉。

첨공이 낚시를 하면 천년 묵은 잉어도 낚아 올린다.

'鯉'는 止, 喜와 운이 된다. '千歲之鯉' 위에 '得'이 빠지면 문장의 뜻이 성립되지 않는데, 후인들은 이런 이치도 모르고 '千歲之鯉' 아래에 '不能避' 3자를 더하였으니, 운이 맞지 않는다.

이상 62개 항목에서 고적의 문자에 보이는 오자(誤字), 착간(錯簡), 탈문(脫文), 연문(衍文), 도치문(倒置文) 등 각종 착오에 대해 개괄하였고, 문자상 착오가 발생하게 되는 많은 유형을 도출해 내었다. 비록 유형으로 도출된 것이 지나치게 구체적이어서 다소 번다하고 세세한 점을 면할 수는 없지만, 교감학의 발전이 이미 일반적인 이론 원칙과 방법의 단계에서 구체적인 법칙과 규율을 탐색하는 단계로 깊이 들어갔음을 보여 주는 것이다.

왕염손(王念孫)이 이렇게 귀납적으로 계발하고 추진해 온 연구의 틀 아래에서 그의 아들 왕인지(王引之)는《경의술문(經義述聞)》끝 부분에 〈통설(通說)〉을 저술함으로써 다시 한 걸음 더 나아가 경적(經籍)에 존재하는 공통의 문제를 도출하여 정리하고 그 안에 공통적으로 내재하는 규칙성을 검토하였다. 〈통설 하(通說下)〉에는 그것이 모두 12개 조항으로 총정리되어 있다. 앞의 6개 조항은 경전을 해석하는 데 있어 오류가 생기게 되는 원인을 총정리한 것으로 주로 문자학의 각도에서 검토를 진행하였는데, 경전의 문자를 해석하면서 오류가 초래되는 원인을 고찰하는 데에 도움을 준다. 뒤의 6개 조항은 경전 문자에 오류가 생기게 되는 원인을 총정리하고 있는데, 그 대부분은 교감학의 이론적인 검토이다. 그 내용은 다음과 같다.

1 경문(經文)의 가차자(假借字)를 몰라 잘못 해석하는 경우

경전의 고자(古字)는 음이 비슷할 때 서로 통용하였는데, 본래의 글자가 없어 가차한 경우에 국한되지 않고 본래의 글자가 존재하는데도 종종 고본(古本)에서는 본래의 글자를 쓰지 않고 음이 같은 글자를 사용하였다. 이럴 때 학자가 본래의 글자로 바꾸어 읽으면 자연스럽게 문리가 통하지만 가차된 글자의 뜻대로 해석하면 그 글자 때문에 문장의 의미가 훼손된다. 그래서 한대(漢代)에 경전 학자들이 주를 낼 때 "아무개 글자는 아무개 글자로 읽어야 한다.〔讀爲〕"라거나 "아무개 글자는 아무개 글자가 되어야 한다.〔當作〕"라는 조항이 있었던 것인데, 이는 모두 음이 같거나 비슷한 데에서 연유한 것이다. 나의 생각으로 작자의 의도를 헤아려 그 본래의 글자로 글 뜻을 파악하는 것은 이른바 배우기를 좋아하고 깊이 생각하여 마음으로 그 뜻을 깨닫는 것이라 할 수 있다.……예를 들면 '廣'을 '光'으로 가차한 것을, 해석하는 자가 '광명(光明)'의 '光'으로 잘못 풀이한 경우이다.

2 어조사를 실사(實辭)로 잘못 해석하는 경우

경전의 글은 글자마다 각각 의미가 있지만 어조사로 쓰인 글자는 구체적인 의미 없이 다만 구(句)의 음절을 채우는 역할을 할 뿐이다. 그런데 어조사를 실사로 해석하면 문의가 막혀 문맥이 통하기 어렵게 된다.……예를 들면 '與'가 '以'로 쓰이는 경우이다.

《논어》〈양화(陽貨)〉의 "鄙夫可與事君也與哉!"는 "용렬한 사람은 임금을 섬길 수가 없다."라는 말인데, 해석하는 자가 "용렬한 사람과는 함께 임금을 섬길 수가 없다."라고 하였으니, 이는 잘못 풀이한 것이다.[75]

3 경문의 의미가 같지 않은데 그것을 억지로 통일하려 하는 경우

경전 안의 이설(異說) 중에는 끝내 통일할 수 없는 것도 있다. 작자가 들은 말을 달리 표현한 것이라면 학자 역시 그 두 가지 설을 다 그대로 남겨 두어야 한다. 같지 않은 부분을 정리하여 굳이 절충하려고 하다 보면 도리어 그것이 뒤섞여 그 본지를 잃게 되니, 이것이 이른바 "분리해서 보면 둘 다 괜찮지만 합해 놓고 보면 둘 다 문제가 생긴다."[76]라는 것이다. 예를 들어 보자. 《서경(書經)》 서(序)에는 무경(武庚), 관숙(管叔), 채숙(蔡叔)을 삼감(三監)이라 하였고, 《일주서(逸周書)》〈작락(作雒)〉에는 무경, 관숙, 곽숙(霍叔)을 삼감이라 하였는데, 이런 경우가 억지로 합해 놓고 보아서는 안 되는 경우이다. 그런데 해석하는 자가 통일하려 하다 보니, 무경을 빼고 관숙, 채숙, 곽숙을 거기에 해당시키는 설이 나오게 된 것이다.

75 논어……것이다 : 《논어》〈양화〉 15장의 전문은 다음과 같다. "子曰 : '鄙夫可與事君也與哉! 其未得之也, 患得之, 旣得之, 患失之, 苟患失之, 無所不至矣.'〔공자께서 말씀하시기를 '비열한 자와 함께 임금을 섬길 수 있겠는가. 비열한 자는 부귀를 얻지 못했을 때는 얻으려고 걱정하고, 얻고 나서는 잃을까 봐 걱정하니, 진실로 잃을까 봐 걱정하면 못하는 짓이 없게 된다.' 하였다.〕" 통상 "鄙夫可與事君也與哉"의 '與'를 '더불어', '함께' 등의 뜻으로 해석하는데, 왕인지는 그것이 오류임을 지적하면서 '與'를 어조사 '以'로 보고 '可以〔~할 수 있다〕'의 뜻으로 풀이한 것이다.
76 분리해서……생긴다 : 《문선(文選)》 권17에 수록된 육사형(陸士衡)의 〈문부일수 병서(文賦一首幷序)〉에 나오는 글이다.

4 경전에서 두 글자가 앞뒤로 나란히 있을 때 그것이 같은 뜻인데
도 다르게 해석하는 경우

옛날 사람들이 글자를 배치할 때, 중복을 피하지 않고 종종 뜻이
같은 두 글자를 앞뒤로 나란히 놓는 경우가 있는데, 이럴 때 해
석하는 자가 두 가지 뜻으로 나누어 풀이하면 도리어 그 본의를
잃게 된다. 예를 들어 보자.《주역》〈태괘(泰卦) 상(象)〉에 "后
以, 裁成天地之道, 輔相天地之宜〔군주는 이를 보고 천지의 도
를 체득하여 그 시행 방법을 완성하며 천시(天時)와 지리(地利)
를 잘 보완하여 알맞게 활용한다.〕"라는 구절이 있는데, 해석하
는 자가 '裁'를 '節〔통제하다〕'의 뜻으로 풀이하기도 하고, 혹자[77]
는 '坤富稱財〔땅에서 나는 많은 것을 재물이라 한다.〕'라 하여
'財'의 뜻으로 풀이하기도 하였다. 이들은 '裁'는 '載'와 음이 같으
며 '成〔완성하다〕'의 뜻인 줄을 몰랐던 것이다. 같은 뜻인 裁와
成을 나란히 써서 '裁成'이라 한 것처럼 또한 같은 뜻인 輔와 相
을 나란히 써서 '輔相'이라 한 것이다.……또《상서(尙書)》〈감
서(甘誓)〉에 "威侮五行"이라는 구절이 있는데, 해석하는 자가
'威'를 '虐〔해치다〕'의 뜻으로 풀이하였다. 이는 '威'가 바로 滅 자
의 오자이고 '滅'은 蔑 자의 가차여서 蔑과 侮가 모두 '輕慢〔경시
하다〕'의 뜻인 줄을 몰랐던 것이다.

5 경문의 몇 구가 병렬되어 있을 때에는 상하 구(句)의 뜻이 달라
서는 안 되는데 다르게 해석하는 경우

경문에 몇 구가 병렬되어 있을 때 그 뜻은 대부분 서로 유사하다.

---

77 혹자 : 우번(虞翻)을 말한다.

따라서 그것을 같은 부류로 해석하면 뜻이 분명하게 하나로 정리
되지만, 그렇게 하지 않으면 위아래의 뜻이 서로 어긋나서 그 본
지를 잃게 된다. 예를 들어 보자.《상서》〈홍범(洪範)〉에 보면
"聰作謀〔귀가 밝으면 계책을 올리게 되고〕"라는 구절이 "恭作肅
〔공손하면 엄숙하게 되고〕" "從作乂〔순종하면 다스려지게 되고〕"
"明作哲〔눈이 밝으면 명철하게 되고〕" "睿作聖〔슬기로우면 성스
럽게 된다〕"이라는 구절과 병렬되어 있다. 거기에서 '謀'는 당연히
'敏〔민첩하다〕'으로 읽어야 하는데, 해석하는 자가 "下進其謀〔아
래에서 계책을 올린다.〕"라고 풀이하는 바람에 글의 맥락이 유사
하지 않게 되었다.……또《국어》〈진어(晉語)〉에 "囂瘖不可使
言, 聾聵不可使聽〔벙어리에게 말하게 할 수 없고 귀머거리에게
듣게 할 수 없다.〕"이라는 구절이 "籧篨不可使俯, 戚施不可使仰,
僬僥不可使擧, 侏儒不可使援, 矇瞍不可使視, 童昏不可使謀。
〔새가슴에게 고개를 숙이게 할 수 없고 곱사등이에게 고개를 쳐들
게 할 수 없고 난쟁이에게 들게 할 수 없고 난쟁이에게 당기게 할
수 없고 눈뜬장님에게 보게 할 수 없고 무지렁이에게 책략을 내게
할 수 없다.〕"라는 구절과 병렬되어 있다. 따라서 '囂瘖'은 말을
못하는 사람이 되어야 하고 '聾聵'는 듣지 못하는 사람이 되어야
하는데, 해석하는 자가 "입으로 충신한 말을 하지 않는 것을 '囂'이
라 하고 귀로 오음(五音)의 화음을 구별하지 못하는 것을 '聾'이
라 한다."라고 하는 바람에 글의 맥락이 유사하지 않게 되었다.

6 경문 위아래의 의미가 다르므로 합하여 해석해서는 안 되는데 합
하여 해석하는 경우
경문 위아래의 의미가 다른 경우, 분리해서 보면 각각 의미가 맞

지만 합해서 보면 문의가 막혀 뜻이 통하기 어렵게 된다. 예를 들어 보자. 《주역》〈둔괘(屯卦) 육이(六二)〉의 "匪寇, 昏媾〔이런 상황에서는 적에게 핍박을 받는 일이 생기거나 아니면 정도(貞道)를 잃고 배우자를 찾게 된다.〕"에서의 '昏媾'는 배우자를 말한 것이고 "女子貞不字, 十年乃字〔여자가 정도를 지켜 임신하지 않다가 10년이 되어서야 임신을 한다.〕"에서의 '字'는 임신을 말한 것인데, 해석하는 자가 잘못하여 '女子貞不字'를 해석하면서 앞의 '昏媾'와 연결 지어 말을 하다 보니 "여자가 시집가겠다고 허락했으면 비녀를 꽂고 자(字)를 짓는다.〔許嫁笄而字〕"라고 풀이하게 된 것이다.[78]

이상 6개 조항은 모두 경문의 의미를 해석할 때 오류가 생기게 되는 원인을 도출해 낸 것으로, 모두 문자, 음운, 훈고 및 수사(修辭)의 범위에 속하는 것들이다. 1은 고음의 통가자(通假字) 문제이고, 2는 허사에 대한 것이며, 3은 이설(異說)에 대한 것이고, 4는 같은 뜻의 글자가 나란히 이어져 있는 경우이며, 5는 같은 종류의 구절이 병렬되어 있는 경우이고, 6은 구절의 의미를 구분하여 분석하는 경우이다.

옛 전적 문자의 오류가 생기는 근본 원인은 두 가지가 있다. 하나는 생각 없이 전사하는 과정에서 잘못되는 경우이고, 하나는 의식적으로 함

---

78 주역……것이다 : 〈둔괘(屯卦) 육이(六二)〉의 상황은 구오(九五)가 정응(正應)으로 위에 있기는 하지만 초강(初剛)이 가까이 있으므로 핍박을 받게 되거나 아니면 정도를 잃고 배우자를 찾게 되는 어려운 상황이다. 그러나 계속하여 정절을 지키다 보면 10년이 지나 정응의 배우자와 결혼하고 임신하게 된다는 뜻이다. 그런데 해석하는 자가 위의 '배우자를 찾는다.〔昏媾〕'라는 말과 바로 연결 지으려다 보니 "여자가 정절을 지켜 혼인을 허락하는 자(字)를 짓지 않다가 10년 만에 결국 핍박을 받는 상황에서 혼인을 허락하고 자를 짓는다."라고 풀이한 것이다.

부로 고치는 경우이다. 의식적으로 함부로 고치는 경우는 종종 경문을 잘못 이해하는 데에서 연유하는데, 이 때문에 이 6개 조항은 오류를 초래하는 원인을 분석하고 고찰함에 있어 매우 가치가 있다.

예를 들어 보자. 《좌전(左傳)》 양공(襄公) 31년 조의 "高其閈閎〔그 문을 높이고〕"의 '閎'이 '閣'으로 잘못된 것도 있는데, 해석하는 자가 마침내 '止扉〔문에 가로댄 나무〕'라고 풀이하였다. 이는 '閈'과 '閎'이 모두 문(門)이라는 말인 줄을 모른 것이다. 또 하나의 예를 들면, 같은 책에 "繕完葺墙〔담장을 수리하고〕"이라는 구절이 있는데, 해석하는 자가 '完' 자를 '宇' 자로 고치려고 하였다. 이는 '繕' 자나 '完' 자가 모두 담장을 수리한다는 말이며 집〔屋〕을 말하는 것이 아님을 모른 것이다. 이러한 경우는 바로 경전의 해석 문제일 뿐만 아니라 또한 교감의 문제인 것이다.

7 연문(衍文)

경전의 연문으로는, 당나라 개성 석경(開成石經)에서 시작된 연자가 있는데, 《상서(尚書)》〈홍범(洪範)〉의 "于其無好〔좋아하지 않는 사람에게〕" 아래에 '德'이 더 들어간 것이……이것이다. 그리고 당나라 초기에 소(疏)를 만들 때 이미 연자가 들어간 경우가 있는데, 《상서》〈탕서(湯誓)〉의 "舍我穡事而割正〔탕 임금이 우리의 수확하는 일을 버려두고 하나라를 정벌하려 한다.〕"이라는 대목 아래에 '夏'가 더 들어간 것이……이것이다. 또 한(漢)나라 유학자들이 주를 달 때부터 이미 연자인 경우가 있는데, 예를 들면 《상서》〈대고(大誥)〉의 "厥考翼, 其肯曰 : '予有后, 弗棄基。'〔부로(父老)로 존경받는 자들이 기꺼이 '내 후손들이 기업(基業)을 버리지 않을 것이다.'라고 말하겠는가.〕"에서

'翼'이 연자인 경우이다. 정현(鄭玄)의 주에 '翼'을 '敬'의 뜻으로 풀이하였는데, 이미 '翼'이 연자인 것이다. 그리고 또 옆에 기록해 놓은 글자가 잘못하여 정문(正文)으로 삽입되어 들어간 경우가 있다. 이에 대한 예문은 생략한다. 위에 인용한 왕염손(王念孫)의 유례(類例) 9를 참조해 보기 바란다.

8 자형(字形)이 같아서 잘못되는 경우

경전의 글자는 종종 형태가 유사하여 잘못 쓰게 된다. 이럴 때 그대로 두면 뜻이 통하지 않지만 고치면 자연스럽게 문리가 통하게 된다. 예를 들면 '夫'는 '矢'와 형태가 비슷하므로 '矢'로 잘못 쓰는 경우이다.……그리고 '四'가 고문(古文)에서는 '三'과 비슷하므로 '三'으로 잘못 쓰는 경우이다.……또 '笑'가 예서(隸書)로는 '先'과 비슷하므로 '先'으로 잘못 쓰는 경우이다.……'人'은 전문(篆文)에서는 '九'와 비슷하므로 '九'로 잘못 쓰는 경우이다.……글자와 문리를 따져 보면 모두 각각 그 본자(本字)가 있는데, 전서와 예서체에 능통하지 않으면 바로잡을 수가 없다.

9 위아래에 있는 글자 때문에 잘못되는 경우

부친 왕염손(王念孫)을 가리킨다. 이 말하기를 "경전의 글자는 위아래의 글자로 인해 잘못 그 편방(偏旁)을 쓰는 경우가 많이 있다." 하였다. 예를 들어 보자. 《상서》〈요전(堯典)〉에 "在璿機玉衡〔선기와 옥형을 두어〕"이라는 구절이 있다. '機'가 본래는 '木'이 부수인데 바로 위의 '璿'으로 인해 '玉'이 붙어 '璣'가 되는 경우이다.

10 윗글이 아랫글로 인해 생략되는 경우

옛사람들의 글은 아랫글이 윗글 때문에 생략되는 경우도 있고 윗글이 아랫글 때문에 생략되는 경우도 있다. 《상서》〈요전(堯典)〉의 "朞三百有六旬有六日〔일년은 366일이다.〕"에서 '三百'은 300일이다. 아래에 있는 '六日'이란 말 때문에 '日'이 생략된 것이다. 그리고 《시경》〈소아(小雅) 천보(天保)〉의 "禴祠蒸嘗, 于公先王〔사철 제사를 선공 선왕께 올리니〕"에서의 '公'은 선공(先公)이다. 아래의 '先王' 때문에 '先'을 생략한 것이다.

11 글자를 더 넣어 경을 해석하는 경우

경전의 글자는 애당초 본래의 훈(訓)이 있다. 그 본래의 훈을 알면 문의가 서로 부합되고 번거롭게 말하지 않아도 이해가 된다. 해석할 때 그 본래의 훈을 제대로 모르고 억지로 해석하게 되면 매우 위험하고 불안하게 되는 것이다. 그래서 문구의 사이에 글자를 더 넣어 다방면으로 고친 이후에야 그 내용이 드러나게 되는데, 이는 경전을 억지로 내 입장에서 해석한 것으로 결국 경전의 본의는 아닌 것이다. 예를 들어 보자. 《역경》〈건괘(蹇卦) 육이(六二)〉의 "王臣蹇蹇, 匪躬之故〔왕의 신하가 어려움을 피하지 않는 것은 모두 국가의 일이지 자신의 일이 아니기 때문이다.〕"에서 '故'는 일이란 뜻이다. 즉 왕의 신하가 어려움과 고난을 피하지 않는 것은 모두 국가의 일이지 그 자신의 일이 아니라는 말인데, 해석하는 자가 "盡忠于君, 匪以私身之故, 而不往濟君〔신하는 임금에게 충성을 다하므로 개인적인 일 때문에 임금을 구제하러 가지 않는 경우는 없다.〕"《주역정의(周易正義)》이라 하여 '躬' 위에 '以'와 '私'를 더 넣고 '故'의 아래에 '不往濟君'이라는 글자를 더 넣었다.……《예기(禮記)》〈월령(月令)〉에 "措之于參保介之御間〔갑옷 입은 군사와 어자(御者) 사이에 그것을 나란히 둔다.〕"이라는 구절이 있다. 여기에서 '于參'은 《여씨춘추(呂氏春秋)》에 의거하여 '參于'로 되어야 하는데,[79] 해석하는 자가 '勇士參乘〔용사로서 임금의 수레 오른쪽에서 호위하는〕'이라 하여 정현(鄭玄)의 주(注)이다. '參'의 아래에 '乘'을 더 넣었다.[80] ……경전을 연구하는 자는 여러 번 문의를 파악해 보아서 마음에 타당하게 여겨지지 않는 곳이 있으면 구설(舊說)에 구애받지 않고 의미를 찾아도 무방한 것이다.

12 후인들이 주소(注疏)의 글을 고치는 경우

경전에 잘못된 글자가 있을 때 주소의 글도 이미 잘못되어 있는 경우가 있지만, 주소의 글은 잘못되지 않았는데 후인들이 이미 잘못되어 있는 정문(正文)을 근거로 주소의 글을 고치는 경우가 있다. 학자들은 이미 고쳐진 본(本)만 보고서 주소의 글이 근거로 하고 있는 경전이 지금의 본과 같다고만 생각할 뿐 그것이 같지 않았다는 것을 모른다. 예를 들어 보자. 《주역》〈계사전(繫辭傳)〉에 "莫善乎蓍龜〔시초점이나 거북점보다 더 좋은 것이 없다.〕"라는 구절이 있다. 당나라 석경(石經)에는 '善'이 '大'로 잘못되어 있는데 여러 본이 모두 이를 따랐다. 거기다가 후세 사람

---

79 여씨춘추(呂氏春秋)에……하는데 : 《여씨춘추》에 있는 대로 '參于'로 해석하면 '보개와 어자 사이에 그것을 두어 나란히 셋이 되게 한다.'라는 뜻이 된다.

80 해석하는……넣었다 : 이 문장을 정현의 주대로 해석하면 '(천자가 직접 쟁기와 보습을 수레에 싣고 와서) 임금 수레 오른쪽에서 호위하는〔參乘〕갑옷 입은 군사와 어자(御者) 사이에 그것을 둔다.'라는 뜻이 된다.

들은 또 《주역정의(周易正義)》의 '善'을 '大'로 고치기까지 하였다.……《주례(周禮)》〈천관(天官) 사서(司書)〉에 "凡上之用財〔일반적으로 위에서 재물을 쓸 때에는〕"란 구절이 있다. 당나라 석경에는 '財' 아래 '用'을 덧붙였는데 여러 본이 모두 이를 따랐다. 거기다가 후세 사람들은 또 서관(敍官)[81] 부분의 소(疏)에 있는 '用財'를 '用財用'으로 고치기까지 하였다.……이런 경우는 모두 잘못되지 않은 주소의 글을 고쳐 이미 잘못된 경문에 맞춘 것인데, 이로 인해 그 원본은 거의 다시 알 수 없게 되었다. 그러나 들쑥날쑥 일관되지 않은 자취는 끝내 없어지지 않는 법이라서 뛰어난 학자들이 그 문의대로 보고 다른 책으로 증거를 대면 경문은 비록 잘못되었더라도 주소의 글은 잘못되지 않았음을 알 수 있고, 잘못되지 않은 주소의 글에 근거하여 경문의 잘못을 바로잡는 것도 가능한 것이다.

이상 6개 조항 중에 앞의 네 조항은 모두 교감의 통례(通例)에 속하는 것이고, 뒤의 두 조항은 주소의 글과 경문의 이동(異同)을 분석한 것인데, 이는 단옥재(段玉裁)가 제기한 "공영달의 주석은 공영달이 사용한 저본에 맞게 교감한다.〔以孔還孔〕"라는 관점과 대략 같다. 분명 왕인지의 분류는 왕염손에 비해 더욱 보편적인 개괄성과 이론적 측면을 지니고 있다. 그는 오류가 생기게 된 구체적 원인을 제시하는 단계에서 문자학과 교감학의 이론적 측면에서 분석하고 결론을 도출하는 수준까지 도달했던 것이다.

그가 개괄한 통례가 아직 전체적으로 충분히 완비되었다고 할 수는

---

81 서관(敍官):《주례》 각 편의 내용에 앞서 관직을 총괄 설명하는 서문 격의 글을 말한다.

없지만, 도출된 각종 통례에 대한 총괄적인 검토가 이로부터 시작된 것이니, 이는 고대의 교감학 이론이 형성 단계에 이르렀음을 보여 준다. 그러나 동시에 또 그가 총괄한 통례를 보면, 경전 해석과 교감이라는 두 방면을 포괄하고 있기는 해도 실제적으로는 경전 해석 위주이고 교감은 보완적임을 또한 알 수 있다. 그리하여 이것이 다시 교독(校讀)의 유례(類例)를 총괄하는 후대 학자의 일련의 저작이 나오는 계기가 되었다. 그중에 대표적 학자가 바로 유월(兪樾)이다.

유월은 청대 중엽에서 근대에 이르는 시기의 학자이다. 그는 왕씨(王氏) 부자의 학술을 계승하였고 문자, 음운, 훈고에 정통하였다. 그의 제자 장병린(章炳麟)이 그에 대해 말하기를 "고우(高郵) 왕씨[82]가 행한 방식에 따라 《군경평의(群經平議)》를 완성하여 왕인지의 《경의술문(經義述聞)》을 계승하였고, 또 왕염손의 《독서잡지》를 모델로 하여 《제자평의(諸子平議)》를 저술했다." 하였고 "여러 경전 연구에 있어서는 《경의술문》만 못했지만 제자(諸子)에 대한 이해는 《독서잡지》에 필적한다."《태염문록(太炎文錄)》 하였다.

그의 《고서의의거례(古書疑義擧例)》는 왕염손의 〈회남후서(淮南後序)〉와 왕인지의 〈통론 하(通論下)〉를 계승 발전시켜 교독의 유례를 도출해 낸 저작이다. 그는 옛날 책 중에 뜻이 의심스러운 대목이 날로 늘어나는 점에 대해 깊이 우려하였다. 그래서 "구경(九經)과 제자(諸子) 중에서 그런 대목을 뽑아 《고서의의거례》 7권을 만들어 초학자들이 그 사례를 숙지하게 하고 근거할 것이 있게 함으로써 독서하는 데에 일조가 되도록"자서(自序)에 보인다. 하였던 것이다. 앞의 네 권에 있는 41개

---

82 고우(高郵) 왕씨 : 강소(江蘇) 고우 출신의 왕염손(王念孫)과 왕인지(王引之) 부자를 가리킨다.

조항은 수사법과 어법의 측면에서, 열독하면서 뜻이 의심스러운 부분을 해결하는 유례를 도출해 낸 것이고, 그 뒤 세 권의 37개 조항은 교감의 통례적 분류이다. 교감의 통례 부분을 가지고 말해 보면, 그 이론과 방법상에서는 두 왕씨와 대략 같지만, 오류가 생기는 원인을 개괄한 부분은 두 왕씨의 장점을 흡수하여 비교적 구체적이면서도 번다하지 않으며, 게다가 예증(例證)이 비교적 풍부하고 유형이 더 보완되었다. 이 때문에 후대에 끼친 영향이 비교적 크다 하겠는데, 그 영향은 주로 두 방면으로 나누어 볼 수 있다.

하나는, 뒤로 오면서 그 체례(體例)를 모방하여 보완한 저작들이 상당히 있다는 것이다. 예를 들면 유사배(劉師培)의 《고서의의거례보(古書疑義擧例補)》와 양수달(楊樹達)의 《고서의의거례속보(古書疑義擧例續補)》 등이다. 중화서국(中華書局)에서 편찬 간행한 《고서의의거례오종(古書疑義擧例五種)》을 참고할 만하다. 다른 하나는, 후대에 나타난 교독 저작과 교독법(校讀法) 연구에 분명한 영향을 미쳤다는 점이다. 이를 통해, 이 책이 세상에 나온 것이 고대 교감학의 형성을 보여 줄 뿐만 아니라 고대 교감학의 정체도 나타냄을 알 수 있다. 결국 근대에서 현대에 이르기까지 교독법과 교수학이 분명 활기를 띠긴 하였으나 교감학은 뒤늦게 20세기 30년대에 이르러서야 독립적으로 수립되었던 것이다.

결론적으로 말하면, 청대의 교감은 찬란한 성취를 보았는데 완원(阮元)의 《십삼경주소교감기(十三經注疏校勘記)》가 그 분명한 표지이다. 광범위한 실천과 풍부한 성과의 기초 위에서 학술 논쟁을 거치면서 교감학 이론도 신속하게 발전하여 판본, 목록, 문자, 음운, 훈고 등의 여러 학문을 근거로 한 일반 이론·방법과 통례의 체계가 대체적으로 형성되었다. 그러나 경전 해석과 교감 사이의 연계와 구별이 아직 분명하지 않음으로 말미암아, 실제적으로 청대 학자들의 이론과 관념 속에서 교감의 목적은 여전히 경전 해석이었다. 이렇게 교감이 독립되지 못하고 경전 해석의 종속적 지위에 처해 있다 보니, 이론 연구가 구체적 유례의 귀납에만 머무르게 되고 왕인지가 〈통론 하〉에서 제기한 방향을 따라 깊이 발전해 들어가지는 못하였다. 그리하여 결국 독립된 교감학의 이론 체계를 세우지 못하였고 독립된 교감학 이론의 저작도 나오지 못하였던 것이다.

제11절 근대 : 교감학의 성립

근대에서 현대까지는 교감이 광범위하게 발전한 단계이며, 또한 교감학이 독립적으로 성립될 만큼 발전하는 단계이다. 이러한 단계 안에서 교감이 광범위하게 발전되도록 촉진한 주요 원인의 하나는 문물고고학(文物考古學)의 발전이다. 은허(殷墟)에서의 갑골(甲骨)의 발견과 돈황(敦煌) 장경동(藏經洞)의 발견 같은 문물고고학적 발굴 및 청나라 궁중 소장 서적의 정리 등등은 모두 옛 전적의 교감에 있어 매우 큰 촉매 작용을 하였다. 학자들은 갑골문과 금문(金文)의 연구 과정에서 풍부한 주대(周代) 이전의 역사 자료를 발견하였는데, 이것들이 선진(先秦) 전적과 제자서(諸子書)의 교감에 대해 직접적으로 고증의 근거를 제공함으로써 종래부터 논쟁이 되어 온 몇몇 역사 사실과 인물에 대한 문제를 분명하게 밝히는 데에 도움을 주었고, 문자의 변천과 고음(古音)의 통가자(通假字)와 관련하여 조성된 이문(異文)의 시비 문제 등등을 인식하는 데에도 도움을 주었다.

돈황 사본(寫本)의 대량 발견은 당대(唐代)의 사본을 직접 제공해 주었을 뿐만 아니라 아울러 내용까지 광범위하여 중고(中古) 시대 백화문학(白話文學) 작품에 대한 정리와 교감을 더욱 촉진시켰다. 그 결과 교감학이 전통적인 경사자집(經史子集)의 교감 범위 이외에 새로운 영역을 개척하고 새로운 문제를 제기하도록 함으로써 송나라와 원나라의 백화소설과 희곡 등 문학 작품의 교감까지 함께 촉진하는 계기가 되었다. 바로 이런 광범위한 발전 속에서 1931년 진원(陳垣)의 《원전장교보석례(元典章校補釋例)》, 즉 《교감학석례(校勘學釋例)》가 세상에 나오게 되었고 그 결과 교감학의 이론 체계가 초보적으로 성립되기에 이르렀다.

《교감학석례》는 심각본(沈刻本) 《원전장(元典章)》을 교보(校補)한 기초 위에서 이를 연역하고 개괄해 낸 독립적인 교감학 저작이다. 자서(自序)에서 《원전장》에 대해 "심가본(沈家本)이 조판은 정밀하지만 잘못된 곳이 많음에도 종래에 사람의 정리를 거치지 않았는데, 이는 다른 책에는 없는 현상이다. 지금 다행히 원나라 판본이 발견되어 이를 이용해서 교감학의 자료를 만들었는데, 여기에서 당대 언어의 특징뿐만 아니라 옛 전적의 문자가 혼란해진 공통적인 폐단까지 알 수 있게 되었다."라고 말하고 있다. 이 책의 특징은 심각본 《원전장》을 전형적인 자료로 삼고 전면적이면서도 구체적으로 각종 통례를 도출하고 해석하는 방식을 통하여 교감학의 이론과 방법을 천명했다는 점이다.

전서(全書)는 모두 6권에 50가지 유형의 통례로 구성되어 있다. 권의 목차와 유목(類目)은 단계적으로 종속 관계가 있다. 예를 들면 권1은 "행관이 잘못된 사례[行款誤例]"인데, 그 아래로 행관이 잘못된 11개 유형의 통례가 배열되어 있다. 예를 들면 "목록은 있으나 내용이 없고 내용은 있으나 목록이 없는 사례[有目無書有書無目例]", "조목이 잘못되어 자목이 된 사례[條目訛爲子目例]", "목록이 아닌데 잘못되어 목록이 된 사례[非目錄誤爲目錄例]" 등이다. 권2는 "통상적인 자구의 잘못된 사례[通常字句誤例]"인데, 그 아래로 통상적인 자구의 오류가 생기는 10개 유형의 통례가 배열되어 있다. 예를 들면 "글자의 형태가 비슷하여 잘못된 사례[形近而誤例]", "음이 비슷하여 잘못된 사례[聲近而誤例]", "같은 글자로 인하여 글자가 빠진 사례[因同字而脫字例]" 등이다. 분명 이런 구성 형식은 《문원영화변증(文苑英華辨證)》의 구성 경험을 흡수한 것인데, 이를 더욱 논리에 부합되게 만든 것이다. 이 《교감학석례》의 교감 이론과 방법은 청대 교감학의 성과를 십분 활용하였으며 보다 전면적인 작업을 통하여 현저하게 수준을 제고하였다고 할 수 있다.

이 책의 특징과 공헌은 크게 두 가지이다. 하나는 원대(元代)와 《원전장》의 언어·문자적 특징을 근거로 하여, 그 시대의 언어·문자적 특징을 지니고 있는 새로운 통례를 구체적으로 분석하고 결론을 도출하였다는 점이다. 이러한 유형의 통례는 '원대 언어의 특별한 용례'가 조성해 놓은 옛 전적의 혼란스런 일반적 폐단에 적용될 뿐만 아니라 중고 시대 한어(漢語)로 된 백화 작품과 번역, 이를테면 소설이나 경서 번역 등을 교감하는 데에도 도움이 될 수 있다. 예를 들어 보자. 권2의 "통상적인 자구의 잘못된 사례"의 제13조인 "음이 비슷하여 잘못된 사례"에서는 다음과 같이 지적하고 있다.

음이 비슷하여 잘못되는 경우는, 그 지방의 발음이 서로 비슷하여 생기는 경우도 있고, 필획을 줄이려고 하다가 잘못되는 경우도 있다.

그 지방의 발음이 서로 비슷하다는 것은 무슨 말인가? 예를 들면 리(吏)와 례(例), 기(記)와 계(繼), 정(程)과 진(陳), 점(点)과 전(典) 등의 글자는 광주(廣州) 음으로 읽으면 혼동이 되지 않는다. 그런데 지금 심각본 《원전장》에서는 이런 것이 대부분 혼동되어 있으니, 이는 필시 초록하는 자의 출신 지방의 발음으로는 서로 비슷하기 때문에 그리된 것임을 알 수 있다.

필획을 줄이려고 하다가 잘못됐다는 것은 무슨 말인가? 광주(廣州) 음으로 '黃'과 '王'은 구분이 되지 않는다. 그런데 지금 심각본 《원전장》에서는 '黃'이 '王'으로 잘못되어 있는 경우가 많다. 그러나 '王'이 '黃'으로 잘못된 사례가 보이지 않는 것을 보면 필획을 줄이려고 그렇게 한 것에 불과하다. 이는 대체로 사람의 성명을 고치는 것을 그다지 중요하지 않다고 여겨서이다.

또 예를 들면 제17조의 "중첩어가 잘못되어 '二' 자가 된 사례〔重文誤爲二字例〕"에서는 다음과 같이 지적하고 있다.

옛 책에서는 중첩어가 나오면 대부분 획을 두 개 그어 처리하는데, 원각본(元刻本)《원전장》에도 대부분 두 점으로 되어 있다. 심각본은 정교한 해서(楷書)로 고쳐 썼기 때문에 두 점이 '二'로 바뀐 경우가 있다.

또 두 점이 '之'로 잘못된 경우도 있다. 예를 들면 '站戶戶籍'이 '站戶之籍'으로 잘못되어 있는 경우이다.

원각본《원전장》에는 중첩어에 '又'가 쓰여 있는 경우가 있는데, 원래는 소자(小字)로 그 옆에 쓰여 있었다. 그런데 심각본에서는 그것을 고쳐 원문과 같은 크기의 글자로 쓰는 바람에 뜻이 마침내 불분명해지게 되었다. 예를 들면 "三犯徒者流, 流而再犯者死〔도형(徒刑)에 해당하는 죄를 세 번 범한 자는 유배형에 처하고 유배형을 받고도 재범한 경우에는 사형에 처한다.〕"가 "三犯徒者流, 又而再犯者死"로 잘못되어 있는 경우이다.

이런 것들은 모두 새로운 특징을 지니고 있는데, 더욱 두드러지는 것은 권3의 "원대의 글자가 잘못된 사례〔元代用字誤例〕"와 권4의 "원대의 용어가 잘못된 사례〔元代用語誤例〕"와 권5의 "원대의 물명이 잘못된 사례〔元代名物誤例〕"이다. 이는 모두 원대의 언어, 문자, 물명, 제도를 근거로 분석하고 결론을 도출한 것으로 '원대 언어의 특별 용례'가 되는 것이다. 예를 들어 보자. 제23조의 "원나라 때의 간자(簡字)를 몰라서

잘못 고친 사례[不譜元時簡筆字而誤例]"에서는 다음과 같이 지적하고
있다.

> 왕염손(王念孫)이 교감한 《회남자(淮南子)》에 "속자(俗字)로 인
> 해 잘못된 사례[因俗書而誤]"라는 조항이 있다. 원각본 《원전장》
> 에는 간자가 아주 많은데, 뒤에 전사(傳寫)하는 자가 고치기도 하
> 고 그대로 두기도 하여 각각의 본이 같지 않다. 이에 반해 심각본은
> 거의 정자로 고쳤고 간자인 줄 모르고 다른 글자로 잘못 고친 경우
> 도 간간이 있다. 예를 들면 '无'의 경우 '元'으로 잘못 고치거나 그 '元'이 '原'과
> 통용되므로 '原'으로 고치거나 간혹 '元'의 음이 '員'과 같으므로 '員'으로 고친 경우
> 등이다. 또 '撫州'를 간자로 쓰면 '抚州'가 되기 때문에 다시 '杭州'로 잘못된 경우
> 등이다.

또 제25조의 "원나라 때의 음역(音譯)에 사용한 글자를 몰라서 잘못
고친 사례[不譜元時譯音用字而誤例]" 가운데 "알자(歺字)" 조항을 보
면 다음과 같다.

> 몽고어에는 고유명사의 끝소리에 '歺'이 많이 있는데, 사람 이름,
> 부족 이름, 궁궐 이름이 모두 그러하다. 그런데 그것이 어떤 경우에
> 는 '觻'로, 어떤 경우에는 '帶'로, 어떤 경우에는 '台'로 쓰이므로 일
> 정한 글자가 없다. 오직 심각본 《원전장》에서는 대부분 '夕'으로 잘
> 못되어 있다.
> 　또 '拔都'는 몽고 용사의 호칭으로 청나라의 '巴圖魯'와 같은 말인
> 데, 《원사(元史)》에 자주 보인다. 심각본에는 역시 잘못된 것이
> 있을 뿐만 아니라 심지어 같은 쪽에 여러 가지의 잘못된 형태가 보

이는 경우도 있다. 예를 들면 投都, 紋都, 扳都 등으로 잘못되어 있다.

또 제26조의 "뒤에 생긴 글자로 원대의 글자와 바꾸어 쓴 사례〔用后起字易元代字例〕"에서는 다음과 같이 지적하고 있다.

옛 전적을 번각(翻刻)하는 것은 옛 전적을 번역하는 것과는 다르다. 부득이한 경우가 아니면 뒤에 생긴 글자를 가지고 전대의 글자와 바꾸지 않는데, 이는 그 원형을 보존하려는 이유에서이다. 그런데 심각본《원전장》에서는 이런 데에 어두웠기 때문에 분명 원대(元代)의 공문서인데도 원나라 이후에 만들어진 글자가 끼어든 경우가 있다.
　가장 두드러진 사례는 '賠'이다. '賠'는 뒤에 생겼고 원나라 때에는 배상(賠償)의 '賠'가 모두 '陪'나 '倍'로 가차되어 쓰였다. 심각본에서는 그것을 잘못된 글자로 판단하고 무조건 '賠'로 고친 것이다.

또 제28조의 "원나라 때의 어법을 몰라서 잘못 고친 사례〔不譜元時語法而誤例〕"에서는 다음과 같이 지적하고 있다.

《원전장》에서 구어체의 성지(聖旨)는 대부분 몽고어의 번역을 통해 이루어진 경우가 많기 때문에 한문(漢文)의 문법과는 다르다. 그중에 가장 두드러진 것은 항상 '有'나 혹은 '有來'로 구(句)가 이루어진다는 점이다. 그런데 심각본에는 그때마다 잘못 '乙〔도치 부호〕'을 표시하거나 혹은 아예 빼 버리기도 하였는데, 이는 모두 원나라 때의 어법을 고려하지 않아서 그리된 것이다. 예를 들면 "費了脚錢有, 今後那裏的〔운임을 다 써 버렸으니 이제는 어디로 갈 것인가.〕"을 "費了脚

錢今有後那裏的"으로 도치하거나 "撤下軍, 逃走了有〔군대를 버리고 도주하였다.〕"를 "撤下軍逃走"라 하여 '有'를 빼 버리는 경우이다.

또 제29조의 "원나라 때의 상용어를 몰라서 잘못 고친 사례〔不諳元時用語而誤例〕"에서는 다음과 같이 지적하고 있다.

보통 한 시대의 상용어가 반드시 다른 시대에도 상용어가 되는 것은 아니다. 따라서 당시에는 크게 통용되던 말이 시대가 바뀌면서 무슨 말인지 모르게 되는 경우가 항상 있다. 이 역시 교감하는 자가 주의해야 할 점이다.
　가장 두드러진 사례를 들면, 원대의 '他每'와 '人每'의 '每'는 그 쓰임이 지금의 '們'과 같은데, 심각본《원전장》에서는 그것을 걸핏하면 '每每'로 고쳤다. '每'의 쓰임이 '們'과 같은 줄을 몰랐던 것이다. 예를 들면 "市舶司官人每每百姓每〔시박사의 관인들과 백성들〕"와 "他每每的語言是的〔그들의 말이 옳다.〕" 같은 경우이다.

또 제34조의 "원나라 때의 연대를 몰라서 잘못 고친 사례〔不諳元時年代而誤例〕"에서는 다음과 같이 지적하고 있다.

옛날 고천리(顧千里 고광기(顧廣圻))가 홍씨(洪氏 홍옥(洪瑩))를 위하여 송본(宋本)《명신언행록(名臣言行錄)》을 교감하여 간행하면서 그 연호(年號), 지명(地名), 인명(人名), 관명(官名)의 오류를 일일이 거론하였는데, 지금 심각본《원전장》에도 이런 종류의 오류가 많이 있다.
　원나라 때에 '지대(至大)'라는 연호는 단지 4년 동안 쓰였는데,

심각본《원전장》에는 4년에 그치지 않은 것으로 되어 있다.

이런 유형들은 모두 원대의 문자와 언어, 물명과 제도를 근거로 하고 교감의 이론과 방법을 운용하여 분석하고 귀납함으로써 거둔 원대의 특별 용례들인 것이다.

이 책의 주요 특징과 공헌의 또 다른 하나는 권6의 "교감(校勘)"인데, 이는 교감의 방법과 개자(改字)의 원칙을 총괄한 것으로 본서가 교감의 이론과 방법상에 있어 두드러진 공헌을 하게 하였다. 제43조의 "교감의 네 가지 방법"은 네 종류의 교감 방법, 즉 대교법(對校法), 본교법(本校法), 타교법(他校法), 이교법(理校法)을 총괄한 것이다. 상세한 내용은 아래 제4장 2절에 보인다.

제44조에서 제50조까지는 교감의 원칙을 구체적으로 설명한 것으로 일반론적인 의의가 있다. 예를 들어 보면 제44조의 "원각본의 오자를 심각본에서 개정한 경우 교감하지 않은 사례〔元本誤字, 經沈刻改正者, 不校例〕"가 그 하나이다.

원각본의 오류를 심각본에서 개정한 경우 다시 고치지 않았다. 예를 들면 "글자의 형태가 비슷하여 잘못된 사례〔形近而誤例〕"에서 "邀我憲宗之世〔우리 헌종의 시대를 맞이하여〕"의 경우, 심각본에서는 '邀'를 '逮'로 고쳤는데, 진씨(陳氏)는 정문(正文)에 그대로 '逮'로 두고 "원각본에는 '邀我'로 되어 있다."라고 주를 냈다.

제45조의 "원각본의 차용자는 교감하지 않은 사례〔元本借用字不校例〕"도 그 하나이다.

원각본 《원전장》에서는 필획이 번다한 상용자를 만나면 그때마다 매번 필획이 간단한 동음(同音)의 글자를 차용하여 대신하였다. 그런데 심각본에서는 개정한 것도 있고, 개정하지 않아도 의미상 무방한 것은 개정하지 않은 것도 있는데, 이런 경우 나는 모두 다시 고치지 않았다. 예를 들면 원각본의 '肖'를 심각본에서는 '蕭'로 고친 경우이다.

또 차용자인 줄 모르고 잘못 고친 경우도 있다. 예를 들면 "金場艮冶 茶鹽鐵戶〔금과 은을 제련하는 가호, 차와 소금과 철을 생산하는 가호〕"라는 구절이 있는데, 심각본에서는 '艮冶'를 '良冶'로 고쳤다. 이에 대한 진원의 교감기를 보면 "원각본에는 '艮冶'로 되어 있는데 '艮'을 차용하여 '銀'을 표기한 것이다. 교감자들이 '良弓'과 '良冶'라는 말을 익숙하게 기록하다 보니, 마침내 '良冶'로 고치게 된 것이다." 하였다. 그 밖에 '切'을 차용하여 '竊'을 표기하였는데 심각본에서는 잘못하여 '坊'으로 고친다거나 '余'를 차용하여 남는다는 '餘'를 표기하였는데 심각본에서는 그것을 '多'로 고친다거나 '谷'을 차용하여 곡식의 '穀'을 표기하였는데 심각본에서는 '咨'으로 잘못 고친 경우 등이다.

제46조의 "원각본의 통용자는 교감하지 않은 사례〔元本通用字不校例〕"도 그 하나이다.

처음에 내가 《원전장》을 교감할 때 '札'이 '箚'로 되어 있고 '教'가 '交'로 되어 있고 '應副'가 '應付'로 되어 있는 것을 보고는 원대(元代)에 쓰인 글자가 지금과 다르다고 생각하였는데, 나중에 원각본 자체도 전후가 서로 다르다는 것을 발견하고 나서는 마침내 원대에 사용되던 글자가 지금과 달라서가 아니라 실제로 당시에는 두 글자가 통용되었다는 것을 알았다. 심각본에서는 교감하고 개자하는 데 실로 많은 수고를 하였는데, 지금 다시 그것을 고친다면 역시 공연한 헛수고가 되는 것이다. 간간이 한두 개를 고쳐 그 사례를 보여 주는 데에서 그쳤다. 예를 들면 "休交奏者"의 '交'는 '教'가 되어야 하고 "都教大如文廟"에서 '教'는 '交'가 되어야 한다는 따위들이다.

제47조의 "통용자를 원각본에서는 쓰지 않은 사례〔通用字元本不用例〕"도 그 하나이다.

본래 통용되는 글자가 있을 때 《원전장》에서는 그중에 하나만 사용하였는데, 심각본에서는 나올 때마다 통용자로 바꾸었다. 비록 본의에서는 차이가 없거나 어떤 경우에는 본의에 비해 더 낫기도 하지만, 결국 본래의 모습을 가리게 되므로 원대(元代)의 문자를 연구하는 학자들에게는 더욱이 일종의 장애가 될 수 있다. 그것을 다 고칠 경우 너무 번거롭기 때문에 간간이 한두 개를 고쳐 당시의 습관을 보여 주는 데에서 그쳤다. 예를 들면 '媚習'과 '間暇'는 반드시 '閑'을 썼고 '扳援'은 반드시 '攀'을 쓴 경우 등이다.

제48조의 "착간된 것을 통해 심각본의 저본이 같지 않은 것을 안 사례 〔從錯簡知沈刻所本不同例〕"도 그 하나이다.

심각본의 발문(跋文)에 "이 본은 종이 색깔이 오래된 것과 새것이 섞여 있다. 오래된 것은 반엽(半葉)이 15행인데 이는 응당 원각본을 영초(影鈔)한 것이고, 새것은 반엽이 10행인데 이는 응당 다른 본으로 보초(補鈔)한 것이다."하였다. 지금 착간된 것과 탈문(脫文)된 것 중에서 그 행관(行款)을 살펴보면 원각본과 같은 것도 있고 반엽 10행본과 같은 것도 있다. 그런데 원각본은 반엽이 18행이다. 그렇다면 심각본의 발문에서 15행이라고 말한 것은 별도로 하나의 초본(鈔本)이 있는 것이며 내가 본 원각본은 아닌 것이다.

제49조의 "연월일이 더 들어간 것을 통해 심각본이 별도로 근거로 삼은 판본이 있지 않을까 의심한 사례〔從年月日增入, 疑沈刻別有所本例〕"도 그 하나이다.

《원전장》은 매 조항의 첫 부분에 연월일로 시작하는 경우가 많은데, 연(年)은 있으나 월(月)이 없거나 월은 있으나 일(日)이 없는 경우가 있다. 심각본은 〈형부(刑部)〉 권11 제38부터 시작하여 〈공부(工部)〉 권말까지는 매번 연월일이 들어가 있는데, 이는 원각본 및 다른 본에는 없는 것이다. 이것은 허구로 만들 수 있는 것이 아니니, 아마도 필시 다른 저본이 있는 것이다. 그 저본이 어떤 것이었는지 지금은 알 수가 없다. 일본에서 근래 영인한 《영락대전(永樂大典)》을 보면 '站赤九'에 《원전장》을 인용하였는데 지금의 원각본과 모두 똑같지는 않으니, 단정할 수는 없지만 당시에 별도로 제2의 각본(刻本)이 있었는지도 모를 일이다. 제2의 각본이 없다 하더라도 《원전장》과 동시 혹은 뒤에 나온 관서(官書), 이를테면 《대원통제(大元通制)》나 《지정조격(至正條格)》 같은 책들에 의거하여 교보(校補)했을 수도 있다. 지금 고궁(故宮)의 원각본에 필묵이 첨입된 글자가 있는 게 때로 보이는데, 응당 이런 종류일 것이다. 그렇다면 심각본의 조본(祖本)은 일찍이 다른 책을 근거로 교보했을 가능성도 있는 것이다.

제50조의 "한 글자의 잘못이 책 전체에 관계되는 사례〔一字之誤關係全書例〕"도 그 하나이다.

한 글자의 잘못이 책 전체에 관계되는 경우가 있다.

〈신집(新集)〉강목(綱目) 1 : 頒行四方已有年矣 심각본

'頒行'은 원각본에는 '板行'으로 되어 있다.

　'板行'의 뜻은 아랫글에 있는 '梓行'과 같다. 이 '板'이라는 한 글자에 의거하면 이 책은 당시 지방 관리들이 편찬한 것이지 중앙정부에서 반행한 것이 아님을 알 수 있다. 그렇게 보면《사고제요(四庫提要)》에서 "그 시말이 《원사(元史)》에 실리지 않은 것이 의심스럽다."라고 한 말은 괴이할 것이 없는 것이다. 그런데 지금 "사방에 반행하였다."라고 고쳤으니, 그렇게 되면 이 책은 당시 중앙정부가 반행한 것이 된다. 그러나 중앙정부가 반행한 것이라면《원사》에 기록되지 않은 것을 어떻게 해명한단 말인가.

　또 이 책 〈신집(新集)〉목록의 끝에 "至治二年六月"이란 글자가 있는데, 이는 이 책의 편찬이 지치 2년 6월에 끝났다는 말이 된다. 그러나 심각본의 발문에서는 〈신집〉안에 "至治三年"의 사례가 있는 것을 근거로 그것이 2년에 끝나지 않았다는 것을 증명하였다. 그러나 역시 잘못된 본을 근거로 해서 잘못된 것이다.

〈신집〉형(刑) 25 : 至治三年 심각본

원각본에는 '二年'으로 되어 있고 목차에도 '二年'으로 되어 있다.

〈신집〉형(刑) 62 : 至治三年 심각본

원각본에는 '二年'으로 되어 있고 목차에도 '二年'으로 되어 있다.

'三年'과 '二年'은 한 글자의 잘못이다.

　또 이 책의 〈정집강목(正集綱目)〉에서 원나라 인종(仁宗)의 '인(仁)'의 경우, 원각본에는 하나의 검은 네모〔■〕로 되어 있으니, 이 책을 간행할 당시에 인종의 묘호가 아직 반행되지 않았다는 것을 알 수 있다. 후인(後人)들이 '仁'을 보충해 넣고 싶으면 검은 네

모의 아래에 "당연히 '仁'이다."라고 주를 달아 밝혔어야지 검은 네모를 곧바로 '仁'으로 고쳐서는 안 되는 것이다. 그런데 지금 심각본은 이런 데에 어두웠던 것이다.

강목(綱目) 1 : 仁宗皇帝 심각본

원각본에는 '■宗皇帝'로 되어 있다.

이는 모두 한 글자를 고치는 작은 일이지만 본서의 편찬 연대와 간행 연대, 발행의 주체까지 관계되므로 가볍게 다룰 수 없는 문제이다.

이상의 여러 사례들은 모두 교감의 원칙을 천명한 것으로, 교감의 실제 작업을 지도하는 일반적인 통례로서의 작용을 할 뿐만 아니라 또 이론적 성격까지 갖추고 있다. 게다가 "교감의 네 가지 방법"은 교감의 방법적인 총결산이며 이론적인 결론 도출일 뿐만 아니라 또 교감의 실제 작업을 지도하는 보편적인 작용을 하고 있다.

종합적으로 보면 《교감학석례》는 한 종의 옛 전적을 교감하는 이론, 방법, 원칙과 통례를 전면적으로 총괄함으로써 교감학의 체계를 초보적으로 수립했다고 볼 수 있다. 이 책은 고대 교감학, 특히 청대(淸代) 교감학의 전통을 전면적으로 계승했을 뿐만 아니라 경전 고적을 위주로 하는 전통에서 벗어나 중고(中古) 시대 백화(白話) 고적을 교감의 대상으로 운용하였고 아울러 이민족의 언어까지 널리 통섭(通涉)함으로써 교감학이 더욱더 보편적인 개괄성과 이론적 측면을 갖추도록 하였다. 이는 과거를 계승하여 미래를 연 것으로 그 영향이 매우 큰 작업이었으니, 교감학 성립의 이정표를 세운 것이라 할 수 있다.

주저 없이 말할 수 있는 것은, 《교감학석례》의 특징과 장점은 심각본

《원전장》이라는 하나의 전형적인 전적의 교감 실례를 통하여 전면적이고 구체적이고 깊이 있게 교감학의 이론을 개괄하고 천명했다는 점이라고 할 수 있다. 다만 한 종의 고적만을 실례로 삼은 한계로 인해 각종 옛 전적의 전형적인 사례를 더욱 광범위하게 뽑아내지 못하였고, 또한 이론적 측면에서도 더욱 충분한 천명과 논증을 해내지 못하였다.

선진(先秦)에서 현대에 이르는 길고 긴 역사를 통틀어 보면, 옛 전적의 교감은 시종 문헌 정리 사업의 발전과 동반하여 부단히 전진하여 왔다고 할 수 있다. 역사의 준엄한 검증을 거치며 유전되어 내려온 옛 전적은 모두 진귀하고 귀중한 역사 문헌이다. 그러나 그것들은 정도의 차이는 있어도 의식적, 무의식적인 왜곡과 파괴를 당하는 과정을 면치 못하였다. 의식적으로 억측하여 함부로 고치는 경우가 있었을 뿐만 아니라 무의식적으로 전사하는 과정에서 잘못되는 경우도 있었다. 더욱이 거기에는 문자상의 자형(字形)·자음(字音)·자의(字義)와 서사(書寫) 재료나 전파 수단 등의 객관적 조건의 변화·발전으로 조성된 복잡한 상황이 있었다. 그러나 역사의 진보에 따라 사람들은 역사의 평가를 거친 옛 전적에 대해 날로 더욱 그 원형을 회복할 것을 요구하였고 날로 더욱 정확하게 교감을 진행해 왔다. 그로 인해 풍부한 실제 경험을 쌓아 거기에서 규율을 찾아내고 이론을 도출함으로써 교감학을 형성하고 수립하게 되었다.

그 결과 문헌 정리 사업의 발전에 수반하여 교감은 독립적인 교감학으로 날로 더욱 발전하게 되었고, 교감학의 형성과 성립은 또 교감이 날로 더욱 정확해지도록 한층 더 촉진시키는 역할을 하였다. 당대(當代)에 이르러서는, 특히 최근 몇 년 동안에는 단일 서종의 교주(校注) 저작이 대량 출판되고 고고(考古) 문물이 대량 출토되며 교감학 전문 저서들이 계속 출판되면서 풍부한 근거 자료를 제공하고 적지 않은 이론과 관점을 제기하는 등 계속하여 좋은 추세가 형성되고 있다. 앞으로 역사유물주의(歷史唯物主義)의 과학적 이론의 지도 아래 교감의 업적은 필시 더욱 확대될 것이며, 그로 인해 교감학은 반드시 힘찬 장족의 제고(提高)와 발전이 있을 것임을 믿어 의심치 않는다.

제 3장

고적의 기본 구성과
교감의 근본 원칙

제1절 고적의 기본 구성

고적은 역사의 산물이다. 경전인지 역사서인지 제자백가(諸子百家)인지, 혹은 문학의 총집(叢集)인지 작가의 별집(別集)인지와는 상관없이, 또 선진양한(先秦兩漢) 시대의 글인지 만청근대(晚淸近代) 시대의 글인지, 혹은 고문(古文)인지 금문(今文)인지, 또 문언(文言)인지 백화(白話)인지와도 상관없이 일반적으로 고적의 범주에 포함되는 것은 모두 그 시대 저작자가 당시의 문자로 당시 사회의 정치·사상·문화의 경향에 근거하여 어떤 한 분야의 이론 또는 실천적 지식을 저술한 것이다.

즉, 각종 고적의 구체적인 내용과 표현 형식을 살펴보면 그것들은 기본적으로 모두 역사 시대의 지식과 역사 시대의 언어 문자로 구성된 것이다. 그러나 이러한 기본 구성은 애초의 저작 또는 애초의 판본 상태인 고적에 한정되며, 또 완전한 상태로 보존되어 지금까지 전해지는 애초의 저작 또는 애초의 판본 상태인 고적에만 적용된다. 후대에 많은 영향을 끼친 오래된 전적과 중요 저작은, 갑골문이나 금석문처럼 문물에 적힌 문자가 아니라면 일반적으로 모두 여기에 해당되기 어렵다. 따라서 실제 '고전문헌'이라고 말할 수 있는 고적(古籍)과 편장(篇章)은 기본 구성이 모두 다층적인 것이다.

제2절 경전의 복잡한 중첩 구성

중요 고적이 간행된 이후에는 유전되는 과정 속에서 글자나 구절의 착오가 발생하기도 하고 다르게 이해되기도 한다. 어느 정도 세월이 지난 뒤에는 시대적 차이 때문에 주석과 교감이 필요하게 되는데, 여기에서 필연적으로 서로 다른 해석과 서로 다른 수정이 발생하게 된다. 또 어느 정도 세월이 지나면 달라진 사회와 역사 속에서, 서로 다른 정치·사상의 입장과 관점에 따라 전 시대 사람들과는 다른 해석과 다른 수정을 하게 된다. 이렇듯 오랜 역사 속에서 반복적인 해석과 거듭된 교감을 거쳐 최후에는 많은 사람들이 공인하는 원본에 가까운 정본(定本)이 생겨날 수 있는 것이다.

그러나 실제 이 같은 정본은 역사 속에서 고쳐진 정본이므로 원래의 저작과는 당연히 일정한 차이가 있으며, 그 고적이 생겨났던 시대의 지식과 문자에 완전히 부합될 수는 없다. 바꿔 말하면 고적의 기본 구성은 실제 다층의 복잡한 중첩 구성을 이루고 있다는 것이다. 《시경(詩經)》을 예로 들면 다음과 같다.

'시삼백(詩三百)'이라고 불리는 《시경》은 공자(孔子)가 편정(編定)한 것이며, 진 시황(秦始皇) 통일 이전까지는 완전한 상태로 전해졌다고 우선 가정해 보자. 그 후에 《시경》은 진 시황의 분서(焚書)에 따라 금서(禁書)가 되는 풍파를 겪게 된다. 이 일이 있은 후에 제(齊), 노(魯), 한(韓)에서 각각 따로이 전수된 세 갈래의 《시경》이 나오게 되었다. 이를 통칭하여 삼가시(三家詩)라 하는데, 이 삼가(三家)가 전수한 것은 모두 스승과 제자 사이에 암송으로 전수된 것을 금문(今文)으로 기록한 것이다. 그런데 이는 근거로 삼은 전수본(傳受本)이 없었으므로 해석의 차이뿐 아니라 글자와 구절도 서로 달랐다. 이후에는 이 삼가시도 전해지지 않는다. 반면 이보다 나중에 나온 《모시(毛詩)》는 지금까지 전해지는데, 《십삼경주소(十三經注疏)》 중의 《모시정의(毛詩正義)》와 주희(朱熹)의 《시집전(詩集傳)》에서의 《시경》 경문이 바로 그것이다. 이는 한대(漢代)에서 유일하게 고문(古文)으로 쓰인 《시경》이다.

《경전석문(經典釋文)》 〈서록(敍錄)〉의 내용에 따르면, 《모시》는 공자가 자하(子夏)에게 전수한 것이 모장(毛萇)까지 5대에 걸쳐 전수된 것이라고 한다. 나중에 나온 《모시》만 유일하게 전해진 중요 원인은 고문으로 쓰인 글을 근거로 하였기 때문이다. 다만 이 글은 공자와 자하가 작성한 글이라고 간주할 수도 없고, 그 내용에 착오가 없다고 단정할 수도 없다. 따라서 사가시(四家詩)[1] 또는 고문과 금문에 관한 논쟁이 한대에는 시종 그치지 않았다. 그리고 《모시》는 필수적으로 모장이 저술한 《모시고훈전(毛詩故訓傳)》을 통하여 해석되었다.

이러한 정황은, 공자가 편정한 《시경》이 한대에 이르러서는 적어도 네 가지가 있었고, 문자와 해석이 서로 같지 않았다는 것을 말하고 있는 것이다. 이 네 가지는 모두 이미 이중적 구성을 지니고 있는데, 제1층은 공자가 편정한 시기의 문자와 지식으로 구성된 것이며, 제2층은 《시경》의 문자와 지식에 관해 사가(四家)가 전수한 시기의 해석으로 구성된 것이다. 그러므로 중첩된 이 두 가지 층차는 아무런 차이가 없이 완전히 서로 일치할 수는 없다. 본래의 모습을 전수받은 것이 《모시》라고 하더라도 이는 두 개의 층차로 구성되어 있으므로, 다른 것들과 마찬가지로

---

1 사가시(四家詩) : 제(齊), 노(魯), 한(韓)에서 각각 전한 세 가지 전수본인 삼가시(三家詩)에 《모시》를 더한 네 가지의 《시경》 전수본을 말한다.

본래의 모습과는 차이가 존재한다.

《모시》가 유전된 데에는 동한(東漢) 시대 정현(鄭玄)의 전주(箋注)가 중요한 역할을 하였다. 현존 《모시정의》는 모씨의 전(傳)을 보존하고 있을 뿐만 아니라 정씨의 전(箋)도 보존하고 있다. 그러나 앞에서 언급한 대로 제2장 3절을 보라. 정현이 《모시》에 주를 달면서 실제로는 삼가시에 있는 다른 글자와 다른 설명을 아울러 채록하였다. 정현은 경문을 전혀 고치지는 않았지만 근거를 들어 《모시》 본문에 존재하는 착오를 지적하고, 삼가시에 있는 다른 글자를 이용하여 교정을 진행하였다. 실제 정현은 원래의 《시경》이 사가의 시 중 어느 것과도 같지 않다는 판단 아래 사가의 시를 종합한 새로운 판본을 제시한 것이다. 이는 유전된 《모시》의 이중적 구성에 또 하나의 층차를 더한 것으로, 《시경》과 사가시의 문자와 지식에 관한 정현의 이해이다.

육조(六朝) 시대를 거쳐 진(陳)·수(隋)의 시대에 이르러서는 육덕명(陸德明)의 《경전석문》이 이전의 여러 설을 모아 또 한 층을 더하였다. 당대(唐代) 안사고(顔師古)가 찬술한 《모시정본(毛詩定本)》은 국가에서 표준본으로 정하여 반포한 것으로 또 한 층이 된다. 당대 공영달(孔穎達) 등이 찬술한 《모시정의》는 모씨의 전(傳)과 정씨의 전(箋)에 대하여 해석을 하였고, 아울러 위진남북조의 학자와 《모시정본》의 견해도 많이 채용하여 다시 한 층을 더한 것이다. 《모시정의》가 출현한 이후 《시경》에 대한 해석은 잠시 통일과 안정을 이룬다. 송대에는 모전(毛傳), 정전(鄭箋), 《경전석문》, 《모시정의》를 하나로 통합하였는데, 지금 전하는 《십삼경주소》 중의 《모시정의》가 바로 그것이다. 이 하나의 합간본(合刊本)은 적어도 여섯 개의 층차가 중첩되어 있다. 이에 대해서는 송대에서도 적지 않은 비판이 있었다. 《모시정의》에 대해 청대의 완원(阮元)은 다음과 같이 말하고 있다.

당대(唐代)부터 지금까지 판각이 성행하였는데 경(經)·전(傳)과 전(箋)·소(疏)를 임의로 막 고치기도 하였고 무의식적으로 틀리기도 하였는데, 그 오류는 세세히 따질 수가 없을 정도이다. 〈모시주소 교감기서(毛詩注疏校勘記序)〉

이상을 통해 살펴보면 오늘날 우리가 보고 있는 각종 《시경》의 백문본(白文本)과 주소본(注疏本)은 실제 모두가 복잡하게 중첩된 다층의 구성이라는 것을 알 수 있다.

언어와 문자라는 형식적인 측면에서 보자면, 이미 공자가 편정한 시대의 원모습을 회복하지 못하였고, 그 안에는 고대의 문자, 음운에 대한 단계별 발전과 변화의 성분이 합쳐져 있다. 그리고 지식이라는 내용적인 측면에서 보더라도 고대 명물(名物)의 발전과 변화, 즉 훈고적 성분이 섞여 있다. 그 구체적이고 직접적인 표현 형식은 대량의 이문(異文)과 다양한 해석인 것이다. 《시경》은 이렇게 오랜 기간 역사적 전승을 거치면서 복잡하게 중첩된 다층의 구성을 이루게 되었다. 이 때문에 시경학(詩經學), 시경소학(詩經小學), 시경운보(詩經韻譜), 시경명물고증(詩經名物考證), 시경목록학(詩經目錄學), 시경판본학(詩經板本學) 등 각종의 전문 학술 분야가 생겨났다. 그리고 마찬가지로 《시경》의 교감도 하나의 복잡한 전문 학술 분야가 되었다.

제3절 일반 고적의 간단한 중첩 구성

일반적으로 말하자면 내용의 중요함과 연대의 장구함이 고적이 중첩 구성을 갖게 되는 두 가지 주요한 원인이다.

경전은 내용의 중요성 때문에 역대로 통치자에게 중시되었고, 각 시대의 정치적 필요에 의해 여러 가지 해석과 설명이 진행되었는데, 그에 맞추어 문자와 어구에 대한 교감이 이루어졌고, 심지어는 산삭(刪削)과 변개(變改)도 필요했다. 마찬가지로 경전의 본래 모습을 보존하기 위하여 어느 시대건 많은 학자들이 첨예한 대척점에서 해석과 설명을 하였으며, 역시 그에 상당하게 문자와 어구에 대한 교정과 수정이 필요했다. 즉, 내용의 중요함은 고적이 중첩 구성을 갖게 되는 가장 중요한 원인이며, 또한 사회적 원인이기도 하다.

고적은 고대, 즉 과거 시대의 산물이기 때문에 연대가 오래될수록 후세인들이 읽기는 더욱 어려워져, 훈고와 주석이 더욱 필요하다. 그러나 시대적 차이 때문에 이후 시대 사람들은 이전 시대의 생활상을 이해할 때에 일정한 거리감을 느끼게 된다. 이 때문에 필연적으로 서로 다른 이해와 인식이 생길 수 있으며, 이로 인해 서로 다른 훈고와 그에 상응하는 서로 다른 교감이 생길 수 있다. 즉, 연대가 오래되었다는 것도 고적이 중첩 구성을 갖게 되는 중요 원인이다. 다만 앞서 말한 것과 비교해 볼 때 이는 역사적 원인이 되는 것이다.

경전과 비교해 볼 때 선진 시대 제자백가의 저술은 중첩된 층차가 적은 편이다. 《묵자(墨子)》를 예로 들어 보면 다음과 같다.

묵자로 대표되는 묵학(墨學)은 전국 시대에 유학(儒學)과 대등했던 주요 정치 사상의 학파로 유학과 함께 '현학(顯學)'으로 병칭되었다. 묵적(墨翟) 이후 묵가의 제자는 상리씨(相里氏), 상부씨(相夫氏), 등릉씨(鄧陵氏) 등 3개의 유파로 나뉘었는데, 이 세 유파의 전수본은 서로 전혀 달랐다.

묵학은 한대에도 유행하여 묵가의 후학이 세 유파의 전수본을 하나로 합하였는데, 이것이 현존하는 《묵자》이다. 그중 〈상현(尚賢)〉, 〈상동(尚同)〉, 〈겸애(兼愛)〉 등 10편은 모두 상중하 3편으로 나뉘어 있다. 청나라의 유월(俞樾)은 〈묵자한고서(墨子閒詁序)〉에서, 각 편 상중하에 대해 "자구는 조금 다르지만 큰 뜻은 다르지 않다."라고 지적하면서 이것이 세 유파의 전수본이 하나로 합쳐진 증거라고 여겼다.

묵가는 한대 이후 몇 차례 전수가 끊겼지만, 《묵자》라는 책만은 보존되어 내려왔다. 위진(魏晉) 시대부터 청대에 이르기까지는 그 사이에 맹승(孟勝)과 악대(樂臺)의 주석밖에 없었고, 그마저도 일실되었다. 청대에 와서는 필원(畢沅)이 처음으로 《묵자》에 대해 주석을 가하여 비로소 다시 중시를 받았고, 아울러 왕염손(王念孫) 등 저명한 학자의 교주(校注)가 있었으며, 그 뒤에 비교적 훌륭한 교주본인 손이양(孫詒讓)의 《묵자한고(墨子閒詁)》가 출현하였다.

분명 유가 경전과 비교해 볼 때 《묵자》는 이천년 동안 계속 냉대를 받아 왔지만, 도리어 이로 인해 원형이 더 많이 보존된 것이다. 왕염손은 일찍이 다음과 같이 말하였다.

《묵자》는 예악과 유가를 비판하였기에 오랫동안 학자들에게 배척당해 왔다. 이 때문에 지금까지 교본(校本)이 없었고, 오탈(誤脫)도 현 상태에 이르렀다. 이 책은 교본이 없기 때문에 오탈처에 대한 독해가 어렵긴 하지만, 또한 교본이 없기 때문에 고자(古字)가 고쳐지지 않아 《설문해자(說文解字)》와의 상호 고증도 가능하였다.……또 전사상의 오류도 있지만 이를 통해 고자를 상고해 볼 수도 있다.《독서잡지(讀書雜志)》〈묵자서(墨子序)〉

왕염손의 의견은 《묵자》가 원형을 비교적 많이 보존하고 있어 문자학, 훈고학, 음운학 방면의 가치를 지니고 있다는 것이며, 또 고적 교감상의 중요 특징, 즉 고자가 고쳐지지 않은 점을 지적한 것이다. 이 책은 오랜 역사를 거치며 만들어진 것이지만 구성 층차는 비교적 적다. 《묵자한고》를 가지고 논해 보자면 기본적으로 3개의 층차가 중첩되어 있다. 묵적의 원저작이 한 개의 층이고, 각기 다른 세 유파의 전본을 합친 것이 한 개의 층이고, 청대 학자의 교주가 한 개의 층이다. 만약 한대에 만들어진 세 유파의 통합본을 기본 구성으로 삼는다면 한 번의 중첩만 있게 되는 것이다. 《묵자》의 구성은 비교적 단순하여, 층차가 중첩되면서 생겨나는 문자와 지식 두 가지 측면에서의 차이가 비교적 분명하다.

《묵자》를 정리하고 교감하는 데에 따르는 주요 어려움은 오랜 역사적 간극으로 인해 발생하는 지식의 차이와 오탈, 전사상의 오류이다. 그러므로 이를 해결하기 위한 방법으로는 대체로 직접 묵학의 내용을 연구하고, 직접 문자학, 음운학, 훈고학의 지식을 통해 분석과 고증을 진행하는 것이다. 《시경》처럼 중간에 층차가 중첩되면서 생겨난 수많은 난제와 불일치를 분석하기 위해 많은 공력을 허비할 필요가 없다.

선진(先秦)과 양한(兩漢) 이후의 고적은, 연대가 점차로 가까워지고 서체(書體)도 이미 고정되어 있었으며 인쇄술의 발달로 인해 비교적 넓게 전파되고 책을 구하기도 비교적 쉬워 문자와 지식 두 방면의 불일치가 비교적 적었다. 따라서 유가 경전과 같이 복잡한 중첩 구성은 많지 않다.

그러나 고적이 중첩된 구성을 갖게 되는 두 가지 주요 원인, 즉 내용의 중요함과 연대의 장구함은 여전히 존재하기 때문에 대부분의 전적이 비교적 간단한 구성을 이루면서 실제《묵자》와 같은 양상을 보이게 된다. 예를 들자면 유협(劉勰)의《문심조룡(文心雕龍)》과《원전장(元典章)》이 이와 같다.

《문심조룡》은 고대 문예이론의 거작이지만 경전은 아니다. 따라서 책이 만들어진 뒤에 많이 퍼지긴 했지만 각기 다른 학파가 형성되지 않아서 학파에 따른 서로 다른 전수본이 만들어지지도 않았다. 송원(宋元) 이후에는 많은 각본(刻本)이 있었고, 교주는 명청(明淸) 때부터 성행하여 지금까지 이른다. 현존하는 가장 오랜 사본은 돈황(敦煌)에서 발견된 것인데 당대(唐代)에 초서로 쓰인 13편 분량의 잔권본(殘卷本)이다. 런던 대영박물관도서관에 소장되어 있다. 전편(全篇)이 갖춰진 현존하는 가장 오래된 사본은 명대 사항(謝恒)의 초본(抄本)이다. 북경도서관에 소장되어 있다. 현존하는 가장 오랜 각본은 원대 지정(至正) 15년(1355년) 가흥군학 간본(嘉興郡學刊本)이다. 상해도서관에 소장되어 있다. 주본(注本)으로 알려진 가장 오래된 것은 송대 신처신(辛處信)이 주석한 것인데 지금 산실되었고, 현존하는 가장 오랜 주본은 명대 왕유검(王維儉)의 훈고본(訓詁本)으로 명나라 만력(萬歷) 37년(1609)에 간행된 것이다. 북경도서관에 소장되어 있다.

이를 통해서 알 수 있듯이 명청 이전의《문심조룡》은 전사나 판각 과정에서 발생한 오탈 등 문자와 어구의 착오가 존재하기는 하지만 기본 구성을 유지하고 있었다. 명청 이후에는 여러 가지 주본이 나왔고 또 동시에 내용의 해석과 이문의 판단에 대해 불일치가 생겨났으니, 문자와 어구의 차이가 있는 서로 다른 판본이 생겨난 것이다. 이들 주본은《문심조룡》원문에 있어서는 대동소이하지만 원문의 이해에 대하여 언급하고 있기 때문에 각각의 주본은 모두 양층으로 중첩된 구성을 이루고 있다.

현대에 이르러 범문란(范文瀾)의 《문심조룡주(文心雕龍注)》와 양명조(楊明照)의 《문심조룡교주(文心雕龍校注)》는 모두 이전 시대 사람들의 교주 성과를 모은 뒤에 자신의 해석과 교감을 더하였기에 3층으로 중첩된 구성을 갖추었다. 한 층은 《문심조룡》 원본이고, 한 층은 명청 학자의 교주이고, 한 층은 범문란과 양명조의 교주이다.

종합하여 본다면, 현존하는 《문심조룡》은 무려 100여 종이나 되지만 대체로 2중 또는 3중으로 구성되어 있어 간단한 중첩 구성에 속한다.

이들 중첩의 차이는 비교적 적은데, 주로 글자와 해석에서 차이가 나타난다. 명청 학자들의 교주를 통하여 형성된 중간 층차는, 《문심조룡》의 문예이론에 근거하고 문자학, 음운학, 훈고학의 지식과 관련 고대문학의 실제를 통하여 비교, 분석함으로써 판단을 할 수 있다. 《묵자》의 정황과 비교해 볼 때 《문심조룡》의 중첩 구성은 분명하고도 간단하다. 첫째로 세 유파의 전수본과 같은 불일치도 없으며, 둘째로 고금의 문자 변화도 없으며, 셋째로 중대한 오류와 뒤섞인 정황도 없다. 내용 중 두 구절은 탈문의 문제가 있다. 반면, 문예이론 전문 저술이기 때문에 다루고 있는 전문 지식의 범위가 비교적 명확하여 정리와 교감의 확실한 근거를 제시하기가 비교적 쉽다.

《원전장(元典章)》은 원래 명칭이 《대원성정국조전장(大元聖政國朝典章)》이다. 원대의 황제와 조정 그리고 각 관부에서 반포한 법령, 문건, 조례 등을 모아 분류하여 편집한 책으로, 전집(前集)과 신집(新集)으로 나누어져 있다. 전집은 원나라의 세조(世祖)에서부터 영종(英宗) 즉위까지의 기간 동안 반포된 것을 모아 편집한 것이고, 신집은 영종 지치(至治) 원년과 2년에 반포된 것들을 수록하고 있다.

이것은 원대의 지방 관리가 편찬한 일종의 편람 성격으로 조령(條令)

과 사례(事例)를 모은 것이다. 원대 조정에서 정식으로 편찬하여 반포한 것은 아니기 때문에 편집 체제가 조잡하고 체례도 혼란스러우며, 간인 (刊印) 과정에서의 착오도 매우 많다. 게다가 문건과 조령은 모두 원대 의 백화(白話)로 쓰였고, 수많은 차자(借字)와 속자(俗字)가 있다. 따라서 이 문건과 조령은 원래 판각할 때부터 수많은 착오가 존재하였다.

실제 이 책이 유전되고 반세기도 지나지 않아 원나라가 멸망하였으니, 이러한 법률은 실제 의의가 없었다. 그러나 "역사서에도 기록되지 않은 한 왕조의 상세한 제도가 여기에는 대략이라도 갖추어져 있고, 또 그 책은 형률보다도 오히려 상세"요내(姚鼐)의 《석포헌서록(惜抱軒書錄)》하기 때문에 문헌 사료로서의 가치를 지니고 있다. 이 때문에 한편으로는 명청대에 황궁에 장서로 보관하였고, 또 한편으로는 간본을 만들어 세상에 유포시켰다.

1930년 진원(陳垣)은 5종의 판본을 근거로 교보(校補)를 진행하여 《심각원전장교보(沈刻元典章校補)》를 찬술하였다. 그가 근거로 삼은 각본은 모진(毛晉)의 급고각(汲古閣)에 소장된 원각본, 궐리(闕里)의 공헌배(孔憲培) 소장 영초 원본(影鈔元本), 신집(新集)만 남아 있다. 오씨(吳氏) 수곡정(綉谷亭)의 영초 원본, 전집(前集)만 남아 있다. 파릉(巴陵)의 방공혜(方功惠) 소장 구초본(舊鈔本), 남창(南昌) 팽씨(彭氏) 지성도재(知聖道齋)의 초본(鈔本)이다. 그리고 저본인 심가본(沈家本)의 각본을 합하면 6종이 된다. 진원은 단지 교감하여 빠진 부분을 보충했을 뿐 해석은 하지 않았다. 다시 설명하면 다음과 같다.

《원전장》은 원대의 문건을 모아 만든 고적이다. 원대 정부가 반포한 문건이 원래의 원고라면 《원전장》은 책이 엮어질 당시에 이미 전사상, 간인상 착오가 있었으며, 그 후 명청대의 번각본(翻刻本)에도 결락과 착오가 있었다. 진원의 교보를 거친 후 대체로 본래의 모습을 회복하였다. 간인, 유전, 정리의 전체 과정에서 《원전장》의 내용에 대한 해석과 설명이 가해지지는 않았고, 다만 정리와 교감 중에 정오 판단의 이유를 설명하였는데 이것이 일정 정도 해석의 성격을 띠고 있을 뿐이다.

따라서 이 책의 구성은 비교적 단순하여, 간단한 중첩 구성에 속하게 된다. 처음의 《원전장》이 한 층이 되고 명청대의 초본과 각본이 한 층이 되니, 진원의 《심각원전장교보》는 3층으로 구성된 것이다. 해석을 하지 않았기 때문에 중첩에 따른 차이는 직접적으로 이문(異文)이라는 것으로 표현되어 있다. 이문의 정오를 비교, 분석하고 판단하는 근거는 주로 책 자체의 내용과 원대 구어(口語)의 어법과 어휘, 그리고 속자와 차자에 관한 이해이다. 그러므로 교감학의 관점에서 본다면 이는 매우 전형적인 교감의 사례를 보여 주는 책이다. 이후 진원이 찬술한 《교감학석례(校勘學釋例)》는 그중 일부분의 교감 사례를 귀납하여 만든 것이다.

이상 여러 사례를 들어 살펴본 내용은 다음과 같다.

현존하는 고적의 기본 구성은 크게 두 가지로 나뉘는데, 하나는 복잡한 중첩 구성이고 하나는 간단한 중첩 구성이다. 원고 혹은 원판본이 존재하지 않거나 연대가 오래되었기 때문에, 현존하는 전적은 모두 불가피하게 유전 과정에서 오류가 발생하고 층차가 중첩되게 된다. 그리고 이로 말미암아 형성된 중첩 구성은 그 차이가 주로 이문으로 표현되며, 일반적으로 비교적 다양한 해석에 대한 언급이 적거나 혹은 전혀 없다.

그러나 현존하는 일부의 고대 경전과 중요 저작은, 역대 정치 사상의 발전과 변화에 따라 경전과 중요 저작에 대한 서로 다른 해석과 설명이 생기나 서로 다른 유파의 학설이 형성되었다. 그리고 이로 말미암아 형성된 중첩 구성은 그 차이가 이문으로 표현될 뿐만 아니라 더 중요하게는 해석의 차이, 즉 이른바 '입설(立說)'이 있게 되었다.

일반적으로 말하자면, 주로 앞의 원인으로 생겨난 중첩 구성은 비교적 간단하고, 주로 뒤의 원인으로 생겨난 중첩 구성은 비교적 복잡하다. 그러나 둘 사이에 절대적인 경계는 없으며 두 가지 원인이 서로 연관된 상태에서 그저 한쪽이 더 중요하게 되는 것일 뿐이다. 그러나 교감학 이론의 측면에서 볼 때 거시적 관점에서 교감의 근본 원칙을 정확하게 이해하고 철저히 실천하기 위해서는 고적에서 나타나는 이 두 가지 기본 구성의 특징을 이해하는 것이 매우 중요하다.

제4절 교감의 기본 임무 : 존진복원 存眞復原

고적 교감의 목적과 임무는 본래의 모습을 보존하고 복원하는〔存眞復原〕데에 힘써 고적의 원래 면모를 회복하여 원고에 가까운 선본(善本)을 제공하는 것이다. 따라서 이론적으로 말하자면 교감의 근본 원칙은 본래의 모습을 보존하고 복원하는 것이다. 작자의 본의에 부합하지 않거나 원작의 원래 모습을 왜곡하는 것은 모두 교감의 근본 원칙에 위배된다. 그러나 원고는 존재하지 않고 작자는 오래전에 죽어 역사를 재현할 수는 없다. 현존하는 대다수의 중요 고적은 모두 다층의 중첩 구성에 해당하는데, 교주자들은 모두 자신의 교주가 오류 없는 정확한 것이라고 말하고 있으며, 스스로 자신이 정확하지 않다고 말하는 사람은 없다.

그러나 동일 고적의 각종 교주본은 모두 이문과 해석의 차이가 존재하고 있다. 이러한 정황은, 완벽하게 본래의 모습을 보존하고 복원하기는 어려우며 교감 작업 중에 구현된 교감 원칙이 모두 일치하지는 않음을 말해 주고 있다. 청대(淸代)의 학자 단옥재(段玉裁)는 이에 대해 깊이 체득하여 다음과 같이 예리한 논의를 펼쳤다.

> 교서(校書)의 어려움은 대본에 따라 글자를 고치면서 오탈이 없도록 하는 것이 아니라, 시비(是非)를 판정하는 데에 있다. 시비는 두 가지가 있는데, 저본(底本)의 시비와 입설(立說)의 시비이다. 반드시 먼저 저본의 시비를 정한 뒤에야 입설의 시비를 판단할 수 있다. 이 두 가지는 실이 엉켜 있듯이 나누어지지 않고 얽혀 있는데, 잘못 이해하여 분석 방법에 혼란이 생기면 어찌할 수 없는 지경에 이르게 된다.

무엇을 저본이라고 하는가? 책을 저술한 사람의 고본(稿本)을 말한다. 무엇을 입설이라고 하는가? 책을 저술한 사람이 기술한 의미를 말한다.……그러므로 경서를 교감하는 방법은 반드시 가공언(賈公彦)의 주석은 가공언이 사용한 저본에 맞게 교감하고, 공영달(孔穎達)의 주석은 공영달이 사용한 저본에 맞게 교감하고, 육덕명(陸德明)의 주석은 육덕명이 사용한 저본에 맞게 교감하고, 두예(杜預)의 주석은 두예가 사용한 저본에 맞게 교감하고, 정현(鄭玄)의 주석은 정현이 사용한 저본에 맞게 교감하여, 각각 그 저본을 얻은 뒤에 그 의미의 시비를 판단하는 것이다. 이런 뒤라야 경전의 저본을 확정할 수 있고, 이런 뒤라야 경전의 의미를 차츰 확정할 수가 있다. 먼저 주소(注疏)와 해석문의 저본을 바르게 해 놓지 않으면 고인의 뜻을 다르게 이해하게 되며, 입설의 시비를 판단하지 않으면 지금 사람들에게 잘못된 지식을 전하게 된다.〈여제동지논교서지난(與諸同志論校書之難)〉

그가 말하는 교서는 주로 경전의 교감을 가리키는 것이다. 이른바 저서자라는 것은 경문(經文)에 주(注)와 소(疏)를 붙인 사람들, 즉 그 아랫글인 "가공언의 주석은 가공언이 사용한 저본에 맞게 교감한다." 등의 말에서 가리킨 당나라의 가공언과 공영달, 수나라의 육덕명, 진나라의 두예, 동한의 정현 등이다. 이른바 저본이라는 것은 주소자(注疏者)가 근거로 한 경전의 원문이다. 입설이라는 것은 주소자가 경전 원문의 의미를 해석한 것이다. 그는, 경전 교감의 주된 어려움이 주소자가 대상으로 삼았던 경문이 도대체 어떠한 문자와 어구인지, 주장하는 것이 어떤 의미인지를 분석하는 것이라고 생각하였다. 그리하여 반드시 "가공언의 주석은 가공언이 사용한 저본에 맞게 교감"하는 일을 선행해야 한다고 하였다. 즉 가공언 등이 행한 주소의 원래 모습을 회복한 뒤에야 시비를 판단할 수 있다고 말한 것이다.

그는 각종 경전의 주소본이 중첩된 구성을 이루고 있으며, 그 안에 차이와 착오가 존재한다고 생각하였다. 따라서 교감할 때에는 반드시 경문과 주소자가 근거로 한 경문을 구별하여 우선적으로 주소에 해당하는 층차를 분석해야 한다고 하였다. 주소에 해당하는 층차를 명백히 분석해야만 경문을 정확히 교감할 수 있고, 아울러 경전의 뜻을 정확히 이해할수가 있다. 그렇지 않으면 원래의 글을 왜곡하여 "고인의 뜻을 다르게이해하고" 본래의 뜻을 곡해하여 "지금 사람들에게 잘못된 지식을 전하게 된다." 예를 들면 그가 제시한 다음의 두 가지 사례와 같다.

《주례(周禮)》〈동관(冬官) 윤인(輪人)〉: 望而眡其輪, 欲其幀爾而下迆也。

가공언의 소 : '望而視之〔멀리서 바라본다.〕'라는 것은 수레가 멈춰 있을 때를 말하는 것이다. '幀爾'에서의 '幀'은 균형 잡힌 모습이고 '爾'는 조사이다. '下迆'라는 것은 '폭(輻)'에서 위로 '곡(轂)'까지 두 개씩 서로 마주하여 똑바른 상태로 옆으로 벗어나지 않는 것이다. 그러므로 '下迆'라고 말한 것이다.

이는 송대에 편집되어 현존하는, 정현이 주를 달고 가공언이 소를 단 《주례주소(周禮注疏)》 중의 한 단락이다. 이 한 단락을 가지고 보면, 경문과 가공언의 소라는 두 개 층의 중첩만으로 이루어진 것 같지만 실제는 송대의 편집자가 가공언의 소를 고쳤기 때문에 3층의 중첩으로 되어 있는 것이다. "'下迆'라는 것은" 이하에서 가공언의 소는 명확히 "똑바른 상태로 옆으로 벗어나지 않는 것"이라고 설명하고 있으니, 그가 해석하고 있는 경문은 당연히 '不迆'이지 '下迆'가 아님을 알 수 있다. 다시말해 가공언의 소에서 근거한 경문의 저본과 현존하는 여러 본과는 같지 않다는 것이다. 단옥재는 당나라 때의 석경(石經)과 여러 본에는 모두 '下迆'라고 되어 있음을 지적하면서, 현존본의 가공언 소에 '下迆'라고 되어 있는 것을 두고 다음과 같이 이해하였다.

소를 주가 달린 경문과 합본하던 송대의 사람이 소의 '不'을 고쳐 경문의 '下'와 동일하게 만들었지만, 송대의 사람이 저본으로 삼은 경문은 가공언이 저본으로 삼았던 것과는 다른 것이었다.

이처럼 그는 이 한 단락이 세 개의 층차로 구성되었다고 분석하고 있다. 한 층은 논할 것도 없이 경문이고, 한 층은 가공언이 소를 달면서 근거로 했던 '不迆'로 되어 있던 경문 저본이고, 또 한 층은 송나라 사람이 '不迆'를 '下迆'로 바꾼 가공언의 소이다. 이것이 또한 그가 말한 "가공언의 주석은 가공언이 사용한 저본에 맞게 교감한다.〔以賈還賈〕"라는 것으로 '저본의 시비'를 정하는 것이다. 그런 뒤에 그는 〈윤인〉의 경문 뜻에 근거하여 다음과 같이 지적하였다.

"望而視其輪"에서의 '輪'은 이미 '輪'으로 만들어진 '牙'를 말한다. '輪'은 매우 둥글고 '牙'는 모두 아래로 비스듬히 뻗어 있는 것으로, '輻'과 '轂'이 똑바로 서 있는 것이 아니라 두 개씩 서로 마주하고 있는 것이다. 경문의 아래에 "縣之以視其輻之直"이라는 것은 '輻'에 대해 말한 것이고 "規之以視其圜"이라는 것은 '牙'를 말한 것이다. '輪'의 둥글기는 '牙'에 달려 있다. 윗글에서는 轂, 輻, 牙를 세 가지 구성 요소로 말하고 있는데, 여기에서는 輪, 輻, 轂을 말하고 있으니, '輪'은 바로 '牙'인 것이다. 그렇다면 당나라 석경과 여러 판본의 경문에 '下'라고 한 것이 옳고 가공언이 참고한 저본에 '不'이라고 되어 있는 것이 틀린 것이다.

이는 가공언의 해석이 경문 상하의 뜻과 맞지 않으니 '不'이라고 한 것
은 잘못이며, 마땅히 '下'로 바로잡아야 함을 말한 것이다. 이러한 충차
에 대한 분석과 고증을 거쳐, 송나라 사람이 멋대로 고쳤다는 것을 명확
히 하고 가공언 소의 착오를 바로잡고 비교적 원고에 부합하는 바른 글
자를 확정하고 비교적 경문의 뜻에 부합하는 해석을 내린 것은 교감의
근본 원칙과 근본 정신에 부합한다고 할 수 있다.

《의례(儀禮)》〈사관례(士冠禮)〉: 遂以摯見于鄕大夫、鄕先生。
폐백을 가지고서 향대부와 향선생을 찾아뵙는다.
정현의 주 : '摯'는 꿩이다. '鄕先生'은 경대부(卿大夫)로 치사(致仕)한 마을의 노
인이다.
가공언의 소 : "摯는 꿩이다."라는 것은, 사(士)는 꿩을 예물로 하는 것이 일반적
이기 때문에 '摯'가 꿩이 됨을 알 수 있는 것이다. "鄕先生은 경대부로 치사한 마을
의 노인이다."라는 것은 〈향음주(鄕飮酒)〉와 〈향사례(鄕射禮)〉에서의 '先生'과
《서경》 전(傳)에서의 '父師'가 모두 마찬가지이다. '先生'에는 또한 '士'인 '少師'도
있다. 정현이 언급하지 않은 것은, 경문에서 '鄕大夫'를 말하고 '士'를 말하지 않았
기 때문에 '先生'도 생략하고 말하지 않은 것이다. 실제로는 당연히 '士'도 있는
것이다.

《예기(禮記)》〈관의(冠義)〉: 遂以摯見于鄕大夫、鄕先生。
폐백을 가지고서 향대부와 향선생을 찾아뵙는다.
정현의 주 : '鄕先生'은 치사한 같은 고을의 노인이다.
《경전석문》: '鄕大夫'와 '鄕先生'의 '鄕'은 모두 음이 '香'이다. 주도 같다.
공영달의 소 : '以摯'는 '以雉'를 말한다. 그러므로 〈사상견례(士相見禮)〉에 "겨울
에는 꿩[雉]을 사용하고, 여름에는 포[腒]를 사용한다." 하였다. '見于鄕大夫'는
조정에 있는 鄕大夫를 말한다. '鄕先生'은 치사한 같은 고을의 노인이다.

이상은 현존하는《의례주소(儀禮注疏)》와《예기정의(禮記正義)》의 두 가지 사례인데, 모두 중첩 구성에 속한다. 문자와 의미가 모두 일치하는 듯하지만 실제로는 이문(異文)이 존재한다.

단옥재는 가공언 소의 "經云'鄕大夫', 不言'士'"와 공영달 소의 "在朝之鄕大夫也"에서의 '鄕大夫'는 모두 '卿大夫'임을 지적하고 있다. 따라서 가공언과 공영달이 저본으로 삼았던 경문은 "卿大夫, 鄕先生"이며, 육덕명이《경전석문》을 저술하면서 저본으로 삼았던 경문은 "鄕先生"으로 현행본의 경문과 같은 것이다. 즉, 수당 시기《의례》와《예기》의 경문은 이 구절에서 이미 이문이 있었다. 어떤 본은 '卿大夫'로 되어 있었고, 어떤 본은 '鄕大夫'로 되어 있었다. 현재 전해지는 가공언의 소와 공영달의 소는 모두 '鄕大夫'로 되어 있는데, 이는 후대 사람이 고친 것이다.

이 한 층차의 착오를 분석한 뒤에 단옥재는 또 주대의 예법과 정현의 주석에 근거하여 "여기서의 '향대부'란 동향의 사람으로 벼슬이 대부에 이른 자〔此'鄕大夫'三字, 所謂同一鄕之人, 仕至大夫者〕"이며 "동향의 사람으로 벼슬이 대부에 이르렀지만 현재는 치사한 사람을 '향선생'이라 부른다.〔同一鄕仕至大夫, 致仕者曰鄕先生。〕"라고 하였다. 따라서 예법에 의거할 때에 이 구절의 경문은 '鄕大夫'가 되어야 하며, 공영달과 가공언이 '卿大夫'라고 한 것은 잘못된 것이라 하였다. 그런 뒤에 그는 거듭 다음과 같이 의미를 설명하였다.

반드시 동향(同鄕)을 중시하는 것은, 죽거나 이사 가기 전에는 마을을 벗어나지 않아 백성이 친목하여 서로 도움을 주고 장례나 어려운 일도 서로 돕고 가난한 사람도 도와주고 서로 대우하여 한마을이 마치 한집안처럼 같아지고자 한 것이다. 육향(六鄕)과 육수

(六遂)가 모두 그러한 뒤에 인의(仁義)가 드러나고 교화가 행해진다. 본향의 밖은 너무 넓어 두루 미치지 못할 듯하지만 본향의 안은 그다지 넓지가 않아 서로 친하기가 쉽다. 그러므로 성년이 된 사람은 반드시 그 마을의 벼슬한 사람과 치사한 사람을 찾아가 인사를 하니, 이는 성인(聖人)이 백성을 교화하는 깊은 뜻이다. 가공언과 공영달처럼 '경대부(卿大夫)'라고 한다면 조정에 있는 경대부를 모두 찾아가 인사해야 할 텐데 이것이 가능하겠는가?

이처럼 그는 글자, 지식 그리고 의미를 따져 경문의 원래 글자를 '鄕大夫'로 확정하였다. 위에서 인용했던 관점과 위에서 열거했던 증거에 따라 알 수 있는 것은, 단옥재가 말한 "저본과 의미의 시비를 확정해야 한다."라는 교감 원칙이란 실제 경문 내용과 후대 사람이 작성한 주소(注疏)의 내용을 구분해야 한다는 것이고, 층차별로 주소본의 이문과 불일치를 분석하여 문자와 내용이 경전의 의미와 부합하는 바른 글자를 취해야 한다는 것이다.

이 때문에 그는 "가공언의 주석은 가공언이 사용한 저본에 맞게 교감해야 한다."라는 원칙의 중요성을 십분 강조한 것이다. 그의 실천 경험을 일반 이론으로 끌어올려서 본다면, 교감이란 반드시 고적의 중첩된 구성을 구체적으로 분석하는 것에서 시작하여 층차별로 이문과 해석의 불일치를 고찰하고, 작자와 원작 시대의 지식 및 문자를 근거로 삼고 원작의 사상과 작자의 본의를 기준으로 삼아 이문의 정오와 불일치의 시비에 대하여 판단하는 것이다.

고적의 기본 구성을 이해하고 각종 고적의 유형과 특징을 파악하는 것은 교감의 근본 원칙을 정확히 이해하고 적용하는 데에 있어 중요한 과정이다.

제5절 기본 구성을 무시하는 데서 생기는 편향

고적이 지니고 있는 기본 구성의 유형에 대한 분석을 소홀히 하고 교감 대상으로 삼는 고적의 기본 구성 유형과 특징을 파악하지 않으면 두 가지 편향이 생겨날 수 있다. 하나는 정오를 혼동하여 해석의 혼란을 초래하는 것이고, 하나는 월권을 행사하여 고인을 대신하여 문자를 정정하는 것이다.

앞에서 든 두 가지 예는 모두 송나라 사람이 가공언과 공영달을 대신하여 글자를 고쳐 문맥이 통하지 않게 하고 해석에 혼란을 초래한 경우이다. 그 원인은 가공언과 공영달이 이용한 저본을 분석하지 않았고 주소본에 대한 구체적 층차 분석을 하지 않았기 때문으로, 이는 후자에 속하는 편향이다. 전자의 편향은 종종 문자학, 음운학, 훈고학의 방면에서만 분석을 진행하고 고적이 지니고 있는 기본 구성의 유형을 무시하여 원작이 저술된 시대의 구체적인 실상을 제대로 파악하지 못한 데서 생겨난다. 예를 들어 살펴보면 다음과 같다.

《상서(尙書)》〈요전(堯典)〉: 光被四表, 格于上下。

사방에 가득 차고 천지에까지 이른다.

공안국의 전: '光'은 '充[가득 차다]'의 뜻이다.……그의 명성이 사방에 가득하여 천지에 이르는 것이다.

정현의 주: 요 임금의 덕이 빛나 사해의 밖에까지 미쳐 천지에 이르니, 이른바 대인(大人)은 천지와 그 덕이 합일되고, 일월과 그 밝음을 나란히 한다는 것이다. 《시경(詩經)》〈주송(周頌) 희희(噫嘻)〉에 대한 공영달 소(疏)에서 재인용하였다.

한대 학자들의 주석을 살펴보면 '光被四表'에는 이문은 없고 해석의 차이만 있다. 공안국은 '가득 차다[充]'라 했고, 정현은 '빛나다[光耀]'라고 했다. 청의 대진(戴震)은 다음의 사례를 제시하였다.

《경전석문》에는 '光' 자에 대해 그 음을 설명하지 않았다.

《시경정의》: 光, 充, 〈釋言〉文。
'光'이 '充'의 뜻이라는 것은 《이아》〈석언(釋言)〉의 내용이다.

곽박(郭璞)의 주본(注本)에 근거한 《爾雅》: 桄、頲, 充也。
'桄'과 '頲'은 '充'의 뜻이다.
주: 모두 '가득하다'라는 뜻이다.
《경전석문》: '桄'은 손본(孫本)에는 '光'으로 되어 있는데 古와 黃의 반절이다.

《설문해자》: 桄, 充也。
'桄'은 '充'의 뜻이다.
손면(孫愐)의 《당운(唐韻)》에 古와 曠의 반절이라고 하였다.

《예기》〈악기(樂記)〉: 鍾聲鏗, 鏗以立號, 號以立橫, 橫以立武。
종 소리가 굳세니, 굳세어 군호 소리가 떠오르게 하고, 군호 소리에 따라 가득하게 하고, 가득함에 따라 용기를 일으킨다.
정현의 주: '橫'은 충만함이니, 기가 충만함이다.
《경전석문》: '橫'은 古와 曠의 반절이다.

《예기》〈제의(祭義)〉: 置之而塞乎天地, 溥之而橫乎四海。
여기에 두면 천지를 채우고, 펼치면 사해에 가득하다.

《예기》〈공자한거(孔子閑居)〉: 夫民之父母乎, 必達于禮樂之原,
以致五至而行三無, 以橫于天下。
백성의 부모로다. 반드시 예악의 근본에 통달하여 오지를 이루고
삼무를 행하여 천하에 가득하게 한다.
주 : '橫'은 '充'의 뜻이다.

이상의 사례를 통해 대진은 다음과 같은 견해를 제시하였다.

'橫'과 '桄'은 마찬가지로 古와 曠의 반절이다. '橫'은 충만하다는 뜻
이다. 즉《爾雅》의 "'桄'은 '充'의 뜻이다."라는 것이다.

또 다음의 실례를 들었다.

《한서(漢書)》〈왕포전(王褒傳)〉: 化溢四表, 橫被無窮。
교화가 사방에 넘쳐 끝없이 널리 가득하다.

《한서》〈왕망전(王莽傳)〉: 昔唐堯橫被四表。
옛날 요 임금의 덕이 사방에 널리 가득하였다.

《후한서(後漢書)》〈풍이전(馮異傳)〉: 橫被四表, 昭假上下。
사방에 널리 가득하고 밝게 상하에 이르렀다.

그리고 다음과 같이 결론을 내렸다.

《상서》〈요전〉의 고본은 필시 "橫被四表"로 되어 있었을 것이다.

'橫被'는 넓게 덮는다는 것이니, 바로 《예기》에서 말한 "橫于天下"와 "橫乎四海"이다. '橫四表〔사방에 가득하다〕'와 '格上下〔상하에 이르다〕'를 대조하여 들었는데, 두루 미치는 것을 '橫'이라 하고, 관통하여 이르는 것을 '格'이라고 한다. '橫'이 전사되면서 '枂'이 되었고, 또 탈오가 생겨 '光'이 되었다. 원래 상태로 본다면 마땅히 古와 曠의 반절로 읽어야 하니, 넓게 가득하다는 뜻과 거의 합치된다.

그는 훈고와 의미에 대한 분석을 시작으로 고대 음의 통가(通假) 원리까지 적용하여 여러 근거를 가지고 '光'은 이문이며 고본에는 '橫'으로 되어 있을 것이라고 고증하였다. 이는 교감의 근본 원칙에 부합하는 것처럼 보인다. 그러나 왕인지(王引之)는 이에 대해 다음과 같이 이견을 제시하였다.

'光'과 '枂'과 '橫'은 옛날 같은 음을 가지고 통용되었던 것이지 전사 과정에서 탈락이 생겨 '光'이 된 것은 아니다. 또 세 글자는 모두 채워 넓힌다는 뜻으로, 반드시 古와 曠의 반절로 읽어야 '充'의 뜻을 갖게 되는 것은 아니다.

그는 다음과 같은 증거를 제시하였다.

《한서》〈선제기(宣帝紀)〉와 〈소망지전(蕭望之傳)〉: 聖德充塞天地, 光被四表。
성덕이 천지에 가득하고, 사방에 널리 가득하였다.

《주역집해(周易集解)》〈비괘(比卦)〉에 실린 순상(荀爽)의 주:

聖王之信, 光被四表。
성왕의 신의가 사방에 널리 가득하였다.

《북당서초(北堂書鈔)》〈악부(樂部) 1〉초본(鈔本)에 인용된 《악위(樂緯)》의 "堯樂曰大章"에 대한 주 : 言德光被四表, 格于上下, 其道大章明也。
덕이 사방에 널리 가득하고 상하에 이르러 그 도가 크게 밝아졌음을 말한 것이다.

《후한서》〈채옹전(蔡邕傳)〉 : 《釋誨》曰 : "敍之足以光四表"
〈석해(釋誨)〉에서 말하였다. "족히 사방을 채울 만큼 펼쳤다."

《회남자(淮南子)》〈숙진(俶眞)〉에 대한 고유(高誘)의 주 : '頗'는 '光被四表'에서의 '被'로 읽는다.

《중론(中論)》〈법상(法象)〉 : 唐帝允恭克讓, 光被四表。
요 임금의 진실된 공손함과 사양함이 사방에 널리 가득하였다.

〈위공경상존호주비(魏公卿上尊號奏碑)〉 : 邁恩種德, 光被四表。
크나큰 은덕이 사방에 널리 가득하였다.

조식(曹植)의 〈구통친친표(求通親親表)〉 : 欲使陛下崇光被時雍之美。
폐하로 하여금 성세의 아름다움을 높고 넓게 펼치도록 하고자 합니다.

왕찬(王粲)의 〈무사종명(無射鍾銘)〉: 格于上下, 光于四方。
상하에 이르고 사방에 가득하다.

위에서 거론한 말들은 모두 〈요전〉에 근거한 것이다. 또 다음과 같은
증거를 제시하였다.

반고(班固)가 지은 〈전인(典引)〉의 "光被六幽"에 대한 채옹(蔡
邕)의 주에서 "六幽謂上下四方也。〔'六幽'는 상하와 사방을 말한
다.〕"라고 하였고, 또 《상서》의 "光被四表, 格于上下。〔사방에 널
리 가득하고 상하에 이르렀다.〕"를 인용하였다.

《시경》〈주송보(周頌譜)〉: 天子之德, 光被四表, 格于上下。
천자의 덕이 사방에 널리 가득하고 상하에 이르렀다.

《시경》〈희희(噫嘻)〉: 旣昭假爾。
널리 밝혔다.
전(箋): 사방에 널리 가득하고 상하에 이르렀다는 말이다.
《시경정의》: "光被四表, 格于上下"는 〈요전〉에 나오는 말이다. 정현의 주에 "言
堯德光耀及四海之外, 至于天地, 所謂大人與天地合其德, 與日月齊其明。〔요 임금의
덕이 빛나 사해의 밖에까지 미쳐 천지에 이르니, 이른바 대인은 천지와 그 덕이
합일되고, 일월과 그 밝음을 나란히 한다는 것이다.〕"이라고 하였다.

왕인지는 이에 대해 "정현은 고문 《상서》를 주석한 것인데, 여기에서
의 글자도 '光'으로 되어 있으니, '光'이 잘못된 글자가 아니라는 것을 알
수 있다."하였다. 그리고 다음의 사례를 제시하였다.

《이아(爾雅)》: 桄, 充也。

'桄'은 '充'의 뜻이다.

손염본(孫炎本)에는 '桄'이 '光'으로 되어 있다.

《상서》〈익직(益稷)〉[2] : 帝光天之下

상제의 덕이 하늘의 아래에 가득하여

《상서정의》: 充滿大天之下〔하늘 아래에 충만한 것이다.〕

《효경(孝經)》: 孝弟之至, 通于神明, 光于四海。

효제의 지극함이 신명에 통하고 사해에 가득하였다.

공영달의 전 : '光'은 '充'의 뜻이다.

이를 통해 '光'을 '充'으로 훈고할 수 있음과 '橫'과는 본래 이문이 아니라는 것을 증명하였다. 그리고 다음으로 '光'과 '廣'이 같은 음이라는 것을 또 증명하였다.

《시경》〈주송(周頌) 경지(敬之)〉의 전(傳) : '光'은 '廣'이다.

《국어》〈주어(周語)〉: '緝'은 '明'이고 '熙'는 '廣'이다.

《이아》: '緝'과 '熙'는 '光'이다.

《춘추곡량전(春秋穀梁傳)》 희공(僖公) 15년 : 德厚者流光。

후덕함이 널리 흐른다.

소 : '光'은 '遠'과 같다.

---

2 익직(益稷) : 《교감학대강》에는 '皐陶謨'로 되어 있는데, 인용된 내용에 근거하여 바로잡아 번역하였다.

《순자(荀子)》〈예론(禮論)〉에는 "積厚者流澤廣。〔덕이 후한 자는 미치는 은택이 넓다.〕"이라 하였고, 《대대례(大戴禮)》〈예삼본편 (禮三本篇)〉에는 "流澤光。〔미치는 은택이 넓다.〕"이라 하였다. '光'과 '廣'은 통용되며 모두 '充廓〔채워 넓히다〕'이라는 뜻으로 《방언(方言)》에서 말한 "幅廣爲充〔폭을 넓히는 것이 '充'이다.〕"의 '充'임을 알 수 있다.

그리고 이어서, 대진이 들었던 '橫'의 예증에 견주어 〈요전〉의 "光被 四表"가 한위(漢魏) 시대의 문장에 전재(轉載)되면서 '廣'으로 쓰인 사 례를 제시하였다.

《한서》〈예악지(禮樂志)〉：聖主廣被之資
성주의 널리 세상에 미치는 자질

수나라 소길(蕭吉)의 《오행대의(五行大義)》에서 인용한 《예함문 가(禮含文嘉)》：堯廣被四表, 至于龜龍。
요 임금의 덕이 사방에 널리 가득하여 귀룡에 이르렀다.

한대의 〈성양령대비(成陽靈臺碑)〉：爰生聖堯, 名蓋世兮, 廣被之 恩, 流荒外兮。
이에 요 임금이 나시어 이름이 세상에 덮였고, 널리 가득한 은혜는 저 멀리 외방까지 흘렀도다.

〈번의복화하민조전구산비(樊毅復華下民租田口算碑)〉：聖朝勞神 日昃, 廣被四表。
성조에서 해 저물도록 근심하여 은혜가 사방까지 널리 가득하였다.

〈성양령당부송(成陽令唐扶頌)〉: 追惟堯德, 廣被之恩。
요 임금의 덕이 널리 가득 퍼졌다.

〈심자거면죽강언비(沈子琚緜竹江堰碑)〉: 廣被四表。
사방에 널리 가득하였다.

《예문유취(藝文類聚)》〈악부(樂部)〉에서 인용한 《오경통의(五經通義)》: 舞四夷之樂, 明德澤廣被四表也。
사이의 음악에 춤을 추었다는 것은, 덕택이 사방까지 널리 가득하였음을 밝힌 것이다.

《삼국지(三國志)》〈위지(魏志) 문제기(文帝紀)〉의 주에서 인용한 〈헌제전(獻帝傳)〉의 "廣被四表, 格于上下。〔사방에 널리 가득하고 상하에 이르렀다.〕"와 "至德廣被, 格于上下。〔지극한 덕이 널리 가득하고 상하에 이르렀다.〕"

이러한 예를 들어 '光被'의 '光'이 '橫'으로도 씌어 있고 이는 대진의 의견이다. '廣'으로도 씌어 있으며, 글자는 다르지만 음과 뜻이 같다는 것을 증명하였다. 이상의 증명을 총괄하여 그는, 대진이 다른 해석 중 '充'이라고 풀이한 것을 정확하다고 여긴 것은 탁월한 견해이지만 '橫'을 고문 《상서》의 바른 글자라고 한 것은 착오라고 하였다.

대진과 왕인지가 사용한 고증의 방법은 기본적으로 동일하고 훈고에 있어서도 결론이 완전히 일치하지만 경문의 정자에 대한 확정에서는 차이가 발생함을 쉽게 알 수 있다. 대진은 추측으로 '橫'이라는 하나의 이문을 상정하였고, 전사 과정에서 잘못된 원인을 가상하여 '光'을 오자로 단정하였다. 왕인지는 동일한 방법으로 많은 수의 전거를 인용하여 '光'이 '橫'과 통용될 뿐만 아니라 '廣'과도 통용된다는 것을 증명하였으며, 아울러 한 발 더 나아가 〈요전〉의 "光被四表"라는 구절이 한(漢)과 진(晉)의 시대에는 두 종류의 이문인 "廣被四表"와 "橫被四表"로 존재하였음을 증명하였다. 다만 그가 열거한 이에 대한 이문은 모두가 〈요전〉에 근거하여 전용한 글이며 〈요전〉 본문을 직접 인용한 것은 아니다. 그러므로 이것들은 모두 간접적인 자료이다. 이는, 당시에는 통가자(通假字)를 가지고 본래 글자를 대신할 수 있었다는 것은 설명할 수 있지만 '廣'과 '橫' 두 개의 통가자 중 어느 것이 경문의 본래 글자인지를 증명할 수는 없다는 것을 알려 준다.

또 다른 측면에서 그는 정현이 주에서 인용한 〈요전〉의 본문을 예로 들어 한대에 고문으로 쓰인 《상서》〈요전〉의 경문은 "光被四表"였음을 증명하였다. 즉, 대진이 '光'을 '橫'으로 고친 이유는 성립되지 않으며 근거가 없음을 설득력 있게 설명하고 있다.

분명 교감의 측면에서 볼 때 왕인지의 설명이 정확한 것이고, 대진의 설명은 단편적인 것이다. 단편적인 이유는 실제와 부합하지 않기 때문이다. 만약 층차의 중첩 구성이라는 측면에서 분석해 본다면 실제 공전본(孔傳本)과 정주본(鄭注本)은 모두 이중의 구성이다. 이들과 원고 간에 발생하는 중첩에 의한 차이는 모두 문자라는 형식의 측면에서 발생하는 것이 아니라 지식, 즉 내용의 이해라는 측면에 있다. 즉, 이문은 없으며 견해의 차이만 있는 것이다. 다음으로 견해의 차이는 글자의 다의성(多義性) 때문에 발생한다. 즉 '光'이 본래 '채우다〔充〕'라는 뜻과 '빛나다〔光耀〕'라는 의미를 모두 가지고 있었기 때문이며, 고금에 있어 해석이 서로 다르기 때문은 아니다. 또 다음으로, 한대는 예서인 고문이 금문으로 바뀌어 가는 시대였기에 음과 뜻은 서로 같은데 자형이 서로

다른 통가자가 유행하였다. 이 때문에 대진의 설은 문자학 방면에 있어
서는 탁견이 있기도 하지만 이를 근거로 경문의 본래 글자를 고치는 것
은 도리어 고인을 대신하여 글자를 바로잡아 확정하는 것이다. 이 모든
것은 한대 문자 발전의 특수 상황과 부합하지 않으며 또한 본래의 모습
을 보존하고 복원한다는 교감의 근본 원칙과도 부합하지 않는다.

제6절 고적 구성의 층차에 대한 분석

현존하는 각종의 중요 전적은 대부분 중첩 구성을 이루고 있는데, 주요한 유형은 층차의 다소를 기준으로 간단한 중첩 구성과 복잡한 중첩 구성 두 가지로 나뉜다. 고적의 정리와 교감이라는 면에서 말한다면 본래의 모습을 보존하고 복원하는 것이 필요한데, 이는 반드시 단옥재가 말한 것처럼 "가공언의 주석은 가공언이 사용한 저본에 맞게 교감"하는 것, 즉 각각의 층차를 분석하여 원래의 모습을 회복하는 것이 가장 우선이다. 마찬가지로 복잡한 중첩 구성을 가진 고적을 가지고 말해 본다면, 각각의 층차를 독립시켜 그 저술을 하나의 독자적인 의견을 가졌던 고적의 원래 모습으로 회복시키는 것이다. 결과적으로 층차의 중첩 구성으로 이루어진 고적을 그 각각이 책으로 묶였던 때의 독자적인 모습으로 되돌려, 동일 경전에 대해 해석한 여러 종의 고적으로 다시 새롭게 분석하고 귀납해 내는 것이다. 간단히 말하면 하나로 집성된 고적을 정리하여 독자적으로 일가를 이룬 다종의 고적으로 만들어 내는 것이다.

이러한 작업을 통하여, 이들 사이에 경전의 이문이 있고 또 다른 해석이 존재할 뿐만 아니라 주소에도 이문과 해석의 차이가 존재한다는 것을 분명히 알 수 있다. 이는 경전의 교감을 편리하게 할 뿐 아니라 주소의 문장을 교감하는 데도 편리하게 하여, 원래의 모습을 보존하고 회복한다는 근본 원칙을 비교적 충실히 수행할 수 있게 한다.

간단한 중첩 구성을 지닌 고적을 가지고 말하면, 이는 원저와 후인의 교주를 구분한 뒤에 후인의 교주를 교감의 자료로 삼아 원저의 원래 모습을 직접 회복하는 것이다. 《모시고훈전(毛詩故訓傳)》과 《광아(廣

雅)》를 예로 들면 다음과 같다.

《한서》〈예문지〉에는 "《모시》경 29권,《모시고훈전》30권"으로 서술되어 있다. 이 내용에 근거해 보면, 경과 전의 권수가 일치하지 않으므로, 이것들은 원래 독립적인 책으로 엮였으며《모시고훈전》에는《모시》의 경문을 꼭 수록하지는 않았음을 말해 주고 있다. 그러나 독립적으로 존재했던《모시고훈전》은 이른 시기부터 이미 존재하지 않았으며,《모시정의(毛詩正義)》에 비교적 완전한 형태로 보존되어 있다. 앞에서 이미 기술한 것처럼《모시정의》는 모전(毛傳), 정전(鄭箋),《경전석문(經典釋文)》,《모시정본(毛詩定本)》,《모시정의》를 포괄하여 경문과 함께 6개의 층차로 구성되어 있다. 모시(毛詩)가 '모시'인 이유는 모전 때문이다. 따라서《모시》를 제대로 정리하려면 우선 모전의 원래 모습을 회복해야 한다. 단옥재가 말한 것처럼 "모전(毛傳)을 읽은 뒤라야 정전(鄭箋)을 읽을 수 있고, 그 동이(同異), 상략(詳略), 소밀(疏密)을 고찰하여 시비를 판정할 수 있다. 현행본은 하나로 합쳐져 있어 대부분의 사람들이 이를 소홀히 여긴다. 이를 둘로 나누어 차례로 고찰하는 것이 나을 것이다." 그렇지 않으면 "《모시》를 공부했다고 말을 하지만 실제 공부한 것은 주자(朱子)의《시집전(詩集傳)》이고《모시》는 아니다."〈모시고훈전정본소전제사(毛詩故訓傳定本小箋題辭)〉

이 때문에 그는 모전을《모시정의》에서 분리하여《모시고훈전》으로 다시 정리하였다. 원서의 편집 체제를 고증하고 열람의 편의를 위하여 앞에 경문을 실었다. 뿐만 아니라 "오류를 바로잡고 탈락을 보충하였다. 그리고 대의를 일괄하여 설명할 때에는 반드시 다시 경문을 제시하였고, 글자나 물명을 설명할 때에는 굳이 다시 경문을 제시하지는 않았다. 경과 전이 각자 별도의 책이던 옛 모습으로 되돌리고자 한 것이고, 또 번잡함을 줄이려고 고려한 것이다." 동시에 그는 다시 약간의 전주(箋注)

를 덧붙였다. 〈주남(周南) 갈담(葛覃)〉을 정리한 전문(全文)을 예로
들면 다음과 같다.

〈갈담〉 3장 장6구
《葛覃》, 后妃之本也。后妃在父母家, 則志在於女功之事, 躬儉節
用, 服澣濯之衣, 尊師敬傅, 則可以歸安父母, 化天下以婦道也。
〈갈담〉은 후비의 근본을 읊은 것이다. 후비가 부모의 집에 있어서
는 길쌈에 뜻을 두었다. 검소하고 절약하여 옷을 빨아 입고 스승을
존경하였으니, 그렇다면 시집가서 시부모를 편안하게 모셔 부도로
써 천하를 교화할 수 있는 것이다. 서(序)의 뜻은, 부모에게 귀녕(歸寧)함
은 시집가서 시부모를 섬기는 것을 말한 것이다. 시에서는 후비가 부모 집에 있을
때의 덕에 대해 많이 말하고 있는데 시집가서는 시부모를 잘 섬겨 부도로써 천하
를 교화하고 있다. 그러므로 '후비의 근본〔后妃之本也〕'이라고 말한 것이니, 여자
의 도리에 기초한 부도(婦道)에 근본한 것이다.

葛之覃兮, 施于中谷。維葉萋萋, 黃鳥于飛。集于灌木, 其鳴喈喈。
葛之覃兮, 施于中谷。維葉莫莫, 是刈是濩。爲絺爲綌, 服之無斁。
言告師氏, 言告言歸。薄汙我私, 薄澣 이는 俗字이다. 我衣。害澣害
否, 일반적으로 경전에서 '그런 것인지 아닌지'라는 의미를 표현할 때 옛날에는
'不'로만 썼는데, 후인들이 'ロ'를 덧붙인 것이다. 歸寧父母。

葛之覃兮, 施于中谷 : 흥(興)이다.
覃 : 뻗어남이니, 칡이 갈포(葛布)를 만들 수 있게 되어 길쌈하는 일이 바빠진
것이다.
中谷 : 골짜기이다.
萋萋 : 무성한 모양이다.
施 : 옮기는 것이다.

黃鳥 : 박서(搏黍)라는 새이다. '搏'의 음은 '博'이니 徒와 端의 반절이 아니다. '황조(黃鳥)'는 창경(倉庚)이라는 새는 아니니, 이것은 〈칠월(七月)〉의 전(傳)과는 매우 다르다.

灌木 : '冣木[나무를 쌓아 놓은 것]'이다. '冣'는 쌓는다는 뜻이다. '冖'과 '取'로 구성되어 있으며 才와 句의 반절이다. 고서에 있는 '冣'를 '最'로 잘못 쓰면서 '曰'에서 의미를 취하였다. 이 때문에 안황문(顏黃門)이 설명하기를, 주씨(周氏)와 유씨(劉氏)는 徂와 會의 반절과 租와 會의 반절로 읽었다고 하였다. 《경전석문》에서도 "어떤 본에는 '最'로 되어 있는데 作과 쏘의 반절이다." 하였다.

喈喈 : 조화로운 소리가 멀리서 들리는 것이다.

莫莫 : 일을 이루는 모양이다.

濩 : 삶는 것이다. 여기에서 말한 '濩'은 '鑊'의 가차이다. '鑊'은 삶는 도구이다. 그러므로 삶는다는 것도 '鑊'이라고 하는 것이다. 《이아》〈석훈(釋訓)〉에서 《시경》을 인용하고 풀이하기를 "'濩'은 삶는 것이다." 하였는데, 이를 모공(毛公)이 근거로 삼은 것이다. 《모시정의》에서는 이 구절을 제대로 알지 못했다. 당나라 석경의 《이아》에는 위의 글자를 '穫'이라고 하고 아래 글자를 '鑊'이라고 하였으니 매우 크게 잘못된 것이다. 정자를 쓴다면 모두 '金'을 방(旁)으로 써야 하고, 가차자를 쓴다면 모두 '水'를 방으로 써야 한다.

爲絺爲綌, 服之無斁 : 가는 것은 '絺'라 하고, 거친 것은 '綌'이라 한다. '斁'은 싫어함이다. 옛날 왕후는 현담(玄紞)을, 공후의 부인은 굉정(紘綖)을, 경의 부인은 대대(大帶)를 짰고, 대부의 부인은 제복(祭服)을, 사인의 처는 조복(朝服)을 지었고, 서사(庶士) 이하는 각각 지아비의 옷을 지었다.

言 : 자신이다.

師 : 여사(女師)이다. 옛날엔 여사가 부덕(婦德), 부언(婦言), 부용(婦容), 부공(婦功)을 가르쳤다. 조묘(祖廟)를 거두지 않았을 때에는 석 달 동안 공궁(公宮)에서 가르치며, 조묘를 거둔 뒤에는 종실(宗室)에서 가르친다.

歸 : 부인이 시집간 것을 말한다.

汚 : 여러 번 하는 것이다.

私 : 평상복이다. 부인이 부위(副褘)를 성대히 차려입고 아침마다 시부모를 문안하고, 종묘에 고하고, 남편을 대한다. 자신에게 있어서는 사적인 것이다.

害澣害否 : '害'은 '何[어찌]'의 뜻이다. 여기서의 '害'은 '曷'의 가차이다. '曷'과 '何'는 전주(轉注)가 되며 '害'을 가차하여 '曷'로 삼았다. 즉 '害'과 '何'도 전주가 된다는 말이다. 모전(毛傳)의 예는 이와 같은 것이다. 고본인 송본(宋本)과 원본(元本)에는 모두 "'害'은 '何'이다." 하였다. 근래의 통용본에서는 '害'을 '曷'로 고쳤다. ○ '害'은 본래 '何'의 뜻이 없는데 '何'의 뜻으로 말하고 있으니 '害'이 '曷'의 가차임을 알 수 있다. 이것이 하나의 사례이다. 예컨대 '干'을 '杆'의 뜻으로 가차할 경우에는 '干은 杆이다.'라고만 말하고 '輖'를 '朝'의 뜻으로 가차할 경우에는 '輖는 朝이다.'라고만 말한다. 이것은 가차의

사례를 가리키는 것이다. 모전에서 말하는 가차는 이 두 가지밖에 없다. 사복은 마땅히 빨아야 하고, 공복은 마땅히 그러하지 말아야 한다.

歸寧父母 : '寧'은 편안하다는 뜻이다. 부모가 계시면 때때로 귀녕하는 것이다. 혹은 말하기를, 이 9자[父母在, 則有時歸寧耳]는 후인이 보낸 것인 듯하다고 한다. 모전에는 "'寧'은 '安'이다." 하였는데, 모전은 이것이 〈초충(草蟲)〉의 전(箋)에서 말한 '寧父母[부모를 편안하게 한다.]'와 같다고 여긴 것이다. 《설문해자》에는 "'嫢'은 '安'이다."라고 하면서 《시경》의 '以嫢父母[부모를 편안하게 한다.]'를 인용하고 있는데 이는 《모시》의 이문이다. 일설은 서설이 같지 않다.

이상의 교감과 전(箋)을 통하여 〈갈담〉의 원래 모습을 대체로 회복하였다. "모전에서 언급한 논리를 통해 모전의 원래 모습을 회복"한 것이라고 말할 수 있을 것이다.

첫째, '모전(毛傳)'이라는 것은 '모전 《시경》'이므로 모전을 근거로 경문을 교정해 얻어 낸 저본은 경과 전이 일치하여 응당 모시의 원래 모습에 부합할 것이다.

둘째, 《모시고훈전》의 의미는 두 가지인데, 하나는 "전으로 뜻을 풀이"하는 것으로 《시경》의 본래 뜻을 해석하는 것이고, 하나는 "훈고를 하여 고금의 다른 말을 기술"하는 것으로 시의 뜻을 해석하는 것이다. 정리 후의 〈갈담〉 전문(傳文)은 소서(小序)와 일치하고, 《모시고훈전》의 원래 면모에 부합한다.

셋째, 단옥재가 기술한 전주(箋注)는 주로 자학(字學)의 입장에서 일부 경의 이문에 대해 설명을 붙였고, 모전의 훈고 사례에 대하여 귀납적으로 정리하여 열람의 편의와 이해에 도움을 주었다. 일반적으로 본래의 글자를 고치지 않았으니 이 또한 교감의 원칙에 부합하는 것이다.

그러므로 《모시》를 정리하고 교감함에 있어서는 우선 《모시고훈전》의 원래 모습을 회복하는 데에 힘을 쏟는 것이 타당하고 정확한 방법이다. 그리고 《시경》을 정리하고 교감하는 데에는 사가시(四家詩)를 통한 《시경》 원래 모습의 회복이 빠져서는 안 되는 방법이다. 앞에서 말했듯이 정전(鄭箋)은 삼가시(三家詩)를 아울러 채록하고 있기 때문에 위진(魏晋) 이후로 모전과 정전에 대한 차이와 시비가 끊임없이 쟁점이 되어 왔다. 《모시정의》는 모전과 정전을 포함하고 있으면서 모전과 정전의 차이에 대해 비교적 객관적인 기술을 하고 있지만, 정현이 삼가시를 아울러 채용한 실상에 대해서는 체계적이고 구체적인 고증을 진행하지 못하였다. 청대 학자 이부손(李富孫)의 《시경이문석(詩經異文釋)》과 진교종(陳喬樅)의 《사가시이문고(四家詩異文考)》 등은 삼가시에 대하여 비교적 체계적인 고증을 진행하였다. 비록 단옥재가 정정하고 전주한 《모시고훈전》처럼 비교적 완전하게 책 전체의 모습을 회복한 것은 아니지만 실제 의의와 효과는 대략 같다. 따라서 이 모두는 현재의 《시경》에 존재하는 복잡한 중첩 구성의 층차별 분석에 꼭 필요한 단계이며, 또한 교감에 있어 필수적인 단계에 해당한다.

《광아(廣雅)》는 삼국 시대 위(魏)의 장읍(張揖)이 편찬한 책으로 글자의 뜻을 해석한 일종의 훈고서이다. 왕염손은 다음과 같이 말하였다.

(장읍은) 양한 유학자들의 뒤를 이어 이전 시대의 전적을 참고하고 견문한 것을 두루 기재하되 《이아》에 의거하여 구분·정리하였으며, 《이아》에 실려 있지 않은 것도 모두 기록하였다. 《주역》, 《서경》, 《시경》, 삼례(三禮), 삼전(三傳)에 대한 경사(經師)들의 훈고에서부터 《논어》, 《맹자》, 《홍렬(鴻烈)》, 《법언(法言)》에 대한 주석, 초사(楚辭)와 한부(漢賦)에 대한 해석, 참위(讖緯)의 기록, 《창힐(倉頡)》, 《훈찬(訓纂)》, 《방희(滂喜)》, 《방언(方言)》, 《설문해자》의 설명까지 수록하지 않은 것이 없다. 대개 현재 남아 있는 주(周), 진(秦), 양한(兩漢) 때의 고의(古義)는 이 책을 근거하여 그 득실을 고증할 수 있다. 그리고 산일되어 전해지지 않는

것도 이를 통해 그 단서를 엿볼 수 있다. 즉 훈고에 있어서 이 책의 공은 크다고 할 것이다.〈광아소증서(廣雅疏證序)〉

　이 때문에 비교적 광범위하게 사본으로 전파되었고 끼친 영향도 비교적 크다. 수나라 조헌(曹憲)이 여기에 음석(音釋)을 더하여 원제를 《광아음(廣雅音)》이라 하였고, 후에 수나라 양제(煬帝)의 이름을 피휘하여 《박아음(博雅音)》으로 고쳤다. 당나라에는 10권본이 유전되었고, 명대에는 《광아》와 《박아음》을 합각한 본이 유전되었다. 청대에 이르러 비로소 주석본이 생겼는데 전대소(錢大昭)의 《광아소의(廣雅疏義)》와 왕염손의 《광아소증(廣雅疏證)》이 있다. 분명 위나라부터 명나라의 각본(刻本)까지는 이에 대한 설명을 하는 저작이 없었으므로 주로 전사 과정에서의 오탈과 착란의 문제만 있었다. 따라서 전대소와 왕염손의 책은 모두 이중의 구성으로 되어 있는 것이다.
　교감의 측면에서 말한다면 《광아소증》은 10년에 걸쳐 완성된 책으로 그 원고를 세 번 고쳤다. 영송본(影宋本)과 명나라의 여러 각본으로 교감하고, 《집운(集韻)》, 《옥편(玉篇)》, 《태평어람(太平御覽)》 등의 책으로 고증하였는데 "글자가 잘못된 곳 580군데, 탈락된 곳 490군데, 연문이 있는 곳 39군데, 앞뒤가 뒤섞인 곳 123군데, 정문이 음에 대한 설명으로 잘못 들어간 곳 19군데, 음으로 설명되어야 할 부분의 글자가 정문으로 잘못 들어간 곳 57군데를 조목조목 보충하고 바로잡았으며 상세히 이유를 설명하였다."
　탈락을 보충한 사례는 다음과 같다.

　　〈석고(釋詁)〉의 "道、……，大也。(浩、溔)" 조항
　　'浩·溔'는 왕일(王逸)의 《초사》〈구가(九歌)〉에 대한 주에 "浩는

大이다." 하였다. 《상서》〈요전(堯典)〉에 "浩浩滔天〔크게 하늘까지 흐른다.〕"이라고 하였다. 《회남자(淮南子)》〈남명훈(覽冥訓)〉에 "水浩洋而不息〔물이 크게 흘러 그치지 않는다.〕"이라고 하였는데 '浩'는 '澔'로도 쓰며 '皓'로도 쓴다. 사마상여(司馬相如)의 〈상림부(上林賦)〉에 "澔洋潢漾〔물이 끝없이 흐른다.〕"이라고 하였는데 곽박(郭璞)의 주에 "모두 물이 끝이 없는 모양이다." 하였다. 《문선(文選)》〈위도부(魏都賦)〉에 "河汾浩汦而皓洋。〔하수와 분수가 크게 흐른다.〕"라고 하였는데, 이선(李善)의 주에 《광아》를 인용하여 "浩와 洋는 大이다." 하였다. 현행본에는 모두 '浩'와 '洋' 2자가 빠져 있다.

　여러 책에서 《광아》를 인용하고 있는데, 현행본에 빠져 있는 것 중 위아래 문장을 모두 함께 인용하고 있는 경우에는 그 순서에 따라 보충할 수 있다. 아랫글의 "楷·模·品·式은 法이다." 조항에서 '模'와 '品' 2자가 빠져 있는 것을 《중경음의(衆經音義)》에서 인용한 것에 근거하여 보충한 것이 그러한 예이다. 위아래 문장을 모두 함께 인용하고 있지 않은 경우에는 순서를 예증(例證)할 수 없어 그저 본 대목의 말미에 붙여 두었다. 이 조항에서의 '浩'와 '洋' 2자가 그러한 예이다. 보충한 글자들은 모두 옆에 별도로 구별하였으며 뒤에도 이와 같다.

〈석고〉의 "聆……, 從也。(循)" 조항
'循'은 《이아》에 "循과 從은 自이다." 하였고, 《문선》 육운(陸雲)의 〈답장사연시(答張士然詩)〉의 주에서 《광아》를 인용하여 "循은 從이다." 하였다. 현행본에는 '循'이 빠져 있다.

〈석고〉의 "楷閑……(模、品)、式……, 法也" 조항
'楷·模·品·式'은 《설문해자》에 "模는 法이다.", "程은 品이다." 하였다. 《일주서(逸周書)》〈시법해(謚法解)〉에 "式은 法이다." 하였다. 《노자(老子)》에 "知此兩者亦楷式〔이 두 가지도 법식이라는 것을 알아서〕"이라고 하였고, 《한서》〈선제기(宣帝紀)〉에 "品式備具〔법식이 갖춰졌다.〕"라고 하였다. 각 본에는 모두 '模'와 '品' 2자가 빠져 있는데, 《중경음의》권24에서 《광아》를 인용하여 "楷·模·品·式은 法이다." 하였다. 지금 이를 근거로 보충하였다.

〈석고〉의 "叢、(湊)……趣、(務)……遽也" 조항
'湊'는 조헌(曹憲)이 "七과 候의 반절이다." 하였다. 각 본에는 '湊'가 빠져 있다. "七과 候의 반절"이라는 음 표시가 잘못 '叢' 아래에 들어간 것이다. 《옥편》에 "'湊'는 다투어 나아가는 것이다." 하였다. 《춘추공양전(春秋公羊傳)》 소공(昭公) 31년에 "賊至, 湊公寢而弒之.〔적이 이르러 공의 침소로 달려가 시해하였다.〕"라고 하였다. 《전국책》〈연책(燕策)〉에 "士爭湊燕.〔군사들이 다투어 연으로 달려갔다.〕"이라고 하였다. 《사기(史記)》〈연세가(燕世家)〉에서는 '湊'를 '趨'로 썼는데 '趨'와 '趣'는 같은 것이다. 《초사》〈대초(大招)〉에 대한 왕일(王逸)의 주석에 "遽는 趣이다." 하였다.

'趣'와 '湊'는 모두 '遽'가 된다. 그리하여 지금 보정(補正)하였다.……각 본에는 모두 '務'가 빠져 있다. '趣'의 음 설명에 '趍趣無在'라는 4자가 있다. 생각건대 '趍'는 趨의 오자이며 '趣'는 娶의 오자이며 '無在'는 無住의 오자이다. '無住'는 務의 반절음이다.

《설문해자》에 "務는 趣이고, 勮는 務이다." 하였다. 《광운(廣韻)》에 "務는 遽이다." 하였는데 '遽'와 '勮'는 통용한다. 《중경음

의》권6에서《광아》를 인용하여 "務는 遽이다." 하였다. 지금 이를
근거로 보충하여 바로잡았다.

오류를 정정한 사례는 다음과 같다.

〈석고〉의 "桒, 弌也" 조항
《설문해자》에 "弌은 一의 고자이다." 하였다. 각 본에는 '戈'로 잘못
되어 있어 지금 정정하였다.

〈석고〉의 "蘊……秭、稫、……, 積也" 조항
'秭'는《이아》에 "秭는 數이다." 하였다.《시경》〈주송(周頌) 풍년
(豐年)〉에 "萬億及秭〔만억과 자이거늘〕"라고 하였는데 모전에 "萬
億을 秭라 한다." 하였다. 이에 '秭'가 '積'이 되는 것이다. '秭'와
'積'는 소리가 서로 비슷하다. '秭'는 각 본에 '秭'로 되어 있는데, 지
금 정정하였다.
　'稫'는《옥편》에 "稫는 벼를 쌓아 놓은 것이다." 하였다. 각 본에
는 '稫'가 조헌(曹憲)이 음을 설명한 내용 중에 잘못 들어가 있는
데, 지금 정정하였다.

〈석고〉의 "同……, 輩也" 조항
'同'이 각 본에는 '周'로 잘못되어 있다.《광운》에 "同은 輩이다."
하였다.《중경음의》권6에서《광아》를 인용하여 "同은 輩이다." 하
였다. 지금 이를 근거로 정정하였다.

〈석고〉의 "穌、……乳、……孚, 生也" 조항

'孚'는 각 본에 '乳'로 잘못되어 위에 있는 '乳'와 중복된다. 《중경음의》 권2와 권6, 그리고 당나라의 승려 담연(湛然)의 《법화문구기(法華文句記)》 권6에서 모두 《광아》를 인용하여 "孚는 生이다." 하였다. 지금 이를 근거로 정정하였다.

〈석고〉의 "龕、……, 取也" 조항
각 본에는 收, 有, 撤 3자가 중복되어 있는데, 지금 삭제하였다.

뒤섞인 예는 다음과 같다.

〈석언(釋言)〉의 "(瘱), 審(也)" 조항
각 본에는 모두 "審、噴, 並也."로 되어 있다. 생각건대 審, 噴, 並 3자는 글자 뜻이 서로 연관이 없다. 이는 본문에서 瘱와 也 2자가 빠졌고, 아랫글의 "噴, 嚏也."와 "骈, 並也."에서 또 嚏, 也, 骈 3자가 빠졌기 때문에 결국 세 조목이 하나의 조목으로 섞인 것이다. 《집운》에서 《광아》를 인용하여 "瘱은 審이다." 하였다. 지금 이를 근거로 보충하고 바로잡았다.

〈석언〉의 "噴, (嚏也)" 조항
《중경음의》 권10에서 《창힐(倉頡)》을 인용하여 "'嚏'는 재채기하는 것이다." 하였다. 각 본에는 '嚏也' 2자가 빠져 있다. 《중경음의》 권16과 권19에서 《광아》를 인용하여 "噴은 嚏이다." 하였다. 지금 이를 근거로 보충하고 바로잡았다.

〈석언〉의 "(骈), 並也" 조항

《설문해자》에 "騈은 말 두 마리를 매는 것이다."하였다. 《관자(管子)》〈사칭(四稱)〉에 "入則乘等, 出則黨騈。〔들어갈 때에도 함께 오르고 나올 때에도 무리지어 나란히 나온다.〕"이라고 하였다. 각 본에는 '騈'이 빠져 있다. 《장자(莊子)》〈변무(騈拇)〉에 대해 《경전석문》에서 《광아》를 인용하여 "騈은 並이다."하였다. 지금 이를 근거로 보충하고 바로잡았다.

이 같은 오류의 정정, 탈락의 보정(補正), 뒤섞인 것의 정리는 정확하고 믿을 만한 것이며, 대체로 수당(隋唐) 이전 《광아》의 원래 모습을 회복한 것이다. 왕염손은 만년에 또 《광아소증보정(廣雅疏證補正)》을 지었는데 대부분 훈고 시 증거로 예시한 것에 대한 보정이며, 교감에 대해서 보정한 것은 많지 않다. 이 역시 《광아소증》이 본문의 교감에 있어서 탁월한 성취를 이루었다는 것을 설명할 수 있는 것이다.

결론적으로, 현존하는 많은 고적을 거시적으로 고찰하면 지식 내용과 문자 형식으로 구성된 기본 유형은 복잡한 중첩 구성과 간단한 중첩 구성이라는 두 가지 유형에서 벗어나지 않는다. 그리고 층차의 중첩에서 생겨난 차이와 착오는 주로 이문과 다른 해석으로 표현된다. 간단한 중첩 구성에서의 차이와 착오는 이문이 대부분이지만 복잡한 중첩 구성에서는 다른 해석에 따른 이문이 대부분이다. 서로 다른 유형의 기본 구성을 구별하고, 그 특징에 근거하여 층차별로 분석을 진행하여 "가공언의 주석은 가공언이 사용한 저본에 맞게 교감하고, 공영달의 주석은 공영달이 사용한 저본에 맞게 교감"해야 한다. 즉, 각 층차의 원래 모습을 회복하는 것은 고적을 교감하여 본래의 모습을 보존하고 복원하는 데에 빠뜨려서는 안 될 단계이다. 그러나 위에서 기술한 것에서도 알 수 있듯이 이문과 해석의 차이를 분석하는 방법 및 근거가 매우 중요하다.

제 4 장

교감의 일반적 방법과
고증의 과학적 근거

제1절 교감의 일반적 방법

고적의 교감과 인쇄물의 교정을 구별하는 주요한 기준은 정오와 시비에 대해 명확한 근거를 제시하는 원고가 있느냐 없느냐이다. 고적의 교감이 하나의 전문적인 학술로 성립하게 된 것은 정오와 시비를 판단할 수 있는 근거가 되는 명확하고 믿을 수 있는 원고 혹은 원판본이 없는 데 기인한다. 간단하게 중첩된 구조로 구성된 고적은 물론이고 복잡하게 중첩된 구조로 구성된 고적은 모두 이문과 여러 가지 해석이 존재한다. 고적을 교감하는 경우에는 반드시 이문을 수집하여 정오와 시비를 대조하고 판단을 하여 본래의 모습을 보존하고 복원해야 한다. 따라서 이론적으로 교감의 일반적 방법은 각종 판본과 유관 자료를 수집하는 것인데, 여기에는 고본, 금본, 사본, 판각본, 잔본, 선본, 백문본, 주소본 등과 그 책에 인용된 전인의 문헌 자료, 그 책을 인용한 후인의 문헌 자료 등이 포함된다. 그런 뒤에 좋은 것과 중요한 것을 택하여 비교하고, 이문을 열거하고, 유형을 분별하고, 분석하고, 이유를 설명하고 증거를 드러내어 정오와 시비를 판단한다. 방법론으로 말하면 교감의 일반적 방법의 실제는 비교 분석과 과학적 고증이다.

제2절 진원의 네 가지 교감 방법

진원(陳垣)은 《교감학석례(校勘學釋例)》 권6 〈교법사례(校法四例)〉에서 그가 《원전장(元典章)》을 교감하면서 사용한 네 가지 교감 방법을 개괄하였다.

첫 번째는 대교법(對校法)이다. 같은 책의 조본(祖本 가장 오래된 본) 혹은 별본(別本)을 나란히 놓고 읽으면서 다른 곳을 만나면 그 옆에 주를 달았다. 유향(劉向)의 《별록(別錄)》에 "한 사람이 책을 들고 다른 한 사람이 책을 읽으면서 마치 원수가 서로 대하듯 한다."라고 한 것이 바로 이 방법이다. 이 방법은 가장 간단하면서도 타당한 것으로 순전히 기계적인 방법에 속한다. 이 방법의 요지는 이동(異同)을 교감하는 것이지 시비를 교감하는 것은 아니다. 그러므로 책임을 지지 않는다는 단점이 있다. 비록 조본 혹은 별본에 잘못된 곳이 있어도 그대로 기록한다. 장점은 자기의 견해를 끼워 넣지 않는 것이다. 이 방법으로 교감한 대본을 얻으면 조본 혹은 별본의 본래 모습을 알 수 있다. 그러므로 한 책을 교감할 때에는 반드시 먼저 대교법을 쓴 뒤에 다시 다른 교감 방법을 써야 한다.

대교가 아니면 결코 잘못된 곳을 알지 못하는 경우가 있는데, 글의 뜻이 겉으로는 의심할 만한 잘못된 곳이 없기 때문이다. 예는 생략한다.

그 잘못된 것을 알아도 대교가 아니면 어째서 잘못된 것인지 알 수 없는 경우가 있다. 예는 생략한다.

두 번째는 본교법(本校法)이다. 본교법은 같은 책의 앞뒤를 서로 검증하여 차이점을 찾아내는 것으로 그 안의 오류를 알 수 있다. 오진(吳縝)의 《신당서규류(新唐書糾繆)》와 왕휘조(王輝祖)의 《원사본증(元史本證)》은 바로 이 방법을 쓴 것이다. 본교법은 조본 혹은 선본을 얻지 못했을 때 사용하기에 가장 좋다. 내가 《원전장》을 교감할 적에 강목으로 목록을 교감하고, 목록으로 본문을 교감하고, 본문으로 표를 교감하고, 정집(正集)으로 신집을 교감하여 절목이 잘못된 것 몇 개를 찾아냈다. 자구의 경우 상하 문의를 두루 살펴 가까이는 몇십 행에서 멀게는 몇 권에 이르기까지 문장을 가지고 사실을 비교하면 서로 어긋난 곳이 절로 보이므로 이본을 다 찾을 필요는 없다.

세 번째는 타교법(他校法)이다. 타교법은 다른 책을 가지고 본래 책을 교감하는 것이다. 책에 앞선 시대의 사람을 인용한 것이 있으면 앞선 시대 사람의 책을 가지고 교감하고, 후대 사람이 인용한 것이 있으면 후대 사람의 책으로 교감한다. 같은 시기의 책에 모두 기재되어 있는 사료는 같은 시기의 책으로 교감한다. 이 교감 방법은 범위가 넓고 힘이 많이 들지만 때때로 이 방법이 아니면 잘못된 곳을 증명할 수 없다. 정국균(丁國鈞)의 《진서교문(晉書校文)》과 잠각(岑刻)의 《구당서교감기(舊唐書校勘記)》는 모두 이 방법을 쓴 것이다.……

네 번째는 이교법(理校法)이다. 단옥재(段玉裁)가 "교서(校書)의 어려움은 대본에 따라 글자를 고치면서 오탈이 없도록 하는 것이 아니다."라고 한 것은 이교법을 말한 것이다. 근거할 만한 고본이 없거나 여러 본이 서로 달라 정확하게 따를 만한 것이 없을 때는 이 교감법을 사용한다. 이교법은 반드시 학식이 통달해야만 할 수 있다. 그렇지 않으면 무책임하게 잘못이 아닌 것을 잘못이라고 하여 혼란은 더욱 심해지게 된다. 그러므로 가장 우수한 방법도 이교법이고 가장 위험한 방법도 이교법이다. 옛날에 전죽정(錢竹汀) 선생이 《후한서(後漢書)》〈곽태전(郭太傳)〉을 읽다가 '곽태가 (처음) 남주(南州)에 이르러 원봉고(袁奉高)를 지나다가'라는 부분에서 어구가 잘 맞지 않는 것에 의문을 갖고 네 가지 증명을 내어 놓았다. 뒤에 민 가정본(閩嘉靖本)을 얻어 보고야 이 74자[1]가 실은 장회태자(章懷太子 이현(李賢))의 주석으로 《사승서(謝承書)》의 글을 인용하였다는 것을 알게 되었다. 여러 이본들은 모두 정문에 섞여 있었는데, 오직 민본만이 본래 모습을 잃지 않았다. 지금 《이십이사고이(二十二史考異)》 가운에 이른바 "모(某)는 모가 되어야 한다."라는 것은 뒤에 고본을 얻어 고증한 것으로 왕왕 좋은 것도 있으나 처음에 선생이 정밀하게 생각한 것에는 미치지 못한다. 경학 가운데 왕염손과 단옥재도 비슷하다.

확실히 진원의 네 가지 교감법은 서로 다른 조건하에서 구체적으로 운용되는 교감의 일반적 방법이다.

'대교법'은 실제로 차이점을 비교하는 것이다. 조건은 반드시 비교할 수 있는 다른 판본이 필요하다는 점이다. 만일 조본이 원고이거나 원판

---

1 74자 : 민 가정본에 수록된 내용은 다음과 같다. "初, 太始至南州, 過袁奉高, 不宿而去; 從叔度, 累日不去. 或以問太. 太曰: '奉高之器, 譬之泛濫, 雖淸而易挹. 叔度之器, 汪汪若千頃之陂, 澄之不淸, 擾之不濁, 不可量也.' 已而果然, 太以是名聞天下."

이라면 대교는 바로 교정과 대조이다. 만약 조본이 그저 번각본이라면 조본을 대조하는 것과 다른 본을 대교하는 작업은 서로 같다. 실제로 차이점을 비교하여 이문(異文)을 열거하고, 한 걸음 더 나아가 분석 판단하는 재료를 제공하는 것은 교감의 필수적인 절차이다. 이 때문에 "한 책을 교감하는 데에는 반드시 먼저 대교법을 써야 한다." 만일 이문을 열거하기만 한다면 이는 엄격하게 말해 객관적으로 일종의 교감 자료를 제공하는 것일 뿐이지 교감의 임무에 있어서는 미완성이다. 방법론으로 보자면 '대교'는 일반적 방법의 한 절차일 뿐이다. 원고 혹은 원판본을 구비한 경우가 아니라면 대교만으로는 교감의 임무를 완성할 수 없다.

'본교법'은 분석과 고증이다. 조건은 본서에 대하여 전면적이고 깊이 있는 이해와 연구를 진행하여야 한다는 점이다. 비교할 수 있는 다른 본이 없는 상황에서는 본서의 사상에 근거하여, 본서 가운데 같은 종류의 내용이 앞뒤로 모순되거나 위아래로 모순되는 현상, 그리고 장절과 결구의 모순 혹은 빠진 부분 등 해결하기 힘든 것들을 논리적인 유추와 분석을 진행하여, 본서의 사상에 부합하는 글로 부합하지 않는 글을 고증해야 한다. 방법론으로 보자면 사실 이교법과 같은 일종의 합리적인 논리 유추 방법이지만 이교법과의 차이점은 비교의 근거가 되는 (이문이 아니거나 반드시 이문은 아닌) 본서 자료가 있다는 것이다. 이 때문에 본교법은 교감의 일반적인 방법에서 분석과 고증의 한 종류에 속한다. 동시에 내용은 완전히 같지만 문장의 차이가 있는 경우를 제외하고 본서에서 제공하는 증거는 왕왕 참고 사항이거나 대부분 방증(傍證)이다. 이로 인해 본교법을 사용할 때는 반드시 본서의 내용과 사상을 완전히 파악하여 주관성을 배제해야만 하고 판단을 신중히 해야 한다. 그렇지 않으면 교감을 한다고 작자를 대신해서 문장을 고치거나 원고를 위해 오류를 정정하게 되는데, 이는 교감의 근본 원칙에 위배되는 것이다.

'타교법'은 고증하는 것이다. 조건은 본서의 내용과 관계되는 자료를 수집하여 확실하게 파악하는 것이다. 본서가 다른 책의 글을 인용했거나 다른 책이 본서의 글을 인용했거나를 막론하고 이러한 자료들은 본서에 대하여 말하자면 모두 간접적인 것이다. 인용하는 방법은 두 가지 종류를 벗어나지 않는다. 하나는 원문을 인용하는 것이고 다른 하나는 원문을 활용하는 것인데, 뜻만 가져오고 글을 바꾸는 것도 전고를 인용한 것이다. 오류가 없는 완전한 원문을 인용하면 확실하게 교감의 근거가 될 수 있다. 다만 대부분 원문을 활용하거나 원문을 끊어서 인용하여 직접적이고 원래의 것은 아니므로 그저 참고 혹은 방증만 될 뿐이다. 타교법을 이용하려면 먼저 다른 책에 있는 관련 자료의 인용 방식을 성실하게 분석하고 교감의 가치를 확정해야 한다. 본서의 교감에 대해 말하자면 다른 책의 관련 자료는 일종의 증거로, 근거가 될 수도 있고 그저 방증이 될 수도 있다. 방법론으로 보자면 타교법은 교감의 일반적 방법 가운데 고증의 한 종류이다.

'이교법' 또한 분석과 고증이다. 이교법은 본서에 대해 매우 깊이 이해하고 연구를 진행하는 이외에도 반드시 본서의 의심스럽고 난해한 부분과 관련 있는 영역에 대해 깊이 있는 지식과 공력이 있어야 한다는 점이다. 앞에서도 서술했듯이 제3장 제4절을 참조하라. 단옥재의 "시비를 판정하는 것이 어렵다."라는 말은 '저본'과 '입설'의 시비를 확정하는 것이 어렵다는 것을 가리킨다. 우선 복잡하게 중첩된 구성을 가진 고적 안에서 어떤 한 층차가 근거한 판본의 원문을 분석해 내고, 그다음으로는 본서의 사상 즉 의리와 관련 있는 역사 지식에 근거하여 시비를 분석하고 판단하며, 끝으로 문자 형식과 지식 내용의 일치라는 원칙에 근거하여 문자의 정오를 확정한다. 방법론으로 보자면 단옥재의 이 교서법은 본서의 글을 성실하고 세밀하게 분석하여 의심스러운 것을 발견하고, 관련 있는 증거를 가지고 본서의 의심스러운 글의 시비와 정오를 판단하는 것이다. 그러므로 실제로는 본교법과 함께 논리적인 유추 방법에 속하지만 관련 있는 전문 지식으로 고찰하여 증명한다는 데 차이점이 있다. 비교할 수 있는 다른 본이 없거나 본서 내에도 비교하거나 교감할 수 있는 문장이 없는 경우에는 이교법이 글의 정오를 비교하고 고증하는 교감의 한 방법이 된다. 확실한 판본을 근거로 하기 전에는 다만 '~이 되어야 한다[當作]'라고만 할 수 있지 본래의 글자를 고칠 수는 없다. 이교법이 의심스러운 것을 알아내는 데 있어서는 본교법과 함께 일반적인 방법 가운데 분석에 속하지만 정오를 판단하는 데 있어서는 일반적인 방법 가운데 고증에 속한다.

결론적으로 진원의 네 가지 방법은, 교감의 두 가지 구체적인 절차 가운데 두 종류의 구체적인 방법을 총괄하였다. '대교'는 이문을 수집할 때 반드시 거쳐야 하는 분석이자 반드시 사용하여야 하는 방법에 속하고 '본교', '타교', '이교'는 정오를 교정할 때 근거가 같지 않은 조건에서 선택할 수 있는 몇 가지 분석 고증 방법에 속한다. 실제로 어떤 고적을 교감할 때 이 두 가지 절차는 모두 필수적이며 이 네 가지 방법은 함께 진행되는 것이다. 비교 방법은 보통 필수적으로 운용되는 것이고 분석과 고증은 근거가 같지 않은 정황에서 융통성 있게 운용하는 것이다. 하나의 고적에 한 가지 교감 방법만을 쓸 수는 없다. 확실히 교감의 일반적인 방법 가운데 비교 방법은 쉽게 숙달되어 운용하는 데 어려움이 없다. 분석 방법은 사실 중요한 것이 논리적 방법이기는 하나 비교적 쉽게 배우고 운용할 수 있다. 가장 힘들고 어려운 것은 고증 방법이다. 본교, 타교, 이교 이 세 가지 방법이 대교와 비교해 어려운 점은 모두 정오를 판단할 때의 고증에 있다. 본교는 반드시 본서 가운데에서 증거를 찾아야 하고, 타교는 반드시 본서와 관련이 있는 다른 책에서 증거를 찾아야 하며, 이교는 더욱 본서를 벗어나서 의심스러운 것과 관련된 어떤 전문 지식 영역 가운데에서 증거를 찾아야 한다. 교감의 일반적인 방법을 숙달하기 위한 관건은 과학적 고증을 숙달하는 데 있다.

제3절 교감 작업에서 고증의 과학적 근거

고증은 확실한 증거를 조사하는 것이다. 고증의 방법은 조사하고 연구하여 틀린 것을 제거하고 올바른 것을 남겨 놓는 것이다. 교감의 목적과 임무는 '본래의 모습을 보존하고 복원하는 것'으로 고적 원고의 본래 모습을 회복하는 것이다. 교감의 범위에서 고증은 원고의 문자 형식을 조사하는 것을 주요하게 여기고, 원칙적으로 원고 내용의 시비나 문자의 정오에는 간여하지 않는다. 교감자는 교감의 대상이 되는 고적 원고 내용의 시비에 대한 견해를 드러낼 필요는 없으며, 교감 원고 본래의 착자나 별자의 잘못까지 책임질 필요는 없다. 바꾸어 말하면 교감에서 문자의 정오를 판단하는 것으로, 원고 내용의 시비와 문자의 정오는 구별해야 한다. 원고 내용의 시비와 문사(文辭)의 정오를 논증하는 것은 다른 학문에서 연구할 몫이다. 다만 교감의 고증 대상은 고적의 문자 형식이 구성한 문사이고 문사는 결국 내용을 표현하는 것이므로, 내용과 긴밀하게 얽혀 있어 구분할 수 없다. 이 때문에 교감의 고증은 관련 있는 내용의 고증으로 들어가는 것을 피할 수 없다. 요컨대 광범위한 전문 지식 영역에 관련되어 있는 것이다. 말하자면 교감의 고증은, 한편으로는 교감할 고적의 범위에 의해 제한되지만 한편으로는 교감할 고적에 따라서 전문 지식 영역에 들어가기도 한다. 한편으로는 문자 형식의 고증에 한정되지만 한편으로는 문자에 따라 내용의 고증에 들어가기도 한다. 바로 이런 모순을 통일하기 위해 교감은 모두 종합적인 고증의 성질을 갖추며, 고증의 방법은 모두 종합적인 조사 연구의 특징을 갖는다. 다시 말해 교감이 필요로 하는 증거는 방증을 포괄하며 왕왕 본서와 다른 판본의 범위에 한정되지 않고 반드시 다방면으로 조사를 진행해야만 한다.

하나의 고적을 교감할 때 고증의 범위는 고적의 내부와 외부 두 부류로 크게 구분이 된다. 일반적으로 고적의 내부에서 고증하여 얻은 것을 내증 혹은 본증이라고 하고, 고적의 외부에서 고증하여 얻은 것을 외증 혹은 방증이라고 한다. 대교법과 본교법은 내증을 얻기 위한 것이고 타교법과 이교법은 외증을 얻기 위한 것이다. 위에서 말한 것에서도 알 수 있듯이 내증과 외증의 관계는, 내증이 주요하고 결정적인 작용을 하며, 외증은 부차적인 지위이며 내증에 종속되는 작용을 한다. 일반적으로 내증은 외증을 통해 확정되고 외증은 내증을 통해 실현된다. 외증은 대부분 방증 성격에 속하므로 다만 어떤 종류의 판단이 가능하도록 증명하기만 한다. 만약 내증으로 삼을 수 있는 믿을 만한 판본이 하나도 없다면, 외증을 사용할 이유는 충족되지만 증거가 확실하여도 본서의 문자를 바꿀 수는 없다. 그 이유는 첫째, 외증으로 고증하여 정한 문자가 원저작이 맞는지 확정할 수 없기 때문이며, 둘째, 작자의 원저작에 오자 혹은 착구가 본래부터 있을 수 있다는 가능성을 배제할 수 없기 때문이다. 이렇기 때문에 한 종류의 고적을 교감하기 위해서는 반드시 판본을 조사하여 각각의 판본을 비교하고 이문을 수집하는 것으로부터 시작해야 한다. 그런 다음에 본서의 사상에 근거하여 이문을 대조하면서 분석 및 연구를 진행한다. 만일 이문을 분석하는 과정에서 의심스럽거나 판단하기 어려운 부분이 있으면 반드시 외증으로 알아내야 한다. 마지막으로 내증과 외증의 일치점을 찾아 정확하게 판단을 해야 한다. 청대 학자인 노문초(盧文弨)는 다음과 같이 지적하였다. "그러므로 여러 서적을 교감하기 위해서는 우선 본서와 함께 전하는 구본을 가지고 확정해야 한다."〈여정소아논교정방언서(與丁小雅論校正方言書)〉

내증과 외증을 막론하고 조사하여 증거를 얻기 위해서는 반드시 과학적인 근거가 있어야 한다. '과학적인 근거'라고 하는 것은 두 가지의 뜻을 내포하고 있다. 하나는 조사하여 증거를 수집할 자료가 믿을 수 있는지 심의해야 한다는 것이고, 다른 하나는 조사하여 증거를 수집할 이론이 정확하고 오류가 없어야 한다는 것이다. 구체적으로 말하면, 교감의 고증 자료는 본서 및 관련 있는 다른 서적의 문헌 자료를 벗어나지 않고, 이론은 판본, 목록, 문자, 음운, 훈고 및 관련 있는 전문 지식을 벗어나지 않는다.

내증을 조사하는 것으로 말하면, 우선 본서의 성서(成書) 연대 및 전래된 정황을 조사해야 하는데, 이를 위해서는 목록학을 잘 알아야 한다. 그다음으로는 각종 판본을 수집하면서 동시에 각종 판본의 원류 계통을 조사해야 하는데, 이를 위해서는 판본학을 잘 알아야 한다. 세 번째로는 근거로 삼을 수 있는 중요한 여러 이본을 선택해서 비교하여 이문을 모아 초보적인 분석을 통해 확실한 이체자, 착자, 별자 등을 제거해야 하는데, 이를 위해서는 단지 판본학만을 이해해서는 안 되고 문자학과 음운학에 대한 확실한 지식이 필요하다. 끝으로 이문의 정오를 판단할 때는 훈고학에 대한 지식이 필요하다. 하지만 내증이 부족할 때는 관련 있는 전문 지식을 숙달하고 문헌 공구서를 숙지하는 것이 외증을 조사하는 데 도움이 된다. 총괄하면, 각각의 내증을 조사할 때는 반드시 본서가 어떤 판본의 이문인지, 어떠한 근거와 이유로 이문의 옳고 그름을 판정했는지 명확하게 설명해야 한다.

마찬가지로 외증의 조사에 대해 설명하면 다음과 같다. 첫째, 만약 다른 책을 조사하던 중에 본서와 관련 있는 문사가 있으면 반드시 다른 책의 성서 연대가 본서보다 앞인지 뒤인지를 조사하여 다른 책의 문헌 가치와 신뢰성은 어느 정도인지를 확실히 파악하고, 인용된 본서의 문사가 원문을 인용한 것인지 인용문을 인용한 것인지, 인용된 문사 가운데 가차자나 이체자 혹은 속자 등이 있는지 분석해야 한다. 둘째, 만약 본서 이문의 훈고학적 근거를 조사한다면 반드시 이문에서 표현한 물명, 제도와 관련 있는 전문 지식을 조사해야 한다. 셋째, 만약 본서 이문에 기록된 역사나 인사에 관한 것을 조사한다면 반드시 관련 있는 역사서를 조사하여야 한다. 총괄하면, 각각의 외증을 조사할 때는 반드시 언제 나온 책인지 어떤 성질의 책인지, 이 책의 문자로 본서 이문의 정오를 판단하는 근거와 이유는 무엇인지 설명해야 한다. 방법론으로 보면 교감의 고증 방법은 실제로 정확한 이론을 운용하고 근거할 만한 자료를 분석하여 확실한 증거를 얻는 것이다.

예를 들어 설명하면 다음과 같다.

1 《순자(荀子)》〈권학(勸學)〉: 積善成德, 而神明自得, 聖心備焉。 선이 쌓이면 덕이 이루어져 신명은 저절로 터득되고 성심은 이에 갖추어진다. '俻'가 송본(宋本)에는 '備'로, 원본(元本)에는 '循'으로 되어 있다. 유태공(劉台拱)의 설 : '備'가 되어야 한다. 고음(古音)에서 德, 得과 운이 된다. 왕염손(王念孫)의 설 : 이는 "선을 쌓아 덕을 이루어 신명에 통하면 성심이 이에 갖추어진다."라는 말이다. '成德'과 '聖心備'는 아래 위가 상응한다. 원나라 판본에 '備'를 '循'으로 새긴 것은 앞의 글과 상응하지 않는다. 〈유효(儒效)〉에 "積善而全盡, 謂之聖人。"이라고 했는데 여기서 '全盡'은 '聖心備'와 같은 말이다. '備' 자는 고음에서 鼻와 墨의 반절로 오역(吳棫)의 《운보(韻補)》에 보인다. 바로 德, 得과 운이 된다. 《대대기(大戴記)》와 《군서치요(群書治要)》에는 모두 '備'로 되어 있고 《문선(文選)》 사첨(謝瞻)의 〈종송공전마태집송공령시(從宋公戰馬台集送孔令詩)〉의 주와 〈장자방시(張子房詩)〉의 주에서도 이를 인용하여 '備'로 하였다. 장화(張華)의 〈여지시(勵志詩)〉의 주는 '循'으로 인용하였는데 앞의 두 주석과 맞지 않는다. 아마도 뒷사람이 잘못된 대본의 《순자》로 고쳤을 것이다. '備'는 속자로 '俻'라고 쓰고 '循'은 예로서 '�994'이라고 쓰는데 두 글자의 모양이 서로 비슷한 데서 생긴 오류이다.

왕선겸(王先謙)의 설 : 〈영욕(榮辱)〉에 "堯禹者, 非生而具者也。 起于變, 故成

乎修爲, 待盡而後備者也。"라고 한 것은 "積善成德, 聖心乃備。"와 뜻이 합치된다. 유태공과 왕염손의 설이 맞다. 우선 송나라 판본을 따라 고친다.

이 예시는 우선 문장의 뜻을 가지고 '備' 자가 맞다는 것을 설명하고, 그다음으로 본서의 사상을 가지고 두 가지 증거를 찾았는데 바로 〈유효〉와 〈영욕〉에 있는 문장이다. 다음으로는 고음을 가지고 備, 德, 得세 자가 같은 운으로 운각이 되는 것을 증명하였다. 이상 세 가지는 모두 내증인데, 이론이 정확하고 자료가 확실하여 송나라 판본을 근거로 '備' 자가 옳음을 확정할 수 있다. '備' 자가 옳은 것을 충분히 증명하고 또 《대대례기(大戴禮記)》와 《군서치요》 및 《문선》 이선(李善) 주 등다른 책에서 인용한 《순자》도 모두 '備'를 썼다는 것을 들었다. 이는 내증과 외증이 일치하는 충분한 이유 및 확정적인 증거이다. 마지막으로는 잘못되어 버린 원인을 설명하였다.

2 《안자춘추(晏子春秋)》〈내편(內篇) 간 상(諫上) 경공욕사영산하백(景公欲祠靈山河伯)〉: 寡人欲少賦斂以祠靈山, 可乎?

과인이 부세를 조금 거두어 영산에 제사를 지내고자 하는데 괜찮겠습니까?

손성연(孫星衍)의 설 : 백성에게 부세를 조금 거두어 산에 제사 지내는 비용으로 삼고자 한다는 말이다. '祠'는 《초학기(初學記)》와 《어람(御覽)》에 '祀'로 되어 있다.

노문초(盧文弨)의 설 : '祠'는 《어람》 879에 '招'로 되어 있다. 《주례(周禮)》〈남무(男巫)〉를 살펴보면 '旁招以茅'라고 하였다. '招'는 사방에 지내는 제사이다. 다른 권에는 '祠' 혹은 '祀'로 되어 있다.

왕염손의 설 : '招'라고 한 것은 오자이다. 《어람》에는 오자가 많으므로 《주례》의 '旁招'에 억지로 끌어댈 수 없다. 또 '祠'는 제사 이름이고 '招'는 제사이름이 아니므로 '祠靈山', '祠河伯'이라고는 할 수 있지만 '招靈山', '招河伯'이

라고는 할 수 없다. 《주관(周官)》의 "男巫掌望祀望衍授號, 旁招以茅"에서 '望'은 제사 이름이지만 '招'는 제사 이름이 아니므로 '望于山川'이라고는 할 수 있지만 '招于山川'이라고는 할 수 없다. 아래의 "晏子曰 : 祠此無益也。"와 "公曰 : 吾欲祠河伯。"을 살펴보면 모두 '祠' 자를 쓰고 있다. 또 이 장의 표제에 '景公欲祠靈山河伯'이라고 하였는데 역시 '祠' 자를 쓰고 있으니 이 문장이 본래 '祠靈山'으로 되어 있었던 것이 확실하다. 《어람》〈구징부(咎徵部)〉에 비록 '招靈山'이라고 되어 있으나 아래의 '祠此無益'과 '祠河伯'에서 '祠' 자를 썼으니 '招'가 '祠'의 잘못인 것이 확실하다. 《초학기》〈천부 하(天部下)〉와 《어람》〈시서부(時序部) 20〉에는 모두 '祀靈山'으로 인용하였는데 '祀'와 '祠'는 고자에 통용했으므로 바로 '祠' 자이다. 《예문유취(藝文類聚)》〈산부(山部)〉와 〈재이부(災異部)〉 및 《어람》〈천부(天部) 11〉에 모두 '祠靈山'으로 인용되었고 《설원(說苑)》도 같다.
오칙우(吳則虞)의 설 : 《초학기》 2, 송본(宋本) 《어람》 11·38·879, 《합벽사류(合璧事類)》 2에 모두 '祠'로 인용되어 있고 '招'로 인용된 것은 없으니 왕염손의 설이 옳다.

　　이 예에서는 이문이 '祠', '祀', '招' 3개이다. 노문초는 '招' 자가 맞다고 주장하였고, 손성연, 왕염손, 오칙우는 모두 '祠'가 맞다고 하였다. 왕염손과 오칙우는 모두 '招'가 오자라고 하였다. 노문초와 왕염손 등은 같은 고증 방법을 사용하였는데 바로 내증과 외증을 결합한 방법이다. 그들 사이의 차이점은 '招'가 제사인가 아닌가와 외증의 근거가 믿을 만한가 아닌가에 있다. 왕염손은 우선 '招'는 제사 이름이 아니라고 지적하고 이어서 훈고학적으로 '招'는 내증의 근거가 됨을 부정하였다. 그다음으로 《안자》의 다음 글과 이 장 표제를 가지고 유력한 내증을 제출하여 '招'의 가능성을 배척하였다. 두 번째로, 노문초가 예로 든 《어람》에 인용된 《안자》의 다음 글을 통해 《어람》에 인용된 같은 형태의 문장에서는 '祠'로 되어 있음을 증명하여 노문초의 외증을 부정하였다. 끝으로 기타 서적에서 인용된 문장을 외증으로 열거하고 아울러 '祠'와 '祀'가 고자에서 통용되었음을 설명하였는데 손성연의 설과 일치한다. 그리고 오칙우는 송본《어람》879에 '祠'로 되어 있음을 보충 설명하여 노문초 설에서 제기한 외증의 근거는 오자임을 증명하였다. 노문초의 착오는 내증을 잘못 해석하고 잘못된 외증에 의거한 것에 있으므로 이 때문에 노문초의 견해는 성립할 수 없다.

3 《회남자(淮南子)》〈원도(原道)〉: 末世之御, 雖有輕車良馬, 勁策利鍛, 不能與之爭先.

말세의 수레 모는 자들은 비록 가벼운 수레와 좋은 말, 단단한 채찍에 날카로운 채찍못이 있어도 앞을 다툴 수 없다.

고유(高誘)의 주 : '策'은 채찍질할 추(筆)이다. 未之感也. 풍이(馮夷), 대병(大丙)과 앞을 다툴 수 없다는 말이다. '鍛'은 '炳燭'의 '炳'으로 읽는다.

유적(劉績)의 본 : '鍛'이 물미 철(錣)로 되어 있다. 주석의 '未之感也'는 '錣, 筆末之箴也.〔錣은 채찍 끝의 잠이다.〕'로 되어 있고 '鍛, 讀炳燭之炳〔鍛은 炳燭의 炳으로 읽는다.〕'은 '錣, 讀炳燭之炳。〔錣은 炳燭의 炳로 읽는다.〕'로 되어 있으며, "錣을 구본에 鍛이라 한 것은 잘못이다."라고 하였다.

왕염손의 설 : 유적의 본이 맞다. '錣'은 말채찍 끝의 잠으로 말을 찌르는 것이다. 《설문》에 "笍, 羊車騶筆也, 箸箴其耑, 長半分.〔笍는 양거의 채찍이다. 끝은 뾰족하고 길이는 반푼이다.〕"이라 하였다. 《옥편》에 "陟과 衞의 반절이다." 하였다. 글자는 혹 '錣'로 쓴다. 《옥편》에 "錣은 竹과 劣, 혹은 竹과 芮의 반절로 바늘이다." 하였다. 《회남자》〈도응(道應)〉에 "白公勝倒杖策, 錣上貫頤。〔백공 승이 (난을 염려하여 조회를 마치고 서서) 장책을 거꾸로 들고 철을 올려 턱을 찔렀다.〕²라는 문장의 주석에 "策은 말채찍〔馬捶〕이다. 끝에 바늘이 있어서 말을 찌르는데 그것을 錣이라 한다." 하였다. 錣의 음은 竹과 劣, 혹은 竹과 芮의 두 가지 반절이다. 錣은 예리함을 말하는데 그 끝이 예리한 것이다. 《한비자》〈유로(喩老)〉에는 "白公勝倒杖策, 而銳貫頤。"라고 되어 있다. 《회남자》〈범론(氾論)〉에 "是猶無鑣銜策錣而御駻馬也。〔이는 재갈과 채찍이 없이 사나운 말을 길들이는 것과

---

2 백공 승이……찔렀다 : 원래의 문장은 다음과 같다. "白公勝慮亂, 罷朝而立, 倒杖策, 錣上貫頤, 血流至地而弗知也."

같다.]"의 주석에서 "錣은 楇頭箴也이다."《설문》에 "楇는 채찍이다." 하였다. 하였는데 뜻이 이 주석과 같다. 《회남자》〈수무(修務)〉에 "良馬不待冊策錣而行〔좋은 말은 채찍질하지 않아도 간다.〕"'冊'과 '策'은 같다. 이라고 하였고, 《한비자》〈외저설 우(外儲說右)〉에 "延陵卓子乘蒼龍與翟文之乘, 前則有錯飾, 後則有利錣〔筴〕, 進則引之, 退則策〔筴〕之.〔연릉탁자가 창룡과 적문을 탈 때, 앞에는 착식이 있고 뒤에는 이철이 있다. 앞으로 갈 때는 그것으로 끌고, 뒤로 갈 때는 그것으로 채찍질한다.〕"라고 하였고, 《열자(列子)》〈설부(說符)〉에 "白公勝倒杖策, 錣上貫頤."라고 하였고, 《석문(釋文)》에 "허신의 《회남자》 주에 '말 채찍 끝에 예리한 침이 있는데, 앞으로 가지 않을 때 찌르는 것이다.' 하였다."라고 하였는데, 뜻은 고유의 주석과 같다. '錣'은 채찍 끝의 침이므로 '勁策'과 '利錣'은 연문(連文)이다. 금본에 '錣'이 '鍛'으로 되어 있는 것은 뜻이 통하지 않는다. 고유의 주석에 "錣은 채찍 끝의 침이다." 하고 도장본(道藏本)에 '末之感也'라고 되어 있는데, 이는 '末'이 잘못 '未'로 되고 '箴'이 잘못 '感'으로 되었으며, 또 '錣'과 '箠' 두 글자가 빠진 것이다. 모일계(茅一桂) 본에는 '未之感也'를 '末世之御'로 고쳐 놓았고, 장백홍(莊伯鴻) 본에도 그대로 따랐으니 이는 잘못이다. '炳'은 음이 如와 劣의 반절로 발음이 '錣'과 비슷하다. 그러므로 "錣, 讀炳燭之炳."이라고 한 것이다. 炳燭은 燒燭이다. 《예기》〈교특생(郊特牲)〉에 "炳蕭合羶薌"이라고 하였다. 《전국책》〈진책(秦策)〉에 "秦且燒炳獲君之國"이라고 하였고 《사기》〈장의전(張儀傳)〉에 "燒掇"이라고 하였으니 이 예이다. 현행본에 "鍛, 讀炳燭之炳"이라고 되어 있는 것은 뜻이 통하지 않는다.

이 예에는 이문이 '錣', '鍛' 2개이다. 왕염손은 우선 '錣'의 의미를 정확하게 해석하였다. 바로 물명을 훈고하면서 '錣'이 '말채찍 끝의 못으로 말을 찌르고 채찍질하여 말을 가게 하는 데 쓰는 것'이라고 밝혔다. 다음으로는 본서 〈도응〉의 "錣上貫頤〔철을 올려 턱을 찔렀다.〕"라는 글을 인용하여 이 항목에 대한 고유의 주석을 근거로 삼아 본문의 '鍛'이 '錣'의 오자임을 증명하였다. 또 본서의 〈범론〉과 〈수무〉 두 편의 글과 고유의 주석을 인용하여 '鍛'은 '錣'이 되어야 한다는 것을 증명하였으니 이는 내증을 충분히 드러낸 것이다. 세 번째로는 《한비자》와 《열자》 및

《석문》을 인용하여 '錣'의 훈고를 증명하고 '錣'의 용례를 비교하여 외증을 드러내었다. 끝으로 잘못되어 버린 원인을 분석하였다. 여기서 이문의 정오를 판단할 때에는 내증과 외증에 대한 훈고가 중요하다는 것을 볼 수 있다. 앞의 예와 마찬가지로 정확한 훈고는 고증과 판단을 정확하게 하는 데 중요하다.

4 《회남자》〈원도〉: 故子夏心戰而臒, 得道而肥。

그러므로 자하가 마음이 심란할 때는 수척해지고, 도를 얻자 살쪘다.

왕염손의 설 : '得道'는 본래 '道勝'으로 되어 있었다. 학식이 얕은 사람이 고친 것이다. '道勝'과 '心戰'은 서로 대구가 된다. 고유의 주석에 "先王之道勝, 無所復思, 故肥也。〔선왕의 도가 승하면 다시 생각할 것이 없으므로 살찐다.〕"라고 하였으니 정문은 본래 '道勝'으로 되어 있었던 것이 확실하다. 《회남자》〈정신(精神)〉에 "子夏見曾子, 一臒一肥。曾子問其故, 曰 : '出見富貴之樂而欲之, 入見先王之道又說之。兩者心戰, 故臒 ; 先王之道勝, 故肥。〔자하가 증자를 만났는데 한 번은 여위었고 한 번은 살쪘다. 증자가 이유를 물어보니 자하가 말하였다. '출사하여 부귀의 즐거움을 보면 그러고 싶고, 들어와 선왕의 도를 보면 그것을 좋아합니다. 두 가지가 마음에서 싸우는 까닭에 여위었습니다. 그러다 선왕의 도가 이긴 까닭에 살쪘습니다.'〕"라고 하였는데 이 일이다. 《한비자》〈유로(喩老)〉에 나온다. 《태평어람(太平御覽)》〈인사부(人事部)〉109에 이 글을 인용하였는데 "道勝而肥"로 되어 있다.

이 예의 이문은 '得道'와 '道勝' 두 가지이다. 다만 '道勝'은 현재 남아 있는 판본에서는 찾아볼 수 없다. 왕염손은 우선 본문의 수사(修辭)를 분석하여 '道勝'이 되어야 한다고 하였다. 두 번째로는 고유의 주석을 변석하여 고유가 주석한 저본에는 '道勝'으로 되어 있음을 인식하고 근거가 되는 이문으로 채택하였다. 그러고 난 뒤에 본서 〈정신〉의 주석에 이 사건이 나온 것을 인용하여 증명하고 '道勝'이 되어야 하는 내증으로 취하였다. 끝으로 《태평어람》에 인용된 글을 외증으로 끌어와 증명하였다. 고증과 판단은 믿을 수 있는 내증에 의거하고 외증을 써서 증명하여야 함을 볼 수 있다.

5 《한서(漢書)》〈장구전(張歐傳)〉: 張歐至武帝元朔中代韓安國爲御史大夫。
  장구가 한 무제 원삭 연간에 한안국을 대신하여 어사대부가 되었다.
  아래에 열거한 《한서》의 예를 보면 '元朔'은 '元光'의 오류이다.
  《한서》〈백관공경표 하(百官公卿表下)〉: (건원 6년) 대농령(大農令) 한안국을 어사대부로 삼았는데 4년 만에 병으로 사직하였다. (원광 4년) 3월 을묘일에 승상 분(蚡)이 죽었다. 5월 정사일에 평극후(平棘侯) 설택(薛澤)을 승상으로 삼았다. 9월에 중위(中尉) 장구(張歐)를 어사대부로 삼았다.
  《한서》〈한안국전(韓安國傳)〉: 그해(건원 6년) 전분(田蚡)이 승상이 되고 한안국은 어사대부가 되었다.……한안국이 어사대부가 된 지 5년 만에 승상 분이 죽고 한안국이 승상의 일을 대행하였다.……다시 평극후 설택을 승상으로 삼았다. 한안국은 병으로 사직하였다.
  《한서》〈무제기(武帝記)〉: (원광 4년) 춘 3월 을묘일에 승상 분이 죽었다.

이 예는 역사 사실을 잘못 기재하여 문자의 착오를 초래한 것이다. 조사 방법은 본문에 나오는 유관 인물과 사실을 근거로 우선 본서의 관련 전기를 조사하였다. "무제 원삭 연간에 한안국을 대신하여 어사대부가 되었다."라는 구절은 무제 때의 큰 사건과 한안국의 관직 이력, 어사대부의 임면을 언급하고 있는데, 이 때문에 《한서》의 〈무제기〉, 〈한안국전〉, 〈백관공경표 하〉 등을 나누어 조사하였다. 이 세 가지를 가지고 살펴보면 한안국이 어사대부에 임명된 때가 〈한안국전〉에서는 5년이라 하였으니 대략 계산하여 볼 때 1년의 차이가 있는 것을 제외하고는, 장구가 어사대부에 임명된 것이 원광 4년이지 '원삭(元朔)' 연간에 있지 않았다는 것을 확증할 수 있다. 이 예에서는 실제 역사 사실을 고증하였음을 어렵지 않게 볼 수 있다. 역사 사실이 확증을 얻게 되면 문자의 착오가 고쳐질 수 있다. 여기에서 교감의 고증과 사실의 고증은 실질적으로 서로 같음을 볼 수 있다.

6 당나라 《중흥간기집(中興間氣集)》에 실린 주만(朱灣)의 〈영옥 (咏玉)〉: 歌玉屢招疑, 終朝省復思。旣哀黃鳥興, 還復白圭詩。 請益先求友, 將行必擇師。誰知不鳴者, 獨下董生帷。

옥을 바치고 여러 번 의심을 받았으니 하루종일 반성하고 재삼 생각하네. 〈황조〉 시를 슬퍼하고 또 〈백규〉 시를 반복하네. 가르침을 구하려면 먼저 벗을 구해야 하고 길을 가려면 반드시 스승을 택해야 하네. 누가 알겠는가, 울지 않는 새가 동중서의 휘장에 내려앉은 줄을.

하작(何焯)의 교감본을 가지고 말한 손육수(孫毓修)의 설 : '玉'은 '三'이다. 《독서민구기(讀書敏求記)》를 살펴보면 "주만(朱灣)의 시 〈영삼(咏三)〉은 원나라 판본부터 명나라 판각본에 이르기까지 모두 〈영옥(咏玉)〉이라고 잘못 썼다." 하였다.

《전당시(全唐詩)》에 실린 것은 수구(首句)가 '歌玉'이다. 어떤 본에는 '獻玉' 으로 되어 있다.

여기에서는 시가의 내용과 사용된 고사에 근거하여 '玉'은 '三'의 잘못이고 수구의 '歌'는 '獻'의 잘못이라고 단정하였다. 외증은 없다. 이 시는 4연 8구로 매구에 고사를 사용하였으며 전고(典故)에 모두 '三' 자가 들어간다. 수구는 초나라 화씨가 옥을 세 번 바친 고사[3]를 사용하였고, 다음 구는 '三省'과 '三思'의 뜻[4]을 사용하였고, 3구는 《시경》 〈진풍(秦

風) 황조(黃鳥)〉에서 진 목공의 죽음에 삼량(三良)을 순장한 것을 애도한 고사[5]를 사용하였고, 4구에서는 《논어》의 "南容三復白圭"[6]의 뜻을 사용하였고, 5구에서는 "益者三友"[7]의 뜻을 사용하였고, 6구에서는 "三人行必有吾師"[8]의 뜻을 사용하였고, 7구에서는 "三年不鳴, 鳴則驚人"[9]의 뜻을 사용하였고, 마지막 구에서는 한나라의 동중서가 장막을 치고 강학하면서 3년 동안 뜰을 보지 않았던 고사[10]를 사용하였다. 시의 제목이 '咏三'이고 수구는 '獻玉'이 맞다는 것을 알 수 있다.

---

3 초나라……고사 : 초(楚)나라 변화(卞和)가 산에서 박옥(璞玉)을 얻어 여왕(厲王)과 무왕(武王)에게 바쳤으나 옥인(玉人)이 돌로 감정하여, 두 번에 걸쳐 양쪽 발꿈치를 잘렸다. 뒤에 문왕(文王)이 즉위한 뒤에 그것이 진짜 박옥임이 밝혀졌다. 《韓非子 和氏》

4 三省과 三思의 뜻 : '三省'은 증자가 하루에 세 가지씩 자신을 반성했다는 데서 나온 말이고, '三思'는 계문자가 세 번 생각한 뒤에 행하였다는 데서 온 말이다. 《論語 學而, 公冶長》

5 진 목공의……고사 : 진 목공(秦穆公)이 죽으면서 자문씨(子門氏)의 세 아들을 순장(殉葬)하였는데 이들은 모두 진(秦)나라의 훌륭한 인물들[三良]이었으므로 사람들이 슬퍼하여 〈황조(黃鳥)〉 시를 읊었다고 한다.

6 南容三復白圭 : 《논어》〈선진(先進)〉에 남용이 〈백규(白圭)〉 시를 하루에 세 번 반복해 외우자 공자가 조카딸을 그에게 시집보냈다는 내용이 나온다.

7 益者三友 : 《논어》〈계씨(季氏)〉에 세 가지 유익한 벗에 대한 내용이 나오는데, 벗이 곧고 성실하고 문견이 많으면 유익하다고 하였다.

8 三人行必有吾師 : 《논어》〈술이(述而)〉에, 세 사람이 길을 가면 그 안에 반드시 나의 스승이 있으니 선한 자를 따르고 선하지 못한 자를 가려서 자신의 잘못을 고쳐야 한다고 하였다.

9 三年不鳴, 鳴則驚人 : 초 장왕(楚莊王)이 즉위하여 3년 동안 정사를 돌보지 않자 오거(伍擧)가 간언하며 "새 한 마리가 언덕에 앉아 3년 동안 날지도 않고 울지도 않으니 어떤 새입니까?" 하였더니, 초 장왕이 "3년을 날지 않았어도 날기만 하면 하늘 끝에 닿을 것이고, 3년 동안 울지 않았어도 울기만 하면 사람을 놀라게 할 것이다."라고 대답하였다. 《史記 楚世家》

10 동중서가……고사 : 《사기(史記)》〈유림열전(儒林列傳) 동중서(董仲舒)〉에, 동중서가 장막을 치고 강송(講誦)을 하면서 제자들을 보지도 않았고 뜰에 나와 보지도 않았다는 내용이 있다.

7 《묵자(墨子)》〈비공 하(非攻下)〉: 遝至乎商王紂, 天不序其德。

다시 상왕 주의 시대에 이르러 천하가 그의 덕을 따르지 않았다.

《묵자》〈비공 하〉: 量我師擧之費, 以爭諸侯之斃, 則必可得而序利焉。

군사를 일으키는 비용을 헤아려 제후와 다투어 무찌른다면 이익을 얻을 수 있다.

유월(兪樾)의 설: '序'는 '享' 자의 잘못이다.《장자》〈칙양(則陽)〉의 "隨序之相理"에 대해《석문》에서 "'序'는 어떤 본에는 '享'으로 되어 있다." 한 것이 그 예이다. "天不享其德"이라고 하면 문의가 분명하다. 글자가 '序'로 된 것은 통하지 않는다. 다음 문장 "量我師擧之費, 以爭諸侯之斃, 則必可得而序利焉。"에서의 '序'도 '享' 자의 잘못이다.

손이양(孫詒讓)의 설: 유월의 설이 맞다.《묵자》〈상현 중(尙賢中)〉에 "則天鄕其德"이라고 하였는데 '鄕'은 '享'과 통한다.

왕인지의 설: '序利'는 마땅히 '厚利'가 되어야 한다. 예서에 '厚' 자가 혹 '垕' 자로 되어 있고,〈한형주자사도상비(漢荊州刺史度尙碑)〉에 보인다. 또 '厚' 자로 되어 있는데〈삼공산비(三公山碑)〉에 보인다. 모양이 '序'와 서로 비슷한 데서 생긴 잘못이다.〈시서(詩序)〉의 "厚人倫"에 대해《석문(釋文)》에서 "厚는 혹 序로 쓰는데 잘못이다." 하였다.《순자》〈왕패(王霸)〉의 "桀紂卽厚有天下之勢"와《염철론(鹽鐵論)》〈국병(國病)〉의 "無德厚于民"은 금본에 '厚' 자가 모두 '序' 자로 잘못되어 있다. 이는 군사를 일으키는 비용을 계산하여 제후와 다투어 무찌른다면 많은 이익을 얻을 수 있다는 말이다.《묵자》〈명귀(明鬼)〉에 "豈非厚利哉!"라고 하였다. 금본(今本)에 '厚'를 '序'로 쓴 것은 뜻이 통하지 않는다.

이 예 가운데 두 개의 '序' 자는 모두 근거할 만한 이문이 없고 다만 글의 뜻이 통하지 않는 데서 의심이 생겨났기 때문에 외증을 조사한 것이다. "天不序其德"의 '序'를 왕염손이 '順'이라고 하였는데 뜻이 통하니 잘못된 것은 아니다. 다만 유월은 '序' 자는 뜻이 통하지 않으므로 '享'을 잘못 쓴 것이라고 여겼다. 비교해 보면 확실히 문의상으로는 유월의 설이 조리가 있다. 다만 한결같이 다른 서적의 오류를 증거로 인용하여

'享'이 '序'로 잘못 쓰인 통례라고만 여길 뿐 근거로 삼는 내증은 없다. 손이양은 《묵자》〈상현 중(尙賢中)〉의 "則天鄕其德"을 예로 들어 내증을 보충했으니 이유가 비교적 충분하다. "則必可得而序利焉"의 '序' 자를 왕인지와 유월은 모두 문의가 통하지 않으므로 오자라고 단정하였다. 다만 왕인지는 '厚'의 잘못이라고 여겼고, 유월은 '享'의 잘못이라고 여겼다. 손이양은 유월의 설에 동의하였다. 왕인지는 서체가 변천하는 중에 '厚' 자의 예서를 '序' 자로 잘못 썼다고 논증하였는데, 증거가 확실하여 글자의 모양이 잘못된 것에 대한 하나의 통례로 삼을 만하다. 다만 《묵자》의 문법과 결합해 보면 "厚利"는 적합하지 않은 듯하다. 원문 "必可得而序利焉"의 '序' 자는 동사이다. 왕인지의 해석대로 "厚利必可得也"라고 한다면 '厚'는 형용사가 되고 원문의 '而' 자는 갈 곳이 없게 된다. 유월은 "天不序其德"을 내증으로 인용하여 그다음의 문장에서도 '享利'라고 단정하였는데 확실히 문의가 조리 있고 왕인지의 설과 비교해 보아도 합치된다. 총괄하면 유월은 '享' 자가 정확하다고 판단하였고, 왕인지는 '厚' 자에 대한 한나라 예서 서사법을 예로 들었다. 유월이 제시한 《장자》의 《석문》과 왕인지가 제시한 〈시서(詩序)〉의 《석문》은 '厚', '享', '序' 세 글자가 한나라 예서에서는 형태가 비슷하여 잘못되기 쉬우므로 이것이 '序' 자로 잘못 쓰게 된 구체적인 원인임을 설명하였다. 여기에서 다음을 알 수 있다. 첫째, 이문에 대한 근거가 되는 믿을 만한 판본이 없을 때는 문의를 가지고 의심스러운 점을 발견한다. 둘째, 이치로 정자(正字)를 추론할 때에는 외증을 조사하여 근거로 삼는다. 셋째, 판단을 해야 할 때는 반드시 내증에 의거해야 한다.

  8 《관자(管子)》〈형세(形勢)〉: 上無事, 則民自試; 抱蜀不言, 而
    廟堂旣修。

위에서 시키지 않아도 백성은 저절로 쓰인다. 촉을 안고 말하지 않아도 묘당에서의 정치는 잘 다스려진다.

《관자》〈형세해(形勢解)〉: 人主立其度量, 陳其分職, 明其法式, 以莅其民, 而不以言先之, 無事而民自試, 則民循正, 所謂抱蜀者, 祠器也。故曰: "抱蜀不言而廟堂旣修。"

임금이 도량을 정하고 직분을 나누어 주고 법도를 밝혀서 백성들에게 임어하면, 말하지 않아도 앞서 하고 시키지 않아도 백성은 저절로 쓸 수 있는 것이니, 백성은 '正'을 따르는 것이다. 이른바 포촉은 제사 그릇이다. 그러므로 촉을 안고 말하지 않아도 묘당에서의 정치는 잘 다스려진다고 하였다.

윤지장(尹知章)의 주: '蜀'은 제사 그릇이다. 군주가 다만 제사 그릇만을 안고 스스로 도를 닦는다면 비록 말을 하지 않고 가만히 있어도 묘당의 정치는 닦여질 것이다.

주동광(朱東光)의 설: '蜀'은 '器' 자를 잘못 쓴 것일 뿐이다.

왕염손의 설: 주동광이 '蜀'을 '器' 자의 잘못이라고 한 것은 옳다. 뒤의 〈형세해〉의 '蜀' 또한 잘못이다.……인군이 (제사) 그릇을 안고 말하지 않더라도 묘당 안의 사람들은 이미 순종한다. 《관자》〈형세해〉에 "……" 하였으니, 이것이 그 증거이다.

우성오(于省吾)의 설: 윤지장의 주석은 옳지 않다. 왕염손이 주동광의 설을 따라 '蜀'을 '器'라고 하고, 〈형세해〉의 '蜀'도 잘못이라고 했는데 전혀 따를 수 없다. 송상풍(宋翔風)이 서정(徐鼎)의 설을 따라 '祠'를 '治'라고 읽고 '抱蜀'은 《노자》의 '抱一'이라고 하였는데 타당한 설명이다. 한나라 〈공주비(孔宙碑)〉[11] 의 '祠兵' 또한 '治兵'이다. 금문(金文)의 '治' 자는 보통 '嗣'로 쓰는데 '嗣'와 '祠'는 모두 '司' 성(聲)이다. 또 금문의 '嗣'와 '辭'는 통용된다. 《설문》에서

---

11 공주비(孔宙碑): 공자의 19대손인 공주(孔宙)의 묘비(墓碑)로 완칭은 〈한태산도위공주비(漢泰山都尉孔宙碑)〉이다. 한나라 연희(延熹) 7년(164)에 세워졌으며 산동성 곡부(曲阜) 공묘(孔廟)에 있다.

'辭'의 주문(籀文)은 '𤔲'로 되어 있다. 《주례》〈대축(大祝)〉의 "一曰祠[하나는 祠이다.]"에 대해 정사농(鄭司農)은 "祠는 辭가 되어야 한다." 하였다. 한나라 〈요묘비(堯廟碑)〉의 "將辭帝堯"는 '祠'가 '辭'로 되어 있으니 하나의 예이다. 《이아》〈석산(釋山)〉의 "獨者蜀"에 대한 곽박의 주석에 "蜀 또한 孤獨이다." 하였다. 《석고문(石鼓文)》"射其猏蜀"의 '蜀'은 '猏獨'이다. 송상풍이 《노자》의 "抱一爲天下式"에서 '式'은 '器'의 뜻이라고 한 것은 엉성하다. '治器'가 제사가 아니라면 '治式' 또한 제사가 아니다. 이는 '器' 자의 해석을 얻지 못한 것이다. '器'는 바로 '氣'의 가차이다. 《예기》〈악기(樂記)〉 "然後樂氣從之"의 〈교감기〉에 "閩本, 監本, 毛本에 '氣'가 '器'로 되어 있다." 하였다. 《대대례기》〈문왕관인(文王官人)〉의 "其氣寬以柔"가 《일주서(逸周書)》〈관인해(官人解)〉에는 '氣'가 '器'로 되어 있다. 《장자》〈인간세〉의 "息氣茀然"[12]에 대해 《석문》에 "向本에 '湿器'로 되어 있다." 하였다. 《회남자》〈설산(說山)〉의 "獸不可以虛氣召也"가 《문자(文子)》〈상덕(上德)〉에는 '虛氣'가 '空器'로 되어 있다. 《회남자》〈원도〉에 "氣者, 生之充也。"라고 하였다. 채우면 만물이 따라서 번성하기 쉽다. '抱獨不言'은 '氣'를 거두어 들이는 것이다. 〈형세해〉에 "所謂抱蜀者, 祠器也。"라고 한 것은 바로 "所謂抱獨者, 治氣也。"이다. 《노자》 10장에 "營魄抱一, 能無離乎? 專氣致柔, 能嬰兒乎?"라고 하였다. 《관자》는 도가류이므로 '抱獨治氣'는 《노자》의 '抱一', '專氣'의 뜻과 딱 들어맞는다. 이는 도가에서 말하는 군주의 주요한 방술이다. '祠'와 '𤔲', '器'와 '氣'가 통가자인지는 불명확하지만 옛 뜻은 사라져도 유래는 남아 있다.

이 예는 원문에 근거할 만한 이문이 없고 단지 문의를 이해하는 데에서 의문이 생긴 경우이다. '抱蜀不言'은 도대체 무슨 뜻인가? 윤지장의 주석에서는 '蜀'은 옛날 묘당에서 제사 지낼 때 쓰는 기구라고만 말하고 물명에 대한 훈고를 하지 않았다. 그리고 "군주가 다만 제사 그릇만을 안고" "스스로 도를 닦아" 천하가 다스려질 수 있다는 것은 확실히 이치에 맞지 않는다. 이 때문에 주동광과 왕염손이 문의의 이해에 대해 윤지

---

12 息氣茀然:《장자집석(莊子集釋)》 등에는 '氣息茀然'으로 되어 있다.

장의 주를 인습하여 모두 '蜀' 자를 '器' 자의 잘못이라고 하고 바로 '抱蜀'을 '抱器'라고 해석했다. 왕인지는 아울러 《관자》의 〈형세해〉를 인용하여 증거로 삼았다. 다만 〈형세해〉에도 '抱蜀'이라고 되어 있는데 이 때문에 〈형세해〉에 있는 '蜀' 자도 틀렸다고 단정하였다. 뜻이 통한다고 '蜀' 자를 '器' 자의 잘못이라고 단정하였지만 의거할 만한 이문이 없으며 '蜀' 자와 '器' 자가 글자의 모양 때문에 잘못되어 버렸다는 예증도 제시하지 못하고 겨우 주관적으로 문의를 이해하고 추론한 일종의 가설만을 제시하였다. 송상풍과 우성오는 다른 생각을 제시하여 '蜀' 자는 틀리지 않았다고 인식하고 윤지장, 주동광, 왕염손의 설은 문의의 이해와 문자의 훈고에 모두 착오가 있다고 지적하였다. 문의상으로는 송상풍과 우성오가 모두 《관자》의 이 부분은 노자의 도가 사상이 들어 있다고 여기고 《노자》 10장의 '抱一'과 '專氣' 및 《회남자》〈원도〉의 '抱獨', '斂氣'를 들어 증거로 삼았다. 당연히 사상적으로 일치하는 곳도 있고 문의상으로 통하는 곳도 있다. 훈고학적으로 금석과 고적 가운데 '祠'와 '治'가 통하고 '蜀'과 '獨'이 통하며 '器'와 '氣'가 통하는 통가자임을 증거로 들어 '抱蜀'이 '抱獨'이 되는 것은 바로 《노자》 '抱一'의 사상이고 '祠器'가 '治氣'가 되는 것은 바로 《노자》 '專氣'의 사상이라고 해석하였다. 당연히 훈고학적으로 성립할 수 있다. 따라서 '抱蜀'과 '祠器'는 '抱獨'과 '治氣'이며 이는 선진 고적에서 자주 보이는 통가자로 모두 오자가 아니다. 이로 보건대, 단지 문의의 이해만 가지고 추리를 진행하는 것은 내증과 외증이 없다면 주관적이고 무단적임을 면할 수 없으며 고증에는 반드시 과학적인 근거가 있어야 함을 알 수 있다.

9 《한서(漢書)》〈화식전(貨殖傳)〉：辟猶戎翟之與于越, 不相入矣。
비유하면 융적과 우월이 서로 들이지 않는 것과 같다.

맹강(孟康)의 설명 : '于越'은 남방 월 지역의 이름이다.

안사고(顏師古)의 설명 : '于'는 발어사로 남방 지역의 말이 그렇다. '于越'은 '句吳'와 같다.

왕염손의 설 : '于越'은 본래 '干越'이다. '干'은 음이 '干戈'의 '干'이다. 干越은 吳越이다. 《묵자》〈겸애〉에 "禹南爲江漢淮汝東流之, 注五湖之處, 以利荊楚干越與南夷之民.〔우가 남방의 長江, 漢水, 淮水, 汝水를 동쪽으로 흐르게 하여 五湖에 물을 대어 荊, 楚, 干, 越과 南夷의 사람들을 이롭게 하였다.〕"이라고 하였다. 금본(今本)에는 '干' 자가 빠져 있는데 《문선》〈강부(江賦)〉의 주석을 가지고 보충하였다. 《장자》〈각의(刻意)〉의 "夫有干越之劍者〔干越의 劍이 있는 자〕"에 대해 《석문》에서 "사마표(司馬彪)가 말하기를 '干은 吳이다. 吳越에서는 좋은 劍이 나온다.' 하였다. 살펴보면 오에는 간계(干溪)라는 이름의 시내가 있고 越에는 약야(若邪)라는 이름의 산이 있는데 모두 질 좋은 철이 난다. 주조하면 좋은 칼이 된다."라고 하였다. 이상은 《장자석문(莊子釋文)》이다. 《순자》〈권학〉의 "干越夷貉之子"에 대해 양경(楊倞)은 "干越은 吳越과 같다." 하였다. 송본(宋本)도 같다. 근래 가선사씨(嘉善謝氏)의 각본(刻本)에는 '干'이 '于'로 고쳐져 있고 양경의 주석도 '干越'을 '于越'로 고쳤는데 옳지 않다. 《회남자》〈원도〉의 "干越生葛絺〔간월에서 칡베가 난다.〕"에 대한 고유의 주석에 "干은 吳이다." 하였다. 도장본(道藏本)도 같다. 속본에 '干'을 '于'로 고쳤는데 고유의 주석과 맞지 않는다. '干越'은 즉 '吳越'이다. 干과 越은 두 나라로 "戎翟之與干越"이라고 하였으니, 《묵자》의 "荊楚干越", 《순자》의 "干越夷貉"과 같다. 《춘추》의 '於越'은 越이고 '於'는 발어사로 여기의 '干越', '戎翟'처럼 두 자로 쓴 것과는 다르다. 맹강이 본 대본은 바로 '干越'로 되어 있으므로 "干越은 남방 월 지역의 이름이다." 하였으니 그 뜻은 '干越'을 월의 일종으로 여긴 것으로 한나라 때 민월(閩越), 구월(甌越), 낙월(駱越)이 있었던 것과 같다. 만약 '于越'이 바로 '越'이라면 '南方越名'이라고는 하지 않았을 것이다. 맹강의 '干越'에 대한 해석을 살펴보면 비록 고유, 사마표와 다르지만 '干'으로 본 것이지 '于'로 본 것은 아니다. 《문선》〈오도부(吳都賦)〉 "包括干越" 송나라 우연(尤延)의 본이 이와 같다. 금본은 혹 송본과 같고 혹 '干'을 '于'로 고쳤다. 에 대해 이선(李善)은 주석에서 《한서》의 이 글을 인용하여 바로 '干越'이라고 하고, 또 《음의(音義)》를 인용하여 "干은 남방 월의 이름이다." 하였다. 이 글 다음에 "《春秋》曰, '于越入吳.' 杜預注曰, '于越人發語聲" 17자가 있는데 후대 사람이 첨가한 것으로 이선의 주석과는 맞지 않는다. 《태평어람》〈주군부(州郡部) 16〉에도 이 글을 인용하여 '干越'이라고 하였고 또 위

소(韋昭)의 주석 "干越은 지금 餘干縣으로 월의 별명이다."를 인용하였다. 위소가 '干越'을 '餘干'이라고 한 것이 확실한 주석은 아니지만 역시 '干'으로 본 것이지 '于'로 본 것은 아니다. 이상이 그 증거이다. 안사고가 '干'을 '于'로 고치면서 《춘추》의 '於越'을 가지고 풀이한 것은 틀린 것이다. '於'와 '于'는 옛날에 비록 통용되기는 했으나 《춘추》의 '於越'은 '于越'이라고 할 수 있는 것이 아니다. 학자들이 '於越'은 많이 들었으나 '干越'은 잘 들어 보지 못했기 때문에 자(子), 사(史) 등 여러 서적에서 '干越'을 '于越'로 고쳤는데, 모두 안사고의 오류에서 비롯되었다.

이 예에는 이문이 '于越'과 '干越' 두 개이다. '干越'은 맹강의 주를 저본으로 변석하여 얻은 것으로 《문선》 주와 《태평어람》의 인용문을 증거로 삼아 하나의 이문이 성립하였다. 다만 '干越'의 훈고에는 차이가 있어 정오를 판단하는 데 영향을 준다. 왕염손의 설은 수사와 문의를 따라 양 방면으로 분석하여 '干'이 '吳'를 뜻하고 '干越'은 '吳越'을 뜻한다는 증거를 얻었다. 따라서 수사와 문의, 내증과 외증이 모두 일치된 결론을 얻어 '干越'이 맞고 '于越'은 틀리다고 확정하였다. 이로 보건대, 이문의 정오를 판단할 때는 훈고가 중요한 작용을 했으며 고증의 주요한 범위는 본서 이외의 서적임을 알 수 있다.

10 《자치통감(資治通鑑)》 권256 : 唐僖宗光啓元年, "盧龍節度使李可舉、成德節度使王鎔惡李克用之强, 而義武節度使王處存與克用親善", 李可舉等 "約共滅處存而分其地", "處存告急於克用, 克用遣其將康君立等, 將兵救之。"
당나라 희종 광계 원년 "노룡절도사 이가거와 성덕절도사 왕용은 이극용이 강성해지고 의무절도사 왕처존이 이극용과 친한 것을 꺼렸다." 이가거 등이 "함께 왕처존을 멸하여 그 땅을 나누기로 약속하였다.", "왕처존이 급히 이극용에게 알리니, 이극용이 장수

강군립 등을 보내 병사를 이끌고 가서 구원하게 하였다."

이극용(李克用)〈북악묘제명비(北岳廟題名碑)〉: "하동절도사 검교태보 중서문하평장사(河東節度使檢校太保中書門下平章事) 농서군왕(隴西郡王) 이극용(李克用)은 유주진(幽州鎭)이 중산(中山)을 침벌하기에 번한(蕃漢)의 기보병 50만을 거느리고 직접 구원하러 와서 역정절도사(易定節度使) 검교사공(檢校司空) 왕처존과 함께 기원하고 다음 날 상산(常山)을 지나 죄를 물었으니, 때는 중화 5년(885) 2월 22일이다. 극용은 기록한다." "역정절도사 검교사공 왕처존이 제명비를 살폈다. 3월 17일에 유주(幽州)에서 화의를 청하여 마침내 군사를 돌렸다. 다시 황제를 알현하고 아울러 그 대가를 청하여 비호로(飛狐路)를 취하고 하동(河東)으로 돌아왔다. 극용이 다시 기록한다."

주이준(朱彝尊)의 설: 글에서 "중화 5년 2월"이라 한 것은 광계(光啓) 원년이다. 희종(僖宗)이 이해 2월에 풍상(風翔)에 이르러 3월에 장안으로 돌아왔는데 개원 조서를 아직 내리지 않았다. 이극용이 의성절도사 왕처존과 함께 황소(黃巢)를 물리치고 그 공으로 농서군왕에 봉해졌다. 노룡절도사 이가거와 성덕절도사 왕용이 왕처존을 미워하여 함께 멸하여 그 땅을 나누기로 약속하였다. 《통감》에는 "극용이 장수 강군립을 보내 구해 주었다."라고 기록되어 있는데 〈북악묘제명비〉에는 "번한의 기보병 50만을 거느리고 직접 와서 구원하였다."라고 되어 있으니 《통감》과 다르다. 또 "3월에 유주에서 화의를 청하여 군대를 물리치고 황제를 알현하여 비호로를 취하고 하동으로 돌아왔다." 하였는데 역사서에는 실려 있지 않은 것이다.

이 예는 역사 사실을 고증한 것이다. 주이준은 지금 남아 있는 이극용이 세운 제명비의 비문을 근거로 《통감》에 기재된 것과 다르다는 것을 지적하고 역사 사실과 다르다고 여겨 "극용이 직접 군대를 이끌고 구원하였다."라고 해야 한다고 하였다.

앞에서 든 다섯 번째 예는 본서의 내증을 조사한 것이고 여기서는 외증으로 역사상의 착오를 정정한 것이다. 엄격히 말해서 다섯 번째 예와 이 예는 모두 역사 기록의 옳고 그름에 대한 고증에 속할 뿐 교감의 고증은 아니다.

11 곽박(郭璞) 〈유선시(游仙詩)〉 제1수 : 京華游俠窟, 山林隱遯棲。
朱門何足榮? 未若托蓬萊。臨源挹淸波, 陵岡掇丹荑, 靈谿可潛
盤, 安事登雲梯? 漆園有傲吏, 萊氏有逸妻。進則保龍見, 退爲
觸藩羝。高蹈風塵外, 長揖謝夷齊。

서울은 유협의 소굴, 시골은 은둔자의 거처. 높은 벼슬 무엇이
영화로운가. 봉래에 의탁하는 것이 낫지. 임원에서 맑은 물을 뜨
고 능강에서 단이를 캐니 영계는 은거할 만한 곳 어찌 벼슬길에
나아갈까. 칠원에는 오만한 관리 있고 노래자에게는 일처가 있
지. 나아가면 대인을 보좌하나 물러나면 곤궁하다네. 세상일에
초연하게 지내며 백이 숙제에게 사례하노라.

왕염손의 설 : '蓬萊'는 본래 '蓬蘱'이다. 후대 사람들이 이 시가 유선시라고 하
여 '蓬蘱'를 '蓬萊'로 고친 것이다. 이 시가 벼슬살이가 은거만 못하다는 것을
말할 뿐 신선의 일은 말하지 않은 것을 알지 못해서이다. "朱門何足榮"은 앞
구절의 "京華游俠窟"을 이어서 말한 것이고 "未若托蓬萊"는 앞 구절의 "山林隱
遯棲"를 이어서 말한 것이다. '蓬蘱'는 은자가 사는 곳이다. 《염철론》〈훼학
(毁學)〉에 "包邱子飯麻蓬蘱, 修道白屋之下."라고 한 것이 바로 이것이다. 《한서》
〈사마천전〉 주석에 "蘱는 蓬과 비슷하다." 하였다. 蓬과 蘱는 모두 稤草로 모습이 비슷하기 때문에
책에서 대부분 병칭해서 쓴다. 《예기》〈월령〉에 "蘱莠蓬蒿並興"이라고 하였고 《좌전》 소공 16년에
"斬之蓬蒿藜藋"이라 하였으며 《관자》〈소광(小匡)〉에 "蓬蒿藜藋並興"이라고 하였다. 다음의 "靈
谿可潛盤, 安事登雲梯? 漆園有傲吏, 萊氏有逸妻."는 바로 이러한 뜻이다. '登雲
梯'는 영달하여 고관이 된 것을 말한다. 이선이 말하기를 "신선이 하늘을 오를 때 구름을 타고 오르
므로 '雲梯'라 한다." 하였는데 맞지 않다. 여기서 '蘱' 자는 棲, 荑, 梯, 妻, 羝, 齊와
운으로 고음(古音)에서 지부(脂部)에 속한다. 제6수의 "高浪駕蓬萊"는 災, 臺,
杯, 頤, 垓, 孩, 才와 운으로 고음에서 지부(之部)에 속한다. 脂部와 之部는
서로 통용하지 않는다. 이선의 주에 《사기》〈봉선서〉를 인용하여 "安期生,
仙者, 通蓬萊中"이라고 하였으니 보았던 대본에는 이미 '蓬萊'로 되어 있었던
것이다.

여관영(余冠英)의 설 : '蓬萊'는 '蓬蘱'가 되어야 한다. 蓬蘱는 은자가 거주하는
지방이고, 蓬萊는 바다에 있는 신선산의 이름이다. 유선시에서는 은둔과 고

답만을 말하였지 신선을 구하지는 않았으므로 萊는 오자이다. 안연지(顔延之)의 〈화사감시(和謝監詩)〉[13]에 "幽門棲蓬藜"라 하였는데 '蓬'과 '藜'를 연용한 것이다.

이 예에서는 시의(詩意)를 가지고 '蓬萊'는 '蓬藜'가 되어야 한다고 단정한 것이다. 다만 '蓬藜'가 이문이 될 수 있는 의거할 만한 판본은 없다. 왕염손의 설은 훈고와 음운 지식을 가지고 외증을 조사한 것이고 여관영의 설은 왕염손의 설에 하나의 외증을 보충한 것이다. 단지 일종의 합리적인 근거가 있는 가설을 제시한 것일 뿐으로 글자를 고쳐야 하는 근거는 안 된다. 왕염손의 설은 운각(韻脚)을 가지고 '蓬萊'는 협운이 아니므로 의심해야 할 이유가 충분하다고 여겼다. 시의로도 '蓬藜'가 '蓬萊'보다 타당하다고 지적하였고 훈고학적인 근거도 있다. 다만 이 글자를 고치기 위해서는 내증이 부족하고 근거할 만한 판본이 없으므로 '蓬藜'가 맞다고 단정할 수는 없다. '蓬藜'로 고치는 것은 곽박을 대신해 시를 고치는 것이다.

위에서 든 예시 중에서 예시 1에서 7까지는 주로 내증을 조사한 것이고 예시 8에서 11까지는 주로 외증을 조사한 것이다. 다만 모두 내증과 외증의 경중을 분명하게 드러냈으며 교감의 고증은 반드시 이론과 자료에 있어 모두 과학적인 근거가 있어야 함을 분명히 나타냈다.

13 화사감시(和謝監詩) : 원제는 〈화사감영운(和謝監靈運)〉이다. 《문선(文選)》 권26 〈증답(贈答) 4 행려 상(行旅上)〉에 나온다.

제4절 교감 작업에서 고증의 이론적 근거

고적의 교감은 결국 문자의 정오 문제에 이르게 되고 최후의 판단은 반드시 믿을 만한 판본에 의거해야 한다. 따라서 교감에 종사하려면 세 가지 방면에 있어서 관련 있는 학과의 일반적인 이론을 알아야 한다. 첫째는 문헌 고적 이론에 관해서이다. 주로 문헌학, 목록학, 판본학이 있다. 둘째는 언어 문자의 형(形)·음(音)·의(義)에 대한 이론에 관해서이다. 주로 문자학, 음운학, 훈고학이 있다. 셋째는 교감하려는 고적에 대한 전문적인 지식 이론에 관해서이다. 일반적으로 각 과의 전문가가 자신이 속한 학과의 고적을 교감한다. 바꿔 말하면 전문 교감자는 반드시 교감하려는 구체적인 고적의 지식 영역에까지 들어가야 하며, 각 과의 전문가들은 본과의 고적을 교감할 때 반드시 문헌 고적과 언어 문자의 일반 이론을 이해해야 한다. 북조(北朝)의 학자 안지추(顔之推)는 《안씨가훈》〈면학〉에서 "서적을 교감하는 것이 어찌 쉽겠는가. 양웅, 유향만이 교감의 직무에 걸맞을 뿐이다. 천하의 서적을 두루 보지 않고 함부로 자황(雌黃)[14]을 칠해서는 안 된다."라고 하였다. 이 말은 박학과 성실을 강조한 것이지 단순히 사람을 겁주려고 한 것은 아니다. 이는 바로 고염무가 《일지록(日知錄)》〈감서(勘書)〉에서 강조한 "책을 교감할 적에는 반드시 독서에 능한 사람을 써야 한다."라는 말과 같다. "임의로 고치는 것"은 큰 폐단이다. 그들은 모두 교감이 반드시 과학적이어야 한다고

---

14 자황(雌黃) : 황과 비소의 화합물로 만들어진 안료로, 예전에 중국에서 시문(詩文)의 잘못된 곳을 고치는 데 사용하였다.

요구한다. 청대 학자 왕인지는 자신이 경적(經籍)을 교감한 경험을 종합하여 다음과 같이 말하였다.

> 내가 소학(小學)으로 경전을 교감하면서 고친 것도 있고 고치지 않은 것도 있다. 주나라 이래로 서체가 예닐곱 차례 변하였는데 서사관이 글을 주관하면서 서사관이 잘못한 것은 내가 과감히 고쳤다. 맹촉(孟蜀) 이래로 참공(槧工)이 주관하였는데 참공이 잘못한 것은 내가 과감히 고쳤다. 당·송·명의 사인(士人)들은 혹 성음과 문자를 알지 못하고 경전을 고치는 바람에 잘못되지 않은 것도 잘못되었다고 여겨 망녕되이 고쳤는데 내가 과감하게 그들이 고친 것을 다시 고쳤다. 주나라 말에서 한나라 초는 경사(經師)의 죽백(竹帛)이 없고 이체자가 많으므로 내가 어느 하나를 택하여 정할 수 없는 경우는 고치지 않았다. 가차의 방법은 유래가 오래되어 본자를 열에 여덟아홉은 찾을 수 있고 열에 둘은 찾을 수 없었다. 반드시 본자를 찾아 가차자를 고치는 것이라면 문자 고증의 성인이 할 일이라 나는 고치지 않았다. 서사관과 참공의 잘못은 내가 의심해 보고 생각해서 알 수 있었다. 다만 여러 책에서 증거 삼을 만한 것이 없는 경우 후인들의 입방아에 오를까 저어하여 고치지 않았다.
>
> 공자진(龔自珍)의 〈고우왕문간공묘표(高郵王文簡公墓表)〉에서 재인용

글자를 고치고 고치지 않는 것은 교감의 결단과 성과의 문제로 교감의 이론, 방법, 수준과 질이 체현되는 것이다. 왕인지의 이 글은 글자를 수정하는 원칙에 대한 경험을 말한 것으로 실제로 교감의 고증에 있어 반드시 의거해야 하는 주요 이론을 개괄하고 있다. "소학으로 경전을 교감했다"는 것은 문자학, 음운학, 훈고학의 이론지식으로 경적을 교감했

다는 것이다. "서체가 예닐곱 차례 변하였다"는 것은 문자의 모양이 변천했다는 것이다. '참공'은 판각 장인이다. "참공의 잘못"을 밝히기 위해서는 반드시 판본과 간인(刊印)에 대한 지식을 이해해야 한다. "성음과 문자를 알지 못하고 경전을 고친" 잘못을 판별하기 위해서는 반드시 음운학과 문자학을 숙지해야 한다. '주나라 말에서 한나라 초에는 가차자가 많으므로 오자임을 밝힐 확실한 증거가 없으면 고치지 않았다'는 것은, 왕인지가 엄격하고 신중하게 경적을 교감하였음을 설명하는 것으로 원래의 모습을 보존하는 교감의 원칙에 부합한다. 고증은 모두 과학에 의거해야 한다.

앞에서 제2장 제10절에 보인다. 서술한 것처럼 청나라 초기 학자들이 경학의 연구를 통해 경적을 교감하여 풍부한 경험을 축적하였는데 그 가운데 중요한 한 가지 경험은 바로 소학에 대한 이해가 필요하다는 것이다. 문자의 형·음·의로부터 조성된 오류는 경적에만 보이는 것이 아니라 여러 서적에 두루 퍼져 있다. 이는 진한 시대에만 있는 것이 아니라 중고 이래로 한결같이 있어 왔다. 진원이 《원전장(元典章)》을 교감하고 "吏와 例, 記와 繼, 程과 陳, 点과 典 등은 광주(廣州) 발음으로 읽으면 혼동되지 않는다. 지금 심각본(沈刻本) 《원전장》에는 많이 섞어 쓰고 있는데 필사한 자가 쓰던 방음(方音)에서는 서로 비슷했음을 알 수 있다." 《교감학석례》에 보인다. 라고 하였다. 이 말에서 고금의 방음이 다른 데서 문자의 착오가 생겨날 수 있다는 것을 알 수 있다. 따라서 문자학·음운학·훈고학의 일반 이론을 이해하고 습득하는 것은 교감 작업에서의 분석과 고증 및 이문의 정오 판단을 위한 필수 요소들이다.

제5절 교감 작업에서 고증의 자료적 근거

자료의 측면에서 교감의 근거란, 바로 같은 책의 각종 판본과 각종 관련 문헌 자료이다. 구체적으로 말하면 다음에 기술하는 몇 개의 방면으로 구분할 수 있다.

1 죽간과 백서 사본 등 출토문헌을 포함한 고본과 구본

이른바 '고본(古本)'이니 '구본(舊本)'이니 하는 것은 모두 판본의 연대가 얼마나 오래되었느냐에 따라 상대적으로 말한 것이다. 일반적으로 말했을 때, 지하에서 발굴한 죽간(竹簡)과 백서(帛書), 석굴구장(石窟舊藏)에서 발견한 사본은 연대가 모두 당대(唐代) 이전으로 당연히 더 이른 '고본' 계열에 속한다. 교감이란 측면에서 말했을 때, 판본의 연대가 오래되었느냐의 여부가 이문(異文)이 옳은 것인지를 고증하거나 판단하는 절대적으로 신뢰할 수 있는 근거는 결코 아니지만, 비교했을 때 송간본(宋刊本)·당사본(唐寫本)·한백(漢帛)·진간(秦簡)은 의도적이지 않은 오류가 많고 멋대로 고친 것이 적기 때문에 오류를 찾아볼 수 있는 흔적이 있어서 원본의 면모가 비교적 진실되며, 이 점은 선인들이 이미 많은 논술을 하였다. 제2장 제10절에 보인다. 근래 진내건(陳乃乾)도 이에 대해 깊은 인식을 하고 다음과 같이 말하였다.

일찍이 이렇게 생각한 적이 있다. 고서는 판각하면 할수록 반드시 오류가 더 생기게 된다고. 의도하지 않은 데서 생긴 오류는 '魯'가 '魚'로 '亥'가 '豕'로 변한 것과 같은 것인데, 이런 오류는 그래도 유추해 낼 수 있다. 그러나 박학다식한 사람이 임의로 고친 데서 나온 오류는 원래의 모습이 모두 없어져 버린다. 송(宋)·원(元)·명초(明初)의 여러 판각본이 오자가 없을 수 없는데도 장서가들이 다투어 이것을 구입하는 것은 골동품을 좋아해서가 아니다. 그 오자들이 모두 의도하지 않은 데서 나와 혹시라도 유추하여 분별해 낼 수 있는 가능성이 있으며 또 후세 판각의 조본(祖本)이 되기 때문이다. 고서를 교감할 때 먼저 그 진실 여부를 구해야 하며 오로지 뜻이 통하는 것만을 귀히 여겨서는 안 된다. 옛사람의 진본(眞本)은 내가 볼 수 없지만 그 진본에 가까운 것을 구한다면 옛 판각본이 우선이다.〈여호박안서(與胡朴安書)〉

구본과 고본이 교감학상 가진 지위와 특징 및 가치를 비교적 객관적으로 설명하였는데, 여기에서도 당(唐) 이전의 사본과 죽간·백서의 소중함을 이해할 수 있다. 두 가지 예를 들어 보겠다.

1973년 호남성(湖南省) 장사시(長沙市) 마왕퇴향(馬王堆鄕) 한묘(漢墓)에서 발굴한 백서 《노자(老子)》는 전서(全書)가 〈덕경(德經)〉이 앞에 있고 〈도경(道經)〉이 뒤에 있어 금본(今本)과 반대로 되어 있는데, 이것으로 현존하는 여러 판본을 교감하면 진본에 더욱 가까운 특징과 가치를 알 수 있다. 다음의 예를 보자.

금본 《노자》 2장 : 故有無相生, 難易相成, 長短相較, 高下相傾, 音聲相和, 前後相隨。
그러므로 유무는 상대적으로 생겨나고 난이는 상대적으로 이루어지며, 장단은 상대적으로 드러나고 고하는 상대적으로 기울며, 음성은 상대적으로 어울리고 전후는 상대적으로 순서가 이루어진다.

백서(帛書)에는 '前後相隨' 아래에 '恒也'라는 두 글자가 있다.

분명히 알 수 있듯 '恒也'는 '有無相生' 등 일련의 모순이 하나로 통합되는 변증 현상의 총괄적인 판단어로서, 이러한 현상들이 영원한 보편적 규칙을 반영하고 있다는 것을 나타내며, 따라서 문구를 완전하게 하고 문장의 뜻을 명확하게 하고 있다. 현존하는 여러 판본에 이 두 글자가 탈락된 것과 비교한다면 원저작의 진면목에 더욱 가깝다는 것은 의심의 여지가 없다.

금본《노자》31장 : 夫佳兵者, 不祥之器, 物或惡之, 故有道者不處。 병기는 불길한 물건인 까닭에 사람들마다 그것을 싫어한다. 그러므로 도가 있는 사람은 그것을 사용하지 않는다.

《경전석문(經典釋文)》: '佳'는 '좋다[善]'라는 뜻이다.

하상공(河上公)의 주 : '꾸미다[飾]'라는 뜻이다.

왕염손(王念孫)의 설 : '善'과 '飾' 두 해석은 모두 의미상 타당하지 않다. 옛날에 '兵'이라는 것은 모두 오병(五兵)[15]을 가리켜서 말한 것이다. 그러므로 "兵者, 不祥之器。[병기는 불길한 기물이다.]"라고 한 것이다. 하문(下文)에 보인다. 병기를 사용하는 사람의 입장에서 말한다면 단지 불상(不祥)이라고만 말할 수 있으며 "不

---

[15] 오병(五兵) : 다섯 가지 병기로, 가리키는 것은 일정치 않다. 《주례(周禮)》〈하관(夏官) 사병(司兵)〉에 "오병과 오순을 관장한다.[掌五兵五盾]"라고 하였는데, 정현(鄭玄)은 주(注)에서 정사농(鄭司農)의 말을 인용하여 "오병은 과(戈)·수(殳)·극(戟)·추모(酋矛)·이모(夷矛)이다."라고 하였다. 《춘추곡량전(春秋穀梁傳)》 장공(莊公) 25년 범녕(範寧)의 주에는 "모(矛)·극(戟)·월(鉞)·순(楯)·궁시(弓矢)"라고 하였으며, 《한서(漢書)》〈오구수왕전(吾丘壽王傳)〉 안사고(顏師古)의 주에는 "모(矛)·극(戟)·궁(弓)·검(劍)·과(戈)"라고 하였다. 여기에서는 각종 병기를 가리키는 말로 쓰였다.

祥之器"라고 말할 수는 없다. 지금 살펴보면 '佳'는 隹(추) 자의 오기이니 '隹'는 唯 자의 고자(古字)이다. 唯는 혹 惟나 雝로 쓰기도 한다. 오직 병기가 불길한 물건인 까닭에 도를 가진 자가 사용하지 않는 것이다. 앞에서 '夫唯'라 하고 뒤에서 '故'라고 하면 문장의 뜻이 바로 잘 이어진다. 8장에 "夫唯不爭, 故無尤.〔오직 남과 다투지 않기 때문에 원망이 없다.〕"라 하고, 15장에 "夫唯不可識, 故强爲之容〔도무지 알 수 없기 때문에 억지로 형용해 보자면〕", "夫唯不盈, 故能蔽不新成.¹⁶〔오직 가득 차지 않기 때문에 묵은 것이 가고 새로운 것이 이루어질 수 있다.〕"이라 하고, 22장에 "夫唯不爭, 故天下莫能與之爭.〔오직 다투지 않기 때문에 천하에 그와 다툴 수 있는 사람이 없다.〕"이라 한 것이 모두 그 증거이다. 옛날 종정문(鐘鼎文)에는 '唯' 자를 바로 '隹'로 썼으며 《석고문(石鼓文)》도 마찬가지이다. 또 하송(夏竦)의 《고문사성운(古文四聲韻)》에 실린 《도덕경(道德經)》에도 '唯' 자가 '雀'로 되어 있다. 이에 근거한다면, 금본에 '唯'로 쓴 것은 모두 후대 사람들이 고친 것이니, 이 '雀' 자가 '佳'로 잘못되지 않았더라면 후대 사람들도 분명 '唯'로 고쳤을 것이다.

백서에는 "夫兵者, 不祥之器。"로 되어 있어 '佳' 자가 없다.

이 장의 다음 문장에 "兵者, 不祥之器, 非君子之器, 不得已而用之.〔병기는 불길한 물건으로 군자가 사용하는 물건이 아닌 까닭에 부득이할 때 사용한다.〕"라고 한 것에 근거한다면, 이 '佳' 자는 연문(衍文)으로 보아야 하며 백서에 '佳' 자가 없는 것이 맞다. 왕염손이 말한 것은 식견이 없다 할 수는 없으나 인용한 본서의 내증들은 모두 구법(句法)의 예증들이며, 사례로 든 외증들은 문자의 형태가 잘못된 통례이다. 따라서 '唯'가 '佳'로 잘못 쓰이게 된 원인을 설명할 수는 있지만 '佳'가 반드시 '唯'로 되어야 하는 것에 대한 증거로 삼을 수는 없어 글자를 고친 판본의 근거가 부족하다. 객관적으로 말해, 문의(文義)로 볼 때는 백서

---

16 蔽不新成 :《신역노자독본(新譯老子讀本)》에는 역순정(易順鼎)의 말에 따라 '蔽'는 '敝'의 가차자이며 '不'은 '而'의 오자로 보았다. 즉 '敝而新成'으로, 22장의 '敝則新〔낡으면 새로운 것이 생겨난다.〕'의 뜻이라고 하였다.

에 '佳' 자가 없는 것이나 왕염손이 "'佳'는 '唯'가 되어야 한다."라고 한 것은 모두 통한다. 그러나 판본의 근거라는 입장에서 말한다면 백서는 한대(漢代)의 일종의 전본(傳本)이다. 《경전석문》본, 하상공(河上公) 주본(注本), 현존 왕필본(王弼本)에서 모두 한대에 별도로 '佳' 자가 있는 전본이 있다고 설명하고 있으니, 그렇다면 이 글자는 마땅히 왕염손의 설에 따라 '唯' 자의 오기로 보아야 할 것이다.

금본 《노자》 80장 : 小國寡民, 使有什伯之器而不用。
이상적인 국가는, 국토가 작고 국민이 적으며 설령 병기가 있다 할지라도 사용하지 않는 나라이다.

하상공 주본에는 "小國寡民, 使有什伯人之器而不用。"으로 되어 있어 '什伯' 다음에 '人' 자가 있다.

유월(兪樾)의 설 : '什伯之器'는 바로 병기이다. 《후한서(後漢書)》 〈선병전(宣秉傳)〉 주에 "軍法五人爲伍, 二伍爲什, 則共其器物, 故通謂生生之具爲什物。〔군법에 5인이 오(伍)가 되며 2오(伍)가 십(什)이 되니, 그 기물을 함께 쓴다. 그러므로 생활의 도구를 통틀어 집물이라 이른다.〕"이라고 하였다. 그렇다면 '什伯之器'는 '什物'이라고 말한 것과 같다. '伯'을 함께 말한 것은, 옛날 군법에 100인을 '伯'으로 삼았기 때문이다. 《주서(周書)》 〈무순(武順)〉에 "五伍二十五日元卒, 四卒成衛曰伯。〔오(伍) 다섯인 25명을 원졸이라 이르고, 4졸이 위를 이루어 백이라 이른다.〕"이라고 한 것이 그 증거이다. '什'과 '伯'은 모두 사졸이 편제된 부곡(部曲)의 이름이다. 《예기(禮記)》 〈제의(祭義)〉에 "軍旅什伍"라고 하였다. 여기에서는 '什伍'라 하고 《노자》에는 '什伯'이라고 하였으니, 말한 것에 대소의 차이는 있으나 다른 뜻은 없다. 서개(徐鍇)의 《설문계전(說文系傳)》에는 인부(人部) '伯' 아래에 《노자》의 '什伯之器'를 인용하고는 "有什伯之器, 每什伯共用器, 謂兵革之屬。〔매 십백이 용기를 함께 사용하였으니 병혁의 등속을 말한다.〕"이라고 하였으니, 올바르게 해석한 것이다. "使有什伯之器而不用〔백성들로 하여금 병기를 가지고 있으면서도 사용하지 않게 한다.〕"과 "使民重死而不遠徙〔생명을 소중히 여겨 멀리 이사 가지 않게 한다.〕"의 두 구절은 한뜻이다. 다음 문장에 "雖有舟輿, 無所乘之; 雖有甲兵, 無所陳之。〔비록 배나 수레가 있더라도 그것을 탈 필요가 없으며 갑옷과 병기가 있더라도 그것을 펼칠 기회가 없다.]"라고 하였는데 '舟輿' 구는 '重死不遠徙'를 덮어 말한 것이며 '甲兵'은 '什伯之器不用'을 덮어 말한 것으로 문장의 뜻이 매우 분명하다. 하상공본에서는 '什伯' 다음에 '人' 자를 잘못 넣어 연문이 된 탓에 마침내 '使有什伯'이란 네 글자를 한 구로 삼았으니, 잘못이다.
백서에는 "小國寡民, 使有什伯人之器而不用."으로 되어 있어 하상공본과 마찬가지로 '什伯' 다음에 '人' 자가 있다.

백서와 하상공본에 의거한다면 한대(漢代) 전본 중의 하나에 '什伯' 다음에 '人' 자가 있으며, 이것은 '人' 자가 없는 왕필본(王弼本)과는 별도의 다른 판본이다. 문의로 보면 '什伯人之器'와 '什伯之器'는 같은 뜻으로서 모두 병기를 가리켜서 말한 것이니, 유월이 서개의 설을 따른 것이 옳으며 "使有什伯, 人之器而不用"으로 읽는 것은 잘못이다. 그러나 '人' 자가 연문인지의 여부와 '什伯之器'에 '人' 자가 탈락되었는지의 여부는 논단할 수 없으므로 두 개를 모두 남겨 놓아야 할 것이다. 문의와 문구에 의거하여 일괄적으로 '人' 자가 연문이라고 논단하는 것은 타당치 않은 듯하며, 마찬가지로 백서에 의거하여 왕필본에서 '人' 자를 뺐다고 논단하는 것 역시 타당하지 않다. 한위(漢魏)에 이미 두 종류의 전본이 있었으며 백서는 우리가 볼 수 있는 최초의 초본(抄本)이라고 여기는 것이 비교적 타당한 판단일 듯하다.

금본 《노자》 65장 : 民之難治, 以其智多。
백성을 다스리기 어려운 것은 그들이 지모가 많기 때문이다.
백서에는 "民之難治, 以其智。"로 되어 있어 '多' 자가 없다.

이 장의 다음 문장에 "故以智治國, 國之賊; 不以智治國, 國之福。〔그러므로 나라를 다스리는 사람이 지모로 나라를 다스리는 것은 나라의 해이며 지모로 나라를 다스리지 않는 것은 나라의 복이다.〕"이라고 한 것에 의거한다면 '難治'는 지모의 다소에 있는 것이 아니라 지모 자체에 있는 것이다. 19장에서 "絶聖棄智, 民利百倍.〔성명함을 끊고 지모를 버리면 백성들의 이익이 백배가 된다.〕"라고 하였는데, 이 문장과 같은 뜻으로 역시 지혜를 끊고 버리면 백성들이 복과 이익을 얻게 된다고 말하고 있다. 《노자》의 사상은 지모로 나라를 다스리는 것을 근본적으로 하지 말 것을 요구하는 것이며 결코 지모의 다소를 따지는 것이 아니라는 것을 알 수 있다. 그러므로 금본에 있는 '多'자는 당연히 연문이며, 백서의 '多'자가 없는 것이 옳다.

위에 든 몇 가지 사례에서, 백서가 현존하는 여러 판본을 교감할 때 가지는 가치를 알 수 있다.

1972년 산동성(山東省) 임기시(臨沂市) 은작산(銀雀山)의 한묘(漢墓)에서 출토한 《손자(孫子)》 13편의 간본(簡本)은, 이것을 가지고 《손자》가 《손빈병법(孫臏兵法)》인지의 여부, 손자가 손빈(孫臏)인지의 여부, 그리고 책이 이루어진 연대 등과 관련한 수많은 의문점을 해결할 수 있는 것 외에도, 이것으로 또 금본 《손자》를 교감할 수 있다. 다음의 예를 보자.

> 금본 《손자》〈계편(計篇)〉: 故經之以五事, 校之以計, 而索其情。
> 그러므로 다음 다섯 가지 항목을 가지고 헤아려 계획을 세우고 계산을 통하여 비교함으로써 그 승패의 정황을 모색한다.
> 손성연(孫星衍)의 교본(校本) : 故經之以五校之計, 而索其情。
> 교감기 :《통전(通典)》 고본에 이처럼 되어 있다. 현행본은 "經之以五事, 校之以計"로 되어 있는데, 이것은 후인이 주석 안에 '五事'라는 말이 있고 또 다음 글에 '校之以計'라는 문구가 있음으로 인해 임의로 고친 것이다. 살펴보면, 본서는 군대가 중하게 여기는 것은 계책에 있다는 것을 말하고 있기 때문에 "經之以五校之

計'라고 말한 것이다. 그리고 '五事'와 '計'는 본래 한 가지 일로 원래부터 완전히 다른 것은 아니다. 이제 주 안에 '五事'라는 말이 있다 하여 그 문장을 고친다면, 다음에 나오는 '凡有七事'란 말을 또 임의로 '七計'라고 고칠 수 있겠는가. 간본(簡本)에는 "故經之以五, 效之以計, 而索其情."으로 되어 있어 '事' 자가 없고 '校'가 '效'로 되어 있다.

다음 문장에서 "一曰道, 二曰天, 三曰地, 四曰將, 五曰法.〔첫째는 도의요, 둘째는 천시(天時)요, 셋째는 지형(地形)이요, 넷째는 장수요, 다섯째는 법도이다.〕"이라고 하고, 또 조조(曹操)·이전(李筌)·두목(杜牧) 등의 주[17]에 모두 "謂下五事"라고 한 것에 의거한다면, 이들이 의거한 판본에 모두 '事' 자가 없었음을 알 수 있다. 그렇다면 《통전》에서 인용한 고본은 간본과 일치하며 '事'는 연문이 되어 손성연이 교정한 것이 옳게 된다. 그러나 다음 글에 "故校之以計, 而索其情, 曰主孰有道, 將孰有能, 天地孰得, 法令孰行, 兵衆孰强, 士卒孰練, 賞罰孰明, 吾以此知勝負矣.〔그러므로 계산을 통하여 비교를 함으로써 승패의 정황을 모색하려면 다음과 같은 것을 물어보아야 한다. 군주는 어느 쪽이 도의가 있는가? 장수는 어느 쪽이 유능한가? 천시와 지리는 어느 쪽이 얻었는가? 군법과 정령은 어느 쪽이 잘 집행되고 있는가? 군대는 어느 쪽이 강한가? 사졸은 어느 쪽이 잘 훈련되어 있는가? 상벌은 어느 쪽이 분명한가? 나는 이러한 것들을 통하여 승부를 안다.〕"라고 한 것에 의거한

17 조조(曹操)……주 : 현존하는 최초의 주본(注本)은 조조의 《손자약해(孫子略解)》이다. 조조가 《손자》에 주석을 한 이후로 당·송대에 많은 사람들이 《손자》에 주석을 하였는데, 북송(北宋)의 길천보(吉天保)가 그중에서도 뛰어난 십가(十家)를 한데 모아 두우(杜佑)의 《통전(通典)》 가운데 《손자》를 인용할 때의 해설에 집어넣고 합하여 《십가손자회주(十家孫子會注)》라고 하였다. '십가'는 삼국의 위(魏) 조조, 남조(南朝)의 양(梁) 맹씨(孟氏), 당(唐) 이전(李筌)·두목(杜牧)·진호(陳皥)·가림(賈林)·하연석(何延錫), 송(宋) 매요신(梅堯臣)·왕석(王晳)·장예(張預)를 말한다.

다면 '事'와 '七計'는 실로 두 끝이 되어 "校之以計"는 별도의 문구가 되어야 한다. '校'와 '效' 자는 옛날에는 통용하였으니 금본과 간본은 합치하며, 고본에서 뒤의 '以' 자를 탈락시키고 손성연이 고쳐서 한 구절로 이어 읽은 것은 옳지 않다.

금본 《손자》〈계편〉 : 故可以與之死, 可以與之生, 而不畏危。
그러므로 그들로 하여금 목숨을 걸게 할 수도 있고 삶을 도모하게 할 수도 있지만 백성들은 의심하지 않는다.

손성연의 교본 : 故可與之死, 可與之生, 而民不畏危。

교감기 : 이제 《통전》, 《북당서초(北堂書鈔)》, 《태평어람》에 의거하여 바르게 고친다. 또 《통전》에서 '民'을 인용할 때 '人'으로 쓴 것은 당나라의 휘를 피한 것이다.[18] '危'를 '佹(궤)'로 쓴 것은 글자를 잘못 쓴 것이다.

유월의 설 : '畏'는 연문이다. 조공(曹公 조조(曹操))의 주에 "'危'는 '의심하다'라는 뜻이다."라고 하여 '畏' 자를 해석하지 않았는데, 그가 근거한 판본에 '畏' 자가 없었던 것이다. '民不危'는 즉 '民不疑'이니, 조공의 주가 옳다. 맹씨(孟氏)의 주에는 "어떤 판본에는 '人不疑'로 되어 있다."라고 하였는데, 문장은 다르나 뜻은 같다. 《여씨춘추》〈명리(明理)〉의 "日以相危"에 대해 고유(高誘)는 '危'를 '疑'로 해석하였다. 아마도 옛날에 이러한 해석이 있었던 것으로 보인다. 후세 사람들이 위태롭다〔危亡〕라는 뜻이 있다는 것만 알아 멋대로 '畏' 자를 '危' 자 앞에 붙인 것이니, 틀린 것이다.

정양수(鄭良樹)의 《손자각보(孫子斠補)》 : 맹씨의 주에 "어떤 판본에는 '人不疑'로 되어 있는데, 시종 딴 뜻이 없다는 것을 말하는 것이다. 어떤 판본에는 '人不危'로 되어 있다."라고 하였다. 이것은 당나라 초기 이전의 고본에는 이 문장이 '而民不疑'나 '而民不危'로 되어 있으며 '而不畏危'나 '而民不畏危'로 되어 있지 않은 것이 분명한 것이다. '危'는 가차되어 '詭'가 되었는데, 마찬가지로 망설이다〔猶豫〕라는 말이며, 상하가 한마음이어서 백성들이 다른 마음이 없음을 말한다. 조

---

18 당나라의……것이다 : 당 태종(唐太宗)의 이름이 이세민(李世民)이었기 때문에 '民'을 '人'으로 휘한 것이다.

공의 주에 "危는 의심하다[危疑]라는 뜻이다."라고 하였고, 《통전》은 고주(古注)를 인용하여 "僞는 의심하다[疑]라는 뜻이다."라고 하였다. 만일 고본에 이 문장이 '而不畏危'나 '而民不畏危'로 되어 있었다면 조공의 주와 고주에서 어떻게 이와 같은 훈(訓)으로 풀 수 있었겠는가. 이것은 어떤 판본에는 '而民不危'로 되어 있음으로 말미암아, 후세 사람들이 여러 번 베끼는 과정에서 '危'가 가차되어 '詭'가 된 것을 모르고 '畏'라는 한 글자를 더하여 '危'를 '위태롭다[危亡]'로 해석함으로써 옛 뜻이 마침내 없어지게 된 것이다. 《통전》은 고주를 인용하여 "故與處存亡之難, 不畏傾危之敗.〔그러므로 존망의 어려움에 함께 처하여 경위의 패망을 두려워하지 않는다.〕"라고 하였고, 이전(李筌)의 주에서는 "危는 亡이다."라고 하였다. '危' 앞에 '畏' 자가 있는 것은 시간이 이미 오래되었기 때문에 《태평어람》 이후로는 모두 '而人不畏危'로 인용한 것이다.

이에 의거한다면, 정양수의 뜻은 "而民不危"가 되어야 하며 '危'는 '僞'와 통용된다는 것이다.

간본에는 "故可與之死, 可與之生, 民弗詭也。"로 되어 있어 두 개의 '以' 자가 없어 손성연의 교본과 일치하며 '而' 자와 '畏' 자가 없고 '危'는 '詭'로 되어 있다.

이 문장 바로 앞의 "道者, 令民與上同意也。〔도의는 사람들로 하여금 윗사람과 한뜻이 되게 한다.〕"에 대한 조조(曹操)의 주에 "謂道之以敎令。危者, 危疑也。〔정령으로 인도하는 것을 말한다. '危'는 믿지 않고 의심한다는 뜻이다.〕"라고 하였고, 맹씨(孟氏)는 "道, 謂道之以政令, 齊之以禮敎也, 故能化服民志, 與上下同一也。……故百萬之衆, 其心如一, 可與俱同死力, 動而不至危亡也。臣之于君, 下之于上, 若子之事父, 弟之事兄, 若手臂之捍頭目而覆胸腹也。如此, 始可與上同意, 死生同致, 不畏懼于危疑。〔도의는, 정령으로 인도하고 예교로 가지런히 하는 것을 말한다. 그러므로 백성들의 뜻을 교화하여 따르게 함으로써 상하와 동일하게 할 수 있는 것이다.……그러므로 백만 군사가 그 마음이 한결같아서 함께 사력을 다할 수 있는 것이며 출동하였을 때 위망에까지 이르지 않을 수 있는 것이다. 신하가 임금을 대하고 아랫사람이 윗사람을 대하기를 마치 자식이 부모를 섬기듯 하고 동생이 형을 섬기듯 하며, 마치 손과 팔이 머리와 눈을 방어하고 가슴과 배를 덮어 주는 것과 같이 한다. 이렇게 되면 비로소 윗사람과 뜻을 함께하고 생사를 함께하여 위의에 두려워하지 않을 수 있다.〕라고 하였으며, 두우(杜佑)는 "佹者, 疑也。上有仁施, 下能致命也。故與處存亡之難, 不畏傾危之敗, 若晉陽之圍, 沈竈産蛙, 人無叛疑心矣。〔'佹'는 '의심하다'라는 뜻이다. 윗사람이 사랑을 베풀면 아랫사람은 목숨을 바칠 수 있다. 그러므로 존망의 어려움에 함께 처하여 경위의 패망을 두려워하지 않으니, 진양의 포위 때 솥이 물에 잠겨 개구리가 나오는 것과 같은 어려운 상황에서도[19] 사람들은 배반하거나 의심하는 마음이 없게 된다.〕라고 하였으니, 조조와 맹씨가 의거한 판본에는 '危'로 되어 있고 두우가 의거한 판본에는 '佹'로 되어 있으나 모두 '畏' 자가 없다는 것을 알 수 있다. 후세 사람들은 맹씨와 두우의 "不畏懼于危疑〔위의에 두려워하지 않을 수 있다〕", "不畏傾危之敗〔경위의 패망을 두려워하지 않으니〕"란 구문의 뜻을 오해하여 '畏' 자가 있어야 한다고 생각하였고, 이로 인해 이후의 각

---

19 진양의……상황에서도 : 춘추 시대 진(晉)나라의 조무휼(趙無恤), 즉 조양자(趙襄子)는 즉위 4년에 지백(知伯)·한(韓)·위(魏)와 함께 범씨(范氏)와 중항씨(中行氏)의 땅을 나눠 갖고 진 출공(晉出公)을 내쫓았다. 11년에 조양자가 땅을 더 요구하는 지백의 청을 거절하자 지백은 한·위를 이끌고 조양자를 공격하였다. 조양자가 지키는 진양성(晉陽城)이 함락되지 않자 지백은 물을 끌어와 성에 대었는데, 이때 아궁이까지 물에 잠겨 개구리가 솥에서 나올 정도였으나 백성들은 배반하는 마음이 없었다고 한다. 뒤에 조양자는 한·위와 모의하여 반대로 지백을 멸망시키고 그 땅을 셋으로 나누어 가졌다.

판본들은 대부분 '畏' 자를 더하게 되었다. 간본에 "民弗詭也"로 된 것은, 바로 당나라 이전의 판본이 틀리지 않았고 유월과 정양수의 설이 옳으며 손성연의 교감이 맞지 않다는 것을 증명하는 것이다.

> 금본 《손자》 〈모공(謀攻)〉 : 其下攻城。
> 가장 하책은 성을 공격하는 것이다.
>
> 손성연의 교본 : 下政攻城。
>
> 교감기 : 금본에는 '下政'이 '其下'로 되어 있는데, 주석의 뜻을 자세히 살펴보면 고본에는 '下政'으로 되어 있었던 것이다. 《통전》과 《태평어람》에 의거하여 바르게 고친다.
>
> 간본에는 "其下攻城"으로 되어 있어 금본과 동일하다.

이 문장 바로 앞에서 "故上兵伐謀, 其次伐交, 其次伐兵。〔그러므로 최상의 용병책은 지모로 적을 이기는 것이고 그다음은 외교로 적을 이기는 것이며 그다음은 전쟁으로 이기는 것이다.〕"이라고 한 것에 의거한다면 '其下'가 순하며, 또 다음 문장에서 "攻城之法, 爲不得已。〔성을 공격하는 방법은 어쩔 수 없을 때 하는 것이다.〕"라고 하여 '其下'와 역시 부합한다. 또 조조의 주에 "敵國已收其外粮城守, 攻之爲下政也。〔적국이 이미 밖에 있는 양식을 거두어 성을 지키고 있는데, 이 성을 공격하는 것은 하책이다.〕"라고 하였고, 두우의 주에는 "言攻城屠邑, 此攻之下者, 손성연은 《통전》에 의거하여 '政之下者'로 고쳤다. 所害者多。〔성을 공격하고 읍을 도륙하는 것은 하책 중의 하책으로 해가 많다는 것을 말한다.〕"라고 하였으며, 이전(李筌)의 주에는 "若頓兵堅城之下, 師老卒惰, 攻守勢殊, 客主力倍, 此攻之爲下也。〔만일 군대를 견고한 성 아래에 주둔시킨다면 장수는 지치고 군사는 나태해져서 공격과 수비의 형세가 달라지며 적이나 우리나 모두 힘이 배로 들게 될 것이니, 이 때문에 공격이 가장 하책이 되는 것이다.〕"라고 하였다. 여러 주석에서 모두 말하는 것은, 어떤 정책을 시행할 때 성을 공략하는 것은 취해서는 안 되는 가장 하책이라는 것으로 '其下'와 어긋나지 않는다. 그러나 반드시 그 저본이 모두 '下政'으로 되어 있는 것은 아닐 것이다. 그러므로 손성연의 교감이 반드시 옳은 것 같지는 않으며, 간본과 금본이 비교적 맞는 것 같다.

위에 든 세 가지 사례는, 현존하는 여러 판본과 주소 가운데 다소 차이 나는 것들을 간본(簡本)으로 교감할 수 있다는 것을 설명하고 있는데, 교감에 있어서의 간본의 가치를 볼 수 있다.

2 고주구소

이른바 '고주구소(古注舊疏)'란 원저작에 대해 주석하고 소해(疏解)한 최초 또는 비교적 이른 저작을 가리키는데, 주로 역대로 공인되거나 영향을 많이 준 주소 저작을 가리킨다. 예를 들면 《상서(尙書)》에 대한 공안국(孔安國)의 전(傳), 《시경(詩經)》에 대한 모형(毛亨)의 전(傳)과 정현(鄭玄)의 전(箋), 《예기(禮記)》에 대한 정현의 주(注)와 가공언(賈公彦)의 소(疏), 《좌전(左傳)》에 대한 두예(杜預)의 주 등과 같은 것이다. 앞에서 이미 언급했듯이 제3장 제4절을 참고하라. 고주구소는 원래 각각 저마다의 저본이 있다. 단지 각종 원인들로 말미암아 가려지고 섞여서 각기 저본들의 원래 모습을 잃어버린 것일 뿐이니, 반드시 "가공언의 주석은 가공언이 사용한 저본에 맞게 교감〔以賈還賈〕"하여 그 본모습을 회복시켜야만 하나의 고본이나 구본을 얻을 수 있다. 고주구소의 자료적 가치는, 사실 고본이나 구본과 마찬가지로 원저작에 비교적 이른 판본을 제공한다는 것, 오류를 정정하고 교감하는 데 일종의 밑을 만한 이문(異文) 자료를 제공한다는 것이다. 고주구소를 이용하여 교감하는 것은 비교적 중요하다. 이 때문에 이전 사람들은 비교적 완전한 주소를 보존하는 것을 중시했을 뿐 아니라 역사적으로 영향이 있는 이미 일실된 주소들도 매우 중시하였다. 예를 들어 보겠다.

《시경》〈주남(周南) 한광(漢廣)〉: 南有喬木, 不可休息。漢有游女, 不可求思。

남쪽에 교목이 있는데 가서 쉴 수가 없네. 한수 가에 놀러 나온 여자가 있는데 구할 수 없네.

모형의 전(傳): '喬'는 나무가 위로 곧게 올라간 것이다. '思'는 어조사이다. 한수 가로 놀러 나온 여자를 쫓아가는 사람이 없는 것이다.

정현의 전(箋): '不可'란 본래는 '可'가 있다는 것이니, 나무가 그 가지와 잎이 높이 있기 때문에 사람들이 가서 머물러 쉴 수 없는 것이다. 흥(興)이란, 현숙한 여자가 유수 가로 놀러 나왔지만 쫓아가 무례하게 대하는 사람이 없는 것을 비유한 것이니, 또한 정숙함 때문에 그런 것이다.

《경전석문》: '休'와 '息'은 모두 글자의 본래 의미를 가지니, 고본이 모두 그러하다. 어떤 판본에는 '休思'로 되어 있기도 한데, 이것은 임의로 고친 것이다.

공영달(孔穎達)의 소(疏): '泳思'와 '方思' 경문의 다음에 나오는 구절이다. 등은 모두 '思'를 뜻으로 취하지 않았기 때문에 어조사이다. 경문에서 '求思'는 '游女' 다음에 있다. 모형의 전에서 '喬木' 뒤에 "思는 어조사이다."라고 먼저 말한 뒤에 비로소 '漢上'을 말한 것은, 경문의 '休息'이란 글자가 '休思'가 되어야 하지 않을까 의심한 것이다. 왜 그러한가? 《시경》은 대체로 운자가 어조사 앞에 있다. '休'와 '求'는 운자이기 때문에 두 글자 모두 '思'를 써야 하지 않을까 의심한 것이다. 그러나 이와 같은 판본을 아직 보지 못했기 때문에 섣불리 고치지 않은 것일 뿐이다.

《경전석문》은 고본에 근거하여 '休息'의 '息' 자는 틀린 것이 아니라고 확정하고, 어떤 판본에서 '休思'로 쓴 것은 임의로 고친 것이라고 하였다. "어떤 판본에는 혹 ~라고 되어 있다.[本或作]"라고 한 것은, 실은 한시(韓詩)이다. 《한시외전(韓詩外傳)》권1에서 이 시를 인용하였는데, 바로 '休思'로 되어 있다. 이러한 주장은 정현 전(箋)의 "그러므로 사람들이 가서 머물러 쉴 수 없는 것이다."라는 말과 부합한다. 정현 전의 저본상의 경문은 '休息'으로 되어 있었을 것이 틀림없다.

공영달(孔穎達)은 모형의 전(傳)을 분석하고 다음 세 가지를 지적하였다.

> 첫째, 경문 다음 구절의 '不可泳思'와 '不可方思'를 근거로, 모형의 전에서 '思'를 어조사라 하였으니 '不可休息' 역시 '不可休思'가 되어야 한다.
> 둘째, 모형의 전에서 '思' 자를 훈석(訓釋)한 것이 '漢有游女, 不可求思'를 해석하기 전에 있으니 '休息'은 원래는 '休思'로 되어야 한다고 생각할 수밖에 없다.
> 셋째, 《시경》의 압운하는 범례 중 하나는 운자가 어조사 앞에 있다는 것이다. 따라서 '休'와 '求'는 운자이기 때문에 '息'은 당연히 '思' 자를 잘못 쓴 것이다.

사실 공영달은 '息' 자는 잘못이며 마땅히 '思' 자가 되어야 한다고 단정한 것이다. 다만 판본의 근거가 없음으로 인해 섣불리 글자를 고치지 않은 것일 뿐이다. "이와 같은 판본을 아직 보지 못했다."라고 한 것은, 모시(毛詩)에 '이와 같은 판본'이 있는 것을 아직 보지 못했음을 가리킨다. 공영달의 설명 이유는 충분한 것이었지만, 스승으로부터 전수받은 경전에 대한 해석과 사가시(四家詩)[20]에 구애되는 고정관념으로 인해 섣불리 글자를 고치지 못하고 모시 경문을 한시와 똑같이 만들고 말았다.

이러한 고정관념은 청대(淸代)까지도 영향을 주었는데, 예를 들면 혜동(惠棟)은 선진 시기에는 息, 諰, 思는 통가하였으니 '息'은 통가자이며 결코 잘못 쓴 글자가 아니라고 생각하였지만《구경고의(九經古義)》〈모시 상(毛詩上)〉에 보인다. 대부분의 학자들은 모두 공영달의 소를 긍정하면서 '息'자는 글자를 잘못 쓴 것이라고 여겼다.

대진(戴震)은 "경문의 '思'가 혹 '息'으로 되어 있기도 한 것은 전사하는 과정에서 잘못 쓴 것이다.《이아(爾雅)》에 '休는 그늘이란 뜻이다.' 곽본(郭本)에는 '庥, 廕也。'로 되어 있는데, 통용되는 글자이다. 하였다. 休와 求, 泳과 方은 각각 운자이며, 思는 모두 구말(句末) 어조사이다.《한시외전》에 인용된 이 구절은 '不可休思'로 되어 있다. 대체로《시경》에서 운자를 쓴 구절은, 운자 다음에 한 글자 또는 두 글자가 어조사일 경우, 반드시 연속하여 이 어조사를 사용함으로써 몇 구절에서 이를 함께 사용하고 차이를 두지 않는다. 다만 '不可休思'에서 思를 息으로 잘못 쓰고 '歌以訐止'에서 止를 之로 잘못 씀으로써 마침내 그 범례를 어지럽혔다."《모정시고정(毛鄭詩考正)》에 보인다. 라고 하였고, 단옥재(段玉裁)는 "'思'가 '息'으로 되어 있는 것은 글자를 잘못 쓴 것이다.《시경》〈당풍(唐風) 갈생(葛生)〉과《시경》〈대아(大雅) 민로(民勞)〉의 전(傳)에서 모두 '息은 그치다라는 뜻이다.' 하였으니, 여기에서 만일 '息'으로 되어 있었다면 당연히 전(傳)이 있어야 할 것이다."《정모시고훈전(訂毛詩故訓傳)》라고 하였다. 완원(阮元)은《모시정의(毛詩正義)》를 교감하면서 비록 글자를 고치지는 않았지만《교감기(校勘記)》에서, 공영달의 소가

---

20 사가시(四家詩) : 한나라 때 노나라의 신배(申培)가 전한《시경(詩經)》을 노시(魯詩), 제나라의 원고(轅固)가 전한 것을 제시(齊詩), 연나라의 한영(韓嬰)이 전한 것을 한시(韓詩), 노나라의 모형(毛亨)이 전한 것을 모시(毛詩)라고 하는데, 이 네 가지를 합하여 사가시라고 한다.

"옳다. 이것은 글자를 잘못 쓴 것이다."라고 분명하게 지적하고, 아울러 혜동의 주장이 틀렸다고 말하였다.

> 《회남자(淮南子)》〈원도(原道)〉: 先者上高, 則後者攀之; 先者逾下, 則後者隨之。
>
> 먼저 가는 사람이 높은 곳에 오르면 뒤에 가는 사람은 붙잡고 따라 올라갈 수 있고, 먼저 가는 사람이 낮은 웅덩이를 넘어가면 뒤에 가는 사람은 그 발자국을 밟고 지나갈 수 있다.
>
> 고유(高誘)의 주 : '隨'은 밟다〔履〕라는 뜻이다. 음은 展이지만 展의 뜻은 아니다. 왕염손의 설 : '展'과 '隨'은 성음이 비슷하지 않다. '隨'은 모두 '隨' 자를 잘못 쓴 것으로 보아야 한다. '隨'은 음이 女와 展의 반절이며 밟다〔履〕라는 뜻으로, 뒤에 온 사람이 앞사람을 밟고 올라선다는 말이다. '隨' 자는 때로 '蹍'으로 되어 있기도 하다. 《광아(廣雅)》에서 "蹍은 밟다〔履〕라는 뜻이다."라고 하였는데 조헌(曹憲)은 "음은 女와 展의 반절이다."라고 하였고, 《장자(莊子)》〈경상초(庚桑楚)〉에서 "蹍市人之足〔시장 사람들의 발을 밟다.〕"이라고 하였는데, 사마표(司馬彪)는 "蹍은 밟다〔蹈〕라는 뜻이다."라고 하였다. 《회남자》〈설산(說山)〉에서 "足隨地而爲迹。〔발로 땅을 밟으면 발자국이 된다.〕"이라고 하였고, 《회남자》〈설림(說林)〉에서 "足所隨者淺矣。〔발로 밟은 부분은 극히 적다.〕"라고 하였고, 《회남자》〈수무(脩務)〉에서 "猶釋船而欲隨水也。〔배를 버리고서 물을 밟고 강을 건너고자 하는 것과 같다.〕"라고 하였는데, 고유의 주에는 모두 "隨은 밟다〔履〕라는 뜻이다."라고 하였다. '隨'을 女와 展의 반절로 읽고 밟다〔履〕라는 뜻으로 해석하였기 때문에, 이 주석에서 "隨은 밟다〔履〕라는 뜻이다. 음은 展이지만 展의 뜻은 아니다."라고 한 것이다. 또 '攀'과 '隨'은 운자이다.……만일 '隨'로 쓴다면 그 운이 맞지 않게 된다.

왕염손은 '隨'의 음과 뜻에 대한 고유 주(注)의 해석을 근거로 하여, 음과 뜻이 주석의 대상이 되는 글자와 일치하지 않는다고 단정하고, 주석의 대상이 되는 글자인 '隨'은 '隨'의 잘못이라고 고정(考定)하였다.

그리고 다시 문의(文義)와 압운 두 방면에서도 원문의 ‘贗’은 ‘贗’의 잘못이라고 분석하였는데, 그런 뒤에 음과 뜻 두 방면에서 내증과 외증을 들어 ‘贗’은 오자이므로 ‘贗’이 되어야 한다고 단정하였다.

《회남자》〈원도〉: 此俗世庸民之所公見也，而賢知者弗能避也。
이것은 속세의 평범한 사람들도 모두 아는 것인데 현명하고 지혜로운 사람들이 피하지 못한다.
고유의 주 : 이욕(利欲)을 비유한 것이므로 “有所屛蔽〔가려지는 폐단이 있다.〕”라고 말한 것이다.
왕염손의 설 : 고유의 주석대로라면 정문은 ‘避’ 자 다음에 “有所屛蔽”란 네 글자가 당연히 있어야 하는데도 금본에는 이것이 빠졌다. 이것은 앞글을 받아 말한 것으로, “앞선 사람은 어려움이 있고 뒤에 가는 사람은 근심이 없다.”라는 것은 평범한 사람들도 모두 아는 것인데 현명하고 지혜로운 사람들이 오히려 피하지 못하니, 이는 앞서고자 하는 마음에 가렸기 때문이라고 한 것이다. 그래서 주석에서 “그러므로 ‘有所屛蔽’라고 말한 것이다.”라고 한 것이다. 대체로 주 중에 “故曰云云〔그러므로 이러이러하다.〕”이라고 한 것은 모두 정문을 가리켜서 말한 것으로, 이것으로 명백히 하는 것이다.

이것은 주석의 글을 근거로 하여 정문에 탈락이 있다는 것을 판단한 것이며, 주석 문장의 범례에 “故曰云云”은 정문을 인용한 것으로 곧 주석의 대상이 되는 글자를 말한다는 것을 지적한 것이다.

《사기》〈소진열전(蘇秦列傳)〉: 今西面而事之，見臣于秦。夫破人之與[21]見破于人也，臣人之與見臣于人也，豈可同日而論哉？

---

21 與 : 《교감학대강》에는 ‘于’로 되어 있는데, 《사기》 권69 〈소진열전〉에 근거하여 바로잡았다.

지금 서쪽으로 진(秦)을 섬겨서 진나라에 신하 노릇을 합니다. 무릇 다른 사람을 격파하는 것과 다른 사람에게 격파당하는 것, 다른 사람을 신하로 삼는 것과 다른 사람의 신하가 되는 것, 이 두 가지는 어찌 함께 논할 수 있는 것이겠습니까.

장수절(張守節)의 《사기정의(史記正義)》: '破人'은 앞에 있는 적을 격파한다는 말이며 '破于人'은 앞에 있는 적에 의해 격파당한다는 말이다. '臣人'은 자신이 사람을 얻어 신하로 삼는다는 말이며 '臣于人'은 자신이 다른 사람을 섬긴다는 말이다.

사마정(司馬貞)의 《사기색은(史記索隱)》: '臣人'은 자신이 저 사람의 신하가 된다는 말이며 '臣于人'은 내가 주인이 되어 저 사람으로 하여금 자신에게 신하 노릇 하게 한다는 말이다.

왕염손의 설: 아래에 나오는 두 개의 '見' 자'見破于人'과 '見臣于人'을 가리킨다. 는 모두 위의 '見' 자와 연관 지어서 부연한 것이다. 《사기색은》본에는 "臣人之與臣于人" 7자를 게시하고 주를 내기를 "……"라고 하였으며, 살펴보건대 《사기색은》은 잘못 해석한 것이며 《사기정의》를 따라야 한다. 《사기정의》에서 "……"라고 하였다면 두 개의 '見' 자가 없는 것이 분명하다. 《전국책(戰國策)》〈조책(趙策)〉에도 두 개의 '見' 자가 없다.

이것은 《사기정의》와 《사기색은》에서 주석한 정문(正文)에 근거하여 '夫破人' 두 구의 두 '見' 자가 연문이라는 것을 교감하고 고증한 것이다.

《논어》〈학이(學而)〉: 有朋自遠方來, 不亦樂乎?

벗이 먼 곳에서 찾아온다면 또한 즐겁지 않겠는가.

하안(何晏)의 《논어집해(論語集解)》: 포함(包咸)은 "동문(同門)을 '朋'이라 한다."라고 하였다.

《경전석문(經典釋文)》: '有朋'의 '有'는 혹 '友'로도 되어 있는데, 틀린 것이다.

형병(邢昺)의 소(疏): 정현(鄭玄)은 《주례(周禮)》〈대사도(大司徒)〉 주에서 "스승을 같이하는 사람〔同師〕을 '朋'이라 하고 뜻을 같이하는 사람〔同志〕을 '友'라 이른다."라고 하였다.

《주역》〈건괘(蹇卦)〉"九五, 大蹇朋來。〔九五는 크게 어려울 때 벗이 온다.〕"에 대한 공영달(孔穎達)의 소 : 정현의 《논어》 주에 "동문(同門)을 '朋'이라 하고 뜻을 같이하는 사람〔同志〕을 '友'라 이른다."라고 하였다.

《주례》〈지관(地官) 사간(司諫)〉"朋友正其行而强之〔붕우 간에 품행을 바로잡고 장려한다.〕"에 대한 가공언(賈公彦)의 소 : 정현은 《논어》 주에서 "동문을 '朋'이라 하고 뜻을 같이하는 사람을 '友'라 이른다."라고 하였다.

《백호통(白虎通)》〈벽옹(辟雍)〉: 스승과 제자의 도리는 세 가지가 있으니, 《논어》의 "朋友自遠方來"는 붕우의 도리이다.

장용(臧庸)의 설 : 반맹견(班孟堅 반고(班固))의 인용문을 살펴보면 《노론(魯論)》이 많으며, 포함과 정현이 주를 낸 것 역시 《노론》이다. 그렇다면 《노론》 구본에는 "朋友自遠方來"로 되어 있었던 것이다. 육덕명(陸德明)이 보았던 어떤 판본에는 '有'가 '友'로 되어 있어 바로 반맹견, 정현 등과 부합한다. 다만 '友' 자는 '朋' 아래에 있었을 것이다. 하안이 '有朋'이라 한 것은 어떤 근거로 그렇게 말한 것인지 모르겠다. 또한 그가 채택한 포함의 주 역시 완전치 못한데, 그 원본에는 틀림없이 "同志曰友"라는 한 구가 있었을 것이지만, 경문이 '有'로 되어 있음으로 인해 이것을 잘라 내었을 것이다.

무억(武億)의 설 : 《백호통》은 "朋友自遠方來"라고 인용하여 '有'가 바로 '友'로 되어 있고, 원산송(袁山松)의 《후한서》에 "海內通士檀文友〔이치에 통달한 선비 단문우〕"라고 하였는데 《성현군보록(聖賢群輔錄)》에는 또한 '有'로 되어 있으며, 《석명(釋名)》에 "'友'는 소유하다〔有〕라는 뜻이니, 서로 보유하는 것이다." 하였다. '友'와 '有'는 같이 사용한 것이니, 혹 '友'로 되어 있는 것은 옛 전본(傳本)과 부합하는 것이어서 틀렸다고 말할 수는 없다.

완원(阮元)의 설 : 《경전석문》에는 '友朋'이라 게시하고 "'有'는 혹 '友'로도 되어 있는데, 틀린 것이다." 하였다. 살펴보면, 《백호통》〈벽옹〉에서 "朋友自遠方來"로 인용하고, 또 정강성(鄭康成 정현(鄭玄))이 이 구절에 대해 "同師曰朋, 同志曰友"라고 주를 냈으니, 이는 구본에 모두 '友'로 되어 있었던 것이다. 그래서 정주(鄭注)에 "구본에는 모두 '友' 자로 되어 있다."라고 했던 것이다.

하안이 인용한 포씨본(包氏本)은 지금은 일실되었으며 정현의 주본(注本) 역시 일실되었지만, 반고의 《백호통》에 인용된 《논어》에 '朋友'

로 되어 있다는 것은 한대(漢代) 《논어》의 '有朋'이 다른 판본에는 '朋友'로 되어 있었음을 설명한다. 《경전석문》은 "어떤 판본에는 '友朋'으로 되어 있다."라고 기재하고 있다. 《주역》〈건괘〉의 공영달 소와 《주례》〈사간〉의 가공언 소는 모두 정현의 《논어》 주를 인용하였는데, 모두 '朋友'에 대해 주를 달고 결코 단독으로 '朋'이나 '友'에 대한 주를 달지 않았다. 여기에서, 당나라 초기에는 정주 《논어》가 아직 남아 있었으며 그 경문은 응당 '朋友'로 되어 있었으리란 것을 알 수 있다. 고증에 따르면 포함, 반고, 정현은 모두 《노론》을 배웠다. 이 때문에 장용은 《노론》 구본에는 '朋友'로 되어 있었던 것이라고 하였으며, 무억은 이 두 글자가 옛날 음에서는 통가(通假)되었다는 것으로써 '友'와 '有'의 통용을 설명하였다. 《경전석문》에서 '有'가 '友'로 되어 있는 판본을 부정한 것은 틀린 것이다.

위에 든 네 사례의 주소본은 현재 남아 있지만 끝에 든 사례의 주소본은 이미 일실되었다. 그러나 이들 고주구소(古注舊疏)가 교감 방면에서 가지는 가치는, 변별과 분석을 거쳐 고본과 구본의 이문(異文)을 제공하고 있다는 것이며, 그래서 정문(正文)을 교감하는 일종의 중요한 내증(內證)임을 알 수 있다는 것이다.

3 타서 자료

이른바 '타서'란 본서와 본서의 주소(注疏) 이외의 전적과 유서(類書)를 가리키며, '타서 자료(他書資料)'란 타서에서 본서를 교감하는 데 제공될 수 있는 자료를 가리킨다. 구체적으로 말하면, 바로 타서에서 본서의 글을 인용한 것과 본서에서 타서를 인용한 글을 말한다. 고적은 어찌

되었든 전대인의 지식과 경험의 기초 위에 자신이 알아낸 견해를 제시한 저작이다. 이 때문에 전대인의 지식을 인용하거나 후대인에 의해 자신의 견해가 인용되는 것은 자연스러우면서도 필연적인 것이며, 특히 일부 중요한 전적 문헌들은 더더욱 자주 대량으로 인용되곤 한다. 일반적으로 타서 자료에는 다음 세 가지가 있다.

첫째, 본서가 타서에 의해 사상 이론의 자료로 쓰이거나 역사 자료로 쓰이는 경우 내용이 같으면 문자가 같거나 대체가 같다. 이 때문에 상세한 비교 분석을 거칠 경우 본서를 교감하는 자료로 쓸 수 있으며, 반대로 본서가 타서를 교감하는 자료로 사용될 수도 있다. 예를 들면 《순자(荀子)》〈악론(樂論)〉과 《사기》〈악서(樂書)〉는 모두 《예기》〈악기(樂記)〉를 가져다 만든 것이다. 《예기》〈악기〉를 기준으로 삼아 그중한 구절을 한번 비교해 보겠다.

夫樂者, 樂也, 人情之所不能免也。《순자》에는 '不能'이 '必不'로 되어 있으며, 이 구절 다음에 '故人不能無樂'이란 구절이 있다. 樂必發于聲音,《순자》에는 '樂' 다음에 '則'이 있으며,《사기》에는 '于'가 '諸'로 되어 있다. 形于動靜, 人之道也。《순자》에는 '形于動靜'에서 구두를 떼고 '人之道也'는 '而人之道'로 되어 있어 다음 구절과 연결하여 읽고 있다.《사기》에는 '之' 자가 없다. 聲音動靜, 性術之變, 盡于此矣。《순자》에는 '此'가 '是'로 되어 있다. 故人不耐無樂, 樂不耐無形。形而不爲道, 不耐無亂。《순자》와 《사기》에는 '耐'가 모두 '能'으로 되어 있으며,《순자》에는 '無樂'이 '不樂'으로 되어 있다. 先王恥其亂,《순자》와 《사기》에는 '恥'가 모두 '惡'으로 되어 있다. 故制雅頌之聲以道之, 使其聲足樂而不流,《순자》와 《사기》에는 '足' 다음에 '以' 자가 있다. 使其文足論而不息,《순자》와 《사기》에는 '足' 다음에 '以' 자가 있으며 '論而

不息'은 《순자》에는 '辨而不諰'로, 《사기》에는 '綸而不息'으로 되어 있다. 使其
曲直繁瘠《순자》와 《사기》에는 '繁省'으로 되어 있다. 廉肉節奏, 足以感動
人之善心而已矣。《순자》에는 '而已矣'란 세 글자가 없다. 不使放心邪氣得
接焉。《순자》에는 '使夫邪汚之氣無由得接焉'으로 되어 있다. 是先王立樂之
方也。《순자》에는 이 아래에 '而墨子非之奈何' 한 구가 있다.

무릇 음악이란 즐긴다는 뜻이니, 인지상정에 피할 수 없는 것이다.
즐거움은 반드시 성음에 드러나고 동정에 나타나는 것이 사람의 도
이니, 성음과 동정에 성정(性情)의 변화가 모두 나타난다. 그러므
로 사람은 즐거움이 없을 수 없는 것이며 즐거움은 드러나지 않을
수 없는 것이다. 드러났는데 법도를 만들지 않으면 혼란이 없을 수
없다. 선왕은 그 혼란을 부끄러워하였기 때문에 〈아(雅)〉〈송(頌)〉
의 성악을 만들어 인도함으로써, 그 소리를 충분히 즐기면서도 지
나치지 않게 하고 그 글을 충분히 논하면서도 그치지 않게 하며, 그
굽거나 곧으며 번쇄하거나 간결하며 풍만하거나 수척한 절주(節
奏)가 사람의 선한 마음을 충분히 감동시키는 한편 방탕한 마음과
사악한 기운을 접할 수 없도록 한 것이니, 이것이 선왕들이 음악을
제정했던 방법이다.

《사기》〈악서〉는 《예기》〈악기〉 전체를 기록한 것이며, 단지 '耐'를
통가자 '能'으로 '論'을 통가자 '綸'으로 고치고 '瘠'을 동의자 '省'으로 고
쳤을 뿐이라는 것을 알 수 있다. 《순자》〈악론〉은 간간이 한두 마디 논
술하는 말이 삽입되어 있다. 예를 들면 "故人不能無樂〔그러므로 사람은
음악이 없을 수 없다.〕"이나 "而墨子非之奈何〔그런데 묵자가 이것을 비
난한 것은 어째서인가.〕"와 같은 것은 분명 순자의 어기이다. '論而不息'
을 '辨而不諰〔논변하면서도 직언하지 않게 하다.〕'로 고친 것 역시 실은

해석을 한 것으로서 '論'을 '辨'의 뜻으로 보고 '諰'와 '息'을 옛날에는 통가자였다고 본 것이다. '不使' 구를 진술 어기로 고친 것 역시 이해를 편하게 한 것이다. 이 외에는 《예기》〈악기〉와 거의 완전히 같다. 고증에 따르면, 〈악기〉는 공자의 제자인 공손이자(公孫尼子)가 지은 것이다. 그런데 순자의 〈악론〉과 저소손(褚少孫)이 증보한 〈악서〉는 모두 〈악기〉를 사상 이론의 근거로 삼아 〈악기〉를 초록하여 이루어진 문장이기 때문에 비교적 이른 타서 자료가 되는 것이다.

또 《사기》는 선진(先秦) 시기를 대상으로 한 여러 본기(本紀)를 지으면서 《상서(尙書)》에서 소재를 많이 취하였다. 《사기》〈오제본기(五帝本紀) 요본기(堯本紀)〉 가운데 한 구절을 한번 비교해 보겠다.

《상서》〈요전〉：曰若稽古帝堯, 曰放勳。……克明俊德, 以親九族。九族旣睦, 平章百姓。百姓昭明, 協和萬邦。黎民於變時雍。乃命羲和, 欽若昊天, 曆象日月星辰, 敬授人時。

옛날 요 임금을 상고해 보건대, 방훈이라 한다.……능히 큰 덕을 밝혀 구족을 친하게 하였으며, 구족이 화목해지자 백성을 공평하게 밝혔다. 백성이 밝아지자 만방을 조화롭게 하니, 백성들이 이에 화락하게 변하였다. 마침내 희씨와 화씨에게 명을 내려 하늘을 공경히 따르고 일월성신의 운행법칙을 본떠 백성들에게 농사의 적기를 신중히 가르쳐 주도록 하였다.

《사기》〈요본기〉：帝堯者, 放勳。……能明馴德, 以親九族。九族旣睦, 便章百姓。百姓昭明, 合和萬國。乃命羲和, 敬順昊天, 數法日月星辰, 敬授民時。

요 임금은 바로 방훈이다.……공순한 덕을 밝혀 구족을 친하게 하였으며, 구족이 화목하게 되자 백관의 직분을 분명히 구분하였고, 백관이 공명정대하니 모든 제후국이 화합하였다. 이에 희씨와 화씨에게 명하여 하늘을 공경하여 따르고 일월성신의 운행법칙을 헤아려서 백성들에게 농사의 적기를 신중히 가르쳐 주도록 하였다.

이 가운데 '黎民於變時雍' 한 구절이 생략된 것을 제외하면 한대(漢代)의 언어로 〈요전〉 원문을 전부 직역한 것이다. 이 때문에 《상서》를 고증하고 변별하는 데 중요한 타서 자료가 되는 것이다.

같거나 비슷한 이러한 타서 자료는 선진과 양한(兩漢)의 제자(諸子)와 사적(史籍)에서 광범위하게 보이는데, 그 주요 원인은 바로 이것으로 사상 자료나 역사 자료로 삼았기 때문이다.

위에 든 두 가지 사례 외에도 《순자》〈예론(禮論)〉과 《사기》〈예서(禮書)〉 역시 《예기》의 글을 많이 취하였다. 《순자》〈유좌(宥坐)〉 등 5편은 기전(記傳)과 고사(故事)를 이것저것 취하여 편을 만든 것인데, 그중 많은 고사가 또 《한비자(韓非子)》〈설림(說林)〉과 〈내저설(內儲說)〉·〈외저설(外儲說)〉에 수록되었고, 《한시외전》은 또 이것을 가지고서 《시경》을 해설하였다. 《사기》는 《전국책》을 많이 취하여 전국 시기 여러 나라의 세가 및 종횡가의 전기를 찬술하였는데, 《사기》에 실린 당대 인물의 기전은 또 《한서(漢書)》에 수록되었다. 《여씨춘추(呂氏春秋)》와 《회남자》 등 진한(秦漢) 시대의 자서(子書)는 선진의 전적 및 역사 고사를 광범위하게 채용하여 그 설을 이루었는데, 이로 인해 많은 문자가 대체로 동일한 단편적인 자료가 된다. 예를 들면 《여씨춘추》〈월기(月紀)〉와 《회남자》〈시칙(時則)〉은 《예기》〈월령(月令)〉에서 많이 취하였으며 또 《일주서(逸周書)》〈시훈(時訓)〉과 뚜렷한 계승 관계가 있다.

이들 사례 외에 이러한 타서 자료가 조성되는 원인에는 또 편찬의 오류가 있다. 예를 들면《전국책》〈초책(楚策)〉에는 순자(荀子)가 춘신군(春申君)에게 보낸 글[22]이 실려 있는데,《한비자》〈간겁시신(奸劫弑臣)〉과《한시외전》에도 이 글이 보인다. 또 위서(僞書)를 만들기도 하였는데, 예를 들면 위진(魏晉) 때 왕숙(王肅)의《공자가어(孔子家語)》는《대대례기(大戴禮記)》와《예기》등의 기록을 이것저것 취하여 만든 것으로, 그 글이《순자》〈유좌〉,《한비자》〈설림〉,《한시외전》등과 매우 흡사하다. 이 때문에 또 모두 교감의 타서 자료로 쓸 수 있는 것이다.

육조 이후 같거나 유사한 이런 타서 자료는 필기 자료 및 총집과 선집 작품의 자료들을 모아 역사서를 편찬하고 별집을 집록함으로 인해 더욱 많아졌는데, 이 때문에 필기 소설, 역사 저작, 총집, 선집, 별집 간에는 서로 타서 자료로서의 가치가 구비되어 있다. 예를 들면 간보(干寶)의《수신기(搜神記)》는《한서》〈오행지(五行志)〉중 신령과 귀신의 고사를 모은 것이며, 방현령(房玄齡)이 편찬한《진서(晉書)》는《세설신어(世說新語)》에서 소재를 취한 것이며, 구양수(歐陽脩)가 편찬한《신당서(新唐書)》는《국사보(國史補)》와《당척언(唐摭言)》등 당·오대인(唐五代人)의 필기 자료에서 많이 취하였다. 또 당(唐) 이전의 시인과 작가의 별집은 대부분 후대인에 의해 집본(集本)되었는데, 이로 인해 사서(史書)와 필기 가운데 인용하여 기록한 작품들은 별집을 집록하는 중요한 원천이 되었으며, 동시에《소명문선(昭明文選)》이나《옥대신영(玉臺新咏)》등 총집이 편찬되어 유통되자 수많은 제량(齊梁) 이

---

22 순자(荀子)가……글 :《전국책》〈초책(楚策) 4〉에 〈객세춘신군(客說春申君)〉이란 제목으로 실려 있다.

전의 작품들이 보존되었을 뿐 아니라 별집 중의 작품들에 일종의 중요한 교감 자료를 제공하게 되었다. 이와 비슷한 사례들은 매우 많으며, 모두 서로 타서 자료가 될 수 있다. 두 가지 사례를 들어 보겠다.

《세설신어》〈언어(言語)〉: 過江諸人, 每至美日, 輒相邀新亭, 藉卉飮宴。 周侯中坐而歎曰: "風景不殊, 正自有山河之異。" 皆相視流淚。 唯[23]王丞相愀然變色曰: "當共戮力王室, 克復神州, 何至作楚囚相對!"

강남으로 넘어온 사람들이 매번 좋은 날이 오면 서로 맞이하여 신정에 나가 화초를 자리 삼아 주연을 벌였다. 주후(周侯 주의(周顗))가 좌중에서 탄식하며 "풍경은 다르지 않으나 정작 산하의 다름이 있구나!"라고 하자, 모두 서로 바라보면서 눈물을 흘렸다. 그런데 오직 왕승상(王丞相 왕도(王導))만은 근심스럽게 얼굴빛을 바꾸면서 "함께 왕실을 위해 힘을 써서 중원을 회복해야지 어찌하여 초나라의 죄수[24]처럼 하고서 서로 마주 보고만 있단 말인가!"라고 하였다.

《진서(晉書)》〈왕도전(王導傳)〉: 過江人士, 每至暇日, 相要出新亭飮宴。 周顗中坐而歎曰: "風景不殊, 舉目有江山之異。" 皆相視流涕。 惟導愀然變色曰: "當共戮力王室, 克復神州, 何至作楚囚相對泣邪!"

---

23 唯: 《교감학대강》에는 '惟'로 되어 있는데, 《세설신어》에 근거하여 바로잡았다.
24 초나라의 죄수: 처지가 곤란한 사람을 가리킨다. 《춘추좌씨전》 성공(成公) 9년 조에 "진나라 경공이 군부를 시찰하다가 종의를 보고 '남방의 관을 쓰고 묶여 있는 자는 누구인가?'라고 묻자, 유사가 '정나라 사람이 바친 초나라의 죄수입니다.'라고 대답하였다. 〔晉侯觀於軍府, 見鍾儀問之日: '南冠而縶者誰也?' 有司對曰: '鄭人所獻楚囚也。'〕"라는 내용이 보인다.

강남으로 넘어온 인사들이 매번 한가한 날이면 서로 맞이하여 신정에 나가 주연을 벌였다. 주의가 좌중에서 탄식하며 "풍경은 다르지 않으나 눈을 들어 보니 강산의 다름이 있구나!"라고 하자, 모두 서로 바라보면서 눈물을 흘렸다. 그런데 오직 왕도만은 근심스럽게 얼굴빛을 바꾸면서 "함께 왕실을 위해 힘을 써서 중원을 회복해야지 어찌하여 초나라의 죄수처럼 하고서 서로 마주 보고 눈물만 흘린단 말인가!"라고 하였다.

여가석(余嘉錫)은 다음과 같이 말하였다.

돈황의 당사본(唐寫本) 유서 잔부(類書殘部)의 〈객유(客游)〉에 《세설신어》가 인용되어 있는데 '美日'이 '暇日'로 되어 있고 '新亭' 앞에 '出' 자가 있으며 '正自有山河之異'는 '擧目有江山之異'로 되어 있어 《진서》와 일치한다. 당인(唐人)이 보았던 《세설신어》에는 본래 '江'으로 되어 있었음을 알 수 있다. 《세설신어》 같은 편에 원언백(袁彦伯 원굉(袁宏))이 "江山遼落, 居然有萬里之勢。〔아득히 먼저 강산은 묵묵히 만 리의 형세를 지녔구나.〕"라고 탄식하는 말이 있는데 '江山'은 진인(晉人)이 늘 썼던 말로 '江河'로 고칠 필요가 없다는 것을 알 수 있다.

《진서》의 이 단락은 《세설신어》를 차용한 것이지만, 글자는 금본 《세설신어》와 조금 다르다. 여가석의 말대로라면, 《진서》에 보이는 《세설신어》는 금본 《세설신어》와는 별도의 다른 판본이다. 그러므로 '周侯'를 '周顗'로 고치고 '王丞相'을 '王導'로 고친 것이 《진서》의 편찬 때 어기를 고쳐야 할 필요성이 있어서였다는 것을 제외한다면 《진서》와 《세설신어》는 서로 타서 자료가 된다.

당(唐) 은번(殷璠)의 《하악영령집(河嶽英靈集)》에 실린 왕만(王灣)의 〈강남의(江南意)〉: 南國多新意, 東行伺早天。 潮平兩岸失, 風正一帆懸。 海日生殘夜, 江春入舊年。 從來觀氣象, 惟向此中偏。

남쪽 나라 새로운 뜻 많으니 동쪽으로 가 아침 하늘 바라보네. 조수는 잔잔하고 양안은 아득한데 바람은 한창 돛에 잔뜩 걸려 있네. 바다에서 해가 떠오르는 시간 밤기운이 아직 남아 있고 강에는 봄기운 감도는데 아직은 세모라네. 지금까지 기상을 보았지만 유독 이곳만 편애하는 것인지.

은번은 이에 대해 다음과 같이 평하였다.

왕만의 문장은 일찍부터 알려졌으나 천하 사람들에게 칭송되는 최고의 명구는 한두 구절에 불과하다. 오중(吳中)에서 노닐 때 지은 시 〈강남의〉 중 '海日生殘夜, 江春入舊年.' 구절은 시인이 있은 이래 보기 드문 구절이다. 장연공(張燕公 장열(張說))은 손수 정사당(政事堂)에 이 시를 쓰고 매번 글을 잘 짓는 이들에게 보여 주면서 이것을 법식으로 삼게 하였다.

당(唐) 예정장(芮挺章)의 《국수집(國秀集)》에 실린 "낙양위 왕만(洛陽尉王灣)"의 〈차북고산하작(次北固山下作)〉: 客路青山外, 行舟綠水前。 潮平兩岸闊, 風正一帆懸。 海日生殘夜, 江春入舊年。 鄉書何處達, 歸雁洛陽邊。

나그네 푸른 산 너머 길을 떠나니 배 타고 푸른 강물 앞을 지나가네. 조수는 잔잔하고 양안은 아득한데 바람은 한창 돛에 잔뜩 걸려

있네. 바다에서 해가 떠오르는 시간 밤기운이 아직 남아 있고 강에
는 봄기운 감도는데 아직은 세모라네. 고향으로 보내는 편지 어디
로 부칠까, 낙양으로 돌아가는 기러기 편에 소식 전할까.

이 두 수의 시는 사실은 동일한 작품이다. 다만 시제가 다르고 수련과
미련이 전혀 다르다는 것뿐이다. 《국수집》은 당 현종(唐玄宗) 천보(天
寶) 3년(744)에 편찬되었으며 《하악영령집》은 천보 12년에 편찬되어
서로 10년의 차이가 나지만 대체로 동시대에 이루어진 것이다. 이 때문
에 왕만의 이 시를 집록한 것이 교감의 자료로 쓸 수 있는 비교적 이른
두 종류의 초본(抄本)이 되는 것이다.

둘째, 본서의 문장이 타서에 인용되거나 또는 전고로 쓰여 주석에 원
문이 인용되어 나오는 경우로서, 이러한 타서 자료들은 모두 일부 단락
이나 한두 구절 또는 한두 마디에 불과하다. 명구로 인용된 사례는 앞에
서 이미 익히 본 것들로, 예를 들면 《백호통》〈벽옹〉에서 《논어》〈학
이〉의 "朋友自遠方來"를 인용한 유와 같은 것들이다. 전고의 주석에 원
문을 인용한 사례로는 다음과 같은 것들이 있다.

> 장협(張協)의 〈칠명(七命)〉 "찬굴곡지호(鑽屈穀之瓠)"에 대해
> 《문선(文選)》 이선(李善)의 주에 인용한 《한비자》〈외저설 좌상
> (外儲說左上)〉: 齊有居士田仲者，宋人屈穀往，穀往見之，謂之
> 曰："穀有巨瓠，堅如石，厚而無竅，願效之先生。"田仲曰："堅如
> 石，不可剖而斷；厚而無竅，不可以受水漿。吾無此瓠以爲也。"屈
> 穀曰："然其棄物乎？"曰："然。""今先生雖不恃人之食，亦無益人
> 之國矣，猶可棄之瓠也。"田仲若有所失，慚而不對。

제나라에 전중이라는 거사가 있었다. 송나라의 굴곡이 가서 그를 만나 말하기를 "저에게 큰 박이 있는데 돌처럼 단단하고 두터워서 틈이 없습니다. 이것을 선생에게 드리고 싶습니다." 하니, 전중이 대답하기를 "돌처럼 단단하다면 쪼개어 탈 수 없을 것이요 두터워 틈이 없다면 음료를 담지 못할 것이니, 나는 이 박을 가지고 할 것이 없습니다." 하였다. 굴곡이 "그러면 물건을 버릴까요?" 하니, 전중이 "그렇게 하시오." 하였다. 굴곡이 "지금 선생께서는 비록 남에게 의지하지 않고 생활하시지만 또한 나라에는 아무런 보탬이 되지 않으니, 버려도 되는 박과 같습니다." 하자, 전중은 망연자실하여 부끄러움에 아무런 대답도 하지 못하였다.

금본 《한비자》: 齊有居士田仲者, 宋人屈穀見之曰 : "穀聞先生之義, 不恃仰人而食。 今穀有樹瓠之道, 堅如石, 厚而無竅, 獻之。" 仲曰 : "夫瓠所貴者, 謂其可以盛也。 今厚而無竅, 則不可剖以盛物; 而任重如堅石, 則不可以剖而以斟, 吾無以瓠爲也。" 曰 : "然, 穀將棄之。" 今田仲不恃仰人而食, 亦無益人之國, 亦堅瓠之類也。" 제나라에 전중이라는 거사가 있었다. 송나라의 굴곡이 그를 찾아가 말하기를 "저는 선생의 높은 뜻을 들었는데, 다른 사람에게 의지하여 생활하지 않는다고 하였습니다. 지금 제게 박을 심는 방법이 있어 돌처럼 단단하고 두터워서 틈이 없으니 이것을 드리겠습니다." 하였다. 전중이 대답하기를 "박을 귀하게 여기는 이유는 그것이 물건을 담을 수 있기 때문입니다. 이제 두터워 틈이 없다면 쪼개어 물건을 담을 수 없을 것이요, 단단한 돌처럼 무겁다면 갈라서 술을 따르는 데 쓸 수 없을 것이니, 나는 이 박을 쓸 곳이 없습니다." 하니, 굴곡이 "옳으신 말씀입니다. 이것을 버리겠습니다." 하였다. 지금 전중이 남에게 의지하지 않고 생활하는 것 역시 나라에는 아무런 보탬이 되지 않으니, 또한 단단한 박과 같은 부류이다.

분명한 것은 이선의 주석에 인용된 《한비자》의 판본이 금본(今本)의 문자와는 매우 다르다는 것이다. 예를 들면, 굴(屈)의 이름 '穀'은 '㲉'으로 되어 있고 주석에 인용된 판본에는 "穀聞先生之義, 不恃仰人而食." 이란 두 구가 없으며 '樹瓠之道'는 '巨瓠'로 되어 있고 '獻之'는 '效之先生'으로 되어 있으며, 주석에 인용된 판본에는 "夫瓠所貴者, 謂其可以盛也."란 두 구가 없는 것과 같은 것 등이다. 주석에 인용된 글자에 산삭이 있다는 것을 알 수 있지만 또한 금본의 부족한 것을 바로잡을 수도 있다.

또 예를 들면 다음과 같다.

> 《여씨춘추》〈중하기(仲夏紀) 고악(古樂)〉: 昔陶唐氏之始, 陰多滯伏而湛積, 水道壅塞, 不行其原, 民氣鬱閼而滯者, 筋骨瑟縮不達, 故作爲舞以[25]宣導之。
> 옛날 도당씨가 처음 천하를 다스릴 때 음기가 과다하여 쌓이고 적체되니, 수도가 막혀 자연의 질서가 제대로 운행되지 않았고 백성들은 우울하고 답답해하며 근골이 위축되어 펴지지 않았으므로 무악을 만들어 소통시켰다.

《한서》〈사마상여전(司馬相如傳)〉"奏陶唐氏之舞[도당씨의 무악(舞樂)을 연주하다.]"에 대한 안사고(顏師古)의 주에는 "陶唐'은 '陰康'

---

25 : 以 :《교감학대강》에는 빠져 있는데, 《여씨춘추》에 근거하여 보충하였다.

이 되어야 한다. 전사하는 과정에서 글자가 틀린 것이다. 《한서》〈고금인표(古今人表)〉에 갈천씨(葛天氏)와 음강씨(陰康氏)가 있으며, 《여씨춘추》에 이르기를 '昔陰康氏之始, 陰多滯伏湛積, 陽道壅塞, 不行其序。民氣鬱閼, 筋骨縮栗不達, 故作爲舞以宣導之。〔옛날 음강씨가 처음 천하를 다스릴 때 음기가 과다하여 쌓이고 적체되니, 양도가 막혀 자연의 질서가 제대로 운행되지 않았고 백성들은 우울하고 답답해하며 근골이 위축되어 펴지지 않았으므로 무악을 만들어 소통시켰다.〕'라고 하였다. 고유도 이것을 잘못 해석하여 '陶唐, 堯有天下之號也。〔도당은 요가 천하를 소유했을 때의 명호이다.〕'라고 하였는데, 내가 살펴보건대 《여씨춘추》는 음강의 후대를 말하면서 황제·전욱·제곡을 일일이 말하고, 마침내는 요와 순이 음악을 만든 근본에까지 언급하고 있다. 모두 차례가 있는데 어떻게 다시 요를 언급하여 그 순서를 어지럽혔겠는가. 이것은 고유가 《한서》〈고금인표〉를 보지 않고 멋대로 《여씨춘추》의 본문을 고친 것이다."라고 하였다.

《후한서》〈마융전(馬融傳)〉 "所以洞蕩匈臆[26]〔가슴이 뚫리고 시원해지는 음악이다.〕"에 대한 이현(李賢)의 주에는 《여씨춘추》를 인용하기를 "昔陰康氏之始, 陰多滯伏而湛積。故作爲舞以宣導之。〔옛날 음강씨가 처음 천하를 다스릴 때 음기가 과다하여 쌓이고 적체되자 무악을 만들어 소통시켰다.〕"라고 하였다.

---

26 所以洞蕩匈臆 : 이 구절은 "진(晉)나라에서 만든 흐드러지고 아름다운 저 〈양아(陽阿)〉곡과 같은 것은 느리면서도 화려한 남국의 악곡으로, 가슴이 뚫리고 시원해지며, 귀가 트이고 눈이 밝아지며, 쌓인 울분이 흩어지고 잠재된 감정들이 표출되도록 할 수 있으니, 시골 교외와 대로에서 연주하여 백성들과 함께 즐길 수 있는 음악이다.〔若乃陽阿衰斐之晉制, 闓蛙華羽之南晉, 所以洞蕩匈臆, 發明耳目, 疏越蘊憤, 駭悃疾伏, 鍠鍠鎗鎗, 奏于農郊大路之衢, 與百姓樂之。〕"라고 한 문장 중에 나온다. 《後漢書 卷90上 馬融傳》

《문선》 중 부의(傅毅)의 〈무부(舞賦)〉 "啓泰眞之否隔〔태진이 막힌 것을 열어 주다.〕"과 장협의 〈칠명〉 "道氣以樂〔음악으로 기를 인도하다.〕"에 대한 이선의 주에는 《여씨춘추》를 인용하기를 "陶唐氏之化, 陰多滯伏, 陽道壅塞, 人氣鬱閼, 筋骨攣縮, 作舞宣導之。" 〈무부(舞賦)〉 주석에는 '人氣鬱閼, 筋骨攣縮' 두 구절이 없다. 라고 하였다.

위의 사례에서 《한서》의 안사고 주석은 전문(全文)을 인용하였고, 《후한서》 이현의 주석과 《문선》 이선의 주석은 모두 인용문에 산삭이 있다. 세 주석의 인용문을 근거로 살펴보면, 《여씨춘추》 고유의 주본(注本)은 세 군데 교감할 곳이 있다.

첫째, 안사고 주석과 이현 주석의 인용문 판본에 의거했을 때 '陶唐'은 '陰康'이 되어야 한다.

둘째, 세 주석의 인용문에 의거했을 때 '水道'는 '陽道'가 되어야 한다. 이에 대해 왕염손은 "'陽道'라고 하는 것이 옳다. '陽道壅塞'과 '陰多滯伏'은 정반대가 되는데, 후대인들이 고유가 주석에서 '故有洪水之災'라고 했다 하여 마침내 '陽道'를 '水道'로 고친 것이다. 고유가 주석을 내면서 스스로 양도가 막혔기 때문에 홍수의 재해가 있었다고 생각한 것인지, 아니면 정문에 본래부터 '水' 자가 있었는지는 모르겠다."라고 하였다.

셋째, 왕염손은 "'原'은 '序'가 되어야 한다. 글자의 오류이다. 《장자(莊子)》 〈측양(則陽)〉의 "隨序之相理"에 대해 《경전석문》에 이르기를 "序는 어떤 판본에는 原으로 되어 있다."라고 하였다. 양도가 막혔기 때문에 자연의 운행이 차서를 따르지 않은 것이다. 별본에는 '不行其次'라고 되어 있는데, '次' 또한 '序'의 뜻이다. 《한서》 〈사마상여전〉 주석에서 이 글을 인용할 때 바로 '陽道壅塞, 不行其序'라고 하였다."라고 하였다.

여기에서 알 수 있는 것은, 주석에서 인용한 전고의 출처가 되는 원문은 타서 자료가 되지만 사실은 고본의 이문을 제공하는 하나의 근거가 되고 있다는 것이다.

옛사람의 저술 및 주석들은 모두 원저작과 연대가 비교적 가깝기 때문에 그들이 보았던 원저작의 판본은 종종 지금은 일실된 고본들이다. 이 때문에 이러한 타서 자료들을 수집하여 분석하면 본서를 교감할 때 내증(內證)을 얻을 수 있다. 교감할 만한 다른 판본이 없는 상황에서 이런 타서 자료는 중요한 교감 고증 재료가 된다. 그러므로 당(唐) 이전의 저명한 주본(注本)들은 풍부한 고서 자료들을 인용했다는 것으로 인해 집일(輯佚)과 교감의 귀중한 재료가 되는데, 예를 들면 《삼국지(三國志)》 배송지(裴松之)의 주, 《사기》 배인(裴駰)의 집해(集解), 《세설신어》 유효표(劉孝標)의 주, 역도원(酈道元)의 《수경주(水經注)》, 《문선》 이선의 주, 《한서》 안사고의 주, 《후한서》 이현의 주, 《사기》 장수절(張守節)의 정의(正義), 《사기》 사마정(司馬貞)의 색은(索隱), 승려 현응(玄應)과 혜림(慧琳)의 《일체경음의(一切經音義)》 등과 같은 것들이다.

셋째, 고대에는 갖가지 필요에 의해 편집한 각종 유서(類書)들에 수많은 고서 자료와 고대의 작품들이 회집되었는데, 이것이 이른바 "고적이 없어져서 열에 하나도 남아 있지 않으니, 유문(遺文)과 구사(舊事)가 종종 유서에 의지하여 보존되었다."《사고전서총목(四庫全書總目)》〈유서류서(類書類序)〉라는 것이다. 이 때문에 이 유서 또한 고서를 교감하는 중요한 타서 자료가 된다. 지금 남아 있는 중요한 유서로는 당(唐) 위징(魏徵)의 《군서치요(群書治要)》 50권, 지금 남아 있는 것은 47권이다. 마총(馬摠)의 《의림(意林)》 5권, 구양순(歐陽詢)의 《예문유취(藝文類

聚)》 100권, 우세남(虞世南)의 《북당서초(北堂書鈔)》 160권, 서견(徐堅) 등의 《초학기(初學記)》 100권, 송(宋) 이방(李昉) 등의 《태평어람(太平御覽)》 1000권, 왕흠약(王欽若) 등의 《책부원귀(册府元龜)》 1000권, 이방 등의 《태평광기(太平廣記)》 500권 등인데, 모두 당송(唐宋) 이전의 경사자집(經史子集) 및 신괴 고적(神怪古籍) 등 선본 저작을 절록하여 만든 것으로, 역대 이래로 교감과 고증을 할 때 중시되어 왔다. 예를 들어 보겠다.

《묵자(墨子)》〈친사(親士)〉: 是故江河之水, 非一源也。
이 때문에 장강과 황하의 물은 근원이 하나가 아니다.

필원(畢沅)의 교본(校本) : 是故江河之水, 非一水之源也。

교감기 : 옛날에는 "非一源也"라고 하였다. 《초학기》〈강(江)〉은 이 글을 인용할 때 두 글자 '水之'를 가리킨다. 를 더하였고, 《초학기》〈구(裘)〉에서 이 글을 인용한 것은 구본과 동일하다. 《예문유취》에는 "非一水之源"으로 인용되어 있고, 《북당서초》에는 "非一源之水"로 인용되어 있다.

왕염손의 설 : 이 판본에는 "江河之水, 非一源之水也"로 되어 있다. 금본에는 '之水' 두 글자가 빠졌고 '一源' 2자는 오류가 아니다. 《북당서초》〈의관부(衣冠部) 3〉과 《초학기》〈기물부(器物部)〉는 이 글을 인용하면서 모두 "非一源之水"라고 하였다. 《초학기》〈지부 중(地部中)〉에는 "非一源之流"로 인용되어 있는데 '流' 자가 오자이기는 하지만 '一源' 2자는 여전히 금본과 같다. 필원이 《초학기》에 "一水之源"이라 되어 있다고 말한 것은 잘못이다. 《태평어람》〈복장부(服章部) 11〉에는 "江河之水非一源, 千鎰之裘非一狐.〔장강과 황하의 물은 근원이 하나가 아니며, 천 일의 가죽 옷은 여우 한 마리의 털로 만들지 않는다.〕"로 인용되어 있는데, 모두 다음 두 글자를 절삭하였지만 '一源' 2자는 또한 금본과 동일하다. 《예문유취》〈의관부(衣冠部)〉에 "非一水之源"으로 인용되어 있는 것은 전사하는 과정에서 잘못된 것일 뿐이다.

'一源'이 결국 '一水之源'인지 아니면 '一源之水'인지 하는 갖가지의 의심들은 모두 유서에서 《묵자》의 이 구절을 다르게 절록함으로 인해 야기된 것이다. 계산하면, 《초학기》 두 곳과 《북당서초》, 《예문유취》, 《태평어람》 각각 하나씩 모두 5건의 타서 자료를 제공하고 있다.

> 《묵자》〈사과(辭過)〉 : 冬則練帛之中, 足以爲輕且暖。
> 겨울에는 비단으로 만들면 가볍고 따뜻하게 입을 수 있었다.
> 필원의 교본 : 冬則練帛之中, 足以爲輕且暖, 夏則絺綌輕且淸。〔겨울에는 비단으로 만들면 가볍고 따뜻하게 입을 수 있었고, 여름에는 갈포로 만들면 가볍고 시원하게 입을 수 있었다.〕
> 교감기 : 구본에는 '暖夏則絺綌輕且' 7자가 탈락되어 있어 《북당서초》에 의거하여 보충하였다.
> 왕염손의 설 : '夏則絺綌輕且淸'은 본래는 "夏則絺綌之中, 足以爲輕且淸"으로 "冬則練帛之中, 足以爲輕且暖"과 대구를 이루고 있다. 《북당서초》〈의관부 3〉에는 "冬則練帛輕且暖, 夏則絺綌輕且淸"으로 인용되어 있는데, 생략된 문장이다. 만일 다음 두 구에만 '之中足以爲' 다섯 글자가 적다면 앞 두 구와 대가 되지 않는다. 《군서치요》의 인용문에는 상하 구 모두 이 다섯 글자가 있으니, 마땅히 이에 의거하여 보충해야 할 것이다.

필원은 《북당서초》를 근거로 《묵자》의 탈문 7자를 교감하여 보충하였고, 왕염손은 《군서치요》를 근거로 12자를 교감하여 보충하였다. 위 두 사례에서 유서가 고적을 교감하는 타서 자료로 중요하다는 것을 알 수 있는데, 사실은 당송 이전의 관련 고본(古本) 이문을 제공하고 있다. 비록 산절(刪節)한 문구가 적지 않지만 그래도 비교적 좋은 선본이며, 그 가치는 타서의 인용문과 동일하다.

4 갑골·금석·비각 등의 문물 자료

갑골 조각, 은주의 동기(銅器), 진한의 석각, 위진의 역대 비석 및 현존하는 각종 전각 문자가 있는 문화재들은 고대 역사와 고대 문자를 연구하는 데 매우 많은 귀중한 자료들을 제공하고 있다. 그러나 교감의 관점에서 보면 그 효용은 각각 다르다. 개괄하면 대부분은 외증 자료에 속하며 일부만이 내증 자료가 될 수 있다.

갑골 문자에는 주로 은상(殷商)의 역사가 기록되어 있는데, 주대(周代) 이후의 고적이 역사 사실의 고증, 문자의 논증, 훈고의 고증 등 방면에 효용이 있는 것과 비교한다면 결코 교감의 내증 자료는 아니다. 예를 들면, 왕국유(王國維)의 《은복사중소견선공선왕고(殷卜辭中所見先公先王考)》는 은허(殷墟) 복사(卜辭)를 근거로 은상 왕실의 세계(世系)를 고증하여 일련의 역사 사실과 훈고의 문제를 명쾌하게 정리하였는데, 이렇게 함으로써 고적 기록 가운데 수많은 문자의 통용과 오류의 혼란을 일소하였다. 그러나 그 가운데 적잖은 부분은 고적의 원저작 자체가 원래부터 잘못 전해진 것으로, 결코 후대인이 베껴 쓰거나 간행할 때 실수하거나 멋대로 고친 것은 아니라는 것이다. 이 때문에 그 고증의 성과가 고적 원저작의 오류를 정정했을 수는 있지만 결코 교감은 아닌 것이다.

그 가운데 〈왕해(王亥)〉를 예로 들어 보겠다.

복사에는 왕해[27]에게 제사 지내는 일에 대한 기록이 많은데, 《은허

---

27 왕해(王亥) : 해(亥)는 핵(核)·해(該)·해(垓)라고도 부르며, 또 진(振)·현(眩)·빙(冰)으로 잘못 쓰여 있기도 하다. 상족(商族)의 영수로, 명(冥)의 아들이며 상탕(商

서계전편(殷墟書契前編)》에는 다음 두 건이 나온다. 하나는 "貞[28] 袞[29]于王亥〔묻습니다. 왕해에게 袞제를 지낼까요?〕"卷1 第49葉 이며, 다른 하나는 "貞之[30]于王亥冊[31]牛, 辛亥用[32]〔묻습니다. 왕해의 사당에 가서 소 40마리로 제사를 지낼까요? 신해일에 사용하였다.〕"卷4 第8葉 이다.《은허서계후편》중에는 또 다음 일곱 건이 나온다. "貞于王亥求年〔묻습니다. 왕해의 사당에 가서 풍년을 기원할까요?〕"卷上 第1葉 "乙巳卜□貞之于王亥十〔을사일에 점을 칩니다. ……묻습니다. 왕해의 사당에 가서 제사를 지낼까요? 열 번째 점

湯)의 7세조이다. 처음으로 목축업에 종사하여 하북(河北)에서 방목하였는데, 유역씨(有易氏)의 수령인 면신(綿臣)에게 피살되고 그 소와 양을 빼앗겼다. 우거(牛車)를 발명했다고 전해진다.

28 貞 : 정(鼎)과 같은 글자로, 복문(卜問)한다는 뜻이다.《崔恒昇 編著, 簡明甲骨文詞典, 安徽教育出版社, 2001》

29 袞 : 음은 미상이며, 희생을 사용하는 방법 중의 하나이다.《은허서계고석》〈예제(禮制) 7〉에 의하면, 희생을 사용하는 방법에는 袞·매(貍)·침(沈)·묘(卯)·조(俎)가 있는데, 조(俎)는 생체(牲體)를 조(俎)에 진열하는 것이라고 한다.《간명갑골문사전》에는 "묘(卯)는 류(劉)로 사용된 것으로, 희생을 죽이는 것을 말한다."하였다.《羅振玉 著, 殷虛書契考釋, 臺北 : 藝文印書館, 발행년 미상》《崔恒昇 編著, 簡明甲骨文詞典, 安徽教育出版社, 2001》

30 之 :《은허서계고석》〈복사(卜辭) 6〉에 의하면, '之'는 '적(適)'이란 뜻으로 '之于某'는 《특생궤식례(特牲饋食禮)》서사(筮辭)에서 말하는 '適其皇祖某子'와 같은 것이라고 한다. '適其皇祖某子'에 대해서는 《의례역주》주석에 "호배휘(胡培翬)는 '그 사당에 가서 제사 지내는 것을 말한다.'라고 하였다. 某子는 정현의 주석에 따르면 이 조상의 자(字)로, 백자(伯子)나 중자(仲子)와 같은 것이다."하였다.《楊天宇 撰, 儀禮譯注, 上海古籍出版社, 1994》

31 冊 : 40을 나타내는 글자는 이 冊이 뒤집혀 있는 모습이다.《설문해자》에는 卄과 卅은 있으나 40을 나타내는 이 글자는 없는데, 40으로 단정할 수 있는 자세한 내용은《은허서계고석》〈자(字) 5〉에 보인다.

32 辛亥用 :《은허서계고석》〈예제(禮制) 7〉에 의하면, 선조에게 제사 지낼 때 날짜와 희생을 점치는데 날짜는 항상 그 제사를 지내는 대상인 조상의 생일로 하였다고 한다.

쳤다.〕"이하는 빠졌다. 卷上 第12葉 "貞袞于王亥〔묻습니다. 왕해에게 袞제를 지낼까요?〕"卷上 第19葉 "袞于王亥〔왕해의 사당에 가서 袞제를 지낼까요?〕"卷上 第33葉 "癸卯□貞□□高祖王亥□□□〔계묘에……묻습니다.……고조 왕해……〕"卷上 第21葉 "甲辰卜□貞來辛亥, 袞于王亥卅牛, 十二月〔갑진일에 점을 칩니다.……묻습니다. 오는 신해일에 왕해의 사당에 가서 소 30마리로 袞제를 지낼까요? 12월에.〕"卷上 第23葉 "貞登王亥羊〔묻습니다. 왕해의 사당에 양을 올릴까요?〕"卷上 第26葉 "貞之于王亥□三百牛〔묻습니다. 왕해의 사당에 가서……소 300마리로 제사를 지낼까요?〕"卷上 第28葉 《구갑수골문자(龜甲獸骨文字)》에는 한 건이 나온다. "貞袞于王亥五牛〔묻습니다. 왕해의 사당에 소 5마리로 袞제를 지낼까요?〕"卷1 第9葉 그 제사를 지내는 날은 신해일을 사용하였으며, 그 희생은 소 5마리, 30마리, 40마리를 쓰고 심지어는 300마리에까지 이르고 있다. 이것은 제례 중에 가장 성대한 것으로 분명 상(商)의 선왕이나 선공임에 의심의 여지가 없다.

　《사기》〈은본기(殷本紀)〉와 《사기》〈삼대세표(三代世表)〉를 살펴보면, 상(商)의 선조 중에는 왕해(王亥)가 없고 오직 "冥卒, 子振立, 振卒, 子微立.〔명이 죽자 아들 진이 즉위하였으며, 진이 죽자 아들 미가 즉위하였다.〕"이라고만 하였다. 《사기색은》에 "振, 《系本》作核.〔振'이 《계본》[33]에는 '核'으로 되어 있다.〕"라고 하였고, 《한서》〈고금인표〉에는 '垓'로 되어 있다. 그렇다면 《사기》의 '振'은 마땅히 '核'이나 '垓'가 되어야 한다. 글자의 오류이다.

33 계본(系本) : 원명은 《세본(世本)》으로 춘추 전국 시대 조(曹)나라의 역사서인데, 당 태종(唐太宗) 이세민(李世民)을 피휘하여 《계본》 또는 《대본(代本)》으로 바꾸었다.

《산해경(山海經)》〈대황동경(大荒東經)〉에 "有困民國, 句姓而食,[34] 有人曰王亥, 兩手操鳥, 方食其頭。王亥托于有易、河伯僕牛。有易殺王亥, 取僕牛。〔인민국이 있는데, 성은 구씨이고 기장을 먹는다. 왕해라는 사람이 두 손에 새를 쥐고 그 머리를 먹고 있다. 왕해는 유역과 하백에 의탁하여 소를 길렀는데 유역이 왕해를 죽이고 소를 빼앗아 부렸다.〕"라고 하였는데, 곽박(郭璞)은 주석에서 《죽서기년(竹書紀年)》을 인용하여 "殷王子亥, 賓于有易而淫焉。有易之君綿臣殺而放之。是故殷主甲微假師于河伯, 以伐有易, 克之, 遂殺其君綿臣也。〔은왕의 아들 해가 유역국에 와 살면서 유역 국군의 아내와 음란하게 지내자 유역의 군주 면신이 그를 죽이고 소는 빼앗아 방목하였다. 이 때문에 은주 갑미가 하백에서 군사를 빌려 유역을 쳐서 승리하고, 마침내 그 군주 면신을 죽였다.〕"라고 하였다. 이것은 《죽서기년》의 진본을 곽박이 이처럼 수정한 것이다.

금본 《죽서기년》에는 "帝泄十二年, 殷侯子亥, 賓于有易。有易殺而放之。十六年, 殷侯微以河伯之師伐有易, 殺其君綿臣。〔제설 12년에 은후의 아들 해가 유역국으로 와 살았는데 유역에서 그를 죽이고 소는 빼앗아 방목하였다. 16년에 은후 미가 하백의 군대를 이끌고 유역을 쳐서 그 군주 면신을 죽였다.〕"으로 되어 있는데, 《산해경》의 '王亥'가 고본 《죽서기년》에는 '殷王子亥'로 되어 있고 금본에는 '殷侯子亥'로 되어 있으며, 또 상갑미(上甲微)[35]보다 앞선

---

34 有困……而食: '곤민국(困民國)'은 인민국(因民國)이다. 오기창(吳其昌)의 고증에 의하면, '困'은 '因'의 오자이므로 고쳐야 한다고 한다. '而食'에 대해 원가(袁珂)는 '而'는 '黍'의 결필(缺筆)로 두 글자의 전서체(篆書體)가 비슷하여 전사하는 과정에서 오류가 생긴 것이라고 하였다. 해석은 이것을 따랐다. 《沈薇薇 譯注, 二十二子詳注全譯 山海經譯注, 黑龍江人民出版社, 2003》

1대는 은의 선조인 명(冥)의 아들이자 미(微)의 아버지인 것이 의심의 여지가 없다.

복사(卜辭)에는 '王亥'로 되어 있어 바로 《산해경》과 동일하다. 또 왕해에게 제사 지내는 날짜를 모두 해일(亥日)을 사용했으니, 그렇다면 '亥'가 바로 그 정자(正字)이다. 《세본(世本)》에 '核'으로 되어 있는 것과 《한서》〈고금인표〉에 '垓'로 되어 있는 것은 모두 그 통가자이며, 《사기》에 '振'으로 되어 있는 것은 '核', '垓' 두 글자와 형태가 비슷함으로 인해 오류가 생긴 것이다. 《산해경》이란 책은 그 글이 전아하거나 순정하지 않으며 그 안의 인물들 역시 세상에서는 허구로 본다. 《죽서기년》이란 책 역시 모두 다 믿을 수 있는 것은 아니지만 '王亥'란 이름이 필경 복사에 보이는 것을 보면, 그 일은 반드시 다 그렇지는 않다 하더라도 그 인물은 확실히 허구가 아닌 것이다. 주진(周秦) 간에 남아 있는 고대의 전설이 전혀 근거가 없는 것은 아니라는 것을 알 수 있다.

왕해의 이름과 그 사적은 《산해경》과 《죽서기년》에만 보이는 것이 아니며, 주진(周秦) 간 사람들의 저서에서 많이 언급되고 있다. 《여씨춘추》〈물궁(勿躬)〉에 "王冰作服牛"라고 하였는데, 전문(篆文)을 살펴보면 '冰'은 '仌'으로 되어 있어 '亥' 자와 유사하다. 따라

---

35 상갑미(上甲微) : 상족(商族)의 영수로, 해(亥)의 아들 미(微)이다. 상갑(上甲)은 자(字)이다. 은후미(殷侯微)라고도 하는데 은(殷)으로 옮겼다가 다시 상구(商丘)로 옮겼다. 갑골 복사에서는 상보갑(上報甲) 또는 보갑(報甲)으로 칭한다. 해가 유역씨(有易氏)에게 피살되자 상갑미는 하백(河伯)에게 군대를 빌려 아버지의 원수를 갚았는데, 유역씨의 면신(綿臣)을 죽이고 소와 양을 탈환하였다. 상족 각 대의 영수와 이후 각 대의 상국(商國) 군주들은 상갑미를 시작으로 모두 태어난 날짜를 가지고 이름을 붙였다. 또 갑골 복사의 기록에 의거하면, 상(商)의 역대 선조와 선왕들에게 합제(合祭)를 지낼 때, 대부분 상갑미부터 시작하여 "상보갑지우다후(上報甲至于多后)"라 한다.

서 '王亻'는 또한 '王亥'의 오류이다. 《세본》〈작편(作篇)〉에 "胲[36] 作服牛"《초학기》 권29에 인용되어 있으며, 또 《태평어람》 권899에는 《세본》을 인용하면서 "鮌作服牛"라 하였는데 '鮌' 또한 '胲'의 오류이다. 《노사(路史)》의 주석에서 《세본》을 인용하여 "胲爲黃帝馬醫, 常醫龍"이라 하였는데, 송충(宋衷)의 주석을 인용한 것으로 보인다. 《태평어람》은 송충의 주석을 인용하여 "胲, 黃帝臣也, 能駕牛。"라고 하고, 또 "少昊時人, 始駕牛。"라고 하였는데, 모두 한인(漢人)의 말로 근거로 삼기에는 부족하다. 사실은 《세본》〈작편〉의 '胲'는 바로 《세본》〈제계편(帝系篇)〉의 '核'이다. 로 되어 있는 것이 그 증거이다.

'服牛'라는 것은 바로 《산해경》〈대황동경〉의 '僕牛'로, 옛날에 '服'과 '僕'은 동음이었다. 《초사(楚辭)》〈천문(天問)〉에 "該秉季德,[37] 厥父是臧。胡終弊于有扈, 牧夫牛羊?〔왕해는 아버지 계의 아름다운 덕을 지니고 그의 아버지처럼 선량하였다. 그런데 어찌하여 끝내는 유역에게 죽어 목부와 우양을 잃었단 말인가?〕"이라고 하고, 또 "恒秉季德, 焉得夫朴牛?〔계의 덕을 지니고 어떻게 저 복우를 얻었는가?〕"라고 하였다. '該'는 바로 '胲'이며 '有扈'는 '有易', '朴牛' 또한 '服牛'이다.

이 《산해경》, 《초사》〈천문〉, 《여씨춘추》, 《세본》에는 모두 왕해를 처음으로 소를 부린 사람이라고 말하고 있다. 아마도 하나라

---

36 胲 : 당(唐) 서견(徐堅)의 《초학기》 주석에 "해는 황제의 신하로, 소를 부릴 줄 알았다.〔胲, 黃帝臣也, 能駕牛。〕" 하였으며, 송(宋) 이방(李昉) 등의 《태평어람》 주석에는 "해는 황제의 신하이다. 또 소호 때 인물로, 처음으로 소를 부렸다고도 한다.〔骸, 黃帝臣也。又云 少昊時人, 始駕牛。〕" 하였다. 《태평어람》에는 '胲作服牛'의 胲가 骸로 되어 있다.

37 該秉季德 : '該'는 亥와 통한다. '季'는 즉 '冥'으로 왕해의 아버지이다. 하조(夏朝)의 사공(司空)으로 수토를 다스리며 공무에 힘쓰다가 물에 빠져 죽었다고 한다. 《吳廣平 注譯, 白話楚辭, 岳麓書社, 1996》

초기에 해중(奚仲)[38]이 수레를 만들었지만 그때까지만 해도 여전히 사람이 끌었던 것으로 보인다. 상토(相土)[39]가 말을 타는 법을 만들고 왕해가 소를 부리는 법을 만들자 수레의 효용이 더욱 넓어졌다. 《관자(管子)》〈경중(輕重) 무(戊)〉에 이르기를 "殷人之王立皁牢, 服牛馬, 以爲民利, 而天下化之.〔은나라의 왕이 우리를 만들어 소와 말을 기름으로써 백성들을 이롭게 하자 천하가 교화되었다.〕"라고 하였으니, 옛날에 천하를 소유한 사람은 그전에 모두 천하에 큰 공덕이 있었던 것이다. 우(禹)는 홍수를 막고 직(稷)은 좋은 곡물 종자를 내려 줌으로써 하나라와 주나라를 개국하였으며, 상(商)의 상토와 왕해 역시 그와 같은 사람들이었다. 그렇다면 왕해를 제사 지내는 의식의 융숭함은 또한 그가 예와 음악을 만든 성인이었기 때문이며 단지 그가 선조였기 때문만은 아닌 것이다. 주진(周秦) 간 왕해의 전설은 아마도 여기에서 비롯된 것 같다.

왕국유는 은왕(殷王)의 선조인 해(亥)가 명(冥)의 아들이자 상갑미(上甲微)의 아버지로서 고대에 처음으로 소를 수레에 매어 모는 것을 발명한 현왕(賢王)이었다고 고증하였다. 바로 주진(周秦) 고적에 기록된 '亥''振''核''垓''冰''該''胲'라는 것이다. 이로 인해 고적 가운데 관련 역사 사실들을 이해할 수 있게 되었고 동시에 그 가운데 문자의 오류

---

38 해중(奚仲) : 중국 고대 하나라 사람으로 임해(任奚)라고도 한다. 성은 임(任)이며 황제(黃帝)의 후예로, 우(禹)의 신하이다. 수레를 만드는 데 뛰어나 처음으로 말을 수레에 매어 끌게 하였다고 한다. 거정(車正)이 되었고 설(薛)에 봉해져 설국(薛國)의 시조가 되었다. 뒤에 비(邳)로 옮겼다.

39 상토(相土) : 상족(商族) 수령 소명(昭明)의 아들이다. 소명이 죽자 상토가 계승하여 즉위하면서 동쪽으로 태산(泰山) 아래로 옮기고 다시 상구(商丘)로 옮겼다. 마차(馬車)의 발명자라고 전해지며, 그래서 승두(乘杜)라고도 부른다.

를 정정할 수 있게 되었으니, 이것이 탁월한 발명임은 의심의 여지가 없다. 복사의 '亥'에서 '核' '垓' '該' '胲'로 변천된 것은 분명 고음의 통가(通假)가 원인이다. '核'이나 '垓'가 '振'으로 와전된 것은 형태가 비슷하여 오류가 생긴 것이며 '亥'가 '冰'으로 잘못된 것은 전문(篆文)의 형태가 비슷하여 오류가 생긴 것이다.

교감학의 입장에서 보면, 복사의 '亥'는 역사 지식에 속하는 외증(外證)이며 '亥'가 '核'이나 '垓' 등과 통하는 것은 문자학과 음운학의 외증으로, 모두 '核'이나 '垓' 등의 글자를 '亥'로 고치는 내증(內證)의 근거가 될 수 없다. 이 때문에 왕국유는 《계본》의 '核'과 《한서》의 '核', 복사의 '亥'를 꼭 들어맞게 근거로 삼아 '振'이 오자라고 단정하고, 정자는 마땅히 '核'이나 '垓'로 써야 하며 '亥'로 써서는 안 된다고 하였다. 이것은 바로 왕국유가 고증과 교감을 엄격하게 구분했다는 것을 설명한다. 복사의 '亥'는 역사·문자·음운·고증 방면의 근거로서 관련 고적 문자를 교감하는 외증, 즉 방증으로 삼을 수는 있지만 본문을 교정하는 판본, 즉 내증의 근거로 삼을 수는 없다.

은주(殷周)의 이기 명문(彝器銘文)은 곧 종정 문자(鐘鼎文字) 자료로, 그 학술적 효용과 가치는 갑골 문자 자료와 거의 같다. 주로 역사와 고고, 문자·음운·훈고 방면으로 교감에서 주로 외증 역할을 한다. 예를 들어 보겠다.

《관자》〈문(問)〉: 群臣有位事官大夫者幾何人?
여러 신하 중에 정사를 맡아 대부 벼슬에 있는 사람은 몇 명인가?
윤지장(尹知章)의 주 : 여러 신하는 저마다 일이 있으니, 바로 좌관대부(左官大夫)이다.
우성오(于省吾) : 금문(金文) '位'는 모두 '立'으로 썼으니,[40] '有位事'는 곧 '有立

事'이다. 신하들이 모두 제자리에 있다면 다시 '位事'를 말할 필요가 없다. 주석이 잘못되었다. '立' 자는 경전에서 '涖'와 통용된다. 이것은 여러 신하 중에 정사를 맡아 대부 벼슬에 있는 사람이 몇 명이나 되느냐는 것을 말한 것이다. 다음 문장에서 "其位事幾何年矣?[그 일을 맡은 것이 몇 년 되었는가?]"에 대해 정사함(丁士涵)은 "位는 마땅히 涖가 되어야 한다." 하였는데, 옳은 말이다. 금문에 '立事'는 자주 보인다. 《국차담(國差鐔)》에 '國差立事', 《진유부(陳猷釜)》에 '陳猷立事', 《진립호(陳昃壺)》에 '陳昃再立事'라고 하였으며, 《자화자부(子禾子缶)》에도 '立事'란 말이 있다. 《고도니(古陶鑈)》에도 '陳□三立事'라고 칭하였다. 이상은 모두 '立事'가 제(齊)의 기물에 나타난 예증이다.

이것은 제국(齊國)의 이기 명문 중 '立事'를 차례로 들어 《관자》의 '位事'는 바로 '立事'이며 '立'은 또 '涖'와 통한다는 것을 증명한 것이다. 그러나 모두 문자와 음운 방면의 고증으로, 낱말의 뜻을 훈고하는 데 사용할 수는 있지만 교감이 되지는 않는다.

《순자》〈군도(君道)〉: 斗、斛、敦、槪者
두·곡·돈·개는 (측량하는 것이다.)

우성오(于省吾) : '敦'의 형상은 전인(前人)들 대부분이 잘 알지 못하였으며, 또 고적에서는 번번이 '敦'과 '簋'를 잘못 썼다. 금문에서 '敦' 자는 '𤒅'으로 썼으며 '簋' 자는 '殷'로 썼다. 《목천자전(穆天子傳)》에 "鼎敦壺尊四十[정·돈·호·준 40개]"이라고 하였는데, 여기에서 '鼎敦'은 '鼎殷'를 잘못 쓴 것이다. '敦'은 이기(彝器) 중에 겨우 몇 개만 보일 뿐이며 시대도 모두 동주(東周) 이후에 있다. 《각정(兎鼎)》에 "用爲寶器鼎二殷二。"라고 하였고, 《함황보궤(函皇父殷)》에 "函皇父作琱娟盤盉尊器具, 殷自家鼎降十, 又殷(殷)八, 兩鑪兩𤏁。"라고 하였으며, 《려후궤(鄘侯殷)》에 "妳作皇妃寶君仲妃祭器八殷(殷)。"라고 하였다. 敦의 형제(形制)

---

40 금문(金文)……썼으니 : 갑골문과 금문에는 '位' 자가 없고 당시에는 '立' 자를 써서 표현하였다. '位'는 후대에 생겨난 글자이다. 《李炳官 編, 常用2000漢字 形音義源流字典, 美術文化院, 1999, 545쪽》

에 대한 것이라면, 이기 중에 오직 《진후오기(陳侯午器)》와 《진후인기탁(陳侯因
育鐸)》이 있을 뿐이다. 송대와 청대의 학자들은 이기를 고증하여, 이른바 '敦'이
라 하는 것은 모두 '殷'의 잘못이라고 하였다. 《진공궤(秦公殷)》에는 진한 시대
사람들이 새긴 관지(款識)가 있는데, 뚜껑에는 "□一斗七升大半升"이라 되어 있
고, 그릇에는 "西元器一斗七升奉殷"라 되어 있다. 그렇다면 이 편에서 말하는 "斗
斛敦槪者"의 '敦' 역시 본래는 '殷'로 써야 한다.

이것은 이기 명문을 근거로 하여 고적 가운데 '敦'과 '殷'가 모습이 비
슷하여 오류가 생긴 것을 고증한 것이다. 여기에서 '敦'은 마땅히 '殷',
즉 '簋' 자로 써야 한다고 하였는데, 사실 문자와 훈고에 속하는 고증으
로서 교감에 있어 이 글은 외증으로 삼을 수 있다.

《여씨춘추》〈맹동기(孟冬紀)〉: 必功致爲上, 物勒工名, 以考其誠。
반드시 아름답고 정밀하게 만든 기물을 상품으로 삼아야 하며, 기
물에는 공인의 이름을 새겨 그 성심을 살핀다.
고유(高誘)의 주 : '物'은 기물이란 뜻이다. 공인의 성명을 새겨 기물에 드러냄으
로써 속일 수 없게 하였기 때문에 '以考其誠'이라 한 것이다.
양옥승(梁玉繩) : 후대에 기물을 만들고 아무개가 만들었다고 새기는 것은 아마
도 진(秦)에서부터 시작된 것으로 보인다.
우성오 : 주대(周代)의 이기에 이미 공인의 이름을 새긴 것이 있다. 예를 들면,
《국차담》에 '功帀虜'라고 하였는데 '功帀'은 곧 '工師'이며 '虜'는 바로 공인의 이
름이다. 주대 말엽의 병기(兵器)에는 공인 아무개라고 새긴 것이 자주 보이는데
'工師'란 두 글자는 대부분 합문(合文)[41] '帀='로 되어 있다.

이것은 이기(彝器) 위에 공인의 이름을 새기는 제도가 시작된 시대를

---

41 합문(合文) : 두 개 또는 세 개의 글자를 한 글자 자리에 함께 쓰는 것으로, 갑골문에
자주 보인다. 특히 인명이나 달의 기록에 많이 사용하였다.

고증한 것으로, 교감과는 관련이 없지만 훈고에 도움이 된다.

　진한 이후에는 돌에 새겨 비를 만듦으로써 풍부한 문자 자료를 남겼다. 수많은 비각은 완결된 작품이며, 바로 이러한 이유로 단지 역사·문자·음운 등 방면의 학술 자료적 가치를 구비하고 있을 뿐 아니라 비교적 높은 교감 자료로서의 가치를 갖추고 있다. 예를 들면, 지금 남아 있는 당 문종(唐文宗) 개성(開成) 2년(837)에 새긴 12경은 역사상 《개성석경(開成石經)》 또는 《당석경(唐石經)》이라 부르는데, 사실은 바로 당대(唐代)에 교정하여 조각해 놓음으로써 온전히 보존된 일종의 고본(古本)이다. 그 가치는 정말이지 엄가균(嚴可均)이 "이것을 가지고 옛것을 회복하기에는 부족하나 지금의 오류를 바로잡는 데는 남음이 있다. 세상에 고본이 없다지만 석경이 바로 고본이다."〈당석경교문서(唐石經校文序)〉라고 말한 것과 같다.

　또 역대 명사들이 새긴 명문(銘文)이나 비기(碑記) 문장과 같은 경우, 만일 비석이 지금 남아 있다면 이 비문의 원판은 가장 믿을 수 있는 교감의 근거가 된다. 이 때문에 비각 자료가 갑골 문자나 종정 문자 자료와는 교감 방면에 있어 가치가 다른데, 그 다른 이유는 바로 외증 자료로 쓰일 뿐 아니라 또 수많은 내증 자료를 제공한다는 점에 있다. 예를 들면, 당대(唐代) 원결(元結)의 《오계명(浯溪銘)》은 석각 탁본이 있는데, 이것으로 현존하는 원결의 문집 판각본 및 《전당문(全唐文)》에 수록된 문장을 교감하면 오류와 탈락이 있다. 전체 문장은 모두 113자인데, 《전당문》에 수록된 것은 탈자 하나, 탈구(脫句) 하나, 오자 네 개가 있다.

　종합하여 말한다면, 고본과 구본, 고주와 구소, 타서 자료, 갑골과 금석은 무엇이나 고적을 교감하는 근거 자료로 삼을 수 있는데, 실질적으로는 본서의 내증 자료일 때도 있고 이문을 분석하고 판단하는 외증 자료일 때도 있다. 이 때문에 각종 자료를 사용할 때는 반드시 각각의 구체적인 자료에 대해 구체적인 분석을 하여 본서와의 관계를 확정하고 그것이 가진 교감 자료로서의 가치를 변별해야 한다. 그런 뒤에야 이 자료들은 비로소 응당 갖고 있을 증거로서의 능력을 발휘하여 과학적인 고증에 필요한 믿을 만한 근거 자료가 될 수 있다. 위에서 말한 네 가지 근거 자료는 단지 일반 이론 면에서 개괄적으로 설명한 것일 뿐이다. 구체적으로 교감 작업을 할 때에는 매번 의심스러운 자구의 교감마다 모두이 네 가지 자료를 반드시 구비해야 하는 것은 아니며 또 모두 구비할수도 없다. 원칙이 있다면, 가능한 한 각종 자료들을 최대한 이용하여 충분히 설득력 있는 증거를 제시하는 데 힘쓴다는 것이다. 이것은 바로 일반 이론, 일반 방법, 일반 자료를 교감의 구체적인 작업에 운용하기까지는 또 반드시 구체적인 정황에 따라 각각 구체적인 수순과 구체적인 방법을 채택하고 구체적인 자료를 이용하여 구체적인 증거를 제시해야 한다는 것을 말한다.

제5장

오류 발생 원인의 분석과
교감 통례의 귀납

제1절 오류 발생 원인의 분석과 각종 통례의 귀납

고적은 문자라는 형식과 지식이라는 내용의 두 부분으로 구성된다. 고적이 역사상 전파되는 가운데 조성되는 복잡하고 다양한 착오는 내용상으로는 다양한 해석, 형식상으로는 이문(異文)으로 나타난다. 교감의 구체적인 임무는 이문의 정오를 분석하고 판단하는 것이다. 그러나 교감의 정오를 판단하는 기준은 모두 내용의 시비나 자체(字體) 규범과 완전히 일치하지는 않는다. 원고의 모습을 보존하고 복원한다는 교감의 근본 원칙에 근거하면, 그 정오의 기준은 원고의 문자와 일치하도록 하는 것이다. 내용상 정확한 문자가 교감에서는 정정이 필요한 오자일 수도 있고, 내용상 착오가 있는 원고의 문자에 대해서는 바로잡을 수도 있지만, 이는 고증의 임무에 속하지 교감의 임무는 아니다. 정자 규범(正字規範)에 부합하지 않는 문자가 정정해서는 안 되는 정자일 수도 있는데, 고적의 문자에 대해 정자법에 입각하여 정정하는 것은 교감의 원칙에는 위배되는 것이다.

고적의 보급에 따라 고적의 문자를 읽기 쉬운 글자로 고치는 것은 문화의 전파라는 시대적 필요에서 나온 것으로 교감학 연구의 과제는 아니다. 그러나 교감을 실천하는 과정에서 정오 기준을 운용하는 데 있어서 흔히 내용의 정확한 이해를 오자를 정정하는 기준으로 삼는 경향이 쉽게 나타난다. 이렇듯 흔히 생겨나는 경향으로 말미암아 역사상 대교학파(對校學派)와 이교학파(理校學派) 간의 논쟁이 일어났다.

다만 교감의 실천 경험은, 교감의 정오 기준을 준수하여 운용하는 데 있어서 반드시 신뢰할 만한 판본상의 근거가 있어야 하며, 아울러 저자의 사상과 원서의 내용을 전면적으로 이해하여 일치되는 증거를 획득해야 함을 보여 준다. 그리고 교감의 정오 기준을 준수하고 운용하는 데 있어서 중요한 담보는 바로 문자상의 오류가 발생한 원인에 대해 구체적인 분석을 하는 것이다. 만일 오류가 발생한 원인을 설득력 있게 설명해 낸다면, 종종 주관적인 억측(臆測)과 임의적인 망개(妄改)의 가능성은 줄어들게 된다. 따라서 오류가 발생한 원인을 연구하고 그 가운데 규칙성 있는 현상을 귀납하며 유형별 교감 통례를 총괄하는 것은 바로 교감학의 중요한 구성 요소를 이룬다.

제2절 의오와 이문

착오의 발견은 착오를 분석하고 판단하기 위한 전제 조건이다. 착오는 기본적으로 크게 두 가지 유형으로 분류할 수 있다. 한 가지 유형은 볼 수 있는 형태가 있는 것이고, 다른 한 가지 유형은 찾을 수 있는 증거가 없는 것이다. 다른 판본 간의 대교(對校)를 통해 동일하지 않은 문자가 발견되어 이미 이문(異文)이 있다면, 그중에는 반드시 옳은 것과 잘못된 것이 있음이 분명하다. 이것이 볼 수 있는 형태가 있고 발견하기 쉬운 착오이다. 다른 한 가지 유형은, 여러 판본을 대교해 보아도 모두 같고 아울러 이문이 없어서 표면상으론 착오의 흔적이 없지만 실제로는 그중에 확실한 착오가 있는 경우인데, 이는 찾을 수 있는 흔적이 없고 발견하기 어려운 착오이다. 여기서 전자는 곧 이문이고, 후자는 의오(疑誤)에 속한다.

'의오'는 착오가 있는 것으로 의심되는 것인데, 그 실제는 교감자가 관련 지식에 근거하여 해결하기 어려운 문제를 발견하고 착오가 존재한다고 생각하는 것이다. 일반적으로 말해서, 각종 판본과 타서 자료가 완비된 상황에서 진지하게 면밀한 대교를 거쳐 이문이 발견되지 않는다면 보통 교감 작업을 종료하고 오류가 없다고 선고할 수도 있다. 그러나 연대가 오래되어 각종 판본과 다른 서적 자료가 완비되기 어렵기 때문에, 사실상 아래와 같은 현상이 흔히 나타난다. 즉 현존하는 자료로 대교해서 이문이 없는 상황에서도, 일반적으로 문장의 의미가 통하지 않는 의오를 발견하거나, 명물 제도상 모순이 되는 의오를 발견하거나, 역사 사실에 저촉이 되는 의오를 발견하거나, 음운의 측면에서 고음(古音)과 합치되지 않는 의오를 발견하기도 한다. 이처럼 이문은 없더라도 해결하기 어려운 부분이 있는 경우 그중에 착오가 존재할 수 있으므로 고증해 보아야만 한다.

'이문'은 동일하지 않은 글자라는 뜻인데, 실제로는 원고 본래의 글자와 각종의 착오가 있는 글자이다. 어떤 고적이 전파되는 과정 중에 생겨난 이문의 발현 양상은 복잡다단하다. 자체가 변천하면서 조성된 고금자(古今字)·이체자(異體字)·착별자(錯別字)[1]가 있고, 전사(傳寫)와 각인(刻印) 과정 중에 생겨난 속자(俗字)·간자(簡字)·착별자가 있고, 전사 과정에서의 탈루(脫漏)와 의도하지 않은 증첨(增添)이 있고, 그리고 주관적인 억측에 따라 제멋대로 고친 것이 있고, 또 무지하여 함부로 고친 것도 있다. 총괄하면 모든 오자, 탈루, 증첨, 전도(顚倒), 순서상의 착란을 이문이라고 부른다. 고대 교감학에서는 오자, 탈문, 연문(衍文), 도문(倒文) 혹은 을문(乙文), 착간(錯簡) 등의 개념으로 구분하여 불렀다.

교감학은 볼 수 있는 형태가 있는 이문이 조성되는 원인을 연구하여 그 정오를 확정해야 하는 동시에, 찾을 수 있는 증거가 없는 의오도 연구해야 한다. 그러나 두 가지의 특성을 구별하여 신중하게 처리해야 한다.

---

1 착별자(錯別字) : 착자(錯字)와 별자(別字)이다. 착자는 특정 글자를 쓰면서 필획을 잘못 쓴 글자를 가리킨다. 별자는 특정 글자를 써야 하는데 음이 같거나 비슷한 글자, 또는 자형이나 뜻이 비슷한 다른 글자를 쓴 것을 가리킨다.

제3절 오자 통례

교감학에서의 오자는 정자 규범의 착별자와는 다르다. 양자는 합치되는 경우도 있고, 합치되지 않는 경우도 있다. 오자가 착별자일 때 양자는 합치된다. 그러나 오자가 착별자에 속하지 않는 경우, 착별자는 특정 조건하에서 정자이므로 양자는 합치되지 않는다. 다음의 예를 살펴보자.

《관자(管子)》〈형세(形勢)〉: 裁大者, 衆之所比也。
자질이 훌륭한 사람은 뭇사람이 의탁하는 대상이다.

'裁'는 材와 통용되고 '比'는 庇와 통용된다. 만일 오늘날의 정자규범에 비추어 본다면, 이 두 개의 통가자(通假字)는 착별자로 보아야 하며, 두 구절은 "材大者, 衆之所庇也。"라고 써야 한다. 그러나 교감학이라는 측면에서 볼 때 '裁'와 '比'는 모두 정자이다. 따라서 材와 庇로 고쳐 쓴다면, 원서의 면모를 훼손하게 되며 《관자》가 저술된 시대의 문자 사용의 실제와도 합치하지 않게 된다.

《관자(管子)》〈권수(權修)〉: 是以臣有殺其君, 子有殺其父者。
이 때문에 신하가 임금을 죽이는 일이 있고, 자식이 부모를 죽이는 일이 있다.

송본(宋本) 《관자》에는 이 두 '殺' 자가 모두 '弒'로 되어 있다. 어의(語義)와 정자 규범이라는 관점에서 볼 때 여기의 '殺' 자는 '弒'가 되어야 한다. 그러나 춘추 시대 이전에는 '弒'라는 글자가 없었으므로 윗사람이 아랫사람을 죽이든 아랫사람이 윗사람을 죽이든 모두 '殺'이라고 하였다. 아랫사람이 윗사람을 죽이는 경우를 구별하여 '弒'라고 하는 것은 후대에 생겨난 것이다. 이 때문에 비록 송본의 근거가 있더라도, 정자는 '弒'가 아니라 '殺'이 되어야 한다.

첫째 사례는 통가자이고 둘째 사례는 고금자인 경우이지만, 실질적으로는 모두 이형동음사(異形同音詞)로 문자학과 교감학의 정오 기준은 이러한 경우에 정반대가 된다. 교감의 근본적인 원칙은 원고의 면모를 보존하고 복원하는 것이므로, 정오를 판단하는 기준은 원고의 면모에 최대한 부합되도록 해야 한다. 따라서 오자는 구체적이며 정자 규범의 구애를 받지 않는다.

구체적으로 말해서 오자의 확정은 원고의 문자를 기준으로 자형(字形)에 한정해야 하며, 원고가 저작된 시대의 문자 실상을 근거로 해야 한다. 따라서 오자를 확정하는 기준은 구체적이고 변동하는 것이지 절대 변하지 않는 것이 아니다. 오자는 단지 자형만을 가리켜서 말하는 것으로 음(音)과 의(義)의 제약을 받지 않는다는 점을 밝히는 데 중점을 두어야 한다.

앞에서 든 두 가지 사례의 경우, 정자는 裁, 比, 殺이며 오자는 材, 庇, 弒인데, 단지 《관자》의 내용 가운데 이 세 글자의 정오를 지적하였을 뿐이다. 그나마도 이 두 곳의 경우에 한정되며, 이를 통례로 다른 책이나 다른 곳에 적용할 수는 없다. 내용의 이해를 위해 裁는 材와 통용된다든지 比는 庇와 통용된다든지 殺은 弒와 같다고 설명하는 것은 주석의 임무이다. 정오의 이유를 설명하기 위해 오류가 발생한 원인을 밝히며, 이를 통해 일정한 조건을 갖춘 교감 통례를 도출해 내는 것이 바로 교감학의 임무이다.

각각의 경우마다 오자의 오류가 발생한 원인은 모두 구체적이다. 그러나 오자가 발생한 구체적인 원인에는 많은 동일한 현상이 존재한다. 이러한 동일한 현상 가운데 공통적인 법칙을 추출하고 총괄하여 동일한 현상을 일으키는 일반적인 조건을 설명한다면, 이러한 일반적인 조건하에서 통례를 얻을 수 있다. 바로 이것이 교감 통례이다. 그리고 이를 오자에 적용하면 바로 오자를 판단하는 통례가 된다. 각가지 유형의 교감 통례를 잘 파악하여 능숙하게 운용한다면 오자를 발견하고 판단하는 데 도움이 된다.

고적의 문자에 나타나는 착오는 의식적인 행위로 오류를 야기하는 경우와 무의식적인 행위로 오류를 야기하는 경우 두 가지 유형으로 나눌 수 있다. 편찬자의 억측에 따라 제멋대로 고친 것, 잘 알지 못하여 함부로 고친 것, 임의로 산개(刪改)한 것 등은 모두 의식적인 행위로 오류를 야기한 경우에 속한다. 전사(傳寫) 과정에서 실수한 것, 쓰기 편하게 간략화한 것, 그리고 원서 자체가 모호한 것, 각판(刻板)이 훼손되거나 탈루된 것 등은 모두 무의식적인 행위로 오류를 야기한 경우에 속한다. 그러나 이 두 가지 유형의 오류 발생 원인은 모두 의식과 태도의 문제에 속하는데, 주관적인 편견을 극복하며 진지하고 세심한 태도로 노력함으로써 해결된다.

교감학이 연구해야 하는 것은 오류를 야기한 지식 방면의 원인이다. 예를 들어 억측에 따라 제멋대로 고친 것에 대하여 무엇 때문에 판단 착오가 났고 무엇에 근거하여 무엇으로 고쳤는가를 연구해야 하고, 무엇 때문에 주관적인 억측을 하고 무엇 때문에 제멋대로 고쳤는지를 연구하지는 않는다. 또 잘 알지 못하여 함부로 고친 것에 대하여 무엇 때문에 몰랐는가를 연구할 필요가 없고, 무엇을 가지고 무엇으로 고쳤는지를 연구해야 한다.

결론적으로 말해서 착오는 바로 원고·원문을 고친 것으로 모두 고친 결과물이자 고쳐져 있는 문자로 표현된다. 그러므로 오류가 발생한 원인을 분석하여 교감 통례를 귀납하는 것은 지식의 방면으로부터 해야 하는데, 고적의 문자라는 형식의 방면에서 원인을 찾고 공통성 있는 법칙을 총결해 내는 것이 중요하다. 바꾸어 말해서 문자·음운·훈고와 판본 및 관련 분야의 전문적인 지식에 근거해야 하며, 의식이나 태도는 그다지 중요하지 않다. 이런 측면에서 말한다면, 오자의 통례는 주로 아래에 서술하는 몇 가지 유형이 있다.

1 자형으로 인해 생긴 오류

곧 왕인지(王引之)의 《경의술문(經義述聞)》〈통론(通論)〉에서 귀납한 '형와(形訛)'이다.

전서체(篆書體), 예서체(隷書體), 장초체(章草體),[2] 초서체(草書體), 행서체(行書體), 해서체(楷書體)에서 인쇄자체(印刷字體)에 이르기까지 한자의 형체는 몇 단계로 변화·발전해 왔고, 또 옮겨 적기 편하도록 대량의 속자(俗字)와 간자(簡字), 그리고 중복된 문자의 생략을 나타내거나 결자(缺字)를 빈칸으로 표시하는 등의 부호가 생기면서 각종 유형의 자형(字形) 오류가 발생하였다.

---

2 장초체(章草體) : 초서의 별체(別體)로 예초(隷草) 또는 급취장(急就章)이라고도 부른다. 한대의 간독(簡牘)에 많이 보인다. 서체의 창시자에 대해서는 한 원제(漢元帝) 때 황문령(黃門令)이었던 사유(史游)라는 설, 후한 장제(後漢章帝) 때 초서로 유명했던 두도(杜度)라는 설 등이 있다. 필체는 예서의 서법을 많이 이용하여 원필(圓筆)이 방필(方筆)보다 많고, 파책(派磔)의 필세가 명료하며, 글자와 글자가 이어지지 않고 독립된 형태이다.

1) 고문(古文)의 자형이 유사하여 생긴 오류

《주례(周禮)》〈춘관(春官) 악사(樂師)〉: 燕射, 帥射夫以弓矢舞。
연회를 베풀고 사례를 행할 적에 짝지어 활 쏘는 사람들을 이끌고
서 활과 화살을 가지고 춤추게 한다.

정현(鄭玄)의 주(注): 정사농(鄭司農 정중(鄭重))은 다음과 같이 말하였다. "'舞'
는 '燕', '率'은 '帥'이 되어야 하며, '射矢'는 어떤 책에는 또한 '射夫'라고 되어 있
기도 하다."

정중(鄭重)이 본 판본에는 '射夫'가 '射矢'로 잘못되어 있었다는 것을
알 수 있다. 이는 고문의 '夫'가 '矢'와 자형이 유사하여 오류가 생긴 것
이다.

《주례》〈동관(冬官) 고공기(考工記) 재인(梓人)〉: 觚三升。
고는 석 되들이 잔이다.

가공언(賈公彥)의 소(疏): 정현의 《박오경이의(駁五經異義)》에는 다음과 같이
말하였다. "'觶'를 '角' 방(旁)에 '支'[3]로 쓰는 것은 여수(汝水)와 영수(潁水) 지역
의 사법(師法)에 따른 전승 차이가 야기한 것이다. 지금의 《예(禮)》에는 '角' 방
에 '單'으로 되어 있는데, 고서(古書)에는 간혹 '角' 방에 '氏'로 되어 있기도 하
다. '角' 방에 '氏'로 쓴 것은 '觚' 자와 비슷하다. 학자들이 '觚'라는 글자는 많이
들어 보았지만, '觝'[4]라는 글자는 많이 듣지 못했기 때문에 이 글을 쓰면서 혼동
하여 '觚'라고 쓴 것이다."

고문의 '觶'는 간혹 '觝'로 쓰기도 하였는데 '觚'와 자형이 유사해서 잘

---

3 支: 《교감학대강》에는 '友'로 되어 있는데, 《주례주소(周禮注疏)》(北京大學出版社,
1999)에 근거하여 바로잡았다.
4 觝: 《교감학대강》에는 '觶'로 되어 있는데, 《주례주소》(北京大學出版社, 1999)에 근
거하여 바로잡았다.

못하여 '舭'가 된 것임을 알 수 있다. 위의 두 가지 사례는 한대(漢代)의 학자들이 지적한, 자형이 유사하여 오류가 생긴 예이다. 또 예를 들면 다음과 같다.

《관자(管子)》〈대광(大匡)〉: 同甲十萬, 車五千乘。
무장한 병사가 10만이고, 전차가 5000대이다.

우창(于鬯)의 설 : '同'은 '舉'의 오자인 듯하다. 금문(金文)에는 '舉'를 '舉'라고 많이 썼는데 '同' 자와 유사하기 때문에 '舉'를 잘못하여 '同'이라고 한 것이다. "同甲十萬, 車五千乘"이라고 한 것은 무장 병력 10만과 전차 5000대를 동원한다는 뜻이다. 아랫글에서 "(환공이) 관중에게 '我士旣練, 吾兵旣多, 寡人欲服魯。[우리의 무사들은 잘 조련되었고 우리의 군사들은 많으니, 과인은 노나라를 정복하고자 한다.]'라고 말하였다." 하였다. 이것은 환공이 무장 병력 10만과 전차 5000대를 동원하여 노나라를 치려고 한 것이다. 그리고 방현령(房玄齡)의 주(注)에는 마침내 "'同甲'은 완정하고 균등함을 이른다."라고 하였다. 그가 글자만 보고 잘못된 해석을 한 것은 말할 것도 없고, 만일 '舉' 자 없이 구(句)를 풀이한다면 구의(句義)가 어떻게 완전히 충족될 수 있겠는가.

《장자(莊子)》〈산목(山木)〉: 莊子舍于故人之家。故人喜, 命豎子殺鴈而烹之。
장자가 오랜 친구의 집에 묵었다. 친구가 기뻐하여, 동자에게 기러기를 잡아 삶도록 명하였다.

《경전석문(經典釋文)》 : '烹'은 普와 彭의 반절이니 '삶다[煮]'라는 뜻이다.
왕염손(王念孫)의 설 : '烹'은 '亨'이라고 읽어야 한다. '亨之'는 장자(莊子)를 대접하는 것을 말한다. 오랜 친구가 장자의 방문을 기뻐하였기 때문에 기러기를 잡아 대접한 것이다. '亨'과 '饗'은 통용된다. 《여씨춘추(呂氏春秋)》〈필기(必己)〉에 "令豎子爲殺鴈饗之[동자로 하여금 기러기를 잡아 대접하도록 하였다.]" 라고 하였는데, 이것이 그 증거이다. 고서에는 '亨'을 '亨'이라고 썼고 '烹'도 '亨' 이라고 썼다. 그러므로 《경전석문》에서 '烹'이라고 틀리게 읽었고, 금본(今本)

에서는 마침내 '亨'을 고쳐서 '烹'이라고 쓴 것이다. 원문에 '亨'이라고 되어 있었다. 그러므로 《경전석문》에서 음이 '普'와 '彭'의 반절이라고 한 것이다. 만약 '烹'으로 되어 있었다면 음석(音釋)을 달 필요가 없었을 것이다.

《한비자(韓非子)》〈설림 상(說林上)〉: 群臣有內樹黨以驕主, 有外爲交以削地, 則王之國危矣。

신하들이 안으로 당여(黨與)를 세워 군주에게 교만하게 굴고 밖으로 외국과 교섭하여 영토를 분할한다면, 왕의 나라가 위태롭게 될 것입니다.

왕염손의 설 : '削地'는 '列地'가 되어야 한다. '列'은 옛 '裂' 자이다. 裂은 '나누다'라는 뜻이다. 외부의 힘을 빌려서 땅을 분할하는 것을 말한다. 《전국책(戰國策)》〈한책(韓策)〉에 "或外爲交以裂其地[혹은 밖으로 외국과 교섭하여 그 땅을 갈라놓는다.]"라고 하였는데, 이것이 그 분명한 증거이다. '列'은 '剡'로 쓰는데, 자형이 '削'과 유사하므로 잘못하여 '削'이 된 것이다.

위에서 든 세 가지 사례는 모두 고문의 자체(字體)를 잘 알지 못하여 오류가 생긴 것이다. 이러한 사례는 고문의 자형이 유사하여 금문에서 잘못 고쳤고, 또 동일한 글자가 잘못하여 몇몇 별자(別子)가 된 경우를 나타냈다. 예컨대 '其'는 고문에는 '丌'라고 썼는데, 다음의 경우가 있다.

'其'가 잘못하여 '六'이 된 경우
《주관(周官)》〈지관(地官) 향사(鄕師)〉: 歲終則考六鄕之治
한 해가 다하면 여섯 향(鄕)의 치적을 평가한다.
'향사(鄕師)'는 향마다 두 사람을 둔다. 만약 대사도(大司徒)·소사도(小司徒)가 여섯 향을 통령(統領)하는 것이 아니라면 '六'은 당연히 '其'의 오자임을 알 수 있다.

'其'가 잘못하여 '亦'이 된 경우

《묵자(墨子)》〈공맹(公孟)〉 : 魯有昆弟五人者, 其父死, 其長子
嗜酒而不葬, 其四弟曰……

노나라에 다섯 형제가 있었다. 그들의 부친이 죽자, 첫째 아들이 술
에 빠져 장례를 치르지 않았다. 넷째 아우가 말하였다.……

어떤 판본에는 '其' 자가 모두 '亦' 자로 잘못 쓰여 있다.

'其'가 잘못하여 '介'가 된 경우

《좌전(左傳)》 소공(昭公) 24년 조 기사 : 晉侯使士景伯問周故。
士伯立于乾祭, 而問于介衆。

진후가 사경백을 보내 주나라의 실정을 탐문하도록 하였는데, 사백
이 건제문(乾祭門)에 서서 대중에게 물었다.

두예(杜預)의 주(注) : '介'는 '크다'라는 뜻이다.

왕인지(王引之)의 설 : '衆'이라고 말했다면 주(周)의 국인(國人)이 모두 여기에
있는 것이므로 다시 '大'라고 말할 필요가 없다. 서전(書傳)에도 국인을 '介衆'이
라고 말한 적이 없다. '介'는 '亓'라고 써야 할 듯하다. '亓'는 '其'의 고자이다. '問
于其衆'이란 '주나라의 뭇사람에게 물었다.'라는 뜻이다. '亓'가 '介'와 자형이 유
사하기 때문에 오류가 생긴 것이다.

'其'가 잘못하여 '无'가 된 경우

《주역(周易)》〈잡괘전(雜卦傳)〉 : 噬嗑, 食也。賁, 无色也。

서합괘는 먹는 것이고, 비괘는 색이 없는 것이다.

유월(兪樾)의 설 : 이는 '食'과 '色'으로 대를 맞추어 문장을 이룬 것인데 '其'를
덧붙여 구(句)를 이루었다. '其'는 고문에서 '亓'라고 썼는데, 학자들이 잘 모르
고 마침내 '无'라고 고쳐 쓴 것이다. 비록 왜곡하여 말을 만들었지만, 뜻이 통하
지 않는다.

'其'가 잘못하여 '示'가 된 경우

《일주서(逸周書)》〈문정(文政)〉: 基有危傾。

그것이 지나치게 높고 정당하지 않은 것이다.

'基'는 '其'와 통용되는데, 고문에는 '亓'라고 썼다. '示'로 고쳐 써서 구(句)가 '示有危傾'이 되었는데, 뜻이 통하지 않는다.

'其'가 잘못하여 '元'이 된 경우

《국어(國語)》〈오어(吳語)〉: 伯父多歷年以沒其身。

백부가 장수를 누리며 그 몸을 마칠 것이다.

'其'를 고쳐서 '元'이라고 썼는데 뜻이 통하지 않는다.

반대의 경우로는 '六'이 잘못하여 '其'가 된 경우가 있다. 예를 들면 다음과 같다.

《관자》〈중령(重令)〉: 明主能勝其攻, 故不益于三者, 而自有國正天下; 亂主不能勝其攻, 故亦不損于三者, 而自有天下而亡。

현명한 임금은 그 공격을 이겨 내므로 세 가지 수단[5]에다 더 보태지 않더라도 자연히 나라를 소유하고 천하를 바로잡으며, 혼우한 임금은 그 공격을 이겨 내지 못하므로 세 가지 수단에서 덜어 내지 않더라도 자연히 천하를 소유하고도 멸망하게 된다.

왕염손(王念孫)의 설: '其攻'은 모두 '六攻'이 되어야 하니 글자의 오류이다. 〈판법해(版法解)〉에도 "明君能勝六攻, 不肖之君不能勝六攻。〔현명한 군주는 여섯 가지 공격[6]을 이겨 내고, 어리석은 군주는 여섯 가지 공격을 이겨 내지 못한다.〕"

---

5 세 가지 수단 : 성왕이 국가를 다스리는 데 이용한 세 가지 수단으로, 신하에게 임무를 부여하는 호령(號令), 형벌을 집행하여 뭇사람을 두렵게 하는 부월(斧鉞), 백성을 권면하는 녹상(祿賞)을 말한다.

6 여섯 가지 공격 : 국가의 근간을 무너뜨려 멸망에 이르게 하는 여섯 가지 원인으로, 친

이라고 하였다.

이를 통해 선진(先秦)의 고적이 한대(漢代) 문자의 예변(隷變)[7] 이후, 자형의 유사함 때문에 옮겨 적는 과정에서 오류가 생기거나 학자들이 잘못하여 글자만 보고 잘못된 해석을 하였음을 볼 수 있다. 이는 오류가 발생하는 상당히 보편적인 원인이다. 그러므로 고문의 자형이 유사하여 생기는 오류는 진한 시기 고적을 교감할 때 유념해야 할 하나의 통례이다.

2) 예서체(隷書體)의 자형이 유사하여 생긴 오류

《주역》〈동인(同人) 상(象)〉：同人之先, 以中直也。

남과 함께 하되 먼저 울부짖음은 마음이 곧기 때문이다.

왕인지의 설：'先'은 '笑'가 되어야 한다. '구오효는 남과 함께 하되, 먼저는 울부짖다가 나중에는 웃는다는 것〔九五：同人先號咷而後笑〕'을 말한 것이다. '笑'는 예서체로 '㗊'라고 쓰는데 '先'과 유사하고, 또 경문의 '先' 자 때문에 잘못하여 '先'이 된 것이다.

《회남자(淮南子)》〈도응훈(道應訓)〉：于是佽非勃然瞋目, 攘臂拔劍。

이에 차비가 버럭 성을 내어 눈을 부릅뜨고서 소매를 걷어붙이고 검을 뽑았다.

척(親戚), 권귀(權貴), 재화(財貨), 여색(女色), 아첨하여 받드는 사람, 완상(玩賞)할 만한 기물을 말한다.

[7] 예변(隷變)：중국 고대의 서체는 춘추 전국 시기를 지나 진한 시기에 들어서면서 전서(篆書) 계통의 고체자(古體字)에서 예서(隷書) 등의 금체자(今體字)로 전환되었다. 이 과정에서 필사의 속도를 높이기 위해 구불구불한 소전(小篆)의 필획을 간결하고 직선적인 필획으로 바꾸는 등 형체상의 변화가 일어났는데 이를 예변이라고 한다.

각 본(本)에는 '瞋目'이 '瞑目'으로 쓰여 있다.

왕염손의 설 : 예서체의 '眞'과 '冥'이 서로 비슷하다. 그래서 각본에는 '瞋目'이
마침내 잘못하여 '瞑目'이 되었고, 또 잘못하여 '勃然'의 앞에 있다.

《한서(漢書)》〈전연년전(田延年傳)〉: 今縣官出三千萬自乞之,
何哉?

지금 현관이 3000만 전을 내어 스스로 주도록 하는 것이 어떻겠습
니까?

송기(宋祁)의 설 : 강남본(江南本)에는 '自之'라고 되어 있는데, 서개(徐鍇)는
'自'를 고쳐 '丐'라고 썼다.

왕염손의 설 : '乞' 자는 후세 사람이 덧붙인 것이다. '自'는 '匄'가 되어야 한다.
《광아(廣雅)》에 "匄는 주다[與]라는 뜻이다." 하였으니, 3000만 전을 내어 그에
게 주었음을 말한 것이다. 그러므로 안사고(顏師古)는 "匄는 그에게 주기를 청하
였음[乞與之]을 말한 것이다." 하였고, 《한기(漢紀)》에는 "出三千萬錢與之[3000만
전을 내어 주었다.]"라고 하였으니, 이것이 그 증거이다. 예서의 '匄' 자는 '匂'라
고 쓰는데, 자형이 '自'와 유사하므로 잘못하여 '自'가 된 것이다. 서개는 '自'를
고쳐 '丐'로 썼는데, 곧 '匂'이다. 강남본에는 '自之'라고 되어 있으니 '自' 아래에
는 본래 '乞' 자가 없다.

위의 세 가지 사례는 한위(漢魏) 시기 예서가 해서체로 변할 즈음 옮
겨 적는 과정에서 종종 예서체의 글자를 자형이 유사한 해서체의 별자로
잘못 베껴 적은 경우를 밝혔다.

3) 초서체(草書體)의 자형이 유사하여 생긴 오류

《문선(文選)》 위맹(韋孟)의 〈풍간시(諷諫詩)〉: 於赫君子, 庶顯
于後。

아! 찬란한 군자여, 후세까지 밝게 드러나리라.

이선(李善)의 주(注) : 옛날의 군자는 스스로 뉘우칠 수 있었기에 후세에 밝게

드러날 수 있었음을 찬미한 것이다.

왕염손의 설 : 이 주석과 같다면, 이선본은 본래 '於昔君子'로 되어 있었던 것이다. 《한서》〈위현전(韋賢傳)〉에도 '昔'으로 되어 있다. 안사고(顏師古)는 "옛날의 군자는 거의 선도(善道)에 가까웠기 때문에 후세에 밝게 드러날 수 있었음을 말한 것이다." 하였다.

이주한(李周翰)의 주(注)에는 "'於赫'은 '찬미하다〔美〕'이니 '세월이 흘러 늙음에 미치니, 어찌 군자의 도를 찬미하여 거의 후대에 밝게 빛내지 않겠는가.'라고 말한 것이다." 하였다. 이에 따르면, 오신본(五臣本)에는 이미 '於赫君子'로 되어 있는 것이다. 지금 이선본에도 '赫'으로 되어 있는데, 후세 사람이 오신본에 의거하여 고친 것이다.

'昔' 자는 초서로 '𠔼'이라고 쓰고 '赫' 자는 초서로 '𤎻'이라고 쓴다. 두 글자의 자형이 비슷하기 때문에 '昔'이 잘못하여 '赫'이 된 것이다. "'於赫'은 '찬미하다'이다."라고 한 풀이는, 옛날에도 이런 식의 뜻풀이는 없었다.

《문선》 송옥(宋玉)의 〈고당부(高唐賦)〉：其鳴喈喈，當年遨遊。
꾀꼴꾀꼴 노래하니, 올 한 해 즐겁게 노니노라.

이선의 주 : 어떤 판본에는 "子當千年，萬歲遨遊。〔그대가 천년을 산다면 만년 동안 노닐리라.〕"로 되어 있는데, 무엇이 맞는지 자세히 알 수 없다.

왕인지(王引之)의 설 : '年'은 '羊'이 되어야만 하니, 초서체의 오자이다. '當羊'은 '尙羊' 尙'은 '常'과 같이 읽는다. 인데, 고자(古字)의 가차(假借)일 뿐이다. 《초사(楚辭)》〈석서(惜誓)〉에 "託[8]回颷乎尙羊〔세찬 회오리바람에 맡겨 노닐리라.〕"이라고 하였는데, 왕일(王逸)의 주(注)에 "尙羊은 '游戲〔노닐다〕'라는 뜻이다." 하였다. 바로 '遨遊〔즐겁게 노닐다〕'와 같은 뜻이다. '常羊'이라고도 하고 '徜徉'이라고도 하는데, 모두 글자는 다르지만 뜻은 같다.

《회남자》〈제속훈(齊俗訓)〉：柱不可以摘齒，筓不可以持屋。
기둥으로는 이를 쑤실 수 없고, 작은 비녀로는 지붕을 받칠 수가 없다.

고유(高誘)의 주(注) : '筓'은 작은 비녀이다.

---

8 託 : 《교감학대강》에는 '托'으로 되어 있는데, 《독서잡지(讀書雜志)》(中華書局, 1991)에 근거하여 바로잡았다.

《태평어람(太平御覽)》〈거처(居處)〉15에 이를 인용하여 "蓬不可以持屋〔구릿대
는 지붕을 지탱할 수 없다.〕"이라고 하였다.

왕염손의 설 : '筐'과 '蓬'은 모두 '筳'의 오자이다. '筳'은 '庭'과 같이 읽고, 또 '挺'
과 같이 읽는다. '庭'과 '挺'은 모두 '直〔곧다〕'의 뜻이다. 《이아(爾雅)》에 "庭은 곧다
〔直〕라는 뜻이다." 하였고, 《주례(周禮)》〈고공기(考工記) 궁인(弓人)〉의 주(注)에 "挺은 곧다〔直〕라는
뜻이다." 하였다. 작은 비녀는 형태가 곧기 때문에 '筳'이라고 하였다. 작은 비녀는 筳이
라고 하고, 구릿대는 筳이라고 하고, 풀줄기는 莛이라고 하고, 몽둥이는 梃이라고 하니, 모두 곧은 특
성을 가지고 이름을 얻은 것이다. 기둥〔柱〕과 작은 비녀〔筳〕는 크기가 다르지만, 그 형
태가 모두 곧기 때문에 그 유사점을 든 것이다. 그러나 작은 비녀〔筳〕와 구릿대
〔蓬〕의 경우로 말한다면 그 유사한 것이 아니다. 《옥편(玉篇)》에 "筳은 徒와 丁의
반절이니, 작은 비녀이다."라고 한 뜻은 곧 고유(高誘)의 주에 근거한 것이다.

　이는 큰 재목은 작은 쓰임새에 사용할 수 없고 작은 재목은 큰 쓰임새에 사용
할 수 없으므로 기둥은 지붕을 지탱하는 데 쓸 수는 있어도 이를 쑤시는 데 쓸
수 없으며, 작은 비녀는 이를 쑤시는 데 쓸 수는 있어도 지붕을 지지하는 데 쓸
수는 없음을 말한 것이다. '筳' 자는 예서체로 '莛'이라고 쓰기도 하는데, 예서에서
는 '竹' 부수의 글자를 간혹 '艸' 부수로 쓰기도 한다. 자형이 '蓬'과 서로 유사하다. '筐'과
'筳'은 초서체로도 유사하기 때문에 '筳'이 잘못하여 '筐'이 되고, 또 잘못하여 '蓬'
이 된 것이다.

　위에서 든 세 가지 예는 옮겨 적는 과정에서 초서체를 잘 알지 못하여
자형이 유사한 해서체의 글자로 베껴 적었기 때문에 오자가 된 경우를
밝혔다. 어떤 오자는 나중에 속자가 되었다. 예를 들어 '赫' 자는 속자로
'赤'이라고 쓰는데, 아는 사람이 드물고 자전에도 수록되지 않았다.

4) 속자(俗字)·간자(簡字)의 자형이 유사하여 생긴 오류

　《회남자》〈원도훈(原道訓)〉 : 欲肉[9]之心亡于中, 則飢虎可尾。

9　肉 : 《회남자교주(淮南子校注)》《中華書局, 2006)에는 '害'로 되어 있는데, 여기서는
　《교감학대강》의 내용을 따랐다.

고기를 먹고자 하는 생각이 마음속에 없으면 굶주린 호랑이의 꼬리를 밟더라도 무사하다.

'肉' 자는 속자로 '宍'이라고 쓰는데, 어떤 판본에는 '寅'으로 잘못 쓰여 있고, 각 본(本)에는 '害'로 잘못 쓰여 있다.

《회남자》〈제속훈(齊俗訓)〉：夫水積則生相食之魚，土積則生自肉之獸。

물이 모이면 서로 잡아먹는 물고기가 생겨나고, 흙이 모이면 서로 잡아먹는 짐승이 생겨난다.

각 본에 똑같이 '自穴之獸'로 잘못 쓰여 있는데, 또한 '肉'의 속자인 '宍'의 자형이 '穴'과 유사하기 때문에 오류가 생긴 것이다.

《회남자》〈범론훈(氾論訓)〉：奸符節，盜管璽[10]

부와 절을 훔치고, 자물쇠와 봉인[印封]을 도둑질하며

고유(高誘)의 주：璽는 봉인[印封]이다.

속자로 '璽'는 '壐'로 쓰는데, 각 본에는 '金'으로 잘못 쓰여 있다.

《논형(論衡)》〈누해(累害)〉：蜂蠆之黨，啄螫懷操

벌과 전갈 같은 무리가 품행이 훌륭한 사람을 쪼고 쏘아서

'啄'은 '喙'가 되어야 하는데, 자형이 유사하여 오류가 생긴 것이다. '操'는 '慘'이 되어야 한다. 《순자(荀子)》〈의병(議兵)〉에 "慘如蜂蠆〔참혹하기가 벌과 전갈에 쏘인 듯하다.〕"라고 하였다. 《회남자》〈숙진(俶眞)〉에는 "蜂蠆螫指，蚊虻嘈膚。蜂蠆之螫毒，而蚊虻之慘怛也。〔벌과 전갈은 손가락을 쏘고, 모기와 등에는 살갗을 깨문다. 벌과 전갈은 독을 쏘고, 모기와 등에는 아프게 한다.〕"[11]라고 하였

10 璽：《회남자교주》(中華書局, 2006)에는 '金'으로 되어 있는데, 여기서는 《교감학대강》의 내용을 따랐다.

11 蜂蠆……怛也：《회남자교주》(中華書局, 2006)에는 "蜂蠆螫指而神不能憺, 蚊虻嘈膚

다. 《설문》에는 "慘, 毒也。〔慘은 독이다.〕"라고 하였는데, 이것이 용어의 본뜻
이다. '慘'이 잘못하여 '摻'이 되었다. '摻'은 '操'의 속자이므로 마침내 잘못하여
'操'가 된 것이다.

《한비자(韓非子)》〈외저설 좌하(外儲說左下)〉：孫叔敖相楚，棧
車牝馬，糲餅菜羹。

손숙오가 초나라의 재상일 적에 허술한 수레를 암말로 끌게 하고,
거친 밥에 나물국을 먹었다.

왕염손의 설：'餅'은 '餁'이 되어야 한다. '餁'은 '飯'과 같다. 자형이 유사하기 때
문에 오류가 생긴 것이다. 《초학기(初學記)》〈기물부(器物部)〉에는 이를 인용
하여 '糲飯'으로 바르게 되어 있다.

이상의 여러 예는 옛사람들이 편의에 따라 간체나 속자로 쓴 것을 후
세 사람이 별자로 오인한 경우를 나타냈다.

5) 일반적인 자형이 유사하여 생긴 오류

《좌전》 소공(昭公) 24년 조의 기사：日過分，而陽猶不克。克必
甚，能無旱乎？陽不克莫，將積聚也。

태양이 춘분점을 지났지만 양기(陽氣)가 아직도 음기(陰氣)를 이
겨 내지 못하고 있다. 양기가 이기게 되면 반드시 그 기운이 매우
성해질 것이다. 그러니 가뭄이 들지 않을 수 있겠는가. 양기가 이겨

而知不能平，夫憂患之來，攖人心也，非直蜂蠆之螫毒而蚊虻之慘怛也。〔벌과 전갈이 손
가락을 쏘면 정신이 안정될 수 없으며 모기와 등에가 살갗을 물면 성정이 평안할 수 없
는데, 근심스런 일이 닥쳐 사람의 마음을 압박하는 것은 비단 벌과 전갈이 독을 쏘고 모
기와 등에가 아프게 무는 것 정도일 뿐이 아니다.〕"로 되어 있는데, 여기에서는 《교감학
대강》에 따라 번역하였다.

내야 할 시점이 지난 지가 오래되었으니 이는 양기의 세력이 한군데로 모여 쌓이고 있는 것이다.

두예의 주 : 양기가 전혀 움직이지 않아서, 마침내 모이고 쌓이게 된다.

왕인지의 설 : '陽不克莫'은 매우 말이 되지 않는다. '莫然不動'의 해석도 억지스럽다. 지금 살펴보건대 '陽不克'에서 구(句)를 끊어야 한다. '莫'은 당연히 '其'가 되어야 하고 아래에 속해 구가 된다. 양기가 이기지 못하였으니 아마도 장차 모여서 가뭄이 될 것이라고 말한 것이다. '其'와 '莫'은 자형이 유사하기 때문에 '其'가 잘못하여 '莫'으로 된 것이다.

《논어》〈술이(述而)〉: 子釣而不綱。

공자께서는 낚시질은 하되 그물질은 하지 않으셨다.

공안국의 주 : '釣'라는 것은 하나의 장대로 된 낚시이다. '網'이라는 것은 큰 밧줄을 만들어서 물의 흐름을 가로막고, 줄로 낚시를 매어서 펼쳐 이어서 그물을 부착한 것이다.

왕인지의 설 : '網'은 '綱'의 오자이니, 그물을 쓰지 않았음을 말한 것이다. 공안국의 주석은 잘못된 판본의 '網' 자에 근거하여 해석하여 잘못한 것이다. '綱'은 '網'과 자형이 유사하기 때문에 '網'이라고 잘못 쓴 것이다.

《논형》〈감허(感虛)〉: 湯困夏臺。

탕이 하대에 갇혔다.

황휘(黃暉)의 설 : '困'은 '囚'라고 써야 한다. 《논형》〈명의(命義)〉에는 '囚'로 바르게 되어 있다. 주교원본(朱校元本)에는 '因'으로 되어 있는데, 금본의 '困'이 '囚'의 오류임을 입증할 만하다. 살펴보건대 囚, 因, 困은 모두 자형이 비슷해서 잘못된 것이다.

《한비자》〈주도(主道)〉: 是以不言而善應, 不約而善增。

이 때문에 군주가 말하지 않아도 신하들이 잘 응하며, 군주가 약속하지 않아도 일이 잘 되어 간다.

유월(兪樾)의 설 : '增'은 곧 '會' 자의 오기이다. '不約而善會'는 역시 곧 《노자(老子)》에서 말한 "善結無繩, 約而不可解.〔잘 묶어 두면 밧줄이 없어도 묶여서 풀 수가 없다.〕"라는 것이다. '善會'는 '善結'과 같다. '會'가 잘못하여 '曾'이 되었고, 교감자가 다시 잘못 고쳐서 '增'이라고 쓴 것이다.

위의 네 가지 사례는 일반적인 자형이 유사하여 오류가 생긴 것이다.

6) 한 글자가 잘못하여 두 글자가 된 오류

《예기》〈제의(祭義)〉: 建設朝事, 燔燎羶薌, 見以蕭光, 以報氣也。此敎衆反始也。荐黍稷, 羞肝肺、首心, 見間以俠甒, 加以郁鬯, 以報魄也。

아침 제례를 정하여 희생의 피와 기름을 쑥과 함께 태워 향기와 빛으로써 보게 하니, 이로써 기(氣)에 보답한다. 이는 뭇사람에게 조상의 은혜에 보답하는 것을 가르친 것이다. 기장과 피를 올리고, 희생의 간과 폐와 머리와 심장을 올리며, 두 단지의 술로 섞고서 여기에 울창을 첨가하니, 이로써 백(魄)에 보답한다.

정현의 주 : '見'과 '見間'은 모두 '覸' 자의 오기이다.

《사기》〈채택전(蔡澤傳)〉: 吾持粱刺齒肥。

나는 밥을 지어 먹고, 살진 고기를 씹는다.

배인(裴駰)의 《사기집해(史記集解)》: '持粱'은 밥을 짓는 것이다. '刺齒' 두 글자는 '齧'이라고 써야 하며, 또 '齸'이라고 쓴다.

사마정(司馬貞)의 《사기색은(史記索隱)》: '刺齒'는 오자로 '齧'이 되어야 한다. '齧肥'는 살진 고기를 먹는 것을 말한다.

《맹자》〈공손추 상(公孫丑上)〉: 必有事焉而勿正, 心勿忘, 勿助長也。

반드시 호연지기를 기르는 데 종사하되, 미리 기대하지 말며 마음
에 잊지 말며 조장하지 말라.

고염무(顧炎武)의 《일지록(日知錄)》: 예문절(倪文節)은 다음과 같이 말하였다.
"'必有事焉而勿忘. 勿忘, 勿助長也。〔반드시 호연지기를 기르는 데 종사하되 마음
속에 잊지 말아야 하고, 이미 잊지 않았다면 다시 조장하지 말아야 한다.〕'가 되
어야 한다.[12] 전사(傳寫) 과정의 오류로 '忘'을 '正心' 두 글자로 적은 것이다. 이
는 호연지기(浩然之氣)를 기름에 있어서 반드시 이 일에 종사하되 마음속에 잊
지 말아야 하며, 이미 잊지 않게 되었다면 다시 조장하지 말아야 한다고 말한
것이다. '勿忘' 둘을 중첩하여 쓴 것은 글을 짓는 방법이다."

《예기》〈치의(緇衣)〉: 故君民者, 子以愛之, 則民親之; 信以結
之, 則民不倍; 恭以涖之, 則民有孫心。

그러므로 군주가 백성을 자식과 같이 사랑하면 백성도 어버이와 같
이 친히 여기고, 믿음으로 백성과 관계를 맺으면 배반하지 않으며,
공손하게 대하면 백성이 군주에게 유순한 마음이 생긴다.

혜동(惠棟)의 설: '孫心'은 '愻'이 되어야 한다. 〈제의(祭義)〉의 '見間'은 '覸'이
되어야 하고, 《사기》의 '刺齒'는 '齝'이 되어야 하며, 《맹자》의 '正心'은 '忘'이 되
어야 한다. 모두 한 글자를 잘못하여 두 글자로 만든 것이다. 《설문》에 "愻은
순종하다〔順〕라는 뜻이다." 하였고, 《상서(尙書)》에 "五品不愻〔오품이 순하지
않다.〕"이라고 하였다. 금문(今文) 《상서》에는 '訓'으로 되어 있고, 고문(古文)
《상서》에는 '愻'으로 되어 있다. 지금의 공안국본(孔安國本) 《상서》에는 '孫'으
로 되어 있으며, 위포(衛包)가 다시 '遜'으로 고쳐 썼다. 고문은 없어졌다. 《예기》에는
아직도 고자(古字)가 남아 있다.

---

[12] 고염무(顧炎武)의……한다: 《교감학대강》에 제시된 인용문이 《일지록집석(日知錄集
釋)》(岳麓書社, 1996)에는 '必有事焉, 而勿忘. 勿忘, 勿助長也。'로 되어 있다. 이는
《일지록(日知錄)》의 해당 원문 표제가 '必有事焉而勿正心'으로 되어 있음을 감안할 때,
일견 타당성이 있는 듯하다. 그러나 《맹자(孟子)》의 원문에 '勿忘, 勿助長也。'가 해당
표제어의 뒤에 이어지고 있으며, 《일지록》 본문의 설명에서도 '勿忘, 勿助長也。'의 풀이
를 함께 하고 있으므로 여기서는 《교감학대강》 원문의 표점에 따라 번역하였다.

위의 네 가지 사례는 한자의 구조가 때때로 독립될 수 있는 두 개의 자형이 합쳐져서 형성되기 때문에 한 글자를 두 개의 글자로 오인할 수 있음을 분명하게 밝힌 것이다.

7) 두 글자가 잘못하여 한 글자가 된 오류

《전국책(戰國策)》〈조책(趙策)〉: 太后明謂左右："有復言令長安君爲質者，老婦必唾其面。"左師觸讋愿見太后。太后盛氣而揖之。
태후가 분명하게 시종들에게 말하였다. "다시 장안군을 인질로 보내자고 말하는 자가 있다면 내가 반드시 그자의 얼굴에 침을 뱉겠다." 좌사 촉룡이 태후를 알현하기를 원하였다. 태후가 잔뜩 성이 난 채로 그를 맞이하였다.

요굉(姚宏)의 교주(校注) : 어떤 판본에는 '言' 자가 없다.

오사도(吳師道)의 교주 : 《사기》에도 '龍'이라고 되어 있다. 살펴보건대 《설원》 경신편(敬愼篇)이다. 에 "魯哀公問孔子，夏桀之臣有左師觸龍者，諂諛不正⋯⋯〔노나라 애공이 공자에게 물었다. '하나라 걸왕의 신하 가운데 좌사 촉룡이라는 자가 있어서 아첨하고 바르지 못했다.⋯⋯'〕"이라고 하였다. 사람의 이름이 간혹 같은 경우도 있다. 그러나 여기서는 '讋'을 따라서 앞의 경우와는 구별해야 한다.

왕염손의 설 : 오씨의 주장은 틀렸다. 여기의 〈조책(趙策)〉과 《사기》〈조세가(趙世家)〉에는 모두 "左師觸龍言願見太后〔좌사 촉룡이 태후를 만나 뵙기를 원한다고 말하였다.〕"로 되어 있다. 금본(今本)은 '龍言' 두 글자가 잘못 합쳐져서 '讋'이 되었을 뿐이다. 태후가 촉룡이 알현하기를 원한다는 말을 들었기 때문에 잔뜩 성이 나서 그를 기다린 것이다. '言' 자가 없으면, 글 뜻이 명확하지 않게 된다.

요굉이 "어떤 판본에는 '言' 자가 없다."라고 말한 데 따르면, 요굉의 판본에는 '言' 자가 있었음이 분명하다. 요즘 간행된 요굉본에 '言' 자가 없는 것은 곧 후대 사람이 포표본(鮑彪本)에 의거하여 고친 것이다.

《한서(漢書)》〈고금인표(古今人表)〉에는 '左師觸龍'으로 맞게 되어 있다. 또 《순자(荀子)》〈의병(議兵)〉의 주(注)에는 "《전국책》의 〈조책〉에는 좌사(左師)

촉룡(觸龍)이 있다." 하였고, 《태평어람(太平御覽)》〈인사부(人事部)〉에는 이
〈조책〉의 글을 인용하여 "左師觸龍言愿見。[좌사 촉룡이 만나 뵙기를 원한다고
말하였다.]"이라고 하였는데, 모두 '觸龍'이 맞다는 명확한 증거이다.

또 《순자》〈신도(臣道)〉에는 "若曹觸龍之於紂者, 可謂國賊矣。[주왕에게 있어
서 조촉룡과 같은 자는 역적이라고 할 수 있다.]"라고 하였고, 《사기》〈고조공
신후자표(高祖功臣侯者表)〉에는 "臨轅夷侯戚觸龍[임원이후 척촉룡]"이란 글이
있고, 〈혜경간후자표(惠景間侯者表)〉에는 "山都敬侯王觸龍[산도경후왕 촉룡]"이
란 글이 있다. 이는 옛날 사람들 가운데 촉룡(觸龍)을 이름으로 쓴 경우는 많았
지만 '촉섭(觸讋)'을 이름으로 한 사람은 없었음을 의미한다.

마왕퇴(馬王堆)에서 발견된 백서(帛書) 《전국책》에는 '觸龍'으로 되어 있다.

《회남자》〈설림훈(說林訓)〉: 狂者傷人, 莫之怨也。 嬰兒詈老,
莫之疾也。 賊心忘。

미친 사람이 남을 상처 입히더라도 원망하지 않으며, 어린아이가 노
인을 놀리더라도 미워하지 않는다. 해치려는 마음이 없기 때문이다.

고유(高誘)의 주 : '賊'은 '해치다[害]'라는 뜻이다.

왕염손의 설 : 관루(觀樓) 진창재(陳昌齋)는 다음과 같이 말하였다. "'忘' 자는
당연히 '亡也' 두 글자의 오기이다. 亡은 '없다[無]'라는 뜻이다. 미친 사람과 어
린아이는 모두 해치려는 마음이 없기 때문에 사람들이 원망하지 않는다고 말한
것이다. 《의림(意林)》에 이를 인용하여 '無心也'라고 하였는데,[13] 이는 '賊' 자가
빠진 것이다."

《회남자》〈인간훈(人間訓)〉: 孫叔敖病疽將死
손숙오가 병이 들어 장차 죽으려 할 적에[14]

---

13 의림(意林)에……하였는데 : 당(唐) 마총(馬總)의 《의림(意林)》 권2에 따르면 "自賣
  其母而請買者曰 : '此母老矣, 望善飴之!' 此大不義而欲爲小義。 狂人傷人莫之怨, 嬰疾
  無心也。"라고 되어 있다.
14 孫叔敖病疽將死 : 《교감학대강》에 제시된 인용문이 《회남자교주》(中華書局, 2006)에는

왕염손의 설 : 이 일은 또 《열자(列子)》〈설부(說符)〉와 《여씨춘추(呂氏春秋)》
〈이보(異寶)〉에 나오는데, 모두 "孫叔敖病疽死"로 되어 있지 않다. '病疽將死'는
'病且死[병들어 죽으려 하다]'가 되어야 한다. 《사기》〈골계전(滑稽傳)〉에 "孫叔
敖病且死。"라고 하였다. 《가자(賈子)》〈태교(胎敎)〉에 "史鰌病且死。"로 되어 있
다. 글 뜻이 모두 이와 동일하다. 《열자》와 《여씨춘추》에는 "孫叔敖病將死"로
되어 있다. '將'도 '且'의 의미이다.

현재 '病疽將死'라고 되어 있는 것은 '且' 자가 '病' 자와 이어져서 '疽'로 잘못된
것이다. 후대 사람이 아래 문장에 '謂其子曰'이라고 한 것을 가지고 아직 죽기 전
의 일이라고 여겨서 '死'의 위에 '將' 자를 첨가하였는데 '疽'가 '且'의 오기인 줄
모른 것이다.

유월의 설 : '病'과 '將'은 모두 연문(衍文)이다. '疽'는 곧 '疒'과 '且' 두 글자의 오
기이다. 《설문(說文)》〈질부(疒部)〉에 "疒은 '병이 더해지는 것[病]'이다. 사람
들이 병으로 아파서 기대는 모습을 형상한 것이다." 하였다.

옛날에 질병을 의미하는 글자는 '疒'이라고만 썼고 '矢'로 구성된 '疾' 자는 아
마 '빠르다'를 의미하는 글자로 '질병(疾病)'을 의미하는 글자가 아니었을 것이
다. 후세 사람이 '疒'의 가차자로 '疾'을 쓰면서 '疾'이 유행되고 '疒'은 쓰지 않게
된 것이다.……어떤 곳에서는 '疾'이라고 쓰고 다른 곳에서는 '疒'이라고 쓴 것은
고금자의 차이일 뿐이다.

'疒'과 '且' 두 글자가 잘못 합쳐져서 '疽'가 되었기 때문에 후대 사람이 마침내
앞에 '病'을 붙이고 뒤에 '將'을 붙인 것이니, 잘못된 것이다.

위의 세 가지 사례는 한자의 구조가 두 개의 독립된 자형이 합쳐져서
이루어지기 때문에 다시 두 개의 글자를 하나의 글자로 오인할 수 있다
는 점을 명확하게 밝힌 것이다.

"昔者楚莊王旣勝晉於河、雍之間, 歸而封孫叔敖, 辭而不受, 病疽將死, 謂其子曰……
〔옛날 초 장왕이 하수와 옹수의 사이에서 진나라를 이기고 나서 돌아와 손숙오를 봉하였
는데, 손숙오가 사양하고 받지 않았다. 그가 병들어 장차 죽으려 할 적에 그 자식에게
말하기를……〕"로 되어 있는데, 여기에서는 《교감학대강》에 따라 번역하였다.

8) 글자가 반(半)이 탈락되어 생긴 오류

《주역(周易)》〈설괘전(說卦傳)〉의 태괘(兌卦) : 爲妾, 爲羊。

'兌'는 첩이 되고 양이 된다.

《경전석문(經典釋文)》 : 우번(虞翻)은 '羊'을 '羔'라고 썼다.

무억(武億)의 설 : 상고해 보건대, 우번은 '爲妾'에 대한 해설에서 "삼소녀(三少女)는 지위가 미천하다. 그러므로 첩이 된다." 하였고 '爲羔'에 대한 주(注)에서 "羔는 여사(女使)라는 뜻인데, 모두 지위가 미천하다는 뜻이 있기 때문에 고(羔)가 된다." 하였다.

또 정강성본(鄭康成本)에는 '爲陽'이라고 하였는데, 주(注)에 "여기의 '陽'은 '養'이니 가녀(家女)가 없어 품팔이를 고용하여 취사를 하는 것으로, 요즘에도 이런 것이 있는데 지위가 첩보다 미천하다." 하였다. 《고역음훈(古易音訓)》에 조씨(晁氏)를 인용한 것이 보인다.

그렇다면 '羔'는 모두 '養'이 되어야 한다. 그러므로 우번이 "여사(女使)는 모두 지위가 미천함을 취하였다." 하였으니 정강성의 뜻과 딱 부합된다. 《사기(史記)》〈장이진여열전(張耳陳餘列傳)〉에 "사(廝)가 병졸을 봉양한다." 하였고, 여순(如淳)은 "사(廝)는 천한 자이다. 《춘추공양전(春秋公羊傳)》에 '사(斯)의 일은 시중들고 봉양하는 것이다.' 하였다." 하였고, 위소(韋昭)는 "땔나무를 하는 자는 사(廝)이고, 취사를 하는 자는 양(養)이다." 하였는데 이것이 그 증거이다. '羊'이라고 되어 있거나 '陽'이라고 되어 있는 것은 모두 '養'과 발음이 비슷하여 혼동된 것이다. 현행《경전석문》과《사기집해(史記集解)》에 '羔'라고 되어 있는 것은 곧 '養'이 잘못하여 반이 탈락된 것일 뿐이다.

《한비자》〈난언(難言)〉 : 則愚者難說也, 故君子不少也。

바로 어리석은 자는 설득하기 어렵기 때문이다. 그러므로 군자는 나서지 않는다.

진기유(陳奇猷)의 설 : '不少'는 '不前'이 되어야 한다. '前'은 전서체로 '歬'이라고 쓰는데 훼손되어 '屮'이 되었으니 '少'의 형태와 좌우가 반대인 글자이므로 베껴 적는 사람이 마침내 '少'로 잘못 적은 것이다. 윗글에 "聖賢不能逃死亡, 避戮辱〔성현이 죽음을 당하고 영욕을 피하지 못함은〕"이라고 하였는데, 여기서 말한 "君子

不前〔군자는 나서지 않는다.〕"이라고 한 것과 문맥이 서로 통한다.

《회남자》〈설림훈(說林訓)〉: 若披蓑而救火, 鑿竇而止水。

마치 도롱이를 입고서 불을 끄려고 하며, 도랑을 파고서 물을 멈추게 하려고 하는 것과 같다.[15]

왕염손의 설 : 속자로 '鑿'을 '鑿'으로 쓰는데, 각 본(本)에는 글자의 하반부가 탈락되어 '毀'라고 되어 있다.

《논형》〈시응(是應)〉: 雨濟而陰一者, 謂之甘雨。

비가 그친 뒤에 흐리고 바람이 부는 것을 단비라고 한다.

손이양(孫詒讓)의 설 : '濟'는 '霽'가 되어야 하며 '一'은 '曀'가 되어야 한다. 《설문(說文)》에 "曀는 흐리고 바람이 부는 것이다." 하였다. 아마도 '曀'가 훼손되어 '壹'이 되고, 다시 옮겨 적는 과정에서 '一'이 된 것인 듯하다. 《예문유취(藝文類聚)》 2와 《태평어람(太平御覽)》 11의 인용문에서는 '濟'는 '霽'로 '一'은 '曀'로 맞게 되어 있다.

위의 네 가지 사례는 글자의 절반이 훼손되어 탈락된 후에도 완전한 자형을 이루는 한자의 형태적 구조의 특징 때문에 옮겨 적는 사람이 별자(別字)로 오인하거나, 재차 옮겨 적는 과정에서 속자(俗字)나 간체(簡體)로 적어서 더욱 잘못되어 다른 글자가 된 경우를 명확하게 밝힌 것이다.

---

15 若披……止水 : 《회남자교주》(中華書局, 2006)에는 '若披簑而救火, 毀瀆而止水〔마치 도롱이를 입고서 불을 끄려 하며 도랑을 터 놓고서 물을 멈추게 하려 하는 것과 같다.〕'로 되어 있는데, 여기서는 《교감학대강》에 따라 번역하였다.

9) 중첩된 구문으로 인해 생긴 오류

《시경(詩經)》〈석서(碩鼠)〉: 逝將去女, 適彼樂土。 樂土樂土, 爰得我所。

이제 너를 떠나, 저 살기 좋은 곳으로 가리라. 살기 좋은 곳, 살기 좋은 곳이여, 이에 나의 살 곳을 얻도다.

《한시외전(韓詩外傳)》: 《시경》에 다음과 같이 말하였다. "逝將去女, 適彼樂土。適彼樂土, 爰得我所。〔이제 너를 떠나, 저 살기 좋은 곳으로 가리라. 저 살기 좋은 곳으로 가니, 이에 나의 살 곳을 얻도다.〕"

유월(俞樾)의 설 : 이는 당연히 《한시외전》이 정확한 것이다. 고대에는 중첩된 구문을 옮겨 적을 때 종종 "適=彼=樂=土="라고 썼기 때문에, 이에 잘못하여 "適彼樂土, 樂土樂土"가 된 것이다.

《일주서(逸周書)》〈보전(寶典)〉: 一孝子畏哉, 乃不亂謀。

첫째는 효자가 두려워하여 부모의 명을 어기지 않는다.

유월의 설 : 본래 "一孝, 孝畏哉, 乃不亂謀。〔첫째는 효이니, 효도하고 제재를 두려워하여 부모의 명을 어기지 않는 것이다.〕"로 되어 있었으니 뒤 문장의 "二悌, 悌乃知序。〔둘째는 제이니, 공손하여 장유의 차례를 아는 것이다.〕"와 같은 형태이다. 뒤 문상의 '悌' 아래에 '悌' 자기 중첩되어 있다면 앞 문장의 '孝' 자 아래에도 반드시 '孝' 자가 중첩되어 있어야 한다. 현행본에 "孝子畏哉"로 되어 있는데 '子'는 곧 '孝'의 오기이다.

앞의 사례는 고대의 중첩부호 '=' 및 옮겨 적는 습관과 방식 때문에 오류가 발생한 경우이고, 뒤의 사례는 글자가 중첩된 데에서 오류가 발생한 경우이다.

10) 결자(缺字)로 인해 생긴 오류

《일주서》〈관인(官人)〉: 有知而言弗發, 有施而□弗德。

지혜가 있어도 자랑하는 말을 하지 않으며 은혜를 베풀고도 은덕으로 여기지 않는다.

왕염손의 설 : 이 글은 본래 "有知而弗發, 有施而弗德。〔지혜가 있어도 자랑하지 않으며, 은혜를 베풀고도 은덕으로 여기지 않는다.〕"으로 되어 있었다. '發'은 '伐'로 읽는다. 《회남자》〈수무(脩務)〉의 고유(高誘)의 주에 "伐은 스스로 자신의 잘난 점을 잰 체하여 뽐내는 것이다." 하였다.

"有知而弗發, 有施而弗德。"은 모두 다섯 글자로 한 구를 이루었다. 앞 구절에는 본래 '言'이 없었고 뒤 구절에도 빠진 글자가 없었는데, 후대 사람이 '弗發'의 위에 '言' 자를 첨가하면서 앞 구절에 한 글자가 많아지게 되었다. 교감자가 '言'은 후대 사람이 첨가한 것인 줄 모르고서 뒤 구절에 한 글자가 모자란다고 생각하여, 마침내 뒤 구절 안에 결자부호 '□'를 써서 '言'과 대를 이루었는데, 이는 잘못으로 인해서 또 잘못된 것이다.

《대대례기(大戴禮記)》에는 "有知而不伐, 有施而不置。〔지혜가 있어도 자랑하지 않으며 은덕을 베풀고도 마음에 두지 않는다.〕"로 바르게 되어 있다.

《대대례기(大戴禮記)》〈무왕천조(武王踐阼)〉 : 機之銘曰 : 皇皇惟敬, 口生垢, 口戕口。

기(機)의 명문에 "밝고 크게 공경하라. 입이 치욕을 낳으며, 입이 입을 해친다." 하였다.

노변(盧辯)의 주 : '垢'는 치욕이다. '군자가 영화롭게 되기도 하고 치욕을 당하기도 하는 주된 원인이니 삼가지 않을 수 있겠는가.'라고 말한 것이다. '垢'는 욕되고 비난받는다는 뜻이다.

공광삼(孔廣森)의 《대대례기보주(大戴禮記補注)》 : 垢는 두 가지 훈(訓)이 있는데, 아마도 《대대례기》의 글은 본래 '垢生垢'로 되어 있었을 것이다. 그러므로 노변이, 임금이 욕된 말을 하면 남의 비난을 초래함을 말한다고 여긴 것이다.

유월(俞樾)의 설 : 공광삼의 설이 옳다. 앞의 구에 '垢生垢'라고 되어 있었기 때문에 뒤의 구에서 '口戕口'라고 한 것이다. 금본(今本)에 '□生垢'라고 되어 있는 것은 아마도 베껴 적는 과정에서 '垢' 자를 빠뜨렸는데, 교감자가 결자부호 '□'를 써서 이를 표시하여 '□生垢'가 되었다가 마침내 '口生垢'로 잘못된 것이다.

앞의 사례는 결자가 아닌데도 결자부호 '□'를 잘못 첨가한 경우이고, 뒤의 사례는 결자부호 '□'가 잘못하여 'ㅁ'가 된 경우이다.

종합하여 말하면, 위에서 서술한 열 가지 유형의 통례는 모두 자형이나 부호의 형태로 말미암아 오류가 생긴 것이다. 이러한 통례를 숙달하고 운용하려면 다음의 두 가지 부분에 주의해야 한다. 첫째는 문의(文義)를 자세히 분석하였다는 전제하에서 의오(疑誤)를 구체적으로 분석하는 것이고, 둘째는 오류를 발생시킨 원인이 확실하게 자형이나 부호로 인한 문제에 속할 경우에 원래의 저작 및 저본의 연대를 조사하고 연구하는 것이 필요하다는 것이다.

바꾸어 말하면, 의오의 구체적인 현상에서 출발해야지 이러한 통례를 그대로 적용해선 안 되며, 원서 및 저본 문자의 실제적인 정황에 근거해야지 역사적인 실제 정황에서 벗어나 기계적으로 적용해서는 안 된다는 것이다. 그렇게 하지 않으면, 형와(形訛)의 오류가 아닌 것에 대해서도 자형으로 인해 생긴 오류를 교감하는 방법을 적용하게 되어 필시 남쪽으로 가려고 하면서도 수레는 북쪽으로 모는 것과 같은 형세가 될 것이고, 특정하게 자형이 비슷하여 발생한 오류에 속하지 않는 것을 특정한 자체가 잘못된 것으로 보고 오류를 교감하게 되어 결과적으로 장씨(張氏)의 관을 이씨(李氏)의 머리에 씌워 주는 꼴이 될 것이다.

2 어음으로 인해 생긴 오류

왕인지의 《경의술문(經義述聞)》〈통론(通論)〉"경문가차(經文假借)" 조에서는 어의(語義)의 측면에서 가차자(假借字)를 귀납하였는데 그 목적은 경의(經義)를 해석하는 데 있다.

교감학의 관점에서 본다면, 그 가운데 많은 부분이 고음(古音)의 통가(通假)를 잘 알지 못해서 조성된 오자로 귀결된다. 어음(語音)으로 인한 오류는 한자의 형(形)·음(音)·의(義)의 모순, 곧 음은 같으면서 자형과 뜻이 다르기 때문에 생긴다. 그러나 어음으로 인해 발생한 오류는 자형이 다르기 때문에 오자를 조성하는 것으로 나타난다. 다만 앞에서 말한 바와 같이 교감학의 오자는 정자 규범의 착별자(錯別字)와는 다르다. 고서를 읽을 때에는 차자(借字)를 분석하여 본자(本字)로 읽지만, 고서를 교감할 때에는 차자를 본자로 고칠 수 없다. 예를 들면 다음과 같다.

《예기(禮記)》〈옥조(玉藻)〉: 大帛不綏。
백포관에는 관끈을 하지 않는다.
정현의 주 : '帛'은 '白'이 되어야 한다. 성음(聲音)의 오류이다. '大白'은 백포관(白布冠)을 말한다.

《예기》〈대학(大學)〉: 見賢而不能擧, 擧而不能先, 命也。
어진 이를 보고도 천거하지 못하며, 천거하고도 먼저 쓰이도록 하지 못하는 것은 태만한 것이다.
정현의 주 : '命'은 '慢'으로 읽어야 하니, 성음의 오류이다. 어진 이를 등용하고도 임금으로 하여금 자신보다 먼저 쓰도록 하지 못하는 것은 사람을 천거하여 쓰는 데 소홀하고 태만한 것이다.

정현이 '帛'과 '命' 두 글자를 각각 '白'과 '慢'의 동음별자(同音別字)라고 해석하여 '當爲', '讀爲'라고 하였지만 글자를 고치지 않은 까닭은, 정현이 선진 시기의 고적에 존재하는 통가 현상을 이해하고 자신이 본 경전 판본의 원래 모습을 존중하였기 때문이다.

실제적으로 이러한 종류의 동음통가(同音通假)의 문자 현상은 예나 지금이나 모두 존재하는 것으로, 일반적으로 어음이 서로 같은 동음자뿐만 아니라 방언이나 음역어의 발음에도 모두 존재한다.

한자에 대해서 말하자면, 사회의 발전에 따라 끊임없이 새로운 구어체 어휘나 명사성 학술어가 나타나는 상황에서 특정한 시기에 문자 가차의 현상이 나타나는 것은 피할 수 없다. 가차자로 표현한 단어에 대해 아직 공인된 문자 표기 형식이 정해지기 이전에는 저작물에서 나타나는 동음가차자(同音假借字)를 모두 오자로 볼 수 없다. 예를 들면, 당송 이후 나타난 구어체 어휘로는 '者'(這), '每'(們), '陪'(賠), '帳'(賬) 등이 있고 근대의 음역어로는 '普式庚'(普希金 푸쉬킨), '囂俄'(雨果 위고) 등이 있다.

따라서 어음으로 인해 생긴 오자는 명백하게 착별자인 경우를 제외하면 대체로 가차자를 잘못 고친 경우와 운각자(韻脚字)를 잘못 고친 경우의 두 가지 큰 유형이 있다.

1) 차자(借字)를 고쳐서 본자(本字)로 쓴 오류

《대대례기(大戴禮記)》〈오제덕(五帝德)〉: 陶家事親

질그릇을 굽고 농사를 지으며 어버이를 섬긴다.

어떤 본에는 '陶漁'로 되어 있고, 어떤 본에는 '陶稼'로 되어 있다.

왕염손의 설 : '家'는 곧 '稼'이다. 〈대아(大雅) 상유(桑柔)〉의 '好是稼穡〔심고 가꾼 곡식을 좋아하여〕'에 대하여 《경전석문(經典釋文)》에서 '稼'는 '家'라고 한 것이 그 예증이다. 초본(鈔本) 《태평어람(太平御覽)》에는 이를 인용하여 '家'로 맞게 되어 있는데, 각 본(本)과 같다. 각본(刻本)에 '稼'라고 되어 있는 것은 후대 사람이 임의로 고친 것이고, 도본(屠本)에 '陶家'가 '陶漁'로 되어 있는 것은 《가어(家語)》에 의거하여 고친 것이니, 모두 따를 수가 없다.

《대대례기》〈오제덕〉 : 使禹傳土。

우로 하여금 땅을 평탄하게 하였다.

어떤 본에는 '敷土'로 되어 있다.

왕인지의 설 : '敷'는 본래 '傳'라고 되어 있었는데 '敷'로 되어 있는 것은 후대 사람이 〈우공(禹貢)〉에 의거하여 고친 것이다. '敷土'로 되어 있는 것은 고문(古文) 《상서(尙書)》이고 '傳土'로 되어 있는 것은 금문(今文) 《상서》이다. 《대대례기》는 금문(今文)과 같으므로 '傳土'로 되어 있다. 《사기(史記)》〈하본기(夏本紀)〉에는 '傳土'로 되어 있다. 《사기색은(史記索隱)》에는 "《대대례기》에 '傳土'로 되어 있으므로 여기의 〈하본기〉는 이를 따랐다." 하였는데, 이것이 그 증거이다. 《순자(荀子)》〈성상(成相)〉 및 《주관(周官)》〈대사악(大司樂)〉의 주에도 '傳土'로 되어 있다.

《운요집잡곡자(雲謠集雜曲子)》 무명씨(無名氏)의 〈경배악(傾杯樂)〉 : 生長深閨菀。

깊숙한 규방에서 나고 자랐다.

용유생본(龍楡生本)에는 '苑'으로 교정하였다.

왕중민(王重民)의 설 : 당인(唐人)의 필사 습관상 일반적으로 '宛'이 들어간 글자는 모두 '宛'으로 썼는데, 돈황사본(敦煌寫本)이 이와 같을 뿐 아니라, 일본에 소장되어 있는 당사본(唐寫本)도 이와 같다.

위의 세 가지 사례는 곧 교감의 근본 원칙을 잘 알지 못해서 원본의 차자를 고쳐서 본자로 쓴 경우인데, 글자의 뜻과 발음은 모두 같지만 원래의 면모를 훼손하여 마침내 오자가 된 경우이다.

2) 본자를 고쳐서 차자로 쓴 오류

《한비자(韓非子)》〈양권(揚權)〉 : 主上不知, 虎將爲狗。 主不蚤止, 狗益無已。

주상이 알아차리지 못하면, 범과 같은 간신은 개와 같은 무리를 모아들일 것이다. 그런데도 군주가 이러한 일을 재빨리 막지 못하면, 개의 무리는 끊임없이 늘어날 것이다.

노문초(盧文弨)의 설 : '狗'는 오자이니 '苟'가 되어야 한다.

우창(于鬯)의 설 : 두 '狗'는 가차자이다. '苟'와 '狗'는 통용된다.

진기유(陳奇猷)의 설 : '虎'는 《한비자》〈주도(主道)〉에 "弑其主, 代其所, 人莫不與, 故謂之虎。〔자신의 군주를 시해하고 군주의 자리를 대신 차지하게 되니, 사람들이 그와 같은 편이 되지 않을 자가 없기 때문에 범이라고 부른다.〕"라고 하였는데, 권신(權臣)을 가리켜 말한 것이다. '狗'는 《한비자》〈외저설 우상(外儲說右上)〉에 "人臣執柄而擅禁, 明爲己者必利, 明不爲己者必害, 此亦猛狗也。〔신하가 권력을 잡고 제멋대로 금령을 휘둘러 자신을 따르는 사람에게는 반드시 이득을 주고, 자신을 따르지 않는 사람에게는 반드시 해를 입히는데, 이것을 또한 사나운 개라고 한다.〕"라고 하였는데, 역시 권신을 가리켜 말한 것이다. 곧 '虎'와 '狗'는 모두 《한비자》에서 익히 사용하는 비유로 '狗'는 오자가 아니다.

《안자춘추(晏子春秋)》〈내편(內篇) 간 상(諫上)〉：且《詩》曰 : "載驂載駟, 君子所誡。" 夫駕八, 固非制也。

또 《시》에 말하기를 '네 마리 말이 끄는 수레 타고 군자들이 모여드네.' 하였으니, 적(翟)나라 왕자 선이 여덟 마리의 말로 수레를 끌게 하였다면 본디 성왕의 올바른 제도가 아닙니다.

인용한 《시경(詩經)》〈소아(小雅) 채숙(采菽)〉의 두 구절에서 '誡'자는 원래 '屆'로 되어 있다.

손성연(孫星衍)의 설 : 〈채숙(采菽)〉의 정자(正字)는 《안자춘추》에 따라 '誡'가 되어야 하고 '屆'는 차자이다.

왕염손의 설 : 안자(晏子)가 《시(詩)》를 인용할 때에도 '屆'라고 되어 있었는데, 금본(今本)에 '誡'로 되어 있는 것은 속음(俗音) 때문에 혼동된 것이다. '誡'라고 고치려 한다면 두 가지의 고쳐서는 안 되는 이유가 있다.

'屆'는 고음(古音)에서 지부(至部)에 속하는데, 상성(上聲)으로는 지부(旨部)가 되고 입성(入聲)으로는 질부(質部)가 된다. '誡'는 고음에서 지부(志部)에 속하는데, 상성으로는 지부(止部)가 되고 입성으로는 직부(職部)가 된다. 지부(至

部)와 지부(止部)의 성음은 요즘 사람들이 읽으면 서로 비슷하지만 고음에서는 전혀 통하지 않는다. 이것이 서로 통용될 수 없는 첫 번째 이유이다.

제시된 원문의 다음 문장에 "夫駕八, 固非制也。今又重此, 其爲非制, 不滋甚爾?〔여덟 마리의 말로 수레를 끌게 하였다면 본디 성왕의 올바른 제도가 아닙니다. 지금 또 이보다 곱절이 되는 말로 수레를 끌게 하시니, 지나치게 심한 것이 아니겠습니까.〕"라고 하였는데, 안자(晏子)는 '옛날에는 제후의 수레를 끄는 말의 수가 네 마리를 넘지 않았다. 지금 여덟 마리의 말로 끌게 하였다면 성왕의 제도에 맞지 않는 것인데, 하물며 또 이보다 곱절이 되는 말로 끌게 하는 것에 있어서이겠는가.'라고 생각하였기 때문에 《시(詩)》를 인용하여 간언한 것이다. 이것이 서로 통용될 수 없는 두 번째 이유이다.

위의 두 사례는 고음통가(古音通假)의 법칙을 운용하여 고서를 교감할 때, 고음통가의 법칙을 잘못 이해함으로 인하여 본자를 고쳐서 차자로 쓰는 오류를 만든 경우를 명확하게 밝힌 것이다.

3) 차자를 고쳐서 오자(誤字)로 쓴 오류

《순자(荀子)》〈유효(儒效)〉: 若夫謫德而定次

덕을 헤아려 위차를 정한다.

홍이훤(洪頤煊)의 설: 자서(字書)에는 '謫' 자가 없다. 살펴보건대, 매응조(梅膺祚)의 《자휘(字彙)》에 수록되어 있다. 〈군도(君道)〉에 "論德而定次, 量能而授官〔덕을 논하여 차례를 정하고 능력을 헤아려 관직을 준다.〕"이라고 하였는데, 글이 이와 같으니 아마도 '論'의 오류인 듯하다. 〈정론(正論)〉에 "圖德而定次〔덕을 헤아려 차례를 정한다.〕"라고 하였는데 '圖'는 '의논하다〔謀〕'라는 뜻이니 또한 '論〔논하다〕'의 뜻이다. '謫'이 다시 잘못하여 '謫'로 되었다.

왕염손의 설: '謫'로 쓴 것이 옳다. '謫'으로 쓴 것은 '謫'의 오기일 뿐이다. '謫'과 '決'은 고자(古字)가 통용되었으니, 덕의 크고 작음을 판별하여 위차(位次)를 정함을 말한 것이다. 〈유효〉의 이 문장 아랫부분에 "謫德而序位"라고 한 것이 명확한 예증이다. 또 〈군도〉에 "謫德而定次"라고 하였고, 금본(今本)에는 '論德'으로 되어 있는데 '論' 자는 곧 후대 사람이 임의로 고친 것이다. 《한시외전(韓詩外

傳)》에 '決德'이라고 했으니, 곧 《순자》에는 본래 '譎'로 되어 있었을 것임이 분
명하다. 혹자는 〈군도〉에 의거하여 〈유효〉의 '譎德'을 '論德'으로 고쳤는데, 틀린
것이다. 또 〈정론〉의 "圖德而定次"에 대한 예전의 교감기에 "어떤 판본에는 '決
德'으로 되어 있다."라고 하였으니, 이것도 '決' 자로 쓰는 것이 옳다. '圖'라고 쓴
것은 아마도 후대 사람이 고친 것인 듯하다.

《순자》〈유효〉: 億萬之衆而博若一人

억만의 많은 사람들이 똘똘 뭉쳐서 한 사람과 같다.

유태공(劉台拱)의 설 : '博若一人'의 '博'은 '傅'가 되어야 한다. 〈의병(議兵)〉에
"和傅而一"이라고 한 것도 '和傅'가 되어야 하니, 모두 자형이 비슷해서 생긴 오
류이다. '而一'은 '如一〔하나와 같다〕'의 뜻이다. 억만의 많은 사람들이 친근히
따라서 마치 한 사람과 같으니, 곧 이른바 "和傅如一"이다.

왕염손의 설 : '博'과 '傅'는 모두 '摶' 자의 오기이다. '摶'은 곧 '전일(專一)하다'
는 뜻의 '專'이다. "億萬之衆而專若一人"은 곧 이른바 "和專如一"이라는 것이다.
《관자(管子)》〈유관(幼官)〉에 "摶一純固, 금본(今本)에는 '摶'이 '博'으로 잘못 쓰여 있다.
則獨行而無敵。"이라고 하였다. 《여씨춘추(呂氏春秋)》〈결승(決勝)〉에 "積則勝散
矣, 摶則勝離矣。〔모이면 흩어진 것을 이기고 전일하면 떨어진 것을 이긴다.〕"라
고 하였다. 《회남자》〈병략(兵略)〉에 "武王之卒三千人, 皆專而一。〔무왕의 병사
는 3000명이었는데 모두 전일하였다.〕"이라고 하였다.

위의 두 사례는 정자를 차자로 여겼으니, 차자가 이미 잘못되었고, 또
차자를 다른 오자로 고친 경우를 명확하게 밝힌 것이다.

4) 차자를 잘못 풀이하여 발생한 오류

《회남자》〈도응훈(道應訓)〉: 跖之徒問跖曰 : "盜亦有道乎?" 跖
曰 : "奚適其有道也?"

도척의 무리가 도척에게 물었다. "도적에게도 도가 있습니까?" 도
척이 대답하였다. "어찌 도만 있겠는가."

어떤 판본에는 "奚適其無道也〔어디를 간들 도가 없겠는가.〕"로 되어 있다.

왕염손의 설 : '適'은 '啻'라고 읽으니, '어찌 도만 있겠는가. 성(聖)·용(勇)·의 (義)·인(仁)·지(智)의 다섯 가지 덕목이 모두 갖추어져 있다.'라고 말한 것이 다. 후대 사람이 '適'이 '啻'와 같은 뜻인 줄 모르고서 '適齊〔제나라에 가다〕', '適 楚〔초나라에 가다〕'의 '適〔가다〕'으로 잘못 읽었고, 마침내 '有道'를 '無道'라고 고 쳤다.

《관자(管子)》〈승마(乘馬)〉: 今日不爲, 明日忘貨。

오늘 팔지 않으면, 내일 재물을 잃게 된다.

송본(宋本)에는 '忘'이 '亡'으로 되어 있다.

대망(戴望)의 설 : '亡'은 훈(訓)이 '없다〔無〕'이다. '貨'는 '資'의 오기이다. 또 정 사함(丁士涵)은 "貨는 貸의 오기이다." 하였다.

우창(于鬯)의 설 : '爲'는 '䞋'로 읽는다. 《설문(說文)》〈패부(貝部)〉에 "혹자는 '이는 「貨」의 고자(古字)이다.' 하였다."라고 한 것이 예증이다. 그러고 보면 "今 日不爲, 明日忘貨。"라는 것은 "今日不䞋, 明日亡貨。〔오늘 재물을 팔지 않으면 내 일 재물을 잃게 된다.〕"이니 "今日不貨, 明日無貨。〔오늘 팔지 않으면 내일은 재 물이 없게 된다.〕"라고 말하는 것과 같다. '不貨'의 '貨〔팔다〕'는 동사이고 '無貨' 의 '貨〔재화〕'는 명사이니, 그 뜻은 장황하게 말하지 않아도 이해된다.

위의 두 사례는 모두 해당 구절에 차자가 있는 줄 모르고서 구의(句 義)를 잘못 이해하였기 때문에 구(句)의 글자를 고쳐 오류를 만든 경우 이다.

5) 일반적인 동음자(同音字)로 인해 발생한 오류

《한비자》〈유도(有度)〉: 攻盡陶魏之地。

도위의 땅을 공격하여 모조리 차지하였다.

고천리(顧千里)는 '魏'는 '衛'가 되어야 한다고 지적하였다. 〈식사(飾邪)〉에 "魏 數年東向攻盡陶衛。〔위가 여러 해 동안 동쪽으로 도위의 땅을 공격하여 모조리 차지했다.]"라고 한 것으로 증명할 수 있다. 우창(于鬯)은 이 일을 보충하여 증명하면서 《여씨춘추》〈응언람(應言覽)〉의 "魏擧陶削衛。〔위가 도를 점거하여 위나라 땅을 줄였다.]", 《전국책》〈제책(齊策)〉의 "富比陶衛〔부유함이 도·위에 비견되었다]", 〈위책(魏策)〉의 "又長驅梁北, 東至陶衛之郊。[16]〔다시 양북으로 계속 달려 동으로 도·위의 교외에 이르렀다.]" 등을 열거하였는데, 모두 '陶衛'가 병칭되었다는 것의 증거가 된다.

《안자춘추》〈내편(內篇) 간 하(諫下)〉: 土事不文, 木事不鏤, 示民知節也。

흙으로 쌓은 담장에 무늬를 넣지 않고 나무로 만든 건물에 조각을 하지 않은 것은 백성들이 절검할 줄을 알도록 시범을 보였던 것입니다.

'知'는 원각본(元刻本)에는 '之'로 되어 있다.

손성연(孫星衍)의 설: '知'는 《속한지(續漢志)》 유소(劉昭)의 주(注), 《문선(文選)》의 주, 《백씨육첩(白氏六帖)》, 《태평어람(太平御覽)》에는 모두 '知'로 되어 있는데 금본(今本)에는 '之'로 되어 있으니, 잘못된 것이다.

위의 두 사례는 일반적으로 착별자라고 말하는 것으로, 모두 동음자로 인해 오류가 발생한 경우이다.

6) 오자로 인해 운(韻)이 틀린 오류

《회남자》〈숙진훈(俶眞訓)〉: 茫茫沆沆, 是謂大治。

잘 다스려져서 광대하고 다함이 없으니 이를 '대치'라고 한다.

각 본(本)에는 '茫茫沈沈'으로 되어 있다.

---

16 郊: 《교감학대강》에는 '列'로 되어 있는데, 《전국책주석(戰國策注釋)》(中華書局, 1990)에 근거하여 바로잡았다.

왕염손의 설 : 고유(高誘)의 주에 "茫은 '王莽'의 莽으로 읽고 沆은 '水出沆沆'의 沆으로 읽는다." 하였다. '茫茫沆沆'은 첩운어(疊韻語)이다.

《안자춘추》〈내편 잡 상(雜上)〉: 君子有道, 縣之閭, 紀有此言, 注之壺, 不亡何待乎!

군자는 경계로 삼을 만한 좋은 말이 있으면 문설주에 걸어 놓고 늘 보는 법인데, 기나라는 이런 좋은 말이 있는데도 금호(金壺) 속에 주기(注記)해 두었으니, 망하지 않고 무엇을 기대하겠습니까!

'壺'는 어떤 판본에는 '緘'으로 되어 있고, 어떤 판본에는 '其'로 되어 있다. 손성연의 설 : '緘'이나 '其'로 되어 있는 것은 모두 틀렸다. '閭'와 '壺'가 운자이다. 오칙우(吳則虞)의 보충설 : 《태평어람(太平御覽)》과 《사류부주(事類賦注)》에 이를 인용하여 "紀有此書, 藏之于壺, 不亡曷待?〔기나라는 이런 글이 있는데도 금호에 보관해 두었으니 망하지 않고 무엇을 기대하겠습니까.〕"라고 하였으니 '壺'가 정자(正字)라는 것을 증명할 만하다.

《순자》〈대략(大略)〉: 慶者在堂, 弔者在閭, 禍與福隣, 莫知其。

경하를 드리는 이가 당상에 와 있을 때, 동구 밖에는 조문하는 이가 와 있는 법입니다. 화와 복은 이웃하고 있어서 그것들이 어디에서 어떻게 나타날지 알 수 없습니다.

우창의 설 : '閶'는 아마 본래 '閭'으로 되어 있었을 것이다. '閭'과 '閶' 두 글자는 형태가 비슷하기 때문에 '閭'이 '閶'로 잘못된 것이다. 위와 아래의 글에 모두 운자가 있으니, 여기에만 운자가 없을 수 없다. '閭'은 '堂'과 운이 맞는다. 만약 '閶'로 쓴다면 운이 맞지 않는다. 그러므로 '閶'는 틀림없이 '閭'의 오기라는 것을 알 수 있다.

7) 글자를 고쳐 운이 맞지 않는 오류

《회남자》〈정신훈(精神訓)〉: 靜則與陰合德, 動則與陽同波。

음기를 만났을 때는 음기와 함께 덕을 합하고, 양기를 만났을 때는
양기와 함께 흐름을 같이한다.

'波'는 아랫글의 '化'와 운자가 된다. 후대 사람이 〈원도훈(原道訓)〉에 의거하여
"靜則與陰俱閉, 動則與陽俱開[음기를 만났을 때는 음기와 함께 몸을 숨기고 양기
를 만났을 때는 양기와 함께 몸을 나타낸다.]"로 고쳤으니, 운이 맞지 않는다.

《회남자》〈전언훈(詮言訓)〉: 故不爲好,[17] 不爲丑,[18] 遵天之道;
不爲始, 不專己, 循天之理。

그러므로 득도한 사람은, 자진하여 좋아하는 일을 하지 않고 그렇
다고 해서 추한 일을 피하지도 않으며 하늘의 도를 따른다. 뭇사람
의 선두에 서지 않고 그렇다고 해서 자신의 껍질 속에 틀어박히지
도 않으며 하늘의 이치에 따른다.

好, 丑, 道가 운자가 되고 始, 己, 理가 운자가 된다. 후대 사람이 《문자(文子)》
에 의거하여 '好'를 '善'으로 고쳤으니, 운이 맞지 않는다.

8) 글자를 고쳐서 운을 맞추다가 생긴 오류

《일주서(逸周書)》〈시훈(時訓)〉: 雷不始收聲, 諸侯淫佚; 蟄蟲
不培戶, 民靡有賴; 水不始涸, 甲蟲爲害。

추분에 우레가 소리를 거두지 않는다면 제후들이 욕망에 따라 방탕
하게 굴게 된다. 추분의 5일 뒤에 겨울잠 자는 벌레가 굴의 주변을
북돋지 않는다면 백성이 도움을 받지 못한다. 다시 5일 뒤에 고인
물이 마르기 시작하지 않는다면, 갑충이 해를 입힌다.

---

17 好: 《독서잡지(讀書雜志)》(中華書局, 1991)에는 '善'으로 되어 있는데, 저자의 의도
를 존중하여 《교감학대강》에 따라 번역하였다.
18 爲丑: 《독서잡지》(中華書局, 1991)에는 '避醜'로 되어 있는데, 저자의 의도를 존중하
여 《교감학대강》에 따라 번역하였다.

《태평어람(太平御覽)》과 《예문유취(藝文類聚)》에 이를 인용하여 똑같이 '淫泆'로 되어 있는데, 노문초(盧文弨)는 아마도 '泆'의 오기일 것이라고 여겼다.

왕염손의 설: 汏, 賴, 害는 고음(古音)이 제부(祭部)에 속하고 입성(入聲)으로 바뀌면 월부(月部)에 들어가며, 泆은 질부(質部)에 속하고 거성(去聲)으로 바뀌면 지부(至部)에 들어간다. 至와 祭, 質과 月은 고음이 모두 서로 통하지 않는다. 아랫글의 "母后淫泆〔국모가 음란하고 방탕하다.〕"은 자연히 一, 姝과 운이 되고 賴, 害와는 운이 될 수 없다.

《회남자》〈설림훈(說林訓)〉: 槁竹有火,　弗鑽不蘇；　土中有水,
弗掘不出。

마른 대나무는 화기를 띠고 있지만 불붙이는 나무막대기로 비비지 않으면 타지 않으며, 흙속에는 수분이 있지만 우물을 파지 않으면 물이 나오지 않는다.

왕염손의 설: '蘇'은 '然'과 같으니, 이 때문에 火와 水가 격구(隔句)로 운이 되고 鑽과 蘇, 掘과 出은 구(句) 안에서 각각 따로 운이 된다. 후대 사람이 잘 알지 못하여 "弗掘不出"을 "弗掘無泉〔땅을 파지 않으면 샘이 나오지 않는다.〕"으로 고쳐서 '蘇'과 운을 맞추었으니, 도리어 그 운에 맞지 않게 되었다.

《회남자》〈설림훈〉: 繡以爲裳則宜, 以爲冠則譏。

자수는 치마에 놓으면 어울리지만, 관모에 함부로 놓았다가는 비난 당한다.

고유(高誘)의 주: '譏'는 남이 기롱하고 비난하는 것이다.

왕염손의 설: '宜'와 '譏' 두 글자는 고음이 모두 가부(歌部)에 해당한다. 후대 사람이 알지 못하고 마침내 고유의 주와 함께 '譏'를 '譏'로 고쳐서 이로써 '宜'와 운을 맞추었다. '宜'는 고음에 '俄'와 같이 읽어서 '譏'와는 운이 되지 않음을 모른 것이다.

이상의 세 가지 유형은 모두 협운자(協韻字)에 근거하여 정오를 판별한 것이다. 6)번 유형은 어쩌면 전사 과정의 오류이고, 7)번 유형은 운자를 몰라서 잘못 고친 경우에 속하고, 8)번 유형은 협운자가 되는 것만 알고 고운(古韻)을 알지 못하여 고쳐서 잘못된 경우에 속한다. 오류가 생긴 직접적인 원인이 모두 반드시 어음에서 비롯된 것은 아니지만, 고음(古音)과 협운자에 근거하여 그것이 오류라는 것을 판별하여 알 수 있다.

　종합하여 말하면, 어음으로 인해 발생한 오류의 각가지 유형은 실제로는 두 가지 유형으로 대별되는데, 1)번 유형에서 5)번 유형까지의 오자는 모두 동음자로 인해 오류가 발생한 경우이고, 6)번 유형에서 8)번 유형까지는 협운을 통해 정오를 알 수 있는 경우로, 모두 의오나 이문을 발견하고 분석·판단하는 데 도움이 된다.

　그러나 이러한 어음으로 인해 발생한 오류의 통례를 운용하는 데 있어서는, 자형으로 인해 발생한 오류와 마찬가지로 분석해 보지도 않고 억지로 적용해서는 안 된다. 그 외에도 특히 고서가 저작된 연대의 어음의 실제에 주의하여 금음(今音)을 고음(古音)에 그대로 적용하는 것을 피해야 하며, 상고 시대의 음운을 중고 시대의 저작에 적용해서는 안 된다.

3　문의로 인해 생긴 오류

이는 고서의 문자에 발생하는 오류 가운데 가장 보편적인 현상이다. 어구의 의미에 대한 이해상의 착오는 고자(古字)를 알지 못해서 생기는 경우도 있고, 고음(古音)을 알지 못해서 생기는 경우도 있고, 훈고(訓詁)에 정통하지 못해서 생기는 경우도 있고, 전고(典故)에 정통하지 못해서 생기는 경우도 있고, 직접 글자만 보고서 억지로 뜻을 만들어 내서 생기는 경우도 있다.

총괄해 보면 모두 문의에 대한 이해상의 착오로 함부로 고치게 된 것
이다. 만일 사의(詞義)의 내용에 따라 분류한다면 번거롭기 짝이 없을
것이다. 여기서는 다만 비교적 자주 나타나는 사의(詞義)에 대한 이해
상의 착오에서 야기된 원인을 가지고 그중에서 주요한 몇 가지 유형을
도출하였다.

1) 문의에 밝지 못하여 생긴 오류

《일주서(逸周書)》〈예량부(芮良夫)〉: 商紂不道, 夏桀之虐, 肆
我有周有家。

상나라 주왕의 무도함과 하나라 걸왕의 포악함으로 인해 우리 주
(周)가 천하를 소유하게 되었다.

왕염손의 설 : '不道'는 본래 '弗改'로 되어 있었으니, 이는 후대 사람이 문의를 이
해하지 못하여 고친 것이다. 걸왕이 포악하였기 때문에 천하를 잃었다는 것은
주왕(紂王)이 익히 아는 사실이었는데도 그의 포악함은 여전히 걸왕과 같았다.
그러므로 '弗改夏桀之虐。〔하나라 걸왕과 같은 포악함을 고치지 않았다.〕'이라고
한 것이다. 아랫글에 "爾聞爾知, 弗改厥度。〔네가 듣고 네가 아는 것인데도 그 법
을 고치지 않았다.〕"라고 한 것이 바로 여기의 '弗改'와 상응한다. 《대대례기(大
戴禮記)》〈소한(少閑)〉에 "紂不率先王之明德, 乃上祖夏桀行以爲民虐。〔주왕이 선
대 성왕들의 밝은 덕을 따르지 않고서, 마침내 하나라 걸왕의 소행을 숭상하고
본받아 백성의 재앙이 되었다.〕"이라고 한 것이 여기서 말한 '弗改夏桀之虐'이다.
만약 '商紂不道'라고 한다면 '夏桀之虐' 네 글자와 서로 연관되지 않는다. 《군서치
요(群書治要)》에는 '商紂弗改夏桀之虐〔상나라 주왕이 하나라 걸왕과 같은 포악함
을 고치지 않아〕'으로 맞게 되어 있다.

《순자》〈천론(天論)〉: 夫日月之有蝕, 風雨之不時, 怪星之黨見。
대저 일식이나 월식이 있고, 때아닌 비바람이 불며, 괴이한 별이 간
혹 나타난다.

양경(楊倞)의 주 : '黨見'은 자주 보인다는 뜻이다. 마치 무리를 이룬 것처럼 많이 나타났음을 말한 것이다.

학의행(郝懿行)의 설 : '黨'은 '밝다〔朗〕'라는 뜻으로 해석해야 하니 《방언(方言)》의 주에 나온다. '무리〔朋黨〕'를 말한 것이 아니다. 《한시외전(韓詩外傳)》권2에는 '黨'이 '晝'로 되어 있는데 문의에 있어서 더 맞다. 양경의 주는 글자만 보고 억지로 뜻을 만들어 낸 것일 뿐이다.

왕염손의 설 : 양경의 설은 매우 틀렸고, 또 '黨'의 뜻을 '자주〔頻〕'라고 해석한 것은 옛 글에 근거가 없다. 혜동(惠棟)의 《구경고의(九經古義)》에 '黨見은 '所見〔나타난 바〕'과 같다." 하였는데 '黨'을 '所'로 해석하였으니 비록 《춘추공양전(春秋公羊傳)》의 주에 근거하였지만 '怪星之所見〔괴이한 별이 나타난 바〕'은 매우 말이 되지 않는다.

　내가 생각해 보건대 '黨'은 '儻'의 고자이다. '儻' 자는 '간혹 그러하다〔或然〕'라는 뜻의 말이다. '怪星之儻見'은 '日月之有蝕', '風雨之不時'와 대를 이루는 글로, 괴이한 별이 간혹 나타남을 말한 것이다.

　《장자(莊子)》〈선성(繕性)〉에는 "物之儻來寄也.〔물건이 갑자기 와서 자기에게 붙은 것과 같다.〕"라고 하였는데, 《경전석문(經典釋文)》에 "儻은 최선본(崔譔本)에는 黨으로 되어 있다." 하였다. 《사기(史記)》〈회음후전(淮陰侯傳)〉에는 "恐其黨不就.〔그가 혹시라도 나아가지 못할까 염려했다.〕"라고 하였고, 《한서(漢書)》〈오피전(伍被傳)〉에는 "'黨可以徼幸.〔어쩌면 요행을 바랄 수 있겠습니다.〕"이라고 하였다. 이러한 '黨'은 모두 '儻'과 같다.

　《한시외전》에 "怪星之晝見〔괴이한 별이 낮에 나타나다〕"이라고 하였는데 '晝' 자는 아마도 후대 사람이 고친 것인 듯하다. 《군서치요(群書治要)》에는 이를 인용하여 '怪星之儻見'으로 맞게 되어 있다.

《회남자》〈수무훈(修務訓)〉: 今以爲學者之有過，而非學者。則是以一飽之故，絶穀不食；以一蹪之難，輟足不行；惑也。

지금 학문을 하는 사람이 잘못이 있다고 하여 배우는 것을 잘못으로 여긴다면, 한 번 체했기 때문에 밥을 먹지 않고 한 번 넘어졌기 때문에 걸음을 걷지 않는 것과 같으니, 어리석은 짓이다.

왕염손의 설 : '以一飽之故絶穀'은 뜻이 통할 수 없다. '飽'는 당연히 '饐'이 되어야

하니, 자형이 비슷해서 오류가 난 것이다. '饐'은 '噎'과 같다. 《설문(說文)》에 "噎은 '밥 먹다가 목이 메다'라는 뜻이다." 하였다. '噎'이 또 '饐'로 되어 있다. 《한서(漢書)》〈가산전(賈山傳)〉에는 "祝饐在前, 祝鯁在後.〔축열이 앞에 있고 축경이 뒤에 있다.〕"라고 하였다. 안사고(顏師古)는 "饐은 饐의 고자이다." 하였다. '一饐而不食'은 '一蹶而不行'과 일이 정말 유사하다.

《설원(說苑)》〈설총(說叢)〉에 "一噎之故, 絶穀不食; 一蹶之故, 却足不行.〔한 번 잘못하여 목이 메면 그 때문에 밥을 먹지 않고, 한 번 넘어져 다리를 삐게 되면 그 때문에 걷지를 않는다.〕"이라고 한 말은 곧 《회남자》에서 근원한 것이다. 시쳇말로 '因噎廢食〔먹다가 목이 멘다고 해서 다시는 그 음식을 먹지 않는다.〕'이라고 하는 것과 같다.

《회남자》〈수무훈〉: 夫橘柚冬生, 而人曰冬死, 死者衆; 薺麥夏死, 而人曰夏生, 生者衆。

귤과 유자는 겨울에 살아 있지만 사람들은 '겨울에 죽는다'고 하니 죽는 것이 많기 때문이고, 냉이와 보리는 여름에 죽지만 사람들은 '여름에 살아 있다'고 하니 나는 것이 많기 때문이다.

왕염손의 설 : '橘柚'는 본래 '亭歷'으로 되어 있었다. 〈시칙(時則)〉에 "孟夏之月, 靡草死.〔맹하의 달에는 가느다란 풀이 죽는다.〕"라고 하였다. 고유(高誘)의 주에 "靡草는 냉이, 꽃다지 따위이다." 하였다. 《여씨춘추(呂氏春秋)》〈맹하(孟夏)〉의 주 및 〈월령(月令)〉의 정현 주에는 인용된 구설(舊說)이 모두 같다. 《여씨춘추》〈임지(任地)〉에 "孟夏之時, 殺三葉而獲大麥.〔맹하의 때는 삼엽초가 죽고 보리를 수확한다.〕"이라고 하였다. 고유의 주에 "三葉은 냉이·꽃다지·석명자인데, 이달 말엽에 말라 죽는다." 하였다. 《회남자》〈천문(天文)〉에 "五月爲小刑, 薺麥亭歷枯, 冬生草木必死.〔오월은 소형이 되어 냉이와 보리, 꽃다지가 마르고 겨울에 생겨난 초목은 반드시 죽는다.〕"라고 하였다.

살펴보건대, 꽃다지와 냉이와 보리는 모두 겨울에 나서 여름에 죽으니, 여기서 꽃다지가 겨울에 나고 냉이와 보리가 여름에 죽는다고 말한 것은 호문(互文)일 뿐이다. 후대 사람이 '亭歷'을 '橘柚'로 고친 것은 이 점에서 조리에 맞지 않다. 《태평어람(太平御覽)》〈약부(藥部) 10〉에는 '亭歷' 아래에 이를 인용하여 "亭歷冬生〔꽃다지는 겨울에 난다.〕"이라고 맞게 되어 있다.

이상의 네 가지 사례의 오류가 생긴 원인은, 모두 원문 어구의 의미를 이해하지 못하고 또 원문 어구의 의의를 신중하게 살펴보지 못하고서 도리어 자신이 이해한 대로 함부로 원문을 고친 데 있다.

2) 훈고(訓詁)에 밝지 못하여 생긴 오류

《일주서(逸周書)》〈시법(諡法)〉: 仁義所在曰王。

인과 의를 한 몸에 모은 사람을 '王'이라고 한다.

공조(孔晁)의 주 : 백성이 그에게 귀의한다.

노문초(盧文弨)의 설 : '在'는 《사기정의(史記正義)》에 '往'으로 되어 있는데 틀린 것이다.

왕염손의 설 : '往' 자가 맞다. 후대 사람이 '仁義所往'이라는 말을 이해하지 못하였기 때문에 '往'을 '在'로 고친 것이다. 나는 생각하건대, 《광아(廣雅)》에 "歸는 가다[往]라는 뜻이다. 迋은 돌아가다[歸]라는 뜻이다. 迋은 往과 같다." 하였는데 '仁義所往'은 '천하가 인(仁)에 귀의한다.'라고 말하는 것과 같다. 옛날에 '王'과 '往'은 같은 음이어서 호훈(互訓)하였다. 《곡량전(穀梁傳)》 장공(莊公) 3년 조 기사에는 "其曰王者, 民之所歸往也。〔그것을 王이라고 하는 까닭은 백성이 귀의하는 대상이기 때문이다.〕"라고 하였다. 《여씨춘추(呂氏春秋)》〈하현(下賢)〉에는 "王也者, 天下之往也。〔왕이라는 것은 천하의 사람들이 귀의하는 대상이다.〕"라고 하였다. 《한서(漢書)》〈형법지(刑法志)〉에는 "歸而往之, 是爲王矣。〔귀의하여 가는 대상이 왕이 된다.〕"라고 하였다. 〈대아(大雅)〉 판(板)〉에는 "及爾出王。〔그대와 나가리.〕"이라고 하였는데, 《모시전(毛詩傳)》에 "王은 '가다[往]'라는 뜻이다." 하였다. 《여씨춘추(呂氏春秋)》〈순설(順說)〉에는 "桓公則難與往也。〔환공의 경우는 함께 가기 어렵다.〕"라고 하였는데, 고유(高誘)의 주에 "往은 '王'의 뜻이다." 하였다. '王'과 '往'은 음이 같고 뜻이 같으며, 글자도 통용하였다. 그러므로 "仁義所往曰王。"이라고 한 것이다. 만약 '仁義所在'라고 한다면, 옛사람들이 같은 음이어서 호훈했던 뜻이 아니다. 천하의 사람들이 인과 의가 그에게 있다고 인정한다면, 천하의 사람들이 모두 그에게 귀의할 것이다. 그러므로 공조가 '民往歸之'라고 하였으니, 만약 '仁義所在'라고 한다면 다시 공조의 주와 부합하지 않게 된다.

《일주서》〈왕회(王會)〉: 白民乘黃, 乘黃者, 似騏, 背有兩角。

백민의 나라에서는 승황을 바친다. 승황이라는 것은 털총이와 비슷하고 등에 두 개의 뿔이 있다.

왕응린(王應麟)의 보주(補注) : 《문선(文選)》의 주에 "여우와 비슷하다." 하였다. 또 《산해경(山海經)》〈해외서경(海外西經)〉에는 "白民之國有乘黃, 其狀如狐, 其背上有角。〔백민의 나라에는 승황이 있는데 모습이 여우와 같고 등 위에 뿔이 있다.〕"이라고 하였다.

《회남자(淮南子)》〈남명훈(覽冥訓)〉 고유(高誘)의 주 : 승황은 서방에서 산출되는데 모습이 여우와 같고 등 위에 뿔이 있다.

왕염손의 설 : 이 글은 본래 "乘黃者, 似狐, 其背有兩角〔승황이라는 것은 여우와 비슷한데 등에 두 개의 뿔이 있다.〕"으로 되어 있었는데, 옮겨 적는 과정에서 '狐'가 빠지면서 '似'와 '其' 두 글자가 연접하게 된 것이다. 후대 사람이 '乘黃'을 말의 명칭이라고 여기고 마침내 '似其'를 '似馵'로 고친 것이니, 작은 실수가 매우 큰 오류를 초래했다는 것을 모른 것이다. 《산해경》의 주에 이를 인용한 것은 '似狐'로 맞게 되어 있고, 《문선》 왕융(王融)의 〈곡수시서(曲水詩序)〉의 주와 《초학기(初學記)》〈수부(獸部)〉에는 모두 이를 인용하여 "乘黃者, 似狐, 其背有兩角"이라고 하였다.

《한서(漢書)》〈소무전(蘇武傳)〉: 前以降及物故, 凡隨武還者九人。 소무의 관속 중에 전에 이미 항복한 자들은 죽음에 이르렀고, 소무를 따라 귀환한 자는 모두 아홉 사람이었다.

안사고(顏師古)의 주 : '物故'는 '죽다'라는 뜻이니, 귀신과 같은 존재가 되어 옛것이 되어 버렸음을 말한다. 일설에는 죽음을 직접적으로 말하고자 하지 않았기에 단지 그가 사용하던 물건이 이미 옛것이 되었다고 한 것이라고 한다.

송기(宋祁)의 설 : '物'은 남본(南本)을 따라 '殁'이 되어야 하며, 음은 '沒'이다. 〈석명(釋名)〉: 한나라 이래로 죽음을 '物故'라고 하는데, 그의 여러 물건이 모두 썩어 버려 옛것이 되었음을 말한 것이다. 이는 안사고의 후설(後說)에서 나온 것이다. 《사기(史記)》〈장승상전(張丞相傳)〉의 집해(集解) : 고당륭(高堂隆)이 위조방(魏朝訪)에게 답하기를 "'物'은 '없다〔無〕'라는 뜻이다. 여기서는 物을 勿로 읽는다. '故'는 '일〔事〕'이라는 뜻이다. 아무것도 할 수 있는 일이 없음을 말한 것이다." 하였다. 왕염손의 설 : 송기의 설이 올바른 해석에 가깝다. '物'은 '殁'과 같다. 《설문》에

"'殟'은 '마치다[終]'라는 뜻이다. '歾'로 쓰기도 한다." 하였다. '殟'과 '物'은 음이 가깝고 글자가 통용된다. 요즘의 오(吳) 지역 방언에서 '物'은 음이 '沒'과 같으나 말에 경중의 차이가 있을 뿐이다. '殟故'는 '사망'이라고 말하는 것과 같다.

《한서》〈초원왕전(楚元王傳)〉에 "物故流離以十萬數。〔죽거나 떠돌아다니는 백성의 수가 십여만 명이다.〕"라고 하였다. 〈하후승전(夏侯勝傳)〉에는 "百姓流離物故者過半。〔백성 중에 떠돌아다니거나 죽은 자가 절반을 넘었다.〕"이라고 하였다. '物故'와 '流離'는 대를 이루는 글이니, 모두 두 글자가 병렬인 구조이다. 여러 학자가 모두 '物'이 '殟'의 가차자라는 것을 몰랐기 때문에 정답을 찾으려 하면 할수록 정답에서 더욱 멀어지게 된 것이다.

《후한서(後漢書)》〈신도강전(申屠剛傳)〉: 後莽簒位，剛遂避地河西，轉入巴蜀，往來二十許年。

후에 왕망이 제위를 찬탈하자 신도강이 마침내 하서로 피하여 살다가 파촉으로 옮겨 들어가니, 왕래한 지 거의 20년이 되었다.

《후한서교보(後漢書校補)》: 관본(官本)에는 '許'가 '餘'로 되어 있다.

양수달(楊樹達)의 설: '許'가 맞다. 〈오한전(吳漢傳)〉의 "將衆十許萬。〔무리 십여만을 이끌었다.〕"과 〈하창전(何敞傳)〉의 "推財相讓者二百許人。〔재물을 미루어 서로 사양하는 자가 200여 인이나 되었다.〕"과 임방(任昉)의 《주탄유정(奏彈劉整)》의 "出適劉氏二十許年。〔유씨에게 출가한 지 20년쯤 되었다.〕" 등의 구(句)가 모두 이와 같은 예이다. 곧 청나라 관본에 '餘'로 되어 있는 것은 의심을 품고 함부로 고친 것일 뿐이다.

잠삼(岑參)의 〈송기악귀하동(送祁樂歸河東)〉: 君到故山時，爲吾謝老翁。

그대 고산에 당도하거든, 날 위해 노옹께 안부 전해 주게.

명동활자본(明銅活字本)에는 "爲謝五老翁〔다섯 노옹께 안부 전해 주게.〕"으로 되어 있다. 《원화군현지(元和郡縣志)》 권12의 〈하중부영락현(河中府永樂縣)〉에 "오로산(五老山)은 현의 동북쪽 13리 지점에 있다. 요 임금이 수산(首山)에 올라 하수(河水)의 모래섬을 살펴보는데, 다섯 노인이 날아올라 유성이 되어서 위로 묘수(昴宿)의 영역에 들어갔다. 이 일로 인하여 그 산을 오로산이라고 불렀다." 하였다. 당 숙종(唐肅宗) 건원(乾元) 3년(760)에 하동군(河東郡)은 하중부(河中府)로 변경되었다. 시 속의 '故山'은 곧 오로산을 가리키므로, 당연히 "爲謝五老翁"이 되어야 한다.

《대당신어(大唐新語)》〈거현(擧賢)〉에 실린 위징(魏徵)의 말 :
惟霍王元軌數[19]與臣言, 臣未嘗不自失。
곽왕 원월은 여러 차례 신과 이야기를 나누었는데, 신이 일찍이 스스로 잘못을 저지르지 않은 적이 없음을 깨달았습니다.
'元軌'은 당연히 '元軌'의 오류이다. '원궤(元軌)'는 고조의 아들로, 무덕(武德) 8년에 오왕(吳王)으로 봉해졌고, 정관(貞觀) 10년 곽왕(霍王)으로 고쳐 봉해졌다. 혹자는 '霍王'이 '吳王'으로 되어야 한다고 주장한다. 위징이 정관 초에 이 말을 하였는데, 그때에는 원궤가 아직 곽왕에 봉해지지 않았기 때문이다.

위의 여러 사례는 어떤 것은 글자의 음과 뜻, 어떤 것은 명물(名物), 어떤 것은 단어의 기원, 어떤 것은 속어, 어떤 것은 지리와 사실(史實)로 인하여 오류가 생긴 것이지만, 모두 훈고에 밝지 못해서 생긴 오류이다.

3) 편방(偏旁)을 보태거나 바꾸어서 생긴 오류

《시경(詩經)》〈대아(大雅) 면(緜)〉：民之初生, 自土沮漆。
주나라 백성이 처음에는 저수와 칠수 가에서 살았었지.
모전(毛傳)：'自'는 '쓰다[用]'라는 뜻이고 '土'는 '살다[居]'라는 뜻이다. '沮'는 물 이름이고 '漆'은 물 이름이다.
《우공추지(禹貢錐指)》：여러 서적을 두루 고찰해 보면, 빈(邠) 땅에 칠수(漆水)는 있어도 저수(沮水)는 없다.

---

19 數：《교감학대강》에는 없는데, 《대당신어(大唐新語)》《中華書局, 1984)에 근거하여 보충하였다.

왕인지(王引之)의 설 : '土'는 《제시(齊詩)》를 따라 '杜'로 읽어야 하니, 고자(古字)의 가차이다. '杜'는 물 이름으로 한나라 우부풍(右扶風) 두양현(杜陽縣)의 남쪽에 있는데, 남으로 흘러 위수(渭水)로 유입된다. 지금은 인유(麟游)·무공(武功) 두 현에 속한다. 칠수(漆水)는 우부풍 칠현(漆縣)의 서쪽에 있는데, 북으로 흘러 경수(涇水)로 유입된다. 지금은 빈주(邠州)에 속한다. '沮'는 '徂'가 되어야 하니 '가다[往]'라는 뜻이다. '自土沮漆'은 아래 문장의 '自西徂東[서에서 동에 이르기까지]'[20]이라고 한 것과 문장 구조가 같으니, '공유(公劉)가 태(邰)를 떠나 빈(邠)에 갔는데, 두수(杜水)에서 칠수(漆水)까지 갔다'고 말한 것이다. '徂'와 '沮'는 자형이 비슷하고 또 '漆'로 인하여 '水' 방(旁)으로 잘못 쓴 것이다. 빈 땅에 칠수는 있어도 저수는 없으므로 아래 장의 '率西水滸[서쪽 물가를 따라서]'[21]도 전적으로 칠수만 가리켜서 말한 것이다.

《상서(尙書)》〈요전(堯傳)〉: 黎民阻飢。

백성이 곤궁하고 굶주린다.

《시경》〈주송(周頌) 사문(思文)〉의 정현(鄭玄)의 주에 이 말을 인용하였다.

《경전석문(經典釋文)》: '阻'는 莊과 呂의 반절이니 '어렵다[難]'라는 뜻이다. 마융(馬融)은 《상서》에 주를 달면서 '祖'로 바꾸고 '시작하다[始]'라는 뜻이라고 하였다.

공영달(孔穎達)의 소(疏) : 정현의 주에 "阻는 막히다[阨]라는 뜻이다." 하였다.

유월의 설 : 이 글자에 대한 견해는 마융과 정현이 각기 다른데, 아마도 본래 글자는 '且'라고만 되어 있었을 듯하다. 《설문(說文)》〈차부(且部)〉에 "且는 거듭

---

20 自西徂東 : 제시된 원문은 《시경(詩經)》〈대아(大雅) 면(緜)〉의 9장 가운데 제1장에 해당한다. '自西徂東'은 제4장의 다섯 번째 구를 말한다. 제4장은 다음과 같다. "迺慰迺止, 迺左迺右, 迺疆迺理, 迺宣迺畝, 自西徂東, 周爰執事。[이에 편안히 머물러 살며 좌로 우로 백성들을 살게 하시고, 경계를 긋고 땅을 정리하여 도랑을 파고 이랑을 내며, 서에서 동에 이르기까지 두루 일을 하셨네.]"

21 率西水滸 : 《시경》〈대아 면(緜)〉 제2장의 세 번째 구를 말한다. 제2장은 다음과 같다. "古公亶父, 來朝走馬, 率西水滸, 至于岐下, 爰及姜女, 聿來胥宇。[고공단보가 아침에 말을 달려 와서, 서쪽으로 물가를 따라서 기산 아래에 이르러, 이에 강녀와 마침내 집터를 보셨네.]"

하다[荐]라는 뜻이다." 하였다. '黎民且飢'는 '백성들이 해를 거듭하여 기근을 겪고 있다'고 말한 것이다. 마융은 '시작하다[始]'라는 뜻으로 풀이하였으므로 글자를 '徂'로 변경하였다. 정현은 '막히다[阻]'라는 뜻으로 풀이하였으므로 글자를 '阻'로 변경하였다. 이 역시 글자가 의미에 따라 변경된 경우이다.

《예기(禮記)》〈월령(月令)〉: 仲冬之月,……地氣沮泄。
중동의 달에는……땅의 기운이 장차 새어 나가게 된다.

왕인지의 설 : 《당석경(唐石經)》〈월령(月令)〉과 《칠경맹자고문(七經孟子考文)》에 인용한 고본(古本)에는 모두 '且'로 되어 있다. 《여씨춘추(呂氏春秋)》〈중동기(仲冬紀)〉도 같다. 악본(岳本)에 비로소 '沮'로 잘못되어 있다. 살펴보건대 '沮'의 훈(訓)은 단지 '파괴되다[壞]'라는 뜻으로 풀이되니, 모두 '泄[새다]'과는 다른 뜻이므로 '沮泄'로 글자를 연결할 수 없다. 《예기정의(禮記正義)》에는 '沮'를 해석하지 않았고, 《경전석문》에도 '沮'는 음주가 없으니, 본래 '且'로 되어 있었음을 알 수 있다.

완원(阮元)의 《교감기(校勘記)》: 민본(閩本), 감본(監本), 모본(毛本)은 같다. 악본(岳本)도 같다. 가정본(嘉靖本)도 같다. 위식(衛湜)의 《예기집설(禮記集說)》도 같다. 《당석경(唐石經)》에는 "地氣且泄[땅의 기운이 장차 새어 나갈 것이다.]"로 되어 있다. 《칠경맹자고문》에서 인용한 고본에도 '且'로 되어 있다. 야마노이 카나에(山井鼎)는 "삼가 살펴보건대 아시카가본(足利本)의 글자는 '沮泄'로 되어 있는데 그 훈은 '方將[장차]'과 같다. 이를 통해 보건대 후에 'ㆍ' 방(旁)의 '且'로 잘못 쓴 것이 분명하다." 하였다. 《석경고문제요(石經考文提要)》에는 "살펴보건대 《여씨춘추》에는 '且泄'로 되어 있다. 이는 일양(一陽)이 처음 생겨나 장차 싹이 트려 한다는 뜻이다. 또한 위의 '孟冬行春令, 則陽氣上泄[맹동에 날씨가 봄날 같으면 양의 기운이 위로 새어 나오고]'의 맥락을 이은 것이다." 하였다.

위의 세 사례는 어떤 것은 본래 편방이 없는 것인데 잘못 붙인 경우이고, 어떤 것은 본래 편방이 있는 것인데 잘못 고친 경우이다.

4) 주석으로 인하여 생긴 오류

《한비자(韓非子)》〈외저설 좌하(外儲說左下)〉에 실린 소묘(昭卯)가 양왕(襄王)에게 한 말 : 今臣罷四國之兵, 而王乃與臣五乘, 此其稱功, 猶嬴勝而履蹻。

지금 신이 네 나라 군대의 공격을 중지시켰는데도 왕께서는 신에게 겨우 5승(乘)의 영지를 주셨을 뿐입니다. 이는, 신의 공적을 헤아려 보면 큰 이문을 내도록 해 주었는데도 행전을 매고 짚신을 신는 천한 행색을 하도록 하는 것과 같습니다.

구주(舊注) : '嬴'은 '이익[利]'이니, 장사꾼이 이익을 배나 남겼다고 한 것이다. 지금 적은 상으로 큰 공에 보답하는 것은 이익을 배나 내게 해 준 사람에게 짚신을 신는 초라한 행색을 하도록 하는 것과 같다.

고광기(顧廣圻)의 설 : '嬴勝'은 '嬴縢[행전]'이 되어야 하니, 자형이 서로 비슷해서 생긴 오류이다. 구주(舊注)는 완전히 틀렸다.

왕선신(王先愼)의 설 : 《태평어람(太平御覽)》 권829의 인용문에는 '嬴'가 '贏'으로 되어 있는데 주(注)도 같으며 '蹻'가 '屩'로 되어 있다. 살펴보건대 '蹻'와 '屩' 두 글자는 고문과 금문에서 통용하였다. 《설문(說文)》에 '履'는 '尸'로 구성되어 있는데, 古文에는 '𩕣'로 되어 있으니 '足'으로 구성되어 있다. 《장자(莊子)》〈천하(天下)〉에 "以跂蹻爲服。〔나막신과 짚신을 신었다.〕"이라고 하였는데, 《경전석문(經典釋文)》에 "이씨는 '베로 엮은 것을 짚신[屩]이라고 하고 나무로 만든 것을 나막신[屐]이라고 한다. 「屐」와 「跂」가 같고 「屩」와 「蹻」가 같다.'라고 하였다." 하였는데 바로 이것이다.

송고원(松皐圓)의 설 : '嬴'은 '贏'가 되어야 한다. '勝'은 '縢'의 오기이다. 《전국책(戰國策)》〈진책(秦策)〉에 "贏縢履蹻。〔행전을 매고 나막신을 신는다.〕"라고 하였는데, 주에 "贏는 倫과 追의 반절이다. 縆과 纆은 통용된다." 하였다. 《역경(易經)》에 "贏其角。〔그 뿔 끝에서 만난다.〕"이라고 하였는데, 소(疏)에 "가두고 얽어매다."라고 하였다. 《시경(詩經)》〈채숙(采菽)〉에 "邪幅在下。〔그 아래에는 행전을 찼도다.〕"라고 하였는데, 주(注)에 "지금의 행전과 같다. 다리에 묶는데, 발에서 무릎까지 이른다. 그러므로 '아래에 있다[在下]'고 한 것이다." 하였고, 소(疏)에 "《설문》에 「縢」은 「묶다[緘]」라는 뜻이다.' 하였다. '行縢'이라고 이름 지은 것은 '길을 떠나면서 묶기' 때문이다." 하였다.

진기유(陳奇猷)의 설 : "嬴縢履蹻"는 요즘말로 "纏腿穿屐〔행전을 매고 나막신을 신는다.〕"이라고 하는 것과 같으니, 천한 사람의 차림새이다. 지금 살펴보건대 '嬴縢履蹻'는 전국 시대의 속어인데 '嬴'가 '嬴'으로 잘못되었고, 구주(舊注)에서 '승리와 패배〔輸嬴勝負〕'로 잘못 해석하였고, 후대 사람이 주(注)에 근거하여 '嬴縢'을 '嬴勝'으로 고친 것이다.

장형(張衡)의 〈서경부(西京賦)〉: 烏獲扛鼎，都盧尋橦。冲狹燕濯，胸突銛鋒。跳丸劍之揮霍，走索上而相逢。

오획이 정을 들어올리고, 도로 사람[22]이 장대를 탄다. 물 찬 제비처럼 칼 꽂힌 장애물을 통과하고, 고리에 꽂힌 칼끝을 가슴으로 부딪치고, 가볍고 날렵한 환검(丸劍)을 던지고, 줄 위를 달려 서로 만난다.

《문선(文選)》 이선(李善)의 주(注) : 진 무왕(秦武王)에게는 역사 오획(烏獲)과 맹열(孟說)이 있었다. 또 《설문》에 "'扛'은 두 팔을 가로로 벌려 드는 것이다. '扛'은 '舡'과 같다." 하였으니, 본래 '舡'으로 되어 있었던 것이다.

장선(張銑)의 주(注) : 俠以草爲環, 插刀四邊, 使人躍入其中, 胸突刀上, 如烟之飛躍水也。〔끼어서 풀로 고리를 만들고 칼을 둘레에 꽂고서, 사람이 그 안에 뛰어 들어가서 칼 위를 가슴으로 부딪치게 하여, 마치 연기가 물 위에 피어오르는 것과 같다.〕

장선의 주에서 '狹'을 '俠'이라고 하고 '燕'을 '烟'이라고 하였으니, 무엇을 말하는 것인지 모르겠다.

좌사(左思)의 〈오도부(吳都賦)〉: 覽將帥之拳勇, 與士卒之抑揚。

장수의 역량과 사졸의 위용을 검열한다.

---

22 도로(都盧) 사람 : 도로는 남해 일대에 있었다는 옛 나라의 명칭으로, 그 나라 사람들은 장대를 타는 기예에 능했다고 한다.

《문선》의 이선(李善) 주에 《모시(毛詩)》〈소아(小雅) 교언(巧言)〉의 "無拳無勇。
[주먹도 용기도 없다.]"을 인용하고 "拳은 權과 같다."라고 하였으니, 이선본(李
善本)에는 '拳'이 '權'으로 되어 있었을 것이다. 오신본(五臣本)에서 '拳'으로 고친
것이다. 여향(呂向)의 주(注)에 "임금이 머무르면서 장수와 사졸의 위용을 살펴
본다."라고 하였는데, 크게 잘못된 것이다.

《좌전(左傳)》 희공(僖公) 33년 조 기사에 기재된 황무자(皇武子)
의 말 : 鄭之有原圃，猶秦之有具囿也。

정나라에는 원포가 있는데, 진나라에 구유가 있는 것과 같다.

두예(杜預)의 주 : 원포(原圃)와 구유(具囿)는 모두 원림[囿]의 명칭이다.

《칠경맹자고문(七經孟子考文)》: 송본(宋本)에는 '囿'가 '圃'로 되어 있다.

노문초(盧文弨)의 《종산찰기(鍾山札記)》: 살펴보건대 《초학기(初學記)》〈하남
도(河南道)〉의 인용에는 '具圃'로 되어 있고, 《수경(水經)》〈증수(溠水)〉 하
(下)의 인용에도 '具圃'로 되어 있는데, 신교본(新校本)에는 '具囿'로 고쳤다. 지
금 두예의 주를 고찰해 보면, 만약 '具囿'였다면 두예는 반드시 이와 같이 주를
달지 않았을 것이고 '원포(原圃)도 원림[囿]의 명칭이다.'라고만 주를 달았을 것
이다. 따라서 '具圃'로 되어 있는 것이 맞음을 알 수 있다.

완원(阮元)의 《교감기(校勘記)》: 《칠경맹자고문》에서 말한 '송본(宋本)'이 이
판본이다. 왕인지는 안설(按說)에서 "송(宋) 경원본(慶元本)을 말한다."라고 하였다. 이 판본의
초간본에는 '圃'로 되어 있었던 듯한데, 후에 '囿'로 고쳤다. 살펴보건대 《당석경
(唐石經)》, 송본(宋本), 순희본(淳熙本), 악본(岳本) 및 여러 각본(刻本)은 모
두 '囿'로 되어 있다.

왕염손의 설 : '具圃'로 되어 있는 것이 옳다. '具囿'로 되어 있는 것은 두예주(杜
預注)의 '囿名'이라는 설명과 연관시켜 잘못이 생긴 것이다. 살펴보건대 《회남자
(淮南子)》〈지형(地形)〉의 '鄭之圃田[정나라의 포전]'에 대해, 고유의 주에서
《좌전(左傳)》을 인용하여 "鄭有原圃，猶秦之具圃也。[정나라는 원포가 있는데,
진나라의 구포와 같다.]"라고 하였다. 도장본(道藏本)·모본(茅本)이 이와 같다. 유적본(劉
績本)은 '具圃'를 '具囿'로 고쳤는데, 각 본(本)이 이를 따랐다. 또 이보다 앞의 글인 '秦之陽紆
[진나라의 양우]'에 대한 주에는 "陽紆，蓋在馮翊池陽，一名具圃[양우는 풍익 지
양에 있는데 일명 구포라고 한다.]"라고 하였다. 여기의 '圃' 자는 아직 고쳐지지 않았다.

이는 진나라에 구포(具圃)가 있었다는 분명한 증거이다. 《태평어람》〈거처부(居處部) 24〉의 인용에는 "原圃具圃"로 되어 있으니, 두 '圃' 자가 모두 '圃'로 잘못되어 있다. 《태평어람》〈자산부(資産部) 4〉의 인용에는 "原圃具圃"로 맞게 되어 있으니, 또한 《수경주(水經注)》와 《초학기》와도 부합한다. 후대의 사람들은 속본(俗本) 《좌전》의 '具圃'에 익숙하였기 때문에 '具圃'로 인용되어 있는 것을 보면 번번이 속본 《좌전》에 따라 고쳤다. 그러나 아직 완전히 고치지 않은 것에서는 그래도 원래의 글을 상고해 볼 수 있으니, 《종산찰기》와 내가 인용한 것 등이 이러한 예이다.

《좌전》 선공(宣公) 2년 조 기사 : 趙穿攻靈公于桃園。
조천이 도원에서 진 영공(晉靈公)을 공격하였다.
《경전석문(經典釋文)》: '趙穿攻'의 '攻'은 여자(如字)[23]로, 본래 '弑'로 되어 있기도 하였다.
왕인지의 설 : '攻'은 본래 '殺'로 되어 있었다. '殺'은 예서로는 '煞'이라고 쓰기도 하는데, 상반부의 자형이 '攻'과 비슷하다. 또 윗글의 "伏甲將攻之〔복갑이 공격하려 하였다.〕"로 인하여 '攻'으로 잘못된 것이다. 《북당서초(北堂書鈔)》〈정술부(政術部) 11〉에 이를 인용한 것에는 "趙穿煞靈公于桃園〔조천이 도원에서 진 영공을 죽였다.〕"으로 맞게 되어 있는데 '煞'은 곧 '殺'이다. 《경전석문》의 "攻如字〔'攻'은 여자(如字)이다.〕"도 "殺如字〔'殺'은 여자(如字)이다.〕"가 되어야 한다. 금본(今本) 《경전석문》에 '攻'으로 되어 있는 까닭은 후대 사람이 잘못되어 있는 《좌전》의 글을 근거로 잘못되지 않은 《경전석문》의 글자를 고쳤기 때문이다.

이상의 여러 사례에서 앞의 세 사례는 주문(注文)으로 인하여 본문을 고친 경우이고, 뒤의 두 사례는 본문의 오류로 인하여 주문을 고친 경우이다.

---

23 여자(如字) : 중국어 주음법(主音法)의 하나로, 한 글자에 두 가지 이상의 독음이 있을 경우 본음(本音), 즉 가장 통상적인 발음으로 읽는 것을 말한다.

5) 다른 책에 근거하여 잘못 고친 경우

《묵자(墨子)》〈경주(耕柱)〉：昔者夏后開，使飛廉折金於山川。

옛날에 하후 개가 비렴을 시켜 산천에서 금을 채취하도록 하였다.

필원(畢沅)은 《문선(文選)》의 주(注)에 근거하여 '折金'을 '採金'으로 고쳤다.

왕염손의 설 : 필원이 고친 것은 틀렸다. '折金'이란 것은 '擿〔금을 캐다〕'이다. '擿'의 음은 '剔'이다. 《한서(漢書)》〈조광한전(趙廣漢傳)〉에 "그는 정당하지 못한 일이나 숨기고 있는 일을 들추어내는 데 신과 같았다." 하였다. 안사고는 '擿은 발동시키다라는 뜻이다.'라고 하였다. 《관자(管子)》〈지수(地數)〉에 "위에는 단사(丹沙)가 있고 아래에는 황금이 있다. 위에는 자석(慈石)이 있고 아래에는 동금(銅金)이 있다. 위에는 능석(陵石)이 있고 아래에는 납과 주석 그리고 구리가 있다. 위에는 붉은 흙〔赭〕이 있고 아래에는 철이 있다. 임금이 삼가 흙을 북돋아 제사 지낸다. 그렇다면 折取의 뜻과는 거리가 먼 것이다."라고 하였다. 《관자》에서는 '折取之'라고 하였고 여기서는 '折金'이라고 하였지만, 그 뜻은 동일하다. 《설문(說文)》에 "'砮'은 위에서 산의 바위, 공청(空青), 산호(珊瑚)를 캐서 떨어뜨리는 것이다. '石'으로 구성되어 있고, 절성(折聲)이다."라고 하였다. '砮'과 '折'도 소리가 가깝고 의미가 같다. 《후한서(後漢書)》〈최인전(崔駰傳)〉의 주(注), 《예문유취(藝文類聚)》〈잡기물부(雜器物部)〉, 《초학기(初學記)》〈인개부(鱗介部)〉, 《태평어람(太平御覽)》〈진보부(珍寶部) 9〉, 《노사(路史)》〈소흘기(疏仡紀)〉, 《광천서발(廣川書跋)》, 《옥해(玉海)》〈기용부(器用部)〉에 이를 인용한 것에도 모두 '折金'으로 되어 있다. 《문선》의 주에 '採金'으로 되어 있는 것은 후대 사람이 '折'의 뜻을 잘 몰라서 함부로 고친 것이지, 이선(李善)의 원래 글이 아니다.

《안자춘추(晏子春秋)》〈내편(內篇) 잡 상(雜上)〉：譬之猶秋蓬也，孤其根而美枝葉。秋風一至，根且拔矣。

비유하자면 가을철의 쑥 덤불처럼 그 뿌리는 외롭고 그 가지와 잎은 무성하여 가을바람이 한번 불어오면 뿌리까지 뽑히는 것과 같습니다.

왕염손의 설 : 《군서치요(群書治要)》에는 "孤其根荄，密其枝葉，春氣至，僨以揭也。〔그 뿌리는 외롭고 그 가지와 잎은 무성하여 봄기운이 이르면 엎어지고 넘어진

다.)"라고 하였다. '僨'은 '엎어지다[仆]'라는 뜻이다. '蹷'는 '넘어지다[蹶]'라는 뜻이다. 가을철의 쑥[蓬]은 가지와 잎은 크고 뿌리는 작기 때문에 봄기운이 이르면 뿌리가 썩어서 땅에 엎어진다. 《예문유취(藝文類聚)》와 《태평어람(太平御覽)》에 모두 "孤其根本, 密其枝葉"으로 되어 있다. 금본(今本)의 글자는 또한 후대 사람이 《설원(說苑)》에 따라 수정한 것이다. 《설원》에는 "惡于根本而美于枝葉, 秋風一起, 根且拔矣.〔뿌리는 약하고 가지와 잎만 무성하여 가을바람이 한번 일면 뿌리까지 뽑힌다.〕"로 되어 있다. 이주(易疇) 정요전(程瑤田)의 《통예록(通藝錄)》에는 "쑥[蓬]의 뿌리는 외롭고 가지와 잎은 매우 무성하다. 말라 버리고 나면 뿌리에 가까운 부분은 쉽게 꺾인다. 꺾이게 되면 지면에 살짝 놓인다. 강한 바람이 들어 올리면, 마침내 하늘까지 닿는다. 그러므로 '비봉(飛蓬)'이라고 한다. 《설원》에 '拔'이라고 한 것은 조사해 보아도 자세히 알 수 없다. 조식(曹植)의 시에 '吁嗟此轉蓬, 居世何獨然。〔어이구 굴러가는 다북쑥아, 세상살이 어찌 너 혼자 그러느냐.〕'이라고 하였다. 또 '願爲中林草, 秋隨野火燔。糜滅豈不痛, 願與根荄連。〔숲 속의 풀이 되어 가을에 들불 따라 태워지고파라. 보잘것없는 것이 탄다 한들 어찌 아프지 않으리오마는 뿌리와 이어지길 바라네.〕'이라고 하였다. 쑥[蓬]이 굴러다니다가 날려서, '根荄〔뿌리〕'와 이어지지 못한다는 것을 알 수 있으니, '折〔꺾이다〕'이지 '拔〔뽑히다〕'이 아니다. 사마표(司馬彪)의 시에 '秋蓬獨何辜, 飄飆隨風轉。長飆一飛薄, 吹我之四遠。搔首望故株, 邈然無由返。〔가을철 쑥은 유독 무슨 죄를 지었기에, 세찬 바람 불면 바람 따라 넘어지네. 세찬 회오리바람 불면 쉬이 날리니, 나를 사방 먼 곳으로 날리네. 머리 긁적이며 예전의 밑동 바라보니, 아득하여 돌아갈 길 없구나.〕'이라고 하였다. 만약 쑥이 바람을 만나서 뽑히게 되었다면, 예전의 밑동도 가지를 따라가니, 어떻게 '搔首望故株'라고 말할 수 있겠는가." 하였다. 나는 살펴보건대 정이주(程易疇)의 설이 매우 잘 검증하였다. 또 살펴보건대 《안자춘추》에 "孤其根荄, 密其枝葉"이라고 한 것은 '密'과 '孤'가 대를 이룬다. 《설원》에 "惡于根本, 美于枝葉"이라고 한 것은 '美'와 '惡'이 대를 이룬다. 금본(今本) 《안자춘추》에 "孤其根而美枝葉"이라고 한 것은 '美'와 '孤'가 대가 맞지 않는다. 이는 《안자춘추》와 《설원》 두 글에서 한 구씩을 인용하다 보니 오류가 생긴 것이다.

《회남자(淮南子)》 〈전언훈(詮言訓)〉 : 金石有聲, 弗叩弗鳴。管簫有音, 弗吹弗聲。

금종(金鍾)과 석경(石磬)은 선율을 낼 수 있지만 두드리지 않으면 울리지 않는다. 피리와 퉁소는 선율을 낼 수 있지만 불지 않으면 울리지 않는다.

유적본(劉績本)은 《문자(文子)》에 의거하여 '弗聲'을 '無聲'으로 고쳤는데, 여러 판본이 모두 이를 따랐다.

왕염손의 설 : 유적이 고친 것은 틀렸다. 《백호통의(白虎通義)》에 "'성(聲)'이란 '울림[鳴]'이다." 하였으니 '피리와 퉁소는 가락을 낼 수 있지만 불지 않으면 울지 못함'을 말한 것이다. 《회남자》〈병략(兵略)〉에 "彈琴瑟, 聲鍾竽。[금과 슬을 타며 종과 우를 울린다.]"라고 한 것도 '鳴鍾竽[종과 우를 울림]'를 말한 것이다. 유적이 '聲'을 '성음(聲音)'의 '聲'으로 잘못 이해하였기 때문에 《문자》에 의거하여 고친 것이다. '金石有聲', '管簫有音'이라고 하였으니 '音'도 '聲'의 의미이다. 이것은 '성음(聲音)'의 '聲'을 말한다. '弗叩弗鳴', '弗吹弗聲'이라고 하였으니 '聲'도 '鳴'의 의미이다. '성음(聲音)'의 '聲'과는 다른 의미이다. 만약 '弗吹無聲'이라고 한다면, 앞의 문장과 뜻이 달라진다.

위의 세 가지 예는 모두 다른 책에 근거하여 본문을 고쳐서 생긴 오류이지만, 구체적인 원인은 전혀 다르다.

6) 오자로 오자를 고친 경우

《관자(管子)》〈패언(覇言)〉: 故貴爲天子, 富有天下, 而伐不謂貪者, 其大計存也。

그러므로 존귀하기로는 천자가 되었고 부유하기로는 천하를 소유하였으면서 다른 나라를 정벌하여도 탐욕스럽다고 하지 않는 것은 큰 계책이 있기 때문이다.

윤지장(尹知章)의 주(注) : 땅이 고르게 분배된다면 저들을 신하로 삼을 수 있다. 땅이 자연히 저들을 이롭게 할 텐데 나에게 무엇을 탐내겠는가.

왕염손의 설 : 만일 윤지장의 주(注)대로라면 '伐'은 '我'의 오기이다. '我不謂貪'은 '我不爲貪[내가 탐욕스런 사람이 되지 않는다.]'이다. 옛날에 '謂'는 '爲'와 같은 뜻이었다.

유월(兪樾)의 설 : '伐'은 '代'의 오기이다. 《관자》의 원문에는 본래 '世不謂貪'으로 되어 있었으니 '온 세상 사람들이 탐욕스럽다고 여기지 않음'을 말한 것이다. 당대(唐代) 사람들은 피휘하기 위해 '世'를 '代'로 고쳤는데, 후대 사람이 옮겨 적다가 다시 '代'를 '伐'로 잘못 쓴 것이다.

두 사람의 설이 다르다. 왕염손의 설이 옳다면 유월의 설이 틀리게 되고 반대의 경우에도 마찬가지이니, 어느 쪽이든 간에 오자로 오자를 고친 경우가 된다.

《순자(荀子)》〈비상(非相)〉: 傳者久則論略, 近則論詳。

전해 내려온 지가 오래되었으면 논의가 간략하고, 얼마 되지 않았으면 논의가 자세하다.

유월의 설 : 두 '論'은 모두 '兪'의 오기이다. '兪'는 '愈'로 읽는다. 《순자》〈영욕(榮辱)〉의 "淸之而兪濁者, 口也; 豢之而兪瘠者, 交也。〔맑게 하려면 할수록 탁해지는 것이 입이고, 잘해 주면 잘해 줄수록 메마르는 것이 사귐이다.〕"에 대한 양경(楊倞)의 주(注)에 "'兪'는 '愈'로 읽는다."라고 한 것이 그 예이다. '兪'가 '侖'으로 잘못되고, 인하여 '論'으로 잘못된 것이다. 《한시외전(韓詩外傳)》에는 "久則愈略, 近則愈詳〔전해 내려오는 일은 오래될수록 소략하고 얼마 되지 않을수록 자세하다.〕"으로 맞게 되어 있으니, 이를 근거로 하여 교정할 수 있다.

《장자(莊子)》〈천지(天地)〉: 以二缶鍾惑, 而所適不得矣。

두 사람의 발이 길을 잃으면 목적한 곳에 갈 수가 없다.

곽상(郭象)의 주(注) : 각자가 믿는 근거가 있기 때문에 갈 곳을 알지 못하는 것이다.

성현영(成玄英)의 소(疏) : '踵'은 '발〔足〕'의 뜻이다. 방향을 잃은 사람이 북쪽을 가리키며 남쪽이라고 하면, 의혹이 생겨나 발걸음을 떼고도 가지 못하고 나머지 한 사람도 혼자서 나아갈 방법이 없으니, 앞의 목적지에 도달하고자 하더라도 할 수 있겠는가. 이는 앞의 '惑'을 다시 풀이한 것이다.

《경전석문(經典釋文)》: '缶'는 '垂'가 되어야 하고 '鍾'은 '踵'이 되어야 하니, '허공에 발을 들고 있으면 반드시 갈 수가 없다'고 말한 것이다. 사마표본(司馬彪本)에는 '二垂鍾'으로 되어 있으며 "'鍾'은 '모으다〔注〕'라는 뜻이다." 하였고 '所適'에 대해 사마표는 '이르다〔至〕'라고 하였다. 곽숭도(郭嵩燾)는 '缶'와 '鍾'은 모두 술그릇이자 도량형이라고 여겼다. "'缶'는 4곡(斛)을 담을 수 있고, '鍾'은 8곡을 담을 수 있다. '以二缶鍾惑'은 '缶'와 '鍾'의 용량을 분별하지 못한다는 것이다. 그런 상황에서 부(缶)와 종(鍾)을 잡고서 계량하게 되면 혼란스러워서 어느 것이 맞는지 모르는 것이다." 하였으니, 곽숭도는 '缶'와 '鍾'은 잘못되지 않았다고 여긴 것이다.

유월의 설 : '鍾'은 '踵'이 되어야 하고 '二'는 '一'의 오자이고 '缶'는 '企'의 오자이다. '企'의 하반부는 '止'로 구성되며 '缶'는 속자로 '𦈢'로 쓰는데 그 하반부도 '止'로 구성되니, 두 글자의 자형이 비슷하기 때문에 오류가 생긴 것이다. 《문선(文選)》〈탄서부(嘆逝賦)〉의 주(注)에 《자림(字林)》을 인용하여 "'企'는 '발꿈치를 드는 것[擧踵]'이다." 하였고, 《일체경음의(一切經音義)》15에 《통속문(通俗文)》을 인용하여 "'발꿈치를 드는 것[擧踵]'을 '企'라고 한다." 하였다. 그렇다면 '企踵'은 '擧踵'과 같다. 사람이 한 번 발꿈치를 드는 것은 반걸음, 한 걸음의 짧은 사이에 불과하다. 그러나 한 번 발꿈치를 내디딜 때부터 의혹하게 되면 자신의 목적지에는 도달할 수 없는 것이다. '一企踵'을 '二缶鍾'으로 오인하면, 그 뜻이 통하지 않는다.

우성오(于省吾)의 설 : '缶'는 고문(古文)의 '寶'이다. '以二缶鍾惑'은 '以二寶鍾惑'으로 읽어야 한다. '二寶[두 보배]'는 곧 앞글의 '高言[고상한 말]'과 '至言[지극한 이치를 담고 있는 말]'을 이어받는 것이다. '鍾'은 '모으다[聚]'라는 뜻이다. '高言'과 '至言'의 '二寶'로 말해 주면, 속인(俗人)이 반드시 이해하지 못하고 도리어 의심을 품게 된다고 말한 것이다. 그러므로 '而所適不得矣'라고 한 것이다. 이렇게 하면 글자를 고치지 않아도 어의(語義)가 자연히 맞게 된다. 유월이 '二缶鍾'을 '一企鍾'으로 고친 것은 근거가 없는 것이다.

위의 세 사례는 모두 각자가 본 판본에 오자가 있었으나 교감을 한 것도 분명 오류가 있었으니, 근거 없이 억측에 따라 고친 것이다.

명백하게 문의로 인해 생긴 오류의 통례는 자형이나 어음으로 인해 생긴 오류의 통례와 비교하면 범위가 넓으며, 오류가 발생한 구체적인 원인은 종종 문의가 통하지 않는 유형에 한정되지 않고, 자형이 유사한 경우나 어음이 비슷한 경우와도 동시에 관련되어 있다. 이러한 종류의 의오를 발견하고 해결할 때, 문의의 정확성 여부가 본래 중요한 기준이기는 하지만, 문의가 통하지 않는다는 것만 가지고 오류의 원인을 설명하는 것은 그 자체의 광범성으로 인해서 때때로 매우 엄밀하지 않다. 다시 말해서 '문의로 인해 생긴 오류'라는 관점을 실제로는 일체의 교감 통례에 적용해 본다면, 어떠한 유형의 오류든지 모두 문의가 통하지 않는 것으로 드러난다. 이러한 관점에서 보면, 문의로 인해 생긴 오류의 통례는 광범위하게 억지로 적용해서는 안 되고, 이와 같이 문리가 통하지 않으면서 어음과 자형 방면의 오류 발생 원인이 두드러지게 드러나지 않는 사례를 구체적으로 분석해야만 한다.

오자를 발생시키는 구체적인 원인이 복잡하고 다양해서, 각각의 오자마다 오류가 발생한 원인은 때때로 단일하지 않고 종합적이다. 즉 자형, 어음, 문의 등 각 방면의 요인이 뒤엉켜져서 이루어진다. 고적은 전파되는 과정에서 다양한 변천을 겪고 어떤 고서도 여러 차례의 간인을 거치면서 각종 오자가 덧붙여지므로, 이미 조성된 오자를 근거로 미루어 판단하는 것은 사실상 여러 가지 편차가 존재할 수밖에 없다. 그러므로 앞에서 서술한 각종 유형의 통례는 그 실천적 의의가 객관적인 법칙과는 결코 같을 수 없으며, 단지 약간의 일반적으로 발생할 수 있는 오류의 원인을 제공하여 오류를 분석하고 판단하는 데 도움을 줄 뿐이다. 위에서 서술한 각종 유형의 통례를 운용할 때에는 반드시 구체적으로 분석해서 확실한 증거를 확보해야 하며, 절대 억지로 적용해서는 안 된다.

제4절 탈문 통례

탈문(脫文)이란 글자가 빠지고 구가 누락된 것이다. 탈문이 발생하는 원인에는 대체로 다음 네 가지가 있다.

1 탈간

탈간(脫簡)은 진한(秦漢)의 죽간(竹簡)과 백서(帛書)로 전파되는 과정에서 한두 개의 간(簡)이나 한두 필의 백(帛)이 빠지는 것을 가리킨다. 후대 판각본의 낙장과 유사한데, 탈간으로 발생하는 탈문의 수량은 비교적 적은 반면 낙장으로 인한 탈문의 수량은 비교적 많다는 것이 다른 점이다. 예를 들어 《일주서(逸周書)》 중에는 몇 글자가 탈문된 것 이외에도 종종 열한두 글자의 탈문이 있는데, 간혹 명당의 제도를 서술한 81자가 탈루되어 있는 《일주서》 〈명당(明堂)〉과 같은 경우가 있다. 대체로 원래의 간(簡)에는 매 조각마다 열한두 글자씩 있으므로 한 조각이나 몇 개의 조각이 빠진 것이라는 것을 알 수 있다. 그러나 《문심조룡(文心雕龍)》 〈은수(隱秀)〉와 같은 경우에는 송대(宋代) 이후에 수백 개의 글자가 빠지게 되었는데, 바로 낙장으로 인해 발생한 것이다. 탈간은 낙장을 포함하며 일반적으로 대교(對校)를 하면 발견할 수 있다. 대교할 수 있는 판본이 있다면 탈간을 발견하는 것과 동시에 종종 빠진 것을 보충해 넣을 수도 있는 반면, 대교할 수 있는 판본이 없는 경우에는 문장의 뜻이 완결되지 않았거나 어구가 끊긴 것에서 의오(疑誤)

를 발견하게 된다. 그러나 빠진 부분을 보충해 넣을 길이 없으며 단지 빠진 것으로 의심되는 부분에 주석을 낼 수밖에 없다. 탈간이나 낙장이 발생하는 것은, 보통의 경우 의도적이지 않은 유실이나 파손 때문이다. 그러나 탈간은 종종 착간(錯簡)과 서로 원인과 결과가 되곤 하는데, 간·백의 순서가 어지러워지면 간(簡)이 잘못 놓인 곳에는 연문(衍文) 이 출현하고 간(簡)이 빠진 곳에는 탈문이 발생한다. 그러므로 탈간은 또 결탈(缺脫)과 착탈(錯脫) 두 경우로 분류할 수 있다. 그 사례를 한 번 들어 보겠다.

《일주서(逸周書)》〈문전해(文傳解)〉:《夏箴》曰 "小人無兼年之 食, 遇天饑, 妻子非其有也。大夫無兼年之食, 遇天饑, 臣妾輿馬 非其有也。戒之哉！弗思弗行, 至無日矣。不明開塞禁舍者, 其如 天下何!"
《하잠(夏箴)》에 이르기를 "백성은 2년의 양식이 비축되어 있지 않 으면 천재(天災)로 인한 기근을 만났을 때 처자식이 더 이상 그의 처자식이 아니게 되며, 대부는 2년의 양식이 비축되어 있지 않으면 천재로 인한 기근을 만났을 때 남녀 노예와 거마가 더 이상 그의 소 유가 아니게 된다. 경계하라! 생각하지 않고 실행에 옮기지 않는다 면 화가 닥칠 날이 멀지 않다. 형벌로 범죄를 금하고 상으로 공을 세우는 길을 열어 주는 것에 밝지 않으면 천하를 빨리 잃게 된다." 하였다.
공조(孔晁)의 주(注): '積'은 재용을 말하며 '聚'는 곡식과 채소를 말한다. 옛날 에는 나라에 3년 농사를 지으면 반드시 1년의 비축이 있었다. '非其有'는 달아나 떠도는 것을 말한다. '不明'은 그 시기를 놓치는 것을 이른다.
왕염손(王念孫)의 설: 이 글 다음에 "國無兼年之食, 遇天饑, 百姓非其有也。[나라 에 2년의 양식이 비축되어 있지 않으면 천재로 인한 기근을 만났을 때 백성이 더 이상 그의 소유가 아니게 된다.]"라는 15자가 있는데 금본에는 탈락되었다. 그 앞글에 이르기를 "天有四殃, 水旱饑荒, 其至無時, 非務積聚, 何以備之?〔하늘에는 네 가지 재앙이 있으니, 홍수·가뭄·기아·흉년이다. 이 재앙들은 그 이르는 것이 일정한 때가 없다. 재용과 곡식을 비축해 두는 것에 힘쓰지 않는다면 무엇으로 이것을 대비할 것인가.]"라고 하였는데, 이것은 오로지 나라를 소유한 사람을 가리켜서 말한 것이다. 그러므로 여기에서《하잠(夏箴)》을 인용하여 집안과 나라는 한 이치라는 뜻을 밝힌 것이다. 만일 이 15자가 없다면 단지 집안만 말하고 나라까지는 언급하지 않는 것이어서 앞 문장과 부합하지 않게 된다. 공조(孔晁)의 주(注)에 "古者國家三年必有一年之儲."라고 한 것을 의거했을 때, 이것은 바로 '國無兼年之食' 이하 15자를 해석한 것이다. 만일 이 15자가 없다면 또 주석과도 부합하지 않게 된다.《묵자(墨子)》〈칠환(七患)〉에는《주서(周書)》를 인용하여 "國無三年之食者, 國非其國也。家無三年之食者, 子非其子也。〔나라에 3년의 양식이 비축되어 있지 않다면 나라는 더 이상 그의 나라가 아니며, 집에 3년의 양식이 비축되어 있지 않다면 자식이 더 이상 그의 자식이 아니다.]"라고 하였는데, 바로 이 편의 문장을 요약하여 거론한 것이다. 만일 이 15자가 없다면 또《묵자》와도 부합하지 않게 된다.《군서치요(群書治要)》및《태평어람(太平御覽)》〈시서부(時序部) 20〉·〈문부(文部) 4〉,《옥해(玉海)》등 31곳의 인용문에 모두 이 15자가 있다.

왕염손의 설 : "至無日矣"는《군서치요》에는 "禍至無日矣"라고 되어 있다. 금본에는 '禍' 자가 빠져 있는데, 이렇게 되면 뜻이 통하지 않게 된다.

왕염손의 설 : '不明' 앞에 "明開塞禁舍者, 其取天下如化。〔형벌로 범죄를 금하고 상으로 공을 세우는 길을 열어 주는 것에 밝은 사람은 그 천하를 얻는 것이 매우 빠르다.]"라는 12자가 있는데 금본에는 탈락되어 있으며, 그 주석에 있는 "變化之頃, 謂其疾。〔찰나지간에 변화하는 것이니, 그 빠름을 말한 것이다.]"이라는 7자도 금본에는 탈락되어 있다. "明開塞禁舍" 2구는 바로 다음의 '不明'과 짝을 지어 말한 것이니, 이제 이 두 구가 탈락되면 어의(語義)가 완전하지 않게 된다. 다음에 나오는 "其如天下何"는 본래는 "其失天下如化"로 되어 있었는데, 단지 앞 글과 주석에서 이미 빠져 있음으로 인하여 후대인이 마침내 '如化' 2자의 뜻을 알 수 없게 되자 마음대로 이것을 고쳐 "其如天下何"라고 한 것이다. '如化'라는 것이 그 신속함을 얘기한 것이라는 것을 모른 것이다. '開塞禁舍'에 밝으면 천하를 취하는 것이 반드시 빠르기 때문에 "取天下如化"라고 한 것이며, '開塞禁舍'

에 밝지 않으면 천하를 잃어버리는 것도 빠르기 때문에 "失天下如化"라고 한 것이다. 두 '如化'는 앞뒤가 호응하고 있다. 그런데 이제 "其如天下何"로 고쳤으니 뜻이 맞지 않게 되었다. 《일주서》〈무칭(武稱)〉에 "民服如化"라고 하였고, 《일주서》〈소명무(小明武)〉에는 "勝國若化"라고 하였으며, 《여씨춘추》〈회총(懷寵)〉에는 "兵不接刃, 而民服若化。〔병기를 들고 싸우지 않아도 백성들이 빨리 따른다.〕"라고 하였는데, 모두 그 신속함을 말한 것이다. 그러므로 공조의 주에 "變化之頃, 謂其疾。"이라고 한 것이다. 《군서치요》에는 "明開塞禁舍者, 其取天下如化。 이 아래 공조의 '變化之頃' 등등의 주석을 인용하였다. 不明開塞禁舍者, 其失天下如化。" 로 되어 있는데, 이제 이에 의거하여 보정한다.

이 사례 가운데 두 군데의 탈문은 모두 결탈(缺脫)로,《군서치요》등의 유서(類書)가 있어 교감하여 보충할 수 있기 때문에 논증이 비교적 분명하다.

《안자춘추(晏子春秋)》〈내편(內篇) 간 하(諫下) 22〉: 梁丘據死。景公召晏子而告之曰:"據忠且愛我, 我欲豐厚其葬, 高大其壟。"晏子曰:"敢問據之忠與愛于君者, 可得聞乎?"公曰:"吾有喜于玩好, 有司未能我共也, 則據以其所有共我, 是以知其忠也。 每有風雨, 暮夜求必存, 吾是以知其愛也。"晏子曰:"嬰對則爲罪, 不對則無以事君, 敢不對乎! 嬰聞之, 臣專其君, 謂之不忠; 子專其父, 謂之不孝; 妻專其夫, 謂之嫉。事君之道, 導親于父兄, 有禮于羣臣, 有惠于百姓, 有信于諸侯, 謂之忠。爲子之道, 以鍾愛其兄弟, 施行于諸父, 慈惠于衆子, 誠信于朋友, 謂之孝。爲妻之道, 使其衆妾皆得歡忻于其夫, 謂之不嫉。今四封之民, 皆君之臣也, 而維據盡力以愛君。"

양구거가 죽자 경공이 안자를 불러 말하기를 "양구거가 충성스럽고 나를 사랑하였으니 내 그의 장례를 후히 지내 주고 그의 봉분을 높고 크게 하고자 한다." 하였다. 안자가 "양구거가 임금님께 어떻게 충성하고 임금님을 어떻게 사랑하였다는 것인지 여쭈어도 되겠습니까?" 하니, 경공이 대답하였다. "내가 좋아하는 완호품을 담당 관리가 미처 내게 공급해 주지 못하면 양구거가 자신이 가진 것을 나에게 주었다. 이 때문에 그가 충성스럽다는 것을 알았다. 매번 비바람이 칠 때마다 늦은 밤이라도 그를 부르면 그는 반드시 왔다. 내가 이 때문에 그가 사랑한다는 것을 알았다." 안자가 말하였다. "제가 대답을 하면 죄를 입을 것이지만 대답하지 않는다면 군주를 섬길 방법이 없으니 어찌 감히 대답하지 않을 수 있겠습니까. 저는 신하가 그 임금을 독차지하는 것을 불충이라 하고, 자식이 그 부모를 독차지하는 것을 불효라 하며, 아내가 그 남편을 독차지하는 것을 투기라 한다고 들었습니다. 임금을 섬기는 도리는, 부형을 친애하고 신하들에게 예의를 갖추도록 하며 백성들에게 은혜를 베풀고 제후에게 신의가 있도록 인도하는 것을 충성스럽다 합니다. 자식으로서의 도리는, 자신의 형제를 사랑하고 그 사랑을 백부와 숙부에게 미칠 수 있도록 하며 아이들을 사랑하고 벗에게 신의가 있도록 인도하는 것을 효성스럽다 합니다. 아내로서의 도리는, 여러 첩이 모두 그 남편에게 사랑을 얻을 수 있도록 하는 것을 투기하지 않는 것이라고 합니다. 이제 온 나라 백성이 모두 임금님의 신하인데 오직 양구거만이 온 힘을 다하여 군주를 사랑하였습니다."

구본(舊本) 주석에는 "이하는 빠졌다.[下闕]"라고 하였는데, 《군서치요》에는 이 글 다음에 다음과 같은 99자가 있다.

"何愛者之少邪？ 四封之貨, 皆君之有也, 而維據也以其私財忠于君, 何忠者之寡邪? 據之防塞羣臣, 擁蔽君, 無乃甚乎!"公曰：
"善哉! 微子, 寡人不知據之至於是也。"遂罷爲壟之役, 廢厚葬之
令, 令有司據法而責, 羣臣陳過而諫。故官無廢法, 臣無隱忠, 而
百姓大說。

"어찌하여 사랑하는 사람이 그렇게 적단 말입니까. 온 나라의 재물
이 모두 임금님의 소유인데 오직 양구거만이 자신의 개인 재산으로
임금님께 충성을 다하였으니, 어찌하여 충성스러운 신하가 그렇게
적단 말입니까. 양구거가 여러 신하를 막고 임금님을 가린 것이 너
무 심한 것이 아니겠습니까." 경공이 말하였다. "훌륭하오! 그대가
아니었다면 과인은 양구거가 이 정도까지 심한 줄은 몰랐을 것이
오." 마침내 봉분을 만드는 일을 중지하고 후장하라는 명을 철회하
였으며, 담당 관리로 하여금 법에 따라 처리하도록 하고 신하들에
게는 과실을 진달하여 간하도록 하였다. 그러므로 관부에는 유명무
실한 법령이 없게 되었고 신하들은 충정이 매몰되지 않게 되었으며
백성들은 크게 기뻐하였다.

분명 이 99자는 결탈이다. 《태평어람》〈예의부(禮儀部) 37〉에는
"高大其壟"을 인용한 다음에 "晏子曰：'不可'。公遂止。〔안자가 '안 됩니
다.'라고 하자 경공이 마침내 중지하였다.〕"로 되어 있다. 《태평어람》은
이 단락을 산삭한 것이니, 《군서치요》에 의거하여 보충하여 정정하면
문장의 뜻이 완전해진다. 그런데 명(明) 능징초(凌澄初)는 "여기에서
끝난 것은 말로는 뜻을 모두 다 나타낼 수 없기 때문이다. 그런데 구본
에서 궐문을 의심한 것은 무엇 때문인가?〔卽此住盡, 是言不盡意。舊本
以疑闕, 何也?〕"라고 평하였다. 이것은 평점파(評點派)[24]의 억측이다.

《논형(論衡)》〈본성(本性)〉：然而性善之論，亦有所緣：或仁或義，性術乖也；動作趨翔，性識詭也。面色或白或黑，身形或長或短，至老極死，不可變易，天性然也。皆知水土物器形性不同，而莫知善惡，稟之異也。一歲嬰兒，無爭奪之心；長大之後，或漸利色；狂心悖行，由此生也。……實者，人性有善有惡，猶人才有高有下也。高不可下，下不可高。謂性無善惡，是謂人才無高下也。稟性受命，同一實也。命有貴賤，性有善惡。謂性無善惡，是謂人命無貴賤也。九州田土之性，善惡不均，故有黃赤黑之別，上中下之差。水潦不同，故有清濁之流，東西南北之趨。人稟天地之性，懷五常之氣，或仁或義，性術乖也。動作趨翔，或重或輕，性識詭也。面色或白或黑，身形或長或短，至老極死，不可變易，天性然也。

그러나 성선론도 일리는 있다. 인자한 사람도 있고 의로운 사람도 있는 것은 사람이 태어나면서부터 따르는 도덕 준칙이 다르기 때문이며, 일을 만났을 때 동작이 기민하고 느린 것은 타고난 식견이 다르기 때문이다. 얼굴색이 하얀 사람도 있고 검은 사람도 있으며 체구가 큰 사람도 있고 작은 사람도 있어서 늙어 죽을 때까지 고칠 수 없는 것은 타고난 본성이 그러하기 때문이다. 사람들은 자연의 환경이 다르면 사람과 사물의 형상과 특성이 다르다는 것은 모두 알면서도 사람의 선악이 태어나면서부터 다르게 품부받았다는 것은

---

24 평점파(評點派) : 평점은 평론권점을 말한다. 옛날에 책을 읽을 때 글자 사이 또는 행간에 소감을 쓰고 뛰어난 구절에 권점을 더한 것이다. 평점파는 '구홍학(舊紅學)' 중의 한 유파로, 중국문학사상 명대 중엽 지연재(脂硯齋)로부터 시작되었다. 희곡 소설이 성행하자 책 상인들은 고객을 불러 모으기 위하여 당대의 명사들을 초빙하여 평점을 더한 뒤에 출판을 하였다. 조설근(曹雪芹)이 《석두기(石頭記)》를 쓰고 아직 정고(定稿)도 없는 상황에서 지연재는 전(前) 80회에 평점을 하였는데, 이와 같이 《홍루몽(紅樓夢)》 연구는 평점파로부터 시작되었다. 여기에서는 평론가의 의미로 쓰였다.

모른다. 한 살 된 아이가 다투는 마음이 없다가 자란 뒤에는 점점 이욕과 여자에 빠져서 광분하고 미친 행동을 하기도 하는 것은 바로 이 때문에 생겨나는 것이다.……사실 인성에 선도 있고 악도 있는 것은 사람이 재주가 많은 사람도 있고 적은 사람도 있는 것과 같은 것이다. 재주가 많은 사람은 적어질 수 없고 적은 사람은 많아질 수 없으니, 인성에 선악이 없다고 말하는 것은 사람의 재주가 많고 적음이 없다고 말하는 것과 같은 것이다. 태어나면서부터 다른 인성과 명을 부여받는 것도 완전히 같은 상황이다. 명에는 귀천이 있으며 인성에는 선악이 있으니, 인성에 선악이 없다고 말하는 것은 인명에 귀천이 없다고 말하는 것과 같은 것이다. 구주의 땅의 특성은 좋고 나쁨이 똑같지 않기 때문에 누렇고 붉고 검은 구분이 있는 것이며 상중하의 차이가 있는 것이다. 물의 근원이 다르기 때문에 맑고 탁한 물이 있는 것이며 동서남북으로 다르게 흘러가는 것이다. 사람은 태어나면서 천지의 성품을 품부받고 오상의 기운을 지닌다. 인자한 사람도 있고 의로운 사람도 있는 것은 사람이 태어나면서부터 따르는 도덕 준칙이 다르기 때문이며, 일을 만났을 때 동작이 기민하고 느리며 중후하기도 하고 가볍기도 한 것은 타고난 식견이 다르기 때문이다. 얼굴색이 하얀 사람도 있고 검은 사람도 있으며 체구가 큰 사람도 있고 작은 사람도 있어서 늙어 죽을 때까지 고칠 수 없는 것은 타고난 본성이 그러하기 때문이다.

이 두 단락 가운데 '或仁或義'에서 '天性然也'까지는 중복해서 나왔으며, 뒤의 단락에는 '或重或輕' 4자가 더 있다. 그러나 문장의 뜻으로 볼 때 앞 단락의 '皆知' 이하 3구는 마땅히 이곳에 있어야 하는데 뒤의 단락에는 이 3구가 없다. 분명히 이 구절의 문자는 착간으로 인해 조성된 연문과 탈문인 것이다. 문장의 뜻으로 보았을 때, 앞 단락은 성선설(性善說)이 유래가 있다는 것을 논하였으니, 응당 다음에 나오는 '一歲嬰兒'에 곧바로 연결되어야 한다. 이 부분의 문자는 앞 단락에서는 연문이다. 그리고 뒤의 단락은 인성(人性)에는 선(善)도 있고 악(惡)도 있다는 것을 총결지어 이 부분의 문자와 바로 일관된다. 다만 '皆知' 3구가 빠졌을 뿐이다. 이 3구는 뒤의 단락에서는 탈문이다. 이 사례에서 착간과 탈간은 서로 원인과 결과가 되어 여기에서 빠진 것이 저기에서는 연문이 된다는 것을 알 수 있다.

2 초탈

베껴 쓰거나 판에 새길 때 모두 글자를 빠뜨리는 현상이 발생할 수 있는데, 의도하지 않고 한두 글자를 빠뜨리는 것은 모두 초탈(抄脫)이라 말할 수 있다. 이런 현상의 구체적인 상황은 각양각색이며 오류를 발생시킨 구체적인 원인 또한 일일이 열거할 수 없을 정도로 많다. 비교적 자주 보이는 사례로 다음 몇 가지가 있다.

1) 글자가 중첩되어 빠뜨린 경우

《상서(尙書)》〈미자(微子)〉서(序) : 殷旣錯天命, 微子作誥, 父師少師。

은나라가 주(紂)의 폭정으로 인해 천명이 어지럽게 되자 미자가 고를 지어 부사와 소사에게 말하였다.[25]

25 미자(微子)가……말하였다 : '미(微)'는 나라 이름이며 '자(子)'는 작위로, 미자는 주왕

유월(兪樾)은 "微子作誥, 誥父師少師."라고 해야 한다고 하였다. 두 개의 '誥' 자가 연달아 있어 그중 하나를 잘못 빠뜨린 것이다.

《묵자》〈노문(魯問)〉: 公輸子削竹木以爲鵲, 成而飛之, 三日不下。
공수자가 대나무를 깎아 까치를 만들었다. 까치가 완성되자 이것을 날려 보냈는데 3일 동안 떨어지지 않았다.

《초학기(初學記)》〈과목부(果木部)〉와 《백첩(白帖)》95에서는 "公輸子削竹木以爲鵲, 鵲成而飛之, 三日不下."라고 인용하여 '鵲' 자가 하나 더 있다.

《묵자》〈비성문(備城門)〉: 二步一答, 廣九尺, 袤十二尺。
2보[26]마다 답[27]을 하나씩 설치하여 화살과 돌을 막는데, 답의 너비는 9척이며 길이는 12척이다.

《한서(漢書)》〈조조전(晁錯傳)〉여순(如淳) 주의 인용 : 二步一答, 答廣九尺, 袤十二尺。

왕염손의 설 : 상문의 "二步一渠, 渠立程丈三尺。[2보마다 거[28] 하나씩을 설치하는데, 거에 세우는 정[29]의 길이는 1장 3척이다.]"이 이 문장과 같은 사례이다. 금본(今本)에서 '答' 자가 하나 적은 것은 문장의 뜻이 충분치 않다.

(紂王)의 형이다. 부사(父師)는 은(殷) 삼공(三公)의 하나인 태사(太師)로 주왕의 제부(諸父) 기자(箕子)를 말하며, 소사(少師)는 주왕의 숙부 비간(比干)을 말한다.

26 보(步) : 주대(周代)에는 8척(尺)을, 진대(秦代)에는 6척을 1보로 삼았다. 진도(秦度) 1척은 지금의 23.1cm이다. 《二十二子詳注全譯 墨子譯注》

27 답(答) : 잠중면(岑仲勉)의 주석에 "대로 엮어 가리고 막는 데 쓰는 물건이다." 하였으니, 화살과 돌을 막는 물건이다. 《二十二子詳注全譯 墨子譯注》

28 거(渠) : 성을 수비하는 기계이다. 나무로 만들었는데, 위에는 나무 질려(蒺藜)나 철질려를 깔아서 적이 진격해 오는 것을 막았던 것으로 보인다. 《二十二子詳注全譯 墨子譯注》

29 정(程) : 곧게 세운 깃대이다. 《二十二子詳注全譯 墨子譯注》

《한서》〈율력지(律曆志)〉: 實如法得一, 陰一陽, 各萬一千五百二十。

이처럼 유추해 나가면 1음 1양이 각각 1만 1520이 된다.

왕염손의 설 : '實如法得一' 다음에 다시 '一' 자가 있어야 한다.

《한서》〈식화지(食貨志)〉: 凡輕重斂散之以時, 則準平。使萬室之邑, 必有萬鍾之臧, 臧繈千萬。千室之邑, 必有千鍾之臧, 臧繈百萬。

수매가를 낮추고 높이며 곡물의 징수와 산발을 모두 적정한 시기에 하면 공급과 수요가 조절되어 물가가 안정되는데, 이렇게 함으로써 만 호의 읍에는 반드시 만 종의 비축과 천만 관의 돈꿰미가 있게 하며 천 호의 읍에는 반드시 천 종의 비축과 백만 관의 돈꿰미가 있게 한다.

왕염손의 설 : 경우본(景祐本)[30]에는 '則準平' 다음에 '守準平〔공급과 수요를 조절하여 물가를 안정시키는 조치를 준수하다.〕'이라는 세 글자가 있는데 이것이 옳다. 《통전(通典)》〈식화(食貨) 12〉에도 이 세 글자가 있다. 《관자(管子)》〈국축(國蓄)〉에 "故守之以準平, 使萬室之都, 必有萬鍾之臧。〔그러므로 군주는 공급과 수요를 조절하여 물가를 안정시키는 조치를 준수함으로써 만 호가 있는 도성에는 반드시 만 종의 비축된 양식이 있도록 한다.〕" 운운한 것도 그 증거이다.

하작(何焯)의 설 : 앞의 '準平' 구는 그 처음 일을 할 때이니 반드시 그것을 시행했을 것이다. 오랜 시간이 경과한 뒤에 비축이 있을 수 있게 된 것이다. '守' 자는 관련이 매우 깊으니, 근래 판각본에서 다음에 나오는 '守準平' 구를 빠뜨린 것은 잘못이다.

---

30 경우본(景祐本) : 북송 인종(仁宗) 경우 연간(1034~1037)에 간행된 판본으로, 《한서》의 여러 판본 중 이 경우본이 가장 좋다고 한다.

이상 앞의 네 사례는 모두 앞 구의 끝 글자가 다음 구의 첫 글자와 중첩되어 베껴 쓰는 과정에서 한 글자를 빠뜨림으로써 오류가 생긴 경우이고, 뒤의 한 가지 사례 역시 '準平'이란 글자가 중첩됨으로 인하여 '守準平'한 구를 베껴 쓰는 과정에서 빠뜨린 것이다.

2) 뜻이 유사하여 빠뜨린 경우

《관자》〈치국(治國)〉: 粟者, 王之本事也。

양식을 마련하는 것은 인군의 근본적인 일이다.

《군서치요(群書治要)》에는 "粟者, 王者之本事也。"라고 하여 '王' 자 다음에 '者'가 있다. 마땅히 이에 의거하여 보충해 넣어야 한다. 살펴보면, 이것은 '王'이 '王者'와 뜻이 유사하여 베껴 쓰는 사람이 자기도 모르게 '者' 자를 빠뜨린 것이다.

《안자춘추》〈내편(內篇) 간 하(諫下) 24〉: 內不以禁暴, 外不可威敵。

안으로는 폭력을 금지하지 못하고 밖으로는 적에게 위엄을 보이지 못한다.

왕염손은 윗글의 "內可以禁暴, 外可以威敵。"에 의거하여, 이 두 구는 위의 구에서는 '可' 자가 빠졌고 아래 구에서는 '以' 자가 빠졌다고 하였다.

《한서》〈주운전(朱雲傳)〉: 臣願賜尙方斬馬劍, 斷佞臣一人, 以厲其餘。

신은 상방참마검[31]을 내려 주시어 이것으로 아첨하는 신하 한 사람

---

31 상방참마검(尙方斬馬劍): 상방(尙方)에서 만든 어용검이다. 매우 예리하여 말을 벨 수 있기 때문에 이런 이름이 붙었다. 안사고(顏師古)의 주에 의하면, 상방은 소부(少府)의 속관으로 어용 기물을 만들어 공급하는 곳이기 때문에 참마검이 있었다고 한다.

의 목을 베어서 그 나머지 사람들을 경계시키기를 원합니다.

《후한서》〈양사전(楊賜傳)〉주, 《초학기》〈인부 중(人部中)〉, 《백첩(白帖) 13·
92》, 《태평어람》〈병부(兵部) 73》, 《태평어람》〈인사부(人事部) 68·93〉에는
이 문장이 모두 "斷佞臣一人頭"로 인용되어 있으며, 《한기(漢紀)》와 《자치통감
(資治通鑑)》도 같다.

왕염손의 설 : 원래는 '頭' 자가 있었는데 금본에서 이것을 뺀 것이다.

《한서》〈외척(外戚) 조첩여전(趙倢伃傳)〉 : 聞昔堯十四月而生,
今鉤弋亦然。

옛날 요 임금은 임신한 지 14개월 만에 태어났다 들었는데, 이제
구익자도 그러하다.

《태평어람》〈황친부(皇親部)〉 2에 이와 똑같이 인용되어 있다. 《한기》〈효무
기(孝武紀)〉에는 "鉤弋子"로 되어 있어 '子' 자가 있다.

왕염손의 설 : 앞 문장에 "生昭帝, 號鉤弋子。[소제를 낳으니, 구익자라 불렀다.]"
라고 하고, 뒤 문장에 "鉤弋子年五六歲, 壯大多知。[구익자는 나이 5, 6세에 장대
하고 지모가 많았다.]"라고 하였으니, 모두 '子' 자가 있어야 한다는 것을 증명할
수 있다.

　이상 네 사례는 모두 뜻이 유사하여 베껴 쓰는 과정에서 끝 글자나 유
사한 말을 빠뜨리기 쉬운 경우이다.

3) 말이 복잡하여 빠뜨린 경우

　《묵자》〈상현 하(尙賢下)〉 : 今天下之士君子, 皆欲富貴而惡貧賤,
然女何爲而得富貴而辟貧賤哉? 曰 : 莫若爲王公大人骨肉之親。無
王公大人骨肉之親無故富貴面目美好者, 此非可學能者也。

　"지금 천하의 사군자들이 모두 부귀를 바라고 빈천을 싫어한다. 그
렇다면 당신은 어떻게 해야 부귀를 얻고 빈천을 피할 수 있는가?"

"왕공대인의 골육지친이 되는 것만 한 것이 없다. 왕공대인의 골육지친은 아무런 이유 없이 부귀하고 용모가 아름다운 사람들이니 배워서 할 수 있는 것이 아니다."

왕염손의 설 : 앞 문장의 "今王公大人其所富、其所貴, 皆王公大人骨肉之親, 無故富貴面目美好者也。今王公大人骨肉之親, 無故富貴面目美好者, 焉故必知哉? 若不知使治其國家, 則其國家之亂, 可得而知也。〔지금 왕공대인이 부유하게 하고 귀하게 하는 사람은 모두 왕공대인의 골육지친이니, 이들은 아무런 이유 없이 부귀하고 용모가 아름다운 사람들이다. 지금 왕공대인의 골육지친은 아무런 이유 없이 부귀하고 용모가 아름다운 사람들이니, 반드시 지혜가 있을 것이라고 어찌 알겠는가. 만일 지혜가 없는데도 그들로 하여금 그 나라를 다스리게 한다면 그 나라의 혼란은 알 수 있는 것이다.〕"에 의거하여 '莫若' 이하 몇 구는 마땅히 "莫若爲王公大人骨肉之親, 無故富貴面目美好者。王公大人骨肉之親, 無故富貴面目美好者, 此非可學能者也。"가 되어야 하는데 '故富貴面目美好者' 8자가 빠졌다.

《회남자(淮南子)》〈범론훈(氾論訓)〉: 故馬免人于難者, 其死也, 葬之。牛其死也, 葬以大車爲薦。

그러므로 사람을 환난에서 피하게 해 준 말은 죽었을 때 묻어 주며, 사람에게 은혜가 있는 소는 죽었을 때 묻어 주는데 대거의 상(箱)으로 자리를 깔아 주는 것이다.

《예문유취(藝文類聚)》〈수부 상(獸部上)〉, 《태평어람》〈예의부(禮儀部) 34〉, 《태평어람》〈수부(獸部) 8〉에는 이 문장이 모두 "故馬免人于難者, 其死也, 葬之, 以帷爲衾。牛有德于人者, 其死也, 葬之, 以大車之箱爲薦。"으로 인용되어 있다.

《회남자》〈설산훈(說山訓)〉: 魄問於魂曰:"道何以爲體?"曰:"以無有爲體。"魄曰:"無有有形乎?"魂曰:"無有。何得而聞也!"魂曰:"吾直有所遇之耳。"

백이 혼에게 물었다. "도는 무엇을 본체로 삼는가?""없는 것을 본체로 삼는다.""없는 것은 형체가 있는가?""없다.""없다는 것을 어떻게 알 수 있는가?" "나는 단지 그것을 만났을 뿐이다."

《예문유취》〈영이부 하(靈異部下)〉와 《태평어람》〈요이부(妖異部)〉 1에는 이 문장이 '魂曰無有' 다음에 '魄曰無有' 4자가 있는 것으로 인용되어 있다. 마땅히 이에 의거하여 보충해 넣어야 한다.

《회남자》〈병략훈(兵略訓)〉: 故同利相死, 同情相成, 同欲相助。 그러므로 이익이 같으면 서로를 위하여 목숨을 걸고, 마음이 같으면 서로 이루어 주며, 바라는 것이 같으면 서로 돕는다.

《사기》〈오왕비전(吳王濞傳)〉: 同惡相助, 同好相留, 同情相成, 同欲相趨, 同利相死。〔미워하는 것이 같으면 서로 돕고 좋아하는 것이 같으면 서로 보살피며, 마음이 같으면 서로 이루어 주고 바라는 것이 같으면 서로 채근해 주며, 이익이 같으면 서로를 위하여 목숨을 건다.〕

《여씨춘추》〈찰미(察微)〉: 同惡固相助。

왕염손의 설 : 본서의 "同欲相助"는 마땅히 "同欲相趨, 同惡相助"가 되어야 한다. 금본은 앞 구에서 '相趨' 두 글자가 빠지고 뒤 구에서 '同惡' 두 글자가 빠졌는데 '同欲'과 '同惡'는 서로 짝이 되어 문장을 이루고 있다. 그리고 利와 死, 情과 成, 欲과 趨, 惡와 助는 운이 되지만 欲과 助는 운이 되지 않는다.

이상 네 사례는 모두 말이 복잡하여 베껴 쓰는 과정에서 탈문이 발생한 경우이다.

4) 행을 건너뛰어 봄으로써 빠뜨린 경우

《회남자》〈인간훈(人間訓)〉: 魯君聞陽虎失, 大怒, 問所出之門, 使有司拘之。以爲傷者受大賞, 而不傷者被重罪。

노나라 정공(定公)은 양호가 달아났다는 말을 듣자 크게 노하여 그가 빠져나간 문이 어느 문인지 묻고는 담당 관리를 보내어 성문을 지키는 사람을 체포하게 하였다. 또 부상을 입은 사람은 큰 상을 받아야 하며 부상을 입지 않은 사람은 중벌을 받아야 한다고 생각하였다.

《태평어람》에는 '以爲傷者' 다음부터 "以爲傷者, 戰鬪者也, 不傷者爲縱之者。傷者
受厚賞, 不傷者受重罪也。〔부상을 입은 사람은 양호와 싸운 사람이고 부상을 입지
않은 사람은 양호를 놓아준 사람이니, 부상을 입은 사람은 후한 상을 받아야 하
고 부상을 입지 않은 사람은 중벌을 받아야 한다고 생각하였다.〕"로 인용되어
있다.

왕염손의 설 : 두 '傷者'가 혼란을 일으켜 쓰는 사람이 이것을 잘못 뺀 것일 뿐
이다.

《회남자》〈인간훈〉: 請與公僇力一志, 悉率徒屬, 而必以滅其家。
이제 공들과 힘을 모으고 마음을 같이하여 속하들을 모두 이끌고
나와 반드시 저 우씨(虞氏) 집안을 멸망시켜야 할 것입니다.

《태평어람》에는 이 문장이 '滅其家' 다음에 "其夜乃攻虞氏, 大滅其家。〔그날 밤 우
씨에게 쳐들어가 그 집안을 완전히 멸망시켰다.〕" 10자가 있는 것으로 인용되어
있다.

왕염손의 설 : 앞 문장에 "鳶墮腐鼠, 而虞氏以亡。〔솔개가 썩은 쥐를 떨어뜨렸는
데 우씨가 이 때문에 망하였다.〕"이 있으니, 이곳에 반드시 이 10자가 있어야
앞글과 호응된다. 두 '滅其家'가 혼란을 일으켜 쓰는 사람이 이것을 잘못 뺀 것일
뿐이다. 《열자(列子)》에 "至期日之夜, 聚衆積兵以攻虞氏, 大滅其家。〔그날 밤이
되자 무리를 모으고 병기를 모아서 우씨를 공격하여 그 집안을 완전히 멸망시켰
다.〕"라고 한 것이 그 증거이다.

이상 두 사례는 분명 모두 베껴 쓰는 사람이 행을 건너뛰어 봄으로써
탈문이 발생한 경우이다.

총괄하면, 초탈(抄脫)의 주요 원인은 데면데면해서이다. 상술한 몇
가지 탈문 사례는 모두 의도적으로 오류를 발생시킨 것이 아니며 지식
면에서 오류를 발생시킨 원인도 없다. 이런 예들은 일일이 다 거론할 수
없을 정도로 많다.

3 산탈

산탈(刪脫)은 의도적으로 발생시킨 오류이다. 그 원인은 주로 집록(輯錄)과 교감을 하는 사람의 주관적인 이해의 착오에서 발생한다. 지식 방면에서 산탈의 원인을 고찰해 보면, 문의(文義)로 인해 오자가 발생하는 정황과 비슷하다. 그러나 오자는 개자(改字)로 표현되는 반면 산탈은 산자(刪字)로 표현된다. 비교했을 때, 원래의 글자가 이미 산삭되어 버렸기 때문에 교감할 만한 판본이 없다면 오류를 교감하는 것은 더욱 어렵게 된다.

1) 문의(文義)를 몰라서 잘못 산삭(刪削)한 경우

《묵자》〈잡수(雜守)〉: 候無過五十, 寇至, 隨葉去。

척후병은 50명을 넘지 말아야 한다. 만일 적이 성첩에 이르면 신속하게 그곳을 떠나 성안으로 들어가야 한다.

필원(畢沅)은 교감을 하면서 葉을 棄로 고쳤다.

왕인지의 설 : 필원이 고친 것은 잘못이다. 이것은 "寇至葉, 葉은 堞과 같다. 앞 문장의 "樹渠無傳葉五寸"도 葉을 堞으로 쓴 것이다. 隨去之"가 되어야 한다. 척후는 50명을 넘지 말아야 하며, 적이 성첩에 이르면 즉시 그곳을 떠나 성안으로 들어가야 한다고 말한 것이다. 《묵자》〈호령(號令)〉에서 "遣卒候者, 無過五十人, 客至堞, 去之。〔척후병으로 보내는 사람은 50명을 넘지 말아야 한다. 적이 성첩에 이르면 신속하게 그곳을 떠나야 한다.〕"라고 한 것이 그 증거이다. 금본처럼 '去' 다음에 '之' 자를 빼고 또 '隨' 자를 '葉' 자 앞에 두면 뜻이 통하지 않게 된다.

《회남자》〈인간훈(人間訓)〉: 城中力已盡, 糧食匱乏, 大夫病。

성안의 물력은 이미 바닥났고 양식은 고갈되었으며 무사 관리들은 병이 들었습니다.

왕염손의 설 : 《태평어람》에는 이 문장이 '乏' 자가 없는 것으로 인용되어 있는

데, 이것이 옳다. 금본에 있는 '乏' 자는 고유(高誘)의 주에서 정문에 잘못 넣은 것으로 보인다. 고유는 〈주술(主術)〉과 〈요략(要略)〉 두 편의 주석에서 모두 "匱는 乏이다."라고 하였는데, 여기에서는 주석의 글을 빼고 '乏' 자를 또 정문에 잘못 집어넣은 것이다. "力盡糧匱, 士大夫病"은 盡, 匱, 病이 서로 짝이 되어 문장을 이루고 있다. 그렇다면 '匱' 다음에 '乏' 자가 있으면 안 된다. 《한비자(韓非子)》〈십과(十過)〉와 《전국책(戰國策)》〈조책(趙策)〉에 모두 '乏' 자가 없는 것이 그 증거이다. '大夫病'은 《태평어람》에는 '武夫病'으로 인용되어 있다. 살펴보면, 이것은 본래 '武大夫病'으로 되어 있는 것으로 《회남자》에서는 모두 '士'를 '武'로 말하고 있다. 《한비자》에는 '士大夫羸'로 되어 있고 《전국책》〈조책〉에는 '士大夫病'으로 되어 있으며 여기에는 '武大夫病'으로 되어 있으니 똑같다. 아랫글에 "中行穆伯攻鼓,[32] 饑聞倫曰: '請無罷武大夫, 而鼓可得也.'〔중항목백이 고국을 공격할 때, 궤문륜이 '우리의 무사와 대부를 피로하지 않게 하고도 고국을 얻을 수 있습니다.' 하였다.〕"라고 한 것이 그 명백한 증거이다. 《태평어람》에 '武夫病'으로 되어 있는 것은 '武大夫'란 말을 몰라서 '大' 자를 산삭한 것이며, 금본에 '大夫病'으로 되어 있는 것 역시 '武大夫'란 말을 몰라서 '武' 자를 산삭한 것이다. '士大夫皆病'이라 하였는데 단지 대부만 말한다면 한쪽만 들고 모두 거론하지 않은 것이 된다.

《한서》〈주매신전(朱買臣傳)〉: 其故人素輕買臣者, 入視之。

주매신의 옛 친구 중에 평소 주매신을 경시하는 사람이 있었는데, 방에 들어가 회계 태수(會稽太守)의 관인(官印)을 보게 되었다.

왕염손의 설 : 경우본(景祐本)에는 '入' 다음에 '內' 자가 있는데, 이것이 옳다. 금본에 '內' 자가 없는 것은 후대인이 옛 뜻을 몰라서 산삭한 것일 뿐이다. '入內'는 바로 앞 문장의 '入室中'이다. 옛날에는 '室'을 '內'라고 하였기 때문에 '入室'을 '入內'라 한 것이다. 《한서》〈무제기(武帝紀)〉에 "甘泉宮內中産芝。〔감천궁 방 안에서 지초가 자랐다.〕"라고 하였고 《한서》〈회남전(淮南傳)〉에는 "閉太子, 使與妃同內。〔태자를 가두고 방에서 태자비와 함께 있게 하였다.〕"라고 하였으며 《한서》〈조조전(晁錯傳)〉에는 "家有一堂二內。〔집에는 당 하나에 방이 두 개 있다.〕"

---

[32] 鼓 : 춘추 시대 때의 고국(鼓國)을 가리킨다. 백적(白狄)의 한 갈래로 당시 선우(鮮虞)에 속하였다. 지금의 하북(河北) 진현(晉縣) 일대에 있었다.

라고 하여 모두 이렇게 쓰고 있다. 《태평어람》〈직관부(職官部)〉57에는 이 문장을 바로 '入內視之'로 인용하고 있다. '室'을 '內'라고 하였기 때문에 '臥室'을 '臥內'라고 한 것이다.

《한서》〈외척(外戚) 여공전(呂公傳)〉: 乃召趙王誅之。

여후(呂后)는 마침내 척부인(戚夫人)의 아들 조왕 여의(如意)를 장안으로 불러들여 죽이고자 하였다.

왕염손의 설 : '誅之' 앞에 欲 자가 있는데 금본에는 이것이 빠져 있다. 이렇게 하면 문장의 뜻이 분명하지 않게 된다. 이 때 조왕(趙王)이 아직 이르지 않았으니 갑자기 '誅之'라고 말할 수 없다. 《태평어람》〈황친부(皇親部)〉2에서는 이 문장을 바로 '欲誅之'로 인용하고 있으며 《한기(漢記)》에서도 마찬가지이다.

이상 네 사례는 모두 문장의 뜻을 몰라서 잘못 산삭한 경우이다.

2) 훈고(訓詁)를 몰라서 잘못 산삭한 경우

《한비자》〈충효(忠孝)〉: 臣以爲人生必事君養親，事君養親不可以恬淡。之人必以言論忠信法術，言論忠信法術不可以恍惚。

신은 이렇게 생각합니다. 사람은 세상에 살면서 반드시 군주를 섬기고 부모를 모셔야 하며, 군주를 섬기고 부모를 모신다면 청정하게 무위를 할 수 없습니다. 이러한 사람은 반드시 말을 신의 있고 법도에 맞게 해야 하며, 말을 신의 있고 법도 있게 하려면 허황된 말을 해서 무슨 말인지 모르게 해서는 안 됩니다.

금본(今本)에는 '之人' 두 글자가 없다.

왕선신(王先愼)의 설 : '之人'은 앞 문장을 따라 '人生'이 되어야 한다.

진기유(陳奇猷)의 설 : '之' 자는 바로 '治' 자의 잘못이다.

살펴보면, '之人'은 바로 '是人'을 말한다. 앞 문장에서 말한 "事君養親之人"을 대신 가리킨 것이니 번거롭게 글자를 고쳐서는 안 된다. 금본에는 '之'가 '是'로 해석되는 것을 몰라서 '之人'을 잘못 산삭한 것이다.

《회남자》〈인간훈(人間訓)〉: 此何遽不爲福乎?

이것이 어찌 복이 되지 않겠는가.

왕염손의 설 : 본래는 "何遽不能爲福"으로 되어 있었다. '能'은 '乃'와 같은 뜻이니 "何遽不乃爲福"이라 말한 것이다. 하문에 "此何遽不能爲禍乎"라 한 것이 그 증거이다. 이 대목과 뒤 문장의 두 "何遽不爲福"은 《예문유취》〈예부(禮部)〉와 《태평어람》〈예의부(禮儀部)〉에 모두 "何遽不乃爲福"으로 인용되어 있으며, 또 "何遽不能爲禍[이것이 어찌 화가 되지 않겠는가.]" 역시 "何遽不乃爲禍"로 인용되어 있다.

《사기》〈진세가(晉世家)〉: 唐叔虞者, 周武王子, 而成王弟。

진 당숙우는 주 무왕의 아들이자 성왕의 동생이다.

왕염손의 설 : '唐' 앞에 본래 '晉' 자가 있었는데 후대인이 '晉'과 '唐'은 병칭되어서는 안 된다고 생각하였기 때문에 '晉' 자를 산삭한 것이다. 지금 살펴보면 《좌전》〈소공(昭公)〉 원년에 "遷實沈于大夏, 唐人是因, 以服事夏商。其季世曰唐叔虞。[실침을 대하에 옮겼는데 당인이 이를 그대로 이어받아 하와 상을 섬겼다. 당국 말기의 임금을 당숙우라 하였다.]"라고 하였는데 두예(杜預)의 주에 "唐人之季世, 其君曰叔虞。[당인은 말기에 그 임금을 숙우라 하였다.]"라고 하였고, 뒤 문장에 "當武王邑姜方震大叔, 夢帝謂己, 余命而子曰虞。[무왕의 후비 읍강은 대숙을 임신하였을 때 상제가 자신에게 '내가 네 아들 이름을 우라고 할 것이다.'라고 말하는 꿈을 꾸었다.]"라고 하였는데 주(注)에 이르기를 "取唐君之名。[당 임금의 이름을 지은 것이다.]"이라고 한 것은, 당인(唐人)은 당국 말기에 그 임금을 주 무왕(周武王)의 아들로 당에 봉해진 사람과 함께 모두 당숙우(唐叔虞)라고 불렀다는 것이다. 그런데 무왕의 아들로 당에 봉해진 사람은 사실은 진(晉)의 시조이기 때문에 '晉唐叔虞'라 하여 구별한 것이다. 《사기색은(史記索隱)》에는 본래 '晉唐叔虞' 4자가 나오며, 주에 이르기를 "晉初封于唐, 故稱晉唐叔虞。[진이 처음 당에 봉해졌기 때문에 진당의 숙우라고 부른 것이다.]"라고 한 것을 보면 '晉' 자가 있는 것이 확실하다.

《한서》〈왕망전(王莽傳)〉: 力士三百人, 黃衣幘。

왕망은 역사 300인에게 노란색 옷에 두건을 쓰고 호위하게 하였다.

왕염손의 설 : '幘' 앞에 원래는 '赤' 자가 있었다. '力士赤幘'이라는 것은 《속한서(續漢書)》〈여복지(輿服志)〉에서 말한 "武吏常赤幘, 成其威也。〔군관은 항상 붉은 두건을 써서 그 위엄을 이룬다.〕"라는 것이다. 금본에 '赤' 자가 빠진 것은 의미가 명확하지 않을 뿐 아니라 구문 또한 안정감이 들지 않는다. 《태평어람》〈동부(東部)〉1에서는 이 글을 바로 '黃衣赤幘'으로 인용하였다.

이상 네 사례는 모두 훈고를 몰라 잘못 산삭함으로 인해 탈문이 발생한 것으로, 낱말의 뜻을 모르거나 역사 사실을 모르거나 제도를 몰라서 발생한 경우이다.

3) 타서(他書)에 의거하여 잘못 산삭한 경우

《안자춘추(晏子春秋)》〈내편(內篇) 간 하(諫下) 7〉: 明君不屈民財者, 不得其利; 不窮民力者, 不得其樂。

현명한 군주가 백성의 재물을 고갈시키지 않는 것은 그 이익을 얻을 수 없기 때문이며, 백성의 힘을 다 고갈시키지 않는 것은 그 즐거움을 얻을 수 없기 때문입니다.

왕염손은 《군서치요》에 의거하여 '明'은 연문으로 마땅히 산삭해야 한다고 하였다. 그러나 다음 문장에서 "今君不遵明君之義〔이제 임금님께서 현명한 군주의 인의를 따르지 않으신다면〕"라고 분명히 말하여 '明君之義'가 나오는 것을 보면 이 두 구에 '明' 자가 있는 것이다. 이 때문에 유사배(劉師培)는, 본문은 "明君不屈民財, 不窮民力。君屈民財者不得其利, 窮民力者不得其樂。〔현명한 군주는 백성의 재물을 고갈시키지 않고 백성의 힘을 고갈시키지 않는다. 백성의 재물을 고갈시키는 군주는 그 이익을 얻을 수 없고 백성의 힘을 고갈시키는 군주는 그 즐거움을 얻을 수 없기 때문이다.〕"이 되어야 한다고 하였다. 《군서치요》는 문장을 줄여 '明君' 두 구를 산삭한 것인데, 왕염손은 이것을 근거로 하여 '明' 자를 잘못 산삭한 것이다.

《안자춘추》〈내편(內篇) 간 하(諫下) 20〉: 古之及今, 子亦嘗聞

請葬人主之宮者乎?

예로부터 지금까지 그대는 또 군주의 궁실에 매장하기를 청하는 사람이 있다는 말을 들은 적이 있는가?

왕염손과 유사배는 《군서치요》, 《북당서초(北堂書鈔)》, 《태평어람》, 《책부원귀(冊府元龜)》에 의거하여 '古之及今'이 본래 '自古及今'으로 되어 있었다고 하였다.

우성오(于省吾)의 설 : 만일 본래 '自古及今'으로 되어 있었다면 후대인이 '古之及今'으로 고치는 데에까지 이르지는 않았을 것이다. '之'는 '以'와 같으니 '古之及今'을 '古以及今'이라고 말한 것이다. 《묵자》〈겸애 하(兼愛下)〉에 "自古之及今"이라고 하고 〈비명 중(非命中)〉에 "自古以及今"이라고 한 것이 바로 그 증거이다.

《한비자(韓非子)》〈관행(觀行)〉: 故鏡無見疵之罪, 道無明過之怨。

그러므로 거울에는 흠을 보여 주었다는 죄가 없는 것이며 도에는 잘못을 들추어냈다는 원망이 없는 것입니다.

왕선신(王先愼)은 《예문유취》, 《태평어람》, 《초학기》에 모두 '故' 자가 없는 것에 의거하여 '故'를 산삭하였다.

진기유(陳奇猷)의 설 : 《백첩(白帖)》 4의 인용문 역시 '故' 자가 없는데, 살펴보면 여기에는 '故'가 없어서는 안 된다. 이 '故' 자는 바로 앞글을 총괄하는 말로 앞의 두 '故'와는 다르다.

4) 오류로 인하여 잘못 산삭한 경우

《주역(周易)》〈승괘(升卦) 상(象)〉: 君子以順德, 積小以高大。

군자가 보고서 덕을 순히 하여 작은 것을 쌓아 큰 것을 이룬다.

《경전석문(經典釋文)》: '以高大'는 어떤 판본에는 혹 '以成高大'로 되어 있는 것도 있다.

유월(兪樾)의 설 : 이것은 본래 '積小以成大'로 되어 있는 것으로, 《정의(正義)》에서 말한 "積其小善以成大名.〔작은 선을 쌓아서 큰 이름을 이룬다.〕"이라는 것이다. 뒤에 '高' 자를 연문으로 잘못 넣어 '積小以成高大'라고 한 것이니, 이렇게 하면 말이 중첩되고 만다. 교감하는 사람이 '高' 자가 연문인 것을 모르고 '成' 자를 잘못 산삭한 것이다.

《회남자》〈인간훈(人間訓)〉: 或直于辭而不周于事者, 或虧于耳
以忤于心而合于實者。

때로는 말을 곧이곧대로 이치에 맞게 해도 일을 이루지 못하는 경
우가 있고, 때로는 말을 귀에 거슬리게 하고 마음에 맞지 않게 해도
실행할 수 있는 경우가 있다.

유적본(劉績本)에는 '不' 자가 산삭되어 있다.

왕염손의 설 : '周'는 또한 '合'이니, 일에 부합되지 않는다고 말한 것이다. 예서
에서 '周'는 '害'와 유사하기 때문에 장본에 '周'가 '害'로 잘못되어 있었던 것인데
유적(劉績)이 이것을 모르고 마침내 '害' 앞에서 '不'을 산삭하고 만 것이다. 또
뒤 문장에 "此所謂直于辭而不可用者也。〔이것이 이른바 '말을 곧이곧대로 이치에
맞게 해도 일을 이루지 못한다.'라는 것이다.〕"라고 하였는데 '不可用' 역시 '不周
于事'가 되어야 한다. 무릇 '此所謂'라고 말하는 것은 모두 앞 문장의 말을 중복
하여 거론하는 것으로 다르게 말해서는 안 된다. 여기에 '周'가 '用'으로 잘못되
어 있는 것으로 인하여 후대인이 마침내 '不可用'으로 고치고서도 그것이 앞 문
장과 부합되지 않는다는 것을 모른다.

《회남자》〈무칭훈(繆稱訓)〉: 甯戚擊牛角而歌, 桓公擧以大政。

영척이 쇠뿔을 두드리며 노래를 부르자 제 환공(齊桓公)이 그를 들
어 대전(大田)을 맡겼다.

왕염손의 설 : '擧以大政'은 원래는 '擧以爲大田'으로 되어 있었으니, 이것은 후대
인이 마음대로 고친 것이다. '擧以大政' 4자로는 문장이 뜻을 이루지 못한다. 이것은 후대인이
'大田'이 관직 이름이라는 것을 몰랐기 때문에 함부로 고친 것일 뿐이다. 《문선(文選)》 강엄(江
淹)의 〈잡체시(雜體詩)〉 주석에서는 이 문장을 "擧以爲大田"으로 인용하고, 또
고유(高誘)의 주석을 인용하여 "大田은 관직이다." 마땅히 '大田'이 되어야 하니, 전농관
이다. 라고 하였다. 이제 정문을 고치면서 또 고유의 주석을 산삭해 버린 것이다.
고유는 〈전언훈(詮言訓)〉 주석에서 "甯戚疾商歌, 以干桓公。桓公擧以爲大田。〔영
척이 큰 소리로 상가[33]를 불러 환공에게 벼슬을 구하자 환공이 그를 들어 대전
으로 삼았다.〕"이라 하였고, 《안자춘추》〈문(問)〉에는 "桓公聞甯戚歌, 擧以爲大
田。"으로 되어 있으니, 이것이 모두 그 명백한 증거이다.

이상 세 사례는, 하나는 연문으로 인해 잘못 산삭한 경우이고 하나는 오자로 인해 잘못 산삭한 경우이며 하나는 오자로 인해 주석의 글을 잘못 산삭한 것으로, 모두 오류로 인하여 잘못 산삭한 경우에 속한다.

총괄하면, 산탈(刪脫)은 모두 의도적인 착오로 발생하는 탈문에 속한다는 것이다. 의도적이지 않은 탈간(脫簡)이나 초탈(抄脫)과 비교했을 때, 산탈로 인해 발생하는 탈문을 교감할 때에는 종종 유력한 증거가 요구되며 반드시 논증을 거쳐야 한다.

4 절록

절록(節錄)은, 후대인이 각종 필요에 따라 원문을 산삭하고 줄여서 기록하는 것을 가리킨다. 예를 들면, 유서(類書)가 각각 필요한 것을 절록하고 문장 저작에서 종종 자신이 필요한 것을 따다 인용하는 것 등이다. 절록 자체는 교감학 연구의 대상이 아니지만 교감과 관련이 있다. 주로 다음 두 가지 면에서 관련이 있는데, 하나는, 현존하는 수많은 작가의 별집과 필기 소설 등의 저작들은 후대인이 집록하여 편찬한 이른바 '집본(輯本)'인데, 집본 가운데 많은 작품들이 알고 보면 절록한 문장이며 전체 문장은 결코 아니기 때문에 집본을 교감할 때에는 반드시 그 작품의 유래에 주의하여 그것이 절록한 문장인지의 여부를 비교하고 변별해야 한다는 것이다. 다른 하나는, 인용문과 유서의 문장을 근거로 하여 본서를 교감할 때에는 반드시 서로 다른 유래를 가진 자료를 광범위하게

---

33 상가(商歌) : 상성(商聲)은 처량하고 구슬프기 때문에 슬픈 노래를 '상가'라고 한다. 뒤에는 스스로 자신을 추천하여 관직을 구하는 것을 비유하는 말로 쓰이게 되었다.

수집하여 비교하고 검증함으로써 서로 다른 산삭과 생략으로 인해 잘못
된 판단을 내리지 않도록 해야 한다는 것이다. 구체적인 사례는 여기에
서 일일이 들지 않겠다.

제5절 연문 통례

연문(衍文)이란 후인이 원문(原文)에 덧붙인 글자이다. 왕인지(王引之)가 《경의술문(經義述聞)》〈통설(通說)[34] 연문(衍文)〉에서, 경전(經典)의 연문은 "한(漢)나라 유학자들이 주를 달 때부터 이미 덧붙여진 경우가 있다."라고 지적하였듯이 그 유래가 이미 오래되었다. 연문이 생기는 원인은 두 가지 경우에서 벗어나지 않는다. 하나는 의도가 없이 원문에 없는 글자를 덧붙이는 경우이고, 다른 하나는 의도적으로 원문에 없는 글자를 덧붙이는 경우이다. 구체적으로 말한다면, 주로 다음의 몇 가지 유형으로 나누어 볼 수 있다.

1 문의를 제대로 파악하지 못하여 연문이 생긴 경우

《묵자(墨子)》〈노문(魯問)〉：子墨子曰：出曹公子而於宋，三年而反。

묵자가 조공자에게 송나라에서 벼슬하게 하였는데, 3년 만에 돌아왔다.

필원(畢沅)의 설 : '子墨子曰出'은 뜻이 자세하지 않다.

왕염손(王念孫)의 설 : 이것은 본래 "子墨子出曹公子於宋"으로 되어 있으니, 윗글의 "子墨子遊公尙過於越〔묵자가 공상과를 월나라로 보냈다.〕"이라고 하는 말과

---

34 통설(通說)：《교감학대강》에는 '通論'으로 되어 있는데, 《경의술문(經義述聞)》에 근거하여 바로잡아 번역하였다.

같다. 현행본에는 '曰'과 '而'가 연문으로 들어가 있으니 의미가 통하지 않는다.

유월(兪樾)의 설 : 왕염손의 설이 옳다. 그렇지만 '出'의 의미가 통하지 않는다. '出'은 '士'의 오자일 것이다. 《사기(史記)》〈하본기(夏本紀)〉의 "稱以出"에 대하여 서광(徐廣)은 "다른 본에는 '士'로 되어 있다." 하였으니, 이것이 '出'과 '士'가 혼동되어 쓰인 예이다. 그리고 士는 仕와 통용된다. "子墨子士曹公子於宋"은 바로 "仕曹公子於宋"이다. 《묵자》〈귀의(貴義)〉에 "子墨子仕人於衛。〔묵자가 어떤 사람에게 위나라에서 벼슬하게 하였다.〕"라는 말이 있다.

손이양(孫詒讓)의 설 : 왕염손의 교감이 옳으니, 지금 이에 근거하여 '曰'과 '而'를 산삭한다. 조공자도 묵자의 제자이다.

《순자(荀子)》〈부국(富國)〉：上好攻取功則國貧, 上好利則國貧。

윗사람이 공로를 좋아하면 나라가 가난해지고, 윗사람이 이익을 좋아하면 나라가 가난해진다.

양경(楊倞)의 주 : 백성이 본업에 안착할 수 없으니, 공역과 세금에 대한 부담이 무거워서이다.

노문초(盧文弨)의 설 : 원각본(元刻本)에는 '攻取' 2자가 없다.

왕염손의 설 : 전전(錢佃)의 교본(校本)에서도 "'上好攻取功'이 여러 판본에는 '上好功'으로 되어 있다."라고 지적하였다. 나는 여러 판본의 견해가 옳다고 생각한다. 윗글에서는 '不隆禮'와 '不愛民'으로 대구를 맞추고 '已諾不信'과 '慶賞不漸'과 '將率不能'으로 대구를 맞추었으며, 여기에서는 '好功'과 '好利'로 대구를 맞춘 것이니 '攻取' 2자가 있어서는 안 된다. 송본(宋本)의 '攻'은 바로 '功'의 오자이며, 또한 '取' 1자가 연문으로 더 들어가 있는 것이다.

《순자》〈왕패(王霸)〉：主之所極然, 帥群臣而首向之者, 則擧義志也。

매우 옳다고 여겨 신하들을 거느리고 추구하는 것은 모두 의로운 생각이다.

양경의 주 : '지(志)'는 '생각〔意〕'이란 뜻이다. 임금이 매우 신뢰하여 신하들을 거느리고 추구하는 것은 모두 의로운 생각이니, 불의(不義)의 생각을 품지 않음

을 말한 것이다. 어떤 본에서는 '志'를 '기록하다[記]'의 뜻으로 보았으며, 고대의 전적(典籍)을 '義'라고 하는 경우도 있는데 이때의 '義'는 바로 육경(六經) 따위를 이른다.

왕인지(王引之)의 설 : '之所'의 위에 본래는 '主' 자가 없었다. 이는 후인이 문의를 이해하지 못하여 함부로 글자를 더한 것이다. 아래에 '群臣' 2자가 있기 때문에 후인이 '主' 자를 더한 것이다. '之'는 '其'와 뜻이 같다. 이는 매우 옳다고 여겨 신하들을 거느리고 추구하는 것은 모두 의로운 생각임을 말한 것이다. 윗글의 '之所'와 '之所以'의 위에 모두 '主' 자가 없다.[35] 〈왕제(王制)〉에 "之所以接下之人百姓者[신하와 백성을 대하는 방법은]"라는 말이 세 번 나오는데,[36] '之所以'의 위에 또한 '主' 자가 없다. 〈의병(議兵)〉에도 "其所以接下之人百姓者"로 되어 있는데, 여기에서 '之'는 '其'와 뜻이 같다. 양경의 주석에 "임금이 매우 신뢰하여[主所極信]"라고 운운한 것에 의거한다면, 그가 본 판본에는 이미 '主' 자가 있었던 것이다.

《여씨춘추(呂氏春秋)》〈계동기(季冬紀) 불침(不侵)〉: 天下輕於身, 而士以身爲人。以身爲人者, 如此其重也, 而人不知, 以奚道相得?

천하가 자신의 몸보다 중요하지 않은데도 선비는 자신의 몸으로 다른 사람을 위한다. 자신의 몸으로 다른 사람을 위하는 것이 이처럼 중요한데도 사람들이 알아주지 않으니, 어떻게 서로 뜻이 맞을 수 있겠는가.

고유(高誘)의 주 : '奚'는 '何'의 뜻이다. 무슨 방법으로 인재를 얻어 그로 하여금

---

35 윗글의……없다 : 여기서 말하는 윗글의 전문은 다음과 같다. "之所與爲之者, 之人則擧義士也 ; 之所以爲布陳於國家刑法者, 則擧義法也。[함께 국가를 다스리는 사람은 모두 의로운 사람들이고, 국가에 반포하는 형법은 모두 의로운 법이다.]"

36 왕제(王制)에……나오는데 : 이에 대한 전문은 다음과 같다. "立身則從儁俗, 事行則遵備故, 進退貴賤則擧儁士, 之所以接下之人百姓者則庸寬惠, 如是者安存。立身則輕楛, 事行則蠲疑, 進退貴賤則擧佞俔, 之所以接下之人百姓者則好取侵奪, 如是者危殆。立身則憍暴, 事行則傾覆, 進退貴賤則擧幽險詐故, 之所以接下之人百姓者, 則好用其死力矣。而慢其功勞, 好用其籍斂矣, 而忘其本務, 如是者滅亡。"

자신을 위해 목숨을 바치게 해야 할지 모르겠다는 뜻이다.

왕염손의 설 : 말구의 '以'는 후인이 덧붙인 글자이니, 고유의 설은 틀렸다. '而人不知'에서 구를 끊고 '奚道相得'에서 구를 끊어야 한다. '道'는 '由'의 뜻이다. '선비가 목숨을 가벼이 여기고 의를 중시하는 것이 이와 같은데 다른 사람이 알아주지 않으니, 어떻게 선비와 서로 뜻이 맞을 수 있겠는가.'라는 말이다. 서로 알아주지 않으면 서로 뜻이 맞을 수 없다. 그래서 아랫글에 "賢主必自知士, 故士盡力竭智, 直言交爭, 而不辭其患。〔현명한 임금은 반드시 스스로 선비를 알아본다. 그러므로 선비가 역량과 지혜를 다하고 직언하여 상호 논쟁을 벌이면서 어떤 환난도 마다하지 않는다.〕"이라고 하였다. 〈하현(下賢)〉에 "有道之士, 固驕人主。人主之不肖者, 亦驕有道之士。日以相驕, 奚時相得。〔도가 있는 선비는 본래 임금에게 교만하며 어리석은 임금도 역시 도가 있는 선비에게 교만하다. 날마다 서로 교만하니, 언제 서로 뜻이 맞을 수 있겠는가.〕"이라 하였고, 〈지접(知接)〉에 "智者其所能接遠也。愚者其所能接近也。所能接近而告之以遠化, 奚由相得?〔지혜롭다는 것은 먼 장래의 일에 접근할 수 있다는 것이고, 어리석다는 것은 코앞의 일에만 접근할 수 있다는 것이다. 코앞의 일에만 접근할 수 있는데 먼 장래에 일어날 변화를 말해 주니, 어떻게 서로 뜻이 맞을 수 있겠는가.〕"이라 하였으니, 말의 뜻이 대략 이 내용과 같다. 〈유도(有度)〉에 "若雖知之, 奚道知其不爲私?〔만약에 알아준다고 하더라도 어떻게 그것이 사사롭지 않다는 것을 알 수 있겠는가.〕"라고 하였으니, 어떻게 그것이 사사롭지 않음을 알겠느냐고 말한 것이다. 《안자춘추(晏子春秋)》〈잡편(雜篇)〉에 "君何年之少而棄國之蚤, 奚道至於此乎?〔그대는 어찌하여 나이도 젊은데 일찌감치 나라를 버린 것이며, 어떻게 이곳에 오게 된 것인가?〕"라고 하였으니, 어떻게 이곳에 오게 되었느냐는 말이다. 《한비자(韓非子)》〈고분(孤憤)〉에 "法術之士, 奚道得進?〔법술지사가 어떻게 벼슬에 나아갈 수 있겠는가.〕"이라고 하였으니, 어떻게 벼슬에 나아갈 수 있겠느냐는 말이다. '奚道'의 위에 '以'가 있어서는 안 된다. 이는 대체로 후인이 고유가 낸 주석의 오류를 바로잡지 못한 데다 그 주석으로 인해 '以'를 덧붙인 것일 뿐이다.

진기유(陳奇猷)의 설 : 왕염손의 설이 옳다. '相得'은 요즈음 말하는 '相融洽〔서로 뜻이 맞다.〕'이라는 말과 같다. 《한비자》〈수도(守道)〉에 "此之謂上下相得。〔이런 경우를 두고 상하가 서로 뜻이 맞는다고 말하는 것이다.〕"이라 하였고, 《회남자(淮南子)》〈원도훈(原道訓)〉에 "夫天下者, 亦吾有也 ; 吾亦天下之有也。天下之與我, 豈有間哉?……吾與天下相得, 則常相有已, 又焉有不得容其間者乎?〔대저 천하는 나의 것이요, 나 또한 천하의 것이니, 천하와 나 사이에 무슨 구별이 있겠는가.……나와 천하가 서로 융합하게 되면 언제나 천하는 나의 것이요 나는 천하의 것이 되니, 또한 어찌 그 사이에 서로 용납하지 못하는 것이 개입될 리가 있겠는가.]"라고 하였으니 '相得'이 모두 서로 뜻이 맞는다는 뜻을 지녔음을 증명할 수 있다. 〈중기(重己)〉에 "今吾生之爲我有, 而利我亦大矣。論其貴賤, 爵爲天子, 不足以比焉; 論其輕重, 富有天下, 不可以易之.〔지금 나의 삶이 나의 소유가 되어서 나를 이롭게 하는 것이 또한 크다. 귀천을 논한다면 천자가 될 만큼의 높은 지위라 하더라도 내 삶의 존귀함과 견줄 수 없고, 경중을 논한다면 천하를 소유할 만큼의 재물이라 하더라도 내 삶의 소중함과 바꿀 수 없다.]"라고 하였으니, 바로 이것이 "天下輕於身〔천하가 자신보다 중요하지 않다.]"이라는 뜻이다. 천하가 이미 자신의 몸과 비교하여 가벼운데 선비는 자신의 몸으로 남을 위하니, 이것은 남을 위하는 뜻이 매우 중한 것이다. 남을 위하는 뜻이 매우 중한데 남들이 알아주지 않으므로 서로 뜻이 맞을 방법이 없는 것이다. 고유가 '得'을 '得人'으로 본 것은 옳지 않다.

《문선(文選)》〈보임소경서(報任少卿書)〉: 然僕觀其爲人, 自守奇士。

그렇지만 내가 그의 사람 됨됨이를 보니, 본래 흔치 않은 기이한 선비였다.

《한서(漢書)》〈사마천전(司馬遷傳)〉에는 '自奇士'로 되어 있고 '守'가 없다.
왕염손의 설 : 본래 '自奇士'로 되어 있으니 '내가 이릉과 함께 문하에 있을 때 평소 서로 사이는 좋지 않았지만, 그의 사람 됨됨이를 보니 본래 흔치 않은 기이한 선비였다.'라는 말이다. 여기에서 '奇士' 2자는 '事親孝' 이하의 일곱 가지 일을 종합해서 말한 것이다.[37] 만약 '守'를 더한다면 의미가 통하지 않게 된다. 현행본에 '自守奇士'로 되어 있는데, 이는 후인이 '守'를 더하여 네 글자의 구절로 만든 것일 뿐이다. 아랫글의 "躬流涕"의 '躬' 아래에 '自'를 더하고 "拘羑里", "具五刑"의 '拘'와 '具' 아래에 모두 '於'를 더하고 "鄙沒

---

[37] 奇士……것이다 : 일곱 가지 일을 종합했다는 것은 '事親孝', '與士信', '臨財廉', '取予義', '分別有讓', '恭儉下人', '常思奮不顧身以徇國家之急'을 말한다.

世"의 '鄙' 아래에 '陋'를 더하고 "祇取辱"의 '祇' 아래에 '足'을 더한 것이 모두 이런 종류이다. 장선(張銑)은 '自守奇節之士'라고 하였으니, 오신본(五臣本)[38]에 이미 '守'가 있었던 것이다.

이상의 예는, 직접 문의를 분석하기도 하고 같은 본에서 사용한 용어 사례에 근거하여 문의를 분석하기도 하며 다른 본에 근거하여 문의를 결합하여 분석하기도 한 것인데, 모두 문의를 제대로 이해하지 못하여 발생한 연문이다.

2 훈고에 밝지 못하여 연문이 생긴 경우

《논어》〈향당(鄕黨)〉: 入公門, 鞠躬如也。
공문에 들어갈 때에는 몸을 굽히셨다.
유단림(劉端臨 劉台拱)의 설: 〈향당〉의 "入公門〔공문에 들어갈 때에는〕" 1장(章)은 빙례(聘禮)를 기술한 것이다.
왕인지(王引之)의 설: '公'은 연문이다. '公'은 '임금〔君〕'의 뜻이다. 본국의 신하는 군문(君門)을 공문(公門)이라고 한다. 그러므로 〈곡례(曲禮)〉에서 "大夫士下公門。〔대부와 사가 공문을 내려갔다.〕"이라고 하였다. 이웃 나라의 신하가 빙사(聘使)로 오면 규(圭)를 잡고 묘문(廟門)으로 들어가는데, 이럴 경우 '入公門'이라고 말할 수 없다. 각종 전적을 두루 살펴보아도 '묘문(廟門)'을 '공문(公門)'이라고 한 경우는 없으니 '公'은 연자일 것이다. 《의례(儀禮)》〈빙례(聘禮)〉에 "執

---

38 오신본(五臣本): 《문선(文選)》은 당나라 때에 먼저 이선(李善)의 주(注)가 있었고, 나중에 여연제(呂延濟)·유량(劉良)·장선(張銑)·여향(呂向)·이주한(李周翰)의 주가 있었는데 이 다섯 사람이 낸 주를 '오신주(五臣注)'라고 한다. 그리고 송나라 사람이 이 오신주와 이선의 주를 합해서 판각하였는데, 이를 '육신주(六臣注)'라고 한다. 이선의 주는 사의(詞義)와 전고(典故) 해석에 중점을 둔 반면 오신주는 문장의 전체적인 뜻과 그 배경을 설명하는 데에 중점을 두었으므로 '주는 간략하고 소는 상세한〔簡注而詳疏〕' 특징을 지녔다.

圭入門, 鞠躬如也。〔규를 잡고 문으로 들어가 몸을 굽힌다.〕"라고 한 것이 바로 이런 경우와 같다. '入門'으로 되어야 함이 매우 분명하다.

《회남자》〈범론훈(氾論訓)〉：履天子之圖籍，造劉氏之貌冠。
천자의 자리에 올라 유씨관(劉氏冠)을 만들었다.
고유(高誘)의 주：고조(高祖)가 신풍(新豐)에서 만든 죽피관(竹皮冠)으로, 위모관(委貌冠)이라고도 한다.
왕염손의 설：《사기(史記)》〈고조기(高祖紀)〉에 "고조가 정장(亭長)으로 있을 때 죽피(竹皮)로 관을 만들었는데, 신분이 귀해지고 나서도 항상 착용하였다. 이른바 '유씨관(劉氏冠)'이란 것이 바로 이것이다." 하였다. 그러므로 "유씨의 관을 만들었다."라고 한 것이다. 《한서(漢書)》〈고조기(高祖紀)〉에 "공승(公乘)[39] 이상의 작위가 아니면 유씨관을 쓰지 말게 하라고 조령을 내렸다." 하였고, 채옹(蔡邕)의 《독단(獨斷)》[40]에 "고조의 관은 죽피로 만들었으며, '유씨관'이라 한다." 하였다. 현행본에 "履天下之圖籍, 造劉氏之貌冠"으로 되어 있는데 '貌'는 고유의 '委貌冠'이라는 주석 때문에 더 들어간 글자이며, 후인은 또 잘못 '籍'을 '圖籍'이라고 생각하여 마침내 '籍' 위에 '圖'를 더함으로써 '貌冠'과 서로 대구가 되게 하였다. 이는 '貌'가 연문이며 또 '圖籍'에는 '履'를 말할 수 없음을 모른 것이다. 왕염손은 "籍은 圖籍이다."라고 한 고유의 주석은 잘못된 것이며 '籍'은 '자리[位]'의 뜻과 같다고 여겼다.

《회남자》〈본경훈(本經訓)〉：異貴賤，差賢不肖，經誹譽，行賞罰。
귀천을 나누고 현우를 가리며, 훼예의 기준을 세우고 상벌을 시행하였다.
왕염손의 설："差賢不'의 아래에 본래 '肖'가 없다. '不'는 '否'와 같다. 귀천(貴賤), 현부(賢不), 비예(誹譽), 상벌(賞罰)은 모두 대구로 문장을 만든 것이다. 후인은 여기의 '不'가 '否'의 가차자라는 것을 몰랐다. 그래서 '不' 다음에 또 '肖'를 더하였다.

---

39 공승(公乘)：한나라 때 20등급의 작위 중 여덟 번째에 해당한다. 《漢書 百官公卿表》
40 독단(獨斷)：채옹(蔡邕)의 저서로, 조정의 전장(典章)과 규범(規範)을 논하였다.

《한서》〈서악전(徐樂傳)〉: 徐樂, 燕郡無終人也。

서악은 연군 무종 사람이다.

고염무(顧炎武)의 설 : 《한서(漢書)》〈지리지(地理志)〉에는 '燕郡'이란 지명이 없고 '無終'은 우북평(右北平)에 속한 것으로 되어 있다. 살펴보건대, 연왕(燕王) 정국(定國)은 원삭(元朔) 2년(기원전 127) 가을에 죄를 지어 자살하였고 그 나라는 없어졌으며, 원수(元狩) 6년(기원전 117) 여름 4월에야 비로소 황제의 아들 단(旦)을 연왕으로 세웠다. 그 사이 연군(燕郡)이었던 기간이 10년인데, 《한서》〈지리지〉에는 연군이란 지명이 빠져 있다. 서악(徐樂)이 상주(上奏)한 일은 이 시기에 이루어졌을 것이다. 다만 무종은 그 당시에 연군에 속하였고, 뒤에 우북평으로 고친 것일 따름이다.

전대흔(錢大昕)의 설 : 《한서》〈지리지〉에 실려 있는 군현(郡縣)은 원시(元始) 연간(1~5) 초기의 판적(版籍)으로 기준을 삼은 것이어서 한 시대의 연혁을 모두 기재하지는 못하였다. 이 밖에 위관(衛綰), 공손홍(公孫弘), 등통(鄧通) 등의 관적(貫籍)을 열거한 것도 모두 《한서》〈지리지〉와 부합하지 않는다. 대체로 전(傳)에서 근거로 한 것은 효무제(孝武帝, 기원전 141~기원전 87) 이전의 군현이다. 서악을 '燕郡無終'이라고 한 것도 이와 같은 부류이다. 한나라 초기의 제후왕은 봉해진 영토가 매우 컸다. 탁군(涿郡), 요동(遼東), 요서(遼西), 우북평은 모두 연나라의 옛 땅이다. 한광(韓廣)은 요동왕(遼東王)에 봉해져 무종에 도읍했고 얼마 안 되어 장도(臧荼)에게 멸망되었는데, 여전히 연나라에 속하였다. 서악은 무제(武帝) 때의 사람이다. 그 당시 무종은 연군에 속하였으니 '燕郡無終人'이라는 사실과 부합하므로 오류로 단정 지을 수 없다.

왕염손의 설 : 경우본(景祐本) 및 《문선(文選)》〈별부(別賦)〉의 주석에서는 이것을 인용하면서 모두 "燕無終人也。〔연나라 무종 사람이다.〕"라고 하였고, 《군서치요(群書治要)》에서는 인용하여 "燕人也。〔연나라 사람이다.〕"라고 하여 모두 '郡'이 없다. 고염무는 속본(俗本) 《한서》에 근거하여 '燕郡'이라고 하면서 "서악이 상주한 일은 원삭 2년 '國'을 '郡'으로 고친 뒤에 있었다." 하였는데, 잘못이다. 〈주보언전(主父偃傳)〉에 "원광(元光) 원년(기원전 134)에 주보언이 서쪽으로 관(關)으로 들어가 위 장군(衛將軍)을 만났다. 위 장군이 여러 번 상에게 말했지만, 상은 거들떠보지도 않았다. 밑천은 부족하고 오랫동안 머물러 제후의 빈객 가운데 싫어하는 사람들이 많았다. 그래서 궐하(闕下)에서 상주하였다. 이때 서악, 엄안(嚴安)도 모두 상주하여 세무(世務)에 대해 말하였다. 상이 세 사

람을 불러서 만나 보고는 낭중(郎中)에 제수하였다." 하였고, 《사기》의 내용도
같으니, 서악의 상주는 바로 원광 원년 이후에 있었다. 그래서 《한기(漢紀)》에
서 원광 2년 조에 그 일을 나열하였으니, 원삭 2년 전까지는 모두 6년의 기간이
다. 그때는 연나라가 아직 '郡'으로 바뀌기 이전이므로 '燕郡'이라고 말할 수 없
다. '郡' 자는 바로 후인이 덧붙인 글자이다.

왕선겸(王先謙)의 설: 서악이 주보언과 함께 상주하여 상을 접견한 것은 또한
원광 원년으로, 연왕 정국이 죽기 전일 것이다. 그 당시에는 '國'이 아직 '郡'으로
대체되지 않았으니, 단지 '燕無終人'이라고 해야 한다. 왕염손의 설이 옳다. 다만
《한기》에 '원광 2년'에 상주했다고 하는 것은 내가 아직 살펴보지 못한 문제이다.

이상의 예들은 제도(制度)에 부합하지 않았거나 명물(名物)을 자세
히 살피지 않았거나 가차자인지 몰랐거나 연혁(沿革)을 상세히 살피지
않아서 생긴 오류들인데, 모두 훈고에 밝지 못해서 생긴 연문에 속한다.

3 주소로 인하여 연문이 생긴 경우

《순자》〈중니(仲尼)〉: 任重而不敢專, 財利至則善而不及也, 必
將盡辭讓之義然後受。

직임이 중요하다 하더라도 감히 멋대로 처리해서는 안 되고, 재리
가 이르렀을 때에는 자신의 공로가 그것을 받을 정도가 못 되는 듯
이 하여 반드시 사양의 의리를 다한 뒤에 받는다.

양경(楊倞)의 주: "善而不及"의 '而'는 '如'의 뜻이다. 자신의 훌륭함이 부족하여
이런 재리(財利)를 받는 데에 합당하지 않은 듯이 함을 말한 것이다.

사본(謝本)[41]: 노문초(盧文弨)의 교감을 따라서 '善' 자 위에 '言' 자가 있다.

---

41 사본(謝本): 청대(淸代)에 사용(謝墉)이 저술하고 노문초(盧文弨)가 교감한 《순자편
석(荀子篇釋)》을 말한다.

왕염손의 설 : 원각본에는 '言' 자가 없으니, 옳다. "善而不及"의 '而'는 '如'의 뜻이라고 한 양경의 주석에 근거한다면 '善' 자 위에 '言' 자가 없는 것이 분명하다. 주석에서 또 이르기를 "言己之善寡, 如不合當此財利也.〔자신의 훌륭함이 이런 재리에 합당하지 않은 듯이 함을 말한 것이다.〕"라고 하였는데, 여기에서 '言' 자는 바로 정문을 설명하는 말이지 정문에 있는 글자가 아니다. 송본(宋本)에는 '言' 자가 있는데, 이는 주석의 글자로 인하여 글자를 더 넣은 경우이다.

《여씨춘추》〈시군람(恃君覽) 소류(召類)〉: 以龍致雨, 以形逐影, 禍福之所自來, 衆人以爲命, 焉不知其所由.

비는 용을 따르고 그림자는 형체를 따른다. 그렇지만 화와 복이 유래하는 바를 뭇사람들은 운명으로 여기고 있으니, 어찌 이렇게 된 도리를 알겠는가.

진창제(陳昌齊)의 설 : 앞의 〈응동(應同)〉에 "衆人以爲命, 安知其所.〔뭇사람들은 운명으로 여기고 있으니, 어찌 이렇게 된 도리를 알겠는가.〕"라고 되어 있고, 주석에서 "不知其所由也.〔이렇게 된 도리를 알지 못한다.〕"라고 하였다. 이는 雨, 影, 所로 운(韻)을 삼은 것이니 '所' 아래에 '由'를 놓아서는 안 된다. '不'과 '由'는 모두 앞의 주석으로 인하여 글자가 더 들어간 것인 듯하다.

왕염손의 설 : "焉不知其所由"는 본래 "焉知其所"로 되어 있었다. '不知其所由' 5자는 바로 고유의 주석이지 정문이 아니다. 현행본에 "焉不知其所由"로 되어 있는 것은 정문에서 '知其所' 3자를 빼고 주석 안의 '不知其所由' 5자를 또 잘못 정문에 넣어서일 따름이다. 여기에서는 雨, 影, 所를 운으로 삼은 것이니, '影' 자는 고음(古音)에서 양부(養部)에 있는데, 양부의 음은 대부분 어부(語部)와 서로 통한다. 그래서 '影'이 雨, 所와 운이 되는 것이다. 〈악기(樂記)〉의 "和正以廣〔화평하고 순정(純正)하며 여유가 있고〕"의 '廣'은 旅, 鼓, 武, 雅, 語, 古, 下와 운이 되며, 《회남자》〈원도(原道)〉의 "翱翔忽區之上〔물은 높디높은 상공을 떠돌고〕"의 '上'은 下, 野, 與, 後와 운이 되며, 〈계사전(繫辭傳)〉의 "易之序也〔《주역》이 체현하고 있는 질서에 부합한다.〕"가 우번본(虞翻本)에는 '序'가 '象'으로 되어 있으며, 〈고공기(考工記)〉의 '陶旊'에 대해 정사농(鄭司農)이 "'旊'은 '甫施'의 '甫'로 읽는다."라고 한 것이 모두 이런 예이다. '所' 자 아래에 '由' 자가 있을 경우 운이 맞지 않게 된다. 앞의 〈응동〉의 "故以龍致雨, 以形逐影, 師之所處, 必生棘楚, 禍福之所自來, 衆人以爲命, 安知其所."에 대한 고유의 주에 "凡人以爲天命, 不知其所由也.〔뭇사람들은 천명으로 여기고 있으니, 이렇게 된

도리를 알지 못한다.)"라고 하였으니, 이것이 분명한 증거이다.

《회남자》〈인간훈(人間訓)〉: 非其事者, 勿仞也; 非其名者, 勿就也; 無故有顯名者, 勿處也; 無功而富貴者, 勿居也。

자기 임무가 아닌 일은 떠맡지 말아야 하고, 자기 이름에 어울리지 않는 자리에는 나아가지 말아야 하며, 이유도 없이 혁혁한 이름을 떨치는 곳에는 처하지 말아야 하고, 공로도 없이 부귀한 곳에는 머물지 말아야 한다.

왕인지의 설: "無故有顯名者, 勿處也"는 의미상 바로 앞의 구와 구별이 없으니, 바로 앞 구의 주석이다. 그런데 현행본에서는 잘못 정문에 들어가 있다. 아랫글에 "夫就人之名者廢, 仞人之事者敗, 無功而大利者, 後將爲害。〔무릇 남의 명위(名位)에 오르는 자는 몰락하고, 남의 일을 떠맡는 자는 실패하며, 공로도 없는데 큰 이익을 얻는 자는 후에 재앙을 입을 것이다.〕"라고 하였으니, 모두 윗글을 받아서 한 말이다. 그런데 이 구절만 유독 그 안에 들어 있지 않으니, 정문이 아님이 분명하다.

왕연수(王延壽)의 〈노영광전부(魯靈光殿賦)〉: 承明堂於少陽, 昭列顯於奎之分野。

소양의 자리에서 명당[42]을 받들고 있고 규성(奎星)의 분야에서 밝게 빛나고 있다.

《문선》 이선(李善)의 주: 한(漢)나라 명당을 받들고 있는데 소양의 자리에 있고, 그 빛이 밝은데 규성의 분야에서 빛나고 있음을 말한 것이다.

왕염손의 설: "昭列顯於奎之分野"는 구법(句法)이 매우 복잡하다. '昭'라 하고 다시 '顯'이라 하였으니, 또한 중복이다. 대체로 정문에는 본래 "昭列於奎之分野"로 되어 있었는데, 후인이 이선의 주에서 운운한 것 때문에 정문 내에 '顯'을 더하

---

42 명당(明堂): 고대의 제왕들이 정교(政教)를 베풀던 곳으로, 조회(朝會)·제사(祭祀)·경상(慶賞)·교학(教學) 등의 대전(大典)을 모두 이곳에서 거행하였다.

였으니, 주석 내의 '顯'이 바로 위의 '昭列'을 받아서 설명한 것이고 정문에 있는 글자가 아님을 모른 것이다. 문의를 살피지 않고 주석에 근거하여 함부로 글자를 더하였는데, 각 본에서 서로 원용하고 고치지 않았으니, 또한 매우 생각하지 않은 것이다.

이상의 예들은 잘못하여 주석의 글자를 정문(正文)에 넣기도 하고, 주석의 글자에 근거하여 정문에 글자를 넣기도 한 것인데, 모두 주소(注疏)로 인하여 생긴 연문에 속한다.

4 윗글과 아랫글로 인하여 연문이 생긴 경우

《대대례기(大戴禮記)》〈권학(勸學)〉 : 爲善而不積乎? 豈有不至哉? 선을 행하여 많이 쌓아야 할 것이다. 그렇게 되면 어찌 알려지지 않겠는가.

노변(盧辯)의 설 : '至'는 어떤 본에는 '聞'으로 되어 있다.

왕염손의 설 : "爲善而不積乎"는 '不' 자가 연문으로 더 들어간 것이며 "豈有不至哉"의 '至' 자는 어떤 본에는 '聞' 자로 되어 있는데, 옳다. 이는 윗글의 "聲無細而不聞〔소리는 작다고 해서 들리지 않음이 없다.〕"의 네 구를 이어서 말한 것이다.[43] 그러므로 선을 행하여 많이 쌓이게 되면 알려지지 않음이 없을 것이라는 말이다. 〈증자제언(曾子制言)〉에 "士執仁與義而不聞, 行之未篤故也。 胡爲其莫之聞也?〔선비가 인(仁)과 의(義)를 행하는데도 알려지지 않는 것은 독실히 행하지 않기 때문이다. 어찌하여 알려지지 않겠는가.〕"라고 하였으니, 뜻이 바로 이것과 같다. 만약에 "豈有不至哉"라고 한다면 위아래의 문장과 전혀 맥락이 닿지 않는다. 공광삼(孔廣森)이 무리하게 설명하였는데,[44] 잘못이다. 《순자(荀子)》

---

43 이는……것이다 : 여기서 말하는 네 구는 '夫聲無細而不聞, 行無隱而不行, 玉居山而木潤, 淵生珠而岸不枯'이다.

〈권학〉에 "爲善不積邪? 安有不聞者乎?〔선을 행하되 많이 쌓지 않을 수 있겠는가. 어찌 알려지지 않을 리가 있겠는가.〕"라고 되어 있으니 '積' 위에 또한 '不'자가 연문으로 들어가 있다. 《군서치요(群書治要)》〈순자〉에는 "爲善積也, 安有不聞者乎?"로 되어 있다.

《묵자》〈노문(魯問)〉: 是以國爲虛戾, 身爲刑戮, 用是也。

이 때문에 나라는 멸망하고 오왕(吳王) 자신도 살해되었다.

왕염손의 설 : '用是' 2자는 윗글[45]로 인하여 추가로 들어간 글자이다. 윗글에서는 "是以國爲虛戾, 身爲刑戮也"라고 하여 '用是' 2자가 없으니, 이것이 그 증거이다.

《회남자》〈인간훈(人間訓)〉: 亡不能存, 危不能安, 無爲貴智伯。

도장본(道藏本)에 이렇게 되어 있다.

망하려는 나라를 존속시킬 수 없고 위기에 빠진 나라를 안정시킬 수 없다면 지혜를 존중할 필요가 없다.

왕염손의 설 : '伯'은 위아래의 문장으로 인하여 추가로 들어간 글자이다. 유본(劉本)[46]에서는 〈조책(趙策)〉에 의거하여[47] '智伯'을 '智士'로 고쳤는데, 옳지 않다. 이것은 '망하려는 나라를 존속시킬 수 없고 위기에 빠진 나라를 안정시킬 수 없다면 지혜를 존중할 필요가 없다'는 말이지 '智士를 존중할 필요가 없다'는 말이 아니다. 윗글에서 우자(牛子)가 무해자(無害子)에게 "國危不能安, 患結不能解, 何謂貴智?〔나라가 위태로운데도 안정시키지 못하고 근심에 휩싸여 있는데도 해결하지 못하고 있으니, 어찌 지혜를 중시할 필요가 있겠소.〕"라고 하였으니 '智' 아래에 또한 '士'가 없다. 〈오어(吳語)〉에서도 "危事不可以爲安, 死事不可以爲生, 則無爲貴智矣。〔위험에 빠진 일을 바꾸어 편안하게 하지 못하고 죽게 된

---

44 공광삼(孔廣森)이 무리하게 설명하였는데 : 공광삼은 《대대례기보주(大戴禮記補註)》에서 "爲善或不積耳, 積則未有不至於成者。"라고 하였다.

45 윗글 : '諸侯報其讎, 百姓苦其勞, 而不爲用'을 말한다.

46 유본(劉本) : 명(明)나라 때 유적(劉績)의 보주본(補注本)을 가리킨다.

47 조책(趙策)에 의거하여 : 《전국책》〈조책〉에는 '無爲貴知士也'로 되어 있다.

일을 바꾸어 살 수 있는 일로 만들 수 없다면 지혜를 귀하게 여길 까닭이 없습니다.)"라고 하였다. 〈조책〉에 잘못 '士'가 들어가 있는데, 유적(劉績)이 이에 근거하여 본서(本書)를 고쳤으니, 잘못이다. 《태평어람(太平御覽)》에서도 이것을 인용하여 "無爲貴智"라고 하였고, 《한비자(韓非子)》에는 "則無爲貴智矣"로 되어 있으니, 모두 '士'가 없다.

《사기》 〈진승상세가(陳丞相世家)〉: 漢王攻下殷王。
한왕이 은나라를 공격하여 함락하였다.

왕염손의 설: '殷' 자 아래에 '王' 자는 윗글[48]의 '殷王'으로 인하여 잘못 더 들어간 글자이다. "攻下殷"은 은나라를 공격하여 함락하였다는 말이니, 〈항우본기(項羽本紀)〉에는 "立司馬卬爲殷王, 王河內, 都朝歌。[49][사마앙을 은왕으로 세워 하내를 통치하게 하고 조가에 도읍하게 하였다.)"라고 하였다. '殷' 자 아래에 '王' 자가 있어서는 안 된다. 아랫글의 "項王怒, 將誅定殷者將吏。[항왕이 노하여 앞서 은나라를 평정했던 장수와 군관을 죽이려 하였다.)"에서도 단지 '殷'이라고만 말하고 '殷王'이라고 말하지 않았다. 《태평어람》 〈진보부(珍寶部)〉에서도 이것을 인용하였는데 '王' 자가 없고, 《한서》에도 없다.

이상의 예들은 모두 윗글·아랫글로 인하여, 혹은 윗글·아랫글과 유사한 어구로 인하여 잘못 본래의 구에 들어가 연문이 생긴 경우이다.

5 옆에 주석으로 달아 놓은 글자로 인하여 연문이 생긴 경우

옛날에 주석을 달거나 옮겨 적는 자들은 오자로 의심되는 글자가 있으면

---

48 윗글: "項羽之東王彭城也, 漢王還定三秦而東, 殷王反楚。項羽乃以平爲信武君, 將魏王咎客在楚者以往, 擊降殷王而還。項王使項悍拜平爲都尉, 賜金二十溢。"을 말한다.
49 歌:《교감학대강》에는 '陽'으로 되어 있는데, 《사기》에 근거하여 바로잡았다.

혹 오자로 의심되는 글자의 옆에다 주석을 달았다. 그런데 후인이 이렇게 한 뜻을 모른 채 잘못 본문에 베껴 써넣어 마침내 연문이 되어 버렸다. 예를 들면 다음과 같다.

《순자》〈중니(仲尼)〉: 求善處大重，理任大事，……。能耐任之，則愼行此道也。能而不耐任，且恐失寵，則莫若早同之，推賢讓能，而安隨其後。

중요한 자리를 잘 지키며 중대한 일을 맡아 잘 처리하여……. 능력이 중임을 감당할 만하면 곧 이 방법을 신중히 시행할 일이다. 능력이 중임을 감당할 수 없고 또 임금의 총애를 잃을까 두렵다면 빨리 다른 사람과 화합하는 것만 한 게 없다. 훌륭한 사람을 추천하고 능력 있는 사람에게 사양하여 편안히 그들의 뒤를 따를 일이다.

양경의 주 : '耐'는 忍의 뜻이고 '愼'은 順의 뜻으로 읽어야 한다. 훌륭하고 능력이 있는 사람은 설령 쓰이고자 하지 않더라도 반드시 참아 가면서 자신의 능력을 사용해야 하니, 자신이 평소에 행하려던 도를 순순히 행해야 함을 말한 것이다. 능력이 있는 자는 차마 성급히 사용하고자 하지 않는다.

왕염손의 설 : "能耐任之"와 "能而不耐任"의 두 '能' 자는 모두 연문이고 '耐'는 바로 '能'의 뜻이다. 〈예운(禮運)〉의 "故聖人耐以天下爲一家，以中國爲一人者〔그러므로 성인이 능히 천하를 한집안으로 여기고 중국을 한 사람으로 여기는 것은〕"에 대한 정주(鄭注)에 "耐는 能의 고자(古字)이다. 책을 전사(傳寫)한 시대가 각기 다르므로 고자 가운데 때로 남아 있는 글자가 또한 지금은 잘못된 글자인 경우가 있다." 하였다. 〈악기(樂記)〉의 "故人不耐無樂〔그러므로 사람은 음악이 없을 수 없다.〕"에 대한 정주에 "耐는 옛날 책에서 能의 뜻으로 쓰였다. 후세에 글자를 能으로 바꾸었는데, 여기에만 그대로 남아 있는 것이다." 하였다. 성공(成公) 7년 《곡량전(穀梁傳)》의 "非人之所能也〔사람이 능히 할 수 있는 바가 아니다.〕"에 대한 《경전석문(經典釋文)》에 "能은 耐로도 되어 있다." 하였다. 《관자(管子)》〈입국(入國)〉 "聾盲，喑啞，跛躄，偏枯，握遞，不耐自生者〔귀머거리, 벙어리, 절름발이와 앉은뱅이, 반신불수, 양손이 굽어 펴지지 않는 사람은 혼자 생활할 수 없는 자들이다.〕"의 '耐'는 바로 '能' 자이다. "耐任之則愼行此道"는 나라의 큰일을 맡을 수 있다면 이것은 윗글의 "理任大事"를 받아서 말한 것이다. 이 도를 신중히 행하야 함을 말한 것이다. 현행본에 "能耐

任之"로 되어 있는 것은 후인이 '耐' 자 옆에 '能' 자를 적어 놓은 것을 옮겨 적는 자가 잘못 합해 놓았기 때문이다. "而不耐任"의 '而' 자는 '如' 자의 뜻으로 읽어야 하니, 만약 그 일을 맡을 수 없다면 훌륭한 사람을 추천하고 능력 있는 사람에게 양보하는 것만 한 게 없다는 말이다. 현행본에 "能而不耐任"으로 되어 있는 것은 옮겨 적는 자가 '能'과 '耐'를 함께 기록하고 또 '能' 자를 잘못 '而不' 두 글자의 위에 두었기 때문이다. 양경은 이런 사실을 제대로 이해하지 못했다. 그래서 무리한 설명을 붙인 것이다.

《묵자》〈비성문(備城門)〉: 令吏民皆智知之。

관리와 백성 모두로 하여금 성문을 나갈 때 통행증을 지녀야 한다는 것을 알게 한다.

왕염손의 설 : 이는 본래 "令吏民皆智之"로 되어 있었으니 '智'는 바로 '知' 자이다. 현행본에 "智知之"로 되어 있는 것은 후인이 옆에 '知' 자를 기록해 놓은 것을 옮겨 쓰는 자가 잘못 합해 놓았기 때문이다. 《묵자》에서는 '知' 자가 대부분 '智' 자로 되어 있다.

《회남자》〈범론훈(氾論訓)〉: 使人之相去也, 若玉之與石, 美之與惡, 則論人易矣。夫亂人者, 若穹窮之與藁本也, 蛇床之與蘼蕪也, 此皆相似。

가령 사람 간의 차이가 옥과 석, 미와 악과 같다면 사람을 평가하기가 쉬울 것이다. 사람을 혼란케 하는 것은 궁궁과 호본, 사상과 미무와 같다.

고유의 주 : 서로 비슷한데 향기와 악취가 전혀 다른 것이 마치 소인이 군자와 흡사하기는 하지만 인(仁)과 불인(不仁)이 전혀 다른 것과 같음을 말한 것이다.
왕염손의 설 : 위에서 이미 '亂人'이라고 말했다면 아래에서 다시 '相似'라고 말할 필요가 없으며, 또 정문에서 이미 '相似'라고 말했다면 주에서 다시 '其相類'라고 말할 필요가 없다. 《이아(爾雅)》소(疏)에서 허신(許愼)의 주를 인용하여 "此四者, 藥草臭味之相似。〔이 네 가지는 약초로, 냄새와 맛이 서로 비슷한 것이다.〕"라고 하였으니, 그렇다면 '此皆相似' 4자는 대체로 후인이 정문의 옆에다 허신의

주를 대충 기록한 것을 옮겨 적는 자가 잘못 합해 놓은 것이다. 《사기》〈사마상여전(司馬相如傳)〉에 대한 《사기색은(史記索隱)》, 《이아》의 소(疏), 《본초도경(本草圖經)》, 《비아(埤雅)》, 《속박물지(續博物志)》에 인용한 것은 모두 이 네 글자가 없다.

《문선(文選)》 반악(潘岳)의 〈서정부(西征賦)〉: 當晉、鳳、恭、顯之任勢也，乃熏灼四方，震耀都鄙。而死之日，曾不得與夫十餘公之徒隷齒，才難不其然乎? 현행 이선(李善)본에는 이렇게 되어 있다. 왕음(王晉), 왕봉(王鳳), 홍공(弘恭), 석현(石顯)이 권세를 쥐고 있을 때에는 사방에 기세가 등등하여 도시와 시골에까지 위세가 떨쳤지만, 죽는 날에는 결코 저 10여 공의 무리와 서로 대등할 수 없었다. 이름을 얻기 어렵다고 하였으니, 그렇지 않은가.

왕염손의 설 : 육신본(六臣本)에는 "名才難，不其然乎"로 되어 있고, 오신본(五臣本)에는 "名難，不其然乎"로 되어 있다. 이선의 주에 "《論語》曰 : '齊景公死之日，民無德而稱焉。'[《논어》에 다음과 같은 내용이 있다. '제나라 경공이 죽는 날에 백성들이 은혜를 고마워하며 칭송함이 없었다.']"이라고 하였다. '十餘公之徒'는 소망지(蕭望之)와 조참(曹參)의 무리를 말한다. 《논어》에서 공자가 "才難，不其然乎。[인재를 얻기가 어렵다고 하였으니, 그렇지 않은가.]"라고 말씀하였다. 여연제(呂延濟)는 "晉、鳳之類，其死之日，曾不得與蕭、曹等十餘公之仆隷齒列，名器之難，其如此矣。[왕음, 왕봉의 무리가 죽는 날에 결코 소망지, 조참 등 10여 공의 무리와 서로 대등할 수 없었으니, 명기를 지키기 어려운 것이 이와 같다.]"라고 말하였다.

'名難'으로 되어 있는 것이 옳다. 왕음, 왕봉, 홍공, 석현이 생전에는 위세가 혁혁하였지만 죽은 뒤에는 명성이 없었다. 이것은 부귀를 얻기는 쉬워도 이름을 얻기는 어렵다는 말이다. 그러므로 "名難，不其然乎。[이름을 얻기 어렵다고 하였으니, 그렇지 않은가.]"라고 한 것이다. 이것은 《논어》의 구법(句法)을 사용한 것이다. 그래서 이선이 "才難，不其然乎"를 인용하여 증거로 삼은 것이다. 사실 《논어》에서는 '才難'을 말하였고 여기에서는 '名難'을 말한 것이니, 구법은 같아도 의미는 다르다. 육신본에 '名才難'으로 되어 있는 것은, 이선이 《논어》의 '才

難'을 인용하였으므로 후인이 옆에다 '才' 자를 기록해 놓았는데 옮겨 적는 자가
마침내 잘못 합쳐 놓았기 때문이다. 현행 이선의 본에 '才難'으로 되어 있는 것은
또한 후인이 '名才難' 3자의 문의가 형성되지 않는다고 여겨서 1자를 산삭해서인
데 '才' 자를 산삭하지 않고 '名' 자를 산삭해서 잘못되어 버린 것이다.

　이상의 예들은 옆에 주석으로 달아 놓은 글자가 잘못 정문으로 들어
간 경우이다. 그렇게 된 구체적인 상황은 결코 같지 않지만 연문이 발생
하게 된 원인은 같으니, 연문은 모두 옆에 주로 달아 놓은 글자이다.
　만약 한 걸음 더 나아가 이상에서 기술한 각종 연문의 원인을 구체적
으로 분석한다면 어렵지 않게 다시 몇 종류의 통례로 분류해 낼 수 있
다. 예를 들어 유월(兪樾)이 《고서의의거례(古書疑義擧例)》에서, 두
글자의 자의가 비슷하여 연문이 된 사례 및 두 글자의 자형이 비슷하여
연문이 된 사례의 두 가지로 열거한 경우가 이에 해당한다 하겠다. 이
밖에 착간의 경우 어긋난 차례를 살펴서 정할 수 없을 때에도 연문으로
간주할 수 있다. 이런 맥락에서 볼 때 연문 통례는 또한 연문과 의오를
총체적으로 이해하고 분석하고 판단하는 데에 도움이 될 뿐이지 결코 보
편적인 법칙은 아니다.

제6절 도문 통례

도문(倒文)이란 원문의 구문에서 글자의 앞뒤가 뒤바뀐 오류이다. 옛날에는 바뀐 것을 표시하는 갈고리 모양의 표시를 '을(乙)'이라고 하였기때문에 '을문(乙文)' 또는 '도을(倒乙)'이라고도 한다. 도문은 구문에서대부분 무의식적으로 상하 두 글자가 뒤바뀌는 것이기 때문에 일반적으로 상하의 글에서 분석하여 찾아낼 수 있다. 비교적 복잡한 도문은 그오류의 원인이 탈문(脫文)이나 연문(衍文)과 대략 같으며, 간혹 다른오류와 연관되어 동시에 발생하기 때문에 유형화하기가 다소 어렵다. 아래 제시한 예들은 도문의 상황과 각종 오류의 구체적인 원인을 이해할수 있도록 해 주는 것이지 보편적인 사례는 아니다.

1 일반적인 도문

《묵자(墨子)》〈노문(魯問)〉: 翟慮耕天下而食之人矣。

왕염손(王念孫)의 설 : 아래의 글에 근거하여 순서를 바로잡아 "翟慮耕而食天下之人矣。〔내가 농사를 지어 천하 사람들을 먹이려 생각을 하였습니다.〕"가 되어야 한다. '天下'와 '而食'이 도문인 것이다. 아랫글에 "翟慮織而衣天下之人〔내가 옷감을 짜 천하 사람들을 입히려 생각을 하였습니다.〕"이라 하였으니, 구법이 동일하다.

《순자(荀子)》〈의병(議兵)〉: 明道而分鈞之。

도를 밝혀 고르게 나눈다.

노문초(盧文弨)의 설 : 《사기(史記)》와 《한시외전(韓詩外傳)》에는 모두 '均分'
으로 되어 있다.

왕염손의 설 : '均'은 '鈞'과 통하니, 마땅히 《사기》와 《한시외전》에 의거하여 순
서를 바꿔야 한다.

《한비자(韓非子)》〈설림 상(說林上)〉 : 子爲之是也，非緣義也，
爲利也。

그대가 이러한 일을 하는 것은 나와의 의리 때문이 아니라 이익을
위해서이다.

도홍경(陶鴻慶)의 설 : '爲之' 두 자는 순서가 바뀌어야 한다.

《회남자(淮南子)》〈주술(主術)〉 : 國者，君之本也。是故人君者，
上因天時，下盡地財，中用人力。

나라는 임금의 근본이다. 이 때문에 임금이 된 자는 위로는 천시를
따르고, 아래로는 지재를 다하고, 가운데로는 인력을 쓴다.

왕염손의 설 : '君'은 마땅히 '人' 위에 있어야 한다. 《군서치요(群書治要)》에는
이를 인용하면서 '君人者'로 바로잡았다.

《논형(論衡)》〈치기(治期)〉 : 夫飢寒幷至而能無爲非者寡，然則
溫飽幷至而能不爲善者希。

굶주림과 추위가 함께 이르면 잘못을 저지르지 않을 수 있는 자가
드물다. 그러니 따뜻함과 배부름이 함께 이르면 선을 행할 수 없는
자 드물 것이다.

손촉증(孫蜀丞)의 설 : '能不'은 마땅히 '不能'이 되어야 하니 글자가 잘못 전도된
것이다.

위에 열거한 예들은 다른 책에 의거하기도 하고, 본서의 상하 글의 사

례에 의거하기도 하고, 상하 글의 뜻에 의거하기도 하였다. 그리고 두 자가 전도되기고 하고, 한 자가 전도되기도 하였다. 그러나 이는 모두 구문 속의 글자가 전도된 것이다.

2 기타 유형의 도문

《묵자》〈천지 중(天志中)〉: 故夫愛人利人, 順天之意, 得天之賞者, 旣可得留而已。

필원(畢沅)의 설 : 아래의 "故夫憎人賊人, 反天之意, 得天之罰者, 旣可謂而知也。[그러므로 남을 미워하고 남을 해쳐 하늘의 뜻에 반하여 하늘의 벌을 받는 자는 이미 지혜로울 수 있다.]"에 의거하면 이 구문의 '旣可得留而已'는 뜻이 상세하지 않다.

왕염손의 설 : '旣可得而智已'가 되어야 한다. '智'는 바로 '知'이다. 《묵자》에서의 '知'는 대부분 '智'가 된다. 〈경설(經說)〉과 〈경주(耕柱)〉두 편에 나오는 것은 일일이 열거할 수 없다. '順天之意, 得天之賞者, 旣可得知而已。[하늘의 뜻을 따라서 하늘의 상을 받는 자는 이미 지혜로울 수 있다.]'라고 말한 것이다. 〈상현(尙賢)〉에 '旣可得知而已'라고 하였다. 구본(舊本)에 '旣可得留而已'라고 되어 있는 것은 '智'가 '留'로 잘못되어 있는 것이고, 또 잘못 '而' 자 위에 있는 것일 뿐이다. 또 아랫글에 "故夫憎人賊人, 反天之意, 得天之罰者, 旣可謂而知也。"라고 되어 있는 것도 마땅히 '旣可得而知也'가 되어야 한다. 이는 '得'과 '謂'가 초서에서 서로 비슷하기 때문에 생긴 오류이다. '旣可得而知' 다섯 자를 앞뒤로 서로 맞춰보면 두 군데의 오자는 저절로 밝혀진다. 하편에서도 '旣可得知而也'라고 하였다.

이 사례의 '留而'는 마땅히 '而智'가 되어야 하니 글자가 잘못되면서 동시에 잘못 도치된 것이다.

《안자춘추(晏子春秋)》〈내편(內篇) 문 하(問下) 제30〉: 且嬰聞養世之君子, 從重不爲進, 從輕不爲退。

제가 듣기에 세상을 기르는 군자는 어려움을 따라 나아가지 않으며, 쉬움을 따라 물러나지 않는다고 하였습니다.

왕염손의 설: 마땅히 "從輕不爲進, 從重不爲退。"가 되어야 한다. '輕'은 '쉬움'이다. 《여씨춘추(呂氏春秋)》〈지접(知接)〉의 주에 보인다. '重'은 '어려움'이다. 《한서(漢書)》〈원기(元紀)〉의 주에 보인다. 쉬운 것을 보고 나아가지 않고, 어려운 것을 보고 물러나지 않는다는 말이다. 현행본에서는 '輕'과 '重'을 서로 바꾸어 놓아 뜻이 통하지 않는다. 《공자가어(孔子家語)》〈삼서(三恕)〉에 "從輕勿爲先, 從重勿爲後。"라 하였는데 그 주에 "赴憂患, 從勞苦, 輕者宜爲後, 重者宜爲先。〔우환에 나아가고 수고로움을 따르니, 쉬운 것은 마땅히 뒤로해야 하고, 어려운 것은 마땅히 먼저 해야 한다.〕"이라 하였으니 말의 뜻이 바로 이것과 같다.

우창(于鬯)의 설: '重'과 '輕'은 '어려움'과 '쉬움'이다. 나아가기를 구하는 사람은 쉬운 것을 버려두고 어려운 것을 따르지만, 군자가 어려운 것을 따르는 것은 나아가기 위함이 아니다. 물러나기를 구하는 사람은 대체로 어려운 것을 버리고 쉬운 것을 따르지만, 군자가 쉬운 것을 따르는 것은 물러나기 위함이 아니다. 그러므로 "從重不爲進, 從輕不爲退。"라고 한 것이다. 만약 도가 어려움에 있으면 어려움을 따르고 도가 쉬움에 있으면 쉬움을 따르는 것이라고 한다면 진퇴와는 상관없는 것일 뿐이다. 왕염손이 근거로 제시한 《공자가어》〈삼서〉의 뜻이 설득력이 있다고 여겨서, 그대로 뜻이 통하는 것을 가지고 뜻이 통하지 않는다고 한다면 잘못된 것이다. 요컨대 각각 그대로 통하는 뜻을 가지고 있으니, 반드시 고쳐 동일하게 하는 것은 도리어 쓸데없는 일을 하는 것이다.

왕염손은 '重'과 '輕'이 서로 바뀌어 위아래로 대구를 이루는 글자가 잘못 뒤바뀐 사례라고 보았다. 우창은, 잘못되지 않았으니 순전히 글 뜻에 따라 분석하면 본래의 뜻을 그대로 둘 수 있다고 여겼다.

《회남자(淮南子)》〈천문훈(天文訓)〉: 天去地五億萬里。
하늘과 땅의 거리가 5억만 리이다.

왕염손의 설 : 《개원점경(開元占經)》〈천점(天占)〉에 이 부분을 인용하며 "億五萬里"라 하였고, 《태평어람(太平御覽)》〈지부(地部) 1〉에서 인용한 《시위(詩緯)》〈함신무(含神霧)〉에서도 "天地相去億五萬里。〔하늘과 땅의 거리는 1억 5만 리이다.〕"라 하였다. 그렇다면 '億'과 '五' 2자는 현행본에 잘못 뒤바뀐 것이다.

이는 다른 책에 인용된 글을 근거로 '五億'은 '億五'가 잘못 뒤바뀐 것으로 보아야 한다고 하였으나, 실제로는 훈고에 따른 교정이다.

《회남자》〈설산훈(說山訓)〉: 信有非禮而失禮。
왕염손의 설 : 마땅히 "信有非而禮有失〔신의에 틀린 것이 있고 예에 잘못된 것이 있다.〕"이 되어야 한다. 아래의 "此信之非〔이것이 신의 중 틀린 것이다.〕"와 "此禮之失〔이것이 예 중에 잘못된 것이다.〕"도 모두 이 구절을 이어 말한 것이다. 현행본은 '而禮' 2자가 잘못 뒤바뀌고, 또 '有' 1자가 빠지고 '禮' 1자가 잘못 더들어가 결국 뜻이 통하지 않게 되었다.

《회남자》〈인간훈(人間訓)〉: 夫走者, 人之所以爲疾也; 步者, 人之所以爲遲也。今反乃以人之所爲遲者, 反爲疾。
달린다는 것은 사람이 빠르게 여기는 것이고, 걷는다는 것은 사람이 느리게 여기는 것이다. 지금 도리어 사람이 느리게 여기는 것으로써 빠르게 여긴다.
왕염손의 설 : 이 글은 마땅히 "今乃反以人之所以爲遲者爲疾"이 되어야 한다. 윗글에서 "此衆人所以爲死也, 而乃反以爲活。〔이는 많은 사람들이 죽기 위한 바로써 도리어 사는 이유로 삼는다.〕"이라 하였으니 그 증거가 되는 것이다. 현행본에는 '乃反' 2자가 잘못 뒤바뀌고, 또 '以' 1자가 빠졌으며 '反' 1자가 잘못 더 들어갔다.

이상의 두 가지 사례는 모두 위아래 글의 뜻에 의거하여 분석을 한 것인데, 탈자와 연자가 있으며 동시에 잘못 뒤바뀐 사례이다.

《회남자》〈인간훈〉：委社稷, 效民力, 隱居爲蔽, 而戰爲鋒行。

사직을 바치고 백성들의 노동을 제공하고 평소에는 방패막이가 되고 전쟁에는 선봉이 된다.

왕염손의 설 : '隱居爲蔽'는 마땅히 '居爲隱蔽'가 되어야 하니, 월나라는 오나라를 섬겨 평상시에는 방패막이가 되며 전쟁에는 앞장선다는 말이다. 현행본은 '隱'이 잘못 '居爲'의 위에 있어 뜻이 통하지 않게 되었다. 《전국책(戰國策)》〈한책(韓策)〉에 "韓之于秦也, 居爲隱蔽, 出爲雁行。〔한나라가 진나라에 대해서 평상시에는 방패막이가 되고 전쟁에는 선봉이 되었다.〕"이라 하였으니, 말뜻이 바로 이와 같다. '雁行'과 '鋒行'은 모두 앞장선다는 뜻이다. 《전국책》〈연책(燕策)〉에 "使弱燕爲雁行, 而强秦制其後。〔약한 연나라로 하여금 선봉이 되게 하고, 강한 진나라로 하여금 후방을 맡게 하였다.〕"라고 하였다.

이는 본래 구절의 말이 나뉘어 잘못 뒤바뀐 사례이다.

《한서》〈장탕전(張湯傳)〉：嘗有所薦, 其人來謝。安世大恨, 以爲擧賢達能, 豈有私謝邪? 絶弗復爲通。

일찍이 천거한 바가 있었는데 그 사람이 와서 사례하였다. 안세가 크게 한탄을 하며 "현능한 사람을 들어 쓰는 데에 어찌 사사로움이 있겠는가." 하고, 그 사람을 끊고 다시는 만나지 않았다.

송기(宋祁)의 설 : 남본(南本)과 절본(浙本)에는 모두 "豈有私邪, 謝絶弗復爲通"으로 되어 있다.

왕염손의 설 : 남본과 절본이 옳다. '豈有私邪'는 현자를 천거함에 있어 본래 사심이 없다는 말이다. '謝絶弗復爲通'은 그 사람을 사절하고 다시는 만나지 않는다는 말이다. 후인들은 윗글에 '其人來謝'라고 되어 있는 것을 근거로 마침내 '謝'를 '私'의 아래로 옮겨 '豈有私謝'로 연이어 놓았는데, 이는 잘못이다. 안사고(顔師古)가 주석에서 "'有欲謝者〔고하려고 하는 것이 있다.〕'라고 한 것은 모두 통하지 않는다. 일설에는 '이 사람에게 고하여〔告〕끊고 다시는 서로 보지 않는 것이다.'라고 하였다." 告는 바로 謝 자를 풀이한 것이다. 안사고는 〈고기(高紀)〉, 〈주발전(周勃傳)〉, 〈차천추전(車千秋傳)〉, 〈조광한전(趙廣漢傳)〉 등에서 모두 "謝는 고하는 것이다."라고 하였다. 하였

으니, 안사고가 보았던 본은 '謝絶弗復爲通'으로 되어 있었음이 분명하다. 현행본에는 '謝'가 위 구절에 포함되었으니 주와 합치되지 않는다.

《논형(論衡)》〈시응(是應)〉: 案《爾雅》〈釋水泉章〉, 一見一否曰瀸。

황휘(黃暉)의 설: 잔권(殘卷)으로 남은 송본(宋本)에 '泉'이 '章'의 아래에 있는데, 주씨(朱氏)가 교정한 원본(元本)도 같으니 이것이 옳다. 이 글은 《이아》〈석수(釋水)〉에 나오는데 '一見' 위에 분명 '泉'이 있다. 현행본에는 '章'과 '泉' 2자가 잘못 뒤바뀌었으니 '一見一否' 구에 주어가 없는 것이다.

이상의 두 가지 사례는 모두 글이 뒤바뀌면서 구두가 잘못된 사례이다. 즉 위 구의 끝 글자와 아래 구의 처음 글자가 잘못 뒤바뀌어 위아래 두 구에 모두 의오(疑誤)가 생긴 것이다.

《문선(文選)》송옥(宋玉)의 〈풍부(風賦)〉: 故其風中人, 狀直憯悽惏慄, 清涼增欷。

그러므로 바람을 맞고 있는 사람은 그 모습이 찬 바람에 떠는 듯하다.

왕인지(王引之)의 설: "憯悽惏慄'은 마땅히 "惏慄憯悽'가 되어야 하니, 전사한 사람이 잘못 뒤바꾼 것일 뿐이다. '惏慄'과 '清凉'은 모두 바람이 차다는 것을 말하는 것이다. 이선(李善)의 주에 "惏은 찬 모양이고, 慄은 찬 기운이다." 하였다. '憯悽'와 '增欷'는 모두 추위를 타는 모양이다. 두 구는 대구로 되어 있다. 또 '悽'와 '欷'는 모두 운(韻)이 되는데, 고음에서는 모두 지부(脂部)에 속해 있다. '慄'의 경우는 질부(質部)에 속해 있으니, '質'과 '脂'는 고운(古韻)에서 운부(韻部)가 같지 않다. '慄'은 옛날에 '栗'과 통용해서 썼는데, 《시경》에서의 '栗'은 모두 질부(質部)의 글자와 운이 되고, 지부(脂部)의 글자와 운이 되는 것은 없다. '慄'을 쓴 것은 《시경》〈황조(黃鳥)〉에서 '穴'과 함께 운을 삼았고, 《초사(楚辭)》〈구변(九辯)〉에서 '戾'와 함께 운을 삼았으니 慄, 穴, 戾은 모두 질부(質部)이다. '欷'와 운이 될 수는 없다. 〈고당부(高唐賦)〉에 "令人惏悷憯悽, 脇息增欷"라 하였는데 '悷'와 '慄'의 음이 서로 비슷하니 '惏悷憯悽'는 '惏慄憯悽'와 같은 것이다. 이 부(賦)에서도 '悽'와 '欷'를 운으로 삼았다. 《초사》〈구변〉에 "憯悽增欷兮, 薄寒之中人; 愴怳懭

悢兮, 去故而就新"이라 하였는데 '悽'와 '秋'를 운으로 삼고 '愴怳'과 '懷悢'을 운으로 삼았으니, 또 하나의 증거가 된다.

이는 쌍성첩운(雙聲疊韻)의 글자가 잘못 뒤바뀌어 운이 맞지 않게 된 사례이다.

> 사마천(司馬遷)의 〈보임안서(報任安書)〉: 若望僕不相師而用流俗人之言。지금 이선(李善)의 본은 이와 같다.
>
> 왕염손의 설 : 이는 본래 "若望僕不相師用, 而流俗人之言。〔내가 소경(少卿)의 말을 따르지 않는다고 여기는 듯하니 속된 사람의 말과 같다.〕"으로 되어 있었다. 그러므로 소림(蘇林)이 "而, 猶如也。言視少卿之言, 如流俗人之言, 而不相師用也。〔'而'는 '如'와 같다. 소경의 말을 보니 속된 사람의 말과 같아 따를 수가 없다고 말한 것이다.〕"라 하였고, 육신본(六臣本)의 주에 "'而用'은 이선(李善)의 본에 '用而'로 되어 있다." 하였으니, 증거가 된다. 만약 현행본에 "不相師而用流俗人之言"으로 되어 있다면 '而'는 '如'로 풀이될 수는 없다. 또 장선(張銑)은 "而, 如也。言少卿書, 若怨望我不相師用, 以少卿勸戒之辭如流俗人所言。〔'而'는 '如'이다. '소경의 글은, 마치 내가 따르지 않는 것을 원망하는 듯하니, 소경이 권면하며 경계한 말은 속된 사람의 말과 같다.'고 말한 것이다.〕"이라고 하였으니, 이를 근거해 보면 오신본(五臣本)에도 "不相師用而流俗人之言"이라 되어 있는 것이 분명하다. 현행본에 '用而'가 또 '而用'으로 되어 있는 것은 후세 사람들이 임의대로 고친 것이다. 육신본의 주에서, 이선의 본에는 '用而'로 되어 있다는 것을 인용하고 있는데도, 현행본에서는 역시 '而用'이라 하고 있으니, 이는 또 후세 사람들이 이미 잘못된 오신본에 의거하여 고친 것이다. 《한서》〈사마천전(司馬遷傳)〉에도 '用而'로 되어 있으니, 충분히 서로 증거가 된다. 이 편의 원문은 후세 사람들이 보태고 고친 것이 많으니, 마땅히 《한서》를 참고하여 교정하여야 한다.

이는 잘못 뒤바뀐 것에 의하여 구두를 잘못 끊어 붙여 읽은 것이다. 바로 위 구의 끝 글자와 아래 구의 첫 글자가 잘못 뒤바뀌어 위아래가 합쳐져 하나의 구가 되었다.

위에서 인용한 각기 다른 유형별 도문 사례는 모두 오류의 원인이 복잡한 것으로, 단순한 문의만으로 분석하여 판단할 수 없다. 위에서 인용한 각종의 사례 이외에도 다른 오류의 원인과 정황이 있지만 여기에서는 열거하지 않는다.

제7절 착간 통례

착간(錯簡)이란 판각하여 인쇄하기 이전의 간서(簡書)와 백서(帛書)에
서 간(簡)과 백(帛)의 착란으로 인해 생긴 착오로, 후대의 경우 서적을
인쇄하여 간행할 때에 쪽이 섞이는 것과 같은 것이다. 다만 죽간 하나에
기록된 글자의 수는 2, 3십 자에 불과하기 때문에 착간은 겨우 몇 구 혹
은 몇 단락의 글자밖에 되지 않는다.

　일반적으로 착간은 진한(秦漢) 이전의 간서에 한하여 발생한 것이지
만, 오류가 발생한 원인은 애초 여러 가지 구체적인 일에서 비롯된다.
예를 들면 간을 묶었던 끈이 해지거나 끊겨 간편(簡片)이 섞이게 되는
등의 이유이다. 그러나 이미 섞이게 된 뒤에 다시 간편을 묶는 경우에
본래의 차례를 정확하게 회복하지 못하는 수도 있는데 원래의 착간과 비
교해 볼 때 분별해 내기가 더욱 어려워진다. 또 판각을 거쳐 책이 만들
어진 뒤에는 착간이 더 이상 간서의 형태로 남아 있지 않기 때문에 탈문
이나 연문과 마찬가지로 원래 있어야 하는 곳에는 탈문이 되고, 잘못 끼
어든 곳에는 연문이 된다. 그러나 이를 분별해 내는 것은 도리어 탈문과
연문보다도 어렵다. 현대에는 쪽이 뒤섞이는 경우가 있는데, 예를 들어
전체가 네 쪽으로 되어 있는데 셋째 쪽이 둘째 쪽의 앞에 잘못 들어가는
경우이다. 즉, 착간이 생긴 뒤에 판각되어 인쇄된 서적의 문자로 고정되
어 버리면 오류의 원인을 지식적인 면에서 고찰해야 한다. 운문에 있어
서는 압운이 잘못된 경우를 제외하고는 문장의 뜻이 잘 통하느냐의 여부
에 따라 의오(疑誤)가 발생할 뿐 다른 원인은 없다. 만약 착간이 있는
구문에 또 다른 교감의 문제가 있다면 마땅히 따로 교석(校釋)을 해야

하지만 착간의 문제는 아닌 것이다. 착간이라는 오류가 생기는 원인은 단순한 도문(倒文)과 마찬가지로 간단하지만 착간의 정확한 순서가 무엇인지 고증해 밝히는 것은 의견이 분분하여 확정하기 어려울 수가 있다. 사례는 다음과 같다. 설명의 편의를 위하여 인용문에 번호를 매겼다.

《묵자(墨子)》〈상현 하(尙賢下)〉의 구본(舊本)은 다음과 같다.

> ①是故昔者堯有舜, 舜有禹, 禹有皐陶, 湯有小臣, 武王有閎夭、泰顚、南宮括、散宜生, ②得此不勸譽。且今天下之王公大人士君子, 中實將欲爲仁義, ③求爲士, 上欲中聖王之道, 下欲中國家百姓之利。④而天下和, 庶民阜。是以近者安之, 遠者歸之, 日月之所照, 舟車之所及, 雨露之所漸, 粒食之所養, 故尙賢之爲說, 而不可不察此者也。

이 단락은 문의(文義)상 몇 군데 의심스러워 통하지 않는 곳이 있다. ①의 '是故'부터 '散宜生'까지는 모두 삼대(三代)의 성군과 현신에 관계되는 내용인데, 아래 ②의 '得此不勸譽'와 연결되어 있으니, 분명 문의가 서로 어긋난다. 또 아래의 '且今天下' 이하 다섯 구절과 논리적으로 명쾌하게 연결되지 않는다. 가운데 ③의 '求爲士' 한 구절은 앞뒤로 연결되지 않는다. ④의 '而天下和'에서 '粒食之所養'까지는 '天下和'라는 번성 시기의 큰 성과를 기술한 것이지만 이 역시 윗글인 '且今天下' 이하 다섯 구절과 직접적인 인과관계가 없으며, 또 아랫글인 '故尙賢之爲說' 이하 두 구절에 연결될 수 없다.

이에 근거하여 왕염손은 다음과 같이 생각하였다. ①의 '散宜生' 아래에 마땅히 ④의 '而天下和'부터 '粒食之所養'까지 37자가 이어져야 하고, ②의 '得此不勸譽'에 '莫' 1자가 빠져 있으니 마땅히 보충해야 하고,

③의 '求爲士'에 '上' 1자가 빠져 있으니 마땅히 보충해야 한다. 교정을 하여 바로잡은 글은 다음과 같다.

是故昔者堯有舜, 舜有禹, 禹有皐陶, 湯有小臣, 武王有閎夭、泰顚、南宮括、散宜生, 而天下和, 庶民阜。 是以近者安之, 遠者歸之, 日月之所照, 舟車之所及, 雨露之所漸, 粒食之所養, 得此莫不勸譽。 且今天下之王公大人士君子, 中實將欲爲仁義, 求爲上士。上欲中聖王之道, 下欲中國家百姓之利。 故尙賢之爲說, 而不可不察此者也。

이 때문에 옛날 요 임금에게 순이 있었고, 순 임금에게 우가 있었고, 우 임금에게 고요가 있었고, 탕왕에게 이윤이 있었고, 무왕에게 굉요, 태전, 남궁괄, 산의생이 있어서 천하가 화평하였고 백성들이 많았던 것이다. 그리하여 가까이 있는 사람들은 그를 편안히 여겼고, 멀리 있는 사람들은 그에게 귀의하였다. 해와 달이 비추는 곳과 배와 수레가 닿는 곳과 비와 이슬이 적시는 곳과 곡식을 먹고 사는 곳에서는 이러한 사람들을 얻게 되면 권면하고 기리지 않는 이가 없다. 또 지금 천하의 임금이나 대신이나 군자들은 마음으로 인의를 행하려 하고 훌륭한 선비가 될 것을 바라면서, 위로는 성왕의 도에 들어맞게 하려고 하고 아래로는 국가와 백성의 이익에 들어맞도록 하고 있다. 그러므로 현명한 사람을 높여야 한다는 말은 잘 살피지 않아서는 안 되는 것이다.

왕염손의 교감은 실제 '莫'과 '上' 두 자의 탈문을 보충하여 바로잡은 것 이외에 주로 '而天下和' 이하 37자의 위치를 '散宜生' 아래로 바꿔 놓아 간(簡) 1개의 순서를 바로잡은 것이다.

《묵자》〈겸애 중(兼愛中)〉의 구본은 다음과 같다.

諸侯相愛則不野戰，家主相愛則不相纂，①人與人相愛則不相賊，
貴不敖賤，詐不欺愚。②凡天下禍纂怨恨可使毋起者，以仁者譽之。
然而今天下之士，③君臣相愛則惠忠，父子相愛則慈孝，兄弟相愛
則和調，天下之人皆相愛，强不執弱，衆不劫寡，富不侮貧。④子
墨子曰：然，乃若兼則善矣。雖然，天下之難物于故也。

이 중에 착간이 한 곳 있으며, 탈문은 6자이고, 오자는 2자이다. ①의
'人與人' 구절 아래에 마땅히 ③의 '君臣相愛'부터 '富不侮貧'까지 40자
가 이어져야 하니, 이곳이 착간이 된다. 그리고 ②의 '凡天下' 구절 아
래에 '以相愛生也是' 6자가 빠져 있으며, ④의 '子墨子'는 '君子'의 잘못
이다. 교정을 하면 다음과 같다.

諸侯相愛則不野戰，家主相愛則不相纂，人與人相愛則不相賊，君
臣相愛則惠忠，父子相愛則慈孝，兄弟相愛則和調，天下之人皆相
愛，强不執弱，衆不劫寡，富不侮貧，貴不敖賤，詐不欺愚。凡天下
禍纂怨恨，可使毋起者，以相愛生也。是以仁者譽之。然而今天下
之士君子曰：然，乃若兼則善矣。雖然，天下之難物于故也。
제후들이 서로 사랑하면 들판에서 전쟁하지 않을 것이고, 대부들이
서로 사랑하면 서로 뺏지 않을 것이고, 사람과 사람이 서로 사랑하
면 서로 해치지 않을 것이다. 그리고 임금과 신하가 서로 사랑하면
임금은 은혜롭고 신하는 충성할 것이고, 아비와 자식이 서로 사랑
하면 아비는 자애롭고 자식은 효도할 것이고, 형과 아우가 서로 사
랑하면 함께 조화를 이룰 것이다. 천하의 사람들이 모두 서로 사랑

하면 강한 자가 약한 자를 지배하지 않을 것이고, 많은 자가 적은 자를 위협하지 않을 것이고, 부자가 가난한 자를 무시하지 않을 것이고, 귀한 자가 천한 자를 업신여기지 않을 것이고, 간사한 자가 어리석은 자를 속이지 않을 것이다. 모든 천하의 화란과 원한이 일어나지 않도록 할 수 있는 것은 서로 사랑하는 것에 기인할 것이다. 이 때문에 어진 자들이 그것을 기리는 것이다. 그러나 지금 천하의 선비와 군자들은 말한다. "그렇다. 만약 겸한다면 좋을 것이다. 그러나 천하의 하기 힘든 일이다."

이 사례도 문장의 뜻을 분석하여 의미를 통하게 한 것으로 위의 사례와 같다.

《전국책》〈진책(秦策)〉의 "제조초공진(齊助楚攻秦)" 장(章)에, 초왕(楚王)이 장의(張儀)의 계책을 받아들이고 진진(陳軫)의 간언을 받아들이지 않고서 진나라를 공격하였다가 두릉(杜陵)에서 크게 패한 일을 기록하고 있는데, 마지막에 다음과 같이 기록하고 있다.

故楚之土壤士民非削弱, 僅以救亡者, 計失于陳軫, 過聽于張儀。

또 "초절제(楚絶齊)" 장에는 제나라가 초나라를 정벌하고 초왕이 진진으로 하여금 서쪽으로 가서 진나라를 설득하도록 한 내용을 기록하고 있다. 그리고 마지막에 다음과 같이 기록하고 있다.

計聽知覆逆者, 唯王可也。計者, 事之本也, 聽者, 存亡之機。計失而聽過, 能有國者寡也。故曰：計有一二者, 難悖也；聽無失本末者, 難惑。

왕염손의 의견은 다음과 같다. "초절제" 장 마지막 구절의 '計聽知覆逆者' 이하 51자는 본장 위의 내용과 전혀 이어지지 않는다. 이는 저자의 말로, 마땅히 "제조초공진" 장 마지막 구절의 아래에 있어야 한다. 앞 장에서는 초나라가 패망에 거의 이르게 된 이유가 계책이 잘못되고 받아들인 것도 잘못이었기 때문이라고 말을 하였다. 그러므로 여기에서 이어 말하기를 "計聽知覆逆者, 唯王可也.〔계책을 듣고서 순역(順逆)을 알 수 있는 것은 오직 왕만이 가능한 것이다.〕"라고 한 것이다. '唯'는 '雖' 와 같고 '王'은 '王天下'에서의 '王'의 뜻으로 보아야 한다. 임금이 계획하고 들으면서 미리 예측할 수 있다면 비록 '왕천하(王天下)'하는 일이라도 할 수 있는 것이라는 말이다. 아랫글에서는 "計失而聽過, 能有國者寡也.〔계책이 어긋나고 받아들여지는 것이 잘못되었는데도 나라를 소유할 수 있는 자는 드물다.〕"라고 하여 역시 위 장을 이어 말하였다. 이 장에서 기록한 진진의 말은 《사기》〈장의전(張儀傳)〉에 있는데, 여기에는 '計聽' 이하 51자가 없다. 즉 이 51자는 위 장의 착간임이 분명하다. 이에 근거하면 "초절제" 장의 마지막 51자는 삭제해야 하며 "제조초공진" 장은 아래와 같이 되어야 한다.

故楚之土壤士民非[50]削弱, 僅以救亡者, 計失于陳軫, 過聽于張儀. 計聽知覆逆者, 唯王可也. 計者, 事之本也, 聽者, 存亡之機. 計失而聽過, 能有國者寡也. 故曰：計有一二者, 難悖也；聽無失本末者, 難惑.

그리하여 초나라의 국토와 백성이 깎이고 약해져 겨우 패망을 모면했던 것은 진진의 계책이 어긋나고 잘못 장의의 말을 받아들였기

---

50 非 : 연문(衍文)으로 보는 해석에 근거하여 번역하지 않았다.

때문이다. 계책을 듣고서 순역(順逆)을 알 수 있는 것은 오직 왕만이 가능한 것이다. 계책이란 일의 근본이고, 들어주는 것은 존망의 기틀이다. 계책이 어긋나고 받아들여지는 것이 잘못되었는데도 나라를 소유할 수 있는 자는 드물다. 그러므로 계책을 여러 번 생각하는 자는 어그러뜨리기 어렵고, 받아들일 때에 본말을 잃지 않는 자는 미혹시키기 어렵다고 말하는 것이다.

이상은 다른 장에 착간된 사례이다.
현행본《한시외전(韓詩外傳)》의 권3 마지막 장은 다음과 같다.

昔者不出戶而知天下, 不窺牖而見天道者, 非目能視乎千里之前, 非耳能聞乎萬里之外, 以己之度度之也, 以己之情量之也。己欲衣食焉, 亦知天下之欲衣食也。己之安逸焉, 亦知天下之欲安逸也。己有好惡焉, 亦知天下之有好惡也。此三者, 聖王之所以不降席而匡天下者也。故君子之道, 忠恕而已矣。夫飢渴苦血氣, 寒暑動肌膚, 此四者, 民之大害也。大害不除, 未可教御也。四體不掩, 則鮮仁人；五藏空虛, 則無立士。故先王立法, 天子親耕, 后妃親蠶, 先天下憂衣與食也。《詩》曰：“父母何嘗？”“心之憂矣, 之子無裳。”
옛날에 문을 나서지 않고서도 천하를 알고 창을 내다보지 않고서도 천도를 아는 자는, 눈이 천 리 밖을 볼 수 있어서가 아니며 귀가 만 리 밖을 들을 수 있어서가 아니라 자신의 도량으로 헤아리고 자신의 마음으로 측량하는 것이다. 자신이 옷을 입고 음식을 먹고자 한다면 또한 천하가 옷을 입고 음식을 먹고자 한다는 것을 알 수 있을 것이며, 자신이 편안하고자 한다면 또한 천하가 편안하고자 한다는 것을 알 수 있을 것이며, 자신에게 좋아하는 것과 미워하는 것이 있

다면 또한 천하에 좋아하는 것과 미워하는 것이 있다는 것을 알 수
있을 것이다. 이 세 가지는 성왕이 자리에서 내려오지 않고서도 천
하를 바로잡을 수 있는 이유이다. 그러므로 군자의 도는 충(忠)과
서(恕)일 뿐이다. 굶주리고 목마름에 혈기가 손상되고, 추위와 더
위에 몸이 힘든 것 등 네 가지는 백성들에게 크게 해로운 것이다.
해로운 것이 제거되지 않으면 가르치고 다스릴 수가 없다. 사지를
가려 주지 못하면 어진 사람이 드물 것이요, 오장이 비게 되면 지조
를 지키는 선비가 없을 것이다. 그러므로 선왕이 법을 세움에 있어
서 천자가 직접 경작을 하고 후비가 직접 누에를 쳐서 천하에 앞서
먼저 옷과 음식을 걱정한 것이다. 《시경》에서 노래하였다. "우리
부모 무엇을 드실까?" "마음이 아프구나, 저 아이 옷이 없네."

또 현행본 《한시외전》 권5 제23장은 다음과 같다.

夫百姓內不乏食, 外不患寒, 則可以敎御以禮義矣。《詩》曰："蒸畀
祖妣, 以洽百禮。"百禮洽則百意遂, 百意遂則陰陽調, 陰陽調則寒
暑均, 寒暑均則三光淸, 三光淸則風雨時, 風雨時則群生寧。如是
而天道得矣。 是以不出戶而知天下, 不窺牖而見天道。《詩》曰：
"惟此聖人, 瞻言百里。""於鑠王師, 遵養時晦。"言相養之至於晦也。
백성이 안으로는 음식이 부족하지 않고 밖으로는 추위를 근심하지
않는다면 예(禮)와 의(義)로 가르치고 다스릴 수 있다. 《시경》에
서 노래하였다. "아득히 조상에게 제사 지내고 온갖 예를 넉넉히 갖
추었네." 온갖 예가 넉넉하면 모든 뜻이 이루어지고, 모든 뜻이 이
루어지면 음양이 조화롭게 된다. 음양이 조화로우면 추위와 더위가
고르며, 추위와 더위가 고르면 삼광이 맑아진다. 삼광이 맑으면 바

람과 비가 때에 맞으며, 바람과 비가 때에 맞으면 모든 생명이 편안해진다. 이와 같이 되면 천도가 제자리를 얻을 것이다. 이 때문에 문을 나서지 않고서도 천하를 알고, 창을 내다보지 않고서도 천도를 아는 것이다. 《시경》에서 노래하기를 "오직 이 성인이 백 리를 살펴볼 수 있다." 하고 "아, 불꽃같은 왕의 군사여 어두운 데까지도 비춰 주소서." 하였으니, 길러줌이 어두운 곳까지 이른다는 것을 말한 것이다.

이상의 두 장에 대해 허한(許翰)은, 본래 하나의 장으로 권3의 마지막 장이 전반부이고, 권5의 제23장이 후반부라고 하였다. 그 편차는 마땅히 권5에 있어야 하고 권3에 있어서는 안 되니, 권3 마지막 장을 권5 제23장의 앞으로 옮겨야 하는 것이다. 이에 대한 근거는 두 가지이다.

첫째, 《군서치요(群書治要)》에서 인용하고 있는 현행본 권3의 마지막 장에 근거할 수 있다. 그 편차가 현행본 권5 제18장과 제26장의 사이에 있으니, 현행본 권3의 마지막 장의 편차는 마땅히 권5에 있어야 하고, 권3에 있어서는 안 된다는 것을 알 수 있다. 또 《군서치요》에서 인용하고 있는 내용 중 "五藏空虛, 則無立士"의 아래에 "夫百姓內不乏食, 外不患寒, 乃可御以禮矣" 세 구절이 있으니, 이는 바로 현행본 권5 제23장의 처음 세 구절로 여기에서는 이 장의 요점을 간추린 것이다. 이를 통해 이 장은 원래 현행본 권3 마지막 장의 아랫글로 이 두 장이 원래 하나의 장이었다는 것을 알 수 있다.

둘째, 현행본 해당 장의 뜻에 근거할 수 있다. 앞 장은 "大害不除, 未可教御也。〔해로운 것이 제거되지 않으면 가르치고 다스릴 수가 없다.〕"라고 하였고, 뒤 장은 "夫百姓內不乏食, 外不患寒, 則可以教御以禮義矣。〔백성이 안으로는 음식이 부족하지 않고 밖으로는 추위를 근심하지 않는다면 예와 의로 가르치고 다스릴 수 있다.]"라고 하였으며, 앞 장은 "昔者不出戶而知天下, 不窺牖而見天道者〔옛날에 문을 나서지 않고서도 천하를 알고 창을 내다보지 않고서도 천도를 아는 자는〕"라고 하였고, 뒤 장은 "是以不出戶而知天下, 不窺牖而見天道〔이 때문에 문을 나서지 않고서도 천하를 알고 창을 내다보지 않고서도 천도를 아는 것이다.]"라고 하였다. 앞뒤가 호응되고 글의 뜻이 서로 이어져 밀접하게 연결되어 있으니 두 장이 실제 하나의 장이었음을 알 수 있다.

허한은 오류의 원인에 대해, 전반부가 우연히 탈간(脫簡)되었는데 이를 읽는 사람이 어디에 있던 것인지 알지 못하고 판심(版心)의 '卷五'를 '卷三'으로 잘못 인식하여 권3의 말미에 붙여 놓았을 뿐이라고 하였다. 이는 서적의 판각 체제를 염두에 둔 추론이지만 실제는 착간에 의한 오류이다.

《한서》〈백관공경표 상(百官公卿表上)〉의 원수(元狩) 3년 "어사대부(御史大夫)" 난(欄)에 다음의 글이 있다.

三月壬辰, 廷尉張湯爲御史大夫。六年, 有罪自殺。
3월 임진에 정위 장탕이 어사대부가 되었다. 6년에 죄가 있어 자살하였다.

왕염손의 견해로는, 이 19자는 마땅히 원수 2년 아래에 있어야 한다. 2년 3월 임진에 어사대부 이채(李蔡)가 승상이 되었고, 장탕(張湯)은 이날에 어사가 되었으니 3년까지 늦춰질 수는 없다. 《사기》의 〈표(表)〉에서는 "御史大夫 湯"이란 기록이 분명 2년 조에 있다. 《한서》〈본기〉에도 "2년 3월 임진에 어사대부 이채가 승상이 되고 장탕이 어사대부가 되었다."라고 되어 있다. 이것은 장탕이 어사대부가 된 일이 〈표〉에서

한 칸 잘못되었음을 바로잡은 것이다.

또 《한서》〈이광리전(李廣利傳)〉에 다음의 글이 있다.

(李廣利兵)圍其城, ①攻之四十餘日。 ②宛貴人謀曰：“王毋寡(宛
王名)匿善馬, 殺漢使。 今殺王而出善馬, 漢兵宜解。 即不, 乃力戰
而死, 未晚也。”宛貴人皆以爲然, 共殺王。 ③其外城壞, 虜宛貴人
勇將煎靡。 宛大恐, 走入中城, 相與謀曰：“漢所爲攻宛, 以王毋寡。”
持其頭, 遣人使貳師。

왕염손은 이 단락에 착간 한 곳과 연문 8자가 있다고 하였다. ①의 ‘攻
之四十餘日’ 아래에는 마땅히 ③의 ‘其外城壞’부터 ‘以王毋寡’까지 32자
가 이어져야 하고, ②의 ‘宛貴人謀曰王毋寡’ 8자는 연문이니 《사기》에
근거하여 삭제해야 한다는 것이다. 이 단락을 교정하면 다음과 같다.

圍其城, 攻之四十餘日。 其外城壞, 虜宛貴人勇將煎靡。 宛大恐,
走入中城, 相與謀曰：“漢所爲攻宛, 以王毋寡匿善馬, 殺漢使。 今
殺王而出善馬, 漢兵宜解。 即不, 乃力戰而死, 未晚也。”宛貴人皆
以爲然, 共殺王。 持其頭, 遣人使貳師。

그 성을 포위하고 40여 일을 공격하였다. 외성이 무너지고 완의 귀
족인 용장 전미가 사로잡혔다. 완이 크게 두려워하여 달아나 중성으
로 들어가 서로 상의하기를 “한이 완을 공격하는 이유는, 무과를 왕
으로 세우고 선마를 감추고 한의 사신을 죽였기 때문이다. 지금 왕
을 죽이고 선마를 내주면 한의 병사가 포위를 풀 것이다. 그렇게 해
도 안 될 경우 그때 가서 힘껏 싸우다가 죽어도 늦지 않을 것이다.”
하였다. 완의 귀족들이 모두 그렇다고 여기고서 함께 왕을 죽인 뒤

에 이사에게 사람을 보내면서 왕의 머리를 가지고 가게 하였다.

이상의 여러 사례는 모두 산문의 착간 사례이다. 오류 발생의 원인은 착간이며, 간본에서 한 단락 또는 한 절의 글자가 순서가 뒤섞이고 뒤바뀌는 형태로 나타난다. 이것을 교정하는 주요 근거는 문장의 뜻이 잘 이어지는가를 분석하는 것이고, 그다음은 다른 책의 관련 문장을 근거로 정정하는 것이다. 운문의 경우에는 문장의 뜻 이외에 별도로 압운을 주요한 근거로 삼는다. 예를 들면 〈이소(離騷)〉에 다음의 구절이 있다.

日黃昏以爲期兮,　해 질 녘에 만나기로 기약하였더니
羌中道而改路。　아, 도중에 길을 바꿨도다
初旣與余成言兮,　처음에 나와 언약을 하였건만
後悔遁而有他。　나중에 마음을 바꿔 다른 뜻을 지녔도다

《문선》에 이 시가 실려 있는데 '日黃昏' 이하 2구가 없다. 또 〈구장(九章) 추사(抽思)〉에는 다음의 구절이 있다.

昔君與我成言兮,　지난날 님이 나에게 약속하시기를
日黃昏以爲期。　해 질 녘에 만나기로 기약하였더니
羌中道而回畔兮,　아, 중도에 약속을 어기고
反旣有此他志。　도리어 이런 다른 뜻을 지녔도다

홍흥조(洪興祖)는 지적하기를, 〈이소〉의 '日黃昏' 이하 2구는 왕일(王逸)의 주가 없으며 '羌'에 대한 주가 아랫글인 '羌內恕己以量人'에 이르러 처음 나오고 있으니, 후세 사람들이 덧붙인 것인 듯하다고 하였다. 또 〈추사〉의 4구가 이 내용과 같음을 지적하였다. 이 외에도 학자들은 또 지적하기를 '路'와 '他'가 협운(協韻)이 되지 않으며 '他'는 아랫글인 "余旣不難夫離別兮, 傷靈修之數化"의 '化'와 협운이 된다고 하였다. 그러므로 〈이소〉 중 '曰黃昏' 이하 2구는 연문이면서 또 착간의 성격도 띠고 있는데, 〈추사〉에서 온 착간일 수도 있다는 것이다.

결론적으로 보면 착간의 오류 원인은 본래 단순하며, 교감의 방법과 근거도 비교적 단순하고 명확하다. 그러나 문의에 대한 분석과 압운 및 율격에만 근거하여 교감과 정정을 진행하였기 때문에, 의오(疑誤)에 대한 분석과 판단도 주관적으로 억측하는 잘못을 저지를 수도 있다. 예를 들면 〈구장(九章) 애영(哀郢)〉에 다음의 구절이 있다.

堯舜之抗行兮,　　요순의 고결한 행실은
瞭杳杳而薄天。　　높고 맑아서 하늘에 닿았네
衆讒人之嫉妬兮,　참소하는 무리들이 질투를 하여
被以不慈之僞名。　자애롭지 않다는 거짓 명성을 입는구나
憎慍惀之修美兮,　온화한 나의 아름다움을 싫어하고
好夫人之慷慨。　　남의 거짓 소리를 좋아하네
衆踥蹀而日進兮,　사람들이 날마다 벼슬길에 나아가고
美超遠而逾邁。　　어진 이는 점점 멀리 떠나가는구나

〈구변(九辯)〉에는 두 구절로 나누어 양쪽에 편입시켰다. 앞의 4구는 다음과 같다.

堯舜之抗行兮,　　요순의 고결한 행실은
杳冥冥而薄天。　　아득히 하늘에 닿았네

何險巇之嫉妒兮,　어찌 이리도 질투를 하는가
被以不慈之僞名。　자애롭지 않다는 거짓 명성을 입었네

뒤의 4구는 문장이 똑같다. 즉, 2편 가운데에 같은 구절이 8구나 되니 한 편 중에 착간이 된 것이 분명하다. 그러나 최종적으로 〈애영〉이 착간인지 아니면 〈구변〉이 착간인지는 서로 다른 의견이 있어 결론이 나지 않았다. 또 〈이소〉에 다음의 구절이 있다.

昔三后之純粹兮,　옛날 세 분 선왕의 순수함이여
固衆芳之所在。　진실로 여러 어진 이들이 지니고 있는 것이로다
雜申椒與菌桂兮,　후추와 계피를 잘 섞었음이여
豈維紉夫蕙茝。　어찌 혜초와 백기풀만으로 꿰겠는가
彼堯舜之耿介兮,　저 요순의 빛나는 덕이여
旣遵道而得路。　이미 도를 따라 바른길을 얻었도다
何桀紂之猖披兮,　걸주의 매우 방자함이여
夫唯捷徑以窘步。　사악한 지름길로 재촉하는가

왕일의 주에 '三后'는 우(禹), 탕(湯), 문왕(文王)이라 하였다. 왕조의 선후 순서에 따라 보면 '彼堯舜' 4구가 '昔三后' 4구의 앞에 있어야 할 듯하다. 이 때문에 왕일은 "夫先三后者, 据近以及遠, 明道德同也。〔'三后'를 먼저 언급한 것은 가까운 시대부터 먼 곳에 이른 것이고, 도와 덕이 같다는 것을 밝힌 것이다.〕"라고 해석하였다. 그러나 후대의 학자 중에는 이 두 구절을 전후가 뒤바뀐 착간이라고 보는 경우도 있다. 게다가 '昔三后' 4구는 마땅히 윗글인 "扈江離與辟芷兮, 紉秋蘭以爲佩"의 아래에 있어야 한다는 의견도 있다. 이러한 견해는 주관적인 억측이라는

임의성에서 벗어나지 못한다. 따라서 착간을 교감의 한 사례로 보아 오류로 확정 짓고 교감하여 정정할 때에는 주관성에서 벗어날 수 있도록 신경을 써야 한다.

위에서 말한 다섯 가지 교감의 사례를 통해 볼 때에 실제 모두 지식 방면에서 오류의 원인을 찾을 수 있다. 착오가 드러난 형태적인 면에서 살펴보면 주요하게 오자, 탈문, 연문, 도문, 착간의 다섯 가지로 나뉜다. 이 다섯 가지 오류에 대한 각각의 사례로 살펴보면 오류의 원인이 일면 서로 같다. 그러나 주의해야 할 것은 실제 고서 중에서 발생하는 구체적인 오류는 종종 단순한 것이 아니라 복잡하게 얽혀 있다는 점이다.

제6장

교감을 실행하는
구체적인 방법과 절차

제1절 구체적인 교감 이전의 준비 작업

교감학은 고적의 교감을 연구 대상으로 삼는다. 구체적인 교감 작업이란 고적 한 종류, 문헌 한 편, 작품 하나를 자신의 작업 대상으로 삼아 그 작업 대상에 교감학의 원리·방법·통례(通例)를 총체적으로 응용하는 것이다. 설령 단편적이거나 독립적인 문구에 대해서 교감을 하는 것도 반드시 책 전체, 글 전편에 대한 교감의 기초 위에서 진행해야지, 그렇지 않으면 주관적인 억측이나 단장취의(斷章取義)라는 오류를 낳을 수 있다. 그러므로 구체적인 교감 작업을 하기 위한 첫 번째 작업, 달리 말하면 특정 고적을 구체적으로 교감하기 전에 반드시 완성해야 할 준비 작업은 바로 구체적인 작업 대상에 대한 조사·연구이다. 해당 고적의 기본 상황, 즉 해당 고적의 기본적인 구성과 전래 상황, 기본적인 내용과 구성 체계, 기본적인 문체와 언어적인 특징을 조사하고 연구하는 것이다.

제2절 기본 구성과 전래 상황의 파악

우선 교감 대상인 고적의 기본 구성과 전래 상황을 파악해야 한다. 대체로 이런 작업은 전대 학자들이 이룩한 성과를 활용하는 토대 위에서 목록, 판본에 대한 문헌 기록들을 조사하는 것에서 시작한다. 그 내용은 다음과 같은 것을 포괄하고 있다.

1. 기본 구성을 파악하고 전래 상황을 숙지하기
2. 각종 판본을 수집하고 판본의 원류를 분석하여 판본의 계통을 도출해 내기
3. 저본(底本)과 참교본(參校本)을 선택하기

1 기본 구성을 파악하고 전래 상황을 숙지하기

작업 대상이 되는 구체적인 고적을 확정하고 나면, 가장 먼저 필수적으로 그 고적의 기본 구성 유형이 단순한 중첩 구성에 속하는지 아니면 복잡한 중첩 구성에 속하는지를 파악하여 그것이 몇 개의 층차로 이루어져 있는지 대체적으로 확정해야 한다. 중요한 고적의 대다수는 원본에 가까운 집본(輯本)이나 혹은 원본으로서 교감과 주소(注疏) 작업을 거치면서 층차가 복잡해지고 판본이 많아졌다. 일반적인 고적들은 대부분 집본이나 혹은 백문(白文)으로 된 원본으로, 정리된 것이 많지 않고 층차가 단순하며 판본도 적다. 이 때문에 제일 먼저 해야 할 작업은 저작의 저

자와 성서(成書) 연대를 근거로 관련 문헌목록에 기재된 내용들을 조사함으로써 성서 이후의 전래 상황을 대체적으로 파악하고, 이를 통하여 그 고적에 대한 역대의 정리 상황을 일괄하여 그 고적의 여러 층차에 대해 초보적인 분석을 하는 것이다. 일반적으로 여러 사전(史傳)에 나타나는 역사적 인물들의 저작은 대부분 해당 인물의 본전(本傳), 예문지(藝文志)나 경적지(經籍志), 해당 저작과 관련 있는 서발문(序跋文)을 통해서 그 대체적인 전래 상황을 알 수 있다. 그러나 사전에 나타나지 않는 저작들은 역사적인 중요성 여부에 관계없이 대부분 해당 서적의 서발문과 개인 장서목록에 기재된 내용을 조사하여 그 전래 상황에 대해 파악해야 한다. 예를 들어 설명해 보겠다.

1) 《한비자(韓非子)》

《사기》〈한비전(韓非傳)〉:

그러므로 〈고분(孤憤)〉, 〈오두(五蠹)〉, 〈내저(內儲)〉·〈외저(外儲)〉, 〈설림(說林)〉, 〈세난(說難)〉 10여만 자를 저술하였다.……누군가 그 저서를 유포하여 진(秦)나라에도 전해졌는데, 진나라 왕이 〈고분〉과 〈오두〉의 글을 보고서,……이사(李斯)가 말했다. "이 책은 한비가 지은 책입니다."……신자(申子), 한자(韓子)가 모두 책을 저술하여 후세에 전해져서 배우는 사람이 많이 있었다.

《한서》〈예문지(藝文志) 법가(法家)〉:

《한자(韓子)》 55편. 저자의 이름은 비(非)이며, 한나라의 공자(公子)이다. 진(秦)나라에 사신으로 갔는데, 이사가 그를 모해하여 죽였다.

《위서(魏書)》〈유병전(劉昞傳)〉:

유병(劉昞)이 《주역》과 《한자》에 주를 달았는데……모두 세상에 유포되었다.

《북사(北史)》〈이선전(李先傳)〉:
명 원제(明元帝)가 즉위하자 이선(李先)을 불러 《한자》〈연주론(連珠論)〉 22편을 읽었다. 살펴보건대 〈연주론〉은 바로 《한비자》〈내저설(內儲說)〉·〈외저설(外儲說)〉이다.

《수서(隋書)》〈경적지(經籍志) 자부(子部) 법가〉:
《한자》 20권, 목록 1권. 한비 찬(撰)

《구당서(舊唐書)》〈경적지 병부(丙部) 자록(子錄) 법가〉:
《한자》 20권. 한비 찬

《신당서(新唐書)》〈예문지 병부 자록 법가〉:
《한자》 20권. 한비 찬
또 윤지장(尹知章)이 《한자》에 주를 달았으나, 책은 망일되었다.

《송사(宋史)》〈예문지 자류(子類) 법가류(法家類)〉:
《한자》 20권. 한비 찬

송나라 정초(鄭樵)의 《통지(通志)》〈예문략(藝文略)〉:
《한자》 20권. 한비 찬. 당나라 때 윤지장의 주가 있었으나, 현재는 망일되었다.

조공무(晁公武)의 《군재독서지(郡齋讀書志)》 〈자류 법가류〉:
《한비자》 20권. 한비 찬

진진손(陳振孫)의 《직재서록해제(直齋書錄解題)》 〈법가류〉:
《한자》 20권. 한나라 공자(公子) 한비 찬. 《한서》 〈예문지〉에는 55
편으로 저록되어 있으며, 지금도 똑같다. 〈고분(孤憤)〉, 〈세난(說
難)〉 등속이 모두 현존한다.

왕응린(王應麟)의 《한서예문지고증(漢書藝文志考證)》:
《한자》 55편. 《사기》 〈한비전〉에 "한비는 형명(刑名)·법술(法術)
에 대한 학문을 좋아했으니, 그 주요 취지는 황제(黃帝)와 노자(老
子)에 근본을 둔 것이었다. 그는 〈고분(孤憤)〉, 〈오두(五蠹)〉, 〈내
저(內儲)〉·〈외저(外儲)〉, 〈설림(說林)〉, 〈세난(說難)〉 등 10여만
자를 저술하였다."라는 내용이 있는데 이 부분에 달린 주에 이런 내용
이 있다. "《신서(新序)》에 따르면, 신자(申子)의 저서에서는 '술
(術)'을 제창했고 상앙(商鞅)의 저서에서는 '법(法)'을 제창했으니
둘 다 형명을 말한 것이라 했다." 여조겸(呂祖謙)은 이렇게 말했다.
"태사공은 한비가 형명·법술에 대한 학문을 좋아했다고 했으니, 이것
은 한비가 형명과 법술을 함께 배웠다는 것이다." 《사기색은(史記索
隱)》에 다음과 같은 내용이 있다. "살펴보건대 《한자》에 〈해로(解
老)〉, 〈유로(喩老)〉 두 편이 있으니 이 또한 황제와 노자를 숭상한
것이다." 금본(今本) 《한비자》는 20권 56편이다. 살펴보건대 이 말은 틀
렸다. 사수 정씨(沙隨程氏 정형(程逈))는 이렇게 말했다. "《한비자》에
존한편(存韓篇)이 있기 때문에 이사가, 한비는 결국 한(韓)나라를
위하지 진(秦)나라를 위하지는 않는다고 말했다. 후대 사람들이 범저

(范雎)의 글[1]을 《한비자》 속에 잘못 넣고 나서야 한(韓)나라를 점령한다는 담론이 있게 되었다. 《자치통감》에서 한비가 조국을 전복하려 했다[2]고 했지만, 이는 사실이 아니다."

청대(淸代) 《사고전서총목(四庫全書總目)》 〈자부(子部) 법가류(法家類)〉:

《한자》 20권. 내부장본(內部藏本) 주(周)나라 한비 지음.

《한서》 〈예문지〉에는 《한자》가 55편으로 저록되어 있다. 장수절(張守節)의 《사기정의(史記正義)》에서는 완효서(阮孝緒)의 《칠록(七錄)》을 인용하면서 《한자》가 20권으로 저록되었다고 했다. 편수(篇數)와 권수(卷數)가 금본 《한비자》와 일치한다. 유독 왕응린의 《한서예문지고증(漢書藝文志考證)》에서만 56편이라고 되어 있는데, 아마도 전사 과정에서 발생한 글자상의 오류일 것이다.

그 주를 단 사람은 미상이다. 원나라 지원(至元) 3년(1337) 하변본(何犿本)을 살펴보면 "옛날에 이찬(李瓚)의 《한자》 주가 있었지만, 수준이 너무 낮아 취할 것이 없으므로 모두 삭제했다."라고 했다.

---

1 범저(范雎)의 글 : 《전국책(戰國策)》에 따르면, 《한비자》 〈초견진(初見秦)〉에서 한(韓)나라를 멸망시킨다고 한 말은 실제로 장의(張儀)가 한 것이다. 그런데 정형(程逈)이 범저의 글이라고 한 것은, 아마도 《전국책》 권5 〈진어(秦語)〉에 범저가 "천하에 변고가 생기면 진(秦)나라에 해악을 끼칠 존재로는 한(韓)나라보다 큰 세력이 없습니다.〔天下有變, 爲秦害者, 莫大於韓。〕"하고서 진왕(秦王)에게 한나라를 칠 계책을 올린 말이 있기 때문인 듯하다.

2 한비가……했다 : 사마광은 한비가 한(韓)나라를 전복하려 했다고 인식했다. 《자치통감》 권6 〈시황제 상(始皇帝上)〉에 있는 다음과 같은 논평을 통하여 이를 알 수 있다. "여기에서 한비(韓非)는 진(秦)나라를 위해 계책을 도모하면서 제일 먼저 자신의 조국을 전복하여 자신의 주장을 펴고자 했으니, 그 죄는 진실로 죽음으로도 용서받지 못할 것입니다.〔今非爲秦畫謀, 而首欲覆其宗國以售其言, 罪固不容於死矣。〕"

즉, 주를 단 사람은 당연히 이찬이지만 이찬이 어느 시대 사람인지 하변이 설명한 적이 없어 왕응린의 《옥해(玉海)》에서도 이미 《한자》의 주를 누가 작성했는지 모른다고 했으며, 여러 서적에서도 따로 이찬이 《한자》에 주를 달았다는 말이 없어 하변이 무엇을 근거로 그런 말을 했는지 모른다.

하변본 《한비자》는 53편만 있다. 그 서문에 이르기를, 책 내에서 〈간겁(姦劫)〉 1편, 〈설림 하(說林下)〉 1편과 〈내저설 하(內儲說下) 육미(六微)〉 안에 있던 "사번(似煩)" 이하 몇 장(章)이 일실되었다고 한다.

명나라 만력(萬曆) 10년(1582) 조용현(趙用賢)이 송간본 《한비자》를 구입했다. 하변본과 대조해 보았더니 구본(舊本)의 〈육미(六微)〉 끝에 28조가 더 있어서, 하변이 설명했던 것처럼 일실된 부분이 몇 장에만 그친 게 아니라는 사실을 비로소 알게 되었다.

〈설림 하〉의 첫머리에는 아직도 "伯樂敎二人相踶馬〔백락이 두 사람에게 뒷발질하는 말의 상(相) 보는 법을 가르쳤다.〕"등 16장이 있지만, 여러 판본에서는 일탈되어 〈설림 상〉의 "田伯鼎好士〔전백 정이 선비를 좋아하여〕"장이 〈설림 하〉의 "蟲有蚘³〔회라는 벌레가 있다.〕"장과 곧바로 이어진 문장이 되어 버렸다. 〈화씨(和氏)〉 끝의 "和雖獻璞而未美, 未爲王⁴之害也〔비록 화씨가 바친 박옥이 아름답지 않았다 하더라도 임금에게 해가 되지 않는다.〕"아래로 396자가 빠졌다. 〈간겁〉 첫머리에 "我以淸廉事上〔나는 청렴한 자세로 임금을 섬겨〕"위로 460자가 빠졌다.

---

3 蟲有蚘 : 이 장은 《한비자》〈설림 하〉에 있으며 '蚘'는 통행본에 따라 '就'로 되어 있다.
4 王 : 진기유(陳奇猷)의 《한비자신교주(韓非子新校注)》 등에는 '主'로 되어 있다.

그 빠진 책장이 마침 두 편의 사이에 있기 때문에 그 편 이름과 본문이 함께 일실되어 버렸고, 그러는 바람에 전사하는 사람들이 각자 아래 편의 절반을 위 편에 잘못 연결하여 마침내 그 아래 편의 원형을 찾으려고 해도 불가능하게 되었으니, 실제로 전체가 일실된 적은 없었던 것이다.

지금 세상에 전하는 것 가운데 또 명나라 주공교(周孔教)가 간행한 대자본(大字本)《한비자》가 있는데, 매우 깔끔하고 해정(楷正)하다. 그 판본의 서문에는 출판 연월을 쓰지 않아 조용현본보다 먼저 나왔는지의 여부를 알 수 없다. 주공교가 진사에 합격한 것이 조용현보다 10년 뒤인 것으로 보아, 주공교가 보았던 것도 송간본이기 때문에 그 글의 내용이 조용현본과 똑같아 일실된 부분이 없는 듯하다. 본서에서는 이 판본에 의거하여 선사(繕寫)하고 조용현본으로 교정했다.

······아마도 한비가 저술한 글들은 본래 각기 별도로 독립된 편이었을 것이다. 그러던 것이 한비가 사망한 뒤 문도들이 글을 수습하고 편차하여 전질을 완성했던 것이다. 그러므로 한비가 한(韓)나라에 있을 때 지은 것과 진(秦)나라에 있을 때 지은 것이 함께 수록되었으며, 아울러 한비가 개인적으로 기록해 두었다가 미처 완성하지 못한 원고도 책 속에 편입되었다. 외형상으로는 한비가 지은 것이라지만 실제로는 한비가 직접 정리한 것이 아니다. 그 본래 내용이 한비에게서 나왔기 때문에 한비라는 이름을 계속 붙여서 서목에 저록해 왔던 것이다.

《사고전서(四庫全書)》〈자부(子部) 법가류(法家類) 존목(存目)〉：
《한자우평(韓子迂評)》 20권. 내부장본(內部藏本)
구본(舊本)에는 "명(明) 문무자(門無子) 평(評)"이라 쓰여 있다. 앞에는 원나라 하변이 교정하여 올릴 때 쓴 원서(原序)가 있고 "至元三

年秋七月庚午〔지원 3년 가을 7월 경오일〕"라고 쓰여 있으며, 결함(結銜)⁵에는 "奎章閣侍書學士"라 쓰여 있다. 원나라 세조(世祖)·순제(順帝) 때를 상고해 보면 둘 다 '지원(至元)'이라는 연호를 사용했는데, 3년⁶ 7월을 본기(本紀)나 지(志)에 있는 간지(干支)로 계산해 보면 모두 경오일이 없다. 아마도 '子'의 오자일 것이다.

규장각학사원(奎章閣學士院)은 문종(文宗) 천력(天歷) 2년(1329)에 설치했지만 대학사(大學士)만 있었을 뿐이고, 얼마 지나지 않아 학사원으로 승격되고 나서야 비로소 '시서학사(侍書學士)'가 있게 되었으니, 하변이 이 책을 바친 것은 후대인 순제 지원 연간(1335∼1340)의 일이다. 그 서문 내용을 보면 "지금 천하에서 급선무로 여기는 것은 법도의 폐기이고, 하찮게 여기는 것은 한비자와 같은 신하이다."라고 했으니, 바로 순제 때의 정세를 두고 말한 것이다.

문무자의 자서(自序)에 "방본(坊本)은 심지어 구두도 뗄 수 없었다. 맨 나중에 하변본을 얻어서 글자 하나하나를 교감하여 모두 원래의 면모를 잃지 않게 한 뒤에야 마침내 구(句)마다 두(讀)를 찍고 글자마다 품평을 달았으며 사이사이에 하변의 주를 취해 절충하여 판각하는 사람에게 주었다."라고 하였다. 조용현이 송각본《한비자》를 번각한 것은 만력(萬曆) 10년(1582)이다. 이 판본은 만력 6년에 간행했기 때문에 아직 완질을 보지 못하고 하변본을 그대로 사용했다. 그러나 하변의 서문에 "이찬(李瓚)의 주가 수준이 너무 낮아 취할 것이 없기에 모두 삭제했다."라고 했는데도 이 판본에는 사이사이에 이찬의 주를 그대로 두었으니, 이미 하변본의 옛 원형이 아니다.

---

5 결함(結銜) : 옛날 관리들이 문서 등에 서명할 때 기재한 자신의 관직명이다.
6 3년 : 원 세조 지원(至元) 3년은 1266년, 원 순제 지원 3년은 1337년이다.

게다가 문무자의 서문에 또 "하변의 주를 취하여 절충했다."라고 했으니, 이는 하변이 가한 방주(旁注)를 포함시켰다는 말로서 또한 가감한 부분이 있는 것이기에 그 원문을 전부 그대로 둔 것이 아니다. 명나라 사람들은 고서를 개찬하여 자기 입맛대로 만드는 것을 좋아했기에 걸핏하면 그 본래의 모습을 잃어버렸으니 만력 이후의 판본들이 모두 그러하다. 이 책도 그 일례이다.

문무자가 누구인지는 미상이다. 진심(陳深)의 서문에 "문무자는 성이 유씨(兪氏)이고 오군(吳郡) 사람으로 행동이 독실한 군자였다.[7]"라고 했다. 그러나 최신 기록이나 예전 기록이나 모두 그의 성명을 기재하지 않았다. 또 모아 놓은 평어들은 대체로 모두 수준이 낮은 것들이기에 더욱 하변 주의 수준에 미치지 못한다. 식견이 이러했으니 원래의 문장을 제멋대로 어지럽힌 것이 당연하다.

《손씨사당서목(孫氏祠堂書目)》〈제자(諸子) 법가(法家)〉:
《한비자》 20권
1 명나라 조용현(趙用賢) 간본
1 명나라 오면학(吳勉學) 간본
1 명나라 갈정(葛鼎) 간본
1 명나라 10행본, 2권 결락
1 송간본(宋刊本)에 의거한 교본(校本)

손성연(孫星衍)의 《염석거장서기(廉石居藏書記)》:

---

7 행동이 독실한 군자였다 : 《교감학대강》에는 해당 원문이 '篤竹君子'로 되어 있는데, 진기유의 《한비자신교주》에 '篤行君子'로 되어 있는 것에 근거하여 바로잡아 번역하였다.

《한비자》 20권. 명나라 조용현 교(校). 송간본을 근거로 교감하여 간행하였는데, 주가 있다.

송간본 《한비자》에 서문이 있는 것을 보았는데, 저자의 이름이 없었으며 맨 끝에 "乾道改元中元日黃三八郎印〔건도 개원 중원일(中元日 음력 7월 15일) 황삼팔랑 인쇄〕"이라고 되어 있었다. 일찍이 친구인 필이순(畢以珣)에게 교감을 부탁한 결과, 권11 끝 부분에 있는 "相與訟者子産離之而毋使通辭〔정자산(鄭子産)은 원고와 피고를 격리하여 서로가 말을 섞지 못하도록 했다.〕"라는 조(條)는 모두 76자였다. 나머지 부분도 문자상의 차이가 있다.

《한서》〈예문지〉에는 "《한자》 55편"으로 저록되어 있으니, 편수를 합해 보면 일실된 부분이 없다. 《수서》〈경적지〉에는 "《한자》 20권, 목록 1권"으로 저록되어 있다. 《신당서》〈예문지〉와 《구당서》〈경적지〉에는 모두 20권으로 저록되어 있으며, 제가(諸家)의 서목에서도 동일하다. 그러나 모두 누구의 주인지는 밝히지 않았다. 조용현의 〈범례〉에 다음과 같은 말이 있다. "원나라 하변본 《한비자》에 따르면 원래 이찬의 주가 있었지만 모두 삭제했다고 하였다. 하변이 무슨 근거로 이찬이라 지목하는지 모르겠다. 본서에서는 송간본에 따라 모두 나열했으며 함부로 내용을 삭제하지 않았다." 이 말을 살펴보건대 송본(宋本) 《한비자》에도 주가 달려 있었다. 이 판본이 제가의 서목에는 등재되어 있지 않다.

또 명나라 때 오면학(吳勉學)의 교간본(校刊本)이 있으나, 주는 없다.……

노문초(盧文弨)의 《군서습보(群書拾補)》〈한비자〉:

이 책은 명나라 때 이창(已蒼) 풍서(馮舒)가 송본(宋本)과 도장본

(道藏本)에 근거하여 장정문본(張鼎文本)을 교감한 것 외에 또 명나라 능영초본(凌瀛初本), 황책(黃策)의 대자본(大字本)이 있다. 본서에서는 모두 그 판본들을 가지고 명나라 신묘(神廟) 10년(1582) 조용현의 20권 전본(全本)을 교감했다.……

명나라 손월봉(孫月峰 손광(孫鑛))의 평점본(評點本)에는 전혀 주가 달려 있지 않다. 그래서 그 판본은 교감하는 데 사용하지 않았다.

노문초의 〈서한비자후(書韓非子後) 정유(丁酉)〉:
이 판본은 명나라 조문의(趙文毅 조용현(趙用賢))의 교간본(校刊本)으로 다른 판본보다 월등하게 우수하다. 내가 예전에 북평(北平)의 황곤포(黃昆圃 황숙림(黃叔琳)) 선생에게 빌려 주었는데, 나중에 선생이 그 책을 돌려주었다. 건륭(乾隆) 병자년(1756)에 능영초본(凌瀛初本)을 가지고 교감을 한 번 했다. 21년 후 정유년(1777)에 풍서가 교감한 장정문본을 빌렸다. 이것이 바로 섭임종(葉林宗)의 도장본(道藏本)과 진계공(秦季公)의 우원재본(又元齋本), 조본(趙本)을 합쳐 교감한 것으로, 거듭 참교했기 때문에 개정한 부분이 매우 많다.……

고광기(顧廣圻)의 〈한비자지오서(韓非子識誤序)〉:
을축년(1805)에 양주태수(揚州太守) 양성(陽城) 장고여(張古餘 장돈인(張敦仁)) 선생이 계신 곳에서 식객 노릇을 하고 있었다. 송간본 《한비자》는 태수가 빌려 준 것으로, 내가 예전에 입수했던 술고당(述古堂)의 영초본(影鈔本)과 똑같다. 제14권의 제2엽(葉)이 일실되었기에 영초본으로 보충했다. 이전 사람들은 대부분 도장본(道藏本)을 선본이라고 하지만, 실제로는 조용현의 판본보다 조금 나은 점이 있을 뿐이지, 본래 송간본보다 훨씬 못하다. 송간본 《한비자》 앞부분에

"乾道改元中元日黃三八郎印"이라 되어 있다.……

황비열(黃丕烈)의 〈영송초본한비자발(影宋鈔本韓非子跋)〉:
비로소 내가 소장한 판본 영송본(影宋本)이다. 이 정말로 송본(宋本)을
영사(影寫)한 것이라고 확신하게 되었다. 그렇지만 하나의 판본은 아
니다. 장본(張本) 장고여본(張古餘本)이다. 에 없는 제14권 제2엽(葉)이
내가 소장한 판본에는 있고, 내 판본에 없는 제10권 제7엽이 장본에
는 있다. 즉, 내 판본은 장본에서 나온 것이 아니다.……

이제까지 언급한 자료들에서 알 수 있듯이 《한비자》는 한비자의 문인
들이 편집하여 완성했을 것이다. 성서(成書) 이후에는 한대(漢代)에 이
르러 55편이 되었다. 위진남북조 때에는 널리 전파되어 문사(文士)들의
중시를 받았으며, 북위(北魏) 때 유병(劉昞)이 《한비자》에 주를 달았
다. 이 시기에 55편이 20권으로 편집되면서 별도로 목록 1권이 있었다.
당나라 때 윤지장이 《한비자》에 주를 달기도 했지만 이미 망실되었다.
그 밖에 이찬의 주도 있었다. 송대와 원대에는 모두 《한비자》의 간본이
있었고, 명대와 청대에는 《한비자》의 교본(校本)이 점점 많아졌다.
　이러한 대체적인 전래 상황을 바탕으로 그 특징을 정리해 보면 다음
과 같다. 당나라 이전에는 《한비자》의 주석으로 세 사람의 것만 있었는
데, 진기유(陳奇猷)는 이찬(李瓚)이 아마도 당나라 선종(宣宗) 때의 재상 이종민(李
宗閔)의 아들일 것이라 추정했다. 어떤 이의 주는 망실되었고 어떤 이의 주는
산일되었다. 명대에서 청대까지는 교본이 많고 주소(注疏)는 없었다.
이 책의 경우 단순한 중첩 구성에 속하므로 대체로 3개의 충차로 나눌
수 있다. 바로 원본(原本), 북위부터 당대(唐代)까지의 주본(注本),
명청 시대의 교본이다.

2) 《운요집잡곡자(雲謠集雜曲子)》

주효장(朱孝臧)의 〈강촌총서본발(彊村叢書本跋)〉:

《운요집잡곡자》는 돈황(敦煌)의 석실(石室)에 오랫동안 보관되었던 당나라 사람의 권자(卷子) 사본(寫本)으로 현재 영국 런던박물관에 소장되어 있다. 비릉(毗陵)의 동수경(董授經 동강(董康))이 런던에 갔다가 손으로 베껴 써서 내게 주었다. 원래는 30수가 있다고 하지만, 18수가 남아 있었다. 〈경배악(傾杯樂)〉 이하의 내용은 일실되어 목록에도 남아 있지 않았다. 이 작품집 안에 탈구(脫句)와 와문(訛文)이 도처에 보인다. 동수경이 중간중간에 바로잡은 부분이 있으나 의심나는 부분을 다 없애지는 못했다.

오래지 않아 오백완(吳伯宛)에게 석인본을 얻어 대략 몇 조를 뽑아 황혜풍(況蕙風 황주이(況周頤))에게 질정을 했다. 그 결과 세세한 의미까지 탐구하여 새로운 성과를 더 많이 얻을 수 있었다. 이에 동이(同異)를 살펴서 위와 같이 열거한다.

용목훈(龍沐勳)의 〈강촌총서중각본발(彊村叢書重刻本跋)〉:

《운요집잡곡자》 1권은 돈황의 석실에 오랫동안 소장되었던 당나라 사람이 쓴 권자본(卷子本)으로, 강촌옹(彊村翁 주효장(朱孝臧))이 영국 런던박물관과 파리국가도서관에서 얻은 판본들을 바탕으로 교감하여 간행을 앞두고 있는 것이다. 연전에 무진(武進)의 동수경 어른이 런던에서 《운요집잡곡자》를 베껴 쓴 책 한 권을 강촌옹에게 주었기에 이것을 《강촌총서》의 맨 앞에 수록하여 간행하였다. 그런데 유독 〈경배악〉 이하의 작품들은 모두 결실되었기에 이것이 크게 유감스러웠다.

작년(1931) 여름에 유반농(劉半農 유복(劉復))이 파리에서 편집한 《돈황철쇄(敦煌掇瑣)》를 얻어 보았더니 역시 《운요잡곡(雲謠雜曲)》

이 실려 있었다. 서둘러 강촌응에게 달려가 이 사실을 알리자 강촌응이 그것을 구간본(舊刊本)과 교감하였다. 그 결과 〈풍귀운(風歸雲)〉 앞의 2수가 중복된 것 외에는 나머지 부분이 전부 런던본에 없는 것들이었다. 그것들을 합치자 30수라 했던 숫자와 정확히 일치하였다.

왕중민(王重民)의 《돈황고적서록(敦煌古籍敍錄)》〈운요집잡곡자〉: 돈황에서 《운요집잡곡자》 30수가 나왔다. 두 종류의 판본이 있으나 둘 다 내용이 온전하지 않았다. 하나는 런던박물관에 소장되어 있으며 현존하는 작품이 18수이고, 하나는 파리도서관에 소장되어 있으며 현존하는 작품이 14수이다. 중복되는 부분을 대조하여 삭제했더니 딱 30수가 되었다.……1932년 용목훈이 두 판본을 바탕으로 30수로 정리하면서 주효장과 동강 등의 교어(校語)를 첨부하여 별도로 〈교기(校記)〉 1권을 만들고, 다시 그 책을 중간(重刊)하였다. 이에 다시 완전한 판본이 세상에 전해지게 되었다.

내가 파리에 와서 다시 〈교기〉를 바탕으로 파리본을 교열했다. 〈풍귀운(風歸雲)〉 제2수 "豈知紅臉淚〔뺨 적시는 눈물 어찌 알랴〕"의 〈교기〉에서 용목훈이 파리본에는 '臉' 자가 '脸' 자로 잘못되어 있다고 했다. 살펴보건대 원본에서는 오류가 나지 않았고 유복(劉復)의 초본(鈔本)에서 오류가 난 것이다. 〈배신월(拜新月)〉 제2수 "國泰時淸晏〔국가는 태평하고 시절은 평안하여〕"의 〈교기〉에서 용목훈은 유복의 초본에 '泰'가 '秦'으로 되어 있는 것은 잘못이라고 했다. 살펴보건대 원본에는 실제로 '泰'로 되어 있기 때문에 나는 서둘러 북경도서관에서 일부분을 촬영하고 우리나라 사람을 시켜 파리 원본의 실물과 대조해 보도록 했다. 또 〈어가자(魚歌子)〉 제2수 "虛把身心生寂寞〔부질없이 심신을 붙드노라니 삶은 적막하여라〕"은 원본에서 '把'가

'抱'로 되어 있다. 문학적으로도 '抱'가 훨씬 나은 표현인데도 제가들은 이러한 점을 교감하지 못했다. 〈경배악(傾杯樂)〉의 "生長深閨菀〔규방 깊은 곳에서 자라〕"은 용목훈의 간본에서는 '菀'을 '苑'으로 바꾸었다. 이것은 '夗'이 들어가는 모든 한자의 '夗' 부분을 전부 '宛'으로 쓴 당나라 사람들의 서사 습관을 몰라서 그런 것이다. 돈황의 사본만 그런 게 아니라 일본에 소장된 당사본(唐寫本)들도 전부 그러하다.

《운요집잡곡자》는 돈황에서 발견된 당사본이다. 위에서 서술한 것에서 알 수 있듯이, 당나라 때 전래된 이 판본에는 모두 30수가 있었으며 현재 잔본(殘本) 두 종류가 남아 있었는데, 근대의 학자들이 중복되는 부분을 제거해서 30수를 만들어 진본의 모습과 완전히 부합하게 되었다. 이 작품집은 비록 고친 데 없이 천년의 세월 동안 잠들어 있었지만, 당시 베껴 쓰는 과정에서 이미 오자가 생겼고, 근대의 사람이 베끼고 교정하는 과정에서 다시 오자가 늘어났다. 이 때문에 이 판본의 구성을 살펴보면 두 개의 층차로 이루어져 있으니, 바로 원초본(原抄本)과 근대 학자의 교본(校本)이다. 앞서 거론했던 《한비자》의 전래 상황과 비교해 보면 이 경우는 민간의 곡자사본(曲子詞本)이기에 조사할 만한 목록이나 문헌 기록이 전혀 없어 서발문(序跋文), 서록(敍錄)을 참고해야만 한다.

3) 《혜강집(嵇康集)》
《삼국지(三國志)》 〈위지(魏志) 왕찬전(王粲傳)〉의 배송지(裴松之) 주에서 인용한 《위씨춘추(魏氏春秋)》:
혜강이 지은 문장이 6, 7만 자로, 모두 세상에서 즐겨 읊고 있다.

《삼국지》〈위지 왕찬전〉의 배송지 주에서 인용한 혜희(嵇喜)의 〈혜강전(嵇康傳)〉:

혜강은 〈양생론(養生論)〉을 저술하였다.……상고 이래의 성현(聖賢), 은일(隱逸), 둔심(遁心),[8] 유명(幽名)[9]이었던 자들을 기록하여 그들의 전(傳)과 찬(贊)을 지었다. 혼돈(混沌)부터 관녕(管寧)에 이르기까지 총 119명이다.

《진서(晉書)》〈혜강전(嵇康傳)〉:

이에 혜강은 〈양생론〉을 저술하였다.……이에 혜강은 〈유분시(幽憤詩)〉를 지었다.……이에 혜강은 〈태사잠(太師箴)〉을 지었다.…… 또 혜강은 〈성무애락론(聲無哀樂論)〉을 지었다.

《수서(隋書)》〈경적지〉:

위(魏) 중산대부(中散大夫) 혜강의 《혜강집》 13권. 양(梁)나라 때 판본은 15권, 목록 1권

《구당서》〈경적지〉, 《신당서》〈예문지〉:

《혜강집》 15권

《송사》〈예문지〉, 《숭문총목(崇文總目)》, 《군재독서지(郡齋讀書志)》, 《직재서록해제(直齋書錄解題)》, 《문헌통고(文獻通考)》〈경적고(經籍考)〉:

《혜강집》 10권

8 둔심(遁心): 난세에 재앙을 피하여 은둔하려는 마음을 지녔던 사람들을 말한다.
9 유명(幽名): 횡액을 피하려는 등의 이유로 명성을 숨긴 사람들을 말한다.

정초(鄭樵)의 《통지》〈예문략〉, 초횡(焦竑)의 《국사(國史)》〈경적지(經籍志)〉:

《중산대부혜강집(中散大夫嵇康集)》 15권

《사고전서총목제요》:

《혜중산집(嵇中散集)》 10권. 양강총독(兩江總督) 채진본(采進本) 《수서》〈경적지〉에는 혜강의 문집이 15권으로 등재되어 있고,……진진손(陳振孫)의 《직재서록해제》에는 10권으로 저록되어 있다. 그리고 또 "혜강이 지은 문장 6, 7만 자 중에 지금 세상에 남아 있는 것은 겨우 이와 같다."라고 했으니, 송나라 때 이미 전본(全本)은 없었던 것이다. 아마도 정초가 등재한 것 역시 옛 사서(史書)의 기록을 답습했을 것이니, 꼭 진짜로 15권인 판본을 보았다고 할 수는 없다.

왕무(王楙)의 《야객총서(野客叢書)》에 "〈혜강전〉에 이르기를 '혜강은 명리(名理)[10]에 대해 말하기를 좋아했으며, 문장을 잘 지어 〈고사전찬(高士傳贊)〉을 쓰고 〈태사잠〉과 〈성무애락론〉을 지었다.' 하였다. 내가 비릉(毗陵)의 하방회(賀方回) 집에 소장하고 있던 《혜강집》 10권의 선사본(繕寫本)을 얻어 보았더니, 시 68수가 있었다. 지금 《문선(文選)》에 실린 것은 겨우 3수 정도이다. 《문선》에는 혜강의 〈여산거원절교서(與山巨源絶交書)〉 1수만 실려 있지만, 또 〈여여장제절교(與呂長悌絶交)〉 1수가 있는 것을 몰랐던 것이다. 《문선》에는 〈양생론〉 1편만 실려 있지만, 또 〈양생론〉에 대한 변론이 지극히 다 갖추어져 있는 4000여 자 분량의 〈여상자기논양생난답(與

10 명리(名理): 위진남북조 때 청담(淸談)을 일삼던 사람들이 사물의 명칭과 이치의 시비·동이를 분석하던 것을 말한다.

向子期論養生難答)〉1편이 있는 줄 몰랐던 것이다. 문집에 또 〈택무길흉섭생논란(宅無吉凶攝生論難)〉 상중하 3편, 〈난장료자연호학론(難張遼自然好學論)〉 1수, 〈관채론(管蔡論)〉, 〈석사론(釋私論)〉, 〈명담론(明膽論)〉 등의 글이 있다. 《숭문총목》에 《혜강집》은 10권으로 저록되어 있으니, 바로 이 판본이다. 《신당서》〈예문지〉에 《혜강집》은 15권으로 저록되어 있는데 5권은 무엇을 말하는 것인지 모르겠다."라고 하였다. 왕무가 말한 것을 보면 정초가 잘못 등재한 것이 확실하다.

이 판본에는 시 47편, 부(賦) 1편, 서(書) 2편, 잡저(雜著) 2편, 논(論) 9편, 잠(箴) 1편, 가계(家誡) 1편이 있다. 그리고 잡저 가운데 〈혜순록(嵇荀錄)〉 1편은 목록에만 있고 글은 없어 실제로는 시문이 모두 62편으로, 또 송본(宋本)의 옛 원형이 아니다. 이는 명나라 가정(嘉靖) 을유년(1525)에 오현(吳縣)의 황성증(黃省曾)이 다시 집일한 것이다.

막우지(莫友芝)의 《여정지견전본서목(郘亭知見傳本書目)》:
《혜중산집》 10권. 위나라 혜강 찬
명나라 가정(嘉靖) 을유년 황성증(黃省曾)의 방송본(仿宋本)[11]이다. 매 엽(葉)마다 22행에 행마다 20자씩으로, 판심에는 '남성정사(南星精舍)' 4자가 있다.
정영(程榮)의 교간본(校刊本)
왕사현본(汪士賢本)
백삼명가집본(百三名家集本) 1권

11 방송본(仿宋本) : 송간본의 항관(行款)과 자체(字體)를 모방하여 만든 판본이다.

고원(顧沅)이 오포암(吳匏庵) 초본(鈔本)과의 동이를 왕사현본 윗부분에 교감기로 기록한 판본이 정지실(靜持室)에 보관되어 있다.

이상에서 알 수 있듯이, 《혜강집》은 결코 혜강 자신이 편집한 것이 아니라 동시대의 친구들이 편집한 것이 분명하다. 남조(南朝) 때에는 15권이었고 목록 1권이 있었다. 수나라 때는 이미 2권이 일실되었고, 당대(唐代)에 다시 15권으로 만들었으나 목록은 일실되었다. 송나라 이후에는 겨우 10권이 남았다. 명청 시대 이후로 《혜강집》을 교감한 사람은 많았지만 주를 단 사람은 없었다. 다만 《문선》에 수록된 혜강의 시문은 《문선》에 낸 주와 함께 전해졌다.

대체적으로 말하면 《혜강집》의 기본 구성도 단순한 중첩 구조에 속하여 두 개의 층차밖에 없다. 하나는 15권으로 된 옛날 그대로의 형태가 보존된 본이고, 다른 하나는 10권으로 된 교간본이다. 《한비자》와 비교해 보면 분명 일실된 부분이 비교적 많아 원본과는 거리가 먼 것으로, 실제로는 후인이 편집한 판본이다.

2 각종 판본을 수집하고 판본의 원류를 분석하여 판본의 계통을 도출해 내기

작업 대상의 기본 구성과 전래 상황을 파악한 후에는 목록에 기재된 내용에서 제공하는 단서를 근거로 현존하는 해당 서적의 각종 판본을 수집하고 판본의 원류를 분석하여 판본의 계통을 도출해 내야 한다. 도서목록에서 제공하는 전래 상황은 과거 다른 시대의 것이기 때문에 현존하는 판본의 실제 상황과는 이따금씩 차이가 나기도 한다. 그 가운데 어떤 판본은 이미 망실된 경우도 있고, 어떤 것은 겨우 재간본(再刊本)·재교본 (再校本)으로만 남아 있는 경우도 있다. 이 때문에 반드시 가능한 한 현존 판본을 모두 수집하고 도서목록에 저록된 내용과 전대 학자들의 교 감기, 서록(敍錄)들을 종합하여 분석과 도출을 통해 판본의 원류와 계 통을 숙지하고 있어야 한다.

판본의 원류와 계통을 분석하고 도출해 내는 방법은 다음과 같다. 현 존하는 각 판본의 간인 연대와 서발문의 설명을 근거로 각 판본이 근거 로 삼고 있는 판본을 조사하여 조본(祖本)까지 소급해 간다. 동시에 대 교할 판본들의 서지 사항, 각 판본에서 수집한 편장(篇章)들의 동이와 특징적인 오류들을 각 판본의 원류를 나타내는 방증으로 삼는다. 구체적 으로 말하자면, 우선 저본부터 조사해야 한다. 이른바 저본이란 것은 각 교주본(校注本)의 기초가 되는 간본을 가리킨다.

예컨대 노신(魯迅)이 교정한 《혜강집》은 오관(吳寬)의 총서당(叢書 堂) 초본(抄本)을 기본적인 텍스트로 삼고 황성증본(黃省曾本) 등 여 섯 가지 간본과 기타 인용 자료를 가지고 교감을 했다. 오관본(吳寬本) 이 바로 노신본(魯迅本)의 저본이다. 그래서 일일이 저본을 조사한 후 에야 한 계통의 판본 가운데 최고(最古)의 저본을 순서대로 추적해 낼 수 있는 것이다. 이 최고의 저본이 바로 한 판본 계통의 조본으로서, 영 본(領本)이라고도 한다. 조본은 원고(原稿), 원각본(原刻本)과는 달라 서, 원판 이후의 어떤 재판본만을 가리킨다.

또한 조본은 반드시 하나가 아니라 둘이나 셋일 수도 있다. 원고·원 판과 조본의 사이에는 어느 정도 거리가 있는데, 그 사이에 존재했던 변 천 양상은 불명확하다. 바꾸어 말하면, 현존하는 각 판본으로부터 소급 하더라도 단지 어느 연대의 어떤 간본이라고 조사할 수 있을 뿐이지, 더 나아가면 조사할 수 있는 단서가 중간에 단절되어 버린다.

조본을 조사할 때는 서발문이나 서록에 기재된 설명만을 근거하다 보면 증거가 부족하거나 설명이 명확하지 않은 경우가 있다. 그러므로 초보적인 대교를 통하여 각 판본에 나타난 편장이나 목차의 동이를 조사할 필요가 있다. 특히 자구의 오류에 대한 동이를 비교하여 특징적이면서도 어떤 판본과 같은 계통임을 증명할 수 있는 근거를 찾아낸다면, 각 판본의 원류를 설명할 수 있는 유력한 방증을 얻을 수 있다. 동시에 이러한 작업을 통해서 다른 판본 간에 나타나는 차이와 우열을 파악함으로써 자신이 교감 작업을 할 저본을 선택할 때 참고가 될 수 있다.

《한비자》를 예로 들겠다. 다음은 진기유(陳奇猷)의 〈한비자각본원류고(韓非子刻本源流考)〉에 나오는 도해이다.

韓非子刻本源流表

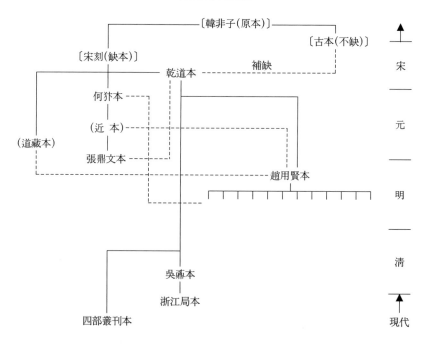

이 표는 현존하는《한비자》판본의 원류와 계통을 간략히 나타낸 것이다. 표에 보이는 '《韓非子》原本'과 '古本(不缺)'은 가상의 항목으로 실제로는 현존하지 않는다. '宋刻(缺本)'이라는 항목도 송각본(宋刻本)과 원각본(元刻本)에 근거를 두고 추정하여 나열한 것이다. 괄호로 처리한 '(近本)'은 조용현본(趙用賢本)의 〈서례(序例)〉에 기재된 내용을 바탕으로 추정하여 표에 삽입한 것이다. '何犿本'과 '張鼎文本'은 후대의 서발문 등을 근거로 그 실재(實在)를 확인한 것으로, 진기유본《한비자》에서는 그 판본이 보이지 않는다. 표에서 직선으로 표시한 것은 판본의 원류와 계통을 나타낸 것이고, 점선으로 표시한 것은 주요 원류 이외의 다른 판본의 요소들을 포괄하여 나타낸 것이다.

예컨대 송대의 건도본(乾道本)은 주로 송각결본(宋刻缺本)을 기초로 이루어진 것으로, 원대의 하변본(何犿本), 명대의 도장본(道藏本)과 같은 계통이다. 그러나 건도본은 이미 다른 판본을 바탕으로 결락을 보충한 데가 있어서, 그 속에는 다른 고본(古本)의 요소도 있을 것으로 추정할 수 있다. 또 명대 문무자(門無子)의《한자우평(韓子迂評)》본의 경우 "본문은 조용현본을 따랐고 목차는 하변본을 따랐기에"〈서례〉에 보인다. 주로 조용현본 계통에 속하지만 하변본의 요소도 지니고 있다. 이 원류표(源流表)는 주로 각 판본의 서발문과 서목에 기재된 설명을 바탕으로 도출해 낸 것이다. 이와 동시에 진기유는 다음과 같이 밝혔다.

현존하는《한비자》의 판본들은 크게 세 종류로 나눌 수 있다.
1 〈현학(顯學)〉편의 "士者爲民"부터 〈현학〉편 끝까지 빠진 것으로[12] 건도본(乾道本)이 이런 종류에 속한다.

---

12 士者爲民부터……것으로 :《교감학대강》에는 해당 원문이 '士者爲民云云至篇末'이라

2 〈화씨(和氏)〉편의 "未爲主之害也" 부분의 '害' 자부터 시작하여 〈간겁시신(姦劫弑臣)〉편의 "亦知方正之不"까지가 '간겁시신'이란 제목과 함께 빠져서 〈간겁시신〉편이 〈화씨〉편과 연이어 한 편이 된 것으로, 빠진 문장이 건도본 제4권의 7, 8쪽 두 면과 일치한다. 〈설림 하(說林下)〉의 편 머리부터 시작하여 16조가 빠지고 나머지가 위 편과 이어졌기 때문에 〈설림〉이 상하 편으로 나뉘지 않은 경우이다. 이것이 바로 53편본으로, 도장본이 이런 종류에 속한다.
3 이 두 군데가 빠져 있지 않은 경우는 조용현본과 그 밖의 각종 명간본(明刊本)이 모두 여기에 속한다.

이 세 가지 유형은 판본의 원류를 고찰하는 데 도움이 될 만하다. 이것은 특징적인 오류를 판본의 계통을 도출해 내는 방증으로 삼은 예이다.

위의 표와 방증에서 알 수 있듯이, 《한비자》의 경우 송대 이전의 판본 상황은 자세히 알 수 없으나 현존하는 각 판본들로부터 조사해 보면 도장본에서 파생한 판본들이 독자적인 계통인 것을 제외하고는 세 가지 조본(祖本)이 있다. 바로 송대의 건도본, 원대의 하변본과 명대의 조용현본이다. 조용현본은 실제로 건도본에서 나왔으며, 아울러 도장본과 '근본(近本)' 하변본에서 나왔다. 의 요소를 흡수하여 현존 《한비자》 55편의 근간이 되는 완전본이 됨으로써 명간본들의 조본이 되었다. 건도본은 비교적 늦게 출현했기 때문에 실제로 그 계통에 속하는 판본은 오자본(吳鼐本), 절본(浙本), 사부총간본(四部叢刊本)밖에 없다. 위의 표와

되어 있고, 진기유의 《한비자신교주》에는 '士者爲民至篇末云云'으로 되어 있는데, 여기서는 《교감학대강》에 따라 번역하였다.

같이 하변본의 계통을 도출해 내기는 했지만, 실물은 발견되지 않았다. 따라서 선본이라는 관점에서 본다면 건도본과 도장본이 우수하다고 할 수 있다.

3 저본과 참교본 선택하기

위에서 말한 두 단계의 작업을 하는 목적은 바로 저본(底本)과 참교본(參校本)을 잘 선택하여 구체적인 교감 작업에 착수하기 위한 것이다. 저본을 선택하는 것은 당연히 교감의 근본 원칙으로부터 출발해야 하며, 원본에 가까운 선본이어야 한다. 그것은 고본(古本)이나 송본(宋本)이 될 수도 있고 후인이 교감한 선본이 될 수도 있다. 아니면 조본이 될 수도 있고 조본이 아닐 수도 있다. 일반적으로 고본이나 송본의 연대는 비교적 원본에 가까우므로, 혹시라도 완정하게 보존되었다면 이를 취하여 저본으로 삼는 것이 타당하다.

그러나 갖가지 원인으로 말미암아 고본, 송본에 잔결이 생겼거나 오류가 난 채로 전래되어 차라리 후인의 완벽한 정교본(精校本)보다 못하다면, 후인의 교본을 취하여 저본으로 삼고 고본이나 송본을 참교본으로 삼는 것이 타당하다. 저본이 확정되고 나면 참교본, 그러니까 저본과 대교할 각종 판본들을 선택해야 한다. 일반적으로 말하면 단순한 중첩 구성으로 이루어진 고적에서는 저본 이외의 각종 판본들을 모두 참교본으로 이용해야 한다. 후인들이 가공한 부분이 적고 판본도 많지 않기 때문에 이문을 수집한다든지 난해하다고 의심할 만한 부분을 발견하기에 편리하며, 비교 분석하고 오류를 교정하기 쉽다.

하지만 복잡한 중첩 구성으로 이루어진 고적에서는 층차와 판본이 많아 복잡다단하기 때문에 어느 정도 중요한 제가(諸家)의 판본을 선별하여 참교본으로 삼아야 한다. 참교본을 선택하는 데 있어 교주(校注) 작업을 했던 사람을 기준으로 보았을 때 대부분 유명한 학자의 교본을 사용한다. 이름이 알려지지 않은 판본을 사용하는 경우에는 간단하게 대교하는 방법을 채택하여 재량껏 결정한다. 마찬가지로 이제까지 언급했던 세 가지 책을 가지고 예를 들겠다.

《운요집잡곡자》는 당대(唐代)에 쓴 권자본(卷子本)으로 두 종류가 현존하므로, 당연히 두 가지를 조합하여 저본으로 삼아야 한다. 그러나 당사본(唐寫本)의 잔본(殘本)에는 모두 오류가 있다. 근대의 교본으로는 주효장(朱孝臧) 교록본(校錄本)《강촌총서(彊村叢書)》, 나진옥(羅振玉) 교록본《돈황영습(敦煌零拾)》, 유복(劉復) 교록본《돈황철쇄(敦煌掇瑣)》, 용목훈 교록본《강촌총서》, 왕중민(王重民) 교록본《돈황곡자사집(敦煌曲子詞集)》, 임이북(任二北) 교록본《돈황곡교록(敦煌曲校錄)》 등이 있다. 제가의 교감에는 서로 동이가 있기에 모두 참교하는 데 사용할 만하다. 특히 요종이(饒宗頤)의 《돈황곡(敦煌曲)》, 황영무(黃永武) 주편(主編)의 《돈황보장(敦煌寶藏)》은 둘 다 원본을 영인한 것이기에 참교해야 한다.

《한비자》의 현존하는 간본들은 앞서 제시한 표에 열거한 바와 같다. 표 안에 나오는 하변본(何犿本), 근본(近本), 장정문본(張鼎文本)은 모두 진기유가 보았던 것들이다. 그리고 간본의 원류와 계통을 도출해 낸 결과에 따르면 건도본(乾道本)과 명나라 정통(正統) 연간의 도장본(道藏本)을 선본으로 삼아야 한다. 두 판본에는 모두 탈락된 부분이 있지만 상호간에 보충이 될 수 있다. 게다가 도장본에서 탈락된 내용은 공교롭게도 건도본의 두 페이지와 일치하는 부분이기에 도장본과 건도본은 서로 연원이 같을 수도 있다는 점을 알 수 있다. 그리고 건도본은 송간본이고 도장본은 명간본이기 때문에, 진기유는 건도본을 저본으로 삼고 도장본으로 대교하였다. 명나라 조용현본(趙用賢本)은 비록 완전한 판본이고 여러 명간본의 조본(祖本)이기는 하지만, 조용현본은 이미 교감을 거치면서 건도본과 많이 달라졌기 때문에 본래의 모습을 잃은 부분이 매우 많으므로 주요한 참교본이 될 수는 있지만 저본으로 삼을 수는 없다.

그 밖의 명간본 가운데 《한자우평(韓子迂評)》본이 하변본의 요소들을 보다 많이 간직하고 있어 참교할 가치가 다소 높다. 그 밖의 여러 판본들은 교감한 사람이 누구냐에 따라 평가한다. 그래서 진기유가 건도본을 위주로 삼고 다른 판본들을 대교하는 데 사용했던 것이다. 그러나 "여러 판본 가운데 가장 우수한 판본은 건도본과 도장본이며, 그다음은 조용현본이고, 그다음은 《한자우평》본, 그다음은 장방본(張榜本), 능영초본(凌瀛初本)이다. 그 이외의 다른 판본들은 내가 비록 취택하여 교수(校讎)하는 데 사용한 적이 있지만, 취할 만한 부분이 매우 적다." 라고 밝히기도 했다. 이 말을 통하여 저본을 확정하고 난 뒤에는 반드시 주요 참교본을 선택해야 한다는 것을 알 수 있다.

현존하는 《혜강집》 간본으로는, 명나라 황성증(黃省曾)의 가정(嘉靖) 을유년(1525) 방송각본(仿宋刻本), 명나라 오관(吳寬)의 총서당(叢書堂) 소장 초교본(抄校本), 청나라 육심원(陸心源)의 벽송루(皕宋樓) 소장 초교본, 명나라 정영본(程榮本), 명나라 왕사현본(汪士賢本), 《한위육조이십명가집(漢魏六朝二十名家集)》 청나라 사고전서본(四庫全書本), 문진각본(文津閣本)·문란각본(文瀾閣本)이다. 명나라 장섭본(張燮本), 《칠십이가집(七十二家集)》 명나라 장보본(張溥本), 《한위육조백삼가집(漢魏六朝百三家集)》 청나라 반석은본(潘錫恩本), 《건곤정기집(乾坤正氣集)》 주수인(周樹人 노신(魯迅))의 교본 《노신전집(魯迅全集)》이 있다. 앞에서 열거한 여러 판본의 원류를 고찰해 보면 실제로는 모두 명대의 집본(輯本)에서

온 것이지, 송원 시대의 판본과는 전혀 관계가 없다는 것을 알 수 있다. 대체적으로 황성증본을 조본으로 삼은 판본으로는 정영본, 왕사현본, 사고전서본이 있다. 오관의 초교본을 조본으로 삼은 것으로는 육심원의 초교본과 노신본(魯迅本)이 있다. 그 밖에 장섭본 6권, 장보본 불분권(不分卷), 반석은본 9권은 모두 중집본(重輯本)에 속한다. 그중에 선본이라 할 수 있는 것은 황성증본과 오관의 초교본이다. 황성증본은 현존하는 여러 판본 가운데 비교적 시기가 이르면서도 완전한 판본이기 때문에 대명양(戴明揚)이 《혜강집》의 교주 작업을 할 때 황성증본을 저본으로 삼았다. 그리고 오관의 초교본은 청대의 유명한 학자인 고천리(顧千里), 황비열(黃丕烈) 등의 중시를 받았으며 오관이 두 차례에 걸쳐 교감했다. 비록 완전한 판본은 아닐지라도 진귀한 판본이므로 노신이 오관의 판본을 저본으로 삼았던 것이다. 《혜강집》은 집본(輯本)이기 때문에 그 밖의 각종 판본들은 보통 참고하는 데 가치가 있다. 특히 중요한 점은 《혜강집》 이외의 다른 텍스트, 예를 들면 총집(總集), 선집(選集), 유서(類書) 속에 존재하는 혜강의 작품들을 수집하여 참고하는 데 활용해야 한다는 것이다. 이는 집본 교감의 특징이며, 또한 대명양의 교본과 노신의 교본에서 중시한 점이기도 하다.

요컨대 어떤 고적의 기본 구성과 전래 상황을 파악하는 것은 그 고적을 구체적으로 교감하기 전에 해야 할 주요 준비 작업이다. 이 작업의 직접적인 목적은 저본을 잘 선택하고 참교본을 확정하는 데에 있다. 동시에 구체적인 교감을 할 때 이문을 분석하고 판단하는 전제 조건이 되어 각종 참교본의 특징과 신뢰도를 합리적으로 파악하는 데에 있다.

제3절 기본적인 내용과 구성 및 체례의 이해

다음으로 고적의 기본적인 내용과 구성 및 체례를 이해해야 한다. 고적은 방대하기 때문에 내용, 구성, 체례가 각기 다르다. 각 시대 각종 학문 분야의 저작자들은 모두 시대적인 특징과 개성적인 풍격을 지니며, 각종 저작들은 모두 저마다의 구성과 체례를 지닌다. 그 결과 각각의 저작에 독특한, 이른바 '특례(特例)'가 형성되었다.

일반적으로 말하면 '기본적인 내용'이란 해당 서적의 주요 논제나 작품의 주제, 주요 논점이나 중심 사상, 주요 논거나 주요 제재를 가리킨다. '구성'은 해당 서적이나 작품의 전체적인 구성으로, 편장(篇章)의 구성 혹은 내용 전개의 구조를 가리킨다. '체례'는 저작자가 자기 저작의 편찬 방식에 대해 세운 구체적인 규정을 말한다.

고적을 교감하는 일은 고적을 전문적으로 연구하는 것과는 다르므로, 글자를 교감할 적에 내용의 시비에 대해 논평할 필요가 없다. 비록 그렇기는 하나 글자는 결국 내용을 표달(表達)하는 형식이므로 종국에는 내용의 제약을 받을 수밖에 없다. 이 때문에 구체적인 교감에 착수하기 전에 해당 서적 전체를 통독하여 기본적인 내용을 초보적으로 이해하고 구성과 체례를 대체적으로 파악해야 한다. 이는 본교법(本校法)과 이교법(理校法)을 운용하여 본서를 교감하는 데에 필수적인 준비 사항이다. 그리고 교감을 진행해 가면서 끊임없이 기본 내용에 대한 이해를 심화하고 구성과 체례를 숙지하는 것이 교감의 질적 제고를 위한 필수적인 조건이다. 예를 들어 보겠다.

《여씨춘추(呂氏春秋)》는 여불위(呂不韋)가 문객(門客)들을 모아 공동 작업으로 편찬한 책이다. 이 때문에 비록 책 전체의 기조를 이룬 학술 사상이 있기는 하나 각 편이 여러 사람의 손에서 나와 각각의 사상이 일치하지 않는다. 따라서 각 편을 교감하기 위해서는 각 편마다의 기본 사상을 이해해야 한다. 예컨대 〈계춘기(季春紀) 환도(圜道)〉는 진기유(陳奇猷)의 분석에 따르면 음양가(陰陽家)의 사상에 기반하였다. 진기유가 이를 근거로 교감한 몇 가지 사례를 들어 보겠다.

〈계춘기(季春紀) 환도(圜道)〉：黃帝曰：“帝無常處也，有處者乃無處也。”以言不刑蹇，圜道也。

황제가 “상제는 일정한 거처가 없으니, 일정한 거처가 있는 것은 무소부재(無所不在)하지 못한다.”라고 하였다. 이는 운행이 막히지 않음을 말한 것으로, 이것이 바로 둥근 도이다.

고유(高誘)의 주：‘刑’은 ‘법(法)’이란 말이다. 말에 일정한 법도가 없기 때문에 곤고[蹇難]하다. 천도(天道)는 일정한 법을 따르지 않기 때문에 ‘둥근 도[圜道]’라고 한 것이다.

유월(俞樾)의 설：‘刑蹇’은 연면사(連綿詞)[13]이다. ‘刑蹇’은 ‘刑倨’와 같다. 《장자(莊子)》〈산목(山木)〉에 “君無形倨[임금은 형거가 없다.]”라고 하였는데, 주에 “형거(形倨)[14]는 거리끼고 가로막힘[躓碍]을 이르는 말이다.”라고 하였다. 그렇다면 ‘不刑蹇’은 거리끼거나 가로막히지 않는다는 말이다. 이는 황제의 말을 인용하고 풀이하기를 “상제가 일정한 거처가 없다는 것은 거리끼거나 가로막히지 않는다는 말이다. 이는 둥근 도이다.”라고 한 것이다. 《여씨춘추》〈응동(應同)〉에 〈상잠(商箴)〉을 인용하고 풀이하기를 “以言禍福人或召之也[화복은 혹 사

---

13 연면사(連綿詞)：연면사(聯綿詞) 또는 연면자(連綿字)의 별칭으로, 쌍음절 어소의 일종이다. 이는 두 개의 음절이 연결되어 뜻을 이루어서 분할할 수 없는 단어이다.

14 형거(形倨)：《교감학대강》에는 ‘刑倨’로 되어 있는데, 《장자집석(莊子集釋)》의 주에 근거하여 바로잡았다. 이렇게 되면 유월(俞樾)의 설은 ‘形倨’와 ‘刑倨’가 같은 말이라는 전제를 무언중에 깔고 읽어야 한다.

람이 부르기도 한다는 말이다.]"라고 하고, 《여씨춘추》〈신대(愼大)〉에 《서경》〈주서(周書)〉를 인용하고 풀이하기를 "以言愼事也[일에 신중을 기한다는 말이다.]"라고 하였는데, 문법이 모두 이와 같다. 고유의 주는 잘못되었다.

장병린(章炳麟)의 설 : '刑'은 '訮'이 되어야 하니, 《설문해자(說文解字)》에 "'訮'은 간쟁하는 말이 현현(訮訮)한 것이다."라고 하였다. 《문선》〈통소부(洞簫賦)〉의 "終嵬峨以寋愕[최후에는 높은 산처럼 웅장하고 강직하며]"에 대한 주에 '寋愕'은 정직한 모양이라고 하였고, 〈고이비(高頤碑)〉에 "淸寋之口[청건한 입]"라고 하였다. 이 '寋'은 곧 '寋'인데 '謇'으로 되어 있기도 하다. '以'는 '用'이다. '用言'은 말을 하는 방도이다. 임금이 말을 할 적에는 신하가 다른 사람과 논쟁하면서 홀로 정직함을 지켜 청건(淸寋)하듯이 할 필요가 없기 때문에 '둥근 도라고 한 것이다. "帝無常處"부터 여기까지는 모두 임금의 도이지 하늘의 도가 아니니 '帝'는 인제(人帝)이지 상제(上帝)가 아니다.

허유휼(許帑遹)의 설 : 유월의 설이 옳다. 《관자(管子)》〈수지(水地)〉에 "凝寋而爲人[엉겨서 사람이 된다.]"이라고 하였는데, 윤씨(尹氏)의 주에 "'寋'은 '머무름[停]'이다."라고 하였다. '머무름[停]'은 '거리끼고 가로막히는 것[躓碍]'과 뜻이 통한다.

진기유의 설 : 유월은 '刑寋'을 '刑偋'로 보고 '躓碍'로 풀이하였는데 '躓碍'는 나아가지 못한다는 뜻이므로 《진서(晉書)》〈갈홍전(葛洪傳)〉에 "난쟁이의 걸음으로 거인의 발자취를 따라가는 것이 재주와 지식이 천근한 사람이 질애(躓碍)하게 되는 까닭이다."라고 하였으니 '躓碍'는 나아가지 못하는 모양임이 분명하다. "帝無常處"와 뜻이 통하지 않는다. 장씨(章氏)의 설은 더욱 억지 주장이다. 이 구의 문법은 유월이 이미 설명하였다. 그리고 '言'을 '帝'의 말이라고 하면 '處'와 호응되지 않는다.

내 생각에 이 편은 음양가의 설이므로 음양가의 설에 따라 의미를 찾아야 한다. '刑寋'은 음양가가 말하는 형극(刑尅)이다. 형극(刑尅)은 곧 세형(歲刑)과 오행(五行)의 생극(生尅)이다. 상제(上帝)는 일정한 거처가 없으니, 만약 일정한 거처가 있다면 무소부재(無所不在)하지 못한다. 이 때문에 상제는 세형과 오행의 생극이 없다. 상제에게 일정한 거처가 없다고 한 것은 '형극(刑尅)'하지 않음을 설명하기 위한 말이다. '寋'과 '尅'은 성모(聲母)가 같다. 그리고 《주역(周易)》〈건괘(寋卦)〉에 "'寋'은 어려움이다."라고 하였으니, 오행의 상극은 곧 오행이 서로 어려운 것이기도 하다. 이처럼 '寋'과 '尅' 두 글자는 소리와 뜻이 같으므로 서로 가차(假借)할 수 있다.

이 예에서 주요한 것은 글 뜻의 풀이이다. 장병린은 이 편의 사상에 대한 이해가 부족하여 "'刑'은 '訐'이 되어야 한다."라고 하였으니, 이는 교감의 착오이다.

〈계춘기 환도〉의 "以言說一, 一不欲留, 留運爲敗, 圜道也。一也齊至貴, 莫知其原, 莫知其端, 莫知其始, 莫知其終, 而萬物以爲宗。〔말로써 도(道)를 예리하게 해야 하니, 도는 정체됨을 싫어한다. 운용을 멈추면 손상된다. 이것이 둥근 도이다. 도 역시 똑같이 지극히 존귀한 것이니, 그 근원을 알 수 없고 단서를 알 수 없고 시작을 알 수 없고 끝을 알 수 없지만, 만물이 모두 근본으로 삼는다.〕" 중에서 '一也齊至貴'에 대하여

고유의 주: 도(道)에 필적할 것이 없기 때문에 '至貴'라고 한 것이다.
《문선(文選)》 강엄(江淹)의 〈의손정위시(擬孫廷尉詩)〉에 대한 이선(李善)의 주에서 이를 인용하기를 "一也者至貴也〔일은 지극히 귀한 것이다.〕"라고 하였다. 많은 학자들은 《문선》의 주에 인용된 것을 따라야 한다고 생각한다.

진기유의 설: '齊'와 '者' 두 글자는 초서의 형태가 비슷하지 않기 때문에 잘못될 까닭이 없다. 《여씨춘추》〈위욕(爲欲)〉에 "執一者至貴也〔일을 지키는 자가 지극히 귀하다.〕"라고 한 것은 이것과 뜻이 다르다. 내 생각에 이 편은 두 개의 개념을 제시하였으니, 하나는 '帝'이고 하나는 '一', 곧 도(道)이다. 음양가들은 일체의 사물에 다 형건(刑蹇)이 있다고 하는데, 여기서 "제(帝)는 형건(刑蹇)하지 않는다." 위의 예를 보라. 라고 하였으니, 제(帝)가 지극히 귀한 존재임을 알 수 있다. 도(道)로 말하면 "만물이 근본으로 삼으므로〔萬物以爲宗〕" 이 또한 당연히 지극히 귀한 존재이다. 제(帝)와 도(道)가 모두 지극히 귀한 존재이기 때문에 여기에서 "一也齊至貴〔일도 똑같이 지극히 귀하다〕"라고 한 것이다. 이는 "道與帝之至貴相齊等〔도와 제의 지극히 귀함이 서로 같다.〕"이라는 말과 같다.
혹자는 "제(帝)가 곧 도(道)이다."라고 하는데, 옳지 않다. 이 문장을 분석해 보면, 제(帝)는 '처소가 있음〔有處〕'과 '처소가 없음〔無處〕'의 중간에 있고, 도(道)는 쉼 없이 운행하여 만물 사이에서 주류(周流)한다. 위 문장에 "以言說一, 一不欲

留'라고 하였으니 '一'은 비록 머무르지 않으려 하나 이미 '말[言]' 속에 지나감을 알 수 있다. 이미 말 속에 지나갈 수 있으므로 만물 사이를 주류함을 미루어 알 수 있다. 음양가는 제(帝)를 최고의 주재자로 삼는데, 제(帝)는 만물 사이에 있지 않다. 그러나 도(道)는 만물 가운데 있으면서 만물과 상호 작용하므로 제(帝)와 도(道)의 구분이 매우 분명하다. 이렇게 보면 이 문장에서 '齊' 자를 쓴 뜻이 더욱 분명해진다. 곧 제(帝)는 최고의 주재자로 지극히 귀한 존재인데, 도(道)도 제(帝)와 동등하게 지극히 귀하기 때문에 "一也齊至貴[도도 똑같이 지극히 귀하다.]"라고 한 것이다.

고유는 도가의 '도(道)'가 유일 개념인 줄 모르고 잘못 설명했다. 이선은 고유의 주에 "도(道)는 필적할 상대가 없다."라고 한 것을 보고 "一也者至貴也"라고 글자를 고쳤으니, 근거로 삼을 수 없다.

이 예는 본편(本篇)의 기본 사상에 따른 분석으로 '齊' 자가 잘못되지 않았다는 판단을 내리는 한편 이선의 주에 인용한 것은 잘못 고친 것임을 지적하였다.

다시 예를 들어 보겠다.

〈중추기(仲秋紀) 간선(簡選)〉의 "故凡兵勢險阻, 欲其便也; 兵甲器械, 欲其利也; 選練角材, 欲其精也; 統率士民, 欲其敎也。 此四者, 義兵之助也。 時變之應也, 不可爲而不足專恃。 此勝之一策也。〔그러므로 군대를 포진할 때에는 아군에 유리한 험준한 곳을 골라야 하고, 병기와 갑옷과 장비는 예리하게 갖추어야 하고, 병사를 선발하여 훈련하고 재주를 시험할 적에는 정예롭게 해야 하고, 사졸과 백성을 통솔할 적에는 잘 교육시켜야 한다. 이 네 가지는 군대의 기능을 돕는 요소에 대해 말한 것이다. 시변이 응하는 것은 인위적으로 조성할 수도 없고 전적으로 믿을 것도 못 된다. 이것이 승리를 위한 하나의 계책이다.〕" 중에서 '不可爲而不足專恃'에 대하여 고유의 주 : '專'은 '獨'의 뜻이다.

진창제(陳昌齊)의 설 : 앞뒤의 글 뜻에 근거할 때 '爲'는 '無' 자가 잘못된 것이다. 《여씨춘추》〈용민(用民)〉에도 "威不可無有, 而不足專恃.〔그러므로 위엄은 없어서도 안 되지만 전적으로 믿을 것도 못 된다.〕"라고 하였다.

도홍경(陶鴻慶)의 설 : '不可爲'는 '不可不爲'가 되어야 한다. 그래서 아랫글에 "이 것이 승리를 위한 하나의 계책이다."라고 한 것이다. '不' 자를 빠뜨리면 글 뜻이 성립하지 않는다. 〈용민〉의 "故威不可無有, 而不足專恃.〔그러므로 위엄은 없어서도 안 되지만 전적으로 믿을 것도 못 된다.〕"라는 말도 이와 같은 뜻이다.

진기유의 설 : 본서의 〈수시(首時)〉에 "聖人之於事, 似緩而急, 似遲而速, 以待時. 〔성인은 일을 할 적에 느린 듯하나 급히 하고 더딘 듯하나 빨리 해서 시기를 기다린다.〕"라고 하고, 또 "有湯、武之賢, 而無桀、紂之時, 不成 ; 有桀、紂之時, 而無湯、武之賢, 亦不成。聖人之見時, 若步之與影不可離。故有道之士未遇時, 隱匿分竄, 勤以待時。〔탕왕·무왕처럼 어질더라도 걸왕·주왕 같은 폭군이 다스리는 때를 만나지 못하면 일을 이룰 수 없고, 걸왕·주왕처럼 폭군이 다스리는 때를 만나더라도 탕왕·무왕처럼 어질지 않으면 일을 이룰 수 없다. 성인이 좋은 때를 만나는 것은 걸음을 걸을 때 그림자와 떨어질 수 없는 것과 같다. 그러므로 도를 지닌 선비는 좋은 때를 만나지 못하면 뿔뿔이 도망가 은거하며 부지런히 때를 기다린다.〕"라고 하고, 또 "水凍方固, 后稷不種, 后稷之種必待春。故人雖智, 而不遇時, 無功。〔물이 단단히 얼었을 때에는 후직이 파종하지 않았다. 후직은 반드시 봄이 오길 기다려서 파종하였다. 그러므로 사람이 아무리 지혜롭다 해도 때를 만나지 못하면 공을 세울 수 없다.〕"이라고 하고, 또 "齊以東帝困於天下, 而魯取徐州, 邯鄲以壽陵困於萬民, 而衛取繭氏。 以魯、衛之細而皆得志於大國, 遇其時也。〔동방의 제왕이라던 제나라 임금이 천하에게 곤핍을 당하자 노나라가 서주를 차지하였으며, 수릉이라 일컬어졌던 한단이 만민에게 곤핍을 당하자 위나라가 견씨를 차지하였다. 노나라, 위나라처럼 작은 나라가 모두 대국의 땅을 차지한 것은 그만한 때를 만났기 때문이다.〕"라고 하였다. 여기에서 '때[時]'란 '적당한 때[時機]' 임을 알 수 있다.

시기(時機)는 사람이 조성할 수 있는 것이 아니므로 기다릴 수밖에 없다. 그래서 이 문장에서 '不可爲〔인위적으로 조성할 수 없다.〕'라고 한 것이다. 그런데 진창제는 '不可無〔없을 수 없다〕'로 고치고 도홍경은 '不可不爲〔하지 않으면 안 된다〕'로 고쳤으니 모두 맞지 않다. 비록 그렇기는 하나 시기는 적을 이기는 데에 유리한 조건이다. 다만 전적으로 시기만 믿고 사람이 할 일 사람이 할 일이란 곧 윗글에서 말한 것처럼 군대의 요새를 편리하게 하는 것 등을 말한다. 을 다하지 않으면 안 되는 것이다. 그래서 "시변(時變)이 응하는 것은 전적으로 믿을 것이 못 된다."라고 한 것이다.

또 살펴보건대, 춘추 전국 시대에 이른바 병음양가(兵陰陽家)가 있어서 시변의 응함 응함이란 '천인감응(天人感應)'의 응(應)과 같은 말이다. 을 극히 중시하였다.……《회남자(淮南子)》와 《한비자(韓非子)》의 글을 살펴보면, 이들 병음양가의 설은 비단 형덕(刑德),[15] 두격(斗擊), 오승(五勝)[16]의 때를 중시했을 뿐만 아니라 성상(星象)이 왼쪽이나 오른쪽에 있는 때, 등지거나 향하는 때 및 복서(卜筮)가 길하거나 흉한 때도 중시하였다. 《여씨춘추》의 이 문장의 '시변의 응함'이란 형덕, 두격, 오승, 좌우(左右), 배향(背向), 복서 등의 때에 나타나는 길흉의 변화가 전쟁과 상호 감응하는 것을 가리킨다. 이러한 시변의 응함은 사람이 조성할수 있는 것이 아니기 때문에 '不可爲[인위적으로 조성할 수 없다.]'라고 하고, 사람이 할 일을 다하지 않고 시변이 응하는 것만 믿는 것은 매우 어리석은 짓이기 때문에 '不足專恃[전적으로 믿을 것도 못 된다.]'라고 한 것이다.

또 살펴보건대, 이 문장의 '義兵之助也' 한 구는 위로 붙여 읽어야 한다. 그리고 아래 문장의 '此勝之一策也' 한 구는 이 편 전체를 총결하는 말로, 정밀하게 골라서 선택하는 것이 적을 이기기 위한 하나의 계책이라는 뜻이다. 진창제와 도홍경은 제대로 읽지 못했기 때문에 오류가 있다고 생각한 것이다.

이 예에서 살펴본 세 사람의 설은 모두 이교법(理校法)을 사용하였는데, 진기유의 설은 유사한 단구(單句)에만 근거하지 않고 본서의 기본 관념을 증거로 인용하고 분석하였기 때문에 비교적 합당하게 된 것이다.

《여씨춘추》는 12기(紀), 8람(覽), 6론(論)으로 구성되어 있는데,

---

15 형덕(刑德) : 음(陰)의 상극(相剋)하는 성질을 형벌에, 양(陽)의 상생(相生)하는 성질을 덕화에 빗대어 오행(五行)의 상생상극을 이르는 말이다.
16 오승(五勝) : 오행이 서로를 이기는 것, 곧 수(水)가 화(火)를 이기고, 화가 금(金)을 이기고, 금이 목(木)을 이기고, 목이 토(土)를 이기고, 토가 수를 이기는 것을 말한다.

기(紀)는 각 5편이고 맨 끝에 한 편의 서(序)가 있으며,[17] 람(覽)은 하나는 7편, 나머지 일곱은 각 8편이며, 론(論)은 각 6편으로, 총 160편이다. 기(紀)와 론(論)의 예에 따라 람(覽)도 각 8편이 되는 것이 타당하므로 〈유시람(有始覽)〉 7편이 혹시 본디는 8편이었는데 1편이 빠진 것이 아닌가 하는 의문이 생긴다.

> 양수달(楊樹達)의 설 : 〈유시람〉의 편들은 《한비자》 〈내저설(內儲說)〉·〈외저설(外儲說)〉과 문체가 같다. '解在乎' 이하는 모두 구체적인 인물에 관한 사건을 들어 말한 것이다.
>
> 예를 들어 둘째 편인 〈응동(應同)〉에 "解在乎史墨來而輟不襲衛〔이러한 사례로, 사묵이 위나라에 가서 상황을 파악해 오자 조간자(趙簡子)가 위나라로 진격하기를 멈춘 일이 있다.〕"라고 한 것, 〈거우(去尤)〉에 "解在乎齊人之欲得金也, 及秦墨之相妒也〔이러한 사례로, 제나라 사람이 금을 얻으려고 한 일과 진나라의 묵가 학자 둘이 서로 질투한 일이 있다.〕"라고 한 것, 〈청언(聽言)〉에 "解在乎白圭之非惠子也, 公孫龍之說燕昭王以偃兵及應空洛之遇也, 孔穿之議公孫龍, 翟翦之難惠子之法.〔이러한 사례로, 백규가 혜자를 비난한 일, 공손룡이 연 소왕에게 전쟁을 그만두라고 유세(遊說)하고는 공락에서의 회맹에 응한 일, 공천이 공손룡을 비판한 일, 적전이 혜자의 법도를 나무란 일 등이 있다.〕"라고 한 것, 〈근청(謹聽)〉에 "解在乎勝書之說周公, 齊桓公之見小臣稷, 魏文侯之見田子方也.[18]〔이러한 사례로, 승서가 주공에게 유세한 일과 제 환공이 하급관인 직을 만난 일, 위 문후가 전자방을 만난 일 등이 있다.〕"라고 한 것, 〈무본(務本)〉에 "解在鄭君

---

17 맨 끝에……있으며 : 《여씨춘추》의 열두 번째 기(紀)인 〈계동기(季冬紀)〉 맨 끝에 〈서의(序意)〉라는 제목의 글이 있는데, 이에 대해 양수달(楊樹達)은 《여씨춘추》 전체에 대한 서(序)라고 하였다. 그러나 진기유(陳奇猷)는 12기(紀), 8람(覽), 6론(論)의 성서(成書) 시기가 각기 다르다는 사실을 들어 이는 12기에 대한 서라고 하였다.

18 解在……方也 : 《여씨춘추》 〈근청(謹聽)〉에는 "解在乎勝書之說周公, 可謂能聽矣, 齊桓公之見小臣稷, 魏文侯之見田子方也, 皆可謂能禮士矣."로 되어 있다. 《교감학대강》에서는 '사례 열거'라는 특징에 중점을 두어 논지를 전개하고 있기 때문에, 논평 성격의 '可謂能聽矣'와 '皆可謂能禮士矣'를 생략한 것으로 보인다.

之間被瞻之義也, 薄疑應衛嗣君以無重稅〔이러한 사례로, 정나라 임금이 피첨의 주
장에 대해 물은 일과 박의가 세금을 무겁게 매길 필요가 없다고 위나라 사군에
게 답한 일이 있다.〕"라고 한 것, 〈유대(諭大)〉에 "解在薄疑說衛嗣君以王術, 杜赫
說周昭文君以安天下, 及匡章之難惠子以王齊王也。〔이러한 사례로, 박의가 왕업을
성취하는 방법에 관해 위나라 사군에게 유세한 일, 두혁이 천하를 안정시킬 방
법에 대해 주나라 소문군에게 유세한 일, 그리고 제왕을 왕으로 존대했다고 광
장이 혜자를 나무란 일 등이 있다.〕"라고 한 것은 모두 동일한 체례이다.

유독 이 편만은 '解在乎' 이하의 글이 별도의 체례를 형성하여 아래의 여러 편
들과 같지 않다. 그리고 8람을 살펴보면 매 람마다 8편씩 들어 있는데 〈유시람〉
은 7편에 그쳤다. 이 편의 '解在乎' 이하와 다음 편에 빠진 문장이 있는데 '天地之
所以形' 이하 4구는 편차한 사람이 다른 편의 글을 취해다 여기에 함부로 섞어
놓은 것이다. 이 때문에 문맥이 이어지지 않는다.[19]

진기유(陳奇猷)의 설 :《여씨춘추》는 편제(編制)가 매우 잘 정돈되어 있다. 12기
는 매 기마다 5편씩이고 〈계동기(季冬紀)〉 끝에 〈서의(序意)〉를 놓았으며, 8람
은 매 람마다 8편이고, 6론은 매 론마다 6편이다. 이 〈유시람〉만 7편에 그쳤을
리가 없으니, 이 람에서 한 편이 빠졌음이 분명해 보인다.

또 뒤의 여러 편 가운데 '解在乎' 운운하며 거론된, 구체적인 인물에 관한 사건
은 그 일이 모두 다른 편에서 상세히 다루어지고 있다. 예컨대 〈응동〉의 "解在
乎史墨來而輅不襲衛"는 그 일이 〈소류(召類)〉에 상세히 서술되어 있다. 그런데
이 글의 '解在乎' 이하에 거론된 네 가지 일 중에 '陰陽材物之精〔음양이 변화하여
만물을 생성하는 원인〕'에 대한 서술만 〈진수(盡數)〉에 보이고 기타 세 가지 일
에 대한 서술은 보이지 않는다. 이로 볼 때 분명 본서에 한 편이 누락된 것이다.

아래의 〈응동〉을 살펴보면, 편목이 원래 '명류(名類)'였으니, 옛 교감기에 "어
떤 본에는 '응동(應同)'으로 되어 있다."라고 하였다. 이로 볼 때 지금 누락된 한
편이 곧 이 〈명류(名類)〉인 듯하다. 윗글에 "天摣萬物, 聖人覽焉, 以觀其類〔하늘
은 만물을 모으고, 성인은 그것을 보아 유별로 분변한다.〕"라고 하였고 '解在乎'

---

[19] 문맥이 이어지지 않는다 :《교감학대강》에는 해당 원문이 '不相承接也'로 되어 있는
데,《여씨춘추신교석(呂氏春秋新校釋)》(上海古籍出版社, 2002)에는 '不與諸篇爲一律
也〔여러 편과 같지 않은 것이다.〕'로 되어 있다. 여기서는 《교감학대강》에 따라 번역하
였다.

운운하며 거론한 몇 가지 일이 또 바로 이 '명(名)'과 '류(類)'에 대한 것이기 때문에 이 몇 가지 일을 말하고 그 편의 제목을 '명류(名類)'라고 한 것이다.

그런데 그 뒤에 〈명류〉의 내용 전체가 빠져 버리고 편목인 '명류' 두 글자만 남아서 〈응동〉의 글과 결합되었다. 이에 따라 〈응동〉의 글을 〈명류〉에 소속시키고 〈응동〉의 편목인 '應同' 두 글자를 교감자가 '名類' 아래에 달아 '名類'의 이문(異文)으로 삼은 것이다.

두 설 모두 책 전체의 구성과 〈유시람〉의 각 편의 문체가 지니는 구슬꿰미 같은 특징을 근거로 한 걸음 나아가 이 람에서 한 편이 빠졌음을 논증하였다. 그리고 진기유는 옛 교감기를 근거로, 빠진 편의 제목이 분명 '명류(名類)'였을 것이라고 하였다.

또 《여씨춘추》의 각 기, 람, 론 아래의 각 편은 안배된 체제가 일률적이다. 곧, 모두 차례를 먼저 제시하고 맨 끝에 제목을 밝혔다. 예컨대 〈맹춘기(孟春紀)〉의 경우, 제1편이 "一曰……"인데 그 끝에 '孟春紀'라는 제목이 있고, 제2편이 "二曰……"인데 그 끝에 '本生'이라는 제목이 있고, 제3편이 "三曰……"인데 그 끝에 '重己'라는 제목이 있고, 그 아래도 모두 이와 같다. 이러한 체례를 보고 이전 사람들은 통상 기 아래의 각 편을 독립적인 완전한 편으로 보았다. 그리고는 어떤 편의 끝이 완결되지 않은 것처럼 보이면 곧 거기에 오류가 있지 않은가 의심하였다. 예컨대 〈중춘기(仲春紀) 정욕(情欲)〉의 끝은 다음과 같다.

世人之事君者，皆以孫叔敖之遇荊莊王爲幸。自有道者論之，則不然。此荊國之幸。荊莊王好周遊田獵，馳騁弋射，歡樂無遺，盡傳其境內之勞與諸侯之憂於孫叔敖。孫叔敖日夜不息，不得以便生爲故。故使莊王功迹著乎竹帛，傳乎後世。

임금을 섬기는 세상 사람들은 모두 손숙오가 초나라 장왕을 만난 것을 손숙오에게 다행스러운 일로 여긴다. 그러나 도를 지닌 사람의 관점에서 논하면 그렇지 않으니, 이는 초나라에 다행스러운 일이었다. 초 장왕은 유람과 사냥, 말달리기와 활쏘기를 좋아하여 환락에 빠진 나머지 국내의 수고로운 일과 다른 제후국들과의 외교 문제를 모두 손숙오에게 맡겼으니, 손숙오는 밤낮으로 쉬지 않고 일하느라 편안히 지내지 못하였다. 손숙오 덕분에 장왕의 공적이 죽백에 기록되어 후세에 전해지게 된 것이다.

유월(兪樾)의 설 : 이 아래에 한마디 말도 없으니 글 뜻이 부족하다. 윗글의 "功雖成乎外, 而生虧乎內。耳不可以聽, 目不可以視, 口不可以食, 胸中大擾, 妄言想見, 臨死之上, 顚倒驚懼, 不知所爲。用心如此, 豈不悲哉?〔겉으로 공을 이루기는 했어도 안으로 건강이 손상되어, 귀는 듣지 못하고 눈은 보지 못하고 입은 음식을 먹지 못하고 마음이 아주 혼란스러워 망언과 환각이 생겨났다. 죽음이 가까워지자 정신이 착란되어 모든 일에 놀라고 두려워하며 어쩔 줄을 몰랐다. 마음을 쓰는 것이 이와 같았으니 어찌 슬프지 않겠는가.〕" 53자가 이 아래에 있어야 하는데 전사(傳寫)한 사람이 앞으로 잘못 옮겨 놓은 것 같다.

진기유(陳奇猷)의 설 : 《여씨춘추》의 한 편(篇)은 사실 기(紀) 안의 한 단락을 지칭한다. 단락이므로 단락과 단락 사이에 연속성이 있다. 이 또한 《여씨춘추》의 편찬 체례이다. 이 때문에 매 단락의 끝에 늘 맺음말을 쓰지 않았다. 뒤에 이러한 체례가 많으니, 예컨대 〈보경(報更)〉의 끝이 이러한 경우이다. 유월은 《여씨춘추》의 체례에 밝지 못하여, 여기에 맺음말이 없다는 이유로 윗글을 이곳으로 옮겨 놓았는데, 매우 잘못된 것이다. 그리고 윗글의 "胸中大擾, 妄言想見。〔마음이 아주 혼란스러워 망언과 환각이 생겨났다.〕" 운운한 말을 손숙오에 대한 맺음말로 보는 것도 옳지 않다.

유월의 설은 옛사람을 대신하여 문장을 고친 혐의가 있으므로 취할 수 없다. 이 책의 체례를 근거로 한 진기유의 분석이 비교적 합당하다. 위에 든 《여씨춘추》의 첫 번째 예시는 사상과 내용에 따라 교감한 것이고, 두 번째 예시는 구성과 체례에 따라 교감한 것이다.

다음 사례를 보자. 대진(戴震)의 〈수경역도원주서(水經酈道元注序)〉
에 다음과 같은 말이 있다.

> 《수경(水經)》의 경문(經文)은 매 권마다 "아무 하천은 아무 곳에
> 서 발원된다."라는 말로 시작되기 때문에 그 아래에 하천의 이름을
> 다시 거론할 필요가 없다. 그러나 주(注)에서는 흘러 들어오는 하
> 천들을 상세히 언급한 데다가 고사를 수집하고 기록해 놓아서 피차
> 가 서로 뒤섞여 있기 때문에 하천 하나의 이름을 각 단락마다 거듭
> 거론하지 않을 수 없다.
>
> 경문의 순서는 예컨대 "또 동쪽으로 아무 현을 지난다."처럼 하천
> 이 지나는 군현을 거론한 말 한마디가 실로 하나의 현(縣)에 해당
> 한다. 그러나 주는 현의 서쪽에서 동쪽까지 따라가면서 하천이 지
> 나는 구비를 상세히 기록하였다.
>
> 그리고 경문은 당시 현의 읍성을 근거로 하였는데, 선장(善長)
> 역도원의 자이다. 이 주를 지을 때에 와서는 현의 읍성에 변동이 있었
> 다. 이 때문에 주에는 '옛 읍성〔故城〕'이라고 칭한 것이 많은데 경
> 문에는 '옛 읍성'이란 말이 없다.
>
> 또 경문은 으레 '過'를 쓰고, 주는 으레 '逕'을 썼다. 이를 가지고
> 미루어 보면 비록 경문과 주가 뒤섞여 있기는 하나 단서를 따라 계
> 통을 찾을 수 있다.

위의 예는 《수경주》의 체례를 근거로, 경문과 주문(注文)의 혼란을
교감하는 정확한 방법을 제시하였다. 이는 이교학파(理校學派)의 범례
중 하나가 되었다.

진원(陳垣)이 처음 심각본(沈刻本) 《원전장(元典章)》을 얻었을 때

"당대에 비교할 만한 다른 본이 없었기에 본서 자체를 증거로 삼아 교감하였는데, 이렇게 하여 오류를 확인한 것이 약간 조(條)였다. 또 목록을 본문과 비교하여 목록만 있고 본문이 없는 것 약간 조를 발견하였다." 《심각원전장보연기(沈刻元典章補緣起)》에 보인다. 라고 한 것 또한 본서 자체를 증거로 삼아 진행한 교감이었다. 여기서는 상세하게 서술하지 않는다.

제4절 기본 문체와 언어 특징의 이해

세 번째로 고적의 기본 문체와 언어의 특징을 이해해야 한다.

고대에는 문체의 종류가 매우 많아서, 시·부 등의 운문과 변려문·고문 등의 산문, 문언문과 백화문, 학술 응용문과 문학 창작문으로 구분되는 외에도 응용 문체가 또 백 가지에 이르고 문학 문체에도 수십 가지가 있다. 그리고 한 종의 고적이 단일한 문체로 된 경우도 있고 몇 가지 문체를 섞어서 사용한 경우도 있다.

의사를 표현하는 도구인 글을 지을 적에는 문언문과 백화문의 구분 외에도 시대와 저작자 및 사용한 문체로 인하여 독특한 특징이 생긴다. 이 때문에 문체와 언어도 사상이나 내용과 같이 시대적·개성적 특징을 지니게 된다.

교감의 각도에서 볼 때 각 고적의 기본 문체와 언어는 모두 나름대로 특례(特例)를 갖추고 있다. 따라서 구체적인 교감에 앞서 해당 서적 전체를 통독하면서 기본 내용과 구성 체례를 이해할 뿐만 아니라 기본 문체와 언어의 특징도 주의 깊게 보아야 한다. 또한 교감을 진행하면서 본서의 문체와 언어의 특례를 부단히 숙지하고 파악해야 한다. 이는 이교법과 본교법을 운용함에 있어 필수적인 일이다.

일반적으로 말하자면 문체를 이해하는 것이 교감에 어떠한 작용을 하는지는 분명하다.

시가 등 운문에는 성운과 격률이 있다. 만약 운문에 나온 자구가 성률에 맞지 않거나 격식에 맞지 않다면 오류가 의심되므로, 그곳에 이문이 존재한다면 신중히 교감하여 바로잡아야 한다. 사(辭), 부, 변려문은 대구를 중시하여 자구가 정제되어 있다. 만약 들쭉날쭉하여 대가 맞지 않는 자구가 있다면 오류가 아닌지 의심해 보아야 하므로 주의를 기울여야 한다.

선진(先秦)·양한(兩漢)의 고문은 산문체에 속한다. 그러나 운문과 산문, 변려문과 산문이 결합된 글이 매우 많으므로, 해당 고적의 문체적 특징을 대체적으로 이해할 필요가 있다. 고대의 응용문과 문학의 각종 문체는 모두 일정한 격식이 있다. 예컨대 애사(哀辭)·뇌사(誄辭)·명(銘)·찬(贊)은 운문으로 짓게 되어 있고, 사(詞)·곡(曲)·소령(小令)은 자구의 장단과 다소에 일정한 제한이 있다. 교감할 때 이 점을 반드시 알아야 한다.

대체로 말해서, 전체적으로 짜임새를 갖춘 저작을 교감할 때에는 해당 서책 전체의 기본 문체를 알아야 하고 또한 각 부분, 각 편장의 기본 문체를 구체적으로 알아야 하며, 문집을 교감할 때에는 총집과 별집을 막론하고 수록된 작품의 각종 문체를 이해하여 각 경우에 알맞은 구체적인 방안을 생각해야 한다.

경중을 따지자면, 각 고적의 구체적인 언어적 특징을 아는 것이 문체를 아는 것보다 중요하다. 문체는 고적에 나타난 특징으로, 주요하게는 저자가 운용한 문체의 민활한 변화에 주목해야 한다. 그러나 문체 자체는 일반적으로 특례를 형성하지 않기 때문에 각종 문체 자체의 특징과 기능을 이해하는 것이 주요한 일이다.

그러나 각종 저작에서 언어의 운용은 특례를 형성할 수 있으니, 시대와 저자의 사상과 풍격에 따라 독특하고 구체적인 어휘와 문구가 나오기 때문이다. 이 때문에 진원(陳垣)의 《원전장교보석례(元典章校補釋例)》는 〈통상자구오례(通常字句誤例)〉와 별도로 〈원대용자오례(元代用字誤例)〉, 〈원대용어오례(元代用語誤例)〉 두 권을 설정하였다.

《원전장》은 문건을 수집한 저작이라서 저자의 개성적인 특징은 없으나 시대적인 특징이 두드러진다. 이로 인해 글자의 사용과 조어(造語)에 있어 앞 시대와 다른 특례가 있다. 이 때문에 진원이 다음과 같이 강조하였다. "어떤 시대에 통상적으로 사용한 언어를 다른 시대에도 반드시 통상적으로 사용하지는 않는다. 따라서 해당 시대에 극히 통상적으로 사용한 언어가 시대가 바뀌면 무슨 말인지 모르게 될 수도 있다. 이 또한 교감자가 주의해야 한다." 진원이 거론한 사례는 《원전장교보석례》에 상세히 보이므로, 다른 책에서 몇 가지 예를 들어 보겠다.

《회남자(淮南子)》〈인간훈(人間訓)〉: 國危而不安, 患結而不解, 何謂貴智?
나라가 위태로운데도 안정시키지 못하고 환란이 생겼는데도 해결하지 못한다면 무엇 때문에 지혜로운 자를 중시하겠소.
왕염손(王念孫)의 설 : 내 생각에 '謂'는 '爲'와 같다. "國危而不安, 患結而不解"는 본디 "國危而不安, 患結不而解"로 되어 있었다. '不而'란 '하지 못함[不能]'이다. '能'과 '而'는 고성(古聲)이 서로 비슷하기 때문에 '能'이 간혹 '而'로 되어 있는 경우가 있다. 후인이 '而' 자의 뜻을 알지 못하였기 때문에 '不而'를 '而不'로 고친 것이다.
이는 '지혜로운 자를 중시하는 까닭은 나라가 위태로울 때 안정시키고 환란이 생겼을 때 해결할 수 있기 때문이다. 만약 나라가 위태로운데도 안정시키지 못하고 재앙이 닥치는데도 풀지 못한다면 무엇 때문에 지혜로운 자를 중시하겠는가.'라는 말이다. 아랫글에 장맹담(張孟談)이 조양자(趙襄子)에게 "亡不能存, 危弗能安, 無爲貴智士[20][망하는데도 보존하지 못하고 위태로운데도 안정시키지 못한다면 지혜로운 선비를 중시할 까닭이 없습니다.]"라고 한 말이 보이는데, 말뜻이 이와 똑같다.

[20] 士 : 《교감학대강》에는 없는데, 《회남자교주(淮南子校注)》(中華書局, 2006)에 의거하여 보충하였다.

《국어(國語)》〈오어(吳語)〉에 "危事不可以爲安, 死事不可以爲生, 則無爲貴智矣。〔위태로운 일을 안정시키지 못하고 죽을 지경에서 살려 내지 못한다면 지혜로운 자를 중시할 까닭이 없다.〕"라고 하였는데 '不可'는 '不能'과 같다.

후인이 "國危而不安, 患結而不解"로 고친 것은 잘못이니, 만약 '나라가 불안하고 환란이 해결되지 않는다면'이라고 한다면 '何謂貴智' 네 글자와 뜻이 이어지지 않고, 만약 '나라가 위태로운데도 안정시키지 않고 환란이 생겼는데도 해결하지 않는다면'이라고 한다면 이는 불인(不仁)한 것이지 지혜롭지 못한 것이 아니다.

또 왕염손의 설 : 《회남자》〈원도(原道)〉에 "而以少正多〔적은 것으로 많은 것을 바로잡을 수 있다〕"라고 하였는데, 고유(高誘)의 주에 "而는 能이니, 적은 숫자로 많은 수를 거느릴 수 있다는 말이다." 하였다. 또《여씨춘추》의〈거사(去私)〉,〈불굴(不屈)〉,〈사용(士容)〉세 편에 주를 내면서 모두 "而는 能이다."라고 하였다.

《일주서(逸周書)》〈황문(皇門)〉에 "譬若衆畋, 常扶予險, 乃而予于濟。〔마치 여럿이서 함께 사냥하는 것과 같으니, 늘 위험에서 벗어나도록 나를 도와줘야 내가 성공할 수 있다.〕"라고 하고,《묵자(墨子)》〈상동(尙同)〉에 "故古者聖王, 唯[21]而審以尙同以爲王長, 是故上下情通。〔그래서 옛 성왕들은 잘 살펴서 상동을 행정 장관으로 삼을 수 있었다. 이 때문에 상하의 정이 통하였다.〕"이라고 하고, 또 "天下之所以治者, 何也? 唯而以尙同一義爲政故也。〔천하가 잘 다스려진 것은 무엇 때문인가? 상동의 원리로 정치를 할 수 있었기 때문이다.〕"라고 하고,〈비명(非命)〉에 "不而矯其耳目之欲〔이목의 욕망을 바로잡지 못하고〕"이라고 하고,《장자(莊子)》〈소요유(逍遙游)〉에 "知效一官, 行比一鄕, 德合一君, 而徵一國〔관직 하나를 담당할 수 있는 지혜, 고을 하나를 아우를 수 있는 행실, 임금 한 사람과 의기투합할 수 있는 덕을 지녀서 한 나라의 신임을 받을 수 있으면〕"이라고 하고,《순자(荀子)》〈애공(哀公)〉에 "君以此思哀, 則哀將焉而不至[22]矣?〔임금께서 이 때문에 슬퍼하신다면, 슬픔이 장차 무엇엔들 미치지 않을 수 있겠습니까.〕"라고 하고,《초사(楚辭)》〈구장(九章)〉에 "不逢湯武與桓繆兮, 世孰云而知

---

21 唯 :《교감학대강》에는 '惟'으로 되어 있는데,《묵자한고(墨子閒詁)》(中華書局, 2001)에 근거하여 바로잡았다.
22 至 :《교감학대강》에는 '臣'으로 되어 있는데,《순자집해(荀子集解)》(中華書局, 1976)에 근거하여 바로잡았다.

之?〔탕왕, 무왕, 제 환공, 진 목공을 만나지 않았더라면, 세상의 누가 그들의 장점을 알아주었겠는가.〕라고 하고, 《전국책(戰國策)》〈제책(齊策)〉에 "管燕得罪齊王,[23] 謂其左右曰 : '子孰而與我赴諸侯乎?'〔관연이 제나라 왕에게 죄를 짓고 좌우에 있는 사람들에게 말하기를 '그대들 중에 누가 나와 함께 제후에게 갈 수 있는가.' 하였다.〕라고 하고, 또 "秦始皇使遣君王后玉連環, 曰 : '齊多知, 而解此環不?'〔진 시황이 군왕후에게 옥련환을 보내면서 '제나라에는 지혜로운 사람이 많다고 하는데, 이 고리를 풀 수 있겠습니까?' 하였다.〕라고 하였는데 '而'가 모두 '能'과 같다. 그래서 정현(鄭玄)이 낸 《주역》〈둔괘(屯卦)〉의 주에 "而는 能으로 읽는다."라고 한 것이다.

《서경》〈요전(堯典)〉의 "柔遠能邇〔멀리 있는 자를 회유하고 가까이 있는 자를 잘 길들이며〕"가 한(漢)나라의 〈독우반비(督郵班碑)〉에는 "渜遠而邇"로 되어 있고, 〈고요모(皐陶謨)〉의 "能哲而惠〔능히 명철하고 지혜로우며〕"가 〈위위형방비(衛尉衡方碑)〉에는 "能悊能惠"로 되어 있고, 《사기(史記)》〈하본기(夏本記)〉에는 "能智能惠"로 되어 있으며, 《논어》〈헌문(憲問)〉의 "愛之, 能勿勞乎?〔사랑한다면 수고롭게 하지 않을 수 있겠는가.〕"가 《염철론(鹽鐵論)》〈수시(授時)〉에 인용되면서는 '能'이 '而'로 되어 있고, 《여씨춘추》〈불침(不侵)〉의 "能治可爲管商之師〔나라를 잘 다스려서 관중(管仲)과 상앙(商鞅)의 스승이 될 만한〕"가 《전국책》〈제책(齊策)〉[24]에 인용되면서는 '能'이 '而'로 되어 있다.

또 《예기》〈예운(禮運)〉의 정의(正義)에 "유향(劉向)의 《설원(說苑)》에는 '能'이 모두 '而'로 되어 있는데, 지금의 《설원》에는 '能'이 '而'로 되어 있는 경우가 없다. 이는 모두 후인이 고친 것이다."라고 하였다. 그러나 《논형(論衡)》의 〈감허(感虛)〉, 〈복허(福虛)〉, 〈난룡(亂龍)〉, 〈강서(講瑞)〉, 〈지서(指瑞)〉, 〈감류(感類)〉, 〈정현(定賢)〉 등 여러 편에는 '能'이 대부분 '而'로 되어 있다. 이들 편 가운데 '能'으로 되어 있는 것은 후세 사람이 고친 것이다.

이 예는 선진(先秦)부터 한대(漢代)까지는 而와 能이 통가자(通假

---

23 得罪齊王 : 《교감학대강》에는 없는데, 《전국책》〈제책〉에 의거하여 보충하였다.
24 제책(齊策) : 《교감학대강》에는 '齊楚'로 되어 있는데, 아래의 내용이 《전국책》〈제책〉에 있으므로 바로잡아 번역하였다.

字)여서 '而'의 뜻이 곧 '能'이므로 '而'를 '能'으로 고쳐서는 안 됨을 설명해 주고 있다. 이는 고적에 쓰인 언어의 시대적인 특징으로, 오늘날의 '們'이 북송(北宋)에서는 '門' 또는 '懣'으로 쓰이고 남송(南宋)·금(金)·원(元)에서는 '每'로 쓰인 것과 같다. 이런 것은 모두 글자만 보고 멋대로 뜻을 생각해 내어 함부로 고쳐서는 안 된다.

《여씨춘추》〈맹춘기(孟春紀)〉 : 東風解凍, 蟄蟲始振。

동풍이 얼음을 녹이면 칩거하던 벌레들이 비로소 깨어난다.

고유(高誘)의 주 : '蟄'은 《시경》〈문왕지십(文王之什)〉에서와 같이 읽는다. 동방은 목(木)이고, 목은 화(火)의 어머니이다. 화는 기운이 따뜻하기 때문에 동풍이 얼음을 풀고 얼음이 녹아 땅을 푼다. 칩복하던 벌레들이[25] 볕을 맞으면 비로소 꿈틀대며 소생한다.〔蟄伏之蟲乘陽, 始振動蘇生也。〕

진창제(陳昌齊)·왕염손(王念孫) 등은 모두 《회남자》〈시칙훈(時則訓)〉에 "蟄蟲始振蘇〔칩충이 비로소 꿈틀대며 소생한다.〕"라고 한 것과 고유의 주에 "始振動蘇生也〔비로소 꿈틀대며 소생한다.〕"라고 한 말에 근거하여 '振' 아래에 '蘇'가 있어야 한다고 하였다.

진기유(陳奇猷)는 '蘇'가 있는 것은 부당하다고 하였는데 그 까닭은 다음과 같다.

첫째, 《여씨춘추》의 글은 상당히 정제되어 있으므로 '振' 아래에 한 글자가 더 있어서는 안 된다.

둘째, 고유의 '始振動蘇生也〔비로소 꿈틀대며 소생한다.〕'라는 6자는 연이어 읽어야 하니 '始振動而蘇生也'라는 말과 같다. 진창제와 왕염손 등은 아마 '始振動' 구절을 잘못 읽어서 "蘇, 生也。"를 구로 끊고는 마침내 '生也'가 '蘇'를 풀이한 말이라고 잘못 생각한 것 같다.

셋째, 진동하면 소생하기 때문에 고유가 '振動蘇生'을 이어서 말한 것이다. 만

---

25 칩복하던 벌레들이 : 《교감학대강》에는 해당 원문이 '蟄蟲之蟲'으로 되어 있는데, 《여씨춘추신교석》(上海古籍出版社, 2002)에 실린 고유(高誘)의 주에는 '蟄伏之蟲'이라고 되어 있고, 아래 〈중춘기(仲春紀)〉에 제시된 고유의 주에도 '蟄伏之蟲'으로 되어 있으므로, 바로잡아 번역하였다.

약 진창제 등이 끊은 구두와 같다면 고유가 '蘇'만 풀이하고 '振'은 한 번 말하고 지나가 버린 것이 되니, 주석가의 필법에 맞지 않다.

넷째, 본서의 여기서 "蟄蟲始振"이라 한 것이 《회남자》〈시칙훈〉에서는 "蟄蟲始振蘇"로 되어 있고, 본서의 〈중춘기〉에 "蟄蟲咸動"이라 한 것이 《회남자》에서는 "蟄蟲咸動蘇"로 되어 있다. 이 둘을 서로 비교하면 《회남자》에서 《여씨춘추》의 말을 인용하면서 나름대로 '蘇'를 보탠 것이지 《여씨춘추》에 원래 '蘇'가 있었던 것이 아님을 알 수 있다. 지금 《예기》〈월령(月令)〉에 '蘇'가 없는 것도 증거가 될 수 있다.

《여씨춘추》〈중춘기(仲春紀)〉: 蟄蟲咸動, 開戶始出。
칩거하던 벌레들이 모두 움직여 문을 열고 비로소 나온다.
고유의 주 : 칩복하던 벌레들이 다시 움직이기 시작하여 칩거지의 문을 열고 비로소 나오는 것이다.〔蟄伏之蟲始動蘇, 開蟄之戶始出生。〕
왕염손과 진창제 등은 여기서도 '動' 아래에 '蘇'가 빠졌다고 하였다.
진기유는 본서의 〈개춘론(開春論)〉에 "開春始雷, 則蟄蟲動矣。〔봄이 시작되어 처음으로 우레가 치면 칩거하던 벌레들이 움직인다.〕"라고 한 말을 인용하고 아울러 고유의 주에 "움직인다는 것은 소생한다는 말이다.〔動, 蘇也。〕"라고 한 말을 인용하여 이 '動' 아래에도 '蘇'가 없었음을 밝혔다. 그는 또, 고유는 '動'의 뜻을 '蘇'로 풀었기 때문에 이 〈중춘기〉와 〈맹춘기〉의 주에 "始振動蘇生〔비로소 꿈틀대며 소생한다.〕", "始動蘇〔비로소 다시 움직인다.〕"라고 말한 것이라고 하여, 고유가 보았던 본에는 본디 '蘇'가 없었음을 밝혔다.

이 예는 각 책의 저자가 나름대로 조어 습관을 지니고 있었음을 설명해 준다. 진창제와 왕염손 등은 《여씨춘추》보다 후대의 저작인 《회남자》를 증거로 삼았으니 이것부터 타당하지 않고, 또 고유의 주를 억지로 읽어서 자신의 설을 완성하였으니 이 또한 잘못이다. 진기유는 본서의 세 가지 증거에 근거하였고 또 고유의 주를 분석하여 고유가 보았던 본의 글자를 증명하였으며, 《예기》〈월령〉을 인용하여 방증으로 삼았다. 그리하여 내증(內證)과 외증(外證)의 양 방면에서 '動' 아래에 '蘇'

가 없었으므로 '蘇'를 보탠 것은 잘못임을 확증하였다.

《한시외전(韓詩外傳)》 권1 제6장 : 君子有辯善之度, 以治氣養性, 則身後彭祖; 修身自强, 則名配堯、禹。

군자는 모든 면에서 완벽한 법도가 있으니, 이것으로 기를 다스려 양생하면 팽조보다 장수하고, 덕을 닦아 노력하면 명성이 요 임금 과 우 임금처럼 높아진다."

《순자(荀子)》 〈수신(修身)〉의 이 구절에는 '修身自强' 위에 '以' 자가 있다.

《한시외전》 권1 제8장 : 天不能殺, 地不能生, 當桀紂之世, 不之 能汚也。然則非惡生而樂死也, 惡富貴好貧賤也。

하늘도 그 명성을 줄일 수 없고 땅도 더 불려 줄 수 없으니, 걸왕· 주왕의 시대에 있더라도 이름이 더러워지지 않는다. 그렇다면 사는 것을 싫어하고 죽는 것을 좋아하는 것이 아니며, 부귀를 싫어하고 빈천을 좋아하는 것이 아니다.

《설원(說苑)》 〈입절(立節)〉의 '非惡富貴而樂貧賤也'가 이 마지막 구와 뜻이 같 다. 어떤 본은 이를 근거로 '非' 자를 보충하였다.

《한시외전》 권2 제8장 : 君子居是邦也, 不崇仁義, 尊其賢臣, 以 理萬物, 未必亡也。

통치자가 나라를 다스릴 때 인의를 숭상하지 않고 어진 신하를 존중 하지 않으면서 만물을 다스린다고 해서 반드시 망하는 것은 아니다.

《설원》 〈건본(建本)〉에는 '尊其賢臣'의 위에 '不' 자가 있고 '以理萬物' 구가 없다. 허유휼(許幣遹)은, 위의 세 문장은 모두 같은 부류의 예로, 모두 하나의 전치사 나 부정사가 문장의 끝까지 걸린다고 하였다. 예컨대 "以治氣養性"의 '以'가 "修身 自强"까지 걸리고 '非'가 아래 구까지 걸리고 '不'이 아래 두 구까지 걸리므로, 아 래의 한두 구 앞에 以, 非, 不이 중복되어 있을 필요가 전혀 없다는 것이다. 《한시외전》에는 "이러한 예가 많다." 그는 "본서의 문장은 여러 곳에서 따왔는데 매양 문장을 보태거나 줄여서 원래의 글과 완전히 같지는 않다. 교감자는 글 뜻만 통하게 하면 된다. 문장을 완전히 같게 하려고 들면 도리어 원래의 모습을 잃게 된다."라고 하였다.

이 예는 저자가 문장을 구사하는 습관에 대한 것이다. 글 뜻을 명확히 한다는 관점에서 본다면 위에 든 세 가지 예 가운데 《순자》와 《설원》은 '以', '非', '不'이 있는 문장이 좋다. 그러나 허씨는 해당 저작의 원래 모습을 회복한다는 교감의 원칙에서 보면 '以', '非', '不'이 없어야 《한시외전》의 문례(文例)에 맞으므로, 글자를 보태는 것은 잘못이라고 하였다. 이는 《여씨춘추》〈유시람(有始覽)〉을 구슬꿰미처럼 연이어진 문례에 근거하여 교감한 위의 예시 제3절의 두 번째 예를 보라. 와 같은 경우이다. 〈유시람〉은 각 편의 끝에 모두 '解在乎' 구가 있어 다음 편을 열었다. 저작마다 특례가 있는 것이다.

도연명의 〈유사천서(游斜川序)〉: 辛酉正月五日
신유년 정월 오일

녹흠립(逯欽立)의 설 : '辛酉'의 '酉'는 각 본에 '丑'으로 되어 있는데 증본(曾本)에는 "어떤 본에는 '酉'로 되어 있다."라고 하였다. 지금 그 본을 따랐다. 또 소사본(蘇寫本)과 화도본(和陶本)에는 '丑' 아래에 '歲'가 있다.

또 녹흠립의 설 : 〈유사천시(游斜川詩)〉는 도연명이 50세에 지은 작품이다. 원서(原序)의 간지와 날짜는 잘못되었으니 "正月五日辛酉"가 되어야 한다. 이는 진(晉)나라 의희(義熙) 10년(414) 정월이다.

또 녹흠립의 설 : '辛酉'가 어떤 본에는 '辛丑'으로 되어 있다. 도연명이 신유년에는 57세이고 신축년에는 37세이므로, 쉰 살이라고 말한 시구 도연명의 시 맨 첫구에 "새해가 되니 어느새 쉰 살이라, 내 장차 관직에서 물러나 은거하리라.[開歲倏五十, 吾生行歸休.]"라고 하였다. 와 모두 맞지 않다. 원서(原序)에는 '辛酉'로 되어 있었을 것이니, 신유는 날짜의 간지이다. 진원(陳垣)의 《이십사삭윤표(二十史朔閏表)》에 따르면 이해

의 정월 초하루가 바로 신유일이니 '새해가 되니〔開歲〕'라는 시구에 부합한다. 시서(詩序)에 '五日'을 '辛酉'라 하였는데 '五'는 오자이다.

'辛酉'가 날짜의 간지임을 알 수 있는 증거로 다음의 세 가지를 들 수 있다.

첫째, 도연명의 시문집에서 간지로 해를 표시한 시들은 모두 권3에 모아 연대별로 배열하였다. 송·원의 각본(刻本)이 모두 같다. 소통(蕭統)과 양휴지(陽休之) 등이 거듭 편집하여 바로잡은 뒤로, 도연명의 시문집에서 간지로 해를 표시한 것은 반드시 권3에 들어가게 되었으니, 따로 권2에 편입된 것은 없다.

둘째, 간지로 해를 표시한 권3의 시들은 간지 아래에 모두 '歲'가 있다. 각 각본 중에 예외가 전혀 없다. 이 시는 각 각본에 대체로 '歲'가 없다. '歲'가 있는 경우는 후인이 억측으로 보태 넣은 것으로, 구본(舊本)은 결코 이와 같지 않았다.

셋째, 도연명이 맹춘(孟春)의 유일(酉日)에 잔치를 벌인 것은 진(晉)나라의 습속을 따른 것이다. 《송서(宋書)》〈역지(曆志)〉에 "진나라는 유일(酉日)에 조(祖)하고, 축일(丑日)에 납(臘)한다."라고 하였고, 진(晉)나라 혜함(嵇含)의 〈조부서(祖賦序)〉에 "조(祖)가 풍속이 된 지 오래되었으니, 천자부터 서인(庶人)까지 이를 행하지 않는 이가 없다. 한(漢)나라는 병오일에, 위(魏)나라는 정미일에 하다가, 진(晉)나라에 와서는 맹월의 유일(酉日)에 조(祖)한다. 이는 각기 나라의 운(運)을 따른 것이니, 세 나라의 운이 본디 같지 않다."라고 하였다.……사천에서의 잔치 날짜를 유일(酉日)로 택한 것을 '及辰〔때맞추어〕'이라고 표현한 것은 도연명의 시 3, 4구에 "이를 생각하니 마음이 동하여, 때맞추어 이 놀이를 하노라.〔念之動中懷, 及辰爲玆遊。〕"라고 하였다. 이 때문이다.

그리고 도연명이 50세에 사천(斜川)에서 사람들과 모여 논 것은 석숭(石崇), 왕희지(王羲之) 등 귀족의 행위를 모방한 것이다. 석숭의 〈금곡시서(金谷詩序)〉에, 함께 모인 사람 30인 가운데 "오왕의 스승이자 의랑이며 관중후인 시평군 무공현의 소소(蘇紹) 자는 세사(世嗣)이고, 나이는 50세이다. 가 으뜸이었다.〔吳王師、議郎、[26] 關中侯、始平武功蘇紹、居首。〕"라고 하였다. 금곡의 회합은 동진(東晉) 때 문사들이 즐긴 모임이었는데, 왕희지(王羲之)가 《금곡집(金谷集)》을 모방하여 난정(蘭亭)의 회합을 만든 것도 50세 때의 일이었다. 도연명이 50세에 사천에서 논 것은 진(晉)나라의 제도와 귀족의 유습(遺習)을 계승하려는 의도였음이 분명하다.

---

26 議郎:《교감학대강》에는 빠져 있는데, 석숭(石崇)의 〈금곡시서(金谷詩序)〉에 근거하여 보충하였다.

왕맹백(王孟白)의 설 : '辛酉'가 날짜를 표시한 것이지 해를 표시한 것이 아니라고 한 녹흠립의 주장도 하나의 설이 될 수는 있다. 그러나 풀리지 않은 문제가 아직 너무 많다. 그의 설이 성립되기에는 제시된 증거들에 허점이 너무 많다.

첫째, '辛酉'를 해를 표시한 것에서 날짜를 표시한 것으로 바꾸어 이해하고 매달 초하루를 달의 처음이라고 한다면 동시에 시서(詩序) 첫 구의 '五日'도 반드시 '一日'로 바꾸어야 한다. "'五日'은 잘못된 글자'라는 생각은 '辛酉'를 해를 표시한 것에서 날짜를 표시한 것으로 바꾸어 이해한 뒤에 논리적 정합성을 추구하다 보면 필연적으로 들게 된다. 그런데 도연명의 시문집은 각 본이 모두 '五日'로 되어 있고 이문(異文)이 전혀 없어서 이에 대한 논쟁이 없다. 이런 상황에서 '五日'을 '一日'로 바꾼다면 긁어 부스럼 격으로 공연히 분분한 문제를 만드는 것이 아니겠는가. 진나라 의희 10년의 간지와 이해 정월 초하루의 간지가 똑같이 신유(辛酉)인 것은 우연히 맞아떨어진 것이다. 우연히 맞아떨어진 것을 증거로 삼을 수는 없다.

둘째, 도연명의 시문집이 비록 소통(蕭統) 이후로 여러 차례 편집과 교정을 거치기는 하였지만 오랜 기간 전해지다 보니 편목의 순서가 어지러워졌다. 송·원의 구본(舊本)에 이러한 흔적이 남아 있다. 원본은 〈시작진군참군경곡하(始作鎭軍參軍經曲河)〉가 〈경자세오월중종도환조풍우규림(庚子歲五月中從都還阻風于規林)〉의 앞에 있었는데, 송·원의 구본 가운데 하나인 증집본(曾集本)에는 뒤에 있다. 〈의만가사(擬挽歌辭)〉 3수도 원본은 "유생필유사(有生必有死)" 1수가 첫 편이었는데, 송대(宋代) 곽무천(郭茂倩)의 《악부시집(樂府詩集)》에 수록된 것을 보면 "황초하망망(荒草何茫茫)" 1수가 첫 편이다. 이와 비슷하게 〈유사천(游斜川)〉도 원래는 범례대로 권3에 속했던 것이 여러 차례 전사하는 과정에서 권2에 잘못 끼어들고 이것이 장기간 지속되어 개정되지 못한 것일 수도 있다. 이러한 가능성을 완전히 배제할 수는 없다.

더욱 분명한 것은, 권3에 편입된 시편들은 제목의 처음 두 글자가 모두 간지인데 〈유사천〉은 이와 달리 간지가 제목의 처음이 아닌 서(序)의 처음에 있다는 점이다. 바로 이 때문에 〈유사천〉은 권3에 배치되지 않고 권2에 배치된 것이다. 녹흠립은 이 두 가지를 명확히 구별하지 않고 같은 것으로 혼동하였기 때문에 불필요한 착오를 일으켰다.

셋째, 도연명의 시문집에서 간지로 해를 표시한 시의 경우 간지 뒤에 모두 '歲'가 있는 것은 객관적인 사실이다. 그러나 도연명 시문집의 송·원 구본에 모두 〈유사천〉의 서(序) 첫 구의 간지 뒤에 '歲'가 없다고 한다면 이는 부분을 가지고 전체를 억측하는 것이다. 소식(蘇軾)의 필적이라고 전하는 현존 소사본(蘇寫本)이 바로 청대(淸代)의 하작(何焯)이 말한 북송(北宋)의 선화본(宣和本)인데, 이것이 바로 명실상부한 도연명 시문집의 구본이다. 그런데 이 본에는 〈유사천〉의 서(序) 첫 구의 간지 뒤에 분명히 '歲'가 있다. 녹흠립도 분명 이것을 보았을 텐데 "후인이 억측으로 보탠 것이니, 구본은 결코 이와 같지 않다."라며 배제하였다. 이는 실은 사실을 인정하기 싫어서 둘러댄 일종의 둔사(遁辭)이다. 이런 식으로 추론하자 치면, 간지 아래에 '歲'가 없는 것인들 어찌 후인이 함부로 삭제한 것이라고 할 수 없겠는가. 이와 같은 논증은 자기모순에 빠질 수밖에 없다.

이 밖에, 진나라 때 맹춘(孟春)의 유일(酉日)에 조상에게 제사한 것[祖]은 통치 계급의 제도였고, 도연명이 사천에서 논 것은 일반 문사(文士)들의 습속이었다. 제도와 습속을 어떻게 하나로 연관 지을 수 있단 말인가. 그런데 녹흠립은 도연명이 진나라의 제도를 계승하려는 의도에서 사천의 회합을 가졌다고 하였으니, 놀라움을 금할 수 없다.

도연명이 사천에서 논 것과 석숭·왕희지가 금곡·난정에서 회합을 가진 것은 분명 비슷한 점이 있다. 그러나 이 둘을 연관 지으려면 도연명이 사천에서 논 것이 50세 때의 일이었음을 반드시 긍정해야 한다. 안 그러면 이 말을 한 의의가 없어진다. 그런데 〈유사천〉의 첫 구 "開歲倏五十[새해가 되니 어느새 쉰 살이라]"의 '五十'이 어떤 본에는 '五日'로 되어 있어서 이문이 있으므로 증거로 삼기 어렵다. 이는 그럴듯해 보이지만 맞지 않는 논법이다.

〈유사천〉의 '辛酉'와 '辛丑' 논쟁 '五十'과 '五日' 논쟁은 역사가 오래되었으니, 도연명의 시문집을 교주(校注)할 적에 가장 해결하기 어려운 문제이다. 녹흠립의 이 설은 근거가 박약하여 문제 해결에 도움이 되지 못한다. 이런 유의 문제는 확실하고 객관적인 증거가 없는 한 새로운 견해를 다시 제출하기보다는 차라리 그대로 의문점을 남겨 두는 것이 낫다.

이 예는 해나 날짜를 표시하는 작자의 습관적인 특례와 편집의 체례를 귀납하여 교감의 증거로 삼을 때에는 실사구시의 자세로 객관성과 확실성을 추구해야 함을 설명하고 있다. 녹흠립이 제출한 '辛酉'가 날짜를 표시한 것이지 해를 표시한 것이 아니라는 설도 근거가 없지는 않다. 옛날에 해를 표시하고 날짜를 표시할 적에 일률적으로 다 '歲', '日'을 표시하여 밝히지는 않았다. 따라서 상하의 글과 기타 증거에 근거하여 확정해야 한다. 이 때문에, 해를 표시했다거나 날짜를 표시했다는 주장에 대한 확실하고 객관적인 증거가 중요하다.

녹흠립의 주장에는 다음과 같은 주요한 결함 세 가지가 있다.

첫째, 도연명이 시문에서 해와 날짜를 표시한 습관적인 특례를 증거로 제출하지 않고 후인들의 편집 체례를 증거로 제출하였다. 이는 내증(內證)이 아니라 체례 방면의 외증(外證)일 뿐이다. 편집 체례는 후인들이 제정한 것이고, 게다가 여러 차례 유전되는 과정에 불일치됨을 면하기 어렵다. 이 때문에 권2에 편입될 수도 있고 권3에 편입될 수도 있다. 간지 아래에 '歲'가 있고 없음은 이 '辛酉'가 꼭 날짜를 표시한 것임을 증명해 줄 수 없다.

둘째, 내증으로 제시한 "開歲倐五十"의 '五十'이 어떤 본에는 '五日'로 되어 있어 그 자체에 이문이 있는데, 녹흠립은 '五十'이 바른 글자라고 확증하지 못하였다. 게다가 녹흠립은 도연명이 사천에서 논 날이 '酉日'인 까닭을 설명하면서 또 스스로 모순되게 '五十'이 실은 '五日'이 되어야 한다고 주장하였으니, 이렇게 보지 않으면 '辛酉'는 해를 표시한 것이 될 뿐, 날짜를 표시한 것으로 이해할 수 없기 때문이라고 하였다. 곧 '辛酉'가 비록 해석의 문제에 속하기는 하나 시(詩) 속의 이문을 교감하여 바로잡는 데 대한 이유가 충분하지 않으므로 증거로서 부족하다.

셋째, 편집 체례를 귀납할 적에 부분을 가지고 전체를 억측해서 주관적으로 판단하고는 사실을 부인하였다. 이 때문에 왕맹백은 정확하게 그 잘못을 지적하고, 차라리 의문점을 남겨 두는 것이 낫다고 주장하였다.

총괄하여 말하면, 위에서 서술한 세 방면의 작업은 고적을 교감하기

전에 반드시 해야 하는 준비 작업이다. 만약 교감에 착수하기 전에 교감 대상에 대한 전체적인 이해가 없고, 그것이 전해 내려오는 과정에서 몇 종의 판본이 있었는지를 알지 못하고, 그 기본 내용과 기본 형식에 어떤 특징이 있는지를 알지 못한 채 맹목적으로 세부적인 교감을 진행해 나간 다면 공력만 많이 들고 결과는 보잘것없을 것이다. 이러한 준비 작업을 하려면 반드시 의식적으로 신중히 접근해야 한다.

준비 작업에는 또 하나의 방면이 있으니, 그것은 바로 본서 이외의 관련 자료를 수집하는 것이다.

제5절 타서 자료 수집과 전인의 성과 흡수

관련이 있는 고적의 타서 자료를 조사하고 수집하는 동시에 전인의 교감 주석 같은 고적의 연구 성과를 이해하고 흡수하는 것은 서로 보완하여 완성하는 것으로 이는 교감 이전에 없어서는 안 되는 중요한 준비 작업 이다. 앞 장에서 이미 서술했듯이 타서 자료는 교감에 있어서 일종의 간접적인 내증 재료 혹은 외증 재료로 이는 이문(異文)을 분석하고 판단 하는 중요한 근거이다. 본서와의 관계는 다음의 세 가지 종류에서 벗어 나지 않는다. 첫째, 본서가 타서를 인용했는가, 둘째, 본서가 타서에 인용되었는가, 셋째, 본서와 타서에 모두 보이는가. 주요한 조사 범위는 대체로 관련이 있는 타서, 유서(類書) 및 고서의 주이다. 이론적으로 타서 자료를 조사하고 수집하는 것은 교감자의 학식에 기반하므로 반드시 고적 문헌을 숙지해야 한다. 다만 실제 경험상 중요한 고적은 모두 수많은 전인들이 정리하고 연구하여 풍부한 성과를 남겨 놓았다. 그리고 일반적인 고적도 이미 간행하였거나 번각을 하였다면 모두 알 수 있도록 서발의 설명이 있다. 이를 통해 전인의 성과를 충분히 흡수하여 그 안에 서 실마리를 찾고 교감 기록을 수집하여 확충하는 것이 절적(節適)하게 취할 만한 중요한 방법이자 절차이다.

청나라로부터 근대에 이르기까지 고적의 교주(校注)에 대해 비교적 높은 성취를 이룬 사람 가운데 전인의 성과를 폭넓게 수집하여 인용서목 을 상세하게 나열하지 않은 사람이 없다. 근래 허유휼(許維遹)의 《한시 외전집석(韓詩外傳集釋)》은 미완성된 유고이나 비교적 높은 성취를 이루었는데 주요한 점은 교감을 모아 놓아 전인들의 풍부한 교감 성과를 제공한다는 것이다. 허유휼이 이러한 방면의 준비 작업을 매우 중요시했음을 볼 수가 있다. 만약 허유휼이 남겨 놓은 작업의 기초 위에서 한 걸음 더 나아가 타서 자료를 더 상세하게 수집하여 교감에 사용하고 전인의 판단과 견해를 참조할 수 있다면 의심의 여지 없이 《한시외전(韓詩外傳)》의 정리가 한층 더 완전해질 것이다.

제6절 이본 대교와 이문 열거 및 의오 발견

상술한 각 항의 작업을 제대로 수행하기 위해서 가장 중요한 것은 좋은 저본을 선택하고 참교본을 확정하는 것이다. 그런 뒤에야 구체적으로 본서의 교감 작업에 들어갈 수 있다. 일반적으로 말하자면 어떤 고적을 구체적으로 교감하는 작업은 서로 다른 방법을 종합적으로 사용하는 세 가지 단계와 절차로 나눌 수 있다. 첫째, 여러 본을 대교하여 이문(異文)을 열거하고 의오(疑誤)를 발견하는 것으로, 기본 방법은 대교이다. 즉 여러 본의 차이점을 대조하여 읽으며 비교하는 것이다. 둘째, 이문을 분석하고 의오를 해결하는 것으로, 기본 방법은 이교(理校)·본교(本校)·타교(他校)이다. 즉 이문의 정오와 시비를 분석하고 추리하고 고증하는 것이다. 셋째, 출교(出校)를 결정하고 서례(敍例)를 쓰는 것으로, 기본 방법은 이문의 성격을 분석하고 출교의 원칙을 도출하는 것이다.

확실히 앞의 두 항목은 하나의 고적을 교감하는 주요한 실천 내용이고 뒤의 한 항목은 부분적인 결론 및 총결하는 작업이다. 이제 우선 앞의 두 항목에 대해서 서술한다.

여러 본을 대교하여 이문을 열거하고 의오를 발견한다.
여러 본을 대교하는 것은 다음과 같은 네 가지의 내용을 포괄한다. 첫째, 본서의 각종 판본을 대조하여 읽는 데는 저본을 위주로 하고 조본과 별본을 대조하여 읽는다. 둘째, 글자를 따라 주소에서 든 판본을 분석한다. 셋째, 원문을 따라 관련 있는 타서를 비교하여 읽는다. 넷째, 글자를 따라 전인의 관련 있는 교감 성과를 흡수한다.

예를 들면 다음과 같다.

《한시외전(韓詩外傳)》권1 제9장：原憲居魯，環堵之室，茨以蒿
萊，蓬戶甕牖，①桷桑而無樞。上漏下濕，匡坐而弦歌。子貢乘肥
馬，衣輕裘，中紺而表素，②軒不容巷而往見之。原憲楮冠黎杖而
應門，正冠則纓絶，振襟則肘見，納履則踵決。子貢曰：“嘻！先生
何病也？”③原憲仰而應之曰：“憲聞之，無財之謂貧，學而不能行
之謂病。憲貧也，非病也。若夫希世而行，比周而友，學以爲人，教
以爲己，④仁義之匿，車馬之飾，衣裘之麗，憲不忍爲之也。”子貢逡
巡，面有慚色，不辭而去。原憲乃徐步曳杖，歌〈商頌〉而反，⑤聲淪
於天地，如出金石。天子不得而臣也，諸侯不得而友也。故養身者
忘家，養志者忘身。身且不愛，⑥孰能忝之！《詩》曰：“我心匪石，
不可轉也。我心匪席，不可卷也。”
원헌이 노나라에 살 적에 흙담으로 둘러싸인 좁은 집은 명아주로
지붕을 잇고 쑥대 문짝에 둥근 창을 내고 뽕나무로 서까래를 만들
고 지도리도 없었다. 천장에서는 비가 새고 방바닥에서는 습기가
올라오는데도 금을 연주하며 노래를 불렀다. 자공이 살진 말을 타
고 가벼운 갖옷을 입었는데 속은 감색에 겉은 흰색으로 수레도 들
어가지 못하는 좁은 골목으로 가서 방문하였다. 원헌은 닥나무 관
을 쓰고 명아주 지팡이를 짚고 문에 나와 맞이하였다. 관을 바로 쓰
려 하면 관끈이 끊어지고 소매를 털면 팔꿈치가 보였으며 신고 있
는 신발은 뒤꿈치가 터졌다. 자공이 말하기를 “아, 선생께서 어찌
이리 고생하십니까?” 하자, 원헌이 올려다보며 대답하였다. “제가
듣기에 재물이 없는 것을 가난이라 하고 배우고 실천하지 못하는
것을 병이라 합니다. 저는 가난한 것이지 병든 것은 아닙니다. 세상

의 평판을 바라서 행동하고 자기와 친하게 어울리는 사람만 벗삼고 남에게 내세우려는 학문만 하고 자기만 위하려는 것만 가르치고 인의를 내세워 사특한 짓을 하고 수레와 말을 장식하고 의복을 화려하게 하는 것은 제가 차마 하지 못하는 것입니다." 자공이 우물쭈물 부끄러워하며 말없이 돌아갔다. 원헌이 이에 지팡이를 끌고 천천히 걸으며 〈상송〉을 부르며 들어갔는데 노랫소리가 천지에 빠져드는 것이 마치 금관악기를 연주하는 듯하였으니, 천자도 신하로 삼을 수 없고 제후도 벗으로 삼을 수 없었다. 그러므로 몸을 기르는 자는 집안을 잊고 뜻을 기르는 자는 몸을 잊는다. 자신도 사랑하지 않는데 무엇을 더하리오. 《시경》에 "내 마음 돌이 아니어서 구를 수 없고, 내 마음 자리가 아니어서 말릴 수 없네." 하였다.

《한시외전집석》에 의하면, 여러 본을 대교한 초보적인 정황은 다음과 같다.

① 桷桑而無樞 : 여러 본이 같은데 원나라 본에는 '爲樞'로 되어 있다. 《신서(新序)》〈절사(節士)〉에는 '桷'이 '揉'로 '而無'가 '以爲'로 되어 있다. 《장자》〈양왕(讓王)〉과 《고사전(高士傳)》에는 '桑以爲樞'로 되어 있다. 주정채(周廷寀)는 "마땅히 《신서》를 따라 '揉桑以爲樞'가 되어야 한다."라고 하였다.

② 軒不容巷而往見之 : 여러 본이 같다. 《장자》〈양왕〉과 《신서》〈절사〉에는 '軒' 다음에 '車' 자가 있다. 《고사전》에는 '巷不容車'로 되어 있다. 조회옥(趙懷玉)이 《장자》와 《신서》를 인용하여 '車' 자를 보충하였다.

③ 原憲仰而應之 : 종본(鍾本), 황본(黃本), 양본(楊本)에 '仰'이 '抑'으로 되어 있다. 《신서》〈절사〉에는 '仰'으로 되어 있다. 학의

행(郝懿行)은 "'仰'이 구본에는 '抑'으로 되어 있다."라고 하였다.

④ 仁義之匿 : 《장자》, 《신서》, 《고사전》에는 '匿'이 '慝'으로 되어 있다.

⑤ 聲淪於天地 : 《장자》, 《신서》에는 '淪'이 '滿'으로 되어 있다.

⑥ 孰能乑之 : 주정채가 "《신서》에는 '乑'이 '累'로 되어 있다."라고 하였다.

이상 각 본의 대교를 통해 다음과 같은 결과를 얻을 수 있다. ①의 '無樞'는 '爲樞'로도 되어 있다. ③의 '仰'은 '抑'으로도 되어 있다. 타교를 통해서는 다음과 같은 결과를 얻을 수 있다. ①의 '桷'은 '揉'로도 되어 있다. '而無樞'는 '以爲樞'로도 되어 있다. ②의 '軒'은 '軒車'로도 되어 있다. ③의 '仰'은 '抑'으로도 되어 있다. ④의 '匿'은 '慝'으로도 되어 있다. ⑤의 '淪'은 '滿'으로도 되어 있다. ⑥의 '乑'은 '累'로도 되어 있다. 전인의 교감 성과를 통해서는 다음과 같은 결과를 얻을 수 있다. ①은 '揉桑以爲樞'가 되어야 한다. ②는 '軒' 다음에 '車' 자를 보충하였다. ③의 '仰'은 '抑'이 되어야 한다. ⑥의 '乑'은 '累'가 되어야 한다. 《한시외전》의 구주본이 전하지 않는 까닭에 대교는 겨우 ①, ②, ③의 세가지 항목에만 그쳤다.

주석에서 든 판본의 글자를 근거로 하여 분석한 예는 다음과 같다.

《순자》〈중니(仲尼)〉: 貴而不爲夸, 信而不忘處謙, 任重而不敢專, 財利至則言善而不及也, 必將盡辭讓之義, 然後受。
귀하게 되어도 자랑하지 않고 믿음을 받아도 혐의를 받을 수 있다는 것을 잊지 않고, 중요한 일을 맡아서 감히 마음대로 하지 않으며, 재리(財利)가 지극하면 선이 미치지 않는 듯이 말하고 반드시 사양의 의리를 다한 연후에 받는다.

양경(楊倞)의 주 : "信而不忘處謙"에서 '謙'은 '嫌'으로 읽는다. 임금에게 믿음을 받더라도 혐의로움에 처하여 사람으로 하여금 권력을 농단한다는 의심을 받지 않아야 한다

노문초의 설 : 각 본에 '忘' 자가 없는데 오직 송본(宋本)에만 있고 '不忘處謙下'로 해석하였는데 통한다. 다만 주에서 '謙'을 '嫌'으로 읽어 '不處嫌疑間'이라고 한다면 '忘'은 연자(衍字)이므로 없어야 한다.

양경의 주 : "財利至則言善而不及也"에서 '而不及'의 '而'는 '如〔같다〕'이다. 자신의 선(善)이 적어 이러한 재리에는 합당하지 않다는 말이다.

왕염손의 설 : 원각본(元刻本)에는 '言' 자가 없는데, 옳다. 양경의 주에 "'善而不及'에서 '而'는 '如'이다."라고 한 것에 근거한다면 '善' 앞에 '言' 자가 없는 것이 확실하다. 주에 또 이르기를 "자신의 선(善)이 적어 이러한 재리에는 합당하지 않다는 말이다." 하였으니 여기서 '言' 자는 정문(正文)을 설명한 말이 확실하고 정문에 원래 있었던 글자가 아니다. 송본에 '言' 자가 있는 것은 주석의 글자로 인한 연자이다.

송본을 대교하면 '信而' 구절에 '忘' 자가 있고 '財利' 구절에 '言' 자가 있는데, 노문초와 왕염손이 양경의 주를 분석하여 양경이 인용한 본에는 이 두 글자가 없는 것을 알았다.

《순자》〈불구(不苟)〉 : 喜則和而理, 憂則靜而理

기쁠 때에는 평화롭게 다스리고, 근심이 있을 때에는 평정하게 다스린다.

양경의 주 : 모두 '理'가 합당하다.

노문초의 설 : 《한시외전》 4에는 "喜卽和而治, 憂卽靜而違"로 되어 있다. 여기서 '和而理'라고 되어 있는 것은 당시 휘자(諱字) 당나라 고종의 이름 '치(治)'를 휘피한 것을 가리킨다. 를 피한 것이다. 다음 구절을 구본(舊本)에 '靜而理'라고 한 것은 주의 문장을 잘못 이해한 것이므로 이제 《한시외전》을 따라 바로잡는다.

유태공(劉台拱)의 설 : 주에 "皆當其理"라고 하였으니 양경이 인용한 본에는 두

구절이 모두 '理' 자였을 것이다. 노문초가 《한시외전》을 들어 두 번째 '理' 자를 '違'로 고쳤다. 《역》에 "즐거운 세상이면 도를 행하고 근심스러운 세상이면 떠난다.〔樂則行之, 憂則違之。〕" 하였으니 이것이 '違' 자의 근거이다. 하지만 《역》에서는 출처(出處)를 말하였고 여기서는 성정(性情)을 말하였으니 의미가 각각 마땅함이 있다. 《한시외전》에서 《순자》를 인용하면서 많은 부분을 바꿨는데 아마도 함부로 바꾸지는 못하였을 것이다. 또 《순자》〈중니〉에 "福事至則和而理, 禍事至則靜而理"라고 하였는데 이 문장과 대략 같다. 이 글의 주에 "理謂不失其道。和而理, 謂不充屈。靜而理, 謂不隕穫也。"라고 하였으니 모두 '理' 자이다. 그렇다면 《한시외전》을 따라 '違'로 고치는 것은 옳지 않다. 《순자》 본문에서 앞의 구절은 '治'로 되어 있는데, 다음 구절이 '理'로 되어 있다는 것은 의심스럽다. 당나라 초기에 휘자를 피하여 '治'를 모두 '理'로 고쳤다가, 중엽 이후 다시 '治'로 바꿨다. 이에 두 글자가 서로 섞이게 되었고 그 때문에 교감하는 자가 무엇이 본래 글자인지를 정할 수 없어 고치지 못하였다. 양씨가 주를 낼 때는 무엇이 올바른지 살필 수 없어서 그냥 그대로 말하였을 뿐이다. 지금 앞의 구절은 《한시외전》에 의거하여 '和而治'로 하고, 다음 구절은 '靜而理'로 하면 거의 맞을 것이다. 〈중니〉 편도 이와 같다.

여기서는 교감을 거친 대본이 양경이 주를 내면서 근거한 본과 같지 않은 것을 가지고 주를 근거로 양경이 근거한 판본의 문장 두 글자는 모두 '理'라는 것을 변석하고 아울러 〈중니〉의 주를 인용하여 증거로 삼았으며, 더 나아가 양경이 주를 낸 의도를 추측하였다.

위에서 든 두 가지 예에서 볼 수 있듯이, 대교 시에 글자를 따라 주소가 근거로 삼은 책의 본래 글자를 변석하는 것은 비록 분석과 판단을 필요로 하기는 하지만 대교에는 속하지 않는 것으로, 또 다른 구본(舊本)을 얻는 데 취할 만한 방법이다. 《순자》의 현존본 중에서 송본(宋本)이 가장 오래된 것이라면, 양경의 주를 변석하면 한 종의 당본(唐本)을 얻을 수 있을 것이니 한 걸음 더 나아가 분석하고 판단하는 것이 중요하고 필수적이다.

이문을 열거하고 의오를 발견하는 것은 대교 과정 중의 두 가지 항목이자 임무이면서 다음 단계에서 정오를 확정하기 위한 좋은 준비가 된다. 사실 앞에서 서술한 대교의 네 가지 내용 중에서 각 본과 타서 자료를 대교하는 것은, 전인이 교감한 성과를 모아 모두 성실하게 대조하고 열독하여 글자를 따라 아래에 이문을 적고 전인이 교정한 말을 적시하여 기록하는 것이 필요하다. 그리고 주소가 근거로 삼은 본의 문장을 변석하려면 대교 이외에 반드시 본교와 이교가 필요하며, 단순히 이문을 열거하는 데 그칠 뿐만이 아니라 의오를 발견해야 한다. 이문은 드러난 착오이고 의오는 드러나지 않은 착오이다. 중요한 고적은 비교할 수 있는 많은 주소와 판본이 있어서, 이문은 비교적 쉽게 교감해 낼 수 있고 의오 역시 전인들이 많이 발견해 냈으므로, 이문을 열거하고 의오를 드러내는 두가지 임무를 동시에 완성하는 것은 비교적 순조롭다. 그러나 일반적인 고적은 항상 여러 종류의 판본과 여러 사람의 주소가 있는 것은 아니다. 따라서 이문을 대교하는 동시에 의오를 밝히는 임무는 특별하게 일어나므로 반드시 본교와 이교를 종합적으로 사용해야 한다. 바꿔 말하면 대교를 간단하게 교정하는 것으로 보아서는 안 되고 교감의 중요한 단계로 보아야 한다. 반드시 신중하게 교독(校讀)하여 심도 있는 이해와 충분한 파악의 과정을 거친 뒤 본서의 내용·구성·체례와 문체·언어에서 의오를 발견해 하단에 주기하여야 한다.

예를 들어 설명해 본다.

《묵자》〈비공 상(非攻上)〉 구본(舊本) : 今有人於此, 少見黑曰黑, 多見黑曰白, ①則以此人不知白黑之辯矣; 少嘗苦曰苦, 多嘗苦曰甘, 則必以此人爲不知甘苦之辯矣。 今小爲非, 則知而非之, ②大爲非, 攻國則不知而非, ③從而譽謂之, 之義可爲知義與不義

之辯乎? ④是以知天下之君子也, 辯義與不義之亂也。

지금 어떤 사람이 검은 것을 조금 보고는 검다 하다가 많이 보고는 희다고 하면 이 사람이 흑백을 구분할 줄 아는 것인가. 쓴 것을 조금 맛보고는 쓰다고 하고 많이 맛보고는 달다고 하면 이 사람이 쓴 맛과 단맛을 구분할 줄 아는 것인가. 지금 조그만 잘못에는 비난할 줄 알면서 크게 잘못하여 나라를 공격하면 비난할 줄 모르고 도리어 칭찬하는데 그 의리가 의와 불의를 구분할 줄 아는 것인가. 이 때문에 천하의 군자가 의와 불의를 구분하는 데 어지럽다는 것을 알 수 있다.

《묵자한고(墨子閒詁)》에 따르면 이 단락은 다음과 같은 의오가 있다.

① '則以' 구절은 다음 구절인 '則必以此人爲不知甘苦之辯矣'에 따라 '則' 자 다음에 '必' 자가 있어야 하고 '人' 자 다음에 '爲' 자가 있어야 한다.

② '大爲非' 구절은 앞의 '今至大爲不義攻國則弗知非'에 의하면, 이 구절의 '不知而非'에서 '而'는 연자이다.

③ "從而譽謂之, 之義可爲知義與不義之辯乎" 두 구절은 앞 문장 "從而譽之謂之義, 情不知其不義也"에 의하면, 이 두 구절은 "從而譽之謂之義, 此可謂知義與不義之辯乎"가 되어야 한다. 구본에서 '之謂' 두 글자가 잘못 도치되었고 '可' 앞에 '此'가 빠졌으며 '謂'는 '爲'로 잘못되었다.

④ '是以' 구절에서 '也' 자는 연자인 듯하다. 이 구절과 다음 구절은 이어지는 하나의 구절이다. "是以知天下之君子辯義與不義之亂也。"

위의 예에서 네 가지 의오는 모두 앞뒤의 문의와 문례(文例)에 의거하여 미루어 판단한 것이다.

또 예를 들면 다음과 같다.

《논형》〈봉우(逢遇)〉: 世俗之議曰:"賢人可遇。不遇, 亦自其咎也。:生不希世準主, 觀鑑治內, 調能定說, ①審詞際會, ②能進有補贍主, 何不遇之有？今則不然。③作無益之能, 納無補之說, 以夏進爐, 以冬奏扇, 爲所不欲得之事, 獻所不欲聞之語, 其不遇禍, 幸矣。何福祐之有乎!"

세상의 말에 "현인은 임금의 지우를 얻을 수 있는데, 얻지 못하는 것은 스스로의 허물이다. 세상에 영합하면서 임금을 헤아리며, 임금이 다스리는 곳의 상황을 살펴 자신의 주장을 조절하며, 시기를 살펴 임금에게 이익을 가져다 준다면 어찌 임금의 지우를 얻지 못하겠는가. 지금은 그렇지 않다. 무익한 능력을 발휘하고 보탬 없는 말을 내어 여름에 화로를 들이듯 겨울에 부채를 들이듯 하니, 바라지 않는 일을 하고 듣기 싫은 말을 하는데 화를 얻지나 않으면 다행이다. 무슨 복이 있기를 바라겠는가." 하였다.

황휘(黃暉)의 《논형교석(論衡校釋)》에 의거하면 다음과 같은 의오가 있다.

①의 '詞'는 의오이다. '伺'로 써야 한다.

② '能進有補贍主' 이 구절은 불완전하다. 탈문이 있다. 아래 구절의 "今則不然。作無益之能, 納無補之說"에 의하면 '能進'은 '納說'의 대가 되고 '有益'은 '有補'의 대가 된다. 또 아래 구절에 "進能有益, 納說有補, 人之所知也。或以不補而得祐, 或以有益而獲罪。且夏時爐以炙濕, 冬時扇以翣火。世可希, 主不可準也; 說可轉,

能不可易也。"라고 하고, 또 "不豫聞, 何以準主而納其說, 進身而托其能哉!"라고 하였다. 그렇다면 이 '能進有補' 구절은 아마도 '進能有益, 納說有補'가 되어야 할 것이니 '能進' 두 글자는 도치되었고 이어서 '有益納說' 네 글자가 빠진 것이다. '瞻主'가 다른 곳에는 '瞻士'로도 되어 있으니, 아마도 아래로 붙여서 '瞻士何不遇之有。'가 되어야 할 듯하다.

③ '作無益之能'에서 '作'은 '進'이 되어야 한다. ②를 참고하라.

이상 세 가지 의오가 있다. 하나는 오자로 모양이 비슷해서 틀린 것이다. 하나는 구절이 불완전하고 문의가 통하지 않아 앞뒤의 문장을 가지고 바른 문장을 추단한 것이다. 하나는 앞뒤의 문장을 가지고 글자의 오류를 추단한 것이다.

위에서 든 두 가지 예는 모두 이교 혹은 본교를 이용해서 의오를 발견한 것이다. 판본의 출처가 있는 이문을 얻기 전까지는 이들 추단을 통해서 얻은 '當作' 구절들은 모두 의오에 속하므로 단정하여 정문으로 만들거나 글자를 고칠 수는 없다. 다만 글자를 따라 대교할 적에는 반드시 주석으로 기록하여 열거한 이문과 함께 한 단계 더 나아간 분석과 판정을 준비하여야 한다.

제7절 이문 분석과 의오 해결 및 정오 판정

이문을 분석하고 의오를 해결하고 정오를 판정하는 것은 교감 작업에 있어서 가장 주요하고 관건이 되는 하나의 단계이다. 이 앞의 일체 작업은 모두 이를 위한 준비이고 이 다음의 작업은 모두 이것의 내용이다. 그러므로 '본래의 모습을 보존하고 복원한다〔存眞復原〕'는 근본 원칙에 근거하여 각종 교감 방법을 종합적으로 운용하고, 여러 종류의 교감 통례를 참고하여 오류에 이르게 된 원인을 구체적으로 분석하고, 정정(訂正)한 근거를 충분히 제출하며, 다른 사람들이 믿을 수 있는 논리를 내는 것이 바로 이 단계에서 사용되는 구체적인 작업이자 방법이다. 간단히 말하여 이치와 근거를 가지고 구체적인 분석을 통해 시비를 확정하여 본래의 모습을 보존하고 복원하는 것이 요구된다.

가장 먼저 할 것은 이문을 분석하는 것이다.

이문은 구체적으로 문자가 서로 다른 현상이다. 차이점이 있는 이상 반드시 정오가 있다. 다만 실제 정황에서는 서로 다른 두 가지 가능성이 있다. 첫째, 두 가지 이문이 모두 해석이 가능한 경우로 이른바 '뜻이 둘 다 통한다.〔義得兩通〕'라는 이문이다. 둘째, 두 가지 이문이 모두 해석이 불가능한 경우로, 기존의 이문이 모두 잘못된 것인데 정확한 본문은 이미 없어진 경우이다. 이런 경우 원고가 남아 있지 않아 확정하기가 어렵다. 이 때문에 이문을 분석하는 것은 팽숙하(彭叔夏)가 말한 바와 같이 "사실에 입각하여 올바른 것을 정하고 많은 참고 자료를 통해 의심스러운 점을 제거해 나가야 한다.〔實事是正, 多聞闕疑〕" 즉 반드시 실사구시의 객관적이고 신중한 태도를 가지고 판본의 고금 여부에 영향을 받지 않고 명가의 논단에 구속되지 않으며 또한 주관적인 억단을 배제해야 한다.

실사구시의 관점에서 이문을 구체적으로 분석하는 것은 한 종류의 이문의 실제적인 차이를 구체적으로 분석하여 오류에 이르게 된 유형과 원인, 정정의 근거와 이유, 사상 내용과 문자 형식상 일치, 내증과 외증이 일치하는 과학적인 논리를 획득해야 한다. 그런 후에야 원고에 부합하거나 원고의 근사치에 접근할 수 있는 것이다. 이른바 '이문의 실제적인 차이'라는 것은 같은 책에 나타나는 몇 종류의 이문이 어떤 구체적 차이를 갖고 있는가 하는 것을 말한다. 문의, 어음, 자형, 혹은 구체적인 지식 및 기타 범주 등이 이에 속한다. 이문의 실질적 차이를 구체적으로 분석한 다음에는 반드시 각각의 이문이 나타나게 된 구체적 원인을 조사해야 한다. 착오가 생긴 이문에 대해서는 그 표현 형식 즉 오자, 탈문, 연문, 도문, 착간 등 유형에 근거하여 오류에 이르게 된 원인을 분석한다. 정확한 원문에 대해서는 반드시 사상 내용, 문자 형식 방면에서 충분한 이유와 믿을 만한 증거를 제출하고 내증과 외증을 포괄하여 논증을 제시하여 결론을 낸다. 아래에 예를 들어 보겠다.

1 《사기》〈주본기(周本紀)〉: (武王)命南宮括散鹿臺之財, 發鉅橋之粟, 以振貧弱萌隷。

(무왕이) 남궁괄에게 명하여 녹대의 재물을 흩고 거교의 곡식을 풀어 가난한 이들에게 공급하였다.

왕염손의 설: "散鹿臺之財"는 본래 "散鹿臺之錢"이었는데 지금 '財'를 쓴 것은 후세 사람이 뒤에 나온 고문 《상서》에 의거해서 고친 것이다. 열 가지의 증거로 증명한다.

첫째, 뒤에 나온 《상서》〈무성〉"散鹿臺之財"에 대한 공영달의 《정의(正義)》에서 〈주본기〉를 인용하여 "命南宮括散鹿臺之錢"이라고 하였고, 또 "녹대의 재물이라고 말하였다면 하나의 물건이 아니다. 《사기》에 '錢'이라고 한 것은 후세에 추론하여 전을 주로 하였을 뿐이다." 하였다. 이는 《사기》에서는 본래 '錢'이라고 하였지 '財'라고 하지 않았다는 것이다. 〈악기(樂記)〉의 정의(正義)에 《사기》를 인용하여 '財'라고 하였다. 살펴보면 공씨 한 사람이 보았던 대본이 서로 다르지 않으니 이는 후세 사람들이 늦게 나온 《상서》에 의거해서 고친 것이다. 〈무성〉 정의에서만 고치지 않은 것은 공씨가 《사기》에 '錢'으로 되어 있다고 분명하게 말해서이다.

둘째, 《군서치요(群書治要)》에 《사기》를 인용하여 "散鹿臺之錢"이라고 하였는데 이는 당나라 초기 사람들이 보았던 대본은 모두 '錢'으로 되어 있다는 것이다.

셋째, 《사기》〈제세가(齊世家)〉에는 "散鹿臺之錢, 發鉅橋之粟"으로 되어 있다.

넷째, 《사기》〈유후세가(留侯世家)〉에는 "發鉅橋之粟, 散鹿臺之錢"으로 되어 있다. 《신서(新序)》〈선모(善謀)〉도 같다. 《한서》〈장량전(張良傳)〉과 《한기》〈고제기(高帝紀)〉에는 모두 '財'로 되어 있다. 이 세 가지 서적은 장량이 간하여 6국을 세운 후의 일로 기록되어 있는데 모두 《사기》를 저본으로 하고 있다. 지금 《한서》, 《한기》에는 '財'로 되어 있어 《사기》, 《신서》와 같지 않은데 모두 후대 사람이 늦게 나온 《상서》에 의거하여 고친 것이다.

다섯째, 《일주서(逸周書)》〈극은(克殷)〉에 "乃命南宮忽振鹿臺之錢, 散巨橋之粟。"으로 되어 있다. 공조(孔晁)의 주에 '忽'은 펼쳐 흩어서 은혜를 베푸는 것이다. 금본에는 '散' 자가 탈락되었고 '錢' 자도 '財' 자로 고쳐져 있다. 《태평어람》〈자산부(資産部) 전류(錢類)〉에 《주서》를 인용하여 "武王克商, 發鹿臺之錢, 散鉅橋之粟。"이라고 하였으니, 금본의 오류를 바로잡기에 충분하다. 또 〈무성〉의 정의을 살펴보면 "鹿臺之財非一物, 後世追論以錢爲主耳。"라고 하였다. 만약 《일주서》에 '財'라고 하였다면 공씨가 반드시 인용하여 증거로 삼았을 것이다. 지금 인용하지 않은 것은 《일주서》에는 본래 '錢'이었다는 것을 알 수 있다. 다른 《관자》, 《여람》, 《회남자》 등 여러 서적에도 모두 '錢'으로 되어 있으므로 모두 인용하지 않았다. 〈주본기〉는 여기에 근본한다.

여섯째, 《관자》〈판법해(版法解)〉에 "決鉅橋之粟, 散鹿臺之錢。"으로 되어 있다.

일곱째, 《회남자》〈주술(主術)〉과 〈도응(道應)〉에 모두 "發鉅橋之粟, 散鹿臺之錢。"으로 되어 있다.

여덟째, 《사기》〈은본기(殷本紀)〉에 "帝紂厚賦稅以實鹿臺之錢"이라고 되어 있으니, 이는 주왕이 녹대를 만든 것은 본래 錢을 모으기 위한 것이므로 〈주본기〉에 "散鹿臺之錢"이라고 하였다.

아홉째, 《여씨춘추》〈신대(愼大)〉에 "發巨橋之粟, 賦鹿臺之錢, 以示民無私,
高注：鹿臺, 紂錢府 出拘救罪, 分財棄責, 以振窮困。"이라 하였는데 이는 재물을 나
누는 것은 녹대에만 있지 않았으나 '錢'을 부과하는 것은 녹대에만 있었다는
것이다.

열째, 《설원》〈지무(指武)〉에 "武王上堂見玉, 曰：'誰之玉也?' 曰：'諸侯之
玉也。' 卽取而歸之於諸侯。天下聞之曰：'武王廉於財矣。' 入室見女, 曰：'誰之女
也?' 曰：'諸侯之女也。' 卽取而歸之于諸侯。天下聞之曰：'武王廉於色矣。' 于是發
鉅橋之粟, 散鹿臺之金錢, 以與士民。"이라 하였다. 금본에는 "散鹿臺之財金錢"으로 되어
있는데 문구의 뜻을 이룰 수 없다. '財' 자는 후인이 덧붙인 것이 확실하다. 《예문유취》〈산업부(産
業部)〉에서 《육도(六韜)》를 인용한 것도 "武王散鹿臺之金錢, 以與殷民。"으로 되어 있다. 옥과 여
인은 모두 궁중에 있고 금전(金錢) 같은 재화는 녹대에 있는 까닭에 "散鹿臺
之金錢"이라고 한 것이다.

이 예에서 이문은 '錢'과 '財' 두 가지이다. 실제 차이는 두 개의 단음
사와 '鹿臺'라는 하나의 명사가 구성하는 구절인 '鹿臺之錢'과 '鹿臺之財'
의 차이이다. '錢'은 단일명사이고 '財'는 종합명사이다. '財'는 '錢'을 포
괄하는데 '錢'과 같지는 않고 '錢'은 '財'의 한 종류이지만 '財'를 대신할
수는 없다. '鹿臺'는 상(商)나라 주(紂) 임금의 전고(錢庫)이지 재고
(財庫)는 아니다. 역사 사실은 주나라의 무왕이 남궁괄에게 명하여 상
나라 주 임금의 '錢'을 분배한 것이지 재물을 분배한 것은 아니다. 이로
인해 역사 사실과 단어의 뜻을 살펴보면 '錢'이 되어야지 '財'로 된 것은
잘못이다. 이러한 착오의 유형이 글자의 오류이다. 오류가 생긴 원인은
문의에 밝지 않고 타서를 잘못 근거하여 잘못 고친 것이다. 고친 사람이
'鹿臺'가 상나라 주 임금의 전부(錢府)인지 분명하게 알지 못하였고 또
'錢'과 '財'의 글자 뜻의 구별을 소홀히 하였다. 동시에 늦게 나온 위고문
(僞古文)《상서》〈무성〉을 근거로 하여《사기》〈주본기〉의 바른 글을
마음대로 고쳤다. 왕염손이 정정한 이유가 충분하며 역사 사실과 글의
뜻을 변석한 것이 부합한다.

그러나 이 예의 설명에서 중요한 것은 내외의 증거가 있다는 점이다. 실제로 현존하는 각 본《사기》에는 모두 '財'로 되어 있어 이문이 없다. 그렇기 때문에 두 종류의 타서 자료를 열거하여 간접적인 내증으로 하였다.《상서》〈무성〉에 대한 공영달의 정의에서 인용한《사기》〈주본기〉와 위정의《군서치요》에서 인용한《사기》〈주본기〉를 가지고 당나라 초기의 사람들이 보았던 본에는 모두 '錢'으로 되어 있었다는 것을 증명하였고 이것으로 초당본(初唐本)의 판본 근거로 삼았다. 동시에《사기》〈제세가〉와 〈유후세가〉 및《신서》에서 내외증을 찾아 방증으로 삼았다. 그러나《한서》와《한기(漢紀)》 및 금본《일주서》에도 '財'로 된 타서 이문 자료가 있기 때문에 반드시 선진 시대와 한나라 초기의 고적에는 '錢'으로 기록되어 있지 '財'로 기록되어 있지 않다는 것을 증명할 충분한 외증이 있어야 한다. 이로 인해 또《태평어람》에서《일주서》를 인용하여 '錢'으로 된 것을 들어 금본《일주서》에 '財'로 된 것은 오자임을 증명하고,《관자》,《회남자》,《여씨춘추》에도 모두 '錢'으로 되어 있는 것을 들어 증거로 삼았으니, 이는 충분한 외증을 제출하여 내외증의 일치라는 요구에 도달한 것이다. 이에 이르러 이런 동의어 이문의 정오는 이치에 맞고 근거가 있는 분석 판단을 얻고 '본래의 모습을 보존하고 복원한다'는 원칙 요구에 부합한다. 이 예는 이교, 본교, 타교 등을 종합적으로 운용하여 이문을 얻고 사실을 고증하여 '錢'과 '財'의 뜻이 둘 다 통할 수 있는 가능성을 배제하였으며, 역사적 사실과 글자의 뜻을 가지고 오류에 이르게 된 원인을 설명하여 내용상으로는 정확한 해석을 얻고 문자상으로는 유력한 내외 증거를 열거하여 대체적으로 본래의 모습을 보존하고 복원하는 데 도달하였다. 이로 인하여 교감학사에 있어 하나의 전형적인 범례를 이루었다.

2 《순자》〈신도(臣道)〉: 仁者必敬人。 凡人非賢, 則案不肖也。 人賢而不敬, 則是禽獸也。 人不肖而不敬, 則是狎虎也。 禽獸則亂, 狎虎則危, 災及其身矣。 詩曰: "不敢暴虎, 不敢馮河。 人知其一, 莫知其它。 戰戰兢兢, 如臨深淵, 如履薄冰。" 此之謂也。

인자는 반드시 사람을 공경한다. 사람은 대개 현인이 아니면 불초한 사람이다. 어질면서 공경하지 않으면 금수이다. 불초하면서 공경하지 않으면 호랑이를 깔보는 것이다. 금수라면 어지럽고 호랑이를 깔보면 위태로우니 재앙이 그 자신에게 미칠 것이다. 《시경》에 "맨손으로 호랑이를 잡지 못하고 맨발로 하수를 건너지 못하는 것을 사람은 하나만 알고 다른 것은 알지 못하네. 두려워하고 경계하여 마치 깊은 연못가에 서 있는 듯, 얇은 얼음을 밟고 있는 듯 하노라."라고 하였는데, 이를 말하는 것이다.

양경의 주: 시는 《시경》〈소아(小雅) 소민(小旻)〉이다. 포호(暴虎)는 맨손으로 잡는 것이고, 빙하(馮河)는 맨발로 건너는 것이다. "人知其一, 莫知其它。"는 사람들이 모두 맨손으로 잡는 것과 맨발로 건너는 것이 해로운 줄 알지만 소인의 해가 이보다 더 심함은 모른다는 말이다.

왕인지의 설: 《순자》에서 시를 인용한 것은 '莫知其它'까지이다. '戰戰兢兢' 이하 3구는 후세 사람이 《시경》의 말을 가져다 더한 것이다. 이는 앞 문장 '人不肖而不敬, 則是狎虎'를 이어서 한 말로 사람들이 다만 맨손으로 잡는 것과 맨발로 건너는 것의 해로움만 알 뿐 불경한 소인의 해가 이와 같다는 것을 모른다는 것을 말한 것이다. 그렇기 때문에 "不敢暴虎, 不敢馮河。 人知其一, 莫知其它。 此之謂也。"라고 하였으니 '此之謂也' 네 글자는 바로 '人知其一, 莫知其它'를 이어서 말한 것이다. 만약 '戰戰兢兢' 이하 3구를 더한다면 '此之謂也'와 서로 통하지 않는다. 양경의 주에서 '不敢暴虎' 이하 4구만을 해석하고 '戰戰兢兢' 이하 3구는 해석하지 않았으니 양경이 보았던 본에는 이 3구가 없었다는 것이 확실하다. 이것이 첫 번째 증거이다.

또 《시경》〈소민〉의 전(傳)에 "他不敢小人之危殆也。"라 하였고, 전(箋)에 "人皆知暴虎馮河, 立至之害, 而無知當畏愼小人能危亡也。"라 하였는데 전(傳)과

전(箋)이 모두 《순자》를 저본으로 하고 있다. 이것이 두 번째 증거이다.

《여씨춘추》〈안사(安死)〉에 "《시경》에 '不敢暴虎, 不敢馮河。人知其一, 莫知其它。'라 하였으니 이는 인류(鄰類)를 모른다는 말이다." 하였는데 인용한 《시경》의 구절은 '莫知其它'까지이다. 고유의 주에 "사람은 모두 소인이 나쁘다는 것은 알지만 불경한 소인이 위태롭다는 것은 알지 못한다. 그러므로 '이웃을 모른다'고 한 것이다." 하였다. 《회남자》〈본경훈(本經訓)〉에 "《시경》에 '不敢暴虎, 不敢馮河。人知其一, 莫知其它。'라 한 것이 이 말이다." 하였는데 문장이 《순자》와 같다. 고유의 주에 "사람들은 모두 맨손으로 잡는 것과 맨발로 건너는 것이 위험하다는 것을 안다. 그러므로 '知其一'이라 한 것이다. 그러나 소인이 나라를 위태롭고 망하게 할 수 있다는 사실을 두려워하고 조심해야 함은 알지 못한다. 그러므로 '莫知其它'라 하였다. 이는 미혹을 면치 못한 것이다. 그러므로 '此之謂也'라 한 것이다." 하였다. 《여람》과 《회남자》의 고유 주는 모두 《순자》를 저본으로 하고 있다. 이것이 세 번째 증거이다.

이 예에서 이문은 '戰戰兢兢' 이하 3구의 연문이다. 판본은 양경의 주석에서 변석한 것을 의거했다. 사용한 방법은 이교, 본교, 타교이다. 오류가 생긴 원인은 문의를 변석하지 않고 함부로 더한 것이다. 내증은 양경의 주를 변석하며 "양경이 보았던 본에는 이 3구가 없었다."라고 한 것에 의거한다. 외증은 두 번째와 세 번째에서 열거한 《시경》〈소아 소민〉의 모전(毛傳)과 정전(鄭箋), 《여씨춘추》〈안사〉와 《회남자》〈본경훈〉에서 인용한 《시경》 및 고유의 주석으로, 한나라 유학자들이 이 《시경》의 구절을 해석하면서 모두 《순자》를 근거로 하였으나 '戰戰兢兢' 이하 세 구절은 인용하지 않았음을 증명하였다. 그리하여 내용, 형식, 내외증 모두 일치하는 이유와 증거를 얻어 이 세 구절이 연문임을 단정하였다.

3 《순자》〈해폐(解蔽)〉: 桀死于亭山。

걸 임금이 정산에서 죽었다.

양경의 주 : 정산(亭山)은 남소(南巢)의 산이다. 어떤 본에는 격산(鬲山)으로 되어 있다. 《한서》〈지리지〉를 살펴보면 여강군(廬江[郡])에 잠현(灊縣)이 있다. 여기서 정산이라 한 것은 '灊'을 '鬲'으로 잘못 알고 전사하면서 '亭'으로 잘못 쓴 것이다. '灊'은 발음이 '潛(잠)'이다.

왕염손의 설 : '鬲山'이 옳다. '鬲'의 발음이 '歷'과 같아 글자를 간혹 '歷'으로 쓴다. 《태평어람》〈황왕부(皇王部) 7〉에서 《시자(尸子)》를 인용하여 "桀放于歷山."이라 하고, 《회남자》〈수무(修務)〉에 "湯整兵鳴條, 困夏南巢, 譙以其過, 放之歷山."이라 한 것에 대한 고유의 주석에 "역산(歷山)은 역양(歷陽)의 산이다." 하였다. 살펴보면 한나라 역양 고성(故城)은 지금의 화주(和州)이다. 서쪽에 역호(歷湖)가 있으니 《회남자》〈숙진(俶眞)〉에서 말한 "歷陽之都, 一夕反而爲湖"라는 것이다. 《사기》〈하기(夏紀)〉의 정의에 《회남자》를 인용하여 "탕이 역산에서 걸 임금을 내쫓고 말희와 함께 배를 타고 강을 따라 남소의 산으로 가서 죽었다.〔湯放桀于歷山, 與末喜同舟浮江, 奔南巢之山而死.〕" 하였다. 여기서 인용한 것은 대개 허신(許愼)의 주이다. 역산은 바로 격산(鬲山)이다. 《사기》〈골계전〉의 "銅歷爲棺"에 대한 《색은》에 "歷, 卽釜鬲也."라 하였다. '鬲'과 '歷'은 고자에 통용하였다. 양경이 격산(鬲山)을 '잠산(灊山)'의 오류라고 한 것은 틀렸다. 《국어》〈노어(魯語)〉의 "걸 임금이 남소로 달아났다.〔桀奔南巢〕"에 대한 위소(韋昭)의 주에 "남소는 양주 지역으로 소백의 나라이다. 지금의 여강 거소현이다.〔南巢, 揚州地, 巢伯之國, 今廬江居巢縣是也.〕" 하였다. 여기서 남소 지역은 한나라 거소(居巢)에 있지 잠현(灊縣)에 있지 않다. 또한 여강(廬江)에는 잠현(灊縣)이 있지 잠산(灊山)이 없다. 지금 격산(鬲山)을 잠산(灊山)의 잘못이라고 한다면 이는 현의 이름을 산의 이름으로 한 것이니 더욱 잘못이다.

이 예는 오자 사례로, 실질적으로는 지명을 고증하였다. 양경의 주에 의하면 당본(唐本)에 이미 잘못이 있어서 이문인 '亭山'과 '鬲山'이 있었다. 양경은 '亭'과 '鬲'은 모두 오자이고 정자는 '灊' 자로 인식하여, 잘못된 원인이 '灊'을 '鬲'으로 잘못 썼는데 그 뒤에 '鬲'과 모양이 비슷한 '亭'으로 썼기 때문이라고 하였다. 왕염손은 '鬲'이 정자이고 '亭'은 오자라고 인식하여, 잘못된 원인이 자형의 유사 때문임이 분명하다고 하였다. 왕염손은 두 가지의 이유와 증거를 제시하였다. 첫째는 지리와 역사 고증으로 하나라 걸 임금이 쫓겨난 역산이 역양에 있고 잠현에 있지 않다는 것이고, 둘째는 '歷'과 '扁'은 고음(古音)에 통가자라는 것이다. 양경의 주는 공교롭게도 이 두 가지가 다 잘못되었다.

4 《묵자》〈사과(辭過)〉: 今則不然, 厚作斂於百姓, 以爲美食芻豢, 蒸炙魚鼈, 大國累百器, 小國累十器, 前方丈。

지금은 그렇지 않으니, 백성들에게 많이 거두어들여 소나 양, 개나 돼지 고기를 맛있게 요리하고 물고기나 자라를 찌고 구워서 큰 나라는 몇백 그릇에, 작은 나라는 몇십 그릇에 담아 앞자리에 늘어놓는다.

필원(畢沅)은 "前方丈"을 교감하여 "美食方丈"이라고 하면서 그 근거로 《문선》에 나오는 응거(應璩)의 〈여종제군묘군주서(與從弟君苗君冑書)〉의 "味踰方丈"과 장협(張協)의 〈칠명(七命)〉의 "方丈華錯"에 대한 이선의 주석인 "美食方丈"을 인용하였다.

왕염손의 설 : 필원이 잘못 고쳤다. '美食' 두 글자는 위 문장의 "以爲美食芻豢"의 '美食'과 중복된다. 또 《군서치요》에 "前方丈"으로 인용하였으니 위징(魏徵)이 본 대본과 금본(今本)이 같다. 《문선》 주석에서 인용한 "美食方丈"은 위 문장의 '美食'과 아래 문장의 '方丈'을 이어서 인용하면서 '芻豢' 이하 17자를 생략한 것이다. 문장을 요약하여 인용한 것이니 고쳐서는 안 된다. "前方丈"은 《태평어람》〈치도부(治道部) 8〉에는 "前則方丈"으로 인용하였는데 구법(句法)이 비교적 완전하다.

이 예에서는 이문이 '前', '前則', '美食'의 세 가지이다. 실제로 직접적인 내증은 없으며 타서에서 인용한 간접적인 내증만 있다. 《군서치요》의 '前'과 《태평어람》의 '前則'은 그 사이에 실제 차이는 없고 뜻도 서로 같아 둘 다 쓸 수가 있다. 《문선》 주에 '美食'이라 한 것은 뜻에 차이가 있다. '前方丈'은 많은 그릇에 좋은 음식을 담아 자리 앞 사방 한 장에 늘어놓았다는 말로, 그다음 문장에서 "눈으로 다 볼 수 없고, 손으로 다 집을 수 없고 입으로 다 맛볼 수 없다."라고 하였으니 '美食方丈'은 응당 수많은 그릇에 좋은 음식을 담아 자리 앞 사방 한 장에 늘어놓아 한차례 맛있는 음식을 먹는다는 뜻이다. 그렇다면 앞의 '美食'은 명사의 조합이고 뒤의 '美食'은 동사성 조합이므로 구의(句義)가 비록 통하지만 수사가 중복되므로 다음 문장의 '눈으로 다 볼 수 없고' 등의 구절과는 뜻이 맞지 않는다. 왕염손이 이미 《군서치요》가 일종의 당본 내증이 될 수 있음을 지적하였고 또 《문선》의 주석이 《묵자》 원문을 요약하여 인용하였을 수도 있음을 정밀하게 분석하였으니 바로 "美食……方丈"이다. 그리하여 필원이 고친 것은 타서를 잘못 인용하여 잘못 고쳤다고 지적하였다.

5 《여씨춘추(呂氏春秋)》〈중하기(仲夏紀) 고악(古樂)〉: 昔黃帝令伶倫作爲律。伶倫自大夏之西, 乃之阮隃之陰, 取竹於嶰谿之谷, 以生空竅厚鈞者, 斷兩節間, 其長三寸九分, 而吹之以爲黃鐘之宮, 吹曰: "舍少"。

그 옛날 황제가 영륜을 시켜 악률(樂律)을 만들게 하였다. 영륜이 대하산으로부터 서쪽으로 가서 완유산 북쪽에 도착하여 해계의 골짜기에서 대나무를 채취하였다. 두께가 균일하게 구멍을 내고 그 두 마디를 잘라서 율관(律管)을 만드니 그 길이가 3촌 9푼이었다. 이것을 불어서 그 소리로 황종의 궁음(宮音)을 만드니 악관이 잠시 연주하는 것을 멈출 것을 청하였다.

고유(高誘)의 주(注): '取竹於嶰谿之谷' 이하 3구는 계곡에서 자란 대나무로 두께가 일정한 것을 취하여 양쪽 마디 사이를 잘라서 율관(律管)을 만들었다는 뜻이다.

필원(畢沅)의 견해 : 《한서(漢書)》〈율력지(律曆志)〉에는 "取竹之解谷, 生其竅厚鈞者〔해곡에서 대나무를 얻었는데, 두께가 균일하게 구멍을 내었다.〕"로 되어 있고, 《설원(說苑)》과 《풍속통(風俗通)》도 이와 같다. 《세설신어(世說新語)》의 주에는 '厚' 앞에 '薄'이 더 있다.

손인화(孫人和)의 견해 : "取竹於嶰谿之谷"은 본래 "取竹之谿谷"인데 '之'는 '於'와 같은 뜻이다. '取竹谿谷'은 계곡에서 대나무를 캤다는 뜻이다. 고유의 주 '以爲律管' 다음에 본래는 옛날 사람이 교감한 '谿或作嶰' 4자가 더 있었는데, 금본(今本)에는 빠져 있다. 어떤 본에는 '谿'로 되어 있고 어떤 본에는 '嶰'로 되어 있다 보니 교감하는 사람이 살피지 못하여 잘못 하나로 합쳐 버렸고 게다가 '之'의 뜻을 이해하지 못했기 때문에 "取竹於嶰谿之谷"으로 고친 것이다. 정문(正文)이 이미 잘못되었기 때문에 '谿或作嶰' 4자를 산삭하여 맞추지 않을 수 없었던 것이니, 몹시 함부로 가감한 것이다.

　'嶰谷'에 대해서는 본래 두 가지 견해가 있다. 《한서》〈율력지〉에는 '解谷'으로 되어 있는데, 그 주는 다음과 같다. "맹강(孟康)은 「解」는 「脫〔벗기다〕」의 뜻이고 「谷」은 「竹溝〔대나무의 마디〕」이니, 벗겨져 구절(溝節)이 없는 대나무를 캔다는 뜻이다. 일설에는 곤륜산(昆侖山) 북쪽에 있는 계곡 이름이라고 한다.' 하였고, 진작(晉灼)은 '계곡 이름이라는 견해가 옳다.' 하였다."《이아(爾雅)》〈석산(釋山)〉에 "小山別大山, 鮮。〔큰 산과 이어지지 않고 동떨어진 작은 산을 '鮮'이라고 한다.〕"이라고 하였는데, 《문선(文選)》〈오도부(吳都賦)〉와 〈장적부(長笛賦)〉의 주에서 인용한 부분에는 '鮮'이 모두 '嶰'로 되어 있다. 《이아》에 보인다. 곽상(郭象)의 주에는 "不相連〔서로 연결되지 않은 것〕"이라고 하였고, 《옥편(玉篇)》〈산부(山部)〉의 '嶰' 자 주에는 "山不相連也。〔산이 서로 연결되지 않은 것이다.〕"라고 하였다. 좌태충(左太沖 좌사(左思))의 〈오도부(吳都賦)〉 "嶰谷弗能連〔해곡이 연결되지 못하여〕"에 대한 유연림(劉淵林)의 주에 "嶰谷, 崑崙北谷也。〔해곡은 곤륜산 북쪽 골짜기이다.〕"라고 하였다. 이 '嶰谷'에 대해서는 맹강만 달리 주장하였다.

　여기서 '谿谷'이라고 한 것은 '谿'와 '嶰'가 발음이 비슷하기 때문인데 '嶰谿之谷'이라고 하면 의미가 통하지 않는다. 《설원》〈수문(修文)〉과 《풍속통》〈음성(音聲)〉에는 모두 '取竹於嶰谷'으로 되어 있는데, 이 내용을 설명하고 있는 고서(古書)에는 '嶰'와 '谿'를 함께 사용한 예가 없다. 게다가 고유 주의 "竹生谿谷者" 운운한 대목에도 '谿'라고만 했을 뿐 '嶰'는 보이지 않는다. 이로 볼 때 정문에는 '嶰'가 없었던 것이 분명해졌다. 식견이 부족한 자들이 비록 '谿或作嶰' 4자를 삭제해 버렸지만 그 자취는 가리기 어렵다.

《세설신어》〈언어(言語)〉의 주와 《예문유취(藝文類聚)》 5·89, 《태평어람 (太平御覽)》 963의 인용문에는 모두 "取竹之嶰谷"으로 되어 있다. 《북당서초 (北堂書鈔)》 112의 인용문에는 "取竹於磬谷" 磬은 谿의 오자이다. 으로 되어 있고, 《태평어람》 16의 인용문에는 "取竹於谿谷"으로 되어 있으며, 같은 책 962의 인용문에는 "取竹谿之谷"으로 되어 있고 또 주(注)의 인용문 맨 끝에 "谿或作 嶰" 4자가 달려 있다. 《사류부(事類賦)》 24의 인용문에는 "取竹谿谷"으로 되어 있는데, 주의 인용문에도 "溪 '谿라고 해야 한다. 或作嶰" 4자가 달려 있다. 이 처럼 책마다 인용한 내용이 다르다. '谿'를 '嶰'라고 한 것은 별본(別本)에 의 거한 것이고 '之'를 '於'라고 한 것은 인용한 사람이 바꾼 것이다. '之'도 없고 '於'도 없는 것은 생략해서 인용했기 때문이다. 《태평어람》 962의 인용문이 가장 정확하지만 "之谿谷"이 도치되어 "谿之谷"이 되었다. 어느 인용문에도 약 간씩 차이가 있지만 '谿'와 '嶰'[27]를 나란히 사용한 예는 없고 '之'와 '於'가 한 구문 안에서 동시에 출현한 예도 없다. 이 때문에 《여씨춘추》의 원문이 "取竹 於嶰谿之谷"으로 되어 있지 않았다는 것이 매우 분명해졌다.

장유교(蔣維喬) 등의 견해 : 손인화는 이 문장이 본래 "取竹之谿谷"으로 되어 있고 아래에 "谿或爲嶰"라는 교어(校語)가 달린 것을 의심하였는데, 그의 견 해가 거의 옳다. 그러나 손씨가 추정한 것도 현행본의 본모습일 뿐 여전히 원 본의 모습은 아니다. 이 편에 대해서는 송대(宋代)의 전수본이 이미 둘로 나 뉘어 있었다. 그중 하나는 "取竹之嶰谷"으로 되어 있을 것인데, 바로 《태평어 람》 963과 16 및 565의 기초가 된 판본이다. 이것이 본래의 원본 모습이다. 그러므로 《예문유취》와 《세설신어》 주의 인용문도 모두 이것과 같다. 다른 하나는 '嶰'가 주로 인하여 '谿'로 잘못되고 또 '之'가 '谿' 아래로 잘못 와서 "取 竹谿之谷"이 된 것인데, 훗날 교감하는 사람이 본래의 원본에 의거하여 아래 에 "谿或作嶰"라는 주를 달았다. 이것이 《태평어람》 962와 《사류부》의 기초 가 된 판본으로 현행본도 이 모습에서 파생한 것이다.

---

27 嶰 : 《교감학대강》에는 '谿'로 되어 있는데, 문맥을 살펴 바로잡아 번역하였다.

고서에서는 영륜이 대나무를 채취한 곳을 모두 '解谷'이라고 하였다. '解'와 '嶰'는 음이 서로 통하며, 《설원》〈수문(修文)〉에도 '嶰谷'으로 되어 있고 '谿谷'으로 된 것은 없다. 손씨가 정문에는 본래 '嶰'가 없다고 하였는데 틀린 말이다. 고유는 '谿谷'이라고 하는 말에 의해 '嶰谷'을 설명하고 있을 뿐이다. '嶰'는 본래 '解'로도 쓰는데 '解'는 《설문》에 "水衡官谷也, 一曰小谿。[수형관의 계곡이니, 소계라고도 한다.]"라고 하였고, 《광아(廣雅)》에서도 "嶰, 谿谷也。"라고 한 것이 모두 그 예이다.

진기유(陳奇猷)의 견해 : 이 문장은 잘못되지 않은 듯하다. '嶰谿'는 바로 이 산의 계곡 이름이다. 윗글 "大夏之西"와 "阮隃之陰"이 대구이므로 "嶰谿之谷"이라고 한 것이다. 만일 이것을 "取竹之谿谷"이나 "取竹之嶰谷"으로 고친다면 도리어 문구가 윗글과 어울리지 않는다는 것을 알게 된다. 《한서》 전문(全文)에는 "전(傳)에 '황제가 영륜(泠綸)을 시켜 대하산으로부터 서쪽으로 가서 곤륜산 북쪽에 당도하여 해곡(解谷)에서 대나무를 채취하게 하였다. 그 구멍이 난 것이 두께가 균일하게 생긴 것을 취하여 두 마디를 잘라서 불었다. 이것을 '황종의 궁음'이라고 하였다.……"라고 하였는데 '전(傳)'이란 바로 《여씨춘추》를 가리키며 인용문에 분명히 드러난 것도 《여씨춘추》의 이 문장을 산삭하여 고쳤다는 점이다. 산삭하여 고쳤기 때문에 전체를 근거로 삼아서는 안된다. 더욱이 "取竹之嶰谷"은 《여씨춘추》의 문장을 고친 것인데 그중 '之'를 남겨 두었으니 '之'를 '於'로 해석할 여지가 있더라도 결국 쓸데없는 글자가 되고 말았다. 《설원》과 《풍속통》은 '谿之'를 산삭했을 뿐이다. 모든 유서(類書)의 인용문들은 《설원》이나 《한서》를 원용하여 원문을 고치거나 '嶰'를 누락하였는데 모두 신뢰할 수 없다.

이 예문에는 일곱 개의 이문이 있다. 즉 '取竹於嶰谿之谷', '取竹之解谷', '取竹之嶰谷', '取竹於谿谷', '取竹之谿谷', '取竹於嶰[28]谷', '取竹谿之谷'이 그것이다. 이들의 실질적인 차이는 어의(語義)에 있다. 맹강은 '解谷'을 '대나무가 벗겨져 구절(溝節)이 없는 것'으로 주를 달고 있고, 맹강이 인용한 '일설(一說)' 및 진작 등의 견해는 '곤륜산 북쪽의 계곡

---

28 嶰 : 《교감학대강》에는 '谿'로 되어 있는데, 문맥을 살펴 바로잡아 번역하였다.

이름' 혹은 '산골짜기 이름'이라고 하였으며, 손인화 등은 '嶰谷'이나 '谿
谷'이나 모두 일반적으로 계곡을 지칭하는 말인데 윗글에 '阮隃 즉 곤륜산
이다. 之陰'이라는 말이 있기 때문에 그 지역이 곤륜산 북쪽에 위치한다
고 해석한 것이라고 보았다. 글만 보고 억지 주장을 펴는 것이 분명한
맹강의 견해를 제외하고 나머지 두 견해는 모두 통한다. 진기유는 "현행
본에서 '取竹於嶰谿之谷'이라고 한 것은 오류가 아니다."라고 하였지만
'嶰谿'를 어느 산 골짜기를 가리키는 고유명사라고 한 점과 《한서》에 인
용된 《여씨춘추》의 글에는 산삭하고 개편한 것이 있다는 두 가지 예문
은 모두 증거가 없고 일종의 유추해 낸 논리일 뿐이다.

  손씨는 고유의 주를 분석하여 고씨가 근거한 책에는 '嶰谿'로 되어 있
지 않다는 것을 알아내었고, 또 옛사람의 교어(校語)를 근거로 옛날에
는 두 개의 본이 있었는데 한 본에는 '谿'로 되어 있고 다른 한 본에는
'嶰'로 되어 있음을 증명하였으며, 또 고주(古注)의 훈고에 의해서 옛날
에는 '嶰谿' 2자를 연용한 예가 없음을 증명하였다. 그리하여 고유의 주
와 교어 및 《태평어람》 962를 근거로 정문은 '取竹之谿谷'임을 단정하
고 있다. 그 견해의 결점은 《한서》에 '解谷'으로 되어 있는 것을 무시한
데 있으니, 《한서》는 고유의 주보다 비교적 이른 시기에 나온 책이다.
이 때문에 장씨 등은 손씨의 견해를 수정하면서 두 가지 점을 보충하였
는데, 고서에서는 영륜이 대나무를 채취한 곳을 모두 '解谷'이나 '嶰谷'
이라고 한 것과 '嶰'는 옛날에 '谿谷'으로 해석하였다는 것이다. 따라서
정문은 '取竹之嶰谷'이고 별본에는 '谿谷'으로 되어 있다고 보았으며, 아
울러 오류가 발생하게 된 원인을 비교적 합리적으로 분석하고 있다.

  6 고적(高適)의 〈등백장봉(登百丈峰)〉 2수(首) 중 첫째 수 : 朝
    登百丈峰, 遙望燕支道。

아침에 백장봉에 올라 연나라 지도를 둘러보았네.

제목 '登百丈峰'에 대해 돈황(敦煌)에서 출토된 《고적시집(高適詩集)》 사본(寫本)의 잔권(殘卷)에는 '武威作'으로 되어 있고, 첫 구의 '百丈峰'은 돈황 출토본 잔권에는 '百尺烽'으로 되어 있다. 근래 사람의 주(注)에는 "'百丈峰'은 하주(河州) 풍림현(風林縣) 석문산(石門山)의 고봉(高峰)이다."라고 한 견해도 있다. 손흠선(孫欽善)은 "제목은 응당 돈황본대로 '武威作'이 되어야 하고, '百丈峰'은 '百尺烽'이 되어야 한다. 대개 '烽'이 자형이 비슷하고 발음이 같아서 '峰'으로 오인한 것인데, 후세 사람들이 거기에다 '尺'을 '丈'으로 마구 고치는 바람에 시제(試題)도 여기에 맞춰서 '登百丈峰'이 된 것이다."라고 주장하였다.

고적의 〈등백장봉〉 2수 중 둘째 수 : 四海如鼎沸, 五原徒自尊。而今白庭路, 猶對靑陽門。

사해는 끓는 솥과 같은데 오원만 부질없이 높은 척하네. 지금 백정의 길에서 오히려 청양문을 마주 보네.

돈황본에는 '五原'이 '五凉'으로, '徒'는 '更'으로, '白庭'은 '白亭'으로 되어 있다. 한나라 오원군(五原郡)은 현 내몽고자치구(內蒙古自治區)의 경계 안에 위치하며 남쪽 흉노에게 점거를 당한 터라 시의 뜻과 부합하지 않는다. 손흠선은 "오량(五凉)은 오호십육국(五胡十六國) 시대의 전량(前凉), 후량(後凉), 남량(南凉), 서량(西凉), 북량(北凉)을 합쳐서 지칭하는 말이다. 그 시대에 차지한 땅은 현재 감숙성(甘肅省)의 무위현(威武縣), 장액현(張掖縣), 주천현(酒泉縣) 및 청해성(靑海省) 낙도(樂都) 일대이다."라고 하였으니, 오량이라고 하면 이 시에서 회고하는 지역과 일치한다. 잠삼(岑參)의 시 〈제금성임하역루(題金城臨河驛樓)〉에도 "古戍依重險, 高樓見五凉。〔옛 성곽은 요새에 둘러있는데, 높은 누대에 올라 오량을 둘러보네.〕"이라는 구절이 있다. 대개 '凉'은 '涼'으로도 쓰는데, 자형이 비슷하여 '原'으로 잘못되었고 이것이 다시 '更'을 '徒'로 바꾸는 결과를 초래한 것이다.

또 '白庭'은 흉노의 '單于之庭'《사기》〈흉노전(匈奴傳)〉에 보인다. 을 가리킨다고 생각할 수 있으나 이 시의 내용에 부합하지 않는다. 유개양(劉開揚)의 "'亭'이라고 해야 한다."라는 견해가 옳다. 《신당서(新唐書)》〈병지(兵志)〉에 "赤水、

大斗, [29] 白亭……軍十、烏城等守捉十四, 曰河西道。〔적수, 대두, 백정,……군십, 오성 등 수착 14곳이 하서도이다.〕"라고 하였는데, 백정군은 현재 감숙성(甘肅省) 민근현(民勤縣) 북쪽에 위치한다.

　이상의 예로 든 이문은 현존하는 각 본이 모두 돈황본과 일치하지 않는다는 것이다. 각처에서 보이는 이문의 실질적인 차이는 모두 시의 내용과 지리적·역사적 고증에 속하는 문제이다. 돈황본은 당대(唐代) 사람의 사본(寫本)으로 당연히 고본(古本)에 속한다. 손씨가 오류가 발생하게 된 원인을 분석한 것 역시 합당하다 하겠다.

　이상에서 열거한 이문 분석 사례들은, 예문 1에서 5까지는 모두 주석을 분석하거나 타교(他校)를 통해서 이문을 얻는 방법이다. 이것은 현존하는 각 판본을 대교하여 이문을 취득하는 방법에 비해 먼저 분석이 필요하고 그다음으로 주석자나 다른 책의 연대를 알아서 그 시대의 전후와 이를 증명할 수 있는 근거를 장악하는 것이 필요하다는 차이가 있다. 그러나 분석하고 판단하는 방법은 대교를 통해 이문을 얻는 것과 다를 바가 없다. 예문 6은 대교를 통해 얻은 이문의 분석과 판단으로, 이 사례의 관건은 고본을 얻는 데 있다. 그러나 대교든 타교든 혹은 주석본을 분석하여 얻은 이문이든 간에 이것들은 모두 흔적이 남아 있다. 비교해 봤을 때 의오를 분석하여 해결하는 점에 있어서 더욱 어렵다고 하겠다.

　의오는 교감에 이용할 수 있는 이문이 없고 눈에 보이는 흔적도 남아 있지 않아서 주로 교감자의 내용에 대한 이해와 본서에 대한 명료한 이해에 의거한다. 사용하는 방법은 주로 본교와 이교(理校)이지만 분석할 때에는 관련 지식의 근거가 필요하다. 예문 6에서 거론한 고적의 시와

---

29 斗 : 《교감학대강》에는 '計'로 되어 있는데, 《당서(唐書)》〈병지(兵志)〉에 근거하여 바로잡았다.

같은 예는 돈황 사본이 발견되지 않았다면 실제적으로는 의심할 만한 오류가 전혀 없다. 그러나 연대가 멀어서 원본이 산일(散佚)된 고적은 대부분 후인들에 의한 집본(輯本)이기 때문에 각종 집일본(輯佚本)과 집일본의 번각본이라는 문제를 제외하고는 본문 속에서 이따금 발생하는 내용이나 형식 면에서의 의오가 존재하기 마련이다. 이러한 의오는 지적하여 어떤 식으로든 해결점을 제시하거나 설명하지 않으면 안 된다. 그러므로 이문을 분석하면서 동시에 의오를 해결하는 것이 필요하다.

실제로 의오가 발견되면 그와 동시에 의오를 해결할 수 있는 요소가 종종 포함되어 있다. 그러나 의오를 해결하기 위해서는 충분한 이유와 확실한 증거가 필요하다. 이것을 얻지 못할 경우 의심나는 것은 우선 보류해야 한다. 일반적으로 의오는 내용 면에서의 모순과 차이를 발견하고 의심하는 것이다. 모순과 차이를 발견하였다면 교감자는 틀림없이 모순이나 차이가 없는 견해를 지니고 있으며, 그것은 모순을 해결할 수 있는 요소를 포함하고 있다. 그러나 교감자가 자신의 견해가 합리적이고 적절하다는 것을 증명하기 위해서는 반드시 이유를 설명하고 증거를 제출해야 한다. 그런데 의오에는 판본의 근거라고 할 만한 직접적이거나 간접적인 이문이 결코 존재하지 않기 때문에 그 이유란 것은 종종 본서의 상하 문맥이나 관련 지식에 대한 설명이고, 그 증거란 것은 본서의 내용, 문장, 글자, 상하의 문맥 혹은 관련 지식에 대한 고증 등인데, 이를 방법적으로 말하면 이교와 본교 및 고증이 그것이다. 이 때문에 의오를 해결하는 작업은 이문의 분석과 판단에 비해 당연히 더욱 정밀하고 신중함을 요구하므로 경솔하게 논단해서는 안 되며 쉽게 글자를 바꿔서도 안 된다는 것을 말하지 않아도 알 수 있다. 앞에서 이미 서술했듯이, 대진(戴震)이 《상서(尚書)》〈요전(堯典)〉의 '光被四表'를 교감하고 글자를 바꾼 사례 제3장 5절에 보인다. 에서, 일리는 있지만 증거가 없다는 이유로 왕인지(王引之)의 비판을 받았다는 사실을 언급하였다. 다시 한 번 사례를 들어 설명하겠다.

《묵자(墨子)》〈법의(法儀)〉: 百工爲方以矩, 爲圓以規, 直以繩, 正以懸。無巧工不巧工, 皆以此五者爲法。

모든 공인들이 사각형을 그리는 데는 구를 쓰고 원형을 그리는 데는 규를 쓰며, 직선을 그리는 데는 먹줄을 쓰고 각도를 바로할 때에는 현추(懸錘)를 쓴다. 장인이 솜씨가 좋건 안 좋건 간에 모두 이 다섯 가지로 법칙을 삼는다.

유월(兪樾)의 견해: '五'는 '四'가 되어야 하니 "百工爲方以矩" 운운한 대목을 살펴보면 아무리 봐도 다섯 가지가 되지 않는다.

손이양(孫詒讓)의 견해: 《주례(周禮)》〈동관(冬官) 고공기(考工記)〉 "여인(輿人)" 조(條)에 "圜者中規, 方者中矩, 立者中縣, 衡者中水, 直者如生焉, 繼者如附焉。〔둥근 것은 규에 맞게 하고, 모난 것은 구에 맞게 하고, 세워진 것은 현에 맞게 하고, 가로놓인 것은 수평기에 맞게 한다. 수직으로 선 것은 땅속에서 자라서 나오는 것과 같고, 교차하여 서로 연결된 것은 나무의 가지와 줄기와 같다.〕"이라고 하였는데, 이처럼 교감하면 앞 문장에 응당 '平以水' 3자가 있어야 할 것 같다. 본래는 다섯 가지였는데 그중 하나가 빠진 것은 아닌지 모르겠다.

유월의 견해는 매우 명확한 것 같지만 근거할 만한 판본이 없다. 손이양의 견해도 추측이긴 하지만 지식 면에서 보자면 근거가 없지 않다. 따라서 하나는 글자가 오자임을 주장하고 있고 하나는 탈문(脫文)이 있지는 않을까 의심하고 있으니, 둘 다 남겨 두고 대번에 고치지 않는 것이 좋겠다.

도연명(陶淵明)의 〈독산해경(讀山海經)〉 열째 수: 刑天舞干戚,

〈독산해경〉에는 '刑天舞干戚'이 본래 '形天無千歲'로 되어 있었다. 猛志固常在。

형천은 방패 도끼 들고 춤을 추니, 맹렬한 뜻 실로 영원히 남아 있네.

증굉(曾紘)의 견해 : "形夭無千歲"는 뜻이 서로 통하지 않으므로 《산해경(山海經)》을 가지고 교감한 것이다. 경문에서 "刑天, 獸名也, 口中好啣干戚而舞。〔형천은 짐승의 이름이다. 이 짐승은 입에 간척을 물고 춤추는 것을 좋아한다.〕"라고 하였다. 이로써 이 구절은 본래 "刑天舞干戚"이므로 다음 구인 "猛志固長在"와 서로 호응함을 알 수 있다. '形夭無千歲' 다섯 글자는 모두 오자로서, 자획이 비슷해서 생긴 문제이므로 이상할 것이 없다.

주필대(周必大)의 견해 : 도연명의 〈독산해경〉 13편은 대개 편마다 각각 하나의 사건을 다루고 있다. 이 편은 아마도 정위(精衛) 새가 나뭇가지를 물어다 바다를 메우려 하는데 천년을 못 살아도 항상 맹렬한 의지를 지녀 죽어 가면서도 후회하지 않는 것을 이야기하는 듯하다. 그러므로 '刑天'과 나란히 언급한다면 의미가 이어지지 않을 것 같다. 더구나 또 끝 구절에서 "徒設在昔心, 良晨詎可待!〔설사 옛 마음 간직하고 있어도, 좋은 시절을 어찌 기대할 수 있으리!〕"라고 하였으니, 간척무와 무슨 상관이 있겠는가.

도주(陶澍)의 견해 : '夭'라고 하였는데 어찌 또 '無千歲'라고 하겠는가. '夭'와 '千歲'의 거리는 800년을 산 팽조(彭祖)와 일찍 죽은 상자(殤子)의 차이 이상으로 떨어져 있다. 고인(古人)들이 이런 식으로 문장을 짓지는 않았을 것이다. 매 편마다 하나의 사건을 노래했을 뿐이라면 같은 시 제11수의 흠비(欽駓)와 알유(窫窳)도 실은 짝을 맞추어 거론한 것이다. 만일 형천이 신과 대등하다고 한다면 정위와 동급으로 논할 수 없다. 모르겠지만 단장취의(斷章取義)한 것으로서, 단지 항상 맹렬한 의지를 지닌 것을 가상히 여긴 것일 뿐이다.

정복보(丁福保)의 견해 : 도주의 견해는 옳지 않다. 《유양잡조(酉陽雜俎)》 권14에 "형요(形夭)가 상제와 신의 자리를 다투었는데, 상제가 그 머리를 베어 상양산(常陽山)에 묻었다. 그러자 머리가 없어진 형요가 유방을 눈으로 삼고 배꼽을 입으로 삼고서 간척을 쥐고 춤을 추었다."라고 하였다. 그렇다면 '形夭'의 '夭'를 요절로 풀어서는 안 된다. 《유양잡조》와 도연명의 시에 근거하면 도연명이 당시에 읽은 《산해경》에는 '刑天'이 모두 '形夭'로 되어 있음을 알 수 있다. 게다가 "形夭無千歲"는 그 앞뒤의 구절과 의미가 서로 연계되어 있다. 그러므로 송각 강주본(宋刻江州本)《도정절집(陶靖節集)》의 "形夭無千歲"를 따르는 것이 옳으니, 함부로 고쳐서는 안 된다.

필원(畢沅)의 견해 : 《산해경》의 '刑天'이 구본(舊本)에는 모두 '形夭'로 되어 있다. 살펴보건대 당나라 〈등자사비(等慈寺碑)〉에도 '形夭'로 되어 있다. 의미로 살펴보면 '夭'가 '天'보다 적합하다. 이로써 도연명의 시 "形夭無千歲"의 '千歲'는 '干戚'의 오자이고 '形夭'가 옳음을 알 수 있다.

녹흠립(逯欽立)의 견해 : 필원의 견해가 옳다. 《산해경》〈해외서경(海外西經)〉에 실린 것에 근거할 때 '形夭'가 되어야 한다. 이 시는 '형요'가 맹렬한 의지를 항상 품고 있음을 강조한 것이니 '無干戚'이라고 하는 것도 괜찮지만 '舞干戚'이라고 하는 것이 더욱 생동감이 있다.

왕맹백(王孟白)의 견해 : "刑天舞干戚"이 되어야 하고 "形夭無千歲"라고 하면 안 된다. 《유양잡조》는 여러 종의 판본이 있다. 어떤 판본에는 '形夭'로 되어 있고, 어떤 판본에는 '形天'으로 되어 있는데 상호 이문(異文)이 있기 때문에 정복보의 견해는 성립할 수 없고, 또 필원의 견해 또한 새로운 증명이 아니라 이미 청대(淸代)에 온여능(溫汝能)에 의해 《도시회평(陶詩滙評)》에서 인용되었다. 구양수(歐陽脩)의 《집고록발미(集古錄跋尾)》 권5의 기록에 의하면, 당나라 등자사비(等慈寺碑)는 정관(貞觀) 2년(628)에 세워졌는데, 비문은 안사고(顔師古)가 지었다. 그렇다면 당나라 초기에는 '刑天'을 간혹 '形天'로 쓰기도 한 것이다. 이 증거가 비교적 유력하지만 그렇다고 해서 이것을 정론으로 삼기에는 충분하지 않다. 《회남자(淮南子)》〈지형훈(地形訓)〉 "西方有形殘之尸〔서방에 형체만 남은 시체가 있다.〕"에 대한 고유의 주에 "일설에는 '이 형체만 남은 시체가 양쪽 유방으로 눈을 삼고 배꼽으로 입을 삼고서 방패와 도끼를 물고 춤을 추었으니, 천신(天神)이 그 손을 자르고 이후에 천제(天帝)가 그의 머리를 잘랐기 때문이다.'라고 하였다." 하였고, 청대 장규길(莊逵吉)의 《회남자》〈지형훈〉 교감기에 "살펴보건대 일설은 바로 《산해경》의 '形夭'이다. 옛날에는 '天'과 '殘'의 발음이 서로 비슷하였다." 하였다.

학의행(郝懿行)의 《산해경》〈해외서경〉 전소(箋疏)에 "'形夭'은 《회남자》〈지형훈〉에는 '形殘'으로 되어 있는데, '天'과 '殘'은 발음이 거의 비슷하다. '形夭'로 쓰는 것은 잘못이다. 《태평어람(太平御覽)》 권550에서 인용한 《산해경》에는 '形天'으로 되어 있다." 하였다. 한대(漢代) 초기에서 말년까지 《회남자》의 작자와 여기에 주를 붙인 고유가 본 《산해경》에는 모두 '形殘'으로 되어 있었으니, 고유가 주에서 '形殘'에 대해 "방패와 도끼를 잡고 춤을 추었다."라고 한 것도 응당 그가 본 《산해경》 원문이 그렇게 되어 있는 것이다. 또 《회남자》〈무칭훈(繆稱訓)〉 "故禹執干戚, 舞于兩階之間。〔그 옛날 우가 간척을 잡고서 양 계단 사이에서 춤을 추었다.]"과 〈제속훈(齊俗訓)〉 "舜修政偃兵, 執干戚而舞之。〔순이 정사를 다스릴 적에 병기를 쓰지 않고 간척을 잡고서 춤을 추었다.]" 등도 《산해경》에서 근원을 찾을 수 있기 때문에 이것들도 '無千歲'가 원래는 '舞干戚'이었음을 방증(傍證)한다. '刑天'의 '刑'[30]을 송대의 증굉(曾紘), 주희(朱熹) 등은 《산해경》을 인용하여 '刑'이라고 하였는데, 청나라 사람 학의행, 장규길 등은 《회남자》 〈지형훈〉을 인용하여 '形'이라고 하였다. 그러나 이 두 가지를 비교하면 '刑'이라고 하는 것이 옳다. '刑'은 斷首〔머리를 베는 것〕'이니 '刑天'은 바로 머리를 베는 신이다. 만일 '形天'이라고 하면 뜻이 통하지 않는다.

이상의 사례에는 원문이 하나, 의오가 셋으로 이문이 총 네 개이다. 즉 '形夭無千歲', '刑天舞干戚', '形夭無干戚', '形夭舞干戚'이 그것이다. 증굉이 처음 '形夭無千歲'를 교중(校證)하여 '刑天舞干戚'으로 바꾼 뒤부터 기실은 어느 것이나 근거할 판본이 없고 전부가 《산해경》과 《회남자》 및 《유양잡조》 같은 형천(刑天) 신화에 관한 기록을 근거로 들되 그 위에 도연명의 〈독산해경〉이라는 연작시의 구성상 특징과 이 시의 내용에 대한 이해를 결합하여 이교(理校)를 하고 있을 뿐이다.

교감의 원칙에서 말하자면, 이러한 문자를 정정(訂正)하는 이유는 참고용일 뿐 그 이상의 의미는 없으며 글자를 고친 증거는 어느 것도 충분하지 않다. 가령 《산해경》 등의 원문을 '刑天'으로 써야 한다고 고정(考定)하더라도 도연명 시의 원문이 '刑天'이라고 단정할 수는 없다. 도연명은 자기가 읽은 《산해경》에 '形夭'이라고 되어 있는데도 불구하고 시 속에서는 '形夭'로 썼을 가능성도 전혀 배제할 수는 없다. 같은 식으로 '無千歲'와 '舞干戚'도 오류의 원인이 분명히 자형이 비슷해서 발생한 것임을 증명할 수 있지만, 도연명의 원문이 확실히 '舞干戚'이었다는 것을

30 刑 : 《교감학대강》에는 '形'으로 되어 있는데, 문맥을 살펴 바로잡아 번역하였다.

증명할 수 있는 판본이나 기타 자료가 전혀 없다. 이 때문에 녹씨(逯氏)가 '無干戚'이라고 해야 하지만 '舞干戚'이라고 하면 더욱 생동감이 있다고 한 것이다. 그러나 이것은 시의 내용을 어떻게 이해하느냐의 문제일 뿐 교감의 원칙에는 부합하지 않는다. 왕씨(王氏)의 경우도 '刑天舞干戚'이라고 써야 할 충분한 이유를 가지고 있지만, 같은 식으로 도연명 시의 판본이나 타서 자료의 직접적인 증거가 부족하다. 이 때문에 글자를 고치는 것은 타당하다고 할 수 없다. 교감의 원칙에서 볼 때 '形天無干歲'를 견지한 주필대나 정복보 등도 근거가 없지 않음을 인정해야 한다.

결론을 맺자면, 이 문제에 대한 비교적 온당한 처리 방법은 원문을 보존하면서 동시에 의오를 지적하고 이유를 설명하여 자신의 견해를 서술하고 쌍방의 견해를 모두 기록하여 참고하는 것이다. 의오를 지적하지 않으면 잘못된 견해에 젖어서 그것이 옳은 줄로 착각할 가능성이 있다. 그러나 역으로, 자른 듯이 글자를 고쳐 버리면 도연명을 대신하여 그의 시를 바꿀 가능성이 있다.

일반적으로 의오는 그 착오의 성질 및 유형, 그리고 구체적인 정황이 복잡한지 간단한지에 따라 구분하여 해결할 수 있다.

1 앞 문장과 뒤 문장의 내용을 근거로 한다

《묵자(墨子)》 〈법의(法儀)〉: 三者莫可以爲治法而可, 然則奚以爲治法而可?
부모와 스승과 인군을 모두 나라를 다스리는 법칙으로 삼을 수 없다면 무엇으로써 나라를 다스리는 법칙을 삼을 수 있는가?

> 왕염손의 설 : "莫可以爲治法"이라고 했으니 '而可'가 있어서는 안 된다. 이는 뒤
> 의 문장으로 인해 생겨난 연문이다.

이 예문은 분명하여 어법과 수사 등의 상식에 근거하면 분석하고 판
단할 수 있다.

《묵자》〈상현 중(尙賢中)〉: 若處官者爵高祿厚, 故愛其色而使之焉。
이 관직에 처한 자가 관작이 높고 녹봉이 많기 때문에 그 외모를 사
랑하여 그를 쓰는 것이다.

> 왕염손의 설 : '若'은 '故'와 서로 호응하지 않으니 "若處官者"는 "處若官者"가 되어
> 야 한다. '若官'은 '이 관직'이라는 말로서, 이 관직에 처한 자가 작위가 높고 녹
> 봉도 후하기 때문에 특별히 자기가 사랑하는 자를 쓴다는 뜻이다. 뒤 문장에 "雖
> 日夜相接以治若官"이라고 한 것이 그 증거이다.

이 예문은 본 구절을 근거로 내용을 분석하고 뒤의 문장을 증거로 하
여 도문(倒文)임을 판단한 것이다.

이상의 두 예문은 모두 비교적 분명한 문자의 착오로서, 분석하고 판
단하기가 어렵거나 복잡하지 않아서 통가자·고금자·이체자의 문제가 아
니라면 논단할 수 있다. 만일 글자를 고칠 경우 고인을 대신하여 오자와
결함이 있는 문장을 수정했다는 많은 혐의를 안게 된다. 그러나 앞 문장
과 뒤 문장의 내용을 근거로 할 경우를 제외한 많은 경우에는 왕왕 명물
(名物) 훈고의 고증이나 본서의 문장과 글자와의 비교가 필요하다.

2 본서의 문장과 비교한다

《관자(管子)》〈대광(大匡)〉: 令晏子進貴人之子, 出不仕, 處不

華，而友有少長，①爲上擧，得二爲次，得一爲下。士處靜〈靖〉，敬老與貴，交不失禮，行此三者爲上擧，得二爲次，得一爲下。②耕者農，農用力，應於父兄，事賢多，行此三者爲上擧，得二爲次，得一爲下。令高子進工賈，應於父兄，事長養老，承事敬，行此三者爲上擧，③得二者次之，得一者爲下。

안자에게 천거하게 하였는데, 귀인의 자제 중에서 밖에서는 방종한 행위를 하지 않고 안에서는 사치를 하지 않으며 벗에게 소장(少長)의 예가 있으면 상등으로 천거하고, 이 중 두 가지를 충족하면 중등으로 천거하고, 한 가지를 충족하면 하등으로 천거하였다. 선비 중에서 공손하고 노인과 귀인을 공경하며 교우 관계에서 예를 잃지 않는 이 세 가지를 충족하면 상등으로 천거하고, 두 가지를 충족하면 중등으로, 한 가지를 충족하면 하등으로 천거하였다. 농사짓는 사람 가운데 부지런히 힘쓰고 부모와 형제에게 순응하고 훌륭한 이를 섬기는 이 세 가지 조건을 충족하면 상등으로 천거하고, 두 가지를 충족하면 중등으로, 한 가지를 충족하면 하등으로 천거하였다. 고자에게 공인과 상인을 천거하게 하였는데, 부모에게 순응하고 어른을 잘 섬기고 노인을 봉양하며 제사를 받듦에 공경하는 이 세 가지 조건을 충족하면 상등으로 천거하고, 두 가지를 충족하면 중등으로, 한 가지를 충족하면 하등으로 천거하였다.

여기서 예로 든 단락은 서로 대를 이루고 있으므로 앞 문장과 뒤 문장의 구조를 근거로 자체 교감할 수 있다. ①의 '爲上擧'는 뒤 문장에 세 차례 보이는 '行此三者爲上擧'에 근거할 때 이 구절에 '行此三者' 4자가 탈락되어 있음을 알 수 있다. ②의 '耕者農農用力'에 대한 왕염손(王念孫)의 견해는 다음과 같다. "'農' 1자가 더 많은데 이것은 후인이 써넣은 것이다. 본래는 '耕者農用力'이니 '農'은 '農夫'를 뜻하는 말이 아니다. 《광아(廣雅)》에 '農은 勉〔근면함〕이다.'라고 하였으니, 이 문장은 '농부는 부지런히 힘을 쓴다.'라는 뜻이다. 뒤 문장에 '耕者用力不農'이라 한 것도 힘을 쓰되 부지런히 하지는 않는다는 뜻이다. 《상서》〈여형(呂刑)〉에 '稷降播種, 農殖嘉穀。〔직이 파종하는 법을 가르쳐 부지런히 벼를 번식시켰다.〕'이라 하였으니 '벼를 부지런히 번식시킨다.'라는 뜻이다. 《춘추좌씨전》〈양공(襄公)〉13년에 '君子尙[31]能而讓其下, 小人農力以事其上。'이라 하였으니 '부지런히 힘을 써서 그 윗사람을 섬긴다.'라는 말이다. 農力은 努力과 같은 말로, 글자가 바뀐 것일 뿐이다. 후인들이 '農'을 '勉'으로 해석한 줄 모르고 농부의 '農'으로 오해했기 때문에 '農'을 덧붙인 것인데 '耕者'가 바로 농부라는 의미여서 다시 번거롭게 '農'을 언급할 필요가 없다는 것을 모른 것이다." 또 다음과 같이 말하였다. "앞 문장에서는 '士處靖'이라 하였고 뒤 문장에서는 '工賈應於父兄'이라고 하였으며 여기서는 '耕者農用力, 應於父兄, 事賢多'라 하였기 때문에 '耕者' 2자는 앞 문장의 '士', 뒤 문장의 '工賈'와 대응하고 있음을 알 수 있다. 결국 '耕者'는 농부이고 '農用力'의 '農'은 본디 '勉'으로 해석하니 농부의 의미는 아니다." ③의 '得二者次之, 得一者爲下'에 대해 왕염손은 다음과 같이 말하였다. "2개의 '者'는 위 문장 '行此三者爲上擧'의 '者'로 인하여 발생한 연문이다. '得二爲次, 得一爲下'는 앞 문장에서 모두 세 번 보이는데, 어느 곳에도 '者'는 없다."

이 예문은 앞 문장과 뒤 문장을 고려하여 본교(本校)한 것인데 문장

---

31 尙 : 《교감학대강》에는 '上'으로 되어 있는데, 《춘추좌씨전(春秋左氏傳)》에 근거하여 바로잡았다.

형식에 근거한 것이다. ②에서 '農'을 연자로 처리한 것은 내용과 형식을 아울러 고찰한 것이다.

《논형(論衡)》〈강서(講瑞)〉: 今魯所獲麟戴角, 即後所見麟未必戴角也。如用魯所獲麟求知世間之麟, 則必不能知也。何則? 毛羽骨角不合同也。假令不同, 或時似類, 未必眞是。

현재 노나라가 포획한 기린에게 뿔이 달렸다 해서 이후에 볼 기린이 꼭 뿔이 있는 것은 아닐 테니, 지금 노나라가 포획한 기린의 형상에 의거하여 세간의 기린을 식별하고자 한다면 반드시 알 수 없을 것이다. 왜 그런가 하면 털과 깃털, 골격과 뿔이 모두 일치하지 않기 때문이다. 가령 서로 같지 않더라도 어쩌면 유사할지는 몰라도 꼭 일치하는 것은 아니다.

황휘의 설 : '不同'은 '合同'이 되어야 하니, 앞 문장으로 인한 오류인데 여기서는 도리어 앞 문장을 받고 있다. 중임(仲任) 王充의 字이다. 의 생각은, 가령 일치하는 것이 있다 하더라도 모습이 비슷한 것에 불과할 뿐 실체는 다르다는 것이다. 뒤 문장은 이러한 뜻을 거듭 밝힌 것이다. 《논형》〈기괴(奇怪)〉의 "空虛之象, 不必實有。假令有之, 或時熊羆先化爲人, 乃生二卿。〔일종의 상상 속의 산물이라 반드시 실제로 존재하는 것은 아니다. 가령 그러한 일이 있다면, 혹 곰과 큰 곰이 먼저 사람으로 변하여 범씨(范氏)와 중항씨(中行氏) 두 경(卿)으로 태어난 것인지 모른다.〕"이나 《논형》〈시응(是應)〉의 "屈軼之草, 或時有而虛言能指。假令能指, 或時草性見人而動, 則言能指。〔굴일초는 어쩌면 이런 풀이 진짜 있긴 있는데 아첨꾼을 가려낼 수 있다고 허풍을 친 것인지도 모른다. 가령 이 풀이 그런 능력이 있을지라도 어쩌면 원래의 속성이 사람을 보면 흔들리는 것인데 그것을 보고 그런 능력이 있다고 말하는 것인지도 모른다.〕" 등도 형식이 전부 같다.

이 예문은 즉 앞 문장과 뒤 문장의 내용과 형식을 근거로 '不同'은 '合同'이 되어야 한다고 교감한 것이다.

3 본서 중의 글자와 비교한다

《묵자》〈상현 중(尙賢中)〉: 曰:"若昔者三代暴王桀、紂、幽、厲
者是也。""何以知其然也?"曰:"其爲政乎天下也, 兼而憎之, 從而
賤之。"

"그 옛날 하은주 시대의 폭군 걸왕·주왕·유왕·여왕이 그런 사람들
이다.""어떻게 그러한 줄 아는가?""그들이 천하에 정사를 베풀 적
에 널리 증오하고 해를 끼쳤기 때문이다."

왕염손의 설 : '賤'은 '賊'이 되어야 하니, 글자가 잘못된 것이다. 《묵자》〈상용(尙用)〉
에는 "則是上下相賊也〔이는 위아래가 서로 해치는 것이다.〕"라고 하고〈천지(天志)〉에는 "上詬天, 中詬
鬼, 下賊人〔이들 폭군은 위로 하늘을 욕하고 중간으로는 귀신을 능멸하고 아래로는 백성을 해쳤다.〕"이
라고 하였으며,〈비유(非儒)〉에는 "是賊天下之人者也〔이는 천하에 해를 끼치는 자이다.〕"라고 하였고,
《전국책(戰國策)》〈조책(趙策)〉에는 "以私誣國, 賊之類也。〔사리(私利)을 위해 군주를 기만하는 자는
국가를 해치는 부류이다.〕"라고 하였다. 금본(今本)에는 '賊'이 모두 '賤'으로 잘못되어 있다. 이는 걸
왕, 주왕, 유왕, 여왕이 천하를 다스릴 때 만백성을 모두 증오하고 그에 따라
해를 입혔다는 말이지 백성을 천시하였다는 뜻은 아니다. 앞 문장에서 "堯、舜、
禹、湯、文、武之爲政乎天下也, 兼而愛之, 從而利之。〔요, 순, 우, 탕, 문왕, 무왕
이 천하에 정사를 베풀 때에 널리 사랑하고 이롭게 하였다.〕"라고 하였는데 '愛'
와 '利'는 '憎'과 '賊'과 서로 상반된다. 《묵자》〈천지(天志)〉에도 "堯、舜、禹、
湯、文、武之兼愛天下也, 從而利之。桀、紂、幽、厲之兼惡天下也, 從而賊之。〔요, 순,
우, 탕, 문왕, 무왕은 천하를 널리 사랑하고 그에 따라 이롭게 하였고, 걸왕, 주
왕, 유왕, 여왕은 천하를 모두 증오하고 그에 따라 해를 입혔다.〕"라고 하였으
므로 '賤'은 '賊'의 오류임을 알 수 있다.

뒤 문장 "率天下之民以詬天侮鬼, 賤傲萬民〔천하의 백성을, 하늘을 업신여기고
귀신을 깔보는 방법으로 이끌고 만백성을 천시하고 오만하게 대했다.〕"에서도
응당 '賤'은 '賊', '傲'는 '殺'이 되어야 한다. 《설문해자》에 '敨'는 '殺'로 되어 있고
'殺'은 옛 글자로 '肃'인데, 두 글자의 자형이 서로 비슷하여 '殺'을 '敨'로 잘못 쓰
고 다시 '傲'로 와전된 것일 뿐이다. 《묵자》에는 옛 글자가 많이 있는데, 후인들
이 이를 잘 알지 못했기에 전사하면서 오류가 특히 많이 발생하였다. 이 대목은

걸왕, 주왕, 유왕, 여왕의 포학함을 설명하고 있기 때문에 "詬天侮鬼, 賊殺萬民〔하늘을 업신여기고 귀신을 깔보았으며 만백성을 해쳤다.〕"이라고 한 것이지 만백성을 천시하고 오만하게 대했다는 말은 아니다. 앞 문장에서 "堯, 舜, 禹, 湯, 文, 武尊天事鬼, 愛利萬民〔요, 순, 우, 탕, 문왕, 무왕은 하늘을 높이고 귀신을 섬기고, 만백성을 사랑하고 이롭게 하였다.〕"이라고 하였는데 '愛利'와 '賊殺'도 상반되는 뜻이다. 〈법의〉에서 "禹, 湯, 文, 武兼愛天下之百姓, 率以尊天事鬼, 其利人多; 桀, 紂, 幽, 厲兼惡天下之百姓, 率以詬天侮鬼, 其賊人多.〔우, 탕, 문왕, 무왕이 천하의 백성을 모두 사랑하여 하늘과 귀신을 섬기는 방법으로 이끄니, 사람을 이롭게 하는 일이 많아졌다. 걸, 주, 유왕, 여왕이 천하의 백성을 모두 증오하여 하늘과 귀신을 모욕하는 방법으로 이끄니, 사람을 해치는 일이 많아졌다.〕"라고 하였으므로 '賤傲'는 '賊殺'의 오자임을 알 수 있다. 《묵자》〈노문(魯問)〉의 "賊敖百姓"의 경우 《태평어람》〈병부(兵部)〉 77에서는 '賊敖'를 '賊殺'로 인용했는데 이것이 분명한 증거이다. 또 《묵자》〈명귀(明鬼)〉의 "昔者夏王桀上詬天侮鬼, 下殃傲天下之萬民〔옛날 하의 걸왕은 위로 하늘을 업신여기고 귀신을 깔보았으며 아래로 천하의 백성을 해치고 오만하게 대했다.〕"에서 '殃傲' 2자는 뜻이 서로 연결되지 않는데, 이 역시 '殃殺'의 잘못이다. 뒤 문장 "殷王紂殃傲天下之萬民"도 마찬가지이다.

이 예문은 내용과 본서 중의 글자를 가지고 '賤'이 '賊'의 오자임을 증명한 것이다.

《논형》〈변동(變動)〉: 占大將且入國邑, 氣寒則將且怒, 溫則將喜。夫喜怒起事而發。未入界, 未見吏民, 是非未察, 喜怒未發, 而寒溫之氣已豫至矣。

군수(郡守)가 임지로 들어갈 때 앞서 점을 쳐서 날씨가 춥다고 나오면 군수가 노할 것이고 따뜻하다고 나오면 기뻐할 것이다. 대저 기쁨과 노여움은 일에 따라서 일어나는 법이다. 군수가 아직 군의 경계에 들어서지 않아서 관리와 백성을 보지도 않았고, 군수의 직무를 살피기 전이라 기쁨과 노여움이 아직 생기지도 않았지만 춥고 따뜻한 기운에 미리 나타나는 것이다.

황휘의 설 : '大'는 연문이다. 뒤 문장 "未入界, 未見吏民, 是非未察"에 근거할 때 이는 주(州)의 자사(刺史)나 군(郡)의 태수(太守)가 맡는 일이지 대장군의 일은 아니다. '將'이 주목(州牧)이나 군수를 가리키는 예는 본서에 여러 차례 보이는데, 이는 그 당시의 상용어이다. '大'는 후인들이 '將'의 뜻을 잘 몰랐기 때문에 함부로 가필한 것이다. 《논형》〈누해(累害)〉의 "進者爭位, 見將相毀。〔관직에 선발된 사람들은 자리를 다투어서 군수를 보면 서로 헐뜯는다.〕"와 "將吏異好, 淸濁殊操。〔군수의 하급관리는 기호가 달라서 청탁의 차이가 있다.〕", 《논형》〈답녕(答佞)〉의 "佞人毁人于將前。〔아첨꾼이 군수 앞에서 사람을 헐뜯는다.〕", 〈정재(程材)〉의 "職判功立, 將尊其能。〔직무가 갖추어지고 공이 세워지면 군수가 그 능력을 존중한다.〕"과 "將有煩疑, 不能效力。〔군수에게 복잡하고 의심나는 일이 생기면 능력을 발휘할 수 없다.〕", 〈초기(超奇)〉의 "周長生在州爲刺史任安擧奏, 在郡爲太守孟觀上書,³² 事解憂除, 州郡無事, 二將以全。〔주장생이 주(州)에 있을 때에는 자사 임안을 위해서 주장(奏章)을 올리고 군에 있을 적에는 태수 맹관을 위해서 글을 올려, 일이 해결되고 근심이 제거되어 주와 군에 아무 일이 없게 되었고 두 군수도 이 때문에 온전하게 되었다.〕", 〈제세(齊世)〉의 "郡將搗殺無辜。〔군수가 무고한 자를 때려 죽였다.〕" 등 이때 쓰인 '將'이 모두 이와 같다.

이 예문은 '將'이 본서의 상용어임을 근거로 '大'가 연문임을 증명한 것이다.

4 글자의 의미를 근거로 오류를 변별한다

《묵자》〈상현 하(尙賢下)〉 : 是故以賞不當賢, 罰不當暴, 其所賞者已無故矣。

³² 書 : 《교감학대강》에는 '事'로 되어 있는데, 《논형》에 근거하여 바로잡았다.

이 때문에 상을 받는 이가 현인이 아니고 벌을 받는 자가 폭군이 아니어서 그 상을 받는 자도 공이 없는 사람이다.

왕염손의 설 : '故'는 '攻'의 오자이다. '攻'과 '故'는 자형이 비슷한 데다가 앞 문장에 '無故富貴'가 있기 때문에 발생한 오류이다. '攻'은 '功'의 뜻으로 '無功'은 '無罪'와 대가 된다.

이 예문은 글자의 의미를 해석하는 과정에서 의문이 생겨 통용자 사례로 오류의 원인을 추론한 것이다.

《묵자》〈친사(親士)〉: 是故谿陝者速涸, 逝淺者速竭。

이 때문에 좁은 계곡은 빨리 마르고 얕은 물은 빨리 닳는다.

왕인지(王引之)의 설 : '逝淺'은 뜻이 서로 연결되지 않는다. '逝'는 '遊'가 되어야 하니, 속자로 '游'는 '遊'로 쓰며 '逝'와 자형이 비슷하여 오류가 생긴 것이다. '遊'는 '流'의 뜻이다. 《예기(禮記)》〈곡례(曲禮)〉의 주(注)에 "士視得旁遊目五步之中。[사(士)의 시선은 곁으로 5보 안에서 눈을 놀릴 수 있다.]"이라고 하였고, 《경전석문》에서는 "'遊'가 '游'로 되어 있는데 서씨(徐氏)는 '流'로 발음하였다."라고 하였다. '流淺'은 '谿陝'과 대구이다.

유월(兪樾)의 설 : '逝'는 '澨'로 읽어야 하니, 옛날에는 통용되는 글자였다. 《시경》〈유체지두(有杕之杜)〉의 "噬肯適我[기꺼이 나에게 오시려나]"에 대해, 《석문》에 "'噬'는 《한시외전(韓詩外傳)》에 '逝'로 되어 있다."라고 하였다. 그렇다면 '逝'와 '澨'가 통용되는 것은 '逝'와 '噬'가 통용되는 것과 같다. 《좌전(左傳)》〈성공(成公)〉 15년 조의 "則決睢澨[이미 수수의 물가를 터놓았다.]"와 《초사(楚辭)》〈상부인(湘夫人)〉의 "夕濟兮三澨[저녁에 세 개의 물가를 건너]"에 대한 두예(杜預)와 왕일(王逸)의 주(注)에 모두 "'澨'는 '水涯[물가]'이다."라고 하였다. '澨淺'은 '谿狹'과 대구를 이루는데 '澨' 대신 '逝'가 사용되었기 때문에 그 의미를 알기 어렵게 만들었다.

손이양(孫詒讓)의 설 : 왕인지의 견해가 타당하다.

이상의 예 역시 어휘의 의미에서 의문이 발생하고 있는데, 왕인지는 자형이 비슷하여 발생한 오류와 고음(古音)의 통가자에 의해서, 유월은 통가자에 의해서 의오를 해결하고 있다. 이상의 두 가지 예는 모두 근거할 이문(異文)이 없으므로 글자를 고쳐서는 안 된다.

5 명물로 고증한다

《묵자》〈경주(耕柱)〉: 古者周公旦非關叔, 辭三公, 東處於商蓋。
옛날에 주공 단이 관숙을 잘못이라 여겨 삼공직을 사양하고 동쪽으로 상개에 가서 살았다.

필원의 설 : '商'은 아마도 '商蓋'일 것이다. 《상서(尙書)》〈금등(金縢)〉에 "周公居東二年[주공이 동쪽에 거주한 지 2년에]"이라고 하였다.

왕염손의 설 : '商蓋'는 '商奄'이 되어야 한다. '蓋'는 옛날에는 '盍'과 통용하였다. '盍'과 '奄'은 초서로 비슷하기 때문에 '奄'이 잘못하여 '盍'이 되었고 '蓋'로 잘못된 것이다. 《한비자(韓非子)》〈설림(說林)〉에 "周公旦已勝殷, 將攻商奄。[주공 단이 은나라를 이기고 나서 상엄을 공격하려고 하였다.]"이라고 하였는데, 금본(今本)에는 '奄'이 '蓋'로 되어 있으니 이것과 동일한 오류이다. 《좌전》〈소공(昭公)〉 27년 조의 "吳公子掩餘[오나라 공자 엄여]"가 《사기(史記)》〈오세가(吳世家)〉와 〈자객열전(刺客列傳)〉에는 모두 '蓋餘'로 되어 있는 것이 또한 그러한 유이다. 필원은 '商'에서 구두를 끊고 '蓋'를 뒤 문장에 붙였는데, 잘못이다.

손이양의 설 : 《좌전》〈소공〉 9년의 전(傳)에 "蒲姑、商奄, 吾東土也。[포고와 상엄은 우리 동토이다.]"라고 하였는데, 이에 대해 공영달(孔穎達) 소(疏)에서 복건(服虔)의 견해를 인용하여 "商奄, 魯也。[상엄은 노나라 땅이다.]"라고 하였다. 또 〈정공(定公)〉 4년 전(傳)에 "因商奄之民, 命以伯禽, 而封於少皞之墟。[상엄의 백성을 안무하고 백금을 소호의 옛 성에 봉하도록 명하였다.]"라고 하였다. 《설문해자》〈읍부(邑部)〉에는 '奄'을 '郼'으로 쓰고 "周公所誅郼國, 在魯。[주공이 주멸(誅滅)한 나라인 엄국은 노나라에 있다.]"라고 하였고, 〈주본기(周本紀)〉에 대한 《사기색은(史記索隱)》에는 《괄지지(括地志)》를 인용하여 "兗州曲阜縣奄里, 卽奄國之地。[연주 곡부현 엄리가 바로 엄국의 땅이다.]"라고 하였고, 또 정강성(鄭康成)의 견해를 인용하여 "奄國在淮夷之北。[엄국은 회이의 북쪽에 있다.]"

이라고 하였으니 '商奄'은 바로 '奄'으로, 한 글자로 말하면 '奄'이고 두 글자로 말하면 '商奄'인 것이다. 여기서 주공이 동쪽에 거주하였다고 하는 뜻은, 동쪽으로 가서 엄을 멸망시키고 그 땅을 차지하니 그곳이 결국 노나라라는 것이다.

이 예는 왕염손이 초서의 자형이 비슷하여 생긴 오류라는 오자 통례(誤字通例)를 이용하여 오류가 발생한 원인을 설명한 것인데, 그는 주공이 상엄에 거주했다는 지식을 근거로 하였다. 이 때문에 손씨가 상세히 고증하여 보충하였다.

《논형》〈사단(謝短)〉: 高祖詔叔孫通制作《儀品》, 十六篇何在? 而復定儀禮?

한 고조가 숙손통에게 《의품》을 만들게 하였는데, 당시에 《예》 16편은 어디에 있었기에 다시 예의(禮儀)를 새로 제정하려고 한 것인가.

황휘의 설 : 이 문장은 '《예경(禮經)》 16편이 어디에 있었기에 숙손통에게 다시 《의품》을 만들게 한 것인가.'라는 뜻이다. 《후한서(後漢書)》〈조포전(曹褒傳)〉 논(論)에 "漢初, 朝制無文, 叔孫通頗采《禮經》, 參酌秦法, 有救崩弊。然先王容典, 蓋多闕矣。〔한나라 초기에는 법제가 마련되지 않았는데, 숙손통이 《예경》에서 상당 부분 채집하고 진나라 법을 참작하여 사라지는 것을 막았다. 그러나 선왕의 예법은 빠진 부분이 많았다.〕"라고 하였고, 장읍(張揖)의 〈상광아표(上廣雅表)〉[33]에 "叔孫通撰制禮制, 文不違古。〔숙손통이 예제를 만들었는데, 내용이 옛것과 어긋나지 않았다.〕"라고 하였으니, 《의품》이 《예경》을 바탕으로 한 것임을 뜻한다. 그러므로 중임(仲任)이 힐난하기를 "당시에 16편이 어디에 있었단 말인가."라고 한 것이다. '禮儀'는 '儀品'을 뜻하니, 〈사마천전(司馬遷傳)〉, 유흠(劉歆)의 〈이태상박사서(移太常博士書)〉, 〈유림전(儒林傳)〉, 〈예악지(禮樂志)〉와 《논형》〈솔성(率性)〉에서 모두 증명할 수 있다. 여기서 '儀禮'라고 한 것은 글자

33 상광아표(上廣雅表) : 《교감학대강》에는 '上廣雅疏'로 되어 있는데, 《광아소증(廣雅疏證)》에 근거하여 바로잡아 번역하였다.

가 잘못 도치된 것이다. 정수덕(鄭樹德)의 《한율고(漢律考)》에서는 "叔孫通制作儀品十六篇"에서 구를 떼어 '의례'를 '예경'으로 보았는데, 잘못이다. 〈조포전〉에 의하면 숙손통이 만든 것은 12편일 뿐으로 16편이라고는 하지 않았고, 게다가 이 문장에서도 누차 "《예경》 16편"이라고 하였으니, 여기서는 "十六篇何在" 5자가 하나의 구이고 그것이 《예경》을 가리킴이 분명하다. 이 구절에서 《예경》을 말했는데 다음 구절에 다시 《의례》를 거론하는 것은 이치에 맞지 않는다. 게다가 《예경》이 《의례》로 불린 예는 《후한서》 〈정현전(鄭玄傳)〉에 처음으로 보이며 중임은 그때까지 이런 명칭을 사용하지 않았다.

이상의 예는 《의품》, 《십육편》, 《의례》에 대해 고증을 행하고 앞 문장과 뒤 문장의 의미를 통하게 하여 '儀禮'는 잘못 도치된 것으로 본래는 '禮儀'라고 써야 하니 예절 의식의 규칙을 가리킨 말이지 《의례》라는 경전을 가리킨 말이 아님을 증명한 것이다.

이상을 총괄하면 다음과 같다.

이문의 분석과 의오의 해결이라는 두 가지 문제는, 교감할 정문이 근거할 만한 판본의 유무에 있어서는 착오의 유형과 오류가 발생하는 원인에 대해 설명하고 수정의 이유와 증거에 대해 설명할 때에는 모두 구체적으로 분석하고 논증해야 하니, 원칙적으로는 같지만 주안점이 다르다. 이문을 가지고 말한다면, 선본(善本)을 택하여 따르건 의미상 둘 다 통하건 간에 모두 이유를 설명해야 하지만 분석과 귀납에 중점을 둔다. 의오를 가지고 말한다면, 이유가 아무리 충분하더라도 판본상 근거가 없으면 글자를 고칠 수 없으니 추리와 고증에 중점을 둔다.

고적의 교감 작업의 실제 과정은 구체적으로 교감을 시작하기 전의 준비로부터 중간 과정의 이문과 의오에 대한 구체적인 분석과 논증에 이르기까지 대략 위에서 서술한 몇몇 방법과 절차, 각종 교감 방법의 적용과 각종 통례를 참고하는 것으로 이해할 수 있다. 실제로 고적을 교감할 때에는 저마다 고적의 구체적인 상황과 특징에 따라 융통성 있게 대처할 필요가 있다는 것은 말하지 않아도 알 수 있다. 그러나 교감 과정이 이것으로 종결되는 것은 결코 아니다. 거기에 최종적인 작업이 남아 있다. 그것은 책 전체에 대한 부분적인 결론과 종합적 결론이라는 두 가지 측면을 체계적으로 보여 주어야 하는 것이다.

제 7장

출교의 원칙과 교감기의 요건

제1절 교감 성과의 표현

고적에 대한 교감은 이문(異文)에 대한 분석과 의오(疑誤)를 해결한 뒤에 이미 취득한 수많은 구체적 성과를 완성하는 데에 있다. 요컨대 허다한 성과를 표현하는 데에는 정리를 거쳐야 한다. 그런데 고적에 대한 교감의 표현 방식은 각각 서로 다를 수 있다. 예컨대 방숭경(方崧卿)의 《한집거정(韓集擧正)》같은 유는 교감기가 독립되어 본집 뒤에 부록으로 있고, 왕염손(王念孫)의 《독서잡지(讀書雜志)》같은 유는 전서(專書)를 교석(校釋)하여 찰기(札記) 형식으로 단행본을 냈고, 완원(阮元)의 《십삼경주소교감기(十三經注疏校勘記)》는 교감기가 독립되어 권말에 붙어 있고 통용되는 교감은 주석에 부수되어 있다. 방식은 다르지만 목적은 동일하다. 핵심은 체계적이고 간명하며 정확하게 교감의 성과를 표현하여 독자들이 읽고 이용하는 데 편리하게 하려는 것이다. 실제적으로 교감의 성과를 정리하고 표현하는 것은 결코 항목을 나누어 기록하는 간단한 작업이 아니다. 분석하고 결론을 도출하여 출교(出校)는 정밀하게, 교감기는 간명하게, 서례(敍例)는 간단명료하게 되도록 해야 하는 것이다.

제2절 출교의 원칙

출교(出校)는 어떤 이문이나 의오를 반드시 주(注)로 내야 할지 확정해서 독자들에게 보여 주는 것이다. 오대(五代)부터 서적을 판각(板刻)하여 간행한 이후로 서적의 간행이 용이해지면서 판각본도 많아졌으나, 교감이 행해지지 않음으로 인해 오류가 많아져서 이문이 복잡해지고 의오가 많아지게 되었다. 이 때문에 교감은 판본을 중시해야 할 뿐만 아니라 이문이나 의오에 대하여 선택하기도 하고 삭제하기도 함으로써 남김없이 나열하거나 쓸데없이 자질구레해지지 않도록 해야 한다. 이는 바로 반드시 이문의 질이나 의오의 비중에 대해 타당한 고려를 하여 좋은 것은 남기고 나쁜 것은 도태하는 식으로 요점을 잡아 나가야 한다는 말이다.

이문은 모두 판본의 출처가 있는 것으로, 어떤 경우는 다른 판본에서, 어떤 경우는 다른 책에서 나온 것이다. 흔히 이문의 질을 고려할 때에는 대부분 판본이 고본(古本)인지, 송본(宋本)인지, 선본(善本)인지의 여부와 이름 있는 학자의 교본(校本)인지의 여부를 보게 된다. 대교학파(對校學派)의 주요 논점은 판본을 중시할 것을 강조한다는 것이다. 그러나 판본은 단지 이문의 정오(正誤)를 교감하는 일종의 직접적 혹은 간접적 근거일 뿐이지 이문의 질을 가늠하는 기준이 아니며 유일한 기준은 더더욱 아니다. 이문의 질을 가늠하는 표준은 이문의 정오를 판단하는 근거와 마찬가지로 내용과 형식 두 방면에 중점을 두고 논리와 증거를 가지고 가늠을 해 보아야 한다. 원고(原稿)나 원판(原版)이 없음으로 말미암아 객관적으로 확정되지 않은 요소들이 존재하게 되는데, 어쩌면 그로 인해 정오를 증명하고 논단할 수 없게 될 수도 있다. 이 말은 바로, 논리의 각도에서 볼 때 이문으로 달라진 문구는 이치상 응당 통(通), 불통(不通), 양통(兩通)이라는 세 가지 가능성이 존재하게 된다는 것이다. 그러나 실제 정황은, 서로 다른 교감자가 고적의 내용, 즉 의미를 다르게 이해함으로 말미암아 이견이 생겨나지 않을 수 없게 된다. 즉 갑은 뜻이 통한다〔通〕고 여기고, 을은 통하지 않는다〔不通〕고 여기고, 병은 절충을 하여 뜻이 둘 다 통한다〔兩通〕고 여기며, 정은 일률적으로 전부 부정을 하여 기존의 이문이 모두 통하지 않는다고 여기고는 별도로 하나의 견해를 제시함으로써 이문을 오류인가 의심하는 영역으로 바꾸어 버릴 수도 있다는 것이다. 예를 하나 들어 보겠다.

《한비자(韓非子)》〈유도(有度)〉：法所以凌過游外私也。

구주(舊註) : 신하들로 하여금 이미 모든 행동을 다 법에 의거하도록 하였다면 혹 여라도 틀을 넘어서거나 법 밖으로 생각이 치달리게 하는 것은 모두 사(私)이다.

노문초(盧文弨)의 설 : '游外' 두 자는 어떤 본에는 '滅'로 되어 있다. 생각건대, 이에 의거하면 이 구절은 "法所以凌過滅私也。〔법은 잘못을 없애고 사를 제거하는 것이다.〕"가 되는 것이다.

고광기(顧廣圻)의 설 : '凌' 자는 미상이다. '過'는 '遏'이 되어야 하고 '游' 자는 연문이니, 구주가 잘못되었다. 생각건대, 이에 의거하면 이 구절은 "法所以凌遏外私也。〔법은 법 밖으로 치달리는 사사로운 생각을 막는 것이다.〕"가 되는 것이다.

왕선신(王先愼)의 설 : '過'는 '遏'의 오류이니, 고광기의 설이 맞다. 어떤 본에는 '外' 자가 빠져 있고 '游'는 '滅'로 되어 있는데, 이것이 옳다. 그리고 '凌'은 '峻' 자인데 형태가 비슷해서 잘못된 것으로 '法' 자 앞에 있어야 하는데 전사(傳寫) 과정에서 잘못 도치된 것일 뿐이다. "峻法所以遏滅外私也。〔법을 엄격하게 하는 것은 법 밖으로 치달리는 사사로운 생각을 막고 없애기 위한 것이다.〕"는 아래의 "嚴刑所以遂令懲下也〔형벌을 엄하게 하는 것은 명령을 철저히 이행하도록 하여 아랫사람을 징계하기 위한 것이다.〕"라는 구절과 바로 대구가 된다. 금본(今本)은 잘못되어 마침내 해독할 수 없게 되었다.

손인화(孫人和)의 설 : 이 글은 "峻法所以滅過外私也。〔법을 엄격하게 하는 것은 잘못을 없애고 사사로움을 버리게 하는 것이다.)"가 되어야 한다. '游'는 바로 '過' 자가 잘못 부여된 것으로 어떤 본에는 '滅'로 되어 있는데 '過' 자 앞에 있어야 하며 '外' 자가 잘못 탈락되어 있다. 왕선신이 '峻法'이라고 본 것은 옳지만 '過游外私'를 '遏滅外私'로 고친 것은 매우 잘못한 것이다. 왕씨는 '外' 자의 의미를 이해하지 못한 데다 두 층으로 된 것을 잘못 합해 하나로 만듦으로써 아래 구절의 '遂令懲下'와 대구가 되지 않게 되었다. 《여씨춘추(呂氏春秋)》〈유도(有度)〉의 "則貪汚之吏外矣"라는 구절에 대한 주(注)에 "'外'는 버린다는 뜻이다."라고 하였으니 '外私'는 사(私)를 버린다는 뜻이다. '滅過外私'와 '遂令懲下'는 병렬이 되어 문장을 이루고 있지만 의미는 사실 하나이다. 《관자(管子)》의 〈명법(明法)〉에 '法者所以禁過而外私也。〔법은 잘못을 금하고 사를 버리게 하는 것이다.〕'라 한 것이 더욱 분명한 증거이다.

진기유(陳奇猷)의 설 : 왕씨는 이 문장을 고쳐서 "峻法所以遏滅外私也"라고 하였는데 '遏', '滅', '外' 등 세 글자는 모두 동사이므로 전혀 문장이 성립되지 않는다. 그리고 '遏滅外私'는 아래 구절의 '遂令懲下'와도 대구가 되지 않는다. 이 문장은 《관자》에 있는 대로 "法者所以禁過外私也。"가 되어야 한다. 지금 '者' 자가 탈락되고 '禁'이 음이 잘못되어 '凌'이 되었으며 '游'는 '過'와 모양이 비슷한 데다 또 앞 문장의 '游' 자로 인해 잘못 부여된 것이다. 법은 잘못을 막고 사사로움을 버리게 하는 것이니, 굳이 '峻' 자를 앞에 놓을 필요가 없다. 《한비자》〈외저설우상(外儲說右上)〉에 "法者所以敬宗廟, 尊社稷〔법은 종묘를 공경하고 사직을 높이는 것이다.〕"이라는 구절이 있는데, 이 문장의 구법과 동일하니 증거가 될 만하다. 그리고 〈궤사(詭使)〉에 "立法令者, 以廢私也。〔법령을 만드는 것은 사사로움을 없애기 위해서이다.〕"라고 하였는데, 이 문장과 뜻이 같으니 역시 증거가 될 만하다.

이 예문에서는 이문이 겨우 한 군데인데, 바로 '游外'가 어떤 본에는 '滅'로 되어 있다는 것이다. 이에 대해 교감한 다섯 학자가 있는데, 사리로 보면 모두 논리가 없지 않고 다 의미가 통한다고 볼 수 있다. 대체로 뒤의 학자는 앞의 학자의 설을 바로잡고 있는데, 결코 이치상 근본적으로 견해가 갈리는 것이 아니라 의미상 정확한가, 구법상 순하게 통하는가, 대구가 가지런한가에 대한 비평이며, 실제로는 이문의 성격을 넘어 오류인가에 대한 의심이 위주가 되고 거기다가 한비자를 위하여 문장을 바꾸는 경향까지 보이고 있다. 단지 사리상 통하느냐 통하지 않느냐의 관점에서만 보면 때로 교감의 원칙에서 벗어나 잡다한 데로 흘러가는 폐단을 면치 못할 때도 있음을 알 수 있다. 이 때문에 이문의 질을 가늠할 때에는 논리적으로 보아야 할 뿐만 아니라 증거도 갖추어야 하는 것이다. 이문은 모두 판본이 있는데, 이것은 바로 이러한 이문이 실려 있는 저본의 신뢰성 정도를 보아야 할 뿐만 아니라 또한 충분한 외증, 즉 방증을 갖추기를 요구한다는 것이다. 이런 각도에서 보면《한비자》의 이 대목의 이문은 질을 따지기에 충분한 것으로 반드시 출교를 해야 할 부분이다. 왜냐하면 그것은, 우선 이치적으로 견해가 나뉘어 뒤의 다섯 사람은 모두 구주(舊註)가 통하지 않는다고 인식하고 게다가 구본(舊本)과 다른 판본의 글자가 모두 잘못되었다고 생각하고 있기 때문이며, 그 다음은 손씨(孫氏)와 진씨(陳氏)가 모두 외증을 들어 내증의 부족을 보충하고 있기 때문이다.

대교학파의 관점, 특히 그들의 '교감하지 않는 것으로 교감하는〔不校而校〕' 관점에서 본다면 형세상 반드시 이문을 모두 기록해야 하지만 실제 상황에서는 적지 않은 이문들이 굳이 기록하거나 교감할 필요가 없는 것들이다. 예를 들어 보자.

서릉(徐陵)의 ①〈봉화영무(奉和咏舞)〉: 十五屬平陽, ②因來入建章。③主家能敎舞, ④城中巧畵妝。低鬟向綺席, 擧袖拂花黃。⑤燭送空回影, ⑥衫傳篋裏香。⑦當絲好留客, 故作舞衣長。
열다섯에 평양후에 소속됐다가 이어서 건장궁에 들어갔었네. 주인집에선 춤을 잘 가르쳐 주었고 성안에선 화장을 잘 해 주었네. 쪽머리 나지막이 비단자리 향하여 소매를 들어 올려 노란꽃을 흔드네.

촛불은 부질없이 해그림자 보내고 소매는 상자 속의 향기를 전하네. 주연에 손님 머물게 하기 좋아하여 짐짓 긴 춤옷 휘날리며 춤추네. 오조의(吳兆宜)의 주본(注本)

① 어떤 본에는 '奉和' 두 글자가 없고 어떤 본에는 '舞應令'으로 되어 있다.
② 어떤 본에는 '建章'이 '道眞'으로 되어 있다.
③ 어떤 본에는 '主'가 '王'으로 되어 있다.
④의 '畫'가 《옥대신영(玉臺新詠)》과 《예문유취(藝文類聚)》에는 '旦' 혹은 '且'로 되어 있다. '妝'은 어떤 본에는 '柱'으로 되어 있다.
⑤의 '空回'는 어떤 본에는 '空邊'으로 되어 있고 어떤 본에는 '窓邊'으로 되어 있다.
⑥의 '籢'은 어떤 본에는 '鉿'으로 되어 있고 어떤 본에는 '鈴'으로 되어 있으며, 어떤 본에는 '鈐'으로 되어 있고 어떤 본에는 '合'으로 되어 있다.
⑦의 '緣'는 어떤 본에는 '由'로 되어 있고 어떤 본에는 '延'으로 되어 있고 어떤 본에는 '筵'으로 되어 있다.

《서릉집(徐陵集)》은 이미 산일되었다. 지금 남아 있는 본집(本集)의 각 판본들은 모두 명대와 청대 사람의 집본(輯本)이다. 《서릉집》을 교감할 때에는 반드시 《예문유취》나 《문원영화(文苑英華)》 등의 유서(類書)와 《옥대신영》이나 《악부시집(樂府詩集)》 등의 총집(總集) 및 《진서(陳書)》나 《주서(周書)》 등의 사전(史傳)을 대교해야 한다. 이 때문에 서릉 작품의 이문은, 일부는 유서 등 다른 책 자체의 잘못으로 말미암아 조성된 것도 있고 일부는 명대와 청대의 각본(刻本)이 조성한 것도 있다. 앞에서 예로 든 시는 이러한 두 방면에서 대교한 전체 이문이다. 분명 그중에는 굳이 출교할 필요가 없는 것들이 있다. 예를 들면 ②의 '道眞'과 ③의 '王'은 분명한 오자로 명나라 사람들이 개별적으로 새기는 과정에서 잘못된 것이니 굳이 교록(校錄)할 필요가 없다. ④의 '柱'과 ⑦의 '由'는 모두 이체자이거나 통가자로, 교록할 필요가 없다. ④의 '旦'과 '且'는 글자가 비슷하여 잘못된 것으로, 《옥대신영》과 《예문유취》자체가 잘못된 것이며 송각본 두 책도 모두 '且'으로 되어 있다. 따라서 '且'자는 출교할 필요가 없는 것이다. 기타 몇 곳의 이문은 해석이 달라지는 데에 관련되고 또 증거도 있으니 모두 출교해야 하고 아울러 교감기도 작성할 수 있는 것이다.

의오(疑誤)의 출교는, 원칙적으로 이문의 출교와 마찬가지로 사리와 증거 두 방면에서 의오의 가치를 따져 보아야 한다. 그러나 오류인가 의심되는 것은 단지 기존 문구에 대한 회의와 부정일 뿐, 정문(正文)을 고정(考定)하는 데 의거할 만한 판본이 전혀 없음으로 말미암아 대부분은 문자, 음운, 훈고 및 관련 지식 방면에서 논증하는데, 일반적으로는 단지 본서의 논리상 또는 어휘상의 내증(內證)을 제시할 수밖에 없다. 이로 인해 실제 의오의 가치를 가늠하는 것은 대부분 사리와 어문 및 관련 지식과 논증이 설득력이 있는지의 여부에 따라 제한된다. 일반적인 정황 아래에서는 의오에 대해 글자를 고칠 수는 없으며, 독자에 대해 단지 참고와 계발 작용을 할 뿐이다. 비록 이교학파(理校學派)는 판본이 있거나 없거나 간에 모두 글자를 고칠 수 있다고 일찍이 주장한 적이 있으나 왕인지(王引之)는 "판본이 없으면 고치지 않는다.〔無本不改〕"라고 분명히 설파하였다. 유월(兪樾)은 의오를 찾아내는 데에 특히 뛰어났으나 그 역시 '객관적 논의'만 했을 뿐이다. 이런 예는 앞글에서 이미 많이 언급하였으니, 여기서는 더 이상 기술하지 않겠다. 이로 인해 의오의 가치는 주로 이른바 '논설의 확립〔立說〕'에 달려 있다. 즉 그가 확립한 논설이 이치에 맞는지와 계발시키는 것이 있는지의 여부에 있다.

출교의 원칙은 주로 이문의 질과 의오의 가치에 의거하므로 이문을 교감하는 데에는 논리와 증거를 보아야 한다. 그러나 이문은 정오(正誤)를 포괄하고 있고 의오는 정정(訂正)을 포함하고 있어, 실제로 구체적인 이문과 의오를 가늠할 때에는 왕왕 교감 방면에 치중하고 대부분은 오류가 생기게 된 원인을 추측하게 된다. 이로 인해 이문과 의오를 정리하고 확정하여 출교할 때에는 세 가지 방면에서 주의해야 한다. 그것은 바로 오류가 생기게 된 원인, 글자의 형태와 음의 특징, 그리고 교감자의 수준이다.

첫째는 오류가 생긴 원인이다. 예를 들어 위에 든 《한비자》의 사례에서, 노문초가 엄격하게 대교의 원칙에 따라 출교하고 주를 낸 것을 제외하면 나머지 학자들은 모두 오류가 생기게 된 원인을 설명하였는데, 만일 오류가 생기게 된 원인에 대한 추측이 합리적인 요소가 있다고 여긴다면 또한 출교도 고려할 수 있는 것이다. 왜냐하면 오류가 생기게 된 원인은 비록 이문 자체의 질 문제에 속하지는 않더라도 착오의 유형을 이해하고 정문의 합리성을 반증하는 데에 도움이 될 수 있기 때문이다. 따라서 오류가 생기게 된 원인을 분석한 것이 비교적 정리(情理)에 부합한다면 설령 정정한 문구가 꼭 확실한 결론이 되지는 못한다 하더라도 독자에게는 계발 작용과 참고 가치가 있는 것이고, 또한 일종의 가치가 있는 의오인 셈이다.

그다음은 글자의 형태와 음의 특징이다. 일반적인 상황에서는 형태는 다르나 뜻이 같은 이체자(異體字), 통가자(通假字), 고금자(古今字)는 출교할 필요가 없으며, 일부 생소한 통가자나 고금자는 주석으로 처리할 수 있다. 그러나 왕왕 이러한 상황도 존재한다. 즉, 뒤에 나온 번각본(翻刻本)은 후세의 정자 규범(正字規範)이나 읽기에 편하게 한다는 필요성에 따라 본자를 고치는 경우가 왕왕 있다는 것이다. 이런 부류의 통가자, 고금자, 속자(俗字), 간자(簡字)는 비록 논리가 통하지 않는 문제는 존재하지 않는다 하더라도 원형을 보존하고 되찾아야 한다는 원칙에서 출발하면 반드시 출교를 해야 하는 것이다. 또 피휘자(避諱字)의 경우, 결필(缺筆)로 인해 잘못하여 다른 글자가 되거나 예를 들면

'民' 자가 결필되어 '民'이 된 경우이다. 다른 글자를 써서 피휘자를 대체하기도 하는데, 예를 들면 '人'으로 '民'을 대신한 경우이다. 응당 본자를 회복하고 출교를 해야 한다. 또 예를 들면 시가의 운문에서 각운에 근거하여 의오를 발견했을 때 후세 사람들은 지금의 음으로 고운(古韻)을 상고하기도 하고 혹 기타 원인으로 각운을 고치기도 하는데, 이럴 경우 응당 출교해야 한다.

셋째는 교감자의 학문적 성취이다. 이치대로 말한다면 명가(名家)의 교감도 고본(古本)이나 송본(宋本)과 마찬가지로 오류가 없다고 단정할 수 없으므로 맹목적으로 믿어서는 안 된다. 그러나 상대적으로 본다면 명가의 성숙한 찬교(撰校)는 수준이 비교적 높고 영향도 크기 때문에, 출교는 비록 교감자의 수준으로 원칙을 삼을 수는 없지만 참고의 근거로 삼을 수는 있다.

이 밖에 설명해야 할 것이 있다. 고적의 교감 역시 보급(普及)과 수준 향상이라는 서로 다른 요구의 문제가 있다. 윗글에서 서술한 출교의 원칙은 고적을 전문적으로 정리할 때 요구되는 관점에서 말한 것으로서 학술적으로 비교적 높은 수준을 요구하며, 이는 수준 향상이라는 문제에 속하는 것이다. 만약 보급하기 위해서 고적을 정리한다면 그 출교 원칙은 비록 일치하지만 실제 처리하는 데는 반드시 두 가지를 변화시켜야 한다. 하나는, 읽기에 편리하게 할 목적으로 일반 독자의 글자 인식 수준에 맞추어 본문마저도 한결같이 간자체로 할 경우 출교는 단지 해석이 달라지는 문제를 야기하는 이문과 의오에만 한정해야 한다는 것이다. 다른 하나는, 본문은 번체자를 보존하더라도 정리 출판하는 목적이 일반 독자의 열독(閱讀)을 위해 제공되는 경우 응당 정밀하게 해야 하는 요건 외에 다시 간명하게 해야 한다는 것이다. 해석이 달라지는 문제를 야기하는 이문과 의오 외에 참고할 가치가 크지 않은, 해석이 달라지는 이문에 대해서도 취사 선택을 해야 하며 한 걸음 더 나아가 빼 버려야 할 것이다. 이러한 보급과 수준 향상이라는 서로 다른 요구로 인해 야기된 변화는 교감기와 서례를 작성하는 데에도 똑같이 적용된다. 이에 대해서는 더 이상 언급하지 않겠다.

제3절 교감기의 요건

교감기의 작성은 구체적인 교감의 성과를 정리하는 주요한 작업으로, 실제는 하나하나 출교를 확정한 이문과 의오에 대해 부분적인 결론을 맺는 일이다. 한 종의 전서(專書)를 교감한 성과를 잘 드러낼 수 있는지의 여부와 그것의 학술성이 적절하게 체현될 수 있는지의 여부는 교감기의 작성에 달려 있다. 교감기 작성의 성공 여부는 교감자가 구체적 성과에 대해 진일보한 정련된 문자를 구사하여 독자에게 일목요연하게 제시할 수 있는지에 달려 있다. 따라서 원칙적으로 요구되는 것은 바로 간명하게 해야 한다는 것이다.

총괄해서 말하면 교감기는 '간단한 방식'과 '상세한 방식' 두 가지 큰 유형으로 나눌 수 있다. 규모가 크고 지면이 많은 총집(總集)과 유서(類書) 같은 종류의 고적은 일반적으로 간단한 방식을 채택한다. 중요하고 가치 있는 이문을 본문에 표주(標註)하되, 논증도 하지 않고 심지어 이문의 출처도 주를 내어 밝히지 않는 방식이다. 《전당시(全唐詩)》는 대체적으로 이런 부류에 속하며, 형식은 문장에 쌍행소주(雙行小注)를 달아 "어느 본에는 아무 글자로 되어 있다."라거나 "어느 본에는 아무 글자로 되어 있고 또 어느 본에는 아무 글자로 되어 있다."라는 식으로 출교한다. 전문 저작이나 별집(別集) 같은 부류의 고적에 대해서는 일반적으로 상세한 방식을 채택하고 간명한 교감기를 작성할 것을 요구한다. 여기에서는 주로 상세한 방식에 속하는 교감기의 요건을 서술하겠다.

하나의 완벽한 교감기는 세 층의 내용을 포괄해야 한다. 첫째는 대교〔校〕이고 둘째는 논증〔證〕이고 셋째는 논단〔斷〕이다. '대교'는 각각의 판본을 대교하여 얻은 이문이나 교감자가 발견한 의오를 말한다. '논증'은 교감자의 이문과 의오에 대한 분석·논증으로, 전대 사람들이 교증(校證)한 견해를 인용하여 서술하는 것을 포함한다. '논단'은 교감자가 내린 결론이다. 전대 사람들이 익숙하게 써 온 전문용어를 가지고 말해 보면, 이 세 층을 또한 첫째는 대교[校], 둘째는 논증[按], 셋째는 논단[斷]이라고 칭할 수 있다. 이문을 열거한 뒤에는 그것에 대해 상고하는 말을 하는데, 상고하는 말의 내용은 주로 교감자가 전대 사람들의 교증과 자기의 논증을 서술하는 것이다. 그다음에는 결론을 내리게 된다. 이 두 과정을 총칭하여 '논증하여 논단한다.[按斷]'라고 한다. 그런데 교감자가 또한 결론을 짓지 않을 수도 있으므로 '논증은 하되 논단하지 않는다.[按而不斷]'라는 말이 있는 것이다.

교감기의 내용을 정제하는 일은 성격이 다른 저작의 요건을 근거로 정해진다. 대체적으로 말해 보면 전서(專書)의 교감 저작은 교주(校注)와 교점(校點)을 포함한다. 세 종류로 나눌 수 있다. 바로 일반 교감, 전서 집교(集校), 전서 찰기(札記)이다. 일반적인 전서 교감기의 내용은 최대한 간명해야 한다. 이문을 대교한 뒤에 요점을 가려 기록하는 것을 제외하고, 논증하는 부분은 반드시 주요하고 중요한 증거와 이설을 선택해야 하며 아울러 결론을 요점적으로 기술해야지 원래의 논증을 전부 기록할 필요는 없다. 동시에 결론을 내리는 말도 매우 간명하게 해야 한다. 전서 집교의 내용 정리는 주로 중요하고 가치 있는 전대 사람들의 교어(校語)를 정선하는 것으로, 참고할 가치가 높지 않은 부화뇌동한 옛 교감은 삭제하지만 집록(集錄)한 전대 사람들의 교어는 최대한 원래의 논증을 보존하여 독자들의 비교 연구에 편리하도록 제공하며, 동시에 자기의 생각과 결론도 의당 명확하게 상술해야 한다. 전서 교감의 찰기는 학술 논쟁적인 성격에 속하는 것으로, 내용의 핵심은 일반적으로 논증하는 데에 무게를 둔다. 대교는 전면적인 것을 요구하지 않지만 논증은 핵심이 있어야 하며 아울러 주로 증거를 들어 자기의 견해를 천명한다.

교감기에 쓰이는 언어를 정련하기 위해서는 주로 교감의 정식(程式)과 관용어에 통달해야 한다. '교감의 정식'이란 전통적으로 형성된 일련의 방식을 가리키는 것으로, 예를 들면 교감 대상이 되는 문구를 표출하는 것, 〈서례(敍例)〉에서 저본(底本)과 교감에 참고한 각 판본을 밝히는 것, 〈교감기〉에서 각 판본의 간칭(簡稱)을 자주 사용하는 것, 〈전언(前言)〉과 〈후기(後記)〉에서 인용한 학자들의 성명과 제서(諸書) 목록을 밝히는 것, 〈교감기〉에서 약칭을 자주 사용하는 것 등이다. '관용어'란 혹 교감의 전문용어라고 칭하기도 하는데, 이는 말을 간소하게 하는 중요한 수단이다. 자연과학의 전문용어나 부호와 대략 같은 역할을 한다. 예를 들어 교감의 통례에 통달한 상태에서 오류가 생기게 된 원인을 설명하면 많은 번거로운 말을 생략할 수 있다. '형태가 비슷하여 잘못된 경우[形似而訛]', '음이 비슷해서 잘못된 경우[聲近而誤]', '주석으로 인해 연문이 된 경우[涉注而衍]' 등을 현대 중국어로 쓰자면 많은 말을 덧붙여야 한다. 즉 '옳은 데 가깝다.[近是]'라거나 '옳지 않은 듯하다.[疑非]'라고 하는 말을 '이것은 비교적 정확한 데 접근하였다.[這是比較接近正確的]'라거나 '나는 이것이 정확하지 않다고 생각한다.[我懷疑這是不正確的]'라는 식으로 쓸 필요가 없게 된다. 사실 교감의 관용어는 바로 쉬운 문어(文語)이다. 이 때문에 교감기의 작성은 정제되고 쉬운 문어를 숙지하여 써야 하는 것이다. 아래에 종류별로 실례를 들어가며 설명하겠다.

1 일반 교감기

《시경(詩經)》〈주남(周南) 한광(漢廣)〉: 南有喬木, 不可休息。
漢有遊女, 不可求思。

남쪽에 교목이 있으니 가서 쉴 수가 없도다. 한수에 놀러 나온 여자
가 있으니 구할 수 없도다.

완원(阮元)의 《모시주소교감기(毛詩注疏校勘記)》: "不可休息"은 당석경(唐石
經), 소자본(小字本), 상대본(相臺本)이 같다. 상고해 보면 《경전석문(經典釋
文)》에는 "구본에 모두 이렇게 되어 있다. 어떤 본에는 '休思'로 되어 있는데, 이
것은 뜻으로 고친 것일 뿐이다." 하였고, 《모시정의(毛詩正義)》에는 "《시경》의
대체는 운(韻)이 어조사 앞에 있는 것이다. '休'와 '求'는 운자가 되므로 '息'도
'思' 자가 되어야 할 듯하지만 이런 본을 아직 보지 못하여 바로 고치지 않을 뿐
이다." 하였는데, 《모시정의》의 설이 옳으니, 이것은 글자의 오류이다. 혜동(惠
棟)은 《구경고의(九經古義)》에서 "'思'와 '息'은 통한다."라고 하였는데, 이는 옳
지 않다.

이 교감기는 세 단락으로 나누어져 있다. 첫 단락은 대교의 결과를 기
술하였는데, 이문은 없고 3종의 주요 참교본(參校本)을 거론하였다.
'당석경(唐石經)'은 당나라 문종(文宗) 개성(開成) 2년에 경문을 새겨
세운 석비로 일종의 당본(唐本)이라 할 수 있고, '소자본(小字本)'은 남
송 광종(光宗) 때의 판각본이며, '상대본(相臺本)'은 남송 때 악가(岳
珂)가 간행한 《구경(九經)》본인데 여기에서는 건륭(乾隆) 무영전(武
英殿)의 방송 중각본(倣宋重刻本)을 썼다. 기타 감본(監本)은 생략하
였다. 그다음 단락은 논증하는 말이다. 《경전석문(經典釋文)》을 인용
하여 당나라 이전의 어떤 본에는 '休思'로 되어 있다고 설명하고, 또 공
영달(孔穎達)의 《모시정의(毛詩正義)》를 인용하면서 그 글자가 '思'
자가 되어야 하지만 근거할 만한 판본이 없어 고치지 않았다는 것을 설

명하고 있다. 이것은 바로 이문을 교감해 내면서 전대 사람들의 교어(校語)를 아울러 발췌하여 기록한 것인데, 이는 전대 사람들의 성과와 논증의 정오(正誤)를 서술하는 작용을 겸하고 있다. 마지막 단락은 논단(論斷)이다. 《모시정의》의 설이 정확하고 혜동의 설이 잘못되었다고 지적하고 있으나 원문을 인용하지 않고 결론만 기술하고 있는데, 이 때문에 논단이 명확하고 간명하게 되었다. 이 실례는 간명하면서도 완정(完整)한 교감기라고 말해야 할 것이다.

《노자(老子)》 22장 : 曲則全, 枉則直; 窪則盈, 敝則新。
굽으면 온전해지고 굽어지면 곧아지며, 우묵하면 채워지고 낡으면 새로워진다.
고형(高亨)의 《노자정고(老子正詁)》: '직(直)'은 부본(傅本)에 '正'으로 되어 있다. 범응원본(范應元本)도 같은데, 범응원은 또 왕필본(王弼本)도 같다고 인용하였다. 나(고형)는 생각건대, 이 네 구절은 아마도 본래 "曲則全, 敝則新; 枉則正, 窪則盈。"으로 되어 있었던 듯하다. '全'과 '新'이 같은 운이고 고운(古韻)의 진부(眞部)이다. '正'과 '盈'이 같은 운이므로 고운의 청부(靑部)이다. 이로써 증명이 된다.

이 교감기는 겨우 두 단락으로 되어 있는데, 의오를 기록한 것으로, 논증은 하되 논단은 하지 않고 있다. 첫 단락은 하나의 이문을 대교해 내어 '直'이 '正'으로 되어 있는 본도 있다고 하면서, 당나라 부혁(傅奕)의 교정본(校訂本)과 송나라 범응원의 《노자도덕경고본집주(老子道德經古本集注)》본 및 범응원본에서 교감으로 인용한 위(魏)나라 왕필(王弼)의 주본(注本)을 거론하였다. 이것은 고본(古本)과 송본(宋本)을 포함하여 '直'이 '正'으로 되어 있다는 증거를 든 것이다. 둘째 단락은 논증한 말인데, 고운(古韻)에서는 같은 운인데 운이 맞지 않게 되어 있다는 형식적인 면에 근거하여 구절의 순서에 잘못이 있다고 의심하고, 이어 직접적으로 정문으로 생각되는 것을 배열하였다. 그런 후에 고운을 지적하고 '이로써 증명이 된다'고 하였으니, 이는 단지 증명을 한 것이지 아직 논단한 것은 아니다.

> 혜강(嵇康)의 〈난택무길흉섭생론(難宅無吉凶攝生論)〉: 立端以明所由, □斷以檢其要。
>
> 단초에 입각하여 그 원인을 밝히고, 판단하여 그 요점을 점검한다.
> 명나라 황성증본(黃省曾本)
>
> 대명양(戴明揚)의 교설(校說)[1]: '斷' 자 앞에 공백으로 처리한 글자는 정본(程本)에는 '立'으로 되어 있고, 문진본(文津本)에는 '審'으로 되어 있고, 《팔대문초(八代文鈔)》에는 '決'로 되어 있다. 오초본(吳鈔本)에는 공백이 없고, 벽송루초본(鄦宋樓鈔本)에는 교어(校語)가 있는데 "각 본(本)에는 '斷' 자 앞에 한 글자가 공백으로 있는데, 그것이 옳다." 하였다.

이 교감기는 겨우 한 단락이다. 대교는 있으나 논증이나 논단은 없으니, 이는 대교학파(對校學派)의 교감기 작성법이다. 그러나 이 교감기는 한쪽으로 기울어진 경향이 있는데, 끝에 벽송루초본의 교어를 기록하여 대씨(戴氏)도 동의하고 있음을 은근히 보이고 있다.

> 심괄(沈括)의 《몽계필담(夢溪筆談)》 권3 "해주사인이신언상몽(海州士人李愼言嘗夢)"조(條): 侍燕黃昏晚未休, 玉階夜色月如流。
>
> 황혼에 놀이 모시는데 밤늦도록 안 그치고 옥 섬돌에 밤 달빛만 청수처럼 밝아라. 광서번우도씨원로간본(光緒番禺陶氏爰盧刊本)
>
> 호도정(胡道靜)의 《몽계필담교증(夢溪筆談校證)》: '晚' 자는 원래 '曉'로 되어 있

---

1 대명양(戴明揚)의 교설(校說): 대명양의 《혜강집교주(嵇康集校注)》에 있는 내용이다.

었는데, 홍치본(弘治本)에 의거하여 바로잡았다. 기타 각 본(本)에도 역시 '曉' 자로 잘못되어 있다. 상고하건대, 아래 구절에 "玉階夜色月如流"라고 하였으니 위 구는 의당 '晩' 자가 되어야 할 것이다. 《총귀(總龜)》권33과 《유원(類苑)》 권19에 인용된 곳에도 '晩' 자로 되어 있고, 《휘서(揮犀)》권7에도 '晩'으로 되어 있으니, 확실한 증거가 될 수 있다.

이 교감기는 저본의 '曉' 자를 '晩' 자로 고쳤는데, 공히 두 단락이다. 첫 번째 단락은, 글자를 고쳤고 대교를 해 보니 각 본이 똑같이 오자로 되어 있었다는 것을 설명하고 있다. 이문을 대교한 기록과 논단을 하나로 합쳐서 서술하였는데, 내용이 간명하여 논단하는 말을 생략해도 될 만하다. 두 번째 단락의 '상고하건대'는 논증이다. 먼저 아래 문장을 가지고 사리적으로 증명하고 그다음에 다른 책에 인용된 글을 열거하여 증명하였다. '총귀'는 송나라 완열(阮閱)의 《시화총귀(詩話總龜)》이고, '유원'은 송나라 강소우(江少虞)의 《황조사실유원(皇朝事實類苑)》이고, '휘서'는 이름이 전해지지 않는 송나라 사람의 《묵객휘서(墨客揮犀)》인데, 모두 송나라 사람의 저서들이다. 이 때문에 '확실한 증거가 될 수 있다.'라고 말한 것인데, 논증과 논단이라는 두 층의 의미를 아울러 지니고 있다.

2 전서 집교

《관자(管子)》〈입정(立政)〉：君之所愼者四：一曰大德不至仁, 不可以授國柄；二曰見賢不能讓, 不可與尊位；……故曰：卿相不 得衆, 國之危也,……故大德至仁, 則操國得衆；見賢能讓, 則大臣 和同。

군주가 신중히 해야 할 일은 네 가지이다. 첫째, 도덕만 크게 제창하고 인에까지 이르지 않은 사람에게 나라의 권력을 주면 안 된다. 둘째, 현명한 이를 보고도 양보하지 않는 사람에게 높은 지위를 주면 안 된다.……그러므로 말하기를 "경상이 대중의 마음을 얻지 못하는 것은 나라의 위태로움이며,……" 하는 것이다. 그러므로 도덕을 크게 제창하고 인을 지극하게 행하면 나라를 유지하고 대중의 마음을 얻는다. 그리고 현명한 이를 보고 능히 양보하면 대신이 협동한다.

곽말약(郭沫若)의 《관자집교(管子集校)》: 손성연(孫星衍)은 말하기를 "《군서치요(群書治要)》에 '德'을 '位' 자로 인용하였고, 《장단경(長短經)》에서 인용한 것도 역시 '大位不仁'이다." 하였다. 왕염손(王念孫)은 말하기를 "'至仁'이 바로 '大德'이니, '대덕'이 있으면서 '인'하지 못한 경우는 없는 법이다. 《군서치요》에서 이를 인용하면서 '德'을 '位'로 쓴 것은 옳다. 지금 '德'이라고 된 것은 위 장의 여러 '德' 자와 연관되면서 잘못된 것이다. 지위는 높은데 인이 지극하지 못하면 반드시 민심을 잃게 되므로 아랫글에서도 '경상(卿相)이 대중을 얻지 못하면 나라가 위태롭다.'라고 한 것인데, 그 경상이 바로 '大位'인 것이다. 윤주(尹注)[2]는 옳지 않다." 하였다. 유월(兪樾)은 말하기를 "윤주(尹注)에서 '덕이 비록 크지만 인이 지극하지 못하여 혹 화심(禍心)을 품고 있는 경우가 있다. 그래서 나라의 권력을 주면 안 되는 것이다.'라고 하였는데, 이 주(注)는 의미에 있어서 온당하지 못하다. 대덕을 지닌 사람이 어째서 화심을 품는 데에까지 이른단 말인가. 《군서치요》에서 이 대목을 인용하면서 '大位'라고 한 것도 아마 후인들이 임의로 고친 것이니, 근거가 되기에는 부족하다. '大德不至仁'의 '仁'은 바로 '人'의 가차자이니, 비록 대덕이 있어도 독선기신(獨善其身)만 하고 남에게까지 덕을 미치지 않는 것을 말한다. 아랫글에 '경상이 대중을 얻지 못하면 나라가 위태롭다.'라는 것은 바로 이 문장을 이어 말한 것이다. 덕이 남에게까지 미치지 못하기

---

2 윤주(尹注): 《관자(管子)》에 최초로 주(注)를 낸 윤지장(尹知章)의 주를 말한다. 윤지장은 당 예종(唐睿宗) 때 국자감 박사로 있으면서 《관자》에 주를 냈는데, 후인들이 그 성가(聲價)를 높이기 위해 '방현령주(房玄齡注)'로 제목을 고쳤다.

때문에 대중을 얻을 수 없는 것이니, 남은 바로 대중인 것이다." 하였다. 장패륜(張佩綸)은 말하기를 "생각건대, 왕염손의 설은 옳지 않다. 아랫글 '不可與尊位'의 경우, 《치요》와 《장단경》도 이와 연관지어 잘못된 것이다. 그래서 《치요》에서는 아래 '大德至仁'의 '德'을 그대로 두었다. 만약 '位'가 된다면 아래의 '尊位'와 중복되고, 또 인하지 못한 사람에게 나라의 권력을 주어서는 안 되는데 어떻게 큰 지위[大位]에 있을 수 있단 말인가. 매우 통하지 않는 것이다. 따라서 '大德不至仁'은 '不大德至仁[큰 덕과 지극한 인이 아니면]'이 되어야 한다. '德'과 '仁'은 대문(對文)인 것이다." 하였다. 허유휼(許帝遹)은 "생각건대, 장패륜의 설이 옳다. 아랫글에 '故大德至仁, 則操國得衆'이라 한 것은 다시 이 문장을 거론한 것이다." 하였다. 문일다(聞一多)는 "생각건대, 초서(草書)로 '德'과 '位'는 형태가 비슷하여 쉽게 잘못될 수 있다. 〈천문(天問)〉에 있는 '其位安施'의 '位'가 어떤 본에는 '德'으로 되어 있고 《여씨춘추(呂氏春秋)》 〈유대(諭大)〉에 있는 '天子之德'의 '德'이 어떤 본에는 '位'로 되어 있으니, 그 실례가 될 수 있다. 《치요》와 《장단경》에서 이 대목을 인용하면서 '大位'라고 하였는데, 바로 '大德'이 잘못된 것으로 본 것이다." 하였다. 나는 생각건대 "大德不至仁"과 "見賢不能讓"은 대문(對文)이다. 아랫글의 "大德至仁"도 "見賢能讓"과 대문인데 '大'와 '至'는 모두 동사(動詞)이다. '大'는 《순자(荀子)》 〈천론(天論)〉에서 "大天而思之, 孰與物蓄而制之[하늘을 위대하다고 여겨 동경하는 것과 물(物)을 축적하여 이를 재단하는 일 중에 어느 편이 더 나을 것인가.]"라고 할 때의 '大'와 같다. 따라서 "大德不至仁"은 바로 단지 덕을 크게 여기면서도 인(仁)에 이르지 못한 자이니, 이른바 '거짓 군자'인 것이다. 그러므로 나라의 권력을 주어서는 안 되는 것이다.

이는 집교(集校)의 교감기로, 대교를 중시하지 않고 전인들의 교어(校語)를 모아 놓고 있다. 이 교감기는 '德'과 '位'의 이문 논쟁이다. 손성연, 왕염손, 유월, 장패륜, 허유휼, 문일다 등 여섯 학자의 교어를 모아 놓았는데 모두 원문을 그대로 기록하였고 끝에 자신의 견해를 밝히고 있다. 이런 유형의 교감기는 비교 연구를 하는 데 매우 편리하다. 따라서 일반적으로 논단을 하지 않고 자기의 견해만 서술하여 일가의 한 견해로 제시함으로써 참고로 제공할 뿐이다.

또 예컨대 위 장에서 이미 인용한 《여씨춘추(呂氏春秋)》〈중하기(仲夏紀) 고악(古樂)〉의 "取竹于嶰谿之谷〔해계의 골짜기에서 대나무를 취하다〕"의 경우도 진기유(陳奇猷)의 《교석(校釋)》에서는 필원(畢沅), 손인화(孫人和), 장유교(蔣維喬) 등의 교어를 상세히 인용하고 끝에 자신의 견해를 서술하되, 위에 인용한 제가의 설에 대해 모두 논단하는 말을 더하였는데, 역시 이런 유형에 속하는 것으로 참고가 될 만하다.

3 전서 찰기

이런 유형의 교감기는 실제로는 필기(筆記)의 형식이라서 정해진 요건이 전혀 없으며, 대체로 저자의 소견에 근거하여 구체적 문제에 대해 고증하고 의론하여 일가의 견해를 완성하는 형태이다. 앞의 글에서 많이 거론한 왕염손(王念孫)의 《독서잡지(讀書雜志)》나 유월(兪樾)의 《제자평의(諸子平議)》 같은 예가 모두 이런 유형에 속한다. 아래에 다른 사람의 저작 사례를 들어 참고가 되게 하겠다.

> 《장자(莊子)》〈덕충부(德充符)〉: 魯有兀者
> 노나라에 형벌로 발 하나가 잘린 자
> 우창(于鬯)의 《향초속교서(香草續校書)》: 상고하건대, 이 '兀者'는 별본(別本)에 '介者'로 된 것도 필시 있을 것이다. 그렇기 때문에 육덕명(陸德明)의 《경전석문(經典釋文)》에서도 "兀은 五와 忽의 반절이다. 또 음이 界이다." 한 것이다. '兀'이 어째서 '界' 음이 있게 되었는가? 필시 별본의 '介'라는 음과 관련지어 육덕명이 바로 이 음으로 '兀' 자의 음을 단 것일 것이다. 이는 〈양생주(養生主)〉의 "惡介也"에 대해 《경전석문》에서 "介의 음은 戒이다. 또 다른 음은 兀(올)이다." 한 것과 같다. '介'가 또 어떻게 '兀' 음이 될 수 있는가? 바로 '兀'로 되어

있는 판본을 근거로 저 '介' 자에 음을 단 것일 뿐이다. 육덕명의 책에 이런 실례가 있기 때문에, 저가 또 이르기를 "최본(崔本)[3]에는 兀이 또 虺로 되어 있다." 한 것이다. 〈경상초(庚桑楚)〉의 "介者挈畫〔형벌로 발이 잘린 자는 법도에 구애되지 않는다.〕"에 대해서도 육덕명의 《경전석문》에서는 "介 음은 界이고 또 古와 黠(힐)의 반절이다. 최본에는 兀로 되어 있다." 하였다. 저 '介也'가 '兀也'로 되어 있는 것도 있다면 이 '兀者'도 반드시 '介者'로 되어 있는 본이 분명히 있을 것이다. 그런데 육덕명이 여기에서 "모본(某本)에는 介로 되어 있다."라고 말하지 않았으니, 소략함을 면할 수 없다. 고광기(顧廣圻)가 말하기를 "전서(篆書)로 '兀'과 '介'는 비슷하다." 하였는데, 이 점에 대해서는 더욱 논의해 볼 만하다. 전서의 兀 와 小 두 글자는 완전히 다르다. 예서(隸書)로 서로 비슷하다고 하면 혹 그렇다고 할 수 있겠지만 어떻게 전서로 서로 비슷하다고 할 수 있단 말인가. 생각건대, 이것은 아랫글의 여러 '兀者' 및 다른 편에 보이는 같은 글자가 한 본에서는 일률적으로 되어 있어야 하는 것이다. '介'로 되어 있으면 다른 곳에서도 모두 '介'로 해야 하고 '兀'이라 하였으면 다른 곳에서도 모두 '兀'로 해야 하는 것이다. 그런데 지금 '介'로 되어 있기도 하고 '兀'로 되어 있기도 한 것은 실로 두 본을 뒤섞어서 한 본으로 만든 것이다. 예컨대 아랫글에 "신도가(申徒嘉)는 올자(兀者)이다." 하고 또 "而未嘗知我介者也〔내가 개자인 것을 모른다.〕"라고 하였으니, 이것이 뒤섞여 나온 분명한 증험이 아니겠는가. 상하의 글자가 다른데 의미는 같은 예로 설명해서는 안 될 듯하다.

이 실례에서는 문장에서 보이는 '兀者'가 응당 별본에 '介者'로 된 이문이 있을 것이란 관점에서 다방면으로 논증하였는데, 거의 수필에 가깝다.

> 《후한서(後漢書)》 〈환제기(桓帝紀)〉 : 若王侯吏民有積穀者, 一切貣十分之三, 以助稟貸; 其百姓吏民者, 以見錢雇直。
> 집에 곡식이 쌓여 있는 왕후는 일률적으로 10분의 3을 빌려 주어 관부의 진대에 협조하고 이민(吏民)의 경우에는 현금으로 일한 삯을 지불한다.

3 최본(崔本) : 진(晉)나라 때 사람 최찬(崔撰)의 《장자》 주본(注本)을 말한다. 현재는 곽상(郭象)의 주본과 육덕명(陸德明)의 《경전석문》 안에 일부 남아 있다.

양수달(楊樹達)의 《적미거독서기(積微居讀書記)》〈독후한서찰기(讀後漢書札記)〉:
상고하건대, 문장이 "王侯吏民"과 "百姓吏民"으로 대구가 되어 있다. "百姓吏民"은
군현(郡縣)의 이민이고 "王侯吏民"은 왕국(王國)과 후국(侯國)의 이민을 말한 듯
하다. 다 같은 이민인데 하나는 '貰'이고 하나는 '雇直'이라고 하는 것은 이치에
맞지 않는다. 아마도 "王侯吏民"의 '吏民'이란 두 글자는 본래 연문인 듯하고 "百
姓吏民"에서는 본래 '百姓'이란 두 글자가 없었던 듯하다. 후대에 이 글을 읽던
자가 "王侯吏民"의 '吏民'이 연자(衍字)인지 몰라서 그로 인해 '百姓' 2자를 잘못
추가하여 '王侯'와 대구가 되게 한 것인 듯하다.

이것은 의오(疑誤)을 기록한 것으로 모두 두 단락으로 되어 있다. 첫
단락은 '王侯吏民'과 '百姓吏民'이란 구절이 말이 통하기는 하나 받아 내
는 것인지 빌리는 것인지 일관되지 않고 이치에 맞지 않는다는 점을 지
적하고서 오류로 의심된다고 제기한 것이다. 두 번째 단락은 오류가 생
기게 된 원인을 추측한 것이다. 전문(全文)이 상량(商量)하는 말투를
사용하였으니, 일종의 독서필기체(讀書筆記體)이다.

제4절 개자의 처리

교감기에 상응하는 작업은 교개(校改)이다. 저본의 문자와 교감자가 논단한 정문(正文)이 다르면 글자를 고칠 것인지 고치지 않을 것인지의 문제가 생기게 된다. 섭덕휘(葉德輝)는 글자를 고치는 것을 '활교(活校)'라 하고 글자를 고치지 않는 것을 '사교(死校)'라 하였는데《장서십약(藏書十約)》기실은 처리 방식의 문제인 것이다. 저본 그대로 기록하고 한 글자도 고치지는 않지만 교감기 중에 정오와 시비에 대해 논단을 한다면 사실은 글자를 고치는 것과 같은 것이다. 단지 처리할 때 비교적 신중히 하여 여지를 남겨 놓은 것이지만, 독자가 열람하기에 그다지 편하지는 않다. 만약 저본의 잘못된 글자를 개정(改正)한다면 이것은 교감자가 자기 견해에 의거하여 일종의 새로운 판본을 교출(校出)해 내는 것으로, 비교적 완비되었다고 할 수는 있겠지만 결국에는 일가(一家)의 견해일 뿐이다. 잘한 것이 하나 있으면 잘못한 것이 하나 있게 되므로 한 글자도 오류가 없다고 할 수는 없는 것이다. 이로 인해 현재 통행되는 처리 방식은 각종 표기부호를 사용하여 정오와 이문을 판면(版面)에 모두 보여 주어 독자들에게 편리하도록 할 뿐만 아니라 또 여지를 남겨 두는 방식으로 하고 있다. 이런 처리 방식의 장점은 독자로 하여금 직접적으로 이문을 보고 정오를 변별할 수 있게 하는 것으로, 저본과 새로운 교본(校本)을 동시에 읽는 것과 같다는 것이다. 그러나 또한 단점이 있으니, 판면이 비교적 난잡하다는 것이다. 이를 보완하는 방법은 최대한 부호를 줄이는 것인데 가장 중요한 것이 교감을 정밀하게 하고 개자(改字)를 적게 하는 것이다.

일반적으로 말하면 교감을 정밀하게 하고 고치는 것을 적게 하기 위해서는 세 가지 원칙에 통달해야 한다.

첫째, 저본의 문구가 잘못되었음을 확실히 증명하고 다른 본이나 다른 책의 이문이 정문임을 확실히 증명하거나 혹 문장의 사례나 상하의 의미에 근거하여 정문임을 확실하게 알게 된다면 개정할 수 있다. 둘째, 저본의 문구가 잘못된 것은 확실히 증명되나 정문임을 확증할 방법이 없거나 정문을 명확히 알 수 없을 경우에는 글자를 고치지 않는다. 셋째, 저본과 다른 판본이나 다른 책의 이문이 의미상 둘 다 통하는 데에 속하여 그 정오를 확실히 증명할 수 없다면 글자를 고치지 않는다. 이렇게 비교해 나가면 문자의 교개를 최대한 줄여서 열독(閱讀)하는 데에 비교적 혼란스럽지 않게 할 수 있다. 아래에 몇 가지 개자 처리 방식의 실례를 열거하겠다.

1 저본을 그대로 기록하고 정오를 주에 기록한다

완원(阮元)의 《중각송판주소총목록(重刻宋板注疏總目錄)》: "책을 판각하는 자의 가장 큰 병통은 억견(臆見)으로 고서를 고치는 것이다. 지금 중각 송판(重刻宋板)은 송판이 오자임을 분명히 알면서도 또한 가볍게 고치게 하지 않고 오자 옆에 권점을 더하고 별도로 교감기에 의거하여 그 설명을 신중히 하여 매권(每卷)의 끝에 덧붙여 실었다."

예를 들면 《시경》〈주남(周南) 도요(桃夭)〉 소서(小序)의 "婚姻以時〔혼인을 제때에 한다.〕"의 경우

교감기: "婚姻以時"는 소자본(小字本)도 같고 민본(閩本), 명감본

(明監本), 모본(毛本)도 같다. 당석경(唐石經)과 상대본(相臺本)에는 '昏'으로 되어 있다. 상고하건대 '昏'과 '婚'은 고금자(古今字)이다. 〈서(序)〉에 '昏' 자를 썼으니, 당석경과 상대본이 옳다. 《모시정의》에서는 매번 '婚' 자로 바꾸고 그것을 설명하고 있다. 지금의 《정의》에 '昏'이라 되어 있는 것은 역시 뒤에 고친 것이다. 나는 이를 따른다. 〈사혼례(士昏禮)〉 및 〈행로(行露)〉, 〈포유고엽(匏有苦葉)〉에 인용된 '昏時〔저물녘〕' 등에서 그대로 '昏'을 쓴 것은 이런 사례가 아니다.

이 '婚' 자는 교감기에 의거하면 '昏' 자가 되어야 하니, 응당 개정해야한다. 그러나 완교(阮校)의 체례는 글자를 고치지 않고 단지 교감기 중에, 그것은 고금자(古今字)로서 원래는 '昏'으로 되어 있다고 설명하고 있을 뿐이다.

2 좋은 것을 택하여 따르고 판본 근거가 없으면 고치지 않는다

왕수민(王樹民)의 《이십이사차기교증(廿二史箚記校證)》〈전언(前言)〉: "《구북전집(甌北全集)》은 가경(嘉慶 청 인종(淸仁宗)의 연호) 초년에 담이당(湛貽堂) 명의로 인행(印行)되었고, 그 뒤에 《이십이사차기》라는 책은 번각(翻刻)된 것이 매우 많은데, 광서(光緒) 26년(1900) 광주(廣州) 광아서국(廣雅書局) 판본과 28년 호남(湖南) 신화서여산관(新化西畬山館) 판본이 가장 좋다. 담이당본은 비록 원각본(原刻本)이지만 교각(校刻)에 정밀성이 떨어지고, 광아와 서여 두 판본은 문자의 교정이 많을 뿐만 아니라 내용이 소략한 곳에 또한 간간이 교정과 보정

(補正)을 한 것이 많다. 본서는 바로 이 세 본을 서로 대교하여 좋은 것을 가려 따르되, 일반적으로 원각본이 잘못되어 두 본에서 개정을 거친 것은 모두 그대로 따르고 아울러 교증(校證)하면서 주를 달아 밝혔으며, 원각본이 잘못되지 않았는데 두 본에서 잘못 고친 경우는 원각본을 따르고 출교(出校)하지 않았다."

예를 들면 권1 《사기(史記)》 "자상기호처(自相岐互處)"조의 "儋欲楚殺田假然後出兵〔전담은 초나라가 전가를 죽인 연후에 출병하고자 하였다.〕"의 경우

《교증(校證)》: 상고하건대, 당시 전담(田儋)이 이미 죽었으니 이것은 전영(田榮)의 일로 '儋'은 '榮'이 되어야 한다. 이 '儋' 자는 세 본이 같다. 왕씨(王氏)는 오자라고 생각하여 출교는 했지만 글자를 고치지는 않았다.

권1 "《사기》와 《한서》의 같지 않은 곳〔史漢不同處〕"조의 "劉辰翁有《班馬異同》〔유진옹의 《반마이동》이 있다.〕"의 경우

《교증》: 상고하건대, 유진옹의 '辰' 자는 원각본에는 '仁'으로 잘못되어 있고 서여본에서는 개정하였다.

이 '辰' 자가 바로 좋은 것을 골라 따른 것이다. 저본에는 '仁'으로 잘못되어 있는데, 교증본(校證本)에서는 고쳐서 '辰'으로 하였다.

3 저본을 개정하고 주에 이문을 남겨 둔다

진기유(陳奇猷)의 《한비자집석(韓非子集釋)》〈범례(凡例)〉: "본서의 교감은 송나라 건도(乾道) 황삼팔랑(黃三八郎)의 간본(刊本)을 위주로 하였다." 또 "편(篇) 안의 자구를 가볍게 고치지 않았다. 고친 경우에는 반드시 논증을 두었으며 또 선본이 있으면 근거로 삼았다. 비록 강력한 논증이 있더라도 근거할 만한 선본이 없으면 감히 고치지 않았다."

예를 들면 〈초견진(初見秦)〉의 "拔邯鄲, 筅山東河間〔진(秦)나라가 한단을 함락하고 산동과 하간을 지배한 뒤에〕"의 경우

> 《집석(集釋)》: 장기(張琦)는 "《한서예문지(漢書藝文志)》〈하간국(河間國)〉의 주(注)에는 '하간은 양하(兩河)의 사이에 있다.' 하였고, 《사기색은(史記索隱)》에는 '장수(漳水)와 황하(黃河)의 사이이다.' 하였는데, 지금의 하간부(河間府)이다." 하였고, 노문초(盧文弨)는 "'筅'은 《전국책(戰國策)》에 '完'으로 되어 있다. '可聞'은 《전국책》에 '河間'으로 되어 있고 '山東' 두 글자가 없다." 하였고, 고광기(顧廣圻)는 "《전국책》에는 '山東' 두 글자가 없다. 건도본(乾道本)에는 '河間'이 '可聞'으로 되어 있고 장본(藏本) 역시 '可'로 되어 있으니, 모두 잘못이다." 하였고, 왕선신(王先愼)은 "'完'은 바로 '筅' 자에서 획이 빠진 것이니, 응당 이에 의거하여 정정해야 한다. 〈악기(樂記)〉의 정주(鄭注)에 '筅은 包와 같다.' 하였으니, 진(秦)나라 군대가 그 땅을 모두 함락하였다는 말이다. '可聞'은 바로 '河間'의 잘못이니, 장방본(張滂本)과 월본(越本)에 따라 고쳤다." 하였다. 나(진기유)는 상고하건대 '河間'으로 되어 있는 것이 옳으니, 지금 이에 근거하여 고쳤다. '筅'은 바로 '管' 자

이다. 《시경》 주송(周頌)에 "磬筦將將"이라 하였는데, 《경전석문》에 "'筦'은 음이 '管'이니 다른 본에도 '管'으로 되어 있다." 하였다. 《한서(漢書)》〈유향전(劉向傳)〉의 "周大夫尹氏筦朝事[주 대부 윤씨가 조회의 일을 주관하다]"에 대한 안주(顏注)에 "筦은 管과 같다." 하였다. 《광운(廣韻)》에 "管은 주관하는 것이다." 하였으니, 산동과 하간을 지배했다는 말이다. 산동은 바로 육국(六國)을 가리키니, 육국이 모두 태항산(太行山)의 동쪽에 위치해 있기 때문이다.

이 경우는 저본에 '可聞'으로 되어 있는데 《집석》본에서 '河間'으로 고치고 주에 저본의 이문을 남겨 놓는 동시에 논증까지 한 것이다.

〈존한(存韓)〉의 "今臣竊聞貴臣之計, 舉兵將伐韓。 夫趙氏聚士卒, 養從徒[요즈음 제가 귀 신하들의 계획을 듣기로는 군사를 일으켜 한을 치려 한다고 합니다. 그런데 조씨는 사졸을 모으고 합종(合從)을 주장하는 무리들을 길러]"의 경우

《집석》: 노문초는 "'今' 다음의 '日'자는 연문이다. 장본(張本)에는 없다." 하였는데, 내 생각에는 '日'은 '臣'의 잘못된 연자(衍字)로 장본(藏本)과 우평본(迂評本)에도 '日'자가 없으니 지금 이에 의거하여 산삭한다. 고광기는 "장본과 금본(今本)에는 '從' 다음에 '徒'자가 있다." 하였는데, 내가 상고해 보건대 우평본과 능본(凌本) 및 《설부(說郛)》에 인용된 것도 '徒'자가 있어 지금 이에 근거하여 보충하였다. '從徒'는 합종설(合從說)을 주장하는 무리를 말하는데, 예를 들면 소대(蘇代) 같은 무리이다.

이 저본은 '日' 자가 연문이고 '徒' 자가 빠져 있는데,《집석》본은 '日' 자를 산삭하고 '徒' 자를 보충하였으며 주에 저본의 이문을 남겨 두었다.

이상 세 부류는 글자를 고치든 고치지 않든 모두 출교 부호만 써서 권점을 찍거나 주(注)에 표지만 하고, 판면에는 모두 이문을 보이지 않았다. 그러나 아래에 인용한 두 가지 실례는 모두 개정 부호를 사용하였고 아울러 이문까지 보이고 있다.

4 저본을 개정하고 아울러 이문을 보인다

황휘(黃暉)의 《논형교석(論衡校釋)》〈예략(例略)〉: "통진본(通津本)을 근거로 하고 별본(別本)과 다른 책에 의거하여 고치고 보충한 경우에는 '모본(某本)과 모서(某書)에 의거하여 고쳐야 한다.'라거나 '모본과 모서에 의거하여 보충해야 한다.'라고 하였지 감히 억측하여 제멋대로 원서를 고치거나 변동시키지 않았다. 정정하고 보충하고 산삭한 글자는 부호로 구별하였다."

결자에는 □ 부호를 사용하였다. 예를 들면 〈누해(累害)〉의 "夫如是, 牖里、陳·蔡可得知, 而沈江蹈河□□□也。〔이렇기 때문에 유리에서 문왕이 감금된 것과 진나라와 채나라의 사이에서 공자가 고난을 겪었던 것을 이해할 수 있고, 굴원(屈原)이 강에 빠져 죽고 신도적(申徒狄)이 하수(河水)에 몸을 던졌던 것이다.〕"이다.

《교석(校釋)》: 위 구로 예증을 하면 여기에 세 글자가 빠져 있으니, 굴원이 강에 빠지고 신도적이 하수에 몸을 던졌다는 말이다. 〈서허(書虛)〉에 보인다.

글자를 보충할 때의 부호는 〔 〕를 사용하였다. 예를 들면 〈명록(命祿)〉의 "命當貧賤, 雖富貴之 猶涉禍患, 〔失其富貴〕矣; 命當富貴, 雖貧賤之, 猶逢福善, 〔離其貧賤〕矣。〔빈천해질 운명이면 비록 부귀하게 해 주더라도 화를 만나 그 부귀를 잃게 되고, 부귀해질 운명이면 비록 빈천하게 해도 복을 만나 그 빈천에서 벗어나게 된다.〕"이다.

《교석》: 손인화(孫人和)가 말하기를 "《문선(文選)》 유효표(劉孝標)의 〈변명론(辯命論)〉 주에 인용한 글에는 '猶涉禍患'의 아래에 '失其富貴'한 구절이 있고 '猶逢福善'의 아래에 '離其貧賤'한 구절이 있다. 주교(朱校)[4]도 같다." 하였다. 나(황휘)는 상고하건대, 《사문유취(事文類聚)》 권39와 《합벽사류(合璧事類)》 권55의 인용문도 같으니, 지금 이에 의거하여 보충한다.

개자에는 ( ) 부호를 사용하였다. 예를 들면 〈봉우(逢遇)〉의 "審詞(伺)際會〔좋은 시운을 자세히 살펴서〕"이다.

《교석》: 호 선생(胡先生)은 "'詞'는 아마도 '伺'자인 듯하다." 하였다. 나는 상고하건대, 《동관한기(東觀漢記)》에 "票駮蓬轉, 因遇際會〔기회를 찾아 전전하다가 좋은 시운을 만났다.〕"라고 하고, 또 "耿況彭寵, 借遭際會〔경황과 팽총이 만약 좋은 시운을 만났다면〕"라고 하였는데, 모두 '審伺際會'와 구절이 같으니, 한나라 때의 일상어인 듯하다. 주교(朱校) 원본(元本)에는 '伺'가 '司'로 되어 있

---

4 주교(朱校): 만청(晚清)·근대 학자인 주종래(朱宗萊, 1881~1919)의 저서 《논형교록(論衡校錄)》을 말한다.

다. 《주례(周禮)》〈지관(地官) 매씨(媒氏)〉의 주에 "'司'는 '察'과 같다." 하였는데 '司'와 '伺'는 글자가 통용된다. 주씨가 '司'를 '詞'의 괴자(壞字 필획이 탈락된 글자)로 본 것은 잘못이다.

산삭한 글자에는 □ 부호를 사용하였다. 예를 들면 〈예증(藝增)〉의 "且周殷士卒, 皆賚盛粮, 或作干粮, 無杵臼之事, 安得杵而浮之.〔그리고 주나라와 은나라의 사졸들이 모두 많은 군량을 가지고 있었으므로 방아를 찧을 일이 없는데 어떻게 핏물에 방앗공이가 뜰 수 있겠는가.〕" 이다.

《교석》: 선손(先孫 손이양(孫詒讓))이 말하기를 "이 네 글자는 아마도 송나라 사람의 교어(校語)인데 잘못 정문(正文)으로 들어간 것이다." 하였다.

이 경우는 네 종류의 부호를 사용하여 저본 문자나 개자를 표출하였는데, 그 장점은 이문을 아울러 보여 준 것이다. 단점은 부호 □가 이미 탈문(脫文)을 표시하였는데 또 산삭하는 글까지 표지하여 혼동하기 쉽다는 것이다. 또 □ 부호는 저본의 결자 부호로 빈번히 사용되므로 그것이 저본의 원래 결자인지 아니면 교출(校出)한 탈문인지 구별이 쉽지 않고, 게다가 개자(改字)에서 교정된 글자를 저본의 글자 뒤에 둔 것은 통상의 정오(正誤) 습관과 맞지 않다는 것이다.

중화서국(中華書局)에서 표점한 이십사사(二十四史)는 교개(校改) 처리 방식이 비교적 간명하다. 예컨대 《후한서(後漢書)》의 교점(校點)에 대한 설명 가운데 다음과 같은 내용이 있다. "일반적으로 산삭해야 할 글자는 한 포인트 작은 글자를 써서 조판(組版)하고 여기에 둥근 괄호(손톱괄호)를 더하고, 개정하거나 증보한 글자는 모난 괄호(꺾은 괄호)를 더하였으며, 동시에 교감기 안에 개정하거나 증보·산삭한 근거를 설명하였다. 고쳐도 되고 고치지 않아도 되는 것은 최대한 고치지 않고 단지 교감기 안에서 문제가 어디에 있는지를 설명하였다."

예를 들면 《후한서》〈광무기(光武紀)〉의 "更始元年正月甲子朔〔갱시 원년 정월 초하루 갑자일〕"의 경우

교감기 : 장중(張熷)의 《독사거정(讀史擧正)》과 황산(黃山)의 《후한서교보(後漢書校補)》에서 모두 "아래 구절의 '二月辛巳'에 의거하면 정월 갑자일은 초하루가 아니다." 하였다. 지금 상고하건대, 이해 정월은 임자일이 초하루이다. 이는 '朔' 자가 연문이거나 '甲子'가 '壬子'의 잘못일 것이다.

이는 최대한 고치지 않은 실례이다.

또 예를 들면, 〈광무기〉의 "甲申, 以前(高)密令卓茂爲太傅〔갑신일에 전 밀(密)의 수령 탁무를 태부로 삼았다.〕"의 경우

교감기 : 전본(殿本)[5] 《고증(考證)》에 인용한 하작(何焯)의 설과 《집해(集解)》에서 인용한 전대흔(錢大昕)의 설을 근거로 하여 산삭하였다. 상고하건대, 전씨(錢氏)는 "탁무가 영(令)이 된 곳은 하남(河南)에 있는 '密'이지 '高密'이 아니다." 하였다. 《기(紀)》에도 '高' 자가 연문이다.

5 전본(殿本) : 청나라 건륭(乾隆) 4년(1739)의 무영전본(武英殿本)을 말한다.

〈명제기(明帝紀)〉의 "郡界有名山大川能興雲〔致〕雨者〔군의 경계 내에 구름을 일으켜 비를 내리게 할 수 있는 명산대천이 있을 경우〕"의 경우

교감기 : 전본(殿本)에 의거하여 보충하였다. 상고하건대, 〈장제기(章帝紀)〉의 건초(建初) 5년 조서(詔書)에도 '能興雲致雨者'로 되어 있다.

〈장제기(章帝紀)〉의 "不克堂(桓)〔構〕〔선대의 기업을 제대로 잇지 못하였으니〕"의 경우

교감기 : 전본(殿本)과 《집해(集解)》본에 의거하여 개정하였다. 주(注)도 마찬가지로 하였다. 상고하건대, 요범(姚范)은 "정문과 주에 '構'가 모두 '桓'으로 잘못되어 있는데, 이것은 송나라 시대에 고종(高宗)의 휘[6]를 피하려던 것인데, 판본을 간행하는 자가 모르고 흠종(欽宗)의 휘로 잘못 알았다. 그래서 '桓' 자에 오히려 아래 획을 하나 빼 버렸다." 하였다.

이상 세 가지 예는 글자를 산삭하고 보충하거나 개자한 실례인데, 저본의 연문과 오자를 모두 판면에 보여 주고 있다.

---

6 고종(高宗)의 휘 : 남송 고종의 이름이 조구(趙構)이다.

제5절 서례의 작성

하나의 고적을 교감하는 일의 가장 마지막 작업은 서례(敍例)를 쓰는
것이다. 서례는 해당 서적에 대한 교감의 근거와 체례를 전면적으로 설
명한 것이다. 형식상의 측면에서 보면, 서례는 통상적으로 책의 첫머리
에 위치하므로 교감자가 먼저 체례를 정한 뒤에 체례에 따라 교감을 한
것처럼 보인다. 그러나 실제로는 서례는 전체 교감 작업이 종료되는 간
결하고 핵심적인 총괄 설명이다. 독자의 입장에서 말하면, 서례는 교감
의 방면에서 하나의 고적을 이해하는 강령이자 안내서이므로 서례의 작
성은 간결하고 핵심적이며 조리정연하고 일목요연하며 기억하기 편하고
조사하여 검토하기 쉽도록 해야 한다.

　한 편의 완전한 서례는 아래에 나열한 몇 가지 사항의 내용을 갖추어
야 한다. 첫째 해당서가 유전(流傳)되어 온 역사적인 정황, 둘째 해당
서 판본의 원류와 계통, 셋째 해당서를 교감하는 데 있어서 저본과 참조
한 각 본(本), 넷째 해당서의 교감에 이용한 다른 서적, 다섯째 해당서
가 받아들인 전대 학자들의 교감 성과, 여섯째 해당서 출교(出校)의 세
부적인 원칙, 일곱째 해당서 개자(改字)의 세부적인 원칙과 방식, 여덟
째 해당서의 교감기와 안어(按語)·단어(斷語)에 대한 세부적인 설명이
다. 각각의 고적은 모두 나름대로 구체적인 특징이 있으므로 위에서 서
술한 여덟 가지 사항의 분량과 비중은 반드시 완전히 동일하지는 않다.

　역대의 교감 저작 서례의 경험에 근거하면, 청대 이래로 연대가 오래
되고 교주(校注)가 비교적 많은 몇몇 중요한 전적에 대해 종종 서례와
부록이 결합된 방식을 채택하여, 서례에서 앞의 다섯 가지 사항의 내용

을 구별하여 정리하고 독립적인 저술이나 계통적인 자료를 만들어 책 뒤에 부록하고, 서례에서는 간결하고 개괄적인 설명만 하였다. 이러한 유형의 부록은 일반적으로 해당서의 유전 정황을 보여 주는 저록(著錄) 자료, 해당서 판본의 원류고(源流考)와 근거한 판본의 목록, 해당서에서 인용한 다른 서적의 목록, 해당서에서 인용한 전대 학자들의 교설(校說) 목록 및 일문(佚文)과 변위(辨僞) 등의 내용에 대한 항목이 있어야 한다.

서례의 구성에는 대체로 두 가지 유형이 있다. 하나는 종합 설명이고, 다른 하나는 조례(條例) 설명이다. 종합 설명은 대부분 〈전언(前言)〉의 일부분으로 작성되며, 조례 설명은 교감과 관련한 설명을 합쳐서 몇 가지 조항을 만든 경우도 있고 독립하여 쓴 경우도 있고 전서(全書)의 범례 속에 나열된 경우도 있다. 각각 예를 들면 아래와 같다.

완원(阮元)의 〈모시주소교감기서(毛詩注疏校勘記序)〉에 다음과 같은 내용이 있다.

《모시(毛詩)》의 이본(異本)을 상고해 보면 경문(經文)은 《제시(齊詩)》·《노시(魯詩)》·《한시(韓詩)》 삼가(三家)의 이본이 있다. 《제시》와 《노시》는 없어진 지 오래되었고, 《한시》는 송대 이전까지는 아직 남아 있었다. 상고해 볼 수 있는 여러 서적의 인용에서 《한시》의 이자(異字)가 나타나는 양상은, 대략 《모시》는 고자(古字)가 많고 《한시》는 금자(今字)가 많다. 때때로 반드시 《모시》와 《한시》를 대조하여 고증해 본 뒤에야 모공(毛公 모형(毛亨))의 뜻을 알 수 있는 경우도 있다. 모공이 《시(詩)》에 전(傳)을 단 것은 동일한 글자인데도 각 편마다 뜻풀이가 다르다. 대체로 글자에 따라 뜻을 구하지 않았고 글에 따라 해석을 세웠기 때문에 《주관(周官)》의 가차(假借)에 익숙한 사람이 아니면 모형의 《시전(詩傳)》을 읽을 수가 없다.

모형은 글자를 바꾸지 않았고, 정현(鄭玄)의 《전(箋)》에 비로소 글자를 바꾼 예가 있다. 정현의 《예기주(禮記注)》를 살펴보면 이론을 세워 그 글자를 바꾸었고, 《모시주(毛詩注)》에서는 대부분 드러내 놓고 말하려 하지 않았다. 또한 간혹 드러내 놓고 말한 것이 있어도 모형은 가차를 가지고 이론을 세웠는데, 글자를 바꿨다고 말하지 않았어도 글자를 바꾼 것이 그 가운데 있다. 정현은 《모전(毛傳)》의 밖에서 근거를 찾아서 종종 《모전》에서는 글자를 바꾸지 않은 것까지도 바꾸었다. 이는 특이한 해석을 세우기 좋아해서가 아니라, 또한 이른바 "문의(文義)에 따라 해석을 세운다.〔依文立解〕"라는 것이다. 이렇게 하지 않는다면 문의가 맞지 않는 부분도 있게 된다. 《맹자(孟子)》에 "글자를 가지고 말을 해치지 않으며, 말을 가지고 작자의 뜻을 해치지 않는다.〔不以文害辭, 不以辭害志〕"하였는데,[7] 《맹자》에서 말한 '文'이란 오늘날 '字〔글자〕'라고 말하는 것으로 글자에 얽매여서는 안 되고 반드시 작자의 뜻이 후세에 명백하게 드러나도록 해야 함을 말한 것이다. 모형과 정현이 《시》에 대해서 그 의도가 같았다.

《모전》과 《정전》은 나누어졌지만 《모시》는 동일한데, 글자는 각기 차이가 있다. 한대 이후부터 전사(轉寫)가 점차 달라져서 일일이 셀 수도 없다. 당초(唐初)에 이르러 육씨(陸氏 육원랑(陸元

---

7 맹자(孟子)에……하였는데 : 《맹자》〈만장 상(萬章上)〉에 "그러므로 시를 설명하는 사람은 글자를 가지고 말을 해치지 말고, 말을 가지고 작자의 본뜻을 해치지 말고 자신의 뜻을 작자의 본뜻에 맞추어야만 시를 정확히 이해할 수 있다.〔故說詩者, 不以文害辭, 不以辭害志, 以意逆志, 是爲得之。〕"하였다.

朗))의 《경전석문(經典釋文)》, 안씨(顔氏 안사고(顔師古))의 《모시
정본(毛詩定本)》, 공씨(孔氏 공영달(孔穎達))의 《모시정의(毛詩正
義)》가 차례로 나왔다. 그들이 준용한 판본은 똑같지 않았다. 당대
이후로부터 지금까지 각판인쇄가 성행하여 경(經), 《전(傳)》, 《전
(箋)》, 《소(疏)》에는 의도적으로 함부로 고쳤거나 의도하지 않은
와탈(訛脫)이 있어서, 이에 오류가 다 조사하여 따져볼 수 없을 정
도이다. 따라서 나의 구교본(舊校本)을 원화생원(元和生員) 고광
기(顧廣圻)에게 주어 각 판본을 취하여 교감하도록 하고, 내가 다
시 시비를 판정했다. 그래서 경(經)에는 경의 체례(體例)가 있고,
《전(傳)》에는 《전》의 체례가 있고, 《전(箋)》에는 《전》의 체례가
있고, 《소(疏)》에는 《소》의 체례가 있다는 것을 알았고, 여러 체
례를 완전히 이해하고 《맹자》의 '말을 가지고 작자의 본뜻을 해치
지 않는다.'라는 원칙으로 절충한 뒤에야 여러 학자의 판본에 대해
그 각각의 차이를 알 수 있었고, 또한 각각의 고정불변으로 바꿀 수
없는 점도 알 수 있었다.

인거각본목록(引據各本目錄)

경본(經本) 2종
  당석경(唐石經) 20권 주(注)는 생략한다. 이하 동일하다.
  남송석경(南宋石經) 잔본(殘本)

경주본(經注本) 3종
  맹촉석경(孟蜀石經) 잔본 2권
  송소자본(宋小字本) 20권

중각상대악씨본(重刻相臺岳氏本) 20권

주소본(注疏本) 4종
　십행본(十行本) 70권
　민본주소(閩本注疏) 70권
　명감본주소(明監本注疏) 70권
　급고각모씨본주소(汲古閣毛氏本注疏) 70권

인용제가(引用諸家)
　육덕명(陸德明)의 《모시음의(毛詩音義)》 3권
　산정정(山井鼎)의 《모시고문(毛詩考文)》 6책(册)
　포당(浦鏜)의 《모시주소정오(毛詩注疏正誤)》 14권
　진계원(陳啓源)의 《모시계고편(毛詩稽古編)》 20권
　혜동(惠棟)의 《모시고의(毛詩古義)》 2권
　대진(戴震)의 《모정시고정(毛鄭詩考正)》 4권
　단옥재(段玉裁)의 《교정모전(校定毛傳)》 30권과 《시경소학(詩
　經小學)》 30권

　《십삼경주소(十三經注疏)》에는 총목록이 있어서 《십삼경주소》의 판
본 원류와 근거 저본 및 교감의 세부 원칙을 설명하였다. 그러한 뒤에
각 경의 앞에 모두 서(序)와 인거각본목록(引據各本目錄) 및 인용제가
목록(引用諸家目錄)을 두었다. 유가 경전의 유전 정황은 옛날의 문사
들이 익숙하게 파악하고 있었고, 또 이 책은 《십삼경주소》의 합본 중
한 책으로 그 판본 원류가 이미 총목록의 설명에 나온다. 그렇기 때문에
〈모시주소서(毛詩注疏序)〉에서는 유전 정황과 판본 원류에 대해 시시

콜콜 서술하지 않고, 첫째 사가시(四家詩) 경문에서 문자가 차이 나는 원인과 《모전(毛傳)》에서 '글에 따라 해석을 세운다.〔依文以立解〕'라는 원칙의 실질이 고음(古音)의 통가(通假)라는 점, 둘째 《모전》과 《정전》의 개자(改字) 표현상의 차이, 셋째 교감 과정과 《모시주소》교감의 세부적인 원칙과 방법 등을 설명하는 데 치중하였다. 앞의 글에서 이미 서술했듯이, 완원은 십삼경을 교감하면서 저본을 고치지 않는 방식을 채택하였지만, 《모전》과 《정전》이 근거한 경문이 다르고, 게다가 모두 자신이 근거한 저본의 문자를 고치지 않았다. 이로 인하여 완원의 서문에서는 주로 《모전》과 《정전》의 차이와 처리 원칙을 설명했는데, 이것은 《모시주소》의 구체적 특징에 초점을 맞추어 말한 것이다. 이와 동시에 인거각본목록과 인용제가목록을 나열하여 교감기 작성의 약칭을 제시하고 독자가 출처(出處)를 조사하거나 확인하는 데 편리하게 하였다. 이는 일종의 종합 설명과 부록이 결합된 서례로 그 특징은 간단명료하다는 것이다.

손흠선(孫欽善)의 《고적집교주(高適集校注)》〈전언(前言)〉에 다음과 같은 내용이 있다.

《고적집(高適集)》의 판본 원류 계통과 정오(正誤) 및 완전히 충족된 여러 정황을 근거하여 저본 및 대표성을 갖춘 교본을 확정한 것은 아래와 같다.

저본(底本)
명복송각본(明覆宋刻本) 《고상시집(高常侍集)》 10권, 협주(夾注)는 생략한다. 이하 동일하다. 간략하게 '저본'이라고 부른다.

교본(校本)

청영송초본(淸影宋抄本)《고상시집(高常侍集)》 10권, 간략하게 '청초본(淸抄本)'이라고 부른다.

명동활자본(明銅活字本)《고상시집》 8권, 간략하게 '명동활자본'이라고 부른다.

명(明) 장손업(張遜業) 집교(輯校)·황준(黃埻) 각(刻)《십이가당시(十二家唐詩)》본《고상시집》 2권, 간략하게 '장황본(張黃本)'이라고 부른다.

명 허자창(許自昌) 교각(校刻)《전당십이가시(前唐十二家詩)》본《고상시집》 2권, 간략하게 '허본(許本)'이라고 부른다.

청(淸)《전당시(全唐詩)》본《고상시집》 4권, 간략하게 '전당시(全唐詩)'라고 부른다.[8]

돈황사본(敦煌寫本) 잔권(殘卷) '伯' 3862의《고적시집(高適詩集)》, 간략하게 '돈황집본(敦煌集本)'이라고 부른다.

돈황사본 잔권 '伯' 2552의《시선(詩選)》, 간략하게 '돈황선본(敦煌選本)'이라고 부른다.

나진옥(羅振玉) 집인(輯印)《명사실일서(鳴沙室佚書)》의 돈황사본 잔권[9]《시선(詩選)》, '당인선당시(唐人選唐詩)'라고 표제되어 있다.

고적의 시는 겨우〈신안왕막부시(信安王幕府詩)〉 1수 및〈유상

---

8 청(淸) 전당시(全唐詩)본⋯⋯부른다:《교감학대강》에는 위의 내용이 빠져 있는데, 상해고적출판사에서 1984년 간행한 손흠선(孫欽善)의《고적집교주(高適集校注)》에는 "淸全唐詩本高適詩四卷, 簡稱全唐詩"라는 내용이 기재되어 있다. 작자의 의도적 누락으로 판단되지 않으므로 보충하여 번역하였다.

9 돈황사본 잔권:《교감학대강》에는 '殘卷'이라는 말이 없는데, 역시 상해고적출판사에서 1984년 간행한 손흠선의《고적집교주》에 의거하여 보충하여 번역하였다.

진좌상(留上陳左相)〉 앞의 몇 구 아래가 실제로는 '伯' 2552와 연접한다. 만이 남아 있다. 간략하게 '돈황선본을(敦煌選本乙)'이라고 부른다. 교감 시에 사용한 기타 판본 및 관련 총집으로 《하악영령집(河岳英靈集)》, 《문원영화(文苑英華)》와 같은 것 등은 각각 그 명칭을 들었다.

이문(異文)에 대한 처리 원칙은 아래와 같다.

저본의 탈오가 근거를 충족하여 보정(補訂)한 것이 있으면 곧바로 본문을 개정하고, 아울러 교감기를 내어[10] 설명을 보탰다.

저본에 오류가 있다고 의심되지만 정정할 근거가 아직 충족되지 않았으면 저본을 개동(改動)하지 않고, 다만 교감기를 내어 설명했다.

명백히 필사상의 오기인 것은 곧바로 개정하고 교감기를 내지 않았다.

이체자(異體字)는 적절하게 통일하여 통행하는 자체를 기준으로 하고 교감기를 내지 않았다.

의미상 양쪽 모두 통하는 경우와 참고할 가치가 있는 이문은 교감기를 내어 밝혔다.

교감기는 독립된 한 개의 항목이 아니고 주문(注文) 안에 함께 존재한다.

이는 종합 설명 유형의 한 가지 서례이다. 교감자가 《고적집》의 유전 정황과 판본 원류 계통을 정리하여 글을 작성하고 책 뒤에 부록하였기

---

10 아울러 교감기를 내어 : 《교감학대강》에는 해당 원문이 '幷以校記加以說明'으로 되어 있는데, 상해고적출판사에서 1984년 간행한 손흠선의 《고적집교주》에는 '以'가 '出'로 되어 있다. 이하 항목에서 교감기의 작성과 관련한 표현은 '出校記作說明', '出校記注明', '不出校記' 등이 있는데 모두 '出'을 사용하였다. 따라서 여기서는 '出'로 고쳐 번역하였다.

때문에, 〈전언(前言)〉 가운데 교감 서례 부분은 저본과 참교각본목록을 나열하고, 이문의 출교(出校)와 개자(改字)의 세부 원칙을 설명하는 데 중점을 두었다. 또 목록을 나열하고 조례화(條例化)하여 상당히 간요하다.

허일민(許逸民)의 《유자산집주(庾子山集注)》 〈교점설명(校點說明)〉에 다음과 같은 내용이 있다.

《유신집(庾信集)》은 북주(北周) 대상(大象) 원년(579)에 최초로 편찬되었는데, 이는 북주의 등왕(滕王) 우문유(宇文逌)의 편정(編定)을 거친 것이다. 우문유는 여러 단편을 회집하여 책을 만들어서(序)를 썼는데, 문집 20권이라고 하였지만 다만 북위와 북주 시기의 작품을 포괄했을 뿐이다. 《수서(隋書)》 〈경적지(經籍志)〉에는 "《유신집》 21권, 목록이 함께 있다."라고 저록되어 있는데, 어떤 이는 추가된 1권은 곧 수(隋)가 진(陳)을 평정한 뒤에 얻은 남조(南朝)의 구작(舊作)일 것이라고 생각했다. 《신당서(新唐書)》 〈예문지(藝文志)〉와 《구당서(舊唐書)》 〈경적지〉에는 또 《유신집》 20권이라고 하였는데, 이는 어쩌면 수대(隋代)의 이십일권본(二十一卷本)을 새로 편차한 결과인 듯하다. 송대(宋代)의 공사서목(公私書目)에 기재된 내용은 《신당서》 〈예문지〉나 《구당서》 〈경적지〉와 다름이 없다. 원대 이후로 이십권본 《유신집》은 실제상 이미 산일되었고, 명청 서목(明淸書目) 가운데 이십권본과 관련된 기술은 대체로 구설을 답습했을 뿐이다.

그러나 유신의 시 작품은 남송 이래로 끊임없이 전초(傳鈔)와 간각(刊刻)이 행해졌다. 오늘날 우리가 아직도 볼 수 있는 《유신집》의 초기 간본은 바로 송대에 전초하거나 간각한 시집본의 기초 위에 명인(明人)이 《예문유취(藝文類聚)》, 《초학기(初學記)》, 《문원영화(文苑英華)》를 초찰(鈔撮)하는 작업을 거쳐 엮은 것이다. 명간시집본(明刊詩集本)은 주로 두 종류가 있다. 첫째 정덕(正德) 16년(1521) 주승작(朱承爵 존여당(存餘堂))이 중간한 《유개부시집(庾開府詩集)》본으로 4권이며, 둘째 가정(嘉靖) 연간 주왈번(朱曰藩)이 간각한 《유개부시집》본으로 6권이다. 주왈번본은 비교적 완전하지만 교감이 꼼꼼하지 않고 편목(篇目)이 때때로 중복되어 나오는 것이 보인다. 명간시문합편본(明刊詩文合編本)은 주로 세 종류가 있다. 첫째 만력(萬曆) 연간에 도륭(屠隆)이 평점(評點)한 《서유집(徐庾集)》본으로 《유자산집》 16권이며, 둘째 천계(天啓) 원년(1621) 장섭(張燮)이 집성한 《칠십이가집(七十二家集)》본으로 《유개부집》 16권이며, 셋째 천계 6년 왕사현(汪士賢)이 교간(校刊)한 《한위육조명가집(漢魏六朝名家集)》본으로 《유개부집》 12권이다. 명말(明末) 염광세(閻光世)의 《문선유집(文選遺集)》과 장보(張溥)의 《한위육조일백삼가집(漢魏六朝一百三家集)》에 이르러 전자는 도륭본(屠隆本)을 번판(翻版)하였고, 후자는 장섭본(張燮本)을 승습(承襲)하여 자기만의 특색이 없다. 청대에 이르러 《유신집》은 두 사람의 주본(注本)이 출현했는데, 하나는 오조의(吳兆宜)의 《유개부집전주(庾開府集箋注)》 10권이고, 다른 하나는 예번(倪璠)의 《유자산집주》 16권이다. 두 판본은 거의 동시대에 간행되었고 주석한 것이 서로 장단점이 있는데, 예번의 주본이 오조의의 전본(箋本)에 비해서 훌륭하지만[11] 간혹 예번의 주본

---

11 예번의……훌륭하지만 : 《교감학대강》에는 해당 원문이 '倪注較吳箋爲優'로 되어 있는데, 중화서국(中華書局)에서 2006년 발행한 《유자산집주(庾子山集注)》의 허일민(許

역시 주제를 벗어나거나 곡해한 부분이 있다.

예번의 자는 노옥(魯玉)으로 전당(錢塘) 사람이다. 강희(康熙) 연간에 거인(擧人)이 되었다. 관직은 내각중서사인(內閣中書舍人)에 이르렀다. 그의 《유자산집주》는 강희 26년(1687)에 처음 간행되었는데, 전당숭수당전판(錢塘崇岫堂鐫版)[12]이다. 그 판본 원류를 고찰해 보면 아마도 도륭본의 계통에서 나온 듯하다. 이번 교점은 강희 26년 원간본(原刊本)을 저본으로 하여 《사부총간(四部叢刊)》의 영인도륭본 간략하게 '도본(屠本)'이라고 칭한다. 을 참교(參校)하였다. 명대의 여러 각본은 모두 당송의 유서(類書)와 총집에서 집철하여 이루어졌으므로 교감할 때에는 근원을 찾는 데 애썼기 때문에 다시 《예문유취》, 간략하게 《유취(類聚)》라고 칭한다. 《초학기》, 《문원영화》간략하게 《영화(英華)》라고 칭한다. 를 참교본으로 하였다. 이와는 별도로 시 부분은 또한 주왈번본 간략하게 '주본(朱本)'이라고 칭한다. 으로 비교 검토했고, 교묘가사(郊廟歌辭)는 《수서(隋書)》〈음악지(音樂志)〉간략하게 《수지(隋志)》라고 칭한다. 로 다시 검토했다. 일부 편장(篇章)은 또 지금 남아 있는 비각(碑刻)으로 참교하였다.

개괄하여 말하면, 교감 중에는 대체로 아래와 같은 몇 가지 항목의 원칙을 따랐다.[13]

逸民)의 〈교점설명(校點說明)〉에는 '優'가 '詳'으로 되어 있다. 여기서는 《교감학대강》에 따라 번역하였다.

12 전당숭수당전판(錢塘崇岫堂鐫版) : 《교감학대강》에는 '錢塘崇岫堂版'으로 되어 있는데, 중화서국에서 2006년 발행한 《유자산집주》의 허일민의 〈교점설명〉에는 '錢塘崇岫堂鐫版'으로 되어 있으므로 '鐫'1자를 보충하여 번역하였다.

13 개괄하여……따랐다 : 《교감학대강》에는 이 항목이 모두 여섯 가지만 실려 있는데, 중화서국에서 2006년 발행한 《유자산집주》의 허일민의 〈교점설명〉에는 여덟 가지 항목으

첫째, 무릇 저본 정문(正文)의 와류(訛謬), 탈문(脫文), 연문(衍文), 도문(倒文)으로부터 양쪽 모두 의미가 통하는 이문(異文)에 이르기까지 일률적으로 출교하였지만 원자(原字)를 고치지 않아 새로운 혼란의 생성을 피하였다. 다만 탈문의 경우에는 반드시 보충하여 글 뜻을 통하기에 편하도록 하였다.

둘째, 저본에 원래 있던 교어(校語)는 그대로 남겨 두었고, 무릇 참교본이 이와 서로 같은 경우에는 재차 출교하지 않았다.

셋째, 무릇 저본은 잘못되지 않았는데 다른 판본은 오류가 있는 경우에는 출교하지 않았다.

넷째, 무릇 주문(注文)에 잘못 쓰인 서명이나 편명은 똑같이 개정하고 교감기를 써넣었다. 인용문에 약간 차이가 있지만 원래의 뜻을 해치지 않는 경우에는 고치지 않았고, 문리가 통하지 않는 경우에는 원서(原書)에 비추어 곧바로 고치고 교감기를 기입하지 않았다.

다섯째, 인용문 가운데 모든 역사 사실의 오류나 잘못된 의미로 이해되기 쉬운 탈문·연문에 속하는 것은 일률적으로 보정(補訂)하여 그 중요 여부를 비교해서 실정에 맞게 출교하였다.

여섯째, 판각 과정의 명백한 착자(錯字)와 책을 판각한 시대의 피휘자(避諱字)로부터 이체자, 통가자에 속하는 것은 곧바로 개정하고 출교하지 않았다.

로 제시되어 있다. 생략된 두 항목은 다음과 같다. "일곱째, 독자가 읽기에 편하도록 원서(原書)의 16권 후면의 《총석(總釋)》 부분은 지금 나누어 각 편의 끝에 부록하고, 《총석》의 서문과 발문을 남겨 두어 구본(舊本)의 본모습을 보존한다. 여덟째, 여러 서적에 산견되는 유신의 일작(佚作)은 소략하나마 집록이 있으므로 뒤에 부록하여 참고에 대비한다."

이 역시 종합 설명 유형의 한 가지 서례이다. 유전 정황과 판본 원류에서 찬문(撰文)을 고치지 않았으므로 간략하게 설명 가운데에서 서술하고, 동시에 저본과 참교본 및 간칭(簡稱)을 설명하였다. 세부적인 교감 원칙은 조례를 이용하여 개괄적으로 서술하였다. 이는 앞의 예와 함께 현재 비교적 통행되는 종합 설명 유형의 서례이다.

왕선겸(王先謙)의 《순자집해(荀子集解)》 〈예략(例略)〉에 다음과 같은 내용이 있다.

가선사씨교본(嘉善謝氏校本)은 사서(謝序) 사용(謝墉)의 〈순자전석서(荀子箋釋序)〉이다. 를 처음에 배치하고, 다음으로 양서(楊序) 양경(楊倞)의 원서(原序)이다. 및 신목록(新目錄)을 두었고, 다음으로 《순자》의 수교(讐校)에 근거한 구본(舊本)과 아울러 참정명씨(參訂名氏)를 두었고, 협주(夾注)와 인목(引目)은 생략한다. 전대흔(錢大昕)의 발(跋)과 《교감보유(校勘補遺)》 1권을 끝에 두었다. 살펴보건대, 이 책은 노문초(盧文弨)와 사용(謝墉)이 함께 교감한 것이므로 학란고(郝蘭皐)는 사본(謝本)이라고 하였고, 왕회조(王懷祖 왕염손(王念孫))는 노본(盧本)이라고 하였다. 그러나 사서(謝序)에는 "전인의 사례를 인용하여 교수하고 포경(抱經 노문초(盧文弨))의 교감본에서 모두 뽑아 상호 참고하여 고증해서 마침내 일을 이룰 수 있었다.〔援引校讐, 悉出抱經, 參互考證, 遂得蕆事。〕"[14]라고 하였

---

14 전인의……있었다 : 1804년 취문당(聚文堂)에서 간행한 가선사씨장판(嘉善謝氏藏版) 《순자전석(荀子箋釋)》에는 "其援引校讐, 悉出抱經, 參互攷證, 往復一終, 遂得蕆事." 라고 되어 있는데, 세계서국(世界書局) 1957년 판과 중화서국 1978년 판 등의 《순자집해(荀子集解)》 〈예략(例略)〉에는 모두 해당 문장이 《교감학대강》 원문과 일치하므로 여기서는 《교감학대강》에 따라 번역하였다.

으니, 이 책은 원래 노문초에게서 나왔고 참고 간행은 사용을 통해서 이루어진 것이니 노교본(盧校本)이라고 하는 것이 옳다. 노문초가 근거한 대자송본(大字宋本)은 북송의 여하경(呂夏卿)이 희령(熙寧) 연간에 간행한 것이지만, 여각본(呂刻本)은 보지 못하고 다만 주문유(朱文游)가 소장한 영초본(影鈔本)을 취해다가 대교하였기 때문에[15] 간혹 영초 과정에서 글자를 틀려 잘못된 부분이 있다. 이는 〈수신(修身)〉과 〈왕패(王覇)〉 두 편의 주석에서 증험할수 있다. 이번 간행은 인하여 노교본을 위주로 하고, 사용의 간본을 따라 양경(楊倞)의 주석 외에 하나의 'O' 부호를 더하여 교주(校注)를 전부 기록하고 '노문초왈' 네 글자를 더하여 구별하였다. 그《보유(補遺)》 1권은 주석 가운데 나누어 넣었다. 노교본은 하나의 판본을 위주로 하지 않았는데, 여기서도 그 예를 좇아 좋은 것을 택하여 따랐다.

우왕합교본(虞王合校本)은 명(明)의 우구장(虞九章)과 왕진형(王震亨)이 교수한 것으로 노문초가 근거한 구본의 하나이다. 노문초가 우왕합교본 가운데 인용하여 소개한 것은 오직 〈왕패〉의 "크게는 천하를 소유하였고 작게는 일국을 소유하였다.〔大有天下, 小有一國〕"에 대한 주문(注文)뿐이었다. 이에 원서(元書)를 재차 검증해 보니 오히려 채택할 만한 것이 있기에 몇 가지를 보태어 넣었다. 이 외에 정문과 주석 가운데 기이(歧異)가 더욱 불어나 전사하는 과정에서 야기된 오류나 임의로 구절을 산절한 경우에 해당하는

---

15 다만……때문에 :《교감학대강》에는 해당 원문이 '僅取朱文游所藏影鈔本'으로 되어 있는데, 중화서국 1978년 판《순자집해》〈예략〉에는 '僅取朱文游所藏影鈔本相校'로 되어 있으므로 이에 따라 번역하였다.

것은 대부분 노씨가 속간본(俗間本)이라고 말한 것과 서로 부합되므로 이미 증거를 취할 바가 아니기에 다시 인용하지 않았다.

송대주본(宋臺州本)은 송(宋)의 당중우 여정(唐仲友 與政)이 대주(臺州)에서 간행하였다. 이것은 곧 여본(呂本)에 의거하여 중간(重刊)한 것이다. 준의(遵義) 여서창 순재(黎庶昌 蒓齋)는 일본에서 영모본(影摹本)을 얻어 중간하여 《고일총서(古逸叢書)》의 하나로 삼았다. 〈양서(楊序)〉와 〈신목록(新目錄)〉을 처음에 두었고, 〈유향상언(劉向上言)〉, 〈왕려중교함명(王呂重校銜名)〉, 〈희령원년국자감차자관함(熙寧元年國子監箚子官銜)〉, 〈순희팔년당서(淳熙八年唐序)〉, 〈경적방고지이발(經籍訪古志二跋)〉, 〈중간양발(重刊楊跋)〉을 끝에 두었다. 이는 《곤학기문(困學紀聞)》에서 "지금의 감본은 곧 당여정이 대주에서 간행한 희령 연간의 구본인데 역시 선본이라고 할 수 없다."라고 한 것이다. 그러나 오늘날에는 보기 드문 판본이므로 여기서는 취하여 이로써 대교하여 몇 가지를 얻어 주문(注文)에 끼워 넣었다. 그것은 여본(呂本)과 동일한데, 1권의 '취람(取藍)'[16]과 '간월(干越)'[17]의 비유 같은 것은 모두 다시 나오지 않으므로 이로써 번잡한 것을 빼 버렸다. 그 분명한 와오(訛誤)의 경우에는 비록 여본과 일치하지 않더라도 역시 취한 것이 없다.

---

16 취람(取藍) : 《순자(荀子)》 〈권학(勸學)〉에 "군자는 말하였다. '학문은 그만둘 수가 없다. 푸른 염료는 쪽에서 얻지만 쪽보다 푸르며, 얼음은 물이 얼어서 되는 것이지만 물보다 차갑다.'〔君子曰, 學不可以已, 靑取之於藍, 而靑於藍 ; 氷水爲之, 而寒於水。〕" 하였다.

17 간월(干越) : 《순자》 〈권학〉에 "오·월·이·맥족의 아기는 태어날 때는 울음소리가 같지만, 자라고 나면 습속이 달라진다. 모두 교육이 그렇게 만드는 것이다.〔干越夷貉之子, 生而同聲, 長而異俗, 敎使之然也。〕" 하였다.

서하(棲霞) 학의행(郝懿行)의 《순자보주(荀子補注)》 상하권 말미에 〈여왕시랑논손경(與王侍郎論孫卿)〉과 〈여이비부논양경(與李比部論楊倞)〉을 부록하였는데, 여기서는 전부 기재하여 주석에 넣었다.

고우(高郵) 왕염손(王念孫)의 《독서잡지(讀書雜志)》 8에서 《순자》 8권을 교감하였는데, 노본(盧本)에 근거하여 안어(案語)를 더하고 송(宋) 전전(錢佃)의 강서조사본(江西漕司本)·공사설(龔士卨)의《순자구해(荀子句解)》본, 명(明) 세덕당본(世德堂本)으로 참교(參校)하였다. 이어서 원화(元和) 고천리 간빈(顧千里 澗蘋)이 직접 쓴 〈여전이본이동(呂錢二本異同)〉을 얻어서 다시 《보유(補遺)》 한 권을 만들어 서문을 쓰고 간행하였다. 그리고 《순자(荀子)》 일문(佚文) 및 고씨 고증(考證)의 각 조를 끝에 부록하였는데, 그 가운데 유태공 단림(劉台拱 端臨), 왕중 용보(汪中 容甫), 진환 석보(陳奐 碩甫)와 같은 여러 학자의 설을 수집, 검토하여 자세히 설명하고 노문초의 교본(校本)과 학의행의《순자보주》의 정밀한 설 역시 부록하였다. 여기서는 왕염손의 각 조항을 취하여 주문에 산입(散入)하였다. 유태공, 왕중, 진환, 고천리의 여러 설은 인하여 책머리에 각기 성씨에 따라 두었다.

덕청(德淸) 유월(兪樾)의 《제자평의(諸子平議)》 권12~15에 해당하는《순자평의(荀子平議)》 네 권은 전부 채록하여 주석에 넣었다. 근래 학자의 설 역시 부록하였다.

《순자집해》는 집교집석본(集校集釋本)이다. 《순자》의 원류와 관련하여 별도로 고증(考證) 자료를 모아 책 뒤에 부록하였다. 이 〈예략〉은 주로 근거한 저본이 노문초가 교감한 《순자전석(荀子箋釋)》본임을 설명하였고, 노문초의 교본을 전부 채록한 것 이외에 아울러 왕선겸 자신이 이용한 각 참교본과 전대 학자들의 교감 성과를 설명하였다. 그 작성 양식은 각 판본을 가지고 한 조목 한 조목 채택 정황과 처리 방식을 간결하게 설명하였는데, 조례와 같은 특징을 지녔다.

주조모(周祖謨)의 《낙양가람기교석(洛陽伽藍記校釋)》의 〈서례(敍例)〉에 다음과 같은 내용이 있다. 일곱 가지 조항에서 네 가지 조항을 뽑았다.

1 《낙양가람기》의 각본은 매우 많은데, 명각본(明刻本)과 청각본(淸刻本)이 있다. 명각본은 주로 세 종류가 있는데, 첫째 여은당본(如隱堂本), 둘째 오관(吳琯)이 간각한 고금일사본(古今逸史本), 셋째 모진(毛晉)의 급고각(汲古閣)에서 간각한 진체비서본(津逮秘書本)이다. 여은당본은 누가 간인한 것인지 알지 못하나 판각의 특징상 가정(嘉靖) 연간에 나온 듯하며, 이하 주석 생략한다. 일사본의 경우에는 만력(萬曆) 연간에 각판한 것이다. 두 판본은 연원이 다르며, 문자에 차이가 있다. 진체본은 숭정(崇禎) 연간에 간행되었는데, 모부계(毛斧季)의 말에 근거하면 원래 여은당본에서 나왔다고 하나 개찬한 부분이 있다. 아마 일사본에 근거하여 대교하고 개정하였을 것이다. 청대의 각본으로 말하면 네 종류가 있는데, 첫째 건륭(乾隆) 연간에 왕모(王謨)가 집교(輯校)한 한위총서본(漢魏叢書本), 둘째 가경(嘉慶) 연간에 장해붕(張海鵬)이 간행한 학진토원본(學津討原本), 셋째 가경 시기 오자충(吳自忠)의 진의당총서활자본(眞意堂叢書活字本), 넷째 도광(道光) 시기 오약준(吳若準)의 낙양가람기집증본(洛陽伽藍記集證本)이다. 고찰해 보건대, 한위본은 일사본에서 나왔고, 학진본은 진체본에 근거하여 번각(翻刻)하였는데 조금 수정된 부분이 있다. 진의당본은 다시 진체본과

한위본을 참작·취택하여 완성한 것이다. 오씨의 집증본으로 말하면 비록 여은당본에서 나왔다고 말하나 또한 약간이나마 산개(刪改)한 부분이 있다. 무릇 별본(別本)에 이문(異文)이 있는 것은 모두《낙양가람기집증》에 자세히 설명하였다.

이를 종합하여 말하면,《낙양가람기》의 전본(傳本)이 비록 많기는 하지만, 여은당본과 고금일사본만이 고본(古本)이 된다. 이후에《낙양가람기》를 전각(傳刻)한 것은 모두 이 두 판본의 계통을 벗어나지 않는다. 그러므로 두 판본은 아마도 후일 일체 각본의 조본(祖本)이 될 것이다.《낙양가람기》를 교감하는 일은 당연히 이 두 판본을 위주로 해야 한다. 마치 갖옷을 털 때 옷깃을 잡듯이 핵심을 잡는다면 나머지는 모두 자연히 순리대로 뒤따를 것이다. 만일 여러 판본을 과도하게 늘어놓기만 하고 그 요체는 알지 못한다면 보는 사람이 혼란스러워 수고롭기만 하고 효과는 적을 것이다.

2 여은당본은 오늘날 쉽게 보이는 것이 동강(董康) 및《사부총간(四部叢刊)》삼편(三編)의 영인본이다. 원간본(原刊本)의 경우에는 거의 쉽게 볼 수가 없다. 북경대학도서관 소장 '이목재서(李木齋書)' 중에 이것이 있는데, 청인(淸人)의 장서인기(藏書印記)가 없다. 내가 근거한 것은 동강본(董康本)이다. 옛날 모부계가 "여은당본 안에는 결자가 많다. 제2권 가운데 세 페이지가 빠져 있는데, 일 벌이기 좋아하는 사람들이 전사(傳寫)하여 보충해서 넣었는데 사람마다 각기 다르다."하였다. 살펴보건대, 동강본 권2에는 4·9·18의 세 판이 빠져 있으니 모씨가 말한 바와 일치하고, 동강은 "오자충의 진의당본으로부터 이 3쪽을 보충하였다."하였다. 살펴보건대, 진의당본은 제9쪽의 '受業沙門亦有千數' 아래에 '趙逸云暉文里

是晉馬道里'11자가 있는데, 동강본에는 이 말이 바로 앞의'高門
洞開'아래에 있어서 진체본과 같으니, 이를 통해 동강본의 보충된
부분 역시 전부 진의당본만을 따르지는 않았음을 알 수 있다. 그리
고《사부총간》및 이성탁(李盛鐸) 구장(舊藏)의 여은원각본(如隱
原刻本)[18]도 이 3쪽이 빠져 있는데, 그 초록하여 보충한 부분이 또
똑같이 동본(董本)과 다름이 없어서 마치 하나의 바퀴자국에서 나
온 듯이 똑같으니 자못 이해할 수가 없다.

3 명(明)의《영락대전(永樂大典)》가운데《낙양가람기》를 인용하여
언급한 것은 권7328의 '양운(陽韻)'의 '랑(郞)' 자 아래의 것 1조,[19]
권13822부터 권13824까지 '치운(寘韻)'의 '사(寺)' 자 아래의 것
33조[20]가 보이는데, 합하여 대략 양현지(楊衒之)의《낙양가람기》
의 5분의 3에 해당한다. 풍부하다고 할 만하다. 살펴보건대,《영락
대전》은 비록 명나라 사람이 편수한 것이지만, 취록한 서적은 거의

---

18 이성탁(李盛鐸) 구장(舊藏)의 여은원각본(如隱原刻本) :《교감학대강》에는 '李氏舊藏
之原刻本'으로 되어 있고, 상해서점출판사(上海書店出版社)의 2000년 판《낙양가람기
교석(洛陽伽藍記校釋)》〈서례(敍例)〉도 이와 같다. 다만 북경대학출판사의 2000년
판《문자음운훈고논집(文字音韻訓詁論集)》에 수록된〈낙양가람기교석서례〉에는 해당
문장이 '李氏舊藏之如隱原刻本'으로 보충되어 있으므로 이를 참고하였다.

19 권7328의……1조 :《영락대전(永樂大典)》권7328에서 양운(陽韻) 랑(郞)에 대한《낙
양가람기》인용 부분은 '모세제랑(慕勢諸郞)' 1조이다.

20 권13822부터……33조 :《영락대전》권13822~13824에서 치운(寘韻) 사(寺)에 대한
《낙양가람기》인용 부분은 권13822의 건중사(建中寺)·장추사(長秋寺)·요광사(瑤光
寺)·경락사(景樂寺)·소의니사(昭儀尼寺)·원회사(願會寺)·광명사(光明寺)·호통사
(胡統寺)·수범사(修梵寺)·숭명사(嵩明寺)·경림사(景林寺)·경명사(景明寺)·대통사
(大統寺)·진태사공이사(秦太師公二寺)·고양왕사(高陽王寺) 등 15조, 권13823의 숭
허사(崇虛寺)·명현니사(明懸尼寺)·영락사(瓔珞寺)·위창니사(魏昌尼寺)·경흥니사(景
興尼寺)·태강사(太康寺)·진태상군사(秦太上君寺)·정시사(正始寺)·경녕사(景寧寺)·
충각사(沖覺寺)·선충사(宣忠寺)·추광사(追光寺)·융각사(融覺寺)·광보사(光寶寺)·
종성사(宗聖寺)의 15조, 권13824의 선허사(禪虛寺)·응현사(凝玄寺)의 2조이다.

모두 송원(宋元) 시기에 서로 전수한 구본(舊本)이다. 그렇다면
그 가운데 인용한 부분은 명대 이전의 한 고본일 뿐만이 아니다.
또 무전손(繆荃孫)이 간인한《원하남지(元河南志)》의 권3에 적힌
'後魏城闕市里'의 글은 한 번만 보아도《낙양가람기》에서 나온 것임
을 알 수 있다. 무전손은 "원서(原書)는 아마도 송민구(宋敏求)의
구지(舊志)를 따랐을 것이다." 하였다. 송민구의 책은《송사(宋史)》〈예문
지(藝文志)〉에 보이는데, 모두 20권이다.²¹ 과연 이와 같다면, 채록한 것은
또 북송본이 된다. 이 두 가지는 전대의 학자들이 모두 미처 언급
하지 않은 것이기 때문에 특별히 나타내어서 독자로 하여금《낙양
가람기》의 교감은 여러 각본(刻本)에서 수집한 것 말고도 오히려
이런 중요한 자료가 있음을 알도록 하였다.²² 두 판본에서 인용한
내용을 보면²³《하남지(河南志)》의 글이 가장 오래되었고,《영락대

---

21 송민구의 책은……20권이다. :《교감학대강》에는 해당 원문이 "宋敏求書見宋史藝文志,
凡二十卷."으로 되어 있고, 이는 상해서점출판사의 2000년 판《낙양가람기교석》〈서
례〉와도 일치한다. 그러나 북경대학출판사의 2000년 판《문자음운훈고논집》에 수록된
〈낙양가람기교석서례〉에는 "宋敏求書見《宋史·藝文志》, 凡二十卷。今佚."이라고 되어
있다. 후자의 경우《자선집(自選集)》과《낙양가람기교석》〈서례〉를 보충하여 작성했
음을 밝히고 있고, 논집의 특성상 주조모가 원문을 수정, 보충했을 가능성이 있으므로
역시 틀린 것이 아니라고 할 수 있다. 다만《교감학대강》의 저자는《낙양가람기교석》
〈서례〉를 인용한 것으로 보이므로 여기서는《교감학대강》에 따라 번역하였다. 참고로
《송사》〈예문지〉에는 "宋敏求《長安誌》一十卷, 又《東京記》二卷,《河南誌》二十卷。"이
라고 하였다.
22 이 두 가지는……하였다.:《교감학대강》에는 해당 원문이 "此二者前人均未道及, 故特
表而出之, 使覽者知校勘伽藍記, 除采取諸刻本外, 尙有此重要之資據在焉。"으로 되어
있으며,《낙양가람기교석》〈서례〉와도 일치한다. 그러나《문자음운훈고논집》〈낙양가
람기교석서례〉에는 '使覽者知校勘伽藍記'가 '由此可知知校'로 되어 있다. 이미 앞의 주
21에서 밝혔듯이 후자의 경우 주조모에 의해 수정되었을 가능성이 있으며, 특히 〈서례〉
의 제3조는 내용과 자구에 많은 차이를 보이고 있다. 따라서 이하에서는《교감학대강》
에 따라 번역하고, 차이가 나는 문장은 참고를 위해 제시하기로 한다.

전》의 인용 부분은 대부분 일사본과 같다. 이를 통해 더욱 일사본과 여은본은 달라서 각기 별개의 내원(來源)이 있음을 알 수 있다.[24]

4 《낙양가람기》의 교본(校本)이 있게 된 것은 오자충의 《낙양가람기집증》에서 시작되었다. 그러나 간략하고 또 와류(訛謬)가 있어서 정선(精善)한 것이 되지는 못한다.[25] 근대에는 두 종류의 교본이 있는데,[26] 하나는 《대정장(大正藏)》 권51에 수록된 교본으로 원서(原書)는 여은당본에 의거하여 배인(排印)하였고 여러 판본을 참교하여 그 이동(異同)을 아래에 열거하였다. 그러나 고금일사본과 진의당본은 참조하지 않았다. 다른 하나는 장종상(張宗祥) 선생의 합교본(合校本)이다. 이 책은 하나의 판본을 위주로 하지 않았으나, 각 판본을 합교하여[27] 그중 좋은 것을 택하여 취하였다. 무릇

---

23 두 판본에서……보면 : 《교감학대강》에는 해당 원문이 '觀其內容'으로 되어 있는데, 《문자음운훈고논집》〈낙양가람기교석서례〉에는 '觀二者所引內容'으로 보다 자세하게 되어 있다. 여기서는 이를 참고하여 번역하였다.

24 이를……있다 : 《교감학대강》에는 해당 원문이 "由是益可知逸史本與如隱本不同, 自有其來源."으로 되어 있는데, 《문자음운훈고논집》〈낙양가람기교석서례〉에는 "이에 근거하여 또 일사본과 여은본이 다르며, 그들이 근거한 전본도 달랐음을 알 수 있다. 이것은 또한 고서의 유전 과정 중에 항상 있는 현상이다.〔据是又可知逸史本與如隱本不同, 其所据之傳本固自不同. 此亦爲古書流傳中之常有現象.〕"라고 되어 있다.

25 그러나……못한다 : 《교감학대강》에는 해당 원문이 "然簡略且有訛繆, 未爲精善."으로 되어 있는데, 《문자음운훈고논집》〈낙양가람기교석서례〉에는 "그러나 간략한 데 지나치고 또 오류가 있어서 정선한 것이 되지 못한다.〔然過于簡略, 且有訛謬, 未爲精善.〕"라고 되어 있다.

26 근대에는……있는데 : 《교감학대강》에는 해당 원문이 '近乃有二校本'으로 되어 있는데, 《문자음운훈고논집》〈낙양가람기교석서례〉에는 "근대에는 두 가지 교본이 있다.〔近代則有二校本〕"로 되어 있다.

27 각 판본을 합교하여 : 《교감학대강》에는 해당 원문이 '合校衆本'으로 되어 있는데, 〈낙양가람기교석서례〉에는 '衆本'이 '各本'으로 되어 있으므로 이에 근거하여 바로잡아 번역하였다.

이동이 있으면 모두 그 아래에 자세히 기록하고 단어를 붙이지 않았는데, 충분히 그의 면밀하고 신중한 교감 태도를 볼 수 있다. 그러나 촬록(撮錄)할 때에 상당히 오류와 탈락이 있었다. 예를 들어 권1 "호통사(胡統寺)"조에 '其資養緇流從無比也' 9자가 빠져 있다. 지금의 교본(校本)은 여은당본을 위주로 고금일사본을 참조하여 그 이동을 교감하여 시비를 판정했다. 무릇 의미상 둘 다 통하는 것은 주석에 "일사본에는 '아무'로 되어 있다.〔逸史本作某〕"하였다. 일사본이 잘못된 경우에는 대개 여은본을 따랐다. 여은본은 오자가 비교적 많아 모두 일사본을 취하여 교정했다. 원서가 모두 있으므로 자세히 살펴볼 수 있다. 진체본·한위본 이하의 각 본으로 말하면 역시 모두 교수(校讎) 대상의 범주에 속한다. 만일 취할 만한 것이 있으면 반드시 좋은 것을 택하여 따랐다. 만약 진체본이 여은본과 같고 한위본이 일사본과 같다면 바로 그 판본 연원의 유래는 다시 말하지 않아서 이로써 혼란을 피하였다. 이것이 이른바 '갖옷을 털 때는 옷깃을 잡는다.〔振裘挈領〕'라는 것이다. 만약 진체본이 여은본과 다르고, 학진본이 또 진체본과 다르다면 일사본이나 한위본에 의거하여 고쳤기 때문에 역시 자세히 거론하지 않았다. 간혹 한두 군데 출교하여 이로써 그 판본상의 원류를 나타냈을 뿐이다. 서적을 교감하는 일은 억단(臆斷)을 가장 피해야 하며, 참된 지식과 명철한 견해가 있다 하더라도 전혀 논란거리가 없을 수는 없다. 지금 교개한 부분은 모두 그 증거를 제시하였다. 간혹 문례(文例)나 상하의 문의(文意)에 의거하여 확실히 탈오(脫誤)가 있음을 안 경우에는 임의대로 정정하고 아울러 그 이유를 진술하여 밝혔으니 학자는 참작하라. 무릇 문례에 따라 보탠 글자는 글자 밖에 똑같이 〔 〕 부호로 표시하였다.

이 서례 체제는 대략 왕선겸의 예와 같은데, 주로 한 조목 한 조목 근거한 저본과 참교한 각 본을 설명하였고, 그 특징은 조례 이외에 매 조항마다 한 종류의 판본의 특징을 설명하는 데 치중하였다는 것이다. 대체로 1조는 본서의 명칭 시기 각본(刻本)의 원류를, 2조는 근거한 저본을, 3조는 참교한 다른 서적을, 4조는 주요한 참교본 및 교개(校改)의 세부 원칙과 방식을 설명하였다.

진기유(陳奇猷)의 《한비자집석(韓非子集釋)》〈범례(凡例)〉에 다음과 같은 내용이 있다. 열 가지 조항에서 다섯 가지 조항을 수록하였다.

1 본서의 교감은 송건도황삼팔랑간본(宋乾道黃三八郞刊本) 간략하게 '건도본(乾道本)'이라고 칭한다. 을 위주로 하여 명정통도장본(明正統道藏本) 간략하게 '장본(藏本)'이라고 칭한다. 및 명조용현간본(明趙用賢刊本), 간략하게 '조본(趙本)'이라고 칭한다. 고광기(顧廣圻)의 《한비자지오(韓非子識誤)》에 '금본(今本)'이라고 한 것이 곧 이 판본이다. 우평본(迂評本), 능영초본(凌瀛初本), 장방본(張榜本), 장정문본(張鼎文本), 노씨의 《군서습보(群書拾補)》에는 이 판본을 '장본(張本)'이라고 하였다. 손월봉본(孫月峰本), 주공교본(周孔敎本), 왕도혼본(王道焜本), 손광본(孫鑛本), 진계공본(秦季公本), 간략하게 '진본(秦本)'이라고 칭한다. 이십자본(二十子本), 관한합각본(管韓合刻本)으로 교감하였다. 아울러 여러 서적의 인용문을 수집하여 교수의 자료로 이용하였는데, 예를 들어 《군서치요(群書治要)》, 《초학기(初學記)》, 《의림(意林)》, 《태평어람(太平御覽)》, 《사류부(事類賦)》, 《예문유취(藝文類聚)》, 《백공육첩(白孔六帖)》, 《운급칠첨(雲笈七籤)》, 《유요(類要)》, 《금수만화곡(錦繡萬花谷)》, 《장단경(長短經)》, 《설부(說郛)》, 《문선주(文選注)》 등이 모두 수집 대상 범주에 속한

다. 선진(先秦) 시기의 제자서(諸子書)로 말하면 예를 들어《노자(老子)》,《장자(莊子)》,《관자(管子)》,《상자(商子)》,《맹자(孟子)》,《순자(荀子)》,《묵자(墨子)》,《여자(呂子 여씨춘추(呂氏春秋))》와 같은 것이 있고, 진한(秦漢) 이래의 거작에 이르러서는[28]《전국책(戰國策)》,《회남자(淮南子)》,《한시외전(漢詩外傳)》,《염철론(鹽鐵論)》,《사기(史記)》,《한서(漢書)》,《설원(說苑)》,《신서(新序)》,《논형(論衡)》,《공총자(孔叢子)》,《금루자(金樓子)》,《포박자(抱朴子)》 등의 서적과《한비자(韓非子)》와 관련된 글 역시 모두 수집하여 교감의 중요 자료로 삼았다.

2 본서에서 인용한 90여 인의 선현(先賢)의 교설(校說)은 모두 조목별로 기록하여 원문의 뒤에 이어 놓았다. 무릇 몇 가지 설이 모두 통하는 경우에는 모두 나열하여 독자가 참고하도록 제공하였다. 무릇 몇 가지 설이 서로 같은 경우에는 그중에서 가장 완전한 한 가지 설을 취하고, 나머지는 다만 아무개의 교설과 같다고만 설명하고 그 글을 자세히 인용하지 않았다. 다만 그 설은 같으나 논증이 다른 경우에는 그대로 두 사람의 설을 모두 수록하였다. 수록한 전인의 교설은 대부분 그 시비를 지적하여 밝히되, 그릇된 것은 당연히 증명을 가하고 옳은 것은 또한 대부분 자세하게 설명하고 고증하였다. 만일 소득이 있으면 첫머리에 '기유안(奇猷案)'이라는 세 글자를 붙여 놓았다.

3 《한비자》를 집교(集校)한 저작은 왕선신(王先愼)의《집해(集解)》

---

28 진한(秦漢)……이르러서는 :《교감학대강》에는 해당 원문이 '秦漢以來諸著'로 되어 있는데,《한비자집석(韓非子集釋)》〈범례(凡例)〉에 '(秦漢以來)巨著'로 되어 있는 것에 근거하여 바로잡아 번역하였다.

이후에도 선주(選注)하거나 교석(校釋)한 책들이 세상에 알려져 있다. 그러나 《한비자》 본문에 대하여 거의 모두 《집해》를 좇아 개정하였으므로 지금 시시콜콜히 기재하지 않았으나, 이따금 《집해》와 동일하지 않은 것이 있으면 각 판본의 조목 아래에 설명하였다. 일본 학자들 역시 집교와 유사한 성격의 저작으로 쇼고 엔(松皐圓)의 《찬문(纂聞)》과 츠다 호케이(津田鳳卿)의 《해고(解詁)》 같은 것들이 있는데, 그 개정한 것 가운데 참고할 가치가 있는 것은 따로 모두 조목을 두어 수록하였고, 임의로 찬개(竄改)한 것은 생략하고 취하지 않았다.

4 편(篇) 가운데 자구는 함부로 변경하지 않았다. 반드시 논증이 있고 선본의 근거가 있는 경우에만 변경하였으며, 비록 강력한 논증이 있더라도 선본의 근거가 없는 것은 감히 고치지 않았다.

5 각 편의 장절(章節)은 건도본에는 합쳐져 있는데 다른 판본에는 나누어져 있거나 건도본에는 나누어져 있는데 다른 판본에는 합쳐져 있거나 건도본 및 각 판본이 모두 합쳐져 있거나 나누어져 있는데, 이제 열독(閱讀)에 편리하도록 모조리 문의(文義)에 따라 문단을 나누었다. 이 경우 모두 각 문단의 아래에 주를 달아 밝혀서 독자가 이를 통해 건도본의 옛 모습을 알 수 있도록 하였다.

《한비자집석》(1958년 판) 말미에는 〈각본고(刻本考)〉, 〈인서목(引書目)〉, 〈고증자료(考證資料)〉를 부록하여 해당서의 유전 정황과 판본 원류에 대한 글과 자료들이 수록되어 있기 때문에 〈범례〉 중의 교례(校例)에 관한 서술은 비교적 간요하다.

이상의 세 가지 예는 모두 조례 설명의 한 가지 유형으로, 이러한 유형의 서례 경향은 전문(專文)의 부록과 조례 서술이 서로 결합되어 완전함과 이용의 편리성을 추구하였음을 볼 수 있다.

　서례를 완성하는 것은, 한 종의 고적을 교감한다는 측면에서 말하면 전체 작업의 종결이다. 그러나 실제로는 누구도 이 한 종의 고적에 대한 교감을 철저히 완성했다고 선언할 수는 없다. 어떤 경우에는 원래의 교감자가 다시 보충하여 교감한 저술이 나타나고, 어떤 경우에는 다른 학자가 다시 동일 서적에 대한 새로운 교감 저술을 출간하는 것을 볼 수 있다. 한 명의 신중한 학자에게 어떤 고적에 대한 교감은 보통 종신토록 연연하는 작업으로, 책 전체에 대한 교감을 끝낸 후에도 부족한 부분이 있다는 것을 깨닫고 늘 관심을 기울이게 된다. 이것이 일생 동안 서적을 교감했던 고광기(顧廣圻)가 '교감을 하지 않음으로써 교감한다.〔不校校之〕'라는 원칙을 고수한 까닭이다.

제 8 장

집일 · 변위와 교감

제1절 집일·변위와 교감의 관계

집일(輯佚)과 변위(辨僞)는 고적 정리의 두 가지 전문적인 내용으로, 양자의 관계는 쌍둥이의 관계와 유사하다. 어떤 고적은 일정한 시기 동안 산일되고 망실되었다가 여러 곳에서 약간의 편장(篇章)과 문구가 수집되기도 하고 심지어는 다시 발견되기도 하는데, 이때 수집되거나 새로 발견된 것이 도대체 진작인지 위작인지 감정을 거칠 필요가 있다. 사실 어느 시대에나 위조되거나 위작을 섞은 고적이 존재했다. 이 때문에 고적을 정리하는 일에 종사하기 위해서는 반드시 집일과 변위를 익힐 필요가 있다. 이는 마치 고고학을 연구하기 위해서 유물과 유적을 발굴하는 방법을 익히고, 또 가짜 유물을 식별할 수 있어야 하는 것과 같다.

집일과 변위는 교감과 직접적인 관계가 있다. 진위(眞僞)를 변별하지 않는다면 아마도 남쪽으로 가려는 사람이 북쪽 길로 수레를 모는 결과를 초래하게 될 것이다. 위서(僞書)나 위서로 의심되는 서적을 교감하는 것은 본서를 교감하는 것과는 확실히 달라서 상황이 매우 복잡하다. 일문(佚文)과 유편(遺篇), 단장(斷章)과 잔구(殘句)를 수집해서 이미 존재하는 본서나 본집을 더욱 완전하게 만드는 것은 원래 당연히 해야 할 작업이지만, 무엇보다 먼저 변위를 거쳐야 한다. 교감 작업시 다른 책을 원용해서 본서를 교감할 때에도 변위의 문제에 마주치게 되는데, 변위를 통해서만 위조된 증거를 잘못 신뢰하는 오류에서 벗어날 수 있다.

여기에서는 집일과 변위의 이론과 실제에 대해서 전면적으로 서술하지는 않고 교감과 관련한 몇 가지 주요한 문제에 대해서만 간단하게 설명하도록 하겠다.

제2절 집일과 교감

어떤 고적이 이미 망실되거나 산락(散落)되었더라도 그 이전 그 책이 출판되어 전파되는 시기 동안 다른 책에 널리 인용되어 초록(抄錄)되거나 선집(選輯)되었을 수 있다. 이 때문에 그 책이 서목(書目)에 저록되어 있는 것은 물론 그 유편과 단장까지도 찾아볼 수 있는데, 후인(後人)이 그것들을 수집하는 것이 바로 집일(輯佚)이다. 대체로 말해서 집일에는 세 가지 유형이 있다.

첫째, 전체가 이미 망실된 책의 단장과 잔구를 수집하는 것으로, 이것은 '엄격한 의미의 집일'이다. 예들 들어 청대(淸代)《사고전서(四庫全書)》를 편찬할 때 명나라《영락대전(永樂大典)》에서 일서(佚書) 375종 4926권을 집일한 것, 명(明)나라 손각(孫穀)이 한대(漢代)의 위서(緯書)를 집록하여《고미서(古微書)》를 편찬한 것, 그리고 마국한(馬國翰)의《옥함산방집일서(玉函山房輯佚書)》, 왕모(王謨)의《한위유서초(漢魏遺書鈔)》, 황석(黃奭)의《한학당총서(漢學堂叢書)》 등이 모두 이러한 유형에 속한다.

둘째, 책 전체가 산락되어 완전하지는 않지만 보존된 편장이 비교적 많아서 후인의 집본이 이미 통행되고 있는데 그 후 또 단장과 잔구를 발견하여 다시 보충하는 경우이다. 이것은 '비교적 넓은 의미의 집일'로서 실제로는 집일과 보유(補遺)이다. 예를 들어 한(漢)·위(魏)·육조(六朝) 시대 명가의 문집은 대부분 집본인데, 현행본에는 왕왕 또 부록으로 일문(佚文)이나 일문(逸文)이 실려 있다. 이것은 실제로는 보유이다.

세 번째, 책 전체는 대체로 보존되어 있지만 일부분이 산실(散失)되었는데 후인이 이것을 수집하는 경우이다. 이것은 '넓은 의미의 집일'로서 실질적으로는 보유이다. 예를 들어 진한(秦漢) 시대의 제자서와 당송(唐宋) 대가들의 문집에 부록으로 실린 일문(佚文)은 모두 이러한 유형에 속한다. 그러므로 실제로는 집일과 보유 두 가지 유형만이 존재한다.

교감과 직접적으로 관계가 있는 것은 수집된 일문이다. 일문에 대한 교감과 일문을 다른 고적을 교감하는 데 근거 자료로 삼는 것, 이 두 가지 모두 일반적인 교감과는 다른 약간의 문제가 존재한다. 일문은 본서나 본집 혹은 집본에 실려 있지 않은 것이다. 집일 작업에는 비교할 만한 책이 아예 없다. 보유 작업에는 비록 비교할 만한 본서나 본집이 존재하기는 하지만 단지 문장의 체례를 비교할 수 있을 뿐 결코 이문(異文)이 존재하지는 않는다. 이것이 일문의 주요한 특징이며, 또한 교감이란 각도에서 일문을 분석하고 판단할 때의 기본적인 출발점이다.

1 일문에 대한 교감

집일된 문장이나 집일된 서적에 대한 교감은 주요하게는 일문의 출처인 고적의 각 판본과 다른 책의 이문을 수집하여 비교, 분석하는 것으로, 본서나 본집과는 아무런 관계가 없다.

예를 들어, 진(秦)나라 이사(李斯)의 문집은 현재 존재하지 않으며, 현존하는 그의 문장은 모두 다른 책에서 수집된 것이다. 〈간축객서(諫逐客書)〉 같은 경우는 《사기(史記)》〈이사전(李斯傳)〉에서 나온 것이고 또 《문선(文選)》에도 실려 있다. 〈상한왕서(上韓王書)〉와 〈존한의(存韓議)〉는 《한비자(韓非子)》〈존한(存韓)〉에서 나온 것이며,

〈태산각석(泰山刻石)〉등의 찬송(贊頌)은 《사기》〈진시황본기(秦始皇本紀)〉에서 나온 것이다. 또 〈태산각석〉과 〈낭야대각석(琅琊臺刻石)〉은 아직 원래의 비석이 존재하며, 이 외에도 〈역산각석(嶧山刻石)〉등이 있다. 앞서 말한 이사의 문장을 교감하려면 《사기》, 《한서(漢書)》, 《한비자》의 각 판본 및 다른 책에 인용된 것에 의거할 수밖에 없으며, 〈역산각석〉은 원각(原刻)과 비교해야 한다.

또 한대(漢代)의 위서(緯書) 같은 경우는 수대(隋代)의 금서(禁書)와 훼손(毀損)을 거치면서 거의 망실되어 당대(唐代)에는 겨우 《역위(易緯)》한 종만 보존되었으며, 송대(宋代) 이후에는 《역위》또한 실전(失傳)되었다가 청대에 《사고전서》를 편찬하면서 《영락대전》에서 일문을 수집하여 《역위》전체를 재구성하였다. 다만 《상서위(尙書緯)》, 《시위(詩緯)》, 《예위(禮緯)》, 《악위(樂緯)》, 《춘추위(春秋緯)》, 《논어위(論語緯)》등 7종 위서의 내용은 여러 경(經)의 주소(注疏)와 《풍속통(風俗通)》, 《백호통(白虎通)》, 《한서》〈오행지(五行志)〉, 《진서(晉書)》〈천문지(天文志)〉, 《수서(隋書)》〈천문지〉, 《태평어람(太平御覽)》, 《예문유취(藝文類聚)》, 《북당서초(北堂書鈔)》, 《개원점경(開元占經)》, 《초학기(初學記)》, 《문선주(文選注)》, 《옥해(玉海)》등 다른 책의 인용문 여기저기에 보인다. 이러한 일서를 교감하는 데는, 영락대전본 《역위》같은 경우 비록 완정본이기는 하지만 실은 고본(孤本)으로서 비교할 만한 다른 판본이 존재하지 않으므로 위의 7종 위서와 동일하게 다른 책에 인용된 부분과 비교할 필요가 있다.

또 예를 들어 당나라 초기의 시인 왕범지(王梵志)의 시는 비록 당송시대의 시화(詩話)나 필기소설(筆記小說)에 인용되었고, 《송사(宋史)》〈예문지(藝文志)〉에도 한 권으로 저록되어 있으며, 또 일본 헤이안(平安, 794~1185) 시대에 편찬된 《일본국현재서목(日本國見在書目)》에도 두 권으로 저록되어 있지만, 지금은 모두 실전되었다. 그러다가 돈황(敦煌)의 유서(遺書) 중에서 왕범지의 시가 쓰인 28종의 사본이 발견되었고, 근래 장석후(張錫厚)가 거기에서 일문을 수집하고 교석(校釋)하여 《왕범지시교집(王梵志詩校輯)》을 지었다. 그 〈범례〉는 수집된 일문을 교감하는 데 참고가 될 만하다. 그 내용은 다음과 같다.

1 본서의 정리 작업은 왕범지의 시를 교록(校錄)·집보(輯補)하고, 아울러 이미 발견된 각기 다른 돈황사본(敦煌寫本) 왕범지의 시에 근거해 고정(考訂)을 진행하여 명백한 탈오를 개정하는 데 주요한 목적이 있다.

2 본서는 대체로 돈황사본 원권(原卷)의 '권차(卷次)'의 순서에 의거하여 차례로 편집하였다. 즉 권1 원제 '卷上' 권2 원제 '卷中' 권3 원제 '卷第三' 권4 원제 '一卷' 권5 어떤 본에는 제목이 '오언백화시잔권(五言白話詩殘卷)'으로 되어 있다. 권6 돈황유서 및 당송 이래 시화와 필기에서 산견되는 왕범지의 시를 집록하였다. 보유 110수본(本)의 잔시(殘詩)를 수록하였다. 이외에도 돈황사본 《선시(禪詩)》 잔권(殘卷) 斯4277 중에서 '범지체(梵志體)'와 유사한 시를 부록으로 실었다.

3 본서의 교집(校輯)에 사용된 사본은 다음과 같다.
영국 스타인(Sir Mark Aurel Stein, 1862~1943)의 일련번호(S)가 붙은 12종의 사본
프랑스 펠리오(Paul Pelliot, 1878~1945)의 일련번호(P)가 붙은 15종의 사본
소련의 일련번호가 붙은 잔본 1종……

4 전인(前人)이 이미 정리한 왕범지의 시권(詩卷)에는 다음과 같은 것이 있다.

유복(劉復)의 《돈황철쇄(敦煌掇瑣)》의 쇄(瑣)30, 쇄31, 쇄32

정진탁(鄭振鐸)이 교록(校錄)한 《왕범지시(王梵志詩)》 1권 및 《왕범지(시)습유(王梵志(詩)拾遺)》

일본의 《대정신수대장경(大正新修大藏經)》 제2863호 《왕범지시》 권상(卷上)

상술한 각 권은 이록본(移錄本)으로 교감이 매우 불충분하다. 따라서 본서에서는 참고본으로만 삼았다.

5 본서의 교점(校點) 시에 각 권마다 한 종을 선택해 저본(底本)으로 삼았다.……그런 뒤에 각각 내용이 같은 돈황사본 원권(原卷)을 참조하여 점교(點校)를 진행하되, 이문이 있을 경우에는 그중 합당한 것을 선택해 따랐다.

6 본서의 점교는 가능한 한 간단명료함을 추구하였다. 사본 중의 고자(古字)와 속자(俗字)는 모두 바로잡고 출교(出校)는 하지 않았다. 저본의 정확한 자구가 다른 본에 잘못된 경우 역시 출교하지 않았다. 저본이 오류라는 것을 확정할 수 있는 자구를 직접 개정한 경우 및 다른 본에 중요한 이문이 있는 경우는 모두 일일이 출교하였다.……

7 각 권의 저본에 잔시(殘詩), 잔구(殘句), 잔자(殘字)가 있을 경우, 내용이 같은 다른 본을 참조, 비교하여 최대한 잔결된 자와 구를 고증, 보충하여 완정한 한 편을 이루도록 보완하였다. 확실히 시비를 변별할 수 없는 자구는 우선 원래대로 기록해 두거나 의문을 남긴 채 판단을 보류하였다.

8 ……

9 본서에서 집록한 왕범지의 시는 기본적으로 원사본(原寫本)에 근거하여 몇 수인지를 확정하였고, 원사본에서 수(首)를 구분하지 않

은 시는 모두 시의 협운(叶韻)에 따라 수를 구분하였다. 어떤 작품이 동일한 운에 속하더라도 내용이 구별될 경우에는 역시 별도로 수를 구분하였다. 원래의 시에 제목이 없는 경우에는 임시로 첫 번째 구로 제목을 삼았다.

10 ……

왕범지의 시를 집록하고 교감하는 것은, 비록 다른 책에 인용된 자료와 28종의 사본 및 근래 사람의 약간의 교감 성과가 있기는 하지만 그 성질로 보자면 여전히 일서의 집일에 속하는 것으로 교감의 자료로 사용한 각 판본은 주요하게는 이미 오래전에 실전된 잔본이다. 그러므로 이 정리 작업에서의 교감은 영락대전본 《역위》의 교감과 대략 동일하게 주로 본교(本校)와 이교(理教)를 운용하였는데, 주요하게는 각 사본의 내증(內證)을 근거로 삼았다.

본서나 본집 혹은 집본의 보유 작업은 집일된 문장의 교감과 비교하자면 의거할 만한 것이 하나 많은데, 바로 비교할 만한 본서의 내용과 문장의 체례(體例)가 있다는 점이다. 대략적으로 말하면 보유 작업에는 두 가지의 정황이 존재한다. 첫째, 완정한 편장의 일문을 보입(補入)하는 것이고, 둘째, 단장과 잔구를 집록하는 것이다.

완전한 편장의 일문을 보입하는 것에 대해 말하자면, 그에 대한 교감은 집일된 문장의 교감과 동일하다. 예를 들어 당대(唐代)의 고중무(高仲武)가 편선(編選)한 《중흥간기집(中興間氣集)》 같은 경우, 현행 각 판본은 기본적으로는 원서의 면모를 보존하고 있다. 다만 각 판본에는 모두 고중무가 지은 자서(自序)와 선입(選入)된 시인 중 장중보(張衆甫), 장팔원(章八元), 대숙륜(戴叔倫), 맹운경(孟雲卿), 유만(劉灣) 등 5인에 대한 평어(評語)가 일실되어 있는데, 하작(何焯)이 근거로 삼은 술고당영송초본(述古堂影宋鈔本)에는 고중무의 자서와 5인에 대한 평어가 보존되어 있다. 이 5인에 대한 평어는 변위를 필요로 할 뿐만 아니라 《당시기사(唐詩紀事)》, 《당재자전(唐才子傳)》 등에 실려 있는 이문을 근거로 참교(參校)해야 한다.

또 당대의 시인 백거이(白居易)의 자편(自編) 문집은 "모두 75권으로 크고 작은 시문이 모두 3840수이다."〈백씨집후기(白氏集後記)〉 지금 존재하는 남송소흥각칠십일권본(南宋紹興刻七十一卷本)은 대체로 원서의 면모를 보존하고 있고, 망일되고 산실된 것과 섞여 들어간 위작(僞作)은 많지 않다. 그 외에 청대 왕입명(汪立名)의 《백향산시집(白香山詩集)》〈보유(補遺)〉에 일시(佚詩) 53수가 수록되어 있고, 《전당시(全唐詩)》에 집외시(集外詩) 6수가 수록되어 있으며, 나파도원본(那波道園本)에 4수가 수집되어 있고, 근래에 고학힐(顧學頡)이 《문원영화(文苑英華)》 등의 책에서 3수를 수집하였다. 여기에 《전당시》에 수록된 연구(聯句) 15수, 사(詞) 5수를 더하여 고학힐이 《외집(外集)》 권상(卷上)을 편집하고, 또 《문원영화》, 《당문수(唐文粹)》, 《전당문(全唐文)》 등의 책에서 산문(散文) 23편을 수집하여 《외집》 권하를 편집하여, 모두 《외집》 상하권으로 보유를 만들었다.

또 당대 시인 원진(元稹)의 자편 문집은 100권인데, 지금 존재하는 60권본은 원서의 절반 이상을 보존하고 있다. 그 후 마원조(馬元調)의 중간본에서 보유로 외집 6권을 편찬하였고, 근래 사람 기근(冀勤)이 또 이어서 시 1권, 문 1권을 보완하여 모두 외집 8권이 되었다. 이런 종류의 기본적으로 혹은 대부분 원서가 보존되어 있는 서적의 보유는 통상 본집 안에 편입하지 않고 본집 밖에 편차하는데, 그에 대한 교감은 대부분 일문의 출처인 서적을 근거로 삼아야 한다.

비교적 복잡한 것은 단장과 잔구의 교감이다. 단장과 잔구에는 두 가지 종류가 있을 수 있다. 첫째는 본서에 보존된 편장의 탈문(脫文)이고, 둘째는 본서에서 일실된 편장의 장과 구이다. 또 다른 책에서 인용할 때에 적록(摘錄)하는 경우도 있고 전술(轉述)하는 경우도 있으며 또 인용된 문장의 서명을 잘못 기재하는 경우도 있는데, 이 때문에 변위 이외에도 단장과 잔구를 교감하는 데는 또 약간의 다른 상황이 존재한다.

1) 본서에 이미 실려 있는데 집일하는 사람이 제대로 검토하지 않아 일문으로 잘못 여기는 경우

《한비자(韓非子)》：明主之治國也，　適其時事以置財物，……以功置賞，而不望慈惠之賜，此帝王之政也。

현명한 군주는 나라를 다스릴 때 천시(天時)와 인사(人事)에 알맞게 함으로써 재물을 쌓고……공적으로 상을 받게 하여 은혜를 베풀어 줄 것을 바라지 않게 하니, 이것이 제왕의 정치인 것이다.

이 조항은 《군서치요(群書治要)》 권40에 나오는데, 왕선신(王先愼)은 일문으로 여겼다.[1] 그러나 실제는 〈육반(六反)〉에 실려 있는 문장으로 단지 '置'와 '致', '望'과 '念'의 두 개의 이문만이 존재한다.

2) 다른 책에 인용된 문장과 본서의 문장이 부분적으로 같아서 그것이 일문인지 혹은 탈문인지 쉽게 확정하지 못하는 경우

《묵자(墨子)》：墨子獻書惠王，王受而讀之，曰：“良書也。”

묵자가 초 혜왕에게 책을 바쳤는데, 왕이 받아 읽어 보고는 "참 좋은 책이다." 하였다.

---

1 왕선신(王先愼)은 일문으로 여겼다 : 본문의 인용문은 왕선신의 《한비자집해(韓非子集解)》 〈일문(佚文)〉에 보인다.

이 조항은 《문선(文選)》의 주(注)에 나온다.[2] 살펴보건대, 본서 〈귀의(貴義)〉에 "子墨子南游于楚，見獻惠王〔묵자가 남쪽으로 초나라에 가서 헌혜왕을 만나 보았다.〕"[3]이라는 내용이 있다. 소림(蘇林)은 '헌혜(獻惠)' 또한 초 혜왕의 시호라면 《문선》의 주에 인용된 것과 같은 사건이 아니니 일문일 수도 있다고 하였다. 필원(畢沅)은 일문으로 집일하고는 또 귀의편의 탈문이라고 하였다.

손이양(孫詒讓)은 여지고(余知古)의 《저궁구사(渚宮舊事)》에 "墨子至郢，獻書惠王，王受而讀之，曰：'良書也。是寡人雖不得天下，而樂養賢人……'〔묵자가 영에 이르러 혜왕에게 책을 바쳤는데, 왕이 받아 읽어 보고는 '참으로 좋은 책이다. 과인이 비록 천하를 얻지 못하더라도 현인을 기르는 것을 즐거워하니……'〕"문장이 길어서 기록하지 않는다. 이라고 실려 있는 것에 근거하여, 이 내용이 《문선》의 주와 합치되므로 《문선》 주의 내용은 필시 이 편의 일문일 터인데, 다만 여지고에게 무슨 근거가 있는지 모르겠다고 하였다. 그는 《묵자》의 원서에는 본래 '獻書惠王〔초 혜왕에게 책을 바쳤는데〕'으로 되어 있었는데, 전사하는 과정에서 '書' 자는 탈락되고 '獻' 자만 남았고, 교정자가 또 위아래의 글자를 바꾸어 문리를 통하게 한 것이 아닌가 의심하였다. 그의 주장은 필원의 주장과 같은데, 그 역시 《문선》의 주에 인용된 것과 《저궁구사》에 서술된 것이 《묵자》〈귀의〉에서 탈락된 일문이라면, 실제로는 탈문으로서 《묵자》 현행본에 실린 것과는 이문의 관계에 있다고 하였다.

---

2 이 조항은……나온다 : 본문의 인용문은 《문선(文選)》 권30 〈화복무창등손권고성(和伏武昌登孫權故城)〉 이선주(李善注)의 인용문에 보인다.

3 묵자가……보았다 : 《교감학대강》에는 해당 원문이 '子墨子南游于楚獻惠王'으로 되어 있는데, 《묵자한고(墨子閒詁)》(中華書局, 2007)에 근거하여 '見' 1자를 보충하여 번역하였다.

《순자(荀子)》: 天下無二道, 聖人無兩心。 神人無功, 聖人無名,
聖人者, 天下利器也。

천하에는 두 가지 도가 없으며 성인에게는 두 가지 마음이 없다. 신
인은 공이 없고 성인은 이름이 없으니, 성인은 천하를 이롭게 하는
도구이다.

이 조항은 《태평어람(太平御覽)》〈인사부(人事部) 42〉에 나온다.
또 《예문유취(藝文類聚)》〈인부(人部) 4〉에 인용된 문장에는 "聖人
者, 天下利器也。〔성인은 천하를 이롭게 하는 도구이다.〕"의 2구가 없
고, 《초학기(初學記)》〈인사부 상(人事部上)〉에 인용된 문장에는 "神
人無功, 聖人無名。〔신인은 공이 없고 성인은 이름이 없으니〕"의 2구가
없다.

그런데 본서의 〈해폐(解蔽)〉에는 "天下無二道, 聖人無兩心。〔천하에
는 두 가지 도가 없으며 성인에게는 두 가지 마음이 없다.〕"의 2구만 있
고 아래의 3구는 없다. 이 때문에 왕선겸(王先謙)은, 현행본 〈해폐〉의
"天下無二道, 聖人無兩心。〔천하에는 두 가지 도가 없으며 성인에게는
두 마음이 없다.〕"의 2구 아래 문장[4]의 문의를 세심하게 분석해 보면 이
네 구절의 문장[5]은 그 사이에 있어서는 안 되니, 그렇다면 《태평어람》
등 여러 책에서 인용한 문장은 당연히 별도의 한 편이 되어야 하며, 〈해

---

4 2구 아래 문장 : 현행본 《순자》에는 "天下無二道, 聖人無兩心。〔천하에는 두 가지 도가
없으며 성인에게는 두 가지 마음이 없다.〕" 아래에 "今諸侯異政, 百家異說, 則必或是或
非, 或治或亂。……〔지금 제후들은 정치하는 방법이 각기 다르고 각 학파는 학설이 각
기 다르니, 그렇다면 필시 어떤 학파는 옳고 어떤 학파는 그르며 어떤 나라는 잘 다스려
질 것이고 어떤 나라는 어지러울 것이다.……〕"라는 구절이 있다. 《王先謙, 荀子集解,
中華書局, 1998》
5 이 네 구절의 문장 : "神人無功, 聖人無名, 聖人者, 天下利器也。"를 가리킨다.

폐〉의 문장은 아니라고 하였다. 다시 말하면 이 6구는 당연히 《순자》의 일문이며 〈해폐〉에 탈문이 있는 것은 아닌 것이다.

3) 다른 책에 인용된 것과 본서에 실린 내용이 대략 동일한데 글자에 차이가 있어 이문에 소속시켜야 하는 경우

《한비자》: 孫叔敖冬日黑裘, 夏日葛衣。
손숙오는 겨울에는 염소 가죽 옷을 입고 여름에는 갈포 옷을 입었다. 《북당서초》 권129

《한비자》: 孫叔敖相楚, 糲飯菜羹, 枯魚之膳。
손숙오가 초나라의 재상이 되었을 때 현미밥 나물국에 마른 물고기 찬을 들었다. 《북당서초》 권143

《한비자》: 孫叔敖相楚, 衣羖羊裘。
손숙오가 초나라의 재상이 되었을 때 검은 염소 가죽 옷을 입었다. 《태평어람》 권694

이 세 조항은 실제로는 한 가지 사건이다. 본서의 〈외저설 좌하(外儲說左下)〉에 "孫叔敖相楚, 棧車牝馬, 糲餅菜羹, 枯魚之膳, 冬羔裘, 夏葛衣, 面有飢色, 則良大夫也, 其儉偪下。〔손숙오가 초나라의 재상이 되었을 때 허름한 수레를 암말로 끌게 하고 현미밥 나물국에 마른 물고기 찬을 들며 겨울에는 염소 가죽 옷을 입고 여름에는 갈포 옷을 입으며 얼굴에는 굶주린 기색이 있었다. 그는 훌륭한 대부였지만 그 검소함이 아랫사람들을 핍박하였다.〕"라는 내용이 있다. 분명 왕선신이 위의 세 조항을 일문으로 집일한 것[6]은 잠시 주의를 기울이지 못한 것이다. 실제로

는 본서의 내용을 적록한 것으로 이문인 것이다.

《한비자》: 勢者, 君之馬也; 威者, 君之輪也. 勢固則輿安, 威定
則策勁, 臣從則馬良, 民和則輪利. 爲國有失於此, 覆輿奔馬, 折
策敗輪矣. 輿覆馬奔, 策折輪敗, 載者安得不危?
권세는 군주의 말이고 위엄은 군주의 수레바퀴이다. 권세가 튼튼하
면 수레가 편안하고 위엄이 안정되면 채찍이 강해진다. 신하가 순
종하면 말이 잘 달리고 백성이 화합하면 수레바퀴가 잘 굴러간다.
국가를 다스리면서 이것을 잘못하면 수레는 넘어지고 말은 달아나
며 채찍은 부러지고 수레바퀴는 부서지게 된다. 수레가 넘어지고
말이 달아나며 채찍이 부러지고 수레바퀴가 부서진다면 거기에 타
고 있는 사람이 어떻게 위험에 빠지지 않겠는가. 《예문유취》 권52

《한비자》: 勢者, 君之輿也; 威者, 君之策也; 臣者, 君之馬也;
民者, 君之輪也. 勢固則輿安, 威定則策勁, 臣順則馬良, 人和則
輪利. 而爲國者皆失於此, 有覆輿、走馬、折策、敗輪矣.
권세는 군주의 수레이고 위엄은 군주의 채찍이다. 신하는 군주의
말이고 백성은 군주의 수레바퀴이다. 권세가 견고하면 수레가 안정
되고 위엄이 안정되면 채찍이 강해진다. 신하가 순종하면 말이 잘
달리고 백성이 화합하면 수레바퀴가 잘 굴러간다. 국가를 다스리는
자가 이것을 잘못하면 수레는 넘어지고 말은 달아나며 채찍은 부러
지고 수레바퀴는 부서지게 된다. 《태평어람》 권620

6 왕선신이……것: 본문의 세 인용문은 왕선신(王先愼)의 《한비자집해(韓非子集解)》
〈일문(佚文)〉에 보인다.

이 두 조항은 내용이 서로 같다. 본서의 〈외저설 우상(外儲說右上)〉
에 "國者, 君之車也; 勢者; 君之馬也。夫不處勢以禁誅擅愛之臣, 而必
德厚以與天下齊行以爭民, 是皆不乘君之車, 不因馬之利, 舍車而下走
者也。〔국가는 군주의 수레이며 권세는 군주의 말이다. 권세 있는 자리
에 있으면서 제멋대로 베푸는 신하를 처벌하지 못하고 반드시 덕을 후히
쌓아 가며 아랫사람과 똑같은 행동을 하여 민심을 얻으려고 다투니, 이
는 모두 군주의 수레를 타지 않고 말의 편리함에 기대지 않고 수레를 버
려둔 채 땅바닥을 달리는 자와 같은 것이다.〕"라는 내용이 있는데, 진기
유(陳奇猷)는 위의 두 조항은 바로 이 문장의 이문이라고 하였으나 왕
선신은 일문이라고 하였다.[7]

4) 다른 책에 인용된 것이 실제로는 본서의 내용을 절록(節錄)하거나 전
   술(轉述)한 경우
   《한비자》: 加脂粉則膜母進御, 蒙不潔則西施棄野, 學之爲脂粉亦
   厚矣。
   연지와 분으로 화장을 하면 막모도 군주를 모실 수 있고 오물을 뒤
   집어쓰면 서시도 들에 버려진다. 학문이란 참으로 여인네의 연지나
   분과 같은 것이다. 《태평어람》 권607

이 조항을 왕선신은 일문이라고 하였다.[8] 진기유는 "한비가 현학(顯
學)을 반대한 것은 〈오두(五蠹)〉와 〈현학(顯學)〉에 분명히 나와 있다.

---

7 왕선신은 일문이라고 하였다 : 본문의 두 인용문은 왕선신의 《한비자집해》 〈일문〉에 보
  인다.
8 이 조항을……하였다 : 본문의 인용문은 왕선신의 《한비자집해》 〈일문〉에 보인다.

그러므로 여기에서 학문에 대해 논한 것은 한비의 사상과 합치하지 않는
다. 〈현학〉에 '善毛嗇、西施之美, 無益吾面, 用脂澤粉黛則倍其初。言
先王之仁義, 無益於治, 明吾法度, 必吾賞罰者, 亦國之脂澤粉黛也。
〔모장이나 서시의 미모를 좋아하는 것은 나의 얼굴에는 도움이 안 된다.
입술연지와 머릿기름, 백분(白粉)과 눈썹먹으로 화장을 하면 원래보다
갑절은 아름다워질 것이다. 선왕의 인의의 도를 말하는 것은 정치에 도움
이 되지 않는다. 나의 법도를 밝히고 나의 상벌을 분명히 하는 것이 또
한 국가의 연지와 기름, 백분과 눈썹먹인 것이다.〕'라고 하였는데,《태
평어람》의 글은 바로 이 문장에 근거하여 개작한 것이다."라고 하였다.

《한비자》:解狐與邢伯柳爲怨。 趙簡主問於解狐曰:"孰可以爲上
黨守?"對曰:"邢伯柳可。"趙簡子曰:"非子之仇乎?"對曰:"臣
聞忠臣擧賢也, 不避仇讎; 而其廢不肖也, 不阿親近。"簡主曰:
"善。"遂以爲守。邢伯柳聞之, 乃見解狐謝。解狐曰:"擧子, 公也;
怨子, 私也。往矣! 怨子如異日。"
해호가 형백류와 원한이 있었다. 조간주가 해호에게 묻기를 "상당
의 군수를 시킬 만한 사람이 누구이겠는가?"하니, 해호가 대답하
기를 "형백류가 좋겠습니다."하였다. 조간자가 말하기를 "자네의
원수가 아닌가?"하니, 대답하기를 "신이 듣기에 충신은 어진 이를
천거하면서 원수라 하여 피하지 않으며 불초한 이를 버리면서 가까
운 사람이라 하여 사사로이 하지 않는다고 합니다."하였다. 조간주
가 "훌륭하다."하고는 마침내 형백류를 상당의 군수로 삼았다. 형
백류가 그 일을 전해 듣고는 해호를 찾아가 사례하였는데, 해호가
말하기를 "자네를 천거한 것은 공적인 일이고 자네에 대한 원한은
사적인 것일세. 어서 가게. 자네에 대한 원한은 예전 그대로일세."

하였다. 《군서치요》권40. 《예문유취》권22에는 '不避仇讎'까지 인용되어 있고 '邢'이 '荊'으로 잘못되어 있다.

이 조항을 왕선신은 일문이라고 하였다.[9] 진기유는 〈외저설 좌하〉의 아래 두 문장에 근거하여 개작한 것이라고 하였다. 하나는 "중모무령(中车無令)" 조의 문장이다

中车無令, 晉平公問趙武曰："中车,……寡人欲得其良令也，誰使而可？" 武曰："邢伯子可。" 公曰："非子之仇也？" 曰："私仇不入公門。" 公又問曰："中府之令誰使而可？" 曰："臣子可。" 故曰："外擧不避仇, 內擧不避子。"

중모에 현령이 없었다. 진 평공이 조무에게 묻기를 "중모는……과인은 훌륭한 현령을 얻고 싶다. 누구를 시켜야 좋겠는가?" 하니, 조무가 대답하기를 "형백자가 좋겠습니다." 하였다. 평공이 말하기를 "그대의 원수가 아닌가?" 하니, 대답하기를 "사사로운 원한을 공적인 일에 개입시킬 수 없습니다." 하였다. 평공이 또 묻기를 "중부의 장관은 누구를 시키면 좋겠는가?" 하니, 대답하기를 "신의 자식이 좋겠습니다." 하였다. 그러므로 '외직을 추천할 때 원수를 가리지 않고 내직을 추천할 때 자식을 피하지 않는다.'고 하는 것이다.

하나는 "해호천구(解狐薦仇)" 조의 문장이다.

解狐薦其仇於簡主以爲相，其仇以爲且幸釋已也，乃因往拜謝。 狐

9 이 조항을……하였다 : 본문의 인용문은 왕선신의 《한비자집해》〈일문〉에 보인다.

乃引弓逶而射之,……一曰:解狐擧邢伯柳爲上黨守, 柳往謝之曰:
"子釋罪, 敢不再拜。"曰:"擧子, 公也; 怨子, 私也。子往矣, 怨子
如初也。"

해호가 자신의 원수를 조간주(趙簡主)에게 추천하여 재상으로 삼
게 하였다. 그 원수는 그것이 다행스럽게 자신을 용서한 것이라고
여기고 바로 가서 사례하였다. 해호가 곧바로 활을 당겨 그를 향하
여 쏘며……일설에는 다음과 같이 전한다. 해호가 형백류를 추천하
여 상당의 군수로 삼게 하였다. 형백류가 찾아가서 사례하며 말하
기를 "자네가 죄를 용서해 주니 감히 재배하지 않을 수 없네." 하
니, 해호가 말하기를 "자네를 천거한 것은 공적인 일이고 자네에 대
한 원한은 사적인 것일세. 어서 가게! 자네에 대한 원한은 처음 그
대로일세." 하였다.

또 다른 예를 보자.

《여씨춘추(呂氏春秋)》:夫萬物成則毀, 合則離。離則復合, 合則
復離。
무릇 만물은 이루어진 뒤에는 곧 허물어지고 합쳐진 뒤에는 곧 나누
어지며, 나누어지면 다시 합쳐지고 합쳐지면 다시 나누어진다.《문
선》육기(陸機)〈위고언선증부시(爲顧彦先贈婦詩)〉에 대한 이선(李善)의 주(注)

이 조항은 전문(全文)이 《여씨춘추》에 보이지 않으므로 당연히 일문
일 것이다. 그러나 진기유는 "〈필기(必己)〉의 '若[10]夫萬物之情, 人倫之

---

10 若:《교감학대강》에는 빠져 있는데,《여씨춘추집석(呂氏春秋集釋)》(中華書局, 2009)
에 근거하여 보충하였다.

傳則不然。 成則毁, ……合則離。〔만물의 정상(情狀)과 인륜의 변천은 그렇지 않다. 이루어진 뒤에는 곧 허물어지고……합쳐진 뒤에는 곧 나누어진다.〕라고 한 문장과 〈대악(大樂)〉의 '離則復合, 合則復離, 是爲天常。〔나누어지면 다시 합쳐지고 합쳐지면 다시 나뉘는 것이 하늘의 변하지 않는 법칙이다.〕라고 한 문장으로 볼 때 이선(李善)이 두 문장을 합쳐서 만들어 낸 것인 듯하다."라고 지적하였다.

5) 다른 책에 인용된 글의 출처가 본서로 잘못되어 있는 경우

晏子曰："君之所以尊者令, 令不行, 是無君也。 故明君愼令。"
안자가 말하기를 "군주가 존귀한 것은 명령하기 때문이다. 명령이 행해지지 않으면 이는 군주가 없는 것과 같다. 그러므로 현명한 군주는 명령을 신중하게 한다." 하였다.

이 조항은 《태평어람》 권683에는 《안자춘추(晏子春秋)》에서 인용한 것으로 되어 있는 반면, 《북당서초》 45와 《예문유취》 54에는 《신자(申子)》에서 인용한 것으로 되어 있다.

晏子曰："人不衣[11]短褐, 不食糟糠。 飲食不美, 面目顏色不足視也, 是以食必粱肉。"
안자가 말하기를 "사람들은 거친 베옷을 입지 않고 지게미와 쌀겨를 먹지 않는다. 음식이 좋지 않으면 면목과 안색은 볼만한 것이 없다. 그러므로 음식은 반드시 고량진미를 먹는 것이다." 하였다. 《북당서초》 권143

---

11 衣 : 《교감학대강》에는 '依'로 되어 있는데, 《북당서초(北堂書鈔)》(藝文印書館 影印, 1956)에 근거하여 바로잡았다.

현행본《안자춘추》에는 이 글이 없다. 유사배(劉師培)는 "이 내용은 《묵자》〈비악 상(非樂上)〉에 보이는데, 진우모본(陳禹謨本)《북당서초》에서는 '晏' 자를 '墨' 자로 고쳤고, 공광도(孔廣陶)의 교감기에도 '晏子'는 위의 문장 때문에 잘못 들어간 것이라고 하였다."라고 지적하였다.

또 다른 예를 보자.

《여씨춘추》：秦滅六國, 自以爲獲水德之瑞, 遂改河名爲德水。
진나라가 육국을 멸하고는 스스로 수덕의 상서를 얻었다고 여겼다. 그래서 마침내 황하의 이름을 '덕수'로 바꾸었다.《백씨육첩(白氏六帖)》6

현행본《여씨춘추》에는 이 글이 없다. 장유교(蔣維喬) 등은 다음과 같이 지적하였다. 본서의 〈응동(應同)〉에 "代火者, 必將水, 天且先見水氣勝。 水氣勝,12 故其色尙黑, 其事則水。〔화기를 대신할 것은 필시 수기일 것이니 하늘이 장차 수기가 왕성해질 징조를 보일 것이다. 수기가 왕성해질 것이므로 그 색깔은 흑색을 숭상해야 하고 일은 물을 본받아야 한다.〕"라고 되어 있는데, 이는 다만 주나라는 화덕(火德)인데 불〔火〕을 이기는 것은 물〔水〕임을 말한 것이지, 진(秦)나라가 수덕(水德)을 얻었음을 분명히 말한 것은 아니다.《사기》〈봉선서(封禪書)〉에 "昔秦文公出獵, 獲黑馬, 此其水德之瑞, 於是秦更命河曰德水。〔옛날 진 문공이 사냥을 나가 흑마를 잡았는데 이는 수덕을 상징하는 상서였다. 그래서 진나라는 황하의 이름을 '덕수'로 바꾸었다.〕"라고 하였는데 이것과 비슷한 내용이다. 이 문장의 어기를 살펴보면 이 역시 진(秦)나라

---

12 水氣勝 : 《교감학대강》에는 빠져 있는데, 《여씨춘추집석》(中華書局, 2009)에 근거하여 보충하였다.

사람의 문장답지 않으니, 《여씨춘추》의 문장이 아니다.

　진기유는 또 "여불위(呂不韋)는 진 시황(秦始皇) 12년(기원전 235)에 죽었는데, 이때 진나라는 아직 6국을 멸망시키지 못하였으니,《백씨육첩(白氏六帖)》에 인용된 '秦滅六國〔진나라가 육국을 멸하고는〕'이란 글은 분명 《여씨춘추》의 글이 아니다."라고 지적하였다.

　이상의 예를 종합해 본다면, 단장과 잔구로 이루어진 일문을 교감할 때는 우선 본서를 자세히 검토함으로써 부실한 검토로 인해 발생하는 오류를 방지해야 한다. 다음으로는 다른 책에 인용된 문장이 본서의 문장과 내용이 동일하고 문구가 비슷한 경우 자세하게 비교하여 그것이 일문이나 탈문인지 혹은 개작인지를 확정해야 한다. 세 번째로는 다른 책에 인용된 글의 출처가 본서로 잘못되어 있는지에 주의해야 한다. 그런 뒤에 일반적인 교감의 원칙과 방법에 의거하여 일문에 대한 교감을 진행해야 한다.

2 일문을 이용한 교감

본서의 일문은 본서 내에는 당연히 비교할 만한 이문이 없다. 일문을 인용하여 다른 책을 교감하는 것은 주요하게는 외증(外證)으로 사용된다. 만일 진위의 문제가 없다면 그 원칙과 방법은 일반적으로 다른 책을 인용하여 외부 증거로 삼는 것과 동일하다. 비교적 복잡한 것은 역시 단장과 잔구 같은 일문이다. 앞서 서술한 바와 같이 이러한 종류의 일문에는 인용, 적록, 개작, 인용문의 출처가 잘못 기록된 경우 등의 각종 상황이 존재한다. 게다가 그것이 산일된 편장의 잔문(殘文)인지 아니면 현존하는 편장의 탈문인지를 반드시 고증하여 확정할 수는 없으므로, 그 자료로서의 신뢰성은 왕왕 안정적이지 못하다. 이 때문에 이러한 종류의 일문을 끌어다 증거로 삼을 때에는 더더욱 신중함이 요구된다.

《순자(荀子)》〈치사(致仕)〉: 人主之患,[13] 不在乎不言用賢, 而在乎誠必用賢。夫言用賢者, 口也; 却賢者, 行也。口行相反, 而欲賢者之至, 不肖者之退, 不亦難乎!

군주의 근심은 현자를 등용한다고 말하지 않는 데 있지 않고 성심껏 반드시 현자를 등용하는 데 있다. 무릇 현자를 등용하겠다고 말하는 것은 입이고 현자를 물리치는 것은 행동이다. 입과 행동이 서로 반대되면서 현자는 모여들고 불초한 자는 물러가기를 바란다면 이 또한 어렵지 않겠는가.

노문초(盧文弨)의 교감기에는 "'而在乎誠必用賢[성심껏 반드시 현자를 등용하는 데 있다.]' 구에는 오류가 있다. '而在乎不誠用賢[성심껏 현자를 등용하지 못하는 데 있다.]'이 되어야 한다." 하였다.

왕염손(王念孫)은 이 구절이 '而在乎不誠必用賢[성심껏 반드시 현자를 등용하지 못하는 데 있다.]'이 되어야 한다고 하면서 《관자(管子)》〈구수(九守)〉, 《여씨춘추》〈논위(論威)〉, 《가자(賈子)》〈도술(道術)〉 등의 책에 사용된 어휘의 용례를 열거하여 선진(先秦) 시대부터 한(漢)나라 때까지는 '誠必'을 연용했으므로 '必'자는 산삭해서는 안 된다는 것을 증명하였다.

왕선겸은 《군서치요》에 "不在乎不言, 而在乎不誠[말하지 않는 데 있지 않고 성심껏 하지 않는 데 있다.]"으로 되어 있는 것을 인용하여 이

---

13 患: 왕선겸(王先謙)의 《순자집해(荀子集解)》(中華書局, 1998) 등에는 '害'로 되어 있다.

구절의 '誠'자 위에 '不'자가 탈락되었음을 증명하였다.

반면 장유교 등은 한말(漢末) 서간(徐幹)의 《중론(中論)》〈망국(亡國)〉에 "而在乎誠不用賢[참으로 현자를 등용하지 않는 데 있다.]"으로 되어 있는 것을 인용하였다.

그런데 《태평어람》 권402에는 다음과 같은 《여씨춘추》의 일문 한 구절이 존재한다.

史台謂[14]申向曰：“吾所患者不知賢。” 申向曰：“人之患，不在乎不言用賢，而在乎不誠用賢。夫言用賢者，口也；却賢者，行也。言行相反，而欲賢者用，不肖者廢，不亦難乎！”

사태가 신향에게 이르기를 "나의 근심은 현자를 알아보지 못하는 것입니다." 하니, 신향이 말하기를 "사람들의 근심은 현자를 등용한다고 말하지 않는 데 있지 않고 성심껏 현자를 등용하지 못하는 데 있습니다. 무릇 현자를 등용하겠다고 말하는 것은 입이고 현자를 물리치는 것은 행동입니다. 언행이 상반되면서 현자는 등용되고 불초한 자는 폐기되기를 바란다면 이 또한 어렵지 않겠습니까." 하였다.

분명 이 구절은 《순자》의 문장과 기본적으로 동일하다. 신향(申向)은 춘추 시대 사람으로 순자(荀子)보다 이른 시대의 사람이니, 순자가 신향의 말을 인용했거나 아니면 신향과 순자가 모두 옛 선철(先哲)의 말을 인용했을 것이다. 그리고 《여씨춘추》는 또 《중론》이나 《군서치요》보다 이른 시기의 문헌이다. 일반적으로 말해서 《여씨춘추》의 일문

---

14 謂：《교감학대강》에는 '問'으로 되어 있는데, 《태평어람(太平御覽)》(中華書局 影印, 2006)에 근거하여 바로잡았다.

을 사용하여 《순자》의 '誠必'이 '不誠'이 되어야 함을 교감하고 《중론》이나 《군서치요》로 방증을 삼는다면, 매우 설득력 있는 논단이었을 것이다.

그러나 학자들은 거의 이 일문을 인용하지 않았는데, 이는 신중한 태도를 견지했기 때문이다. 그 이유는 다음 세 가지이다. 첫째, 이 일문의 출처는 송대의 《태평어람》으로 시대가 비교적 늦고, 다른 책에는 신향의 이 말을 확인해 줄 만한 방증이 없다. 둘째, 순자는 유가이고 신향은 법가여서 학술의 유파가 같지 않다. 법가의 말을 끌어다 유가의 말을 증명하는 것은 학술의 계통과 부합하지 않는다. 셋째, 신향과 순자가 똑같이 옛 선철의 말을 인용했을 것이라고 추측하는 것 역시 증거가 없다.

이 때문에 이 조항의 일문을 끌어다가 《순자》의 말을 교감하는 주요한 외증(外證)으로 삼는 것은 《중론》이나 《군서치요》를 끌어대는 것보다 신뢰성이 떨어진다. 다만 교감의 원칙을 가지고 논하자면, 《중론》을 주요한 근거로 삼고 이 일문을 방증으로 삼는다면 여전히 그 유용성을 잃지 않으면서 '誠必'이 '不誠'이 되어야 함을 논단할 수 있다. 반면 왕염손의 주장은 견강부회에 가깝다.

일문은 대부분 본서보다 후대에 간행된 서적의 인용문이 그 출처이다. 동시대에 인용된 경우는 드물게 보이지만 본서의 성서(成書) 연대보다 이른 시기의 것은 더더욱 불가능하다. 이 때문에 일문을 인용해 다른 책을 교감하는 것은, 일문의 출처가 되는 서적의 성서 연대와 교감의 대상이 되는 서적의 성서 연대에 더욱 주의해야 한다.

《회남자(淮南子)》〈무칭훈(繆稱訓)〉: 男子樹蘭, 美而不芳。
남자가 난초를 심으면 아름답지만 향기가 나지 않는다.

《문심조룡(文心雕龍)》〈정채(情彩)〉에는 그 말을 사용하여 "男子樹蘭而不芳, 無其情也.〔남자가 난초를 심으면 향기가 나지 않는 것은 정이 통하지 않기 때문이다.〕"라고 하였다. 한편《태평어람》권849에서《안자춘추》를 인용하기를 "寡婦樹蘭, 生而不芳; 繼子得食, 肥而不澤.〔과부가 난초를 심으면 자라기는 하지만 향기가 나지 않고, 의붓자식이 밥을 먹으면 살은 찌지만 윤택하지는 않다.〕"이라고 하였다.

이 경우《문심조룡》의 말을 이용하여《회남자》의 문장이 '男子'로 되어 있음을 증명하는 것은 오류가 아니다. 반면《안자춘추》의 일문을 이용하여《회남자》의 문장이 '寡婦'가 되어야 함을 증명한다면 이는 오류이다.《안자춘추》는 비록《회남자》보다 이른 시기의 문헌이지만, 이 일문의 출처는《태평어람》으로《문심조룡》보다 늦은 시기의 문헌이고 또다른 증거도 없기 때문이다.

변위 이외에도 오류를 분별하는 것은 일문을 이용해 다른 책을 교감할 때 제일 먼저 주의해야 할 문제이다. 일문은 대부분 당송 시대의 유서(類書)가 그 출처인데, 그중에는 인용문의 출처를 잘못 기록한 경우가 비교적 많다. 이 때문에 일문을 끌어다 쓸 때에는 여러 종류의 유서 및 기타 관련된 서적을 조사하고 검토하는 것이 필요하다. 앞서 인용한 인용문의 출처를 잘못 기록한 사례 이외에 또 다음과 같은 예가 있다.

其文好者身必剝, 其角美者身見煞; 甘泉必竭, 直木必伐.
무늬가 아름다운 짐승은 가죽이 벗겨지고 뿔이 아름다운 동물은 도살된다. 물맛이 좋은 샘은 반드시 고갈되고 반듯한 나무는 반드시 베어진다.

《예문유취》권23에는《안자춘추》의 글이라고 인용되어 있는 반면

《태평어람》권459에는 《문자(文子)》의 글이라고 인용되어 있는데, 현행본 《문자》〈부언(符言)〉에 이 글이 실려 있다.

또 다른 예를 들어 보자.

> 夫爵益高者, 意益下; 官益大者, 心益小; 祿益厚者, 施益博。
> 무릇 작위가 높아질수록 뜻은 더욱 겸손해지고 관직이 커질수록 마음은 더욱 조심스러워지고 봉록이 많아질수록 시혜는 더욱 넓어진다.

《예문유취》권23에는 안자의 말이라고 인용되어 있고 《태평어람》권459에도 동일하다. 단 《순자》〈요문(堯問)〉에는 다음과 같이 되어 있다.

> 孫叔敖曰：“吾三相楚而心愈卑, 每益祿而施愈博, 位滋尊而禮愈恭。是以不得罪於楚之士民也。”
> 손숙오가 말하기를 “나는 세 번 초나라의 재상이 될 때마다 마음은 더욱 겸손해지고 매번 봉록이 늘어날수록 베푸는 것은 더욱 넓어지고 작위가 높아질수록 예는 더욱 공손해졌다. 그래서 초나라의 사민들에게 죄를 짓지 않을 수 있었다.” 하였다.

그렇다면 이 말은 초나라 재상인 손숙오(孫叔敖)의 말이다. 그 말은 또 《한시외전(韓詩外傳)》권7 12장에 다음과 같이 실려 있다.

> 孫叔敖曰：“不然。吾爵益高, 吾志益下; 吾官益大, 吾心益小; 吾祿益厚, 吾施益博。可以免於患乎?”
> 손숙오가 말하기를 “그렇지 않다. 나의 작위가 높아질수록 나의 뜻이 더욱 겸손해지고 나의 관직이 커질수록 나의 마음이 더욱 조심

스러워지며 나의 봉록이 많아질수록 나의 시혜가 더욱 넓어진다면 화를 면할 수 있겠는가." 하였다.

《열자》〈설부(說符)〉와 《회남자》〈도응훈(道應訓)〉에는 모두 손숙오의 말이라고 되어 있는데 '吾爵' 이하의 6구가 《한시외전》과 동일하다. 그렇다면 이 말은 바로 손숙오의 말이지 안자의 말이 아니다. 《예문유취》에서 이 글을 인용하면서 출처를 잘못 기록한 것이다. 만일 《예문유취》를 근거로 《순자》를 교감했다면 필시 오류를 범했을 것이다.

그 밖에 예를 들어 어떤 책의 일문인 것이 확실히 증명된 문장을 인용하여 교감의 자료로 삼을 때에도, 그것이 적록한 것인지 산절하여 인용한 것인지 개작한 것은 아닌지 등과 같은 서로 다른 정황을 신중히 분석해야 한다. 그를 통해 그 일문이 증거로 삼을 만한 성격의 것인지, 그러한 작용을 할 수 있는지를 변별해 내는 것은 여전히 소홀히 할 수가 없다. 사례는 이미 위의 인용문에 보이므로 덧붙이지 않는다.

제3절 변위와 교감

고적의 진위를 변별하는 것은 실제로는 고증이다. 그 일반적인 방법으로는 양계초(梁啓超)의 《중국역사연구법(中國歷史硏究法)》에 변위(辨僞)에 통용되는 12개 조항이 소개되어 있다.

1. 전대에 저록(著錄)된 적이 없거나 전혀 인용된 적이 없는 책이 갑자기 나타난 경우는 십중팔구 모두 위서이다.
2. 전대에 비록 저록된 적은 있지만 오랫동안 산일되었다가 갑자기 이본(異本)이 나타났는데 그 편수와 내용이 구본(舊本)과 완전히 다른 경우 십중팔구 모두 위서이다.
3. 구본이 있는지 없는지를 불문하고 현행본의 내력이 밝혀지지 않은 경우는 가볍게 믿어서는 안 된다.
4. 어떤 책이 유전된 단서를 다른 방면을 통해 추정해 낼 수 있는 경우, 그를 통해 현행본에 표시된 명목상의 원저자가 정확하지 않다는 것을 증명한다.
5. 진서(眞書)의 원본 내용을 전인이 인용하거나 언급한 적이 있어서 확실한 증거가 있는데 현행본이 그와는 내용상에 차이가 있는 경우, 현행본은 분명 위서이다.
6. 어떤 책이 어떤 사람의 저작이라고 표시되어 있는데 책에 실린 사실이 저자 이후 시대의 일이라면 그 책은 전부 위서이거나 부분적으로 위서이다.
7. 어떤 책이 비록 진서라 하더라도 내용의 일부가 후인에 의해 어지

럽혀진 증거가 확실히 있는 경우, 그 책의 전체에 대해 신중하게 감별해야 한다.

8 책에서 언급된 내용이 명백히 사실과 다를 경우 그 책은 필시 위서이다.

9 두 책에 기재된 동일한 사건이 서로 모순되는 경우 필시 한 책이 위서이거나 두 책 모두 위서이다.

10 각 시대의 문체에는 대개 자연적인 구분이 있어서 독서를 많이 한 사람은 당연히 알 수 있다. 그러므로 후인이 위작한 책은 구태여 자구를 통해 지엽적인 반증을 찾아낼 필요가 없다. 단지 문체를 한번 보기만 하면 그것의 진위를 판단할 수 있다.

11 각 시대의 사회 상황에 대해서는 우리가 각 방면의 자료에 근거해 어쨌든 그 대략을 추측할 수 있다. 어떤 책에서 서술한 그 시대의 상황이 사리에 전혀 맞지 않을 경우 위서로 판단할 수 있다.

12 각 시대의 사상은 당연히 사상의 진화 발전 단계에서 일정한 위치를 차지하고 있다. 어떤 책에 표현된 사상이 그 시대의 사상 조류와 합치하지 않는다면 위서로 판단할 수 있다.

위서를 변별하는 이 열두 조항의 통례(通例)는 실제로는 두 가지 방법으로 귀납된다. 첫째 실증, 둘째 비교이다. 1항에서 9항까지는 모두 증거를 제시할 필요가 있다. 10항에서 12항까지는 실증은 없는 반면 전체적인 비교와 객관적인 추론이다. 상대적으로 말한다면 증거를 중시한 변위는 비교적 신뢰성이 있는 반면 비교에 근거한 변위는 주관적인 편견에 빠지기 쉬우므로 비교적 확실한 판단을 내리기 어렵다.

왕국유(王國維)는 일찍이 "옛날 원화(元和)[15]의 혜정우(惠定宇 혜동(惠棟)) 징군(徵君)이 《고문상서고(古文尙書考)》를 지어 처음으로 위고문(僞古文)《상서(尙書)》의 실제 문구에 대해 그 출처를 하나하나 분석해 내자매서(梅書) 동진(東晉)[16]매색(梅賾)의 위고문 《상서》를 가리킨다. 가 위서임이 더욱 분명해졌다. 인화(仁化)[17]의 손이곡(孫頤谷 손지조(孫志祖))이 다시 그 방법을 사용하여《가어소증(家語疏證)》을 지었는데, 나와 동향인 효렴(孝廉) 진중어(陳仲魚 진전(陳鱣))가 그 책의 서(敍)에 쓰기를 '이는 도둑을 잡는 사람이 장물을 확보한 것이나 다름없다. 〔是猶捕盜者之獲得眞贓〕'하였으니, 이 말이 참으로 옳다."〈금본죽서기년소증서(今本竹書紀年疏證序)〉〉 라고 하였다. 이는 바로 확실한 증거를 사용하여 위서를 변별해야 함을 주장한 것이다.

교감에 대해서 말하자면, 만일 진위를 변별하지 않아서 위서를 가지고 진서를 교감하게 된다면 교감을 하면 할수록 더욱더 혼란하게 될 것이 틀림없다. 예를 들어 왕국유는 현행본《죽서기년》에 대한 소증 작업을 통해 다음과 같이 증명하였다. "현행본에 실린 내용은 거의 모두 다른 책에서 전재(轉載)한 것이다. 다른 책에 보이지 않는 것은 백분의 일에 불과하며 그것도 대체로 구체적 사실이 없는 공소(空疏)한 것으로 몇 년 몇 월인지를 덧붙인 데 불과하다. 또 그 문구의 출처와 근원이 본래 하나가 아니어서 고금의 잡다한 자료가 뒤섞여 있는데 이로 인해 내용상 서로 모순이 발생한다. 차이와 불합치가 있는 이상 결국 원문에 조정과 변경을 가하게 되는데, 이런 식으로 분석하면 해석상의 분규의 원인을 모두 분석해 낼 수 있다." 만일 현행본을 근거로 고본(古本)의 잔권(殘卷)을 교감한다면 그에 따른 황당함을 상상할 수 있을 것이다. 다

---

15 원화(元和) : 지금의 강소성(江蘇省) 소주시(蘇州市) 오현(吳縣) 일대이다.
16 동진(東晉) : 《교감학대강》에는 '明代'로 되어 있는데, 바로잡아 번역하였다.
17 인화(仁化) : 지금의 절강성(浙江省) 항주(杭州) 일대이다.

만 진위가 이미 변별되어서 어떤 책이 위작임이 확정된다면, 위서에 대해 소중 작업을 하고 진서를 가지고 위서를 교감하며 위서를 가지고 위서를 교감하는 것은 또한 일종의 교감으로 일반적인 교감과 차이가 없다. 마찬가지로 위서를 인용하여 다른 책을 교감하는 것은, 만일 그것이 위서임이 확정되고 아울러 그 위작자와 그 문장의 출처가 고정(考定)된 상태라면, 또한 무방하다.

비교적 복잡한 것은 진위가 섞여 있는 작품이다. 대체로 말해서 이러한 종류의 위작에는 두 가지 상황이 존재하는데, 첫째는 위서 중에 진작(眞作)이 섞여 있는 경우, 둘째는 진서 중에 위작이 섞여 있는 경우이다. '위서 중에 진작이 섞여 있는 경우'는 전서(全書)는 비록 위작이지만 그 내용과 문구는 도리어 출처가 있어서 대부분 진작이다. 이 때문에 그 출처를 고정한다면 역시 교감의 자료로서 가치가 있다. '진서 중에 위작이 섞여 있는 경우'는 전편 혹은 전서는 진작이지만 그중에 위작인 편장이나 어구가 섞여 있는 경우를 가리킨다. 이 때문에 교감할 때 변위를 함께 진행하는 것이 필수적이다.

예를 들어 《공자가어》는 위진(魏晉) 시대 사람인 왕숙(王肅)의 위작이다. 다만 그 내용과 문구는 도리어 《가어소증》에서 고증한 바와 같이 대부분 출처가 있다. 이 때문에 학자들이 왕왕 그것을 선진 시대의 전적을 교감하는 자료로 사용하였는데, 다만 또한 적지 않은 논쟁을 조성하였다.

반면 《한시외전》은 기본적으로는 진서이다. 다만 현행본은 이미 구본이 아니고, 그중의 약간은 후인의 개수(改修)를 거친 것도 있는데 더 나아가 위조된 부분도 있다. 그 분명한 예로 권1 제3장인 "공자남유적초(孔子南游適楚)"장의 경우, 공자가 자공(子貢)에게 명하여 옷을 빨고 있는 여인과 이야기를 나누었다는 내용을 서술하였는데, 남녀 간의 연애에 관한 일화에 속하기 때문에 유자들이 역대로 위작으로 의심해 왔다. 이러한 종류의 위작이 섞여 들어간 경우 또한 약간의 논쟁을 야기한다. 예를 들어 설명해 보자.

《순자(荀子)》〈유좌(宥坐)〉: 邪民不從, 然後俟之以刑, 則民知罪矣。

간사한 백성이 순종하지 않은 뒤에야 형벌로 대한다면 백성들은 자신의 죄를 알게 될 것이다.

왕염손의 설 : '邪民'은 본래 '躬行〔몸소 실천하다〕'으로 되어 있었다. 위 문장에 "上先服之, 三年而百姓從風.〔윗사람이 먼저 몸소 실천한다면 3년이면 백성들이 바람에 쏠리듯 순종하여 교화될 것이다.〕"이라고 되어 있는데 '服' 자는 '行〔실천하다〕'의 뜻이니, 바로 여기서 말하는 '躬行'의 뜻이다. 그러므로 "躬行不從, 然後俟之以刑.〔몸소 실천하고 그래도 따르지 않으면 형벌로 대한다.〕"이라고 한 것이다. 예서(隷書)로 '躬'은 '邪'와 비슷하다. 그러므로 '躬'이 '邪'로 잘못된 것이다.《예변(隷辨)》에 보인다. 살펴보건대 '躬行'이 '邪行'으로 되어 있다면 '邪' 자는 오류이지만 '行' 자는 오류가 아니다.《한시외전》에도 '邪行'으로 잘못되어 있다.《설원(說苑)》만이 잘못되지 않았다. 현행본《순자》에 '邪行'이 '邪民'으로 되어 있는 것은 바로 후인이 바꾼 것이다.《공자가어》〈시주(始誅)〉에는 "其有邪民不從化者, 然後待之以刑.〔만일 교화를 따르지 않는 간사한 백성이 있으면 그런 뒤에야 형벌로 대한다.〕"으로 되어 있다. 살펴보건대《순자》의 '躬行不從'이 '邪行不從'으로 잘못되어 있었으므로 뜻이 통하지 않았다. 왕숙은 '邪'가 '躬'의 오자인 줄을 몰랐기 때문에 '邪行不從'을 '邪民不從化'로 개작하여 무리하게 뜻을 통하게 한 것이다. 현행본《순자》에도 '邪民'으로 되어 있는 것은 또 후인이《공자가어》에 근거해 개작한 것이다. 양경(楊倞)의 주(注)에 "百姓旣從, 然後誅其奸邪.〔백성들이 따르게 되면 그런 뒤에 그중에 간사한 자를 처형한다.〕"로 되어 있으니, 그가 본 판본은 이미 현행본과 동일했던 것이다.《설원》에만 올바르게 "躬行不從, 而後俟之以刑.〔몸소 실천하고 그래도 따르지 않으면 형벌로 대한다.〕"으로 되어 있다.

우창(于鬯)의 설 : 위 문장에 "上先服之, 若不可, 尙賢以綦之。若不可, 廢不能以單之.〔윗사람이 먼저 실천하고 그래도 안 되면 어진 이를 높여서 백성들을 권면하고, 그래도 안 되면 능하지 못한 이를 버려서 백성들을 경계한다.]"로 되어 있으니, 그렇다면 '躬行不從[몸소 실천하고 그래도 따르지 않은]' 다음에 아직 '尙賢[어진 이를 높이고]'과 '廢不能[능하지 못한 이를 버리는]'의 두 가지 일이 남아 있는데 어떻게 대번에 '俟之以刑[형벌로 대한다]'이라고 하겠는가. 바로 윗사람이 몸소 행한 다음에 어진 이를 높여 우대하고 다시 능하지 못한 이를 버려서 쫓아내면 백성들은 모두 따르고 사악한 백성들만 따르지 않는다. 그러므로 형벌로 대하는 것이다. 《공자가어》〈시주〉에 "其有邪民不從化者, 然後待之以刑。"이라고 되어 있으니, 이것이 '邪民'이 되어야 하는 명확한 증거이다. 그런데 왕염손은 도리어 왕숙이 글자를 고쳐서 무리하게 뜻을 통하게 하였다고 강변하고 있으니 매우 잘못된 것이다. 《설원》〈이정(理政)〉에 '躬行'으로 되어 있는 것은 당연히 '邪民'의 오류이다.

왕염손은 문의(文義)와 《설원》에 근거하여 '邪民'은 '躬行'의 오류라고 교정하고는, 이러한 오류가 생기게 된 주요한 원인이, 왕숙의 《공자가어》에서 《순자》의 글자를 고쳤는데 후인이 또 《공자가어》를 따라서 《순자》의 올바른 글자를 고쳤기 때문이라고 하였다. 우씨는 문의와 《가어》에 근거하여 현행본이 오류가 아님을 증명하였다. 이로 본다면, 왕숙의 《공자가어》는 비록 위작이기는 하지만 그 문장을 교감할 때 두 사람이 모두 끌어다 증거로 삼았는데, 한 사람은 《공자가어》가 잘못 고친 것을 비판하였고 한 사람은 《공자가어》를 근거로 증명하였음을 알 수 있다.

《사기(史記)》〈중니제자열전(仲尼弟子列傳)〉：冉季，字子産。
염계는 자가 자산이다.
왕인지(王引之)의 설 : 이 문장은 본래 "冉季産"으로 되어 있었다. '字子' 2자는 후인이 《가어》에 근거해 덧붙인 것이다. 단행본 《색은(索隱)》에서 "冉季産" 3자를 표제어로 삼고, 그 주에 "《가어》에는 '冉季, 字産。'이라고 되어 있다." 하였고, 《정의(正義)》에는 "《가어》에는 '冉季, 字子産。'이라고 되어 있다." 하였다.

그렇다면 《가어》는 '産'을 자로 본 것으로 《사기》와는 같지 않으니, 《사기》의 원문에 '字子' 2자가 없었던 것이 분명하다. 《당서(唐書)》〈예악지(禮樂志)〉에 "冉季産"으로 되어 있는 것은 《사기》에 기초한 것이다. "冉季産"에서 '冉'은 씨(氏)이고 '季'는 자이며 '産'은 이름이다. 《좌씨춘추》 희공(僖公) 16년에 "公子季友卒"이라고 하였는데, 《정의》에 "'季'는 그의 자이고 '友'는 그의 이름이니 '仲遂', '叔肸(힐)' 등과 같이 모두 이름과 자를 함께 든 것이다." 하였으니, 이것이 그러한 사례이다. 《가어》에서 "冉季, 字産。"이라고 고친 것은 중대한 오류로, 고인들은 伯, 仲, 叔, 季로 이름을 삼는 경우가 없었다. 오직 두예(杜預)가 《좌전》의 주를 내면서, 채중족(祭仲足)은 이름이 '仲'이고 자가 '仲足'이라고 하였을 뿐, 다른 사람은 이러한 오류를 범한 적이 없다.

《사기》〈중니제자열전〉: 邦巽, 字子斂。
방손은 자가 자렴이다.

《사기색은(史記索隱)》: 《家語》"巽"作"選", 字子斂。 文翁《圖》作"國選", 蓋亦由避諱改之。 劉氏作"邽巽", "邽"音圭, 所見各異。
《공자가어》에 '巽'은 '選'으로 되어 있고, 자는 자렴이라고 하였다. 문옹의 《예전도(禮殿圖)》에는 '國選'으로 되어 있으니, 아마 피휘해서 고친 것인 듯하다. 유백장(劉伯莊)은 '邽巽'이라고 하고 '邽'는 음이 '圭'라고 하였으니, 견해가 각각 다르다.
왕인지의 설: '邦'이 되는 것이 옳다. 고본에 만일 '邦' 자가 아니었다면 어째서 피휘해서 '國'으로 했겠는가. 《광운》에 "'邦'은 國이고 또 姓인데, 하씨(何氏)의 《성원(姓苑)》에 나온다."라고 한 반면 '邽' 자 아래에는 성(姓)이라고 하지 않았다. 그렇다면 옛날에는 '邽'라는 성이 없었으니 '邽'가 될 수 없는 것이 분명하다. 당나라 초에 이르러 비로소 '邽' 자로 잘못된 것이다. 그러므로 유백장(劉伯莊)이 '음이 圭이다.'라고 하였는데, 《통전(通典)》〈예전(禮典)〉13, 《당서(唐書)》〈예악지(禮樂志)〉 및 송나라의 《창힐비음(倉頡碑陰)》이 모두 그 잘못을 답습한 것이다. 《색은》에서 《공자가어》에는 '巽'이 '選'으로 되어 있다고 했을 뿐 '邦'이 '邽'로 되어 있다고 하지 않았으니, 《공자가어》에도 '邦'

으로 되어 있었음을 알 수 있다. 현행본《공자가어》에 '邦'로 되어 있는 것은 후인이 잘못된《사기》판본을 가지고 고친 것이다.

이상의 두 사례에서《사기색은》은 모두《공자가어》의 이문을 인용하고 있으니, 사마정(司馬貞)은《공자가어》를 위서로 여기지 않은 것이다. 왕인지는《사기》원문을 변석하면서, 첫 번째 예에서는 현행본《사기》가《가어》에 근거해 글자를 잘못 덧붙였다고 하였으며, 두 번째 예에서는 현행본《가어》는 후인이 잘못된《사기》판본에 근거해 고친 것이라고 하였다. 후자의 예에서는 사기의 원문이 올바른 글자임을 증명하는 정증(正證)의 근거로 사용되었고, 전자의 예에서는《사기》의 원문이 잘못된 글자임을 증명하는 오증(誤證)의 근거로 사용되었다. 이러한 사례를 통해서 바로,《공자가어》가 비록 위서이기는 하지만 왕숙이 바로 위진 연간의 사람이고 또 그 책이 위서임을 확실히 알고 있으며 게다가 그중에는 진짜가 섞여 있음을 알고 있기 때문에 교감의 외증의 하나로 사용될 수 있음을 알 수 있다.

《문선(文選)》반고(班固)의 〈동도부(東都賦) 백치시(白雉詩)〉:
啓靈篇兮披瑞圖, 獲白雉兮效素烏, 嘉祥阜兮集皇都。
신령스런 책을 열고 상서로운 그림을 펼쳐보네. 흰 꿩를 얻고 흰 까마귀 바친다네. 아름다운 많은 상서 황도에 모이니

왕염손의 설 : '嘉祥' 구는 아마 후인이 덧붙인 것인 듯하다. 이 구절은 말의 의미가 매우 천박하여 맹견(孟堅 반고(班固))의 손에서 나온 글이 아닌 듯하다. 그리고 그 앞의 〈보정시(寶鼎詩)〉에도 통용될 수 있는 내용이니, 이것이 첫 번째 의심스러운 점이다. 아래 문장의 "發皓羽兮奮翹英[하얀 날개 펼치고 꼬리털을 떨치네.]"은 바로 '白雉[흰 꿩]'와 '素烏[흰 까마귀]'를 받아서 한 말이다. 만일 이 구절이 덧붙여진다면 위아래 문장의 의미가 단절되니, 이것이 두 번째 의심스러운 점이다. 〈명당시(明堂詩)〉, 〈벽옹시(辟雍詩)〉, 〈영대시(靈臺詩)〉의 3장은 장

마다 12구로 이루어져 있고 〈보정시〉와 〈백치시〉는 각각 6구로 이루어져 있으니, 만일 이 구절을 덧붙인다면 〈보정시〉와는 서로 합치되지 않는다. 이것이 세 번째 의심스러운 점이다. 이선주본(李善注本)과 오신주본(五臣注本)에는 이 구절에 대해 모두 주가 없으니 이것이 네 번째 의심스러운 점이다. 《후한서(後漢書)》〈반고전(班固傳)〉에는 이 구절이 없으니, 이것이 다섯 번째 의심스러운 점이다.

〈백치시(白雉詩)〉는 반고의 《동도부》 끝에 붙어 있는 다섯 수의 시 중 다섯 번째 시로 진작임에 의심할 것이 없다. 왕염손은, 이 시 중의 '嘉祥' 구는 후인이 덧붙여 넣은 연문이자 바로 위작을 섞어 넣은 것이라고 설득력 있게 지적하였는데 '진서 중에 위작이 섞여 있는 경우'라 할 수 있다.

이상의 여러 예에서 볼 수 있듯이, 전서가 이미 위서임이 확실히 증명되고 동시에 또 그 위작의 출처가 확인된다면, 구체적인 내용과 문구에 근거하여 구체적인 고증과 변석을 할 수 있으며, 어떤 때는 이러한 위서 역시 교감의 자료로 사용될 수 있다. 반면 기본적으로는 진서이지만 그중에 위작이 섞여 있을 경우에는 왕왕 연문으로 드러나는데, 이런 경우 교감할 때에 진위를 변석하고 고증하는 작업이 반드시 요구되므로 그 정황이 비교적 복잡하다.

총괄하면, 집일이 교감과 직접적으로 관련되는 부분은 일문에 대한 교감과 일문을 이용한 교감이다. 그중 전체 일실(佚失)된 편장에 대한 교감은 일반 고적에 대한 교감과 차이가 없다. 반면 현존하는 편장의 단장과 잔구인 일문, 일실된 편장의 단장과 잔구인 일문에는 모두 요약, 생략, 개작, 그리고 인용문의 출처를 잘못 기록하는 등의 각종 상황이 존재한다. 이러한 단장과 잔구인 일문이 어떤 책의 일문인 것이 확정되는 모든 경우에는 교감할 때에 본서의 이문으로 드러나는데, 주요하게는 오문과 탈문이다. 그 일문이 다른 책을 교감할 때의 외증으로 사용될 때에는 더더욱 신중해야 한다.

변위가 교감과 직접적으로 관련되는 부분은 위서와 위문(僞文)이다. 고증을 거쳐 위서로 확정된 모든 경우 그것에 대한 교감은 위서의 출처에 의거하여 그 구체적인 내용과 문구의 출처에 대해 소증(疏證)을 진행하는데, 그 출처가 되는 고적에 의거해 교감한다는 측면에서 그 교감의 방법은 일반 고적에 대한 교감과 동일하다. 위서가 고증을 거치고 난 뒤에는 그중에 확실히 신뢰성이 있거나 쓸 만한 부분은 또한 다른 책을 교감하는 방증으로 사용될 수 있다. 다만 일반적으로 주요한 외증으로 사용해서는 안 된다. 반면 기본적으로 진서이지만 그중에 위작의 요소가 섞여 있는 경우에는 왕왕 교감의 과정에서 잘못 고쳐진 부분이나 연문으로 표현되는데 교감할 때에 신중하게 변별해야 한다. 이러한 위작이 섞여 들어간 부분은 일반적으로 더 이상 다른 책을 교감하는 자료로서의 가치를 갖지 못한다.

다시 말해서 고증과 확정을 거치지 않은 일문과 위문은, 그 일문의 귀속처와 진위를 고증하여 확정하는 과정에서는 일반적으로 교감과 관계가 없다. 교감에 대해 말하자면, 직접적으로 관계가 있는 것은 고증하여 확정된 일문과 위문이다. 고증과 정정을 거친 뒤에는 일문은 곧 특정 고적의 보유(補遺)에 속하게 되고 위서는 또 다른 한 종의 고적이 되며, 위문은 특정 고적의 연문이나 오구(誤句)가 된다. 이 때문에 그것을 교감하고 그것을 교감의 자료로 사용하는 것은 곧 일반 고적과 동일한 성질을 지니게 되어 각각 구체적인 분석과 평가가 주어진다. 이런 경우 원칙과 방법에 대해 말하자면 더 이상 특수성을 지니지 않게 되는 것이다.

후기

이 책은 고전문헌학 전공 과정에서 교감학을 수업할 때 사용한 교재의 하나로, 실제로는 강의한 내용의 대강이다. 강의에 사용해야 할 필요성과 편의를 고려하였기 때문에 논의하는 내용에 따라 약간의 예증(例證) 자료를 첨부하여 기록하였다.

교감학은 고전문헌학 전공 과정에서 배우는 기초 과목 중의 하나이며 또한 고적 정리의 기본 이론을 구성하는 중요한 부분 중의 하나이다. 이로 인하여 이《교감학대강》은 지식 내용과 구성에 있어서 연구 대상에 대한 설명, 집일(輯佚)·변위(辨僞)와 교감학과의 관계에 대한 설명 이외에 주로 세 부분으로 구성되어 있다. 즉 교감과 교감학의 역사, 교감학의 기본 이론, 교감의 실제 방법과 기능이 그것이다. 이 세 부분에 대한 강의를 통하여 대략적이나마 교감학의 역사와 이론 및 실제의 기본 지식과 기능을 제대로 소개할 수 있게 되기를 기대한다.

교감학의 전통적인 강의 방식은 석례(釋例)이다. 즉 구체적인 교감 실례를 사용하여 일반적인 교감 원칙을 설명하는 것이다. 실제로 분류하여 석례를 가하는 것은 이미 교감 통례를 귀납하고 분석하는 일에 속하는데, 단지 논술할 때 일반적인 논리적 귀납의 방법을 구체적으로 설명하는 것일 따름이다. 진원(陳垣) 선생은 다음과 같이 말한 적이 있다. 즉 석례에서 실례를 선택하는 방법으로 두 가지가 있는데, 하나는 같은 책에 있는 예를 전적으로 취하는 경우이고 다른 하나는 여러 책에 있는 예를 널리 취하는 경우라고 하였다. 진원의《교감학석례》는《원전장》의 교감 사례를 전적으로 취한 것인데, 전자와 같은 부류의 교감학에 있어 이정표가 되는 저작이라고 할 수 있다. 이 《교감학대강》에 뽑아 놓은 사례는 후자의 방법을 취한 것으로, 앞사람들이 행한 교감의 성과를 널리 수용하였다. 이렇게 하게 된 주요 원인은 바로 비교적 완벽하게 교감학의 기본 지식과 기능에 대해 소개하기 위해서였다.

중국은 예로부터 지금까지 교감에서 얻은 성취가 매우 높고 성과가 매우 풍부하며, 교감학 이론의 탐색과 정리라는 측면에서도 근본 원칙과 각종 통례 및 교감 방법 등 여러 방면에 있어서 모두 이미 많은 규칙들을 개괄해 놓았다. 본서는 교감의 예증 자료로 대부분 전인과 금인의 교감 성과를 취하였을 뿐만 아니라 또한 교감학의 이론에 있어서도 전인 및 금인의 연구 성과를 흡수하였으며, 본인이 스스로 만들어 낸 것은 많지 않다. 본서는 그저 저자가 개인의 천견에 근거하여 이미 알고 있는 고금의 교감학 성과를 계통적으로 귀납하고 조리 있게 표현한 것에 불과하다. 독자들은 어렵지 않게 다음의 사실을 발견할 수 있을 것이다. 그것은 바로 본서가 교감학의 이론과 관점에 있어서는 비록 판본의 근거를 강조하는 대교학파의 원칙과 관점을 중시하기는 하였지만, 오류를 교감하여 바로잡는 이론과 방법에 있어서는 이교학파의 관점과 성과를 더욱 많이 흡수하였다는 점이다. 동시에 예증 자료를 인용할 때에는 대부분 내용을 분석하여 약술(略述)하는 방법을 취하여 본래 교감한 글자에 대해 절취를 하거나 뜻을 설명하였다는 점이다. 이로 인하여 이론의 귀납과 예증의 선택이라는 두 가지 방면에 모두 필시 착오가 생겨 타당하지 못하거나 빠뜨려서 주밀하지 못한 곳이 존재할 것이다. 논의의 여지가 있는 관점과 자료로 말한다면, 전문적인 학자라면 어렵지 않게 발견할 수 있을 것이다. 저자는 독자들과 전문적인 학자들이 비평하고 질정해 주기를 진심으로 기대한다.

본서는 전체적으로 간체자를 사용하였고 간간이 번체자와 이체자를 사용하기도 하였다. 논의할 때 인용한 예문의 글자는 상응하는 번체자로 이해해야 한다. 교감학 지식이 적은 초학의 독자는 이 점에 주의하지 않아서는 안 된다.

본서의 원고가 완성된 뒤에 호쌍보(胡雙寶) 동지의 성실한 교열에 힘입어 약간의 오류를 바로잡고 부분적으로 체례를 조정하였다. 삼가 이 지면을 통해서 진심 어린 감사를 표하는 바이다.

예기심(倪其心)
1986년 2월 연동원(燕東園)에서

가공언(賈公彦, ?~?) 당(唐) 하북(河北) 영년(永年) 사람이다. 고종(高宗) 영휘(永徽) 연간(650~655)에 태학박사(太學博士), 홍문관학사를 지냈고, 예학(禮學)에 정통하여 공영달 등과 《예기정의(禮記正義)》 편찬에도 참여하였다. 그가 가려낸 《주례소(周禮疏)》 50권과 《의례소(儀禮疏)》 50권은 십삼경주소(十三經注疏)에 들어가며, 그중에서도 《주례소》는 주자(朱子)가 '오경소(五經疏) 중 가장 좋은 것'이라고 평가하였다. 이 밖에 《예기소(禮記疏)》 80권, 《효경소(孝經疏)》 5권, 《논어소(論語疏)》 15권 등이 전한다.

고광기(顧廣圻, 1766~1839) 청대(淸代)의 교감학가(校勘學家), 목록학가(目錄學家)이다. 자는 천리(千里), 호는 간빈(澗蘋), 별호는 사적거사(思適居士)로, 강소(江蘇) 원화(元和) 사람이다. 가경(嘉慶) 시기에 제생(諸生)이 되었고 사부(四部)의 도서를 박람하고 경사(經史), 소학(小學)에 능통하였다. 특히 교수학(校讎學)에 정통하여 손성연(孫星衍), 황비열(黃丕烈) 등과 함께 청대 교감학의 거장으로 일컬어졌으며, 교감학사에서는 판본의 근거와 이문의 비교를 중시하고 원래의 면모를 보존할 것을 강조하는 대교학파(對校學派)의 대표자이다. 《설문(說文)》《예기(禮記)》《의례(儀禮)》《국어(國語)》《전국책(戰國策)》《문선(文選)》 등의 고적을 교감하였다. 문집으로 《사적재집(思適齋集)》이 있다.

고염무(顧炎武, 1613~1682) 청(淸) 강소(江蘇) 곤산(崑山) 사람이다. 본명은 계곤(繼坤)인데 강(絳)으로 고쳤다. 자는 충청(忠淸), 호는 정림(亭林)이다. 남명(南明) 정권이 패망한 뒤 이름을 '염무'로 고치고 자는 영인(寧人), 호는 정림으로 고쳤다. 이기(理氣)와 성명(性命) 등 공리공담을 일삼는 이학(理學)에 반대하고 육상산, 왕양명 등의 심학(心學)도 비판하면서 경세치용(經世

致用)의 실학을 주장했다. 박학을 추구하여 경사(經史)와 제자백가는 물론 음운(音韻)과 문자(文字), 금석고고(金石考古), 군읍장고(郡邑掌故), 예의풍속(禮儀風俗) 등에 대해서도 정밀히 연구했다. 경학에 있어서는 한학(漢學)을 종주로 했으며, 음운학에 있어서는 음학(音學)의 원류를 천명하고 고운(古韻)을 분석하여 새로운 견해를 제시했다. 창신구실(創新求實)의 학문에 주력하여 청나라 고증학의 기초를 다졌다. 저서에 《좌전두해보정(左傳杜解補正)》《구경오자(九經誤字)》《석경고(石經考)》《음학오서(音學五書)》《운보정(韻補正)》《오경이동(五經異同)》《금석문자기(金石文字記)》《일지록(日知錄)》 등이 있다.

고원(顧沅, 1799~1851) 청 강소(江蘇) 장주(長州) 사람이다. 자는 풍란(灃蘭), 호는 상주(湘舟), 자호는 창랑어부(滄浪漁父)이다. 장서가(藏書家)이며, 도광(道光) 연간(1821~1850)에 교유(敎諭)를 지냈다. 회고서옥(懷古書屋), 예해루(藝海樓) 등의 장서루를 지어 다수의 금석문과 전적을 수집하였는데, 비본(秘本)과 선본(善本)이 많았다고 한다. 《사연당총서(賜硯堂叢書)》《고성현상전략(古聖賢像傳略)》 등을 편찬하였다.

고유(高誘, ?~?) 후한(後漢) 때의 경학가로 하북(河北) 탁현(涿縣) 사람이다. 영제(靈帝)와 헌제(獻帝) 때 활동한 인물로, 어려서 노식(盧植)에게 수학하였다. 인성(人性)이 천지의 성(性)에 근본을 두고 있음을 강조하여 천도(天道)와 인성을 바탕으로 정치를 할 것을 주장했으며, 유학의 충효와 인의를 강조하여 현인이 나라를 다스려야 한다고 했다. 저서에 《맹자고씨장구(孟子高氏章句)》《여씨춘추주(呂氏春秋注)》《회남자주(淮南子注)》《효경주(孝經注)》 등이 있다.

고중무(高仲武, ?~?) 당나라 때 시인으로 발해(渤海) 사람이다. 자와 호는 미상이다. 숙종(肅宗) 지덕(至德) 연간에서 대종(代宗) 대력(大曆) 말까지(756~779) 활동한 26인의 작품 139여 수를 모아 《중흥간기집(中興間氣集)》 2권을 편찬하였다.

고학힐(顧學頡, 1913~1999) 자는 조창(肇倉), 호는 잡감(卡坎), 필명은 감재(坎齋)이다. 북평사범대학(北平師範大學)을 졸업하고 서북대학(西北大學) 교수, 인민문학출판사(人民文學出版社) 편집, 국가고적정리출판규획소조(國家古籍整理出版規劃小組) 고문 등을 역임하였다. 원대(元代) 희곡(戲曲)과 백거이(白居易) 연구의 최고 권위자이다. 주요 저술로는 《원인잡극선(元人雜劇選)》 등 원대 희곡에 대한 다수의 저술과 중국 최초의 백거이 전집 주석서인 《백거이집(白居易集)》 등이 있다.

고형(高亨, 1900~1986) 길림(吉林) 쌍양현(雙陽縣) 사람이다. 초명은 선교(仙翹), 자는 진생(晉生)이다. 선진(先秦) 시대의 학술과 문자학·훈고학의 대가로, 《주역(周易)》의 경(經)과 전(傳)을 분리하여 해석하는 '의리파(義理派)'의 연구 방법을 창도하였고, 《노자(老子)》와 《시경(詩經)》을 훈고학적 바탕 위에서 새롭게 해석하기도 하였다. 저서로 《갑골금석문자통전(甲骨金石文字通箋)》 《문자형의학개론(文字形義學槪論)》 《고자통가회전(古字通假會典)》 등이 있는데, 대부분 《고형저작집림(高亨著作集林)》에 포괄되었다.

공광도(孔廣陶, 1832~1890) 청 광동(廣東) 남해(南海) 사람이다. 자는 홍창(鴻昌) 또는 회민(懷民), 호는 소당(少唐)이다. 장서가이자 각서가(刻書家)로 일찍이 상업에 종사하여 염업(鹽業)으로 축적한 부를 이용, 다수의 전적과 서화를 수집하여 오숭요(伍崇曜), 반사성(潘仕成), 강유위(康有爲)와 함께 '광동 4대 장서가'로 일컬어졌다. 또한 명가의 고적을 교감, 판각하는 데 심혈을 기울여 그가 간행한 고적은 교감이 정밀하다는 칭송이 자자했으며, 《고금도서집성(古今圖書集成)》 1만 권을 동활자로 인행하기도 하였다.

공광삼(孔廣森, 1753~1787) 청 산동(山東) 곡부(曲阜) 사람이다. 자는 중중(衆仲) 또는 휘약(撝約), 호는 손헌(㢲軒), 당호는 의정(儀鄭)이다. 어려서 대진(戴震)에게 수업하였으며 19세 때인 1771년(건륭36) 진사에 급제하여 한림원 서길사(翰林院庶吉士)에 선발되었다. 《춘추공양전》에 정통하였으며, 변문(騈文)에도 능해 청대 변문팔대가(騈文八代家) 중 한 사람으로 일컬어졌다. 주요 저술로 《춘추공양전통의(春秋公羊傳通義)》와 《대대례기보주(大戴禮記補注)》 등이 있으며, 변문집(騈文集)인 《손헌변려문(孫軒騈儷文)》을 남겼다.

공안국(孔安國, 기원전 156~기원전 74?) 전한(前漢) 노(魯)나라 사람이다. 자는 자국(子國)이고, 공자의 11대손이며(일설에는 12대손), 공충(孔忠)의 아들이다. 《상서(尙書)》 고문학의 시조로 일컬어진다. 노 공왕(魯共王)이 공자의 옛집을 헐 때 과두문자(蝌蚪文字)로 된 고문 《상서(尙書)》와 《예기(禮記)》 《논어(論語)》 《효경(孝經)》이 나왔는데, 이 글을 금문(今文)과 대조하여 고증, 해독하여 주석을 붙였다.

공영달(孔穎達, 574~648) 당 기주(冀州) 형수(衡水) 사람이다. 자는 충원(冲遠) 또는 중달(仲達)이고, 시호는 헌(憲)이다. 당 태종의 명을 받아 안사고(顔師古), 사마재장(司馬才章), 왕공(王恭), 왕염(王琰) 등과 함께 남학파와 북학파의 경학을 절충하여 《오경정의(五經正義)》 180권을 찬술하였다.

공자진(龔自珍, 1792~1841) 청 절강(浙江) 인화(仁和) 출생으로 자는 슬인(瑟人)·이옥(爾玉), 호는 정암(定庵)이다. 고증학자 단옥재(段玉裁)의 외손자로 어릴 때 직접 가르침을 받았고, 1819년 유봉록(劉逢祿)에게 공양학(公羊學)을 배웠다. 1829년 진사에 급제, 내각중서(內閣中書)에 임명되고 종인부주사(宗人府主事)를 거쳐 1837년 주객사주사(主客司主事)가 되었으나, 1839년 관직에서 물러나 고향으로 돌아간 후 다시 관계(官界)에 나가지 않았다. 저서에 《정암문집(定庵文集)》이 있다.

공조(孔晁, ?~?) 서진(西晉) 태시(泰始, 265~274) 초에 오경박사(五經博士)를 지냈다. 왕숙(王肅) 학파의 대표적인 인물로, 저서에 《일주서주(逸周書注)》가 있다.

곽박(郭璞, 276~324) 동진(東晉) 산동(山東) 문희(聞喜) 사람이다. 자는 경순(景純)이다. 유곤(劉琨)과 더불어 서진(西晉) 말기부터 동진에 걸친 시풍을 대표하는 시인으로, 시에 노장(老莊) 철학이 반영되어 있으며 〈유선시(遊仙詩)〉 14수가 특히 유명하다. 부(賦)에는 〈강부(江賦)〉가 널리 알려져 있다. 《이아(爾雅)》《산해경(山海經)》《방언(方言)》《초사(楚辭)》《목천자전(穆天子傳)》 등에 주(註)를 달았고, 문집에 《곽홍농집(郭弘農集)》이 있다.

곽상(郭象, 252~312) 서진(西晉) 하남(河南) 낙양(洛陽) 사람이다. 자는 자현(子玄)이다. 일찍부터 노장사상에 정통했다. 저서에 《장자주(莊子注)》 33권이 있는데, 《장자》의 본문에 완전히 충실하지는 않았지만 역대의 장자 주석서를 두루 읽은 지식을 담았고, 불교사의 발전에 지대한 영향을 끼쳤다. 그 밖의 저서에 《논어체략(論語體略)》이 있었지만 일부만이 황간(皇侃)의 《논어의소(論語義疏)》에 산견된다.

곽숭도(郭嵩燾, 1818~1891) 청 호남(湖南) 상음(湘陰) 사람이다. 자는 백침(伯琛), 호는 균선(筠仙)이다. 1847년 진사에 급제하고 태평천국의 난 때 중국번(曾國藩)과 함께 상군(湘軍)을 창건하여 막료로 보좌하였으며, 광동순무(廣東巡撫), 주영공사(駐英公使) 등을 역임하였다. 주요 저술로 《사기차기(史記箚記)》《예기질의(禮記質疑)》《양지서옥유집(養知書屋遺集)》 등이 있다.

구양수(歐陽脩, 1007~1073) 송(宋) 길주(吉州) 여릉(盧陵) 사람이다. 자는 영숙(永叔), 호는 취옹(醉翁)·육일거사(六一居士)이다. 경우(景祐) 연간(1034~1037)에 관각교감(館閣校勘)을 지냈으며, 인종(仁宗)·영종(英宗)·신종(神宗) 3대에 걸쳐 참지정사(參知政事)를 지냈다. 《숭문총목(崇文總目)》 편찬에 참여하는가 하면, 지화(至和) 원년(1054) 용도각직학사(龍圖閣直學士), 이부낭중(吏部郎中)으로 있으면서 《신당서》 간수(刊修)에 참여하여 가우(嘉祐) 5년(1060)에 완성했다. 《오대사기(五代史記)》, 즉 《신오대사(新五代史)》도 이 무렵에 사찬(私撰)한 것으로 보인다. 사망 후 태자태사(太子太師)

에 증직되었으며, 시호는 문충(文忠)이다. 저서에《집고록(集古錄)》《귀전록(歸田錄)》《육일거사집(六一居士集)》 등이 있다.

구양순(歐陽詢, 557~641) 당 담주(潭州) 임상(臨湘) 사람이다. 자는 신본(信本)이다. 관료, 학자, 문인, 서법가로, 벼슬이 홍문관학사(弘文館學士)에 이르렀다. 저작으로《예문유취(藝文類聚)》,〈구성궁예천명(九成宮醴泉銘)〉 등이 있다.

나진옥(羅振玉, 1866~1940) 절강(浙江) 상우현(上虞縣) 사람이다. 자는 숙언(叔言), 호는 설당(雪堂)이다. 금석학(金石學)과 고증학의 제일인자로 알려졌고, 은허(殷墟)에서 출토한 갑골문자(甲骨文字)를 연구,《은허서계고석(殷墟書契考釋)》 등을 펴내어 그 해독을 시도하였다.

노문초(盧文弨, 1717~1795) 청 절강(浙江) 인화(仁和) 사람이다. 자는 소궁(召弓), 호는 기어(磯漁)이다. 건륭(乾隆) 17년(1752) 진사가 되어 한림원편수(翰林院編修) 등을 거쳐 시독학사(侍讀學士), 호남학정(湖南學政) 등을 역임하였다. 퇴임한 뒤 절강의 종산(鍾山)·숭문(崇文)·용성(龍城) 등의 서원(書院)에서 20여 년간 주강(主講)을 지냈고, 대진(戴震), 단옥재(段玉裁) 등과 교유하였다. 고적의 교감에 뛰어나 38종의 각종 고적에 대해 주를 낸《군서습보(群書拾補)》를 남겼으며, 고광기(顧廣圻)와 함께 대교학파의 대표자이다. 그 외 저서로《포경당문집(抱經堂文集)》《종산찰기(鍾山札記)》《용성찰기(龍城札記)》《광아주(廣雅注)》 등이 있다.

노변(盧辯, ?~?) 북주(北周) 범양(范陽) 탁현(涿縣) 사람이다. 자는 경선(景宣)이다. 경사(經史)에 통달하여 태학박사(太學博士)에 제수되었고 북위(北魏) 효무제(孝武帝) 때에 여러 번 소사(少師)에 제수되어 위나라의 태자 및 왕자들이 모두 그에게서 수학하였다. 북주 명제(明帝) 때 소종백(小宗伯)으로 승진하였고 대장군(大將軍)으로 있다가 죽었다.《대대례기해고(大戴禮記解詁)》를 남겼다.

노신(魯迅, 1881~1936) 절강(浙江) 소흥(紹興) 사람이다. 본명은 주수인 (周樹人)이며 자는 예재(豫才)이다. 《광인일기》와 《아큐정전(阿Q正傳)》을 지은 소설가로 널리 알려져 있으나, 1911년 신해혁명이 일어나자 신정부의 교 육부원이 되어 일하면서 틈틈이 금석탁본(金石拓本)을 수집하거나 고서(古書) 연구 등에 심취하기도 했다. 주요한 교감 성과가 《노신전집(魯迅全集)》에 수 록되어 있다.

녹흠립(逯欽立, 1910~1973) 산동(山東) 거야(巨野) 사람이다. 자는 탁정 (卓亭)이다. 1939년 북경대학 중문과를 졸업하고, 북경대학 문과연구소에 들 어가 한위육조(漢魏六朝) 문학을 전문적으로 연구하였다. 한위육조 문학에 조 예가 깊었으며 관련된 저술이 매우 많다. 《선진한위진남북조시(先秦漢魏晉南北 朝詩)》100권을 편정(編定)하였으며, 《도연명집(陶淵明集)》을 교주(校注)하 였다.

단옥재(段玉裁, 1735~1815) 청 강소(江蘇) 금단(金壇) 사람이다. 자는 약응 (若膺), 호는 무당(茂堂) 또는 연북거사(硯北居士)이다. 대진(戴震)을 사사 하였고, 전대흔(錢大昕), 소진함(邵晉涵), 요내(姚鼐) 등과 교유하였다. 저서 로는 《설문해자주(說文解字注)》《경운루집(經韻樓集)》《육서음균표(六書音 均表)》《고문상서찬이(古文尚書撰異)》《모시고훈전정본(毛詩故訓傳定本)》 등이 있다. 청대의 대표적인 경학가이자 문자훈고학자로 음운학, 문자학, 훈고 학, 교감학 방면에 걸출한 업적을 남겼다.

당중우(唐仲友, 1136~1188) 남송 무주(婺州) 금화(金華) 사람이다. 자는 여 정(與政), 호는 열재(說齋)이다. 고종(高宗) 소흥(紹興) 21년(1151) 진사가 되고, 서안주부(西安主簿)에 올랐다. 저서에 《육경해(六經解)》《효경해(孝經 解)》《우서(愚書)》《천문상변(天文詳辯)》《지리상변(地理詳辯)》《구경발 제(九經發題)》《경사난답(經史難答)》《제사정의(諸史精義)》《제왕경세도보 (帝王經世圖譜)》《열재문집(說齋文集)》 등이 있다.

대진(戴震, 1727~1777) 청 안휘(安徽) 휴령(休寧) 사람이다. 자는 동원(東原) 또는 신수(愼修), 호는 고계(杲溪)이다. 청대의 저명한 사상가이자 고증학의 대가로, 문자 훈고(訓詁)의 연구를 통해 경서를 해명하는 방법을 제창하였다. 산학(算學), 천문, 지리, 성운(聲韻), 훈고, 고증, 철학 등 다방면에 모두 정통하였으며, 1773년 황제의 부름을 받아 사고전서관(四庫全書館)의 찬수관으로 임명되기도 하였다. 《수경주(水經注)》 《의례집석(儀禮集釋)》 등의 전적을 교정(校訂)하였으며, 주요 저서로 《모정시고정(毛鄭詩考正)》 《맹자자의소증(孟子字義疏證)》 《대동원집(戴東原集)》 등이 있다.

도륭(屠隆, 1541~1605) 명나라의 문장가이다. 자는 장경(長卿), 호는 적수(赤水)·일납도인(一衲道人)·봉래선객(蓬萊仙客)·홍포거사(鴻苞居士)이다. 만력(萬曆) 5년(1577)에 진사가 되어 청포령(靑浦令), 예부주사(禮部主事) 등의 관직을 거쳤으나 만력 12년에 모함을 받아 삭탈관직되었다. 호방하고 술을 즐겨 교유한 사람들이 모두 당대의 명사들이었으며, 왕세정(王世貞)을 따라 '문필진한(文必秦漢) 시필성당(詩必盛唐)'의 구호를 주창하였다. 만년에는 오월(吳越) 지방을 유람하고 도사들을 찾아 현담을 나누었으며, 글을 지어 생계를 마련하였다.

두우(杜佑, 735~812) 당나라 때의 역사학자로, 자는 군경(君卿)이다. 평생 심혈을 기울여 역대 전장제도(典章制度)의 연혁과 득실을 연구하였으며, 이를 통해 역사의 경험과 교훈을 총결하고자 하였다. 그가 지은 《통전(通典)》은 중국 최초로 역대의 전장제도를 계통적으로 논술한 역사서로, 정서체(政書體)의 시조가 되었다. 그 밖의 저서로 《이도요결(理道要訣)》 《관씨지략(管氏指略)》 《빈좌기(賓佐記)》 등이 있다.

두예(杜預, 222~284) 서진(西晉) 경조(京兆) 두릉(杜陵) 사람이다. 자는 원개(元凱)이다. 명가(名家) 출신으로 하남윤(河南尹), 진주자사(秦州刺史) 등을 지냈으며, 진남대장군(鎭南大將軍)에 이르렀다. 만년에는 학문과 저술에 힘을 쏟았다. 《춘추(春秋)》의 경문(經文)과 《좌씨전(左氏傳)》을 한 권의 책으로 정리하여, 경문에 대응하도록 《좌씨전》의 문장을 분류하여 춘추의례설(春秋義例說)을 확립하고, 춘추학으로서의 좌씨학을 집대성하였다. 저서에 《춘추좌씨경전집해(春秋左氏經傳集解)》《춘추석례(春秋釋例)》가 있다.

마국한(馬國翰, 1794~1857) 청나라의 저명한 문헌학자이자 장서가로, 산동(山東) 역성(曆城) 사람이다. 자는 사계(詞溪), 호는 죽오(竹吾)이다. 특히 집일(輯佚)에 노력을 경주하여 《옥함산방집일서(玉函山房輯佚書)》를 남겼는데, 이 책은 당대(唐代) 이전에 흩어져 없어진 고적 594종을 모아서 편찬한 집일 총서이다.

마융(馬融, 79~166) 후한의 경학가(經學家)로, 부풍(扶風) 무릉(茂陵) 사람이다. 자는 계장(季長)이다. 경서를 주해할 때 고문 경학의 설을 위주로 금문 경학의 설을 아울러 취함으로써 고문경학을 더욱 발전시키고 여러 유파가 합쳐지는 길을 열었다. 《효경(孝經)》《논어(論語)》《시경(詩經)》《주역(周易)》 등 많은 경서에 주를 달았으나 대부분 산일되고, 현재 그 일부만이 《옥함산방집일서(玉函山房輯佚書)》에 남아 있다.

막우지(莫友芝, 1811~1871) 청 귀주(貴州) 독산(獨山) 사람이다. 자는 자시(子偲), 호는 여정(郘亭)·액수(眲叟)이다. 도광(道光) 11년(1831) 거인(擧人)이 되었다. 시(詩)를 잘 지었고 문자학·훈고학에 정통하였는데, 정문호(鄭文虎) 등과 함께 경사(經史)를 교수(校讎)하기도 했다. 저서에 《여정지견전본서목(郘亭知見傳本書目)》《여정시초(郘亭詩鈔)》《성운고략(聲韻考略)》 등이 있다.

매작(梅鷟, 1483?~1553) 명(明) 영국(寧國) 정덕(旌德) 사람이다. 자는 치재(致齋)이다. 고문 《상서(尙書)》를 위서(僞書)로 의심하고 그 의문점을 지적하여 경학에 공헌한 바가 있다. 저서에 《상서고이(尙書考異)》《상서보(尙書譜)》《고역고원(古易考原)》《춘추지요(春秋指要)》 등이 있다.

모거정(毛居正, ?~?) 남송(南宋) 구주(衢州) 강산(江山) 사람이다. 자는 의보(義甫) 또는 의보(誼甫), 호는 후산(朽山)이다. 가학(家學)을 이어 육서(六書)를 연구했으며 소흥(紹興) 21년(1151) 진사에 합격했다. 영종(寧宗) 가정(嘉定) 연간(1208~1224) 초에 경적(經籍)을 간정할 때 초빙되어 교수(校讎)를 담당하기도 했는데, 나중에 이때 교정한 성과를 모아 《육경정오(六經正誤)》를 지었다.

모장(毛萇, ?~?) 전한(前漢) 때 조(趙)나라 사람이다. 고문시학(古文詩學)인 모시학(毛詩學)의 전수자이다. 모형(毛亨)에게서 시학(詩學)을 전수받았으므로 세상에서 소모공(小毛公)이라 칭한다. 일찍이 하간 헌왕(河間獻王)의 박사를 지냈다. 지금 우리가 읽는 《시경》이 바로 모형과 모장이 주석한 '모시(毛詩)'이다.

모진(毛晉, 1599~1659) 명나라 말기 대표적인 장서가로 자는 자진(子晉), 호는 잠재(潛在)이다. 평생 벼슬하지 않고 수재(秀才)라는 신분으로 집안의 재산에 의지하여 장서와 서적의 간행에 매진하였다. 개인 장서루(藏書樓)인 급고각(汲古閣)에는 8만 4000여 권의 장서를 보유했다고 한다.

모형(毛亨, ?~?) 전국 시대 말에서 전한 초기 사람으로, 《시경》을 전한 4가(家) 중 하나인 모시학(毛詩學)을 전수하였다. 《시경》을 연구하여 《모시고훈전(毛詩詁訓傳)》을 지어 모장(毛萇)에게 주었는데, 이를 흔히 《모시》라고 약칭하며, 나머지 3가에 전해진 것은 유실되었기 때문에 오늘날 일컫는 《시경》이 되었다.

무억(武億, 1745~1799) 청 하남(河南) 언사(偃師) 사람이다. 자는 허곡(虛谷) 또는 소석(小石)이며, 호는 반석산인(半石山人)이다. 이른바 건가(乾嘉) 시기의 저명한 금석고거학가(金石考據學家), 경학가, 문학가로, 특히 금석학에 정통하였다. 주요 저작으로 《수당문초(授堂文鈔)》《언사금석기(偃師金石

記)》《안양현금석록(安陽縣金石錄)》《군경의증(群經義證)》《경독고이(經讀考異)》 등이 있다.

무전손(繆荃孫, 1844~1919) 강소(江蘇) 강음(江陰) 사람이다. 자는 염지(炎之)·소산(筱珊)이며, 만호(晩號)는 예풍(藝風)이다. 중국의 근대 장서가, 교감가, 교육가, 목록학가, 사학가, 방지학가(方志學家), 금석가이다. 1876년 진사시에 합격하였다. 저서로 《예풍당장서기(藝風堂藏書記)》《예풍당금석문자목(藝風堂金石文字目)》《예풍당문집(藝風堂文集)》 등이 있다.

반고(班固, 32~92) 후한 부풍(扶風) 안릉(安陵) 사람이다. 자는 맹견(孟堅)이며, 반표(班彪)의 아들이다. 부친의 유업을 이어 《한서(漢書)》를 찬사(撰寫)했으며, 후한 장제(章帝) 때 학자들이 백호관(白虎觀)에서 오경(五經)의 이동(異同)을 토론할 때, 황명을 받아 《백호통의(白虎通義)》를 편집하였다.

방숭경(方崧卿, 1135~1194) 남송 홍화군(興化軍) 보전(莆田) 사람이다. 자는 수신(秀申)이다. 효종(孝宗) 융흥(隆興) 원년(1163)에 진사가 되었고 관직이 경서전운판관(京西轉運判官)에 이르렀다. 장서에 취미가 있어 가장(家藏)된 도서 4만 권을 직접 모두 교감하기도 하였다. 일생 동안 한유의 시문집을 교감하는 데에 힘을 기울였다. 저서에 《한집거정(韓集擧正)》《한시편년(韓詩編年)》 등이 있다.

방현령(房玄齡, 579~648) 당(唐) 제주(齊州) 임치(臨淄) 사람이다. 또 다른 이름은 방교(房喬), 자는 현령(玄齡)이며, 일설에는 이름이 현령(玄齡)이고 자가 교송(喬松)이라고 한다. 당조(唐朝)의 개국 공신이자 현상(賢相)으로, 경사(經史)에 정통하였고 문장과 글씨에도 능했다. 18세 때 진사가 되고 수말(隋末)의 대란 때 당 태종(唐太宗) 이세민(李世民)에게 투항, 참모가 되어 현무문(玄武門)의 정변(626) 때 큰 공을 세웠다. 중서령(中書令), 상서좌복야(尙書左僕射), 감수국사(監修國史) 등을 역임하였으며, 태종의 칙명으로 《진서(晉書)》를 편찬하였다. 시호는 문소(文昭)이다.

배송지(裴松之, 372~451) 남조(南朝) 송(宋) 하동(河東) 문희(聞喜) 사람이다. 자는 세기(世期)이다. 송 문제(宋文帝)의 명령으로 《삼국지》에 주를 다는 일을 맡아 3년 만에 《삼국지주(三國志注)》를 완성했다. 그 밖의 저서에 《진기(晉記)》《송원가기거주(宋元嘉起居注)》《배씨가전(裴氏家傳)》《집주상복경전(集注喪服經傳)》 등이 있다.

배인(裴駰, ?~?) 남조 송 하동(河東) 문희(聞喜) 사람으로 자는 용구(龍駒)이고, 배송지(裴松之)의 아들이다. 관직은 남중랑참군(南中郎參軍)에 이르렀다. 박학다재하였으며 주요 저작으로는 《사기집해(史記集解)》가 있다.

백거이(白居易, 772~846) 당 하남(河南) 신정(新鄭) 사람이다. 자는 낙천(樂天), 호는 향산거사(香山居士)이다. 당대(唐代)의 위대한 현실주의 시인으로 중국 문학사상 가장 저명하고 영향력이 큰 시인이자 문학가로 일컬어진다. 당 이전의 시문에서 전고와 가구(佳句) 등을 뽑아 《백씨육첩(白氏六帖)》 30권을 편찬하였고, 문집에 《백씨장경집(白氏長慶集)》이 전하며 대표적인 시작(詩作)으로는 〈장한가(長恨歌)〉〈매탄옹(賣炭翁)〉〈비파행(琵琶行)〉 등이 있다.

범문란(范文瀾, 1893~1969) 절강(浙江) 소흥(紹興) 사람이다. 자는 중운(仲雲)이며, 중국 근대의 역사학자이다. 남개대학(南開大學), 북경대학(北京大學), 북경사범대학(北京師範大學) 등의 교수를 역임했다. 《중국통사간편(中國通史簡編)》의 편찬을 주관하였고 주요 저작에 《중국근대사(中國近代史)》(상책)《군경개론(群經槪論)》《문심조룡주(文心雕龍注)》 등이 있다.

범희증(范希曾, 1899~1930) 강소(江蘇) 회양(淮陽) 사람이다. 자는 뇌연(耒研), 호는 치로(穉露)이며, 중국 근대의 목록학자이다. 저서로 《서목답문보정(書目答問補正)》 등이 있다.

복상(卜商, 기원전 507~?) 춘추 말엽 진(晉)나라 온지(溫地) 사람이다. 자는 자하(子夏)로 이른바 '공문십철(孔門十哲)'의 한 사람이다. '문학(文學)'으로 공자의 인정을 받았으며 공자의 사후 위나라 서하(西河)로 가서 제자들을 가르쳤고 위 문후(魏文侯)의 스승이 되었다. 《시경(詩經)》《춘추(春秋)》등을 전수(傳授)한 것으로 전한다.

부혁(傅奕, 555~639) 수당(隋唐) 때의 학자로 하북(河北) 안양(安陽) 사람이다. 출가하여 도사(道士)가 되었고 천문(天文)과 역수(曆數)에 정통하였다. 당 고조(唐高祖) 때에는 태자령(太子令)이란 요직을 맡기도 하였다. 주요 저작에 《노자주(老子注)》《노자음의(老子音義)》및 《고식전(高識傳)》10권 등이 있었으나 모두 산일되었다.

사마정(司馬貞, ?~?) 당 하내(河內) 사람이다. 자는 자정(子正)으로 현종(玄宗) 때 국자박사(國子博士), 홍문관학사(弘文館學士) 등을 역임하였다. 당대(唐代)의 저명한 사학자로 《사기색은(史記索隱)》30권을 남겼다. 사마천(司馬遷)과 대비하여 '소사마(小司馬)'라고 불리기도 한다. 그의 《사기색은》은 배인(裴駰)의 《사기집해(史記集解)》및 장수절(張守節)의 《사기정의(史記正義)》와 함께 '사기삼가주(史記三家注)'라고 일컬어지는데 후세의 사학계에 매우 큰 영향을 끼친 사학(史學) 명저(名著)이다.

사마천(司馬遷, 기원전 145?~기원전 87?) 전한(前漢) 하양(夏陽) 사람이다. 자는 자장(子長)이며 태사령(太史令) 사마담(司馬談)의 아들이다. 무제(武帝) 때 흉노(匈奴)에게 항복한 이릉(李陵)을 변호하다가 무제의 노여움을 사서 궁형(宮刑)을 당하였다. 그 후 중서령(中書令)이 되어 부친의 유업을 계승하여 《사기(史記)》(원제는 '태사공서(太史公書)')를 지었다. 중국 고대의 위대한 사학가, 사상가, 문학가로 후세에 '사성(史聖)'으로 추존되었다. 그가 지은 《사기》는 중국 역사상 첫 번째의 기전체(紀傳體) 통사(通史)로서 후세에 거대한 영향을 끼쳤다.

사마표(司馬彪, ?~306?) 서진(西晉)의 관료, 역사학자로, 자는 소통(紹統)이다. 비서승(秘書丞)을 지냈다. 저서로 《구주춘추(九州春秋)》《고사고(古史考)》《속한서(續漢書)》 등이 있었다. 이 가운데 《속한서》는 기(紀), 지(志), 전(傳) 83권 중에 지(志) 30권만 남아서 송 진종(宋眞宗) 이후로는 범엽(范曄)의 《후한서(後漢書)》의 기(紀)·전(傳)과 합각(合刻)되어 전해졌다.

서개(徐鍇, 920~974) 중국 오대(五代)와 송초(宋初)의 문자훈고학자로, 양주(楊州) 광릉(廣陵) 사람이다. 자는 초금(楚金)이다. 평생의 저술이 매우 많았으나 지금은 《설문해자계전(說文解字系傳)》 40권, 《설문해자운보(說文解字韻譜)》 10권, 《설문해자전운보(說文解字篆韻譜)》 5권만 남아 있다. 이 중에 특히 《설문해자계전》은 한위(漢魏) 시대 이후 가장 오래된 계통적이고 비교적 상세한 《설문해자》의 주해서로서 가치가 높다.

서견(徐堅, 659~729) 당나라의 관료, 학자, 문인으로 호주(湖州) 장성(長城) 사람이다. 자는 원고(元固)이다. 벼슬이 집현원학사(集賢院學士)에 이르렀다. 저서로 공저 《당육전(唐六典)》《초학기(初學記)》《대은전(大隱傳)》 등이 있다.

서광(徐廣, 352~425) 동진(東晉) 동완(東莞) 고막(姑幕) 사람이다. 자는 야민(野民)이고, 서막(徐邈)의 동생이다. 416년(義熙12)에 《진기(晉記)》 46권을 찬술하였고 《사기》 주석서로 《사기음의(史記音義)》가 있다.

서릉(徐陵, 507~583) 남조(南朝) 양진(梁陳) 간의 시인이자 문학가로 동해(東海) 담(郯) 사람이다. 자는 효목(孝穆)이고, 서리(徐摛)의 아들이다. 8세에 문장을 짓고, 12세에 《장자》와 《노자》에 통달하여 일찍이 시문으로 명성이 있었다. 양나라 무제(武帝) 때 동궁학사(東宮學士)를 지냈다. 화려한 문체로 유신(庾信)과 명성을 나란히 하여 '서유(徐庾)'로 병칭되었다. 진(陳)나라 때에는 상서좌복야(尙書左僕射)를 지냈다. 양나라 때부터 지은 궁체시를 계속하여 지었으며 시문이 모두 기염(綺艷)한 경향이 있었다. 저서로《서효목집(徐孝穆集)》과《옥대신영(玉臺新詠)》이 전한다.

섭몽득(葉夢得, 1077~1148) 송대(宋代)의 사인(詞人)으로 소주(蘇州) 오현(吳縣) 사람이다. 자는 소온(少蘊)이다. 소성(紹聖) 4년(1097)에 진사시에 급제하여 관직에 나아가 소흥(紹興) 원년(1131) 강동안무대사 겸 지건강부(江東安撫大使知建康府)를 지냈다. 만년에는 호주(湖州)의 변산(弁山)과 영롱산(玲瓏山)의 석림(石林)에 은거하여 석림거사란 호칭을 얻었다. 저서에《석림연어(石林燕語)》《석림사(石林詞)》《석림시화(石林詩話)》등이 있다.

손성연(孫星衍, 1753~1818) 청 강소(江蘇) 양호(陽湖) 사람이다. 자는 연여(淵如), 호는 방무산인(芳茂山人)이다. 이름난 수재로 14세 때《문선(文選)》을 모두 암기하였고 많은 사람들로부터 지우(知遇)를 받았다. 1787년 진사에 합격, 한림원편수(翰林院編修)가 되었다. 형부주사(刑部主事) 등 사법관이 되어 명성을 떨쳤으며, 산동(山東)의 독량도(督糧道)로서 치수(治水)와 식량을 감독하여 공적을 남기고 1806년에 사임하였다. 전대흔(錢大昕)에게 배웠으며 넓은 학식으로 여러 서지(書誌)의 교정(校定)에 힘써《상서금고문주소(尙書今古文注疏)》30권을 편찬하고《창힐편(蒼頡篇)》과《시자(尸子)》등을 집대성하였다. 금석학(金石學)에도 뛰어나 《환우방비기(寰宇訪碑記)》를 썼고, 《방무산인시록(芳茂山人詩錄)》등을 합쳐《평진관총서(平津館叢書)》및《대남각총서(岱南閣叢書)》로 간행하였다.

손이양(孫詒讓, 1848~1908) 청대의 학자로 절강(浙江) 사람이다. 자는 중용(仲容), 호는 주고(籒膏)이다. 1885년 형부주사(刑部主事)가 되었으나, 바로 치사하고 평생 관직 생활을 하지 않았다. 만년에는 온주사범학교(溫州師範學校)를 운영하며 후진 양성에 헌신하였다. 당시 성행하기 시작한 금석문에 조예가 깊었으며, 갑골문에 대해 처음으로 조직적인 연구를 시도하기도 하였다. 저서에《주례정의(周禮正義)》《묵자한고(墨子閒詁)》《주서각보(周書斠補)》《고주여론(古籒餘論)》《계문거례(契文擧例)》등이 있다.

손지조(孫志祖, 1737~1801) 청 절강(浙江) 인화(仁和) 사람이다. 자는 이곡(貽穀), 호는 약재(約齋)이다. 《가어소증(家語疏證)》 10권을 저술하여 《공자가어(孔子家語)》가 위서임을 확정하였다. 그 책 권6에 "왕숙(王肅)이 위서를 지어 정현(鄭玄)의 주를 어지럽혔으며, 성인을 속이고 경전에 위배되었다. 이미 《성증론(聖證論)》을 지어 정현을 공격하고, 또 《공자가어》를 위조하여 그 말을 꾸며서 세상을 속였다. 그러므로 여러 책을 널리 수집하여 왕숙이 절도한 것을 모두 밝게 증명해 내었다." 하였다.

손흠선(孫欽善, 1934~) 산동(山東) 유산(乳山) 사람이다. 필명은 문현(聞賢)이다. 북경대학 중문과를 졸업하였고, 1985년 부교수를 거쳐 1988년 교수가 되었다. 고전문헌교연실부주임(古典文獻敎硏室副主任)을 거쳐 북경대학고문헌연구소소장(北京大學古文獻硏究所所長), 전국고교고적정리연구공작위원회위원(全國高校古籍整理硏究工作員會委員)을 지냈다. 중국고문헌학 및 중국고대문학과 문화를 주로 연구하였고, 주요 저작으로는 《고적집교주(高適集校注)》《논어주석(論語注釋)》《공자진시문선(龔自珍詩文選)》《중국고문헌학사(中國古文獻學史)》 등이 있다.

송기(宋祁, 998~1061) 송 안주(安州) 안륙(安陸) 사람이다. 자는 자경(子京)으로 철종(哲宗) 때 재상을 지낸 송상(宋庠)의 동생이다. 《광업기(廣業記)》《적전기(籍田記)》《집운(集韻)》 등의 편찬에 참여했으며, 황우(皇祐) 원년(1049) 한림시독학사(翰林侍讀學士)로 있으면서 《신당서》의 간수관(刊修官)을 맡았고, 황우 3년(1051)에는 지박주(知亳州)가 되어 박주로 부임하고 나서도 《신당서》를 편수했다. 시호는 경문(景文)이다. 저서로는 청대에 집일된 《송경문공집(宋景文公集)》, 근대의 조만리(趙萬里)가 집일한 사집(詞集) 《송경문공장단구(宋景文公長短句)》가 있다.

송민구(宋敏求, 1019~1079) 송 조주(趙州) 평극(平棘) 사람이다. 자는 차도(次道)이다. 보원(寶元) 2년(1039) 진사가 된 후 관각교감(館閣校勘)을 지냈으며, 경력(慶曆) 5년(1045) 증공량(曾公亮), 범진(范鎭) 등과 《신당서》 편수에 참여했다. 영종(英宗) 치평(治平) 연간(1064～1067)에는 공부낭중수기거주(工部郎中修起居注)로서 《인종실록(仁宗實錄)》 편수에도 참여했다. 신종(神宗) 때에는 집현원학사(集賢院學士), 용도각대학사(龍圖閣大學士)를 역임하며 《양조정사(兩朝正史)》를 편수했다. 조정의 전고에 밝았으며, 편(編)·저서(著書)로 《당대조령집(唐大詔令集)》《장안지(長安志)》《춘명퇴조록(春明退朝錄)》 등이 있다.

순자(荀子, BC325?～BC238?) 전국 시대 사상가이자 유학자로, 이름은 황(況), 자는 경(卿)이다. 순경(荀卿)이 아니라 손경(孫卿)으로 표기된 문헌도 있는데, 이는 순(荀)과 손(孫)의 고음(古音)이 서로 통했기 때문이다. 맹자(孟子)의 성선설(性善說)을 비판하여 성악설(性惡說)을 주장했다. 《사기(史記)》〈순경열전(荀卿列傳)〉에 따르면, 순자는 조(趙)나라 출신으로 나이 50세 무렵에 제나라에 유학하여 최장로(最長老)의 학사(學士)로 세 차례나 좨주(祭酒)를 지냈다. 후에 참소를 받아 제나라를 떠난 순자는 초나라의 재상 춘신군(春申君)의 천거로 난릉(蘭陵)의 수령이 되었다. 기원전 238년 춘신군이 암살되자 벼슬자리에서 물러난 순자는 난릉에 머물며 문인 교육과 저술에 전념하며 여생을 마쳤다. 그의 사상은 전한(前漢) 말기에 《손경신서(孫卿新書)》 32편으로 정리되었는데, 당나라의 양경(楊倞)은 여기에 주(註)를 붙여 20권 32편으로 다시 정리하고 명칭을 《손경자(孫卿子)》라 하였다. 오늘날 《손경신서》는 망실되어 전해지지 않으며, 양경의 주석본이 《순자(荀子)》라고 불리며 전해지고 있다.

심괄(沈括, 1031～1095) 송 항주(杭州) 전당(錢塘) 사람이다. 자는 존중(存中)이다. 인종(仁宗) 가우(嘉祐) 8년(1063) 진사가 되어 지제고, 한림학사를 역임했으며, 만년에는 윤주(潤州)의 몽계원(夢溪園)에서 살았다. 박식하고 문장을 잘 지었으며 천문, 지리, 화학, 의약 등에 밝았다. 저서에 《몽계필담(夢溪筆談)》《소심양방(蘇沈良方)》《장흥집(長興集)》 등이 있다.

악가(岳珂, 1183~1243) 송 상주(相州) 탕음(湯陰) 사람으로, 가흥(嘉興)에 거주하였다. 자는 숙지(肅之), 호는 역재(亦齋)이다. 관직이 호부시랑(戶部侍郎), 회동총령제치사(淮東總領制置使)에 이르렀다. 조상인 악비(岳飛)를 진회(秦檜)가 모함한 것을 한스럽게 여겨 《금타수편(金陀粹編)》《우천변무집(吁天辯誣集)》《천정록(天定錄)》 등을 지어 변무(辯誣)하기도 하였고, 저서에 《구경삼전연혁례(九經三傳沿革例)》《정사(桯史)》 등이 있다.

안사고(顏師古, 581~645) 당 섬서(陝西) 만년(萬年) 사람이다. 자는 사고, 이름은 주(籒)이다. 《안씨가훈(顏氏家訓)》의 저자인 안지추(顏之推)가 조부이다. 학자 집안에서 태어나 고전의 학습에 힘썼고 특히 문장에 뛰어났다. 당나라 고조(高祖)·태종(太宗)의 2대를 섬기면서 중서사인(中書舍人), 중서시랑(中書侍郎), 비서감(秘書監)을 역임하였고, 정치에도 능통하여 조령(詔令)을 기초하기도 하였다. 그동안 유교의 경전인 오경(五經)의 교정에 종사하여 《오경정본(五經定本)》을 만들었으며, 《대당의례(大唐儀禮)》의 수찬에 참여하였다. 그 후 다시 오경의 주석서인 《오경정의(五經正義)》의 편찬에도 참여하였고, 역대 《한서(漢書)》의 주석을 집대성하였다. 《한서》의 주석은 문자학·역사학이 온축된 것으로, 오늘날 《한서》 해석의 중요한 근거가 된다.

양경(楊倞, ?~?) 당나라 홍농(弘農) 사람이다. 원진(元稹)·백거이(白居易)와 동시대에 살았으며, 동천절도사(東川節度使), 형부상서(刑部尙書)를 지냈다. 저서에 《순자(荀子)》에 주를 단 《손경자(孫卿子)》가 전하는데, 이 책은 지금까지 나온 《순자》 주석서로는 가장 이른 시기의 것이다.

양계초(梁啓超, 1873~1929) 광동(廣東) 신회(新會) 사람이다. 자는 탁여(卓如), 호는 임공(任公) 또는 음빙실주인(飮氷室主人)이다. 청말(淸末)에서 중화민국 초의 계몽사상가이자 문학가이다. 번역과 신문·잡지의 발행, 정치학교 개설 등 혁신운동을 펼쳤으며 강유위(康有爲)가 주도하는 변법자강운동에 참여하기도 하였다. 저서에 고적변위학의 주요한 성과로 평가되는 《고서진위 및 그 연대[古書眞僞及其年代]〕를 비롯하여 《음빙실전집(飮氷室全集)》《음빙실총서(飮氷室叢書)》《청대학술개론(淸代學術槪論)》《중국근삼백년학술사(中國近三百年學術史)》 등이 있다.

양신(楊愼, 1488~1559) 명 사천(四川) 신도(新都) 사람이다. 자는 용수(用修), 호는 승암(升菴)이다. 양정화(楊廷和)의 아들이다. 정덕(正德) 6년(1511) 과거에 장원급제하여 한림수찬(翰林修撰)에 임명되었다. 가정(嘉靖) 3년(1524) 경연강관(經筵講官)이 되고 한림학사(翰林學士)에 올랐다. 같은 해 계악(桂萼)의 등용을 반대하다 겨우 사형을 면하고 운남(雲南) 영창위(永昌衛)로 유배되었다. 저서로 《단연총록(丹鉛總錄)》과 《승암집(升菴集)》 등이 있다. 그밖에도 많은 편찬서들이 있다.

양현지(楊衒之, ?~555) 북위(北魏) 북평(北平) 사람이다. 징병되어 낙양에 왔다가 성곽이 붕괴되고 궁궐이 전복되며 사원이 불타고 사탑(寺塔)이 무너지는 광경을 보고서 후세에 이러한 건축물들이 전해지지 않을까 걱정하여 사적들을 모아 《낙양가람기(洛陽伽藍記)》 5권을 지었다.

엄가균(嚴可均, 1762~1843) 청대의 문헌학자이자 장서가로 오정(烏程) 사람이다. 자는 경문(景文), 호는 철교(鐵橋)이다. 가경(嘉慶) 5년(1800)에 급제하여 관직이 건덕교유(建德教諭)에 이르렀으나 병으로 사직하였다. 고거학(考據學)에 정통하였다. 주요 저서에 요문전(姚文田)과 함께 《설문(說文)》을 연구하여 지은 《설문장편(說文長篇)》 45책, 종정(鍾鼎)의 탁본(拓本)을 모아 해설한 《설문익설(說文翼說)》 15편 및 정용(丁溶)과 《당석경(唐石經)》을 연구하여 지은 《교문(校文)》 10권이 있고, 《전상고삼대진한삼국육조문(全上古三代秦漢三國六朝文)》 746권을 편찬하였다.

여가석(余嘉錫, 1883~1955) 호남(湖南) 상덕(常德) 사람이다. 자는 계예(季豫)이다. 1931년 보인대학(輔仁大學) 교수가 되었으며 국문계(國文系)에서 목록학 등을 가르치는 한편 진한사(秦漢史), 고서교독법(古書校讀法), 경학통론(經學通論), 변문강독법(騈文講讀法) 등의 과목을 개설하기도 하였다. 저서로 《사고제요변증(四庫提要辨證)》《목록학발미(目錄學發微)》《고서통례(古書通例)》《세설신어전소(世說新語箋疏)》 등이 있다.

여관영(余冠英, 1906~1995) 중국 고전문학 전문가로 자는 소생(紹生)이다. 1952년 중국과학원 문학연구소 연구원으로 임용되고 뒤에 문학연구소 부소장, 학술위원회 주임이 되었고, 잡지 《문학유산(文學遺産)》의 주편(主編)을 역임했다. 《시경》에 관한 저서로 《시경선(詩經選)》《시경선역(詩經選譯)》 등이 있다.

여정(余靖, 1000~1064) 송 소주(韶州) 곡강(曲江) 사람이다. 자는 안도(安道), 호는 무계(武溪)이다. 인종(仁宗) 천성(天聖) 2년(1024) 진사에 합격하여 집현교리(集賢校理), 우정언(右正言) 등을 역임하고 상서좌승 지광주(尙書左丞知廣州)에까지 올랐다. 저서에 《무계집(武溪集)》이 있다.

역도원(酈道元, 470?~527) 북위(北魏)의 지리학자이자 저술가로 범양(范陽) 사람이다. 자는 선장(善長)이다. 학문을 좋아했고 기서(奇書)를 두루 보았다. 북쪽 지역을 널리 여행하면서 물길이나 산세 등의 지리 형세를 자세히 관찰했는데, 그 산물로 《수경주(水經注)》 40권을 써냈다.

오관(吳寬, 1435~1504) 명 소주부(蘇州府) 장주(長州) 사람이다. 자는 원박(原博), 호는 포암(匏庵), 시호는 문정(文定)이다. 성화(成化) 8년 회시(會試), 정시(庭試)에서 장원하여 수찬(修撰)에 제수되었다. 관직이 예부상서(禮部尙書)에 이르렀으며 시(詩)로 일가를 이루었다. 저서로 《포암집(匏庵集)》이 있으며, 《헌종실록(憲宗實錄)》을 편수하기도 했다. 또한 장서(藏書)를 좋아하여 그의 장서루인 총서당(叢書堂)의 명칭을 딴 《총서당서목(叢書堂書目)》 1권을 남겼으나 지금은 실전되었다.

오사도(吳師道, 1283~1344) 원 무주(婺州) 난계(蘭溪) 사람이다. 자는 정전(正傳)이다. 젊어서 진덕수(陳德秀)의 저서를 읽고 의리지학(義理之學)에 뜻을 두었으며, 허겸(許謙)에게 수학했다. 국자박사(國子博士)를 거쳐 예부낭중(禮部郎中)을 지냈다. 이단 및 불교와 도교를 배척했다. 저서에 《예부집(禮部集)》《경향록(敬鄕錄)》《전국책교주(戰國策校注)》《오예부시화(吳禮部詩話)》 등이 있다.

오역(吳棫, 1100?~1154) 송대의 고음운학자이자 훈고학자이다. 고문 《상서》에 처음으로 의문을 제기하였으므로 염약거(閻若璩)가 《상서고문소증(尚書古文疏證)》에서 "고문 《상서》를 의심한 것은 오재로(吳才老 오역(吳棫))에게서 시작되었다."라고 하였다. 《송사(宋史)》〈예문지(藝文志)〉에 《비전(裨傳)》 13권이 있었다고 하나 실전되었고, 《운보(韻補)》 5권이 전한다.

오진(吳縝, ?~?) 북송(北宋)의 역사학자로 성도(成都) 사람이다. 자는 정진(廷珍)이고 오사맹(吳師孟, 1021~1110)의 아들이다. 진사에 급제하고 조산랑(朝散郎)으로서 촉주(蜀州)를 다스릴 때 선정을 베풀었으며 평생 학문에 힘써 고금에 널리 정통했다. 저서로 《신당서규류(新唐書糾謬)》 외에 《오대사찬오(五代史纂誤)》가 있다.

완열(阮閱, ?~?) 송나라 서성(舒城) 사람이다. 원명(原名)은 미성(美成), 자는 굉휴(閎休), 호는 산옹(散翁) 또는 송국도인(松菊道人)이다. 원풍(元豐) 8년(1085) 진사가 되었고 건염(建炎) 원년에 원주지사(袁州知事)가 되었다. 저서로 《송국집(松菊集)》이 있었으나 실전되었고, 《침강백영(郴江百詠)》 1권과 《시화총귀(詩話總龜)》 98권이 전한다.

완원(阮元, 1764~1849) 청 강소(江蘇) 의징(儀徵) 사람이다. 자는 백원(伯元), 호는 운대(芸臺), 시호는 문달(文達)이다. 청대(淸代)의 학자·정치가·서예가·문학가로, 학정(學政)·순무(巡撫)·총독·회시총재(會試總裁) 등 조정의 요직을 지냈으며, 경사(經史)·수학(數學)·천산(天算)·여지(輿地)·편찬(編纂)·금석(金石)·교감(校勘) 등의 방면에 모두 정통하여 일대의 문종(文宗)으로 추앙받았다. 광동(廣東)에 학해당(學海堂), 항주(杭州)에 고경정사(詁經精舍)를 설립하고 학자를 모아《경적찬고(經籍纂詁)》,《십삼경주소교감기(十三經注疏校勘記)》를 편찬하였고, 또 청나라 여러 학자의 경학에 관한 저술을 집대성하여《황청경해(皇淸經解)》1408권을 편찬하였다. 문집으로《연경실집(揅經室集)》이 있다.

완효서(阮孝緖, 479~536) 남조 양(梁)나라의 진류(陳留) 울지(尉氏) 사람이다. 자는 사종(士宗)이다. 은거한 채 벼슬에 나가지 않고 학문에만 전념했다. 양 무제(梁武帝) 보통(普通) 4년(523) 방대한 목록서적인《칠록(七錄)》의 편찬을 시작하여 송나라와 제나라 이래의 도서 기록들을 널리 수집해 경(經)·사(史)·자(子)·집(集)과 방기(方伎), 불(佛), 도(道) 7류(類)로 나누어 전대 목록학을 총결산했다. 그 밖의 저서에《고은전(高隱傳)》과《정사삭번(正史削繁)》이 있다. 원효서(院孝緖)라고도 부른다. 제자들이 문정처사(文貞處士)라 사시(私謚)했다.

왕국유(王國維, 1877~1927) 청 절강(浙江) 해령(海寧) 사람이다. 자는 백우(伯隅) 또는 정안(靜安), 호는 관당(觀堂) 또는 영관(永觀)이다. 청나라 말기 민국 초의 학자로 중국의 근현대 문학, 미학, 사학, 철학, 고문자학, 고고학 등 각 방면에서 탁월한 학술적 업적을 이루었다. 소학, 갑골문 연구에 치중했다가 후에 경사(經史)에 진력했다. 일생 동안 62종의 저술과 200종이 넘는 고적에 대한 비교(批校)를 남겼는데, 자선(自選) 문집으로《관당집림(觀堂集林)》이 있다.

왕모(王謨, 1731~1817) 청 금계현(金溪縣) 임방(臨坊) 사람이다. 자는 인포(仁圃), 여상(汝上), 여미(汝糜)이다. 청나라의 문학가이자 고증학자이다. 건창부(建昌府) 교수로 있을 때 여가를 이용해 한위(漢魏) 시대의 유서(遺書)

중 조각난 말을 수집하였다. 평생 집일(輯佚)한 문헌이 많아 집일서로 《한위유서초(漢魏遺書鈔)》 《한위총서(漢魏叢書)》 《한당지리서초(漢唐地理書抄)》 등이 있다. 그가 집일한 책은 지리학, 방지학(方志學), 문학, 경학의 연구에 풍부한 자료를 제공해 주었다.

왕범지(王梵志, ?~670?) 당나라 초기의 시승(詩僧)으로 생평(生平)과 사적(事迹)은 자세하지 않다. 《송사(宋史)》 〈예문지(藝文志)〉에는 《왕범지시집(王梵志詩集)》 1권이 저록되어 있었으나 실전되었고, 최근 사람 장석후(張錫厚)가 교집(校輯)한 《왕범지시교집(王梵志詩校輯)》에 모두 348수의 시가 실려 있다.

왕선신(王先愼, ?~?) 청 호남(湖南) 장사(長沙) 사람이다. 자는 혜영(慧英)으로 왕선겸(王先謙)의 종제(從弟)이다. 청말에 교유(敎諭)를 지냈으며, 저서에 《한비자집해(韓非子集解)》가 있다.

왕선겸(王先謙, 1842~1917) 청 호남(湖南) 장사(長沙) 사람이다. 자는 익오(益吾), 호는 규원(葵園)이다. 동치(同治) 4년(1865) 진사가 되었으며, 국자감 좨주(國子監祭酒), 강소 학정(江蘇學政) 및 장사의 성남서원(城南書院)과 악록서원(岳麓書院) 원장 등의 직책을 역임했다. 무술변법(戊戌變法) 기간에는 호남에서 신학(新學)을 반대하고 시무학당(時務學堂)을 비방했다. 일찍이 문인들을 불러 모아 고적과 역사 문헌의 편집·간행에 종사하여 《황청경해속편(皇淸經解續編)》 《속고문사유찬(續古文辭類纂)》 등을 편찬하였으며, 주요 저작으로 《후한서집해(後漢書集解)》 《순자집해(荀子集解)》 《장자집해(莊子集解)》 등이 있다.

왕숙(王肅, 195~256) 위(魏)나라의 경학가로 동해(東海) 담(郯) 사람이다. 자는 자옹(子雍), 시호는 경후(景侯)이다. 아버지 왕랑(王朗)에게 금문학(今文學)을 배웠으나 가규(賈逵), 마융(馬融)의 고문경학(古文經學)을 존숭하였으며, 정현(鄭玄)에 대해서는 고문(古文)을 세운 점을 인정했지만 금문설(今文說)을 채용했다 하여 《성증론(聖證論)》을 지어 논박하였고, 많은 경서에 대해 주석을 내었다. 주요 저술로는 《공자가어(孔子家語)》《마왕역의(馬王易義)》《모시왕씨주(毛詩王氏注)》《예기왕씨주(禮記王氏注)》 등이 있다.

왕염손(王念孫, 1744~1832) 강소(江蘇) 고우(高郵) 사람이다. 자는 회조(懷祖), 호는 석구(石臞)이고 왕인지(王引之)의 부친이다. 청대의 대표적인 문자학자, 고증학자로 대진(戴震)에게서 음운학과 훈고학을 배웠다. 단옥재(段玉裁)와 함께 대진의 제자로서 학문적 성취를 이루었고, 청대 고증학파 중 환파(皖派)의 주요 인물로 교감학에 있어서는 이교학파(理校學派)의 대표자이다. 주요 저작에 《독서잡지(讀書雜志)》《광아소증(廣雅疏證)》《도하의(道河議)》《하원기략(河源紀略)》 등이 있다.

왕응린(王應麟, 1223~1296) 송 경원(慶元) 은현(鄞縣) 사람이다. 자는 백후(伯厚), 호는 심녕거사(深寧居士)·후재(厚齋)이다. 이종(理宗) 순우(淳祐) 원년(1241) 진사가 된 후로 관직이 예부상서(禮部尙書) 겸 급사중(給事中)에 이르렀다. 이후 관직을 사양하고 고향에 돌아가 20년간 저술에 진력하다가 송 나라가 멸망하자 출사하지 않았다. 저서에 《옥해(玉海)》《곤학기문(困學紀聞)》《통감지리고(通鑑地理考)》《심녕집(深寧集)》 등이 있다.

왕인지(王引之, 1766~1834) 청대의 훈고학자, 고증학자로 강소(江蘇) 고우(高郵) 사람이다. 자는 백신(伯申), 호는 만경(曼卿)이다. 부친 왕염손(王念孫)의 음운학, 문자학, 훈고학을 계승·발전시켜 흔히 부친과 함께 '고우왕씨부자(高郵王氏父子)'로 불린다. 저서로는 《경전석사(經傳釋詞)》《경의술문(經義述聞)》 등이 있다

왕일(王逸, 89?~158) 후한(後漢) 남군(南郡) 의성(宜城) 사람이다. 자는 숙사(叔師)이다. 안제(安帝) 초에 교서랑(校書郎)이 되었고 순제(順帝) 때 시

중으로 승진했다. 그가 지은 《초사장구(楚辭章句)》는 《초사》에 대한 최초의 주석본이다. 원래 문집 2권이 있었지만 이미 망실되었고, 명나라 사람이 집록(輯錄)한 《왕숙사집(王叔師集)》이 있다.

왕중(汪中, 1744~1794) 청 강소(江蘇) 강도(江都) 사람이다. 자는 용보(容甫)이다. 어릴 때 아버지를 잃고 어머니에게 배웠다. 건륭(乾隆) 42년(1777) 공생(貢生)이 되었다. 양주학파(楊州學派)의 대표적인 인물로 고염무(顧炎武)를 사숙했고 왕염손(王念孫), 유태공(劉台拱)과 교유했다.

왕중민(王重民, 1903~1975) 고문헌 학자로 하북(河北) 고양현(高陽縣) 사람이다. 자는 유삼(有三), 호는 냉려주인(冷廬主人)이다. 1924년 북경고등사범학교(北京高等師範學校) 국문과에 입학하여 고보영(高步瀛), 양수달(楊樹達), 진원(陳垣) 등으로부터 문사(文史)를 공부하였다. 1928년 졸업 후 하북대학(河北大學) 국문과 주임과 북경 보인대학(輔仁大學) 강사를 역임하면서 북해도서관(北海圖書館 현재 중국국가도서관)의 고적을 정리하고 《중국선본서제요(中國善本書提要)》《돈황유서총목색인(敦煌遺書總目索引)》《청대문집편목분류색인(淸代文集篇目分類索引)》 등 대규모 서목(書目)과 색인 편찬을 담당하기도 했다. 저서에 《보통목록학(普通目錄學)》《중국목록학사논총(中國目錄學史論叢)》《교수통의통해(校讎通義通解)》 등이 있다. 또한 돈황 문헌의 수집·정리에 주력하여 《돈황고적서록(敦煌古籍敍錄)》 등을 저술하고, 《돈황곡자사집(敦煌曲子詞集)》《돈황변문집(敦煌變文集)》 등을 편집하였다.

왕필(王弼, 226~249) 위(魏)나라 때의 경학가, 현학가(玄學家)로 산양(山陽) 고평(高平) 사람이다. 자는 보사(輔嗣)이다. 하안(何晏)의 천거로 상서랑(尙書郎)을 지냈다. 노장(老莊)에 심취하여 무위 사상(無爲思想)을 근본으로 위진 현학(魏晉玄學)의 이론적 기초를 세웠다. 저술로 《주역주(周易注)》《노자도덕경주(老子道德經注)》《논어석의(論語釋疑)》 등이 있다

왕흠약(王欽若, 962~1025) 북송(北宋) 임강군(臨江郡) 신유(新兪) 사람이다. 자는 정국(定國)이다. 판상서도성(判尙書都省)으로 《책부원귀(冊府元龜)》 편찬에 참여했다. 저서로는 《노부기(鹵簿記)》와 《성조사적(聖祖事迹)》 등이 있다.

우성오(于省吾, 1896~1984) 요령성(遼寧省) 해성현(海城縣) 사람이다. 자는 사박(思泊), 호는 쌍검치주인(雙劍誃主人)·택라거사(澤螺居士)·숙흥수(夙興叟)이다. 1919년 심양국립고등사범(沈陽國立高等師範)을 졸업하고 보인대(輔仁大), 북경대(北京大), 연경대(燕京大) 등에서 교수를 역임했다. 저서로 《쌍검치상서신증(雙劍誃尙書新證)》《쌍검치시경신증(雙劍誃詩經新證)》《택라호거초사신증(澤螺號居楚辭新證)》 등이 있다.

우세남(虞世南, 558~638) 수당(隋唐) 시대의 관료, 학자, 서예가로 월주(越州) 여요(餘姚) 사람이다. 자는 백시(伯施)이고, 벼슬이 비서감(秘書監)에 이르렀다. 저작으로 《북당서초(北堂書鈔)》《순화비각법첩(淳化秘閣法帖)》 등이 있다.

우창(于鬯, 1862?~1919) 자는 예준(醴尊) 또는 동상(東廂), 호는 향초(香草)이다. 1897년 공생(貢生)으로 선발되었다. 일생 동안 경사(經史)의 연구와 교학에 주력하였으며, 한대의 정현(鄭玄)으로부터 청대의 왕염손(王念孫)에 이르기까지 역대 학자들의 사서 오경에 대한 주석들을 비교 분석하고 교정하여 《향초교서(香草校書)》 60권을 남겼다. 그 외의 주요 저술로 《주역독이(周易讀異)》《상서독이(尙書讀異)》《의례독이(儀禮讀異)》 등이 있다.

원결(元結, 719~772) 당나라의 문학가, 시인으로 하남(河南) 사람이다. 자는 차산(次山)이다. 북조(北朝) 후위(後魏) 왕손의 후예라고 한다. 754년 진사에 합격하였다. 안녹산의 난을 피하여 강서성(江西省)에 은거하고 있었는데 759년 숙종(肅宗)의 부름을 받아 우금오병조참군(右金吾兵曹參軍)이 되어 반란군 토벌에 공을 세웠다. 성품이 고결하고 우국의 충정이 넘쳐 전란으로 인한 인민의 고통을 형상화한 작품이 많았다. 표현의 기교보다는 내용을 중시하는 간고(簡古)한 그의 작풍은 한유(韓愈), 유종원(柳宗元)의 고문운동에 영향을 끼쳤다. 또 대표작 《용릉행(舂陵行)》은 두보(杜甫)의 화답시를 이끌어 낼 정도였으며, 민성(民聲)을 천자에게 들려주려는 의도에서 만들어진 《계악부(系樂府)》는 백거이(白居易)의 《신악부(新樂府)》의 선구가 되었다. 시문집인 《원차산집(元次山集)》은 그가 찬한 《협중집(篋中集)》과 함께 오늘날까지 전해지고 있다.

원진(元稹, 779~831) 당나라 낙양(洛陽) 사람이다. 자는 미지(微之) 또는 위명(威明)이다. 백거이와 함께 신악부운동(新樂府運動)을 주도하였다. 백거이보다 나이는 어렸지만 시가 일찍부터 알려져 원재자(元才子) 또는 원·백(元白)으로 불렸으나, 문학적 재능이 백거이를 능가하지 못한 데다가 정치상의 변절 때문에 원진의 명성은 그리 높지 못했다. 지금까지 719수의 시가 전해지며 내용별로 보면 풍유시가 가장 많다. 그중에서 60년이나 계속된 전쟁으로 고통받는 농가(農家)의 한을 묘사한 〈전가사(田家詞)〉, 상인들의 불로소득을 풍자한 〈고객악(估客樂)〉 등이 대표적인 작품이다. 《원씨장경집(元氏長慶集)》 60권이 있고, 소설집으로 《앵앵전(鶯鶯傳)》이 있다.

위소(韋昭, 204~273) 오나라의 학자로 오군(吳郡) 운양(雲陽) 사람이다. 자는 홍사(弘嗣)이다. 《국어》를 중시하여 《국어주(國語注)》를 편찬했으며, 저서로 《효경해찬(孝經解讚)》 《변석명(辨釋名)》 《모시답잡문(毛詩答雜問)》 등이 있으나 산일되었다.

위징(魏徵, 580~643) 당나라 거록(巨鹿) 사람이다. 자는 현성(玄成)이다. 당 태종이 즉위한 이후 간의대부(諫議大夫), 비서감(秘書監), 시중(侍中) 등을 역임했으며 정국공(鄭國公)에 봉해졌다. 《군서치요(群書治要)》와 《유례(類禮)》 편찬을 주도했으며, 《수서(隋書)》의 〈서론(序論)〉 및 《양서(梁

書》〉·《진서(陳書)》·《제서(齊書)》의 〈총론(總論)〉을 지었다. 사후 사공(司空)에 추증되었으며, 시호는 문헌(文獻)이다.

유사배(劉師培, 1884~1919) 강소(江蘇) 의징(儀徵) 사람이다. 자는 신숙(申叔), 호는 좌암(左盦)이다. 1902년 향시(鄕試)에 급제하였다. 1903년 상해에서 장태염(章太炎), 채원배(蔡元培) 등과 결교(結交)한 뒤 광한(光漢)으로 개명하고 반청(反淸) 활동에 참가하였다. 1917년 채원배의 초빙으로 북경대학 교수가 되어 중고문학(中古文學)과 삼례(三禮), 훈고학(訓詁學) 등을 교학하였으며, 북경대 부설 국사편찬처(國史編纂處)의 편집(編輯)을 겸임하였다. 1919년 황간(黃侃), 주희조(朱希祖), 마서륜(馬敍倫) 등과 함께 국고월간사(國故月刊社)를 창립하고 이른바 '국수파(國粹派)'를 형성하였다. 군경(群經)과 소학(小學)에 대한 논저 22종, 군서(群書)의 교석(校釋) 24종 등모두 74종에 달하는 방대한 저술을 남겼는데, 남계형(南桂馨)과 전현동(錢玄同) 등이 수집, 정리하여 《유신숙선생유서(劉申叔先生遺書)》로 간행하였다.

유월(俞樾, 1821~1907) 청 절강(浙江) 덕청(德淸) 사람이다. 자는 음보(蔭甫), 호는 곡원(曲園)이다. 소주(蘇州) 자양서원(紫陽書院) 및 상해(上海) 구지서원(求志書院) 등의 주강(主講)을 역임했으며, 학문은 왕염손(王念孫)과 왕인지(王引之)를 추존했다. 저서로 전집인 《춘재당전서(春在堂全書)》가 있으며, 《군경평의(群經平議)》와 《고서의의거례(古書疑義擧例)》 등이 유명하다.

유태공(劉台拱, 1751~1805) 청 강소(江蘇) 보응(寶應) 사람이다. 자는 단림(端臨)이다. 건륭(乾隆) 35년(1770) 거인(擧人)이 되고, 단도현(丹徒縣) 훈도(訓導)를 지냈다. 천문과 율려(律呂), 성음(聲音), 문자에 이르기까지 두루 정통했다. 주균(朱筠), 왕염손(王念孫), 대진(戴震) 등과 교유했다. 입신처세(立身處世)에 있어서는 송유(宋儒)의 의리(義理)를 중시했고, 경적(經籍) 연구에 있어서는 한유(漢儒)의 훈고(訓詁)만을 종주로 삼았다. 특히 고정(考訂)에 뛰어났다. 저서에 《논어보주(論語補注)》《한학습유(漢學拾遺)》《순자보주(荀子補注)》《국어보교(國語補校)》 등이 있다.

유향(劉向, 기원전 77?~기원전 6) 전한(前漢)의 경학자, 목록학자, 문학가이다. 본명은 갱생(更生), 자는 자정(子政)이다. 원제(元帝) 때 음양재이설(陰陽災異說)을 가지고 정치적인 상황의 득실을 추론했으며, 외척과 환관의 전횡을 탄핵하다가 두 차례의 옥고를 치렀다. 성제(成帝)가 즉위한 후 다시 등용되어 이름을 향(向)이라 바꾸었다. 여러 서적을 교열하여 《별록(別錄)》 20권을 완성하였다. 작품으로는 〈구탄(九嘆)〉 등의 사(辭)·부(賦) 33편이 있었으나 대부분 유실되었다. 유향의 저서 가운데 현존하는 것으로는 《홍범오행전(洪範五行傳)》 《신서(新序)》 《설원(說苑)》 《열녀전(列女傳)》 등이 있다.

유협(劉勰, 465?~520) 남조 양(梁)나라의 동완(東莞) 거(莒) 사람이다. 자는 언화(彦和)이다. 소명태자(昭明太子) 소통(蕭統, 501~531)과 심약(沈約, 441~513)의 중시를 받았으며, 만년에 출가하여 이름을 혜지(慧地)로 바꾸었다. 정림사(定林寺)에서 경장(經藏)을 정리했으며 문학이론서인 《문심조룡(文心雕龍)》을 저술했다.

유효표(劉孝標, 463~522) 남조 양나라의 평원(平原) 사람이다. 자가 효표이고 이름은 준(峻)이다. 《세설신어(世說新語)》에 주를 달았는데 400여 종의 서적을 널리 인용했다. 시문으로 《수서(隋書)》 〈경적지(經籍志)〉에 문집 6권이 저록되어 있었으나 실전되었고, 명나라 장보(張溥)가 집록한 《유호조집(劉戶曹集)》이 《한위육조백삼가집(漢魏六朝百三家集)》에 수록되어 있다.

유흠(劉歆, 기원전 50?~23) 전한(前漢) 말기 고문경학파(古文經學派)의 창시자이며, 목록학자, 천문학자이다. 자는 자준(子駿)이고 후에 이름을 수(秀), 자를 영숙(穎叔)으로 고쳤다. 유향(劉向)의 아들이다. 기원전 26년 부친 유향이 조정의 장서(藏書)를 교감할 때 그도 함께 참여하여 유향의 《별록(別錄)》을 계승하여 《칠략(七略)》을 편찬했다. 이 책은 집략(輯略)·육예략(六藝略)·제자략(諸子略)·시부략(詩賦略)·병서략(兵書略)·술수략(術數略)·방기략(方技略)을 포괄하고 있는데 주요 내용은 《한서》 〈예문지〉에 보존되어 있다. 중국 목록학을 창시하는 데 공헌했다. 저서로는 《삼통역보(三統曆譜)》가 있으며, 원주형의 표준측량기를 만들었다.

육덕명(陸德明, 550?~630) 당 소주(蘇州) 오현(吳縣) 사람이다. 자가 덕명이고 본명은 원랑(元朗)이다. 경학에 밝았고 5, 6년 동안 한위육조(漢魏六朝)의 음절 230여 가(家)를 모았고 한유(漢儒)들의 훈고를 채집, 이동(異同)을 정리하여 《경전석문(經典釋文)》 30권을 편찬하였다. 이 책은 당나라 의소(義疏)의 선구자 역할을 하게 된다. 그 밖의 저서로는 《노자소(老子疏)》와 《역소(易疏)》가 있다.

육심원(陸心源, 1834~1894) 청 절강(浙江) 귀안(歸安) 사람이다. 자는 강보(剛父)이고, 호는 존재(存齋) 또는 잠원노인(潛園老人)이다. 후한의 허신(許愼)과 정현(鄭玄)의 학문을 정밀하게 연구하였으며, 고염무(顧炎武)를 사숙하여 치용지학(致用之學)을 추구하였다. 청나라의 저명한 장서가 가운데 한 사람이다. 교감에 정통했고 금석학을 깊이 연구하여 《금석학록보(金石學錄補)》를 저술하였다. 그 밖의 저서로는 《십만권루총서(十萬卷樓叢書)》 《벽송루장서지(皕宋樓藏書志)》 《금석수편속(金石粹編續)》 《당문습유(唐文拾遺)》 《의고당집(儀顧堂集)》 《송사익(宋史翼)》 등이 있다.

윤지장(尹知章, ?~718) 당 강주(絳州) 익성(翼城) 사람이다. 측천무후(則天武后) 때 정왕부 문학(定王府文學)으로 뽑혔다. 나중에는 장열(張說)의 추천으로 예부원외랑(禮部員外郎)에 발탁되었다가 국자박사(國子博士)로 전직(轉職)되었다. 경술(經術)에 잠심하여 《효경(孝經)》 《노자(老子)》 《장자(莊子)》 《한자(韓子)》 《관자(管子)》 《귀곡자(鬼谷子)》에 주를 달았다.

은번(殷璠, ?~?) 당 단양(丹陽) 사람으로 문학가, 시선가(詩選家)이다. 일찍이 《하악영령집(河岳英靈集)》 2권을 엮었는데 후에 통행본은 3권이 되었다. 이 저서는 당 개원(開元) 2년(714)부터 천보(天寶) 12년(753)까지 상건(常

建), 이백(李白), 왕유(王維), 고적(高適), 잠삼(岑參), 맹호연(孟浩然), 왕창령(王昌齡) 등 24명 문인의 시 234수에 평을 붙인 것으로 현재 228수가 전한다. 또 다른 저서인 《단양집(丹陽集)》은 산실되었다.

응소(應劭, 153?~196) 후한 여남(汝南) 남돈(南頓) 사람이다. 자는 중원(仲遠), 또는 중원(仲援)·중원(仲瑗)이다. 영제(靈帝) 때 효렴(孝廉)으로 천거되어 영릉령(營陵令)과 태산태수(泰山太守) 등을 지냈다. 저서에 《한서집해(漢書集解)》《한조박의(漢朝駁議)》《율략론(律略論)》《한관의(漢官儀)》《풍속통의(風俗通義)》 등이 있었지만 대부분 없어지고, 《풍속통의》 일부만이 《한위총서(漢魏叢書)》와 《사고전서(四庫全書)》 등에 전한다.

이방(李昉, 925~996) 송대의 저명한 학자이자 관료로 심주(深州) 사람이다. 자는 명원(明遠)이다. 오대(五代) 후한(後漢) 건우(乾佑) 연간(948~950) 진사에 합격하여 송초(宋初) 중서사인(中書舍人)을 거쳐 태종(太宗) 때에는 참지정사 평장사(參知政事平章事)를 지냈다. 《태평어람(太平御覽)》과 《문원영화(文苑英華)》 등 대형 유서(類書)와 총서의 편찬을 주관했고, 《구오대사(舊五代史)》의 편찬에도 참여했다.

이선(李善, 630~689) 당나라의 문인으로 강소(江蘇) 강도(江都) 사람이다. 숭현관학사(崇賢館學士)와 난대랑(蘭臺郎)을 지냈다. 조헌(曹憲)에게 《문선》을 배웠으며, 이후 658년 《문선주(文選注)》를 편찬하였다.

이현(李賢, 652~684) 당나라 고종(高宗)의 여섯째 아들이자 측천무후(則天武后)의 차자(次子)로, 자는 명윤(明允)이다. 상원(上元) 2년(675)에 황태자가 되었다가 680년 폐위되었다. 폐위되기 이전 당 고종은 이현에게 정사를 지휘하는 감국(監國)의 자리를 준 적이 있는데, 이때 장대안(張大安) 등의 학자들을 소집하여 범엽(范曄)의 《후한서(後漢書)》에 주석을 붙였다.

장병린(章炳麟, 1869~1936) 절강(浙江) 여항(餘杭) 사람이다. 자는 매숙(枚叔), 호는 태염(太炎)이다. 초명은 학승(學乘)인데 나중에 강(絳)으로 고쳤다가 다시 병린으로 고쳤다. 청말 민국 초기의 민주혁명가, 사상가이자 저명한 박학대사(樸學大師)로 문자학, 역사, 철학, 정치 등에 매우 풍부한 저술을 남겼는데, 400여만 자에 달하는 저술은 《장씨총서(章氏叢書)》《장씨총서속편(章氏叢書續編)》《장씨총서삼편(章氏叢書三編)》 등의 전집으로 간행되었다.

장수절(張守節, ?~?) 당나라의 역사학자이다. 측천무후(則天武后) 시대에 살았던 것으로 짐작되나 자세한 생평(生平)은 미상이다. 수십 년간 《사기》에 잠심하여 연구하였다고 전해지며, 저서에 《사기정의(史記正義)》 30권이 있다.

장순(張淳, 1121~1181) 송 온주(溫州) 영가(永嘉) 사람이다. 자는 충보(忠甫)이다. 예부시(禮部試)에 다섯 번 응시했으나 합격하지 못했다. 사람됨이 장중하고 매우 박식하여 설사룡(薛士龍), 유경망(劉景望)과 명성을 나란히 했다. 저서에 《의례지오(儀禮識誤)》가 있다.

장열(張說, 667~731) 자는 도제(道濟) 또는 열지(說之), 원적은 범양(範陽)이다. 당 현종(唐玄宗) 때 중서령(中書令)을 지냈으며 연국공(燕國公)에 봉해졌다. 문사(文辭)에 능해서 당시 조정의 문건이 대부분 그의 손에서 나왔다고 하며, 특히 비지(碑誌) 문자에 능했다고 한다. 시호는 문정(文貞)이다. 《구당서(舊唐書)》에 입전(立傳)되었다. 《규염객전(虯髥客傳)》이 그의 작품이라고 전하며, 또 문집(文集) 30권이 전한다.

장학성(章學誠, 1738~1801) 청대 중기의 역사학자로 절강(浙江) 회계(會稽) 사람이다. 본명은 문효(文斆), 자는 실재(實齋), 호는 소암(少巖)이다. 건륭(乾隆) 43년(1778) 진사가 되었고, 국자감 전적(國子監典籍)을 지냈다. 안휘 학정(安徽學政) 주균(朱筠)의 막우(幕友)로 활동하기도 하였다. 학문적으로는 황종희(黃宗羲) 학통의 절동학파(浙東學派)를 대성시킨 인물이며, 역사적 관점에서 경전을 해석하는 '육경개사론(六經皆史論)'을 정립했다. 아울러 《호북통지(湖北通志)》를 주편(主編)하는 등 지방지의 저술과 편찬에도 힘을 쏟았다. 저서로는 《문사통의(文史通義)》《교수통의(校讎通義)》 등이 있다.

저소손(褚少孫, ?~?) 전한(前漢)의 금문경학가로, 강소(江蘇) 패현(沛縣) 사람이다. 박사(博士)·시랑(侍郞) 등을 지냈다. 장장안(張長安), 당장빈(唐長賓)과 함께 신배공(申培公 기원전 221?~기원전 135?)의 재전 제자인 왕식(王式)에게 노시(魯詩)를 배워 노시저씨학(魯詩褚氏學)을 창시하였다. 저술로 명나라 장보(張溥, 1602~1641)가 편집한 《저선생집(褚先生集)》이 전한다.

전대소(錢大昭, 1744~1813) 청 강소(江蘇) 가정(嘉定) 사람이다. 자는 회지(晦之)이고 전대흔(錢大昕)의 아우이다. 경사(經史)에 조예가 깊었으며 양한(兩漢)의 역사에 정통하였다. 저서로는 《이아석문보(爾雅釋文補)》 3권, 《광아소의(廣雅疏義)》 20권, 《설문통석(說文統釋)》 60권, 《양한서변의(兩漢書辨疑)》 40권, 《삼국지변의(三國志辨疑)》 3권, 《후한서보표(後漢書補表)》 8권, 《시고훈(詩古訓)》 12권, 《경설(經說)》 10권, 《보속한서예문지(補續漢書藝文志)》 2권, 《후한군국영장고(後漢郡國令長考)》 1권, 《이언(邇言)》 2권 등이 있다.

전대흔(錢大昕, 1728~1804) 청 강소(江蘇) 가정(嘉定) 사람이다. 자는 효징(曉徵)·신미(辛楣), 호는 죽정(竹汀)이다. 1754년 처남인 왕명성(王鳴盛)과 함께 진사 시험에 합격하였고, 한림원(翰林院)의 벼슬을 역임하며 《열하지(熱河志)》《속문헌통고(續文獻通考)》《속통지(續通志)》《대청일통지(大淸一統志)》 등 칙찬서(勅撰書) 편찬에 참가하였다. 1774년 광동(廣東)의 학정(學政)으로 부임하였으나, 이듬해 아버지의 상을 당하여 고향으로 돌아온 뒤 벼슬에서 물러나, 77세로 죽을 때까지 30년 동안 강녕(江寧)의 종산서원(鍾山書院)과 소주(蘇州)의 자양서원(紫陽書院) 등의 원장으로 있으면서 2000명에 이르는 제자를 가르쳤다. 역사학에 정통하였으며 《사기(史記)》에서 《원사(元

史)》까지 역대 정사(正史)에 교정을 가하여 《이십이사고이(二十二史攷異)》 100권을 저술하였다. 또한 금석학·경학(특히 음운학)·지리학·천문학의 지식을 역사학에 도입하는 등 고증을 중요시하는 청조풍 역사학을 창립하였다.

정복보(丁福保, 1874~1952) 근대의 장서가이자 목록학자로, 자는 중호(仲祜), 호는 주거사(疇居士)·제양파납(齊陽破衲)이다. 《산학서목제요(算學書目提要)》를 편찬하였고, 뒤에 의학을 익혀 정씨의원(丁氏醫院)과 의학서국(醫學書局)을 세워, 근 80종의 의학 서적을 편역·출판하여 《정씨의학총서(丁氏醫學叢書)》를 펴냈으며, 1918년 《역대의학서목제요(歷代醫學書目提要)》를 편찬하였다. 신해혁명 전후로 《한위육조명가집초각(漢魏六朝名家集初刻)》 및 《전한삼국진남북조시(全漢三國晉南北朝詩)》 《역대시화속편(歷代詩語續編)》 《청시화(淸詩話)》 등 몇 종의 총서를 편집, 간인하였다.

정초(鄭樵, 1104~1162) 송대의 역사가로 홍화군(興化軍) 보전(莆田) 사람이다. 자는 어중(漁仲), 자호는 계서일민(溪西逸民)이며 협제선생(夾漈先生)이라고도 일컬어진다. 《통지(通志)》 200권을 저술했다. 그중 《이십략(二十略)》은 매우 독창적인 체제로서, 그의 방법론과 서술 양식은 후일 많은 역사가들의 모범이 되었다.

정현(鄭玄, 127~200) 후한 북해(北海) 고밀(高密) 사람이다. 자는 강성(康成)이다. 태학에 들어가 제오원선(第五元先)에게 경씨역학(京氏易學)과 《공양전(公羊傳)》 등 금문경학을 배웠으며, 그 밖에도 마융(馬融)·장공조(張恭祖)·노식(盧植) 등을 사사하면서 고문경전과 금문경전을 배웠다. 저술로 《육예론(六藝論)》이 있고, 〈발공양묵수(發公羊墨守)〉 〈기곡량폐질(起穀梁廢疾)〉 〈침좌씨고황(鍼左氏膏肓)〉 등을 지었으며, 《모시(毛詩)》의 전(箋)과 《주례》 《의례》 《예기》의 주를 지었다.

조공무(晁公武, ?~?) 남송의 저명한 목록학자로, 단주(澶州) 청봉(淸丰) 사람이다. 자는 자지(子止)이다. 어려서부터 독서를 좋아하여 송 고종(宋高宗) 소흥(紹興) 2년 진사에 합격하였다. 관직은 사천총령재부사(四川總領財賦司), 임안부소윤(臨安府少尹), 예부시랑(禮部侍郎) 등을 지냈다. 조씨(晁氏)는 북송의 세족으로, 장서가 매우 많았다. 조공무의 대에 이르러 남양(南陽)의 정도(井度)에게 서적 50상자를 받아 중복된 것을 제외하고 총 2만 4500여 권을 보유하게 되었다. 그가 이 서적들의 제요(提要)를 작성한 것이 바로 《군재독서지(郡齋讀書志)》이다. 《군재독서지》는 경(經)·사(史)·자(子)·집(集)의 4부를 다시 유(類)로 나누어, 부(部)와 유의 첫머리에 서문을 붙여 책마다 권수, 저자의 약력, 내용의 개요 등을 기술하였다. 이 책은 완전히 정리되지는 않았으나, 《칠략(七略)》의 체재를 본받은 중요한 목록서로서 《문헌통고(文獻通考)》의 경적고(經籍考)는 이 책의 체재를 취택하고 있다.

조기(趙岐, 108?~201) 후한 경조(京兆) 장릉(長陵) 사람이다. 초명은 가(嘉), 자는 빈경(邠卿)·대경(臺卿)이다. 마융(馬融)의 형의 딸에게 장가들어 마융에게 《주례》를 묻기도 했다. 당시 학풍과 달리 《논어》《맹자》의 가치를 높이 평가했다. 환제(桓帝) 연희(延熹) 원년(158) 환관에게 화를 입어 성명을 바꾸고 숨어 살면서 3년에 걸쳐 《맹자장구》를 지었으며, 이 외에 《삼보결록(三輔決錄)》을 지었다.

조용현(趙用賢, 1535~1596) 명 강소(江蘇) 상숙(常熟) 사람이다. 자는 여사(汝師), 호는 정우(定宇)이다. 융경(隆慶) 5년(1571) 진사에 급제하고 환로(宦路)에 나아가 벼슬이 이부시랑(吏部侍郎)에 이르렀다. 시호는 문의(文毅)이다. 자신의 장서루인 송석재(松石齋)에 2000여 종 1만여 책에 이르는 전적을 수장하였으며, 가장한 전적을 기반으로 3300여 종에 이르는 서적을 저록(著錄)한 《조정우서목(趙定宇書目)》을 편찬하였다. 주요 저술로 《송석재집(松石齋集)》 등이 있다.

주이준(朱彝尊, 1629~1709) 청 절강(浙江) 수수(秀水) 사람이다. 자는 석창

(錫鬯)이고, 호는 죽타(竹坨) 또는 행십(行十), 소장로조어사(小長蘆釣魚師)이다. 고학(古學)에 힘써 금석고증(金石考證) 및 고문시사(古文詩詞)에 밝았다. 경학 관련 저술로는 한나라 때부터 명나라 때까지의 경설(經說)을 모두 수집하여 편찬한 《경의고(經義考)》가 있고, 그 외 저서로 《폭서정집(曝書亭集)》《일하구문(日下舊聞)》《명시종(明詩綜)》《사종(詞綜)》 등이 있다.

주조모(周祖謨, 1914~1995) 근대의 언어학자이자 문헌학자로 북경 사람이다. 자는 연손(燕蓀)이다. 북경대학(北京大學) 중국어언문학계(中國語言文學系)를 졸업하고 북경대학 교수를 지냈다. 문자·음운·훈고에 밝아 고음(古音)·등운(等韻) 및 《절운(切韻)》과 이전의 훈고서 등에 대해 적지 않은 의견을 제시하였으며, 한어(漢語) 발전사·한어 연구사 및 역사방언 연구 등 다방면으로 독특한 관점을 기술하여 후인들에게 풍부한 사료와 귀중한 연구 단서를 제공하였다. 고적 정리 방면의 주요 저작으로는 《광아교본(廣韻校本)》《방언교전(方言校箋)》《낙양가람기교석(洛陽伽藍記校釋)》《이아교전(爾雅校箋)》 등이 있다.

주필대(周必大, 1126~1204) 송 길주(吉州) 여릉(盧陵) 사람이다. 자는 자충(子充), 호는 성재거사(省齋居士) 또는 평원노수(平園老叟)이다. 고종(高宗) 소흥(紹興) 21년(1151)에 진사가 되고 감찰어사(監察御史), 기거랑(起居郎), 우승상(右丞相) 등을 역임했다. 광종(光宗) 때 익국공(益國公)에 봉해지고 소부(少傅)로 치사했으며 시호는 문충(文忠)이다. 저서에 《옥당유고(玉堂類稿)》《성재집(省齋集)》 등이 있으며, 《문원영화(文苑英華)》의 간각(刊刻)을 주관하였다.

주효장(朱孝臧, 1857~1931) 청대의 사인(詞人)으로 나중에 이름을 조모(祖謨)로 바꾸었다. 자는 고미(古微)이고, 호는 구윤(漚尹) 또는 강촌(彊村)이다. 당(唐)·송(宋)·금(金)·원(元)의 사가전집(詞家專集) 163가(家)를 수집하여 자세히 교감하고, 남북장서가(南北藏書家)들의 선본을 널리 구하여 교감을 해서 펴낸 《강촌총서(彊村叢書)》는 당시까지의 가장 완전하고 좋은 사원(詞苑) 총집의 하나이다.

진교종(陳喬樅, 1807~1867) 청 복건(福建) 민현(閩縣) 사람이다. 자는 박원(樸園)이다. 가학을 계승하였고 한학(漢學)을 강조하였다. 부친의 유업을 계승하여 《예기정독고(禮記鄭讀考)》《금문상서경설고(今文尙書經說考)》《예당경설(禮堂經說)》 등을 찬술하였고, 《시경》에 관한 저술로 《노제한모사가시이문고(魯齊韓毛四家詩異文考)》 5권이 있다.

진기유(陳奇猷, 1917~2006) 광동(廣東) 소관(詔關) 사람이다. 북경 보인대학(輔仁大學) 중국문학계(中國文學系)를 졸업하고 상해 진단대학(震旦大學) 및 광화대학(光華大學)의 교수, 상해고적출판사(上海古籍出版社)의 편심(編審) 등을 역임하였다. 《한비자》와 《여씨춘추》의 연구에 일생을 바쳤으며, 주요 저서로는 《한비자집석(韓非子集釋)》《여씨춘추교석(呂氏春秋校釋)》《한비자신교주(韓非子新校注)》《여씨춘추신교석(呂氏春秋新校釋)》 등이 있다.

진원(陳垣, 1880~1971) 광동(廣東) 신회(新會) 사람이다. 자는 원암(援庵)이다. 1910년 광화의학원(光華醫學院)을 졸업하였다. 사승(師承) 없이 자학(自學)으로 종교사(宗敎史), 원사(元史), 교감학(校勘學) 등의 방면에서 탁월한 학문적 성취를 거두었고, 일생 동안 교육 사업에 전념하여 40여 년간 보인대학(輔仁大學) 교장, 북경사범대학(北京師範大學) 교장을 역임하였다. 주요 저서로는 《원서역인화화고(元西域人華化考)》《교감학석례(校勘學釋例)》《사휘거례(史諱擧例)》《중국불교사적개론(中國佛敎史籍槪論)》 등이 있다.

진작(晉灼, ?~?) 서진(西晉) 하남(河南) 사람이다. 《한서(漢書)》에 대한 제가(諸家)들의 주(注)를 모아 《한서집주(漢書集注)》를 만들었다.

진진손(陳振孫, ?~1261?) 남송 절강(浙江) 안길(安吉) 사람이다. 원명은 원

(瑗), 자는 백옥(伯玉), 호는 직재(直齋)이다. 이종(理宗) 보경(寶慶) 3년 (1227) 서적의 간인 및 장서가 성행했던 흥화군(興化軍)의 통판(通判)을 지냈다. 이때 정씨(鄭氏)·오씨(吳氏)·방씨(方氏)·임씨(林氏) 4대가의 장서를 얻게 되어 장서량이 5만여 권에 달했다. 《군재독서지(郡齋讀書志)》의 체례를 본떠 《직재서록해제(直齋書錄解題)》를 찬술하였다.

진환(陳奐, 1786~1863) 청 강소(江蘇) 장주(長州) 사람이다. 자는 석보(碩甫), 호는 사죽(師竹) 또는 남원노인(南園老人)이다. 함풍(咸豐) 원년(1851)에 효렴방정(孝廉方正)으로 천거되었다. 단옥재(段玉裁)를 사사하였으며, 왕염손(王念孫)·왕인지(王引之) 부자와 종유하였다. 《시경》에 전념하여 《모시전소(毛詩傳疏)》 《모시설(毛詩說)》 《모시음(毛詩音)》 《시의류(詩義類)》 《정씨전고증(鄭氏箋考證)》 등을 찬술하였다.

채옹(蔡邕, 133~192) 후한(後漢)의 문학가, 서법가(書法家)로 진류군(陳留郡) 어현(圉縣) 사람이다. 자는 백해(伯喈)이고, 벼슬이 좌중랑장(左中郎將)에 이르렀다. 희평 석경(熹平石經)을 태학의 문 밖에 세운 바 있고, 《후한기(後漢記)》를 찬술하던 중 동탁(董卓)의 실권(失權)과 함께 옥사(獄死)하여 완성을 보지 못하였다. 저서로 《채중랑집(蔡中郎集)》이 있었다.

초순(焦循, 1763~1820) 청 강소(江蘇) 감천(甘泉) 사람이다. 자는 이당(里堂)이다. 학술 방면에서 대진(戴震)을 계승하였으며, 조고루(雕菰樓)라는 서실을 지어 놓고 평생 독서와 저술에 힘써 다양한 저서를 많이 남겼다. 저서에 《맹자정의(孟子正義)》 《주역왕씨주보소(周易王氏注補疏)》 《모시정씨전보소(毛詩鄭氏箋補疏)》와 《조고집(雕菰集)》 24권 등이 있다.

팽숙하(彭叔夏, ?~?) 남송(南宋)의 학자로 여릉(廬陵) 사람이다. 소희 4년 (1193) 진사에 급제하였다. 영종(寧宗) 가태(嘉泰) 연간(1201~1024)에 주필대(周必大)와 함께 《문원영화》의 교수(校讎)·고정(考訂) 작업에 참가했다. 저서에 《문원영화변증(文苑英華辨證)》 10권이 있다.

포표(鮑彪, ?~?) 남송 처주(處州) 용천(龍泉) 사람이다. 자는 문호(文虎)이다. 고종(高宗) 소흥(紹興) 연간(1131~1162)에 사봉원외랑(司封員外郎)을 지냈다. 저서에 《전국책주(戰國策注)》 10권이 있다.

풍서(馮舒, 1593~1649) 명 강소(江蘇) 상숙(常熟) 사람이다. 자는 이창(己蒼), 호는 묵암(默庵) 또는 계사노인(癸巳老人)·잔수거사(孱守居士)이다. 평생 경사백가(經史百家)의 학문과 특히 시에 진력하여 동생인 풍반(馮班)과 함께 '해우이풍(海虞二馮)'이라 일컬어졌다. 대대로 장서가 풍부하였는데 부친의 뒤를 이어 공거각(空居閣)이란 장서루를 짓고 전적을 수집하는 한편 각서(刻書)에도 힘을 쏟아 많은 전적을 교감, 판각하였다. 그의 공한각에서 판각한 각본은 '풍초(馮抄)'라 하여, 모진(毛晉)의 급고각(汲古閣) 등에서 간행한 각본과 함께 상숙의 저명한 각본으로 일컬어졌다. 주요 저술로 《우산요란지(虞山妖亂志)》《묵암유고(默庵遺稿)》《공거각집(空居閣集)》《시기광류(詩紀匡謬)》 등이 있다.

피석서(皮錫瑞, 1850~1908) 청말의 학자로 호남(湖南) 선화(善化) 사람이다. 자는 녹문(鹿門)이다. 전한(前漢) 복승(伏勝)이 《상서》를 연구한 것을 추앙하여 당호를 '사복당(師伏堂)'이라고 하였다. 금문경학(今文經學)에 대한 조예가 매우 깊었다. 주요 저서로 《오경통론(五經通論)》《경학역사(經學歷史)》《금문상서고증(今文尙書考證)》 등이 있다.

필원(畢沅, 1730~1797) 청 강소(江蘇) 진양(鎭洋) 사람이다. 자는 양형(纕蘅), 호는 추범(秋帆), 자호는 영암산인(靈岩山人)이다. 1760년 진사가 되어 한림원편수(翰林院編修), 하남순무(河南巡撫), 호광총독(湖廣總督)을 역임하였다. 경사(經史)와 소학(小學)·금석(金石)·지리 등의 학문에 모두 정통하였다. 주요 저서에 《속자치통감(續資治通鑑)》《전경표(傳經表)》《경전변정(經典辨正)》《영암산인문집(靈岩山人文集)》 등이 있다.

하안(何晏, 193?~249) 위나라 때의 경학가, 현학가(玄學家)로 남양(南陽) 완(宛) 사람이다. 자는 평숙(平叔)이다. 하진(何進)의 손자이며, 현학(玄學)의 창시자 중 한 사람이다. 《논어》《주역》《노자》를 해석할 때 노장사상을 근간으로 경전을 해석하여 경학을 현학화(玄學化)하였다. 저술로 《논어집해(論語集解)》가 있고 〈도덕론(道德論)〉〈무명론(無名論)〉 등을 지었다.

하작(何焯, 1661~1722) 청 강소(江蘇) 장주(長州) 사람이다. 자는 기첨(屺瞻), 호는 다선(茶仙)이며 의문선생(義門先生)이라고 일컬어졌다. 강희(康熙) 43년(1704) 진사가 되어 서길사(庶吉士), 무영전편수(武英殿編修) 등을 역임하였다. 경사백가의 학문에 정통했으며 고증에도 뛰어났다. 또한 장서(藏書)와 교서(校書)를 좋아하여 송원(宋元) 시대의 구각본(舊刻本)과 세가(世家)의 초본(抄本)을 다수 수집하고 정밀하게 교감했는데, 그가 교감한 고적은 후인들이 다투어 진본(珍本)으로 여겼다고 한다. 《한서(漢書)》《후한서(後漢書)》《삼국지(三國志)》의 교정(校訂)으로 유명하다. 주요 저술로 《곤학기문전(困學紀聞箋)》《의문독서기(義門讀書記)》《하의문집(何義門集)》 등이 있다.

하휴(何休, 129~182) 후한(後漢)의 금문경학가(今文經學家)로 임성(任城) 번(樊) 사람이다. 자는 소공(邵公)이다. 양필(羊弼)에게 《공양전(公羊傳)》을 배워 동중서(董仲舒)의 사전제자(四傳弟子)가 되었는데, 금문경학을 집대성했다. 저서에 《춘추공양전해고(春秋公羊傳解詁)》《관례약제(冠禮約制)》 등이 있다.

학의행(郝懿行, 1757~1825) 청대의 경학가(經學家), 훈고학자(訓詁學者)로 산동(山東) 서하(棲霞) 사람이다. 자는 순구(恂九), 호는 난고(蘭皐)이다. 명물(名物), 훈고(訓詁) 및 고거학(考據學)에 뛰어났으며, 《이아(爾雅)》에 대해 깊은 연구를 하였다. 주요 저작으로는 《이아의소(爾雅義疏)》《춘추설략(春秋說略)》《역설(易說)》《서설(書說)》《산해경전소(山海經箋疏)》 등이 있다.

한강백(韓康伯, 332~380) 동진(東晉)의 현학가(玄學家)로 영천(潁川) 장사(長社) 사람이다. 이름은 백(伯), 자는 강백이다. 하안(何晏)과 왕필(王弼)의 영향을 받았으며, 왕필의 《주역경주(周易經注)》를 이어 〈계사(繫辭)〉 〈설괘(說卦)〉 〈서괘(序卦)〉 〈잡괘(雜卦)〉 등에 주를 달았다.

허신(許愼, 58~147) 후한 여남(汝南) 소릉(召陵) 사람이다. 자는 숙중(叔重)이다. 고문경학가인 가규(賈逵)를 사사하였으며, 마융(馬融)의 추앙을 받았다. 《설문해자》를 지어 고문경학의 훈고를 집대성했으며, 고문경학과 금문경학의 차이를 논한 《오경이의(五經異義)》를 지었다. 특히 한자의 구조와 의미를 논술한 《설문해자(說文解字)》는 중국 문자학의 선구이다.

허유휼(許維遹, 1900~1950) 호는 준재(駿齋), 산동성 위해(威海) 영성(榮成) 사람이다. 1932년 북평대학 중문과를 졸업하고 청화대학에서 교학에 종사하였다. 언어문자학과 훈고학 및 고적 정리에 많은 업적을 남겼다. 주요 저술로 《여씨춘추집석(呂氏春秋集釋)》 《한시외전집석(韓詩外傳集釋)》 《등주방언고(登州方言考)》 등이 있다.

형병(邢昺, 932~1010) 송 조주(曹州) 제음(濟陰) 사람이다. 자는 숙명(叔明)이다. 두호(杜鎬)·손석(孫奭) 등과 《효경》《논어》《이아》 등의 의소(義疏)를 교정했으며, 저술로는 《논어정의(論語正義)》 《이아정의(爾雅正義)》 《이아의소(爾雅義疏)》 《효경정의(孝經正義)》 등이 있다.

혜동(惠棟, 1697~1758) 청 강소(江蘇) 오현(吳縣) 사람이다. 자는 정우(定宇) 또는 송애(松崖)이고, 호는 소홍두선생(小紅豆先生)이다. 조부 혜주척(惠周惕)과 부친 혜사기(惠士奇)의 가학을 계승하여 오파경학(吳派經學)을 확립하였다. 저서로는 고문 《상서》가 위작임을 밝힌 《고문상서고(古文尙書考)》 외에 《역한학(易漢學)》《주역술(周易述)》《역례(易例)》《구경고문(九經古文)》《주역본의변증(周易本義辨證)》《좌전보주(左傳補注)》《명당대도록(明堂大道錄)》《산해경훈찬(山海經訓纂)》 등이 있다.

호삼성(胡三省, 1230~1302) 송원(宋元) 교체기 때 대주(臺州) 영해(寧海) 사람이다. 자는 원로(元魯)·신지(新之), 호는 매간(梅磵)이다. 박학하고 문장에 능했으며 특히 사학(史學)에 뛰어났다. 《자치통감음주(資治通鑑音注)》(원명은 《자치통감광주(資治通鑑廣注)》) 97권을 펴냈는데, 원나라가 침공하면서 거의 잃어버렸다. 은거하면서 각고의 노력 끝에 지원(至元) 22년(1285) 《통감주(通鑑注)》를 펴냈다. 그 밖의 저서에 《통감석문변오(通鑑釋文辨誤)》와 《죽소원고(竹素園稿)》가 있다.

홍매(洪邁, 1123~1202) 남송(南宋) 요주(饒州) 파양(鄱陽) 사람이다. 자는 경로(景盧), 호는 용재(容齋)이다. 고종(高宗) 소흥(紹興) 15년(1145) 박학굉사과(博學宏詞科)에 합격하여 중서사인(中書舍人), 한림학사(翰林學士) 등을 거쳐, 영종(寧宗) 때에 단명전 학사(端明殿學士)로 치사(致仕)했다. 박식하고 논술이 풍부하며 송대(宋代)의 전고(典故)에 밝았다. 시호는 문민(文敏)이다. 저서로는 《용재수필(容齋隨筆)》《이견지(夷堅志)》《사기법어(史記法語)》 등이 있다.

홍흥조(洪興祖, 1090~1155) 남송 진강(鎭江) 단양(丹陽) 사람이다. 자는 경선(慶善), 호는 연당(練塘)이다. 휘종(徽宗) 정화(政和) 8년(1118) 진사가 되어, 비서성정자(秘書省正字), 태상박사(太常博士) 등을 거쳐 진주(眞州)와 요주(饒州)의 지주(知州)를 지냈는데, 가는 곳마다 혜정을 베풀었다. 진회(秦檜)의 눈 밖에 나서 소주(昭州)로 쫓겨났다가 그곳에서 죽었다. 저서에 《초사보주(楚辭補注)》《초사고이(楚辭考異)》《주역통의(周易通義)》와 《좌역고이(左易考異)》《고금역총지(古今易總志)》《논어설(論語說)》《좌씨통해(左氏通解)》《고경서찬(考經序贊)》《노장본지(老莊本旨)》 등이 있다.

황비열(黃丕烈, 1763~1825) 청 강소(江蘇) 오현(吳縣) 사람이다. 자는 소무(紹武), 호는 요부(蕘夫)·복옹(復翁)이다. 건가(乾嘉) 시기 강남(江南)의 대표적 장서가로, 교수학(校讐學)에 뛰어나 《정씨주례(鄭氏周禮)》《국어(國

語)》《전국책(戰國策)》 등을 교감하였고, 《사례거총서(四禮居叢書)》 19종을 각인하였다.

황석(黃奭, 1809~1853) 청대의 집일가(輯佚家)로 강소(江蘇) 감천(甘泉) 사람이다. 자는 우원(右原)이고 본명은 석린(錫麟)이다. 양주(揚州) 염상(鹽商) 출신으로 강번(江藩)에게 경학(經學)을 수학하였으며 만년에는 완원(阮元)을 종유(從遊)하였다. 일생을 고서의 집일(輯佚) 사업에 헌신하였는데, 고적 약 300종을 집일하여 《황씨일서고(黃氏逸書考)》 《한학당총서(漢學堂叢書》 등을 편각(編刻)하였다.

황숙림(黃叔琳, 1672~1756) 청 순천(順天) 대흥(大興) 사람이다. 유명(幼名)은 위원(偉元), 자는 곤포(昆圃)・굉헌(宏獻), 호는 금돈(金墩)・북연재(北硯齋)・수괴(守魁)이다. 강희(康熙) 30년(1691) 진사에 급제하여 강희, 옹정(雍正), 건륭(乾隆) 3조에 걸쳐 내각 학사(內閣學士), 예부(禮部)・형부(刑部)・이부(吏部)의 시랑(侍郎) 등 현관(顯官)을 역임하였다. 당시 학계에서 거유(巨儒)로 추존되었으며 북평황선생(北平黃先生)으로 불렸다. 주요 저술로 《사통훈고보(史通訓故補)》 《문심조룡집주(文心雕龍輯注)》 《관북역초(觀北易抄)》 《시경통설(詩經統說)》 등이 있다.

서명 해설

《간정구경삼전연혁례(刊正九經三傳沿革例)》1권. 완칭은 《상대서숙간정구경삼
전연혁례(相臺書塾刊正九經三傳沿革例)》로, 상대서숙(相臺書塾)에서 구경
(九經)과 삼전(三傳)을 간인할 때의 범례이다. 서본(書本)·자획(字劃)·주문
(注文)·음석(音釋)·구두(句讀)·탈간(脫簡)·고이(考異) 등 7개 항목에 걸쳐
글자의 동이를 참정(參正)하고 고증을 광범위하게 했다. 종래에는 '상대본(相
臺本)' 경전에 "相臺岳氏刻梓荊溪家塾"이라는 패기(牌記)가 붙어 있는 것으로
인해 '상대본' 군경(群經)을 악가(岳珂, 1183~1234)가 판각한 것으로 알았으
며 《간정구경삼전연혁례》 역시 악가가 지은 것으로 단정하였고 《사고전서총
목》 등에도 "宋岳珂撰"이라고 쓰여 있으나, 현대 판본 목록학자인 장정랑(張政
烺, 1912~2005) 등의 연구에 의해 '상대본' 군경은 원래 원대(元代)의 악준
(岳浚)이 요영중(廖瑩中, ?~1275)의 세채당본(世綵堂本)에 의해 교정, 중
각(重刻)한 것이며 《간정구경삼전연혁례》 역시 악준이 요영중의 《구경총례》
를 증보해 지은 것으로 판명되었다.

《경의술문(經義述聞)》32권. 청(淸) 왕인지(王引之, 1766~1834) 찬(撰).
가경(嘉慶) 2년(1797) 초간(初刊)되었다. 《주역(周易)》 《상서(尙書)》 《모
시(毛詩)》 《주례(周禮)》 《의례(儀禮)》 《대대례기(大戴禮記)》 《소대례기
(小戴禮記)》 《좌전(左傳)》 《공양전(公羊傳)》 《곡량전(穀梁傳)》 《국어(國
語)》 등 여러 서적에 대해 훈석(訓釋)을 하고, 구두(句讀)와 오자(誤字) 및
연문(衍文)·탈문(脫文)을 고찰하여 바로잡았다. 훈석이 대부분 아버지 왕염손
(王念孫, 1744~1832)의 설을 찬술한 것이기 때문에 '경의술문'이라고 이름하
였다. 훈고학과 문자학의 중요 참고서이다.

《경전석문(經典釋文)》30권. 당(唐) 육덕명(陸德明, 550?~630) 찬. 경전의

원문 및 주문(注文)의 자음(字音)과 자의(字義)를 풀이한 것으로 583년 무렵 완성되었다. 주역(周易)·고문상서(古文尙書)·모시(毛詩)·주례(周禮)·의례(儀禮)·예기(禮記)·좌전(左傳)·공양전(公羊傳)·곡량전(穀梁傳)·효경(孝經)·논어(論語)·노자(老子)·장자(莊子)·이아(爾雅) 및 〈서록(序錄)〉으로 구성되어 있으며, 문자의 음(音)·훈(訓)만이 아니라 각 판본의 문자 이동(異同)·이체(異體)를 기록하고, 참고한 출전도 밝혔다. 그중 〈서록〉의 주해전술인(注解傳述人) 부분은 각종 경전(經典)의 사승 관계와 각 가(家)의 전주(傳注)에 대해 기술하고 있어 중국고전학과 경학사의 귀중한 자료로 이용되고 있다.

《경전석사(經傳釋詞)》 10권. 청 왕인지(王引之) 찬. 가경(嘉慶) 3년(1798) 초간되었다. 주(周), 진(秦), 서한(西漢)의 고적에 있는 허사(虛辭) 160개를 수집하여 성모(聲母)의 편차를 따라 배열함으로써 소리를 가지고 뜻을 찾기에 편리하게 하였다. 뜻에 대한 해석은 먼저 각 글자의 용법을 서술하고 뒤에 사례를 인용하여 증명함으로써 글자의 원래 뜻을 찾고 뜻이 변화해 가는 과정을 밝혔다. 고한어 허사 연구의 주요 참고서이다.

《고서의의거례(古書疑義擧例)》 7권. 청 유월(俞樾, 1821~1907) 찬. 주(周)·진(秦)·한(漢) 시대 고서(古書)의 용사(用詞)와 조구(造句)가 후세와 다른 점을 88개의 항목으로 분류·총괄하여, 고서 조구 특징, 전석(詮釋) 방법, 언어 습관 및 오류 발생의 원인 등을 상세한 사례를 들어 논증하였다. 전통 시대 훈고학을 총결하고 근현대 훈고학의 선성(先聲)을 열어젖힌, 중국 훈고학사에서 매우 중요한 지위를 차지하는 저작이다. 1956년 중화서국(中華書局)에서 본서의 미진한 점을 보완한 유사배(劉師培)의 《거례보(擧例補)》, 양수달(楊樹達)의 《거례속보(擧例續補)》, 마서륜(馬敍倫)의 《거례교록(擧例校錄)》, 요유예(姚維銳)의 《거례증보(擧例增補)》를 부록으로 첨부한 《고서의의거례오종(古書疑義擧例五種)》을 간행하였다.

《광류정속(匡謬正俗)》 8권. 당 안사고(顔師古, 581~645) 찬. 송대(宋代)의

여러 서목(書目)에는 송 태조(宋太祖)를 피휘하기 위해 《간류정속(刊謬正俗)》 또는 《규류정속(糾謬正俗)》으로 저록되어 있다. 권1에서 권4까지는 모두 55조로 여러 경전의 훈고(訓詁)와 음석(音釋)을 논하고 있으며, 권5에서 권8까지는 모두 127조로 군서(群書)의 자의(字義)와 자음(字音) 및 속어(俗語)에서의 계승의 차이를 논하고 있다. 고증이 매우 정밀하나 자음(字音)의 고금(古今)을 구별하지 못한 한계가 있다.

《광아소증(廣雅疏證)》 10권. 청 왕염손(王念孫, 1744~1832) 찬. 삼국 시대 위(魏)의 장읍(張揖)이 편찬한 《광아(廣雅)》를 체계적으로 정리하고 해설한 책으로, 사실상 왕염손이 《광아》를 이용해서 자신의 음운, 문자, 훈고학적 지식을 집대성한 저작이다. 1795년 완성하였다. 《광아》의 편차를 그대로 따라 그 훈석(訓釋) 내용에 대해 조항마다 해설과 고증을 하였다.

《교감학석례(校勘學釋例)》 6권. 진원(陳垣, 1880~1971) 찬. 원래의 서명은 《원전장교보석례(元典章校補釋例)》로, 교감학의 이론 체계를 수립한 책으로 평가받는다. 심각본(沈刻本) 《원전장(元典章)》을 원각본(元刻本) 《원전장》을 근거로 여러 본을 참고하여 교보(校補)한 기초 위에서 이를 연역하고 개괄해 낸 독립적인 교감학 저작이다. 1931년 북경대학(北京大學) 국학연구소(國學研究所)에서 초간되었고 1959년 중화서국에서 중인(重印)되었다.

《교수통의(校讐通義)》 4권. 청 장학성(章學誠, 1738~1801) 찬. 1779년(건륭44)에 완성되었다. 유향(劉向)·유흠(劉歆) 부자와 정초(鄭樵)의 목록학 사상을 계승, 발전시켜 '각종 학술의 특성을 분명히 드러내 구별하고 그 원류를 고증하여 참고한다.〔辨章學術, 考鏡源流〕'라는 관점에서 중국 고전 목록학의 정수를 개괄한 것으로 고전목록학 이론을 집대성한 저작이다.

《구경고의(九經古義)》 16권. 청 혜동(惠棟, 1697~1758) 찬. 《주역》《상서》《모시》《주례》《의례》《예기》《좌전》《공양전》《곡량전》《논어》 등 10경을 주해하였는데 그중 《좌전》 6권은 뒤에 《좌전보주(左傳補注)》로 이름을 고쳐 별도로 간행하였으므로 9경만 남아 있다. 혜동은 이 책을 저술할 때 구문(舊文)을 수집하고 서로 참조하여 정밀하게 연구하였다.

《국사보(國史補)》 3권. 당 이조(李肇) 찬. 개원(開元)부터 장경(長慶) 연간의 인물에 대한 일문, 잡사, 언행 등을 찬술하였다. 당대의 사회풍속, 역사, 문학 등 여러 방면에 관한 귀중한 사료가 담겨 있고 사실에 입각한 구체적인 기사가 많아 사료적 가치도 높다. 상권과 중권은 각 103조, 하권은 102조이며 조마다 다섯 자의 표제가 붙어 있다. 《당국사보(唐國史補)》라고도 한다.

《군경평의(群經平議)》 35권. 청 유월(兪樾) 찬. 왕인지의 《경의술문(經義述聞)》을 본받아 저술한 훈고학·교감학 저작이다. 《역》《서》《시》《주례》《의례》《예기》《대대례기》《공양전》《좌씨전》《곡량전》《국어》《논어》《맹자》 《이아》 등 15종의 경부 전적의 난해한 자구를 훈석(訓釋)하고 아울러 특수한 구문의 문법과 수사 방법을 분석하였다.

《군서치요(群書治要)》 50권. 당 위징(魏徵, 580~643) 등 찬. 당나라 태종의 칙명으로 위징, 우세남(虞世南), 저수량(褚遂良) 등이 편찬한 유서(類書)이다. 경서(經書) 및 진대(晉代)에 이르기까지의 정사(正史)와 60여 종류의 제자서(諸子書)에서 위정자가 수양을 쌓는 데 참고가 될 만한 대목들을 발췌하여 정관(貞觀) 5년(631)에 완성하였다.

《군재독서지(郡齋讀書志)》 20권. 남송(南宋) 조공무(晁公武) 찬. 중국 최초의 제요(提要)가 있는 사가장서목록(私家藏書目錄)으로, 저자가 영주(榮州)의 군수(郡守)로 있을 때 성서(成書)되어 군재(郡齋)라는 말이 붙었다. 경(經)·사(史)·자(子)·집(集) 4부(部)의 분류 아래 45류(類)로 구성되어 있으며, 유(類)마다 소서(小序)가 있다. 전본(傳本)에는 순우(淳祐) 9년(1249) 구주에서 간행된 구주본(衢州本)과 순우 10년(1250) 원주에서 간행된 원주본(袁州

本)이 있으며, 현재의 통행본은 왕선겸(王先謙, 1842~1917)이 두 판본을 합교(合校)하여 간행한 것이다.

《낙양가람기(洛陽伽藍記)》 5권. 북위(北魏) 양현지(楊衒之, ?~555) 찬. 양현지는 북평(北平) 사람으로 기성군태수(期成郡太守), 비서감(秘書監) 등을 역임하였다. 547년 북위의 도읍인 낙양을 방문하였는데 극히 융성했던 낙양이 여러 차례의 전쟁으로 폐허가 되고 사찰도 쇠락한 것을 목격하고 과거의 화려했던 모습을 후세에 전하기 위해 본서를 지었다고 자서에 밝혔다. 낙양성 안팎에 있던 1000여 개의 사찰 가운데 큰 것만을 골라 절 이름, 창건자, 위치, 고사 등을 중심으로 기록하였다.

《독서잡지(讀書雜志)》 82권. 청 왕염손(王念孫) 찬. 독서 찰기(札記)의 형식으로 《일주서(逸周書)》 《전국책(戰國策)》 《사기(史記)》 《한서(漢書)》 《관자(管子)》 《순자(荀子)》 《안자춘추(晏子春秋)》 《묵자(墨子)》 《회남자(淮南子)》 등 18종의 고적에 있는 문자의 오류 및 한대(漢代)의 비문(碑文) 자료를 수록하고 음훈의 이동(異同) 및 구두의 착란(錯亂)에 대하여 상세히 분별하여 바로잡았다. 교감학과 훈고학의 중요 참고서이다.

《문선(文選)》 30권. 남조(南朝) 양(梁) 소통(蕭統, 501~531) 찬. 진한(秦漢) 이후 제나라·양나라까지의 대표적인 시문을 모아 엮은 책으로, 편자의 시호를 따서 《소명문선(昭明文選)》이라고도 한다. 여기에 실린 문장가는 130여 명으로, 이 중에는 무명작가의 고시(古詩)와 고악부(古樂府)도 포함되어 있다. 편차(編次)는 문체별로 부(賦)·시(詩)·소(騷)·조(詔)·책(策)·표(表)·서(序)·론(論)·제문(祭文) 등 39종으로 나누었다. 시 443수와 부·소에서 제문까지의 작품 317편을 수록하였는데, 그 가운데 부가 가장 많다. 소통은 자신의 서문에서 밝히고 있듯이 주로 심사(沈思)·한조(翰藻)한 풍격의 글을 취하였는데, 이는 그 자신의 문학관인 동시에 육조(六朝) 시대 일반 학자들의 취향이기도 하였다. 주석본으로는 당 고종(唐高宗) 현경(顯慶) 연간(656~661)에 나온 이선(李善)의 주(注)가 가장 훌륭하다고 일컬어지며, 당 현종(唐玄宗) 개원(開元) 연간(713~741) 여연제(呂延濟)·유량(劉良)·장선(張銑)·여향(呂向)·이주한(李周翰) 등의 '오신주(五臣注)'가 있고, 북송(北宋) 철종(哲宗) 원우(元祐) 9년(1094)에 이선주(李善注)와 오신주(五臣注)를 합각한 '육신주본(六臣注本)'이 나왔다.

《문심조룡(文心雕龍)》 10권 50편. 남조(南朝) 양(梁) 유협(劉勰, 465~520) 찬. 중국 육조(六朝) 시대의 문학평론서이다. 중국에서 가장 오래된 시문(詩文) 평론서로서, 제나라 말기인 499~501년에 저작한 것으로 추정된다. 전반 25편에서는 문학의 근본 원리를 논술하고 각 문체에 관한 문체론을 폈다. 후반 25편에서는 문장 작법과 창작론에 관하여 논술하였다. 전체가 사륙변려체(四六騈儷體) 문장이며, 문학이란 내용이 충실해야 그로부터 자연히 꽃피는 것이라고 하면서 당시 기교에만 치우친, 내용 없는 미문(美文) 위주의 경향을 비판하였다. 같은 시대 종영(鍾嶸)의 《시품(詩品)》, 소명태자(昭明太子)의 《문선(文選)》과 함께 중국 문학론 연구의 중요한 원전이다.

《문원영화(文苑英華)》 1000권. 이방(李昉, 925~996) 등 편. 중국 송대(宋代)에 편찬된 시문(詩文) 총집(總集)으로, 이방 등이 송 태종(宋太宗)의 명을 받아 옹희(雍熙) 3년(986)에 완성하였다. 남조(南朝)의 양나라로부터 당(唐)에 이르기까지 시문 1만 9102편을 모아 수록했다. 작자가 2200명이나 되는데 당대(唐代) 인물이 절대 다수를 차지하고 있다. 분류 방식은 《문선(文選)》과 대략 같다. 뒤에 나온 《고시기(古詩紀)》《전당시(全唐詩)》《전당문(全唐文)》 등의 총집은 이 책에 수록되어 있는 시문에서 취재(取材)한 것이다.

《문원영화변증(文苑英華辨證)》 10권. 송(宋) 팽숙하(彭叔夏) 찬. 주필대(周必大)의 성과를 이어 송대의 대형 시문 총집인 《문원영화(文苑英華)》를 교감한 성과를 총괄한 저작이다. 그 체례가 엄밀하고 고증이 정밀하여 송대의 대표적인 교감학 저작으로 평가받고 있다. 책 전체는 용자(用字), 용운(用韻), 사증(事證), 사오(事誤), 사의(事疑), 인명(人名), 관작(官爵), 군현(郡縣), 연월(年月), 명씨(名氏), 제목(題目), 문류(門類), 탈문(脫文), 동이(同異), 이합(離合), 피휘(避諱), 이역(異域), 조수(鳥獸), 초목(草木), 잡록(雜錄) 등 20개 항목으로 분류되어 있고, 각 항목은 다시 몇 개의 자목(子目)으로 나뉘어 있으며 항목의 맨 처음에 개괄적인 설명이 붙어 있다.

《방언(方言)》13권. 서한(西漢) 양웅(揚雄, 기원전 53~18) 찬. 완칭은 《유헌사자절대어석별국방언(輶軒使者絶代語釋別國方言)》으로, 중국 최초의 방언학 저작이다. 《이아(爾雅)》의 체례를 모방하여 동일한 뜻을 지닌 고금 각지의 언어를 유별로 수집하여 당시의 통용어로 풀이하였다. 이 책에 대한 최초의 주석은 진대(晉代) 곽박(郭璞)에 의해 이루어졌고, 청대(淸代)에는 교주(校註)한 자들이 매우 많았다. 대진(戴震)의 《방언소증(方言疏證)》, 전역(錢繹)의 《방지전소(方志箋疏)》, 왕염손의 《방언소증보(方言疏證補)》 등이 유명하다. 한대(漢代)의 언어 분포 현황을 파악하고 고대의 언어를 연구하는 중요한 자료이다.

《백씨육첩(白氏六帖)》30권. 당(唐) 백거이(白居易, 772~846) 찬. 당 이전의 여러 책에서 뽑은 다수의 전고, 사어(詞語)와 시문(詩文) 가구(佳句)를 사물의 명칭에 따라 분류하여 30권으로 편찬하였다. 약칭하여 《육첩(六帖)》 또는 《백첩(白帖)》이라 하거나 《사류집요(事類集要)》라고도 한다.

《백호통(白虎通)》4권. 후한(後漢) 반고(班固, 32~92) 찬. 경학 자료집이다. 후한의 장제(章帝)가 백호관(白虎觀)에 학자들을 모아 놓고, 유학의 경서에 관한 해석이 학자에 따라 다른 점에 대하여 토론하게 한 것을 반고가 정리하여 엮은 것이다. 《백호통의(白虎通義)》 또는 《백호통덕론(白虎通德論)》이라고도 한다.

《별록(別錄)》20권. 한(漢) 유향(劉向, 기원전 77?~기원전 6) 찬. 중국 최초의 궁중장서목록집(宮中藏書目錄集)이다. 유향이 한 성제(漢成帝)의 명을 받아 궁중 장서를 교감, 정리한 후 매 서종마다 서명(書名)과 편목(編目), 교정(校定)의 경위, 저자의 사적(事蹟)·사상, 도서의 내용·진위(眞僞)·비평 등을 기록한 〈서록(敍錄)〉을 만들어 첨부하였는데, 후에 이 〈서록〉을 별도로 모아서 《별록(別錄)》을 만들었다. 원서는 당대(唐代)에 이미 실전되었고 청대(淸代) 홍이훤(洪頤煊), 마국한(馬國翰), 요진종(姚振宗) 등이 집일(輯佚)한 집본(輯本)이 있다.

《북당서초(北堂書鈔)》원래는 173권이나 현재 160권이 전한다. 당(唐) 우세남(虞世南, 558~638) 찬. 우세남이 비서랑으로 있을 때 글을 지으면서 쓸 만한 자료를 여러 전적에서 베껴 모아 편집한 유서(類書)이다. 북당은 비서성(秘書省)의 후당(後堂)을 말한다. 《신당서(新唐書)》〈예문지(藝文志)〉와 《구당서(舊唐書)》〈경적지(經籍志)〉에는 173권으로 저록되어 있지만 원서는 이미 북송 때 구해 보기 어려웠다. 19부 852류로 구성되어 있는데, 각 유마다 먼저 여러 서적의 문장을 초록하고 그 아래 서명을 주기(注記)한 다음 다시 원문을 배열하였다. 통행본은 명대 만력(萬曆) 연간(1573~1619)에 진우모(陳禹謨)가 교간(校刊)한 판본인데, 여러 차례 산삭하고 개정한 데다 당 정관(貞觀) 연간(627~649) 이후 오대십국(五代十國)의 책을 그 속에 증보해 넣었으므로 본래의 면모를 찾아보기 어렵게 되었다.

《사고전서총목제요(四庫全書總目提要)》200권. 기윤(紀昀, 1724~1805) 등 찬. 청대(淸代)의 관수(官修) 목록(目錄). 청나라 고종(高宗) 건륭(乾隆) 37년(1772)에 시작하여 47년(1782)에 완성하였다. 이후 수차례의 보정을 거쳐 54년(1789)에 무영전(武英殿)에서 간인(刊印)하여 다음 해에 발행되었다. 60년(1795)에 사계곤(謝啓昆, 1737~1802)이 항주(杭州) 문란각(文瀾閣) 장전판(藏殿版)에 의거하여 번각해서야 비로소 유통되기 시작하였다. 경·사·자·집 4부(部)로 구분하고, 다시 44류(類), 65자목(子目)으로 분류하였다. 각 부(部)의 앞에는 대서(大序)가 있고, 소류(小類) 앞에는 각각 소서(小序)가 있으며, 자목(子目) 뒤에는 학술 원류 및 분류입목(分類立目)의 경위를 천명한 안어(按語)를 부기하였다.

《설문해자(說文解字)》후한(後漢) 허신(許愼, 58~147) 찬. 자서(字書)로, 줄여서 《설문(說文)》이라고도 한다. 본서는 영원(永元) 12년(100)부터 건광(建光) 원년(121)까지 22년에 걸쳐 완성되었다. 중국 문자학사상 가장 오래된 저작이다. 모든 자두(字頭)는 부수(部首)의 배열을 따랐으며, 모두 540부수로 나누어 대체로 의의에 따라 차례를 지어 '一'에서 시작해서 '亥'에서 끝난다. 《설문해자》는 중국 최초의 자전(字典)으로, 한자 중에서 부수를 분석하고 집어내서 부수로써 자전 전체를 분류한 것은 커다란 창안이다. 현존본은 모두 오대송초(五代宋初) 서현(徐鉉)의 교주본(校注本)에서 나왔다. 현존하는 것 가운데 모씨(毛氏) 급고각본(汲古閣本)이 가장 오래되었으며, 중화서국의 1963년 영인본이 가장 널리 보급되었다. 주석서로는 단옥재(段玉裁)의 《설문해자주(說文解字注)》와 풍계분(馮桂芬)의 《설문해자단주고정(說文解字段注攷正)》이 가장 우수하다.

《수서(隋書)》〈경적지(經籍志)〉 중국의 정사(正史) 도서목록. 《수서》의 십지(十志) 중 하나이다. 원래 장손무기(長孫無忌, 597~659) 등이 편집한 《오대사지(五代史志)》의 일부로서 후일 위징(魏徵) 등의 《수서》와 합본되었다. 남북 5대 왕조의 공사(公私) 서적 목록에 게재된 서적 중 현존하는 것과 분실한 것을 경(經)·사(史)·자(子)·집(集)의 4부와 도경불교(道經佛敎)의 서적으로 대별하여 47류(類)로 나누었다. 《한서(漢書)》〈예문지(藝文志)〉와 함께 한(漢)·당(唐) 학술의 연혁을 아는 데 중요한 서목문헌(書目文獻)이다. 불교·도교 경전의 부록은 왕검(王儉)의 《칠지(七志)》와 완효서(阮孝緖)의 《칠록(七錄)》의 서목을 계승하고, 4부 분류법은 진(晉)나라 이충(李充)이 순욱(荀勖)의 《중경신부(中經新簿)》를 교정(校訂)하여 정한 체재를 따르고 있다.

《십삼경주소(十三經注疏)》416권. 청(淸) 완원(阮元, 1764~1849) 교간(校刊). 완원의 가장(家藏) 십행송본(十行宋本) 11경(經)에 북송(北宋) 소주(蘇州)에서 판각한 《의례(儀禮)》와 《이아(爾雅)》 단소본(單疏本)을 보입(補入)하고 아울러 황비열(黃丕烈, 1763~1825) 소장 단소본 2경과 호직(胡

稷)이 구입한 11경 등으로 상세하게 교감한 다음 매 권말에 교감기를 첨부하여 간행하였다. 십삼경의 각 주석 판본 중 가장 선본(善本)으로 일컬어진다. 수록된 십삼경의 주소는 다음과 같다. 1.《주역정의(周易正義)》왕필(王弼)·한강백(韓康伯) 주(注), 공영달(孔穎達) 등 정의(正義) 2.《상서정의(尙書正義)》왕숙(王肅)의 위공안국전(僞孔安國傳), 공영달 등 정의 3.《모시정의(毛詩正義)》모형(毛亨) 전(傳), 정현(鄭玄) 전(箋), 공영달 등 정의 4.《주례주소(周禮注疏)》정현 주, 가공언(賈公彦) 소(疏) 5.《의례주소(儀禮注疏)》정현 주, 가공언 소 6.《예기정의(禮記正義)》정현 주, 공영달 등 정의 7.《춘추좌씨전정의(春秋左氏傳正義)》두예(杜預) 주, 공영달 등 정의 8.《춘추공양전주소(春秋公羊傳注疏)》하휴(何休) 해고(解詁), 서언(徐彦) 소 9.《춘추곡량전주소(春秋穀梁傳注疏)》범녕(範寧) 주, 양사훈(楊士勳) 소 10.《효경주소(孝經注疏)》당 현종(唐玄宗) 주, 형병(邢昺) 소 11.《이아주소(爾雅注疏)》곽박 주, 형병 소 12.《논어주소(論語注疏)》하안(何晏) 집해(集解), 형병 소 13.《맹자주소(孟子注疏)》조기(趙岐) 주, 손석(孫奭) 소

《안씨가훈(顔氏家訓)》 7권 20편. 북제(北齊) 안지추(顔之推, 531~595?) 찬. 북제의 문학가 안지추가 자기의 인생 경력과 처세 철학을 결합하여 자손의 경계로 삼기 위해 쓴 저술로, 중국 역사상 제일 내용이 풍부하고 체계적인 가훈이자 학술 저작이다. 그중에 서증편(書證篇)은 관련 고전적(古典籍)으로부터 시가(詩歌)와 속문(俗文)에 이르는 각종 문장에 관한 훈고와 교감을 모은 것으로 교감학사상 매우 중요한 전적이다.

《원전장(元典章)》 원래 명칭은 《대원성정국조전장(大元聖政國朝典章)》이다. 원대의 황제와 조정 그리고 각 관부에서 반포한 법령, 문건, 조례 등을 모아 분류하여 편집한 책으로, 전집(前集) 60권과 분권(分卷)이 되지 않은 신집(新集)이 부록으로 있다. 전집은 원나라 세조(世祖)에서 영종(英宗) 즉위까지(1280~1321)의 기간 동안 반포된 것을 모아 편집한 것이고, 신집은 영종 지치(至治) 원년과 2년(1321~1322)에 반포된 것들을 수록하고 있다. 원나라

당시에 판각본이 있었으나 명나라와 청나라 중기까지는 겨우 초본(鈔本)만 유전되어 오고 있었는데, 청나라 광서(光緒) 34년(1908)에 심가본(沈家本, 1840~1913)이 무림(武林) 정씨(丁氏) 소장본을 근거로 교감하여 간행하였다. 이것을 심각본(沈刻本)이라 한다. 근대에 진원(陳垣, 1880~1971)이 고궁(故宮)에서 발견한 원각본(元刻本)《원전장》을 근거로 하고 여러 본을 참고하여 심각본의 탈오를 1만 2000여 건이나 교감하여 《원전장교보(元典章校補)》 10권과 《원전장교보석례(元典章校補釋例)》 6권을 간행하였다.

《의례지오(儀禮識誤)》 3권. 송(宋) 장순(張淳, 1121~1181) 찬. 1172년 양절전운판관(兩浙轉運判官) 겸 직비각(直秘閣) 증체(曾逮)가 《의례정씨주(儀禮鄭氏注)》와 《경전석문(經典釋文)》을 간인할 때 저자가 교감을 하면서 작성한 교감기를 모은 책으로, 송대의 대표적인 교감학 저작이다. 원본은 청대에 이미 실전(失傳)되었고, 《사고전서(四庫全書)》 편찬 시 《영락대전(永樂大典)》에 산재한 여러 조항을 모아 3권으로 편찬한 집일본이 전한다.

《제자평의(諸子平議)》 35권. 청(淸) 유월(兪樾) 찬. 저자가 왕염손(王念孫)의 《독서잡지》를 본받아 선진(先秦)과 양한(兩漢) 시대의 제자서(諸子書) 15종의 언어를 교석(校釋)한 찰기(札記) 형식의 훈고학·교감학 저작이다. 1857년경 저술을 시작하여 1870년경 완성하였다. 《관자평의(管子平議)》 6권, 《안자춘추평의(晏子春秋平議)》 1권, 《노자평의(老子平議)》 1권, 《묵자평의(墨子平議)》 1권, 《순자평의(荀子平議)》 3권, 《열자평의(列子平議)》 4권, 《장자평의(莊子平議)》 3권, 《상자평의(商子平議)》 1권, 《한비자평의(韓非子平議)》 1권, 《여씨춘추평의(呂氏春秋平議)》 3권, 《동자춘추번로평의(董子春秋繁露平議)》 2권, 《가자평의(賈子平議)》 2권, 《회남내경평의(淮南內經平議)》 4권, 《양자태원경평의(揚子太元經平議)》 1권, 《양자법언평의(揚子法言平議)》 2권으로 구성되어 있으며, 모두 2164조항이다.

《주역거정(周易擧正)》 3권. 당(唐) 곽경(郭京) 찬. 저자라고 알려진 곽경은 당대 말엽 사람으로, 생몰년과 사적이 전혀 알려져 있지 않다. 자서(自序)에 의하면 "왕필(王弼)과 한강백(韓康伯)의 친필 진본(眞本)을 얻어서 현행본과 비교하였다."하였고 "모두 《오경정본》을 기초로 오류를 지적하여 바로잡으니 총 103군데 273자이다."하였다. 《구당서(舊唐書)》〈경적지(經籍志)〉, 《신당서(新唐書)》〈예문지(藝文志)〉에는 저록되어 있지 않고, 《송사(宋史)》〈예문지〉에만 3권이라고 저록되어 있다. 이 때문에 《사고전서총목(四庫全書總目)》에서는 송대 사람이 의탁한 저술이 아닌가 의심하였다.

《**직재서록해제(直齋書錄解題)**》원서는 56권이나 현재 22권이 전한다. 남송(南宋) 진진손(陳振孫, ?~1261?) 찬. 중국 최초의 해제의 체제를 갖춘 서목이다. 원본은 오래전에 산실되었고 청대 《사고전서(四庫全書)》를 찬수할 때에 《영락대전(永樂大典)》에서 22권을 집교(輯校)하였다. 원래는 경·사·자·집 4부로 분류하고 각 부마다 부서(部序)가 있었으나 명초(明初)에 망실되었고, 금본(今本)은 53류목(類目)에 3096종 5만 1180권의 도서를 저록하고 있다.

《**초사보주(楚辭補注)**》17권. 송(宋) 홍흥조(洪興祖, 1090~1155) 찬. 왕일(王逸)의 《초사장구(楚辭章句)》를 보정(補正)하기 위해 지은 저작이다. 그 체례는 먼저 왕일의 주를 나열하고 그 아래 '보왈(補曰)'이라고 표시한 다음 자신의 견해를 기술하였다. 보주(補注)의 내용은 왕일의 주에서 밝히지 못한 부분을 보완하거나 왕일 주석의 오류를 규정하는 것들이 대부분인데, 명물(名物)에 대한 훈고 이외에 역사 전설(歷史傳說), 신화 고사(神話故事)를 대량으로 인용하고 있다. 또한 인용한 전적에 대해서는 일일이 출처를 밝혔는데, 그중에는 곽박(郭璞)의 《초사주(楚辭注)》, 서막(徐邈)의 《초사음(楚辭音)》등 지금은 이미 실전된 《초사》의 구주(舊注)들이 포함되어 있다.

《**칠략(七略)**》전한(前漢) 유흠(劉歆, 기원전 50?~23) 찬. 중국 최초의 종합적인 도서분류목록이다. 유흠은 아버지 유향(劉向, 기원전 77?~기원전 6)과 함께 궁정의 장서를 교감, 정리했고, 후에 유향의 《별록(別錄)》을 기초로 하여

《칠략》을 지었다. 집략(輯略)·육예략(六藝略)·제자략(諸子略)·시부략(詩賦略)·병서략(兵書略)·술수략(術數略)·방기략(方技略)의 7부문으로 구성되어 있다. 원서는 이미 유실되어 전하지 않으며, 청나라 홍이훤(洪頤煊) 등의 집본(輯本)이 남아 있다. 반고(班固)의 《한서(漢書)》〈예문지(藝文志)〉도 유흠의 《칠략》을 모범으로 삼았다. 이 책은 중국 목록학과 교수학(校讎學)의 시발점이 되었으며, 후세에 깊은 영향을 주었다.

《한문고이(韓文考異)》10권. 송(宋) 주희(朱熹, 1130~1200) 찬. 《창려선생집고이(昌黎先生集考異)》라고도 한다. 방숭경(方崧卿)의 《한집거정》의 오류를 보정하기 위해 지은 것이다. 주희는, 《한집거정》이 비록 정본(精本)이라고 일컬어지지만 지나치게 각본(閣本)과 고본(古本)에만 치우쳤다고 비판하고는 다시 교감 작업을 진행하였는데, 각본(閣本)만을 따르지 않고 여러 판본의 이동(異同)을 두루 고찰하였으며 이교(理校)와 타교(他校)의 방법을 적극 채용하였다. 《한문고이》에는 주희의 교감 방법이 자세하게 실려 있어 송대 교감학 연구를 위한 중요 문헌으로 평가받고 있다.

《한서(漢書)》〈예문지(藝文志)〉 후한(後漢) 반고(班固, 32~92) 찬. 중국의 정사(正史) 도서목록으로 《한서》 8지(志) 중의 하나이다. 유흠(劉歆)의 《칠략(七略)》에 근거하여 지은 중국 목록학사상 현존하는 가장 오래된 문헌이다. 수록된 전체 전적의 내용에 따라 육예략(六藝略)·제자략(諸子略)·시부략(詩賦略)·병서략(兵書略)·술수략(述數略)·방기략(方技略)의 육략(六略)으로 나누어 모두 38종 596가(家) 1만 3269권의 도서 목록을 수록하고 있다. 그리고 각 약(略)마다 총서(總序)를 붙이고 각 가(家)의 뒤에는 또 소서(小序)를 붙여 선진(先秦) 학술 사상의 원류와 그 변천에 대하여 간단한 서술을 하고 있다. 《한서》〈예문지〉가 나온 뒤 각 왕조의 정사(正史) 및 지승(志乘)에서는 대부분 이 체재를 모방하여 예문지를 지었다. 중국의 정사 《이십오사(二十五史)》 가운데 예문지가 있는 것으로는 《한서(漢書)》《수서(隋書)》《신당서(新唐書)》《구당서(舊唐書)》《송사(宋史)》《명사(明史)》의 6종이 있는데, 그중 《수서》와 《구당서》에서는 명칭을 '경적지(經籍志)'라 하고 있다.

《한집거정(韓集擧正)》 10권. 송(宋) 방숭경(方崧卿) 찬. 본래는 방숭경이 교
감한 《창려선생집(昌黎先生集)》 본권(本卷)에 부록되어 있던 교감기인데,
《창려선생집》 본권은 일실되고 현재는 《거정(擧正)》 10권, 《외집거정(外集擧
正)》 1권만이 전한다. 《거정》에는 방숭경이 한유(韓愈)의 시문을 교감하면서
참고했던 중당(中唐)에서 남송(南宋) 초기의 문헌 약 70종이 인용되어 있고
출교(出校)한 이문(異文)만도 1만여 조에 달하여 매우 큰 문헌적 가치를 지니
고 있다.

어느 시대에나 역사와 문화를 담은 앞 시대의 문헌(文獻)을 조사·수집·정리하여 당대와 미래 세대가 활용하기에 편리하도록 가공하는 것은, 그 시대 인문학자(人文學者)들이 담당해야 할 주요한 임무의 하나이다. 중국이 창조한 문자인 한자(漢字)는 2천여 년 전 한반도에 전래된 이후로, 한글이 창제되기 이전은 물론이고, 그 이후 20세기 전반까지도 여전히 우리의 역사와 문화를 기록하는 데 사용한 중요한 문자였다. 이러한 결과로 20세기 이전에 생산된 한국의 문헌 중에서 한문으로 기록된 문헌은 전래하는 전체 문헌의 9할을 넘어서는 것으로 추정된다.

그러나 우리나라 정규교육에서 한문교육이 퇴장당함으로써 일반인은 물론이요 심지어는 연구자들까지도 고전적(古典籍)의 독해(讀解)가 큰 부담이 되고 있는 작금(昨今)의 상황에서는, 이들 고전적을 현재의 연구자들이 활용하기에 알맞게 현대화하는 것이 당대 한국학 연구자들이 감당해야 할 가장 시급하고도 중차대한 임무임이 분명하다.

국내에서 한국학 연구의 기초자료인 한문전적(漢文典籍)을 한글로 현대화하는 작업을 본격적으로 추진해 온 중심체는 정부의 지원으로 학예술계(學藝術界)의 대표자 50명이 1965년 설립한 민간단체인 민족문화추진회(民族文化推進會) 한국고전번역원(韓國古典飜譯院)의 전신. 약칭 민추(民推) 였다. 정부는 1972년 7월 문화예술진흥법을 제정하고, 이의 추진체로 1973년 한국문화예술진흥원(韓國文化藝術振興院)을 설립하였다. 이 기관에서 국학 진흥을 위한 기초사업의 하나로 채택한 중요사업의 하나가 민추의 고전 국역자 양성사업에 예산을 지원한 것이다.

1966년부터 정부의 지원으로 고전번역을 담당해 오던 민추는 1974년에 부설교육기관으로 국역연수원(國譯硏修院) 현 한국고전번역원 부설 고전번역교육원의 전신 을 설립하고, 당시 한학계 최고의 원로인 방은(放隱) 성낙훈(成樂熏)(1911~1977), 우전(雨田) 신호열(辛鎬烈)(1914~1993), 우인(于人) 조규철(曺圭喆)(1906~1982), 청명(靑溟) 임창순(任昌淳)(1914~1999) 등 여러 선생을 강사로 초빙하여 한문전적의 번역을 위한 후속세대 양성에 착수하였다. 처음에는 주간반인 학습부(學習部)와 야간반인 연수부(硏修部)를 두었는데 각기 2년 과정이었다. 그 후 1978년에는 3년 과정의 상임연구부(常任硏究部)를 신설하여 국역을 위한 고급 인력양성에 착수하여, 일부 편제를 바꾸면서 오늘에 이른다. 이 연수원에서 배출된 인재들이 전국의 각급 교육기관과 연구기관에서 교육과 연구, 그리고 번역 등 관련 분야에서 중요한 역할을 담당하고 있다는 것은 사계(斯界)에서 다 아는 사실이다.

지난 2007년에 민추를 모태로 한국고전번역원이 설립되면서 고전 번역에 참여하는 연구자들에 대한 사회적 관심도 많이 개선되었다. 번역원 설립에 맞추어 고전번역대학원을 부설하려던 계획이 보류되고, 대안으로 몇몇 대학이 대학원 과정에 한문고전번역 과정을 설치하였다. 성균관대학교는 2007년 7월에 민추와 양해각서를 맺고, 정부의 재정지원을 받아 고전의 현대화를 담당할 핵심인재의 양성을 목적으로 국내에서 최초로 대학원에 한문고전번역 석박사 통합과정을 설치하고, 2008년 1학기부터 원생을 모집하였다.

고전적을 현대화하기 위한 일련의 과정을 고전적정리(古典籍整理)라 부른다. 이 정리과정에는 주로 도서관에서의 목록편찬(目錄編纂) 간행을 위한 과정인 전적의 조사·수집·분류를 위시하여, 교감(校勘)·표점

(標點)·주석(註釋)·번역(飜譯)·회편(匯編)·집일(輯佚)·영인(影印)·색인(索引)·해제(解題)와 최근에 인터넷의 발달과 함께 등장한 정보화(情報化) 등의 과정이 포함된다.

정확한 번역과 연구 등을 위해서 가장 먼저 요구되는 것이 텍스트를 확정하는 문제이다. 연구나 번역의 대상이 되는 서적이 유일의 원고본(原稿本)이거나 원각본(原刻本)인 경우는 많지 않다. 대부분 저자가 저술한 이후로 여러 차례의 전사(傳寫)나 간각(刊刻)의 과정을 거친 전본(傳本)이다. 이러한 상황에서 저본에 오류가 있는 경우에 교감을 거쳐 바로잡지 않고 행해진 연구나 번역·색인 등의 학술적 작업은 그대로 잘못된 결과로 나타나게 된다는 점에서 가장 먼저 거쳐야 할 과정이 교감이다. 교감은 문헌의 본문이나 편장(篇章) 등의 오류를 바로잡는 것이 주요 목표이다. 근 2천 년 전인 한 성제(漢成帝) 때에 유향(劉向)·유흠(劉歆) 부자가 당대에 전해오던 서적을 수집 조사한 내용을 바탕으로 하여 《별록(別錄)》과 《칠략(七略)》을 편찬한 이후로, 서적의 전사와 간행이 이루어질 때마다 항상 교감이 시행됐지만 체계적 이론을 갖춘 한 분야의 학문으로 성장한 것은 비교적 근세의 일이다.

우리나라의 경우에도 교감의 전통은 일찍부터 있어 왔다. 고려 시대에는 13세기에 재조대장경(再雕大藏經) 해인사 소장 대장경 을 판각(板刻)하면서 수기(守其) 승통(僧統)을 중심으로 한 일단의 학승(學僧)들이 판각에 앞서 이본(異本)의 대교(對校)를 통하여 수록 대상 경전(經典)의 판본을 취사선택하고 그 과정과 결과를 정리한 《교정별록(校正別錄)》을 편찬하였다. 이 책이 오늘날까지 전해 내려오고 있고, 이러한 노력에 힘입어 불교 대장경 중 가장 정확한 본문을 갖춘 대장경이라는 명예를 얻게 되었다. 조선 시대에도 국가기관에 교감을 담당하는 관리를 두었고, 서적 간인(刊印) 시 교감행위가 부단히 이루어졌다. 그러나 종합적 체계를 갖춘 교감학 전문서는 나오지 않았다.

　성균관대학교는 학위과정을 설치하면서 고전적 정리의 제반 이론 과목인 문헌학과 번역학·문화콘텐츠학과 관련된 과목을 교과과정에 포함하였다. 교감학은 주석학(註釋學)·집일학(輯佚學)·판본학(板本學) 등과 함께 문헌학 분야 과목의 하나로 개설한 것이다. 교감학 강좌를 개설하면서 고심한 것이 사용 교재의 문제였다. 국내에 교감학의 전저(專著)가 없는 상황에서, 관련 논문을 모아 교재로 활용할 수도 있겠으나 전체적인 체계를 잡는 데는 그래도 편찬된 교재가 도움이 될 것 같다는 생각에서 교재를 택하기로 하였다. 실무적인 측면에서 도움을 주는 관석화(管錫華) 교수의 저서 《교감학》(安徽敎育出版社, 1991)을 사용할 수도 있었지만 종합적인 고려 끝에 교재로 정한 책이 북경대학 고(故) 예기심(倪其心) 교수의 《교감학대강》(北京大學出版社, 2004, 제2판)이다.

　당시 대학원 과정에 입학한 동학 중에는 고문(古文)으로 된 한문을 읽고 번역하는 데는 익숙한 사람이 여럿 있었지만 간체자(簡體字)에 백화(白話)로 쓴 문장은 처음 접하는 경우가 많았다. 우리는 어려운 숙제를 풀기 위해 새로운 시도를 감행했다. 우선 긴장감을 유지하기 위하여 논문발표회와 같은 방식을 채택하였다. 발표자 별로 분담 번역하여 초고를 수업 전에 참여하는 전원에게 배부하고, 지정토론자를 선정하여 질의하는 한편으로, 수업참여자 전원이 다시 토론에 참여하는 과정을 거쳤다. 이렇게 하여 작성된 원고는 다시 수차 교정하는 과정을 거쳤다. 이때 본인이 진행하는 수업에 참여하여 번역과 토론을 담당한 사람은 석박사 통합과정의 제1기 입학생인 강민정·박재영·이기찬·이봉순·이상아·이정욱·이정원·장희성·조준호·하현주이다. 출간을 위하여 재검토하는 과정은 박재영이 담당하였다. 책이 출간되기까지 여러 가지 어려움을 감내해 준 모두에게 고마움을 표한다.

교감학의 전문서로서는 국내에 처음 번역되는 책이라는 점에서 국내의 관련 분야의 전문인과 이 분야를 공부하려는 동학들에게 다소나마 기여하기를 기대한다. 번역문이나 주석에 잘못되거나 부족한 부분도 없지 않을 것이다. 제현(諸賢)의 애정 어린 질정을 부탁한다.

끝으로 이 책을 번역하도록 허락한 저자의 유족과 관련 인사께 사의를 표한다. 아울러 본 역서의 출간을 위한 정리비용의 부담과 출간을 담당하기로 결정한 한국고전번역원의 이동환 원장님과 원서의 판권 문제를 해결하고 꼼꼼하게 내용을 다듬어 준 출판부 관계자 여러분의 노력에 감사를 표한다.

2013년 11월
성균관대학교 동아시아학술원 일우(一隅)에서
신승운(辛承云)

지은이

예기심(倪其心) 1934~2002.
1956년 북경대학 중문과를 졸업하고, 북경대학 중문과 교수를 지냈다. 1990년대 초에 고전문헌연구실 주임을 맡아 고전문헌학의 교육과 연구에 주력하였으며, 《전송시(全宋詩)》의 편찬 작업에도 참여하였다. 고전 역주서로 《역대시가선(歷代詩歌選)》, 《중국고대유기선(中國古代遊記選)》, 《두보시선역(杜甫詩選譯)》 등이 있다.

옮긴이

신승운 성균관대학교 명예교수, 문학박사.
성균관대 문헌정보학과(서지학) 및 동 대학원 한문고전번역협동과정 교수, 동아시아학술원장 겸 대동문화연구원장, 한국서지학회장, 한국고전번역학회장, 전통문화연구회 부회장 등 역임. 현 문화재청 문화재위원장, 유네스코한국위원회 문화분과위원장, 한국고전번역원장.

강민정 서울대학교 지구과학교육과를 졸업하고, 성균관대학교 한문고전번역협동과정에서 《구장술해(九章術解)의 연구와 역주》로 문학박사 학위를 취득하였다. 민족문화추진회 국역연수원 연수부와 상임연구부 과정을 마쳤고, 한국고전번역원과 성균관대학교 대동문화연구원 연구원을 지냈다. 역서로 《무명자집 1·2·9·10》, 《국역 농암집 5》가 있고, 공역서로 《명고전집 2》, 《칠정산내편》, 《사고전서 이해의 첫걸음》, 《주석학개론》, 《설수외사》, 《국역 농암집 6》, 《승정원일기》가 있으며, 논문으로 〈한문 고전의 제목 번역과 작품 해제 작성에 대한 시론(試論)〉, 〈산학서(算學書) 번역의 현황과 과제〉 등이 있다.

박재영 서울대학교 인류학과를 졸업하고, 성균관대학교 한문고전번역협동과정을 수료하였다. 민족문화추진회 국역연수원 연수부와 상임연구부 과정을 마쳤고, 한국고전번역 기획홍보실장으로 재직 중이다. 공역서로 《사고전서 이해의 첫걸음》, 《주석학개론》, 《청성잡기》, 《설수외사》, 《승정원일기》 등이 있다.

이기찬 성균관대학교 국문학과를 졸업하고, 동 대학원 한문고전번역협동과정을 수료하였다. 민족문화추진회 국역연수원 연수부와 상임연구부 과정을 마쳤고, 한국고전번역원 고전문헌번역실장으로 재직 중이다. 공역서로 《매천집》, 《명재유고》, 《성호전집》, 《백졸재유고》, 《승정원일기》, 《일성록》 등이 있다.

이봉순 덕성여자대학교 국어국문학과를 졸업하고, 중국 북경사범대학에서 문학석사 학위를 받았으며, 성균관대학교 한문고전번역협동과정에서 문학박사 학위를 받았다. 민족문화추진회 국역연수원 연수부와 상임연구부 과정을 마쳤고, 한국고전번역원 번역위원으로 《승정원일기》 번역에 참여하고 있고, 고전번역교육원 전주분원에서 강의하고 있다. 논문으로 〈論婉約詞派的代表秦觀與李淸照〉, 〈益齋 李齊賢 詞의 譯註〉, 〈適菴 曺伸 詩의 譯註〉가 있고, 공역서로 《승정원일기》, 《백거이 한적시선》, 《설수외사》, 《중당유고》 등이 있다.

이상아 공주사범대학 중국어교육과를 졸업하고, 성균관대학교 한문고전번역협동과정에서 박사학위를 취득하였다. 민족문화추진회 국역연수원 연수부와 상임연구부 과정을 마쳤고, 한국고전번역원 번역위원을 거쳐 성균관대학교 대동문화연구원 책임연구원으로 재직 중이다. 논문으로 〈다산 정약용의 『가례작의』 역주〉(석사), 〈다산 정약용의 『제례고정』 역주〉(박사) 등이 있다. 번역서로 《무명자집 7·8·15·16》, 《삼산재집 1·2》가 있고 공역서로 《기언》, 《일성록》, 《국역 의례(상폐편)》, 《대학연의》, 《교감학개론》, 《사고전서 이해의 첫걸음》 등이 있다.

이정욱 성균관대학교 한문교육과를 졸업하고, 동 대학원 한문고전번역협동과정을 수료하였다. 민족문화추진회 국역연수원 연수부와 일반연구부 과정을 마쳤고, 한국고전번역원 원전정리실에 재직 중이다. 《승정원일기》 교점 작업에 참여하였다.

이정원 성균관대학교 한문학과를 졸업하고, 동 대학원에서 석사 학위를 받았으며, 한문고전번역협동과정을 수료하였다. 민족문화추진회 국역연수원 연수부와 상임연구부 과정을 마쳤고, 한국고전번역원 책임연구원으로 재직 중이다. 공역서로 《명재유고》, 《우담전집》, 《대산집》, 《성호전집》, 《설수외사》, 《승정원일기》 등이, 공저로 《생각 세 번》이 있다.

장희성 명지대학교 사학과를 졸업하고, 성균관대학교 한문고전번역협동과정을 수료하였다. 한국고전번역원 고전번역교육원 연수과정을 마쳤고, 한국고전번역원에 재직 중이다. 공역서로 《대학연의》 등이 있고, 《제정집》 등의 교점 작업에 참여하였다.

조준호 성균관대학교 한문학과를 졸업하고, 동 대학원 한문고전번역협동과정에서 박사학위를 취득하였다. 성균관 한림원 한림계제를 수료하였고, 한국고전번역원 연구원으로 재직 중이다. 공역서로 《승정원일기》, 《대학연의》, 《주석학개론》, 《사고전서 이해의 첫걸음》 등이 있다.

하현주 성균관대학교 한문학과를 졸업하고, 동 대학원 한문고전번역협동과정을 수료하였다. 민족문화추진회 국역연수원 연수부와 상임연구부 과정을 마쳤고, 한국고전번역원 선임연구원으로 재직 중이다. 《승정원일기》 교점 작업에 참여하였으며, 번역서로 《경오연행록》이 있고, 공역서로 《기언》, 《설수외사》, 《통색촬요》, 《일성록》 등이 있다.

교감학개론

예기심(倪其心) 지음 | 신승운 외 옮김

2021년 12월 31일 초판 3쇄 발행

발행인 신승운 | 발행처 한국고전번역원
등록 2008. 3. 12. 제300-2008-22호
주소 (03310) 서울시 은평구 진관1로 85
전화 02-350-4800 | 팩스 02-350-4994 | 홈페이지 www.itkc.or.kr

책임편집 하현주
편집교정 송숙회 | 조판 김지현 | 제작 김형석
디자인 황재성·이가영 | 인쇄 한국학술정보(주)

값 25,000원
ISBN 978-89-284-0500-8 94010
        978-89-284-0499-5 (세트)